最新

最新中华人民共和国法律配套解读与实例系列

3

中华人民共和国

保险法

配套解读与实例

汪丽青 编著

法律出版社
LAW PRESS·CHINA

图书在版编目(CIP)数据

最新中华人民共和国保险法配套解读与实例 / 汪丽青编著. -- 北京 : 法律出版社, 2019
ISBN 978-7-5197-3984-3

Ⅰ. ①最… Ⅱ. ①汪… Ⅲ. ①保险法－法律解释－中国 Ⅳ. ①D922.284.5

中国版本图书馆 CIP 数据核字(2019)第 244122 号

最新中华人民共和国保险法配套解读与实例
ZUIXIN ZHONGHUA RENMIN GONGHEGUO BAOXIANFA PEITAO JIEDU YU SHILI

汪丽青 编著

责任编辑 冯高琼
装帧设计 李 瞻

出版 法律出版社
总发行 中国法律图书有限公司
经销 新华书店
印刷 三河市龙大印装有限公司
责任校对 王晓萍
责任印制 吕亚莉

编辑统筹 法规出版分社
开本 710 毫米×1000 毫米 1/16
印张 33.25
字数 665 千
版本 2020 年 1 月第 1 版
印次 2020 年 1 月第 1 次印刷

法律出版社/北京市丰台区莲花池西里 7 号(100073)
网址/www.lawpress.com.cn
投稿邮箱/info@lawpress.com.cn
举报维权邮箱/jbwq@lawpress.com.cn
销售热线/400-660-8393
咨询电话/010-63939796

中国法律图书有限公司/北京市丰台区莲花池西里 7 号(100073)
全国各地中法图分、子公司销售电话:
统一销售客服/400-660-8393/6393
第一法律书店/010-83938432/8433
西安分公司/029-85330678
重庆分公司/023-67453036
上海分公司/021-62071010/1636
深圳分公司/0755-83072995

书号:ISBN 978-7-5197-3984-3
定价:68.00 元

出 版 说 明

“最新中华人民共和国法律配套解读与实例”系列丛书由相关领域法律专家编写，收录法律标准文本，解读法律重点条文，并对与法律条文相配套的法律、法规、司法解释、审判政策和典型案例予以精要分析。丛书自2014年出版以来，得到了广大读者的关注与厚爱，读者对丛书的内容、编排体例给予了高度评价。2017年丛书全面修订，至今已经两年有余。两年来，随着我国立法的完善与发展，国家出台或者修改了与丛书各个领域联系紧密的法律法规、部门规章及司法解释，如《社会保险法》《公司法》《劳动法》《刑事诉讼法》《民事诉讼法》《公安机关办理行政案件程序规定》《最高人民法院关于适用〈中华人民共和国公司法〉若干问题的规定（五）》《最高人民法院关于适用〈中华人民共和国行政诉讼法〉的解释》等，为了进一步适应新的形势需要，编者再次对本丛书进行了较为系统的修改和完善。

丛书此次修订，重点吸纳最新的配套规定，精选近五年来最高人民法院公报案例、最高人民法院和最高人民检察院指导案例及典型案例，旨在提高案例的典型性和代表性，增强案例的针对性。同时，根据读者需求，增加了保险、监察、安全生产等领域的分册。

丛书编写以实用、易用为原则，汇编体例如下：

1. 法律适用提要。分册皆由该领域法律专家撰写适用提要，帮助读者对每一个立法背景、主要内容、注意事项有更全面深入的理解。

2. 重点法条注释。对重点法条进行条文解读，且每个条文都提炼条文主旨，帮助读者准确理解法条内容。

3. 配套法规解读。对与主体法重点条文配套的其他法律、法规、司法解释、审判政策进行解读，使观点更为鲜明、准确，语言更为通俗、精练，更便于读者理解和适用。

4. 关联法规索引。详细列出与主体法条文相关联的法规的名目，方便读者查询使用。

5. 典型案例精选。选取贴近日常生活的典型纠纷，以案说法、以案析法。

6. 附录相关法规。书末收录一些与本领域相关的法律、法规和司法解释，增强了法律法规的相关性和实效性。

需要说明的是，本丛书"适用提要""条文主旨""条文解读""法规解读"等内容皆是编者为方便读者阅读、理解而编写，非国家正式颁布的法律文本，不具有法律效力。

总之，我们所有的付出都旨在提高本书的实用性，以满足广大读者更高的需求。书中不足之处还望读者在使用过程中不吝赐教，提出您的宝贵意见，以便本书继续修订完善。

法律出版社法规中心

2019 年 10 月

目　　录

中华人民共和国保险法

配 套 法 规

《中华人民共和国保险法》适用提要

《中华人民共和国保险法》[1]共 8 章 185 条。主要分成四大部分:一是第一章的总则部分,它是关于保险法基本内容的规定,是其他各章的总结与统领。其明确了《保险法》的立法宗旨、调整范围以及适用范围,规定了从事保险活动的基本原则等保险法的基本问题。二是第二章的保险合同部分,分为一般规定、人身保险合同和财产保险合同,是保险法的核心组成部分,属于保险合同法的范畴。它是关于保险关系双方当事人权利义务的法律规定,通常包括保险合同的订立、效力、履行、终止、变更、解除以及保险合同纠纷的处理等事项。三是第三章到第七章的保险业法。保险业法,也称为保险组织法、保险业监管法,其内容是有关保险组织的设立、经营、管理、监督、破产、解散和清算等的规定。保险业法的适用对象一般包括三部分:其一是国家在监督和管理保险公司过程中发生的关系;其二是保险公司相互之间因合作、竞争而发生的关系;其三是保险公司在内部发生的关系。四是第八章的附则部分,主要规定了保险业协会、其他保险组织的商业保险业务、海上保险、合资和外资保险公司、农业保险的法律适用问题。

该法于 1995 年 6 月 30 日由第八届全国人民代表大会常务委员会第十四次会议通过,同年 10 月 1 日生效。这是新中国成立以来第一部保险基本法。为了履行我国加入世贸组织的承诺,2002 年 10 月 28 日第九届全国人民代表大会常务委员会第三十次会议对《保险法》进行了第一次修正。随着经济社会的发展,我国保险业在快速发展、取得显著成绩的同时,也出现了一些新的情况和问题。原《保险法》的一些规定已不能完全适应形势发展的需要, 2009 年 2 月 28 日第十一届全国人民代表大会常务委员会第七次会议通过了修订后的《保险法》, 自 2009 年 10 月 1

〔1〕《中华人民共和国保险法》(以下简称《保险法》),本书引用我国的法律时,均省略“中华人民共和国”字样。——编者注

日起施行。这次修订是对《保险法》的一次全面修改，条文数量从 158 条增加到 187 条，绝大多数条款都有修改。此后，全国人大常委会于 2014 年 8 月 31 日和 2015 年 4 月 24 日对《保险法》进行了第二次和第三次修正。

针对《保险法》的在司法实践中出现的问题，特别是关于保险合同法部分，最高人民法院分别于 2009 年、2013 年、2015 年和 2018 年颁布了四个关于适用保险法的司法解释，分别针对《保险法》中关于该法有无溯及力、《保险法》中关于保险合同一般规定部分、保险合同人身保险部分及财产保险合同部分有关法律适用问题做了规定。另外，针对两个较为具体的问题，最高人民法院在 2000 年 1 月 24 日作出了《最高人民法院研究室关于对〈保险法〉第十七条规定的“明确说明”应如何理解的问题的答复》，在 2002 年 3 月 6 日作出了《最高人民法院关于如何理解〈中华人民共和国保险法〉第六十五条“自杀”含义的请示的答复》。另外，为了更好地执行保险监管职责，针对保险业法部分，中国保险监督管理委员会先后制定了《保险公司偿付能力管理规定》《财产保险公司保险条款和保险费率管理办法》《人身保险业务基本服务规定》《保险销售从业人员监管办法》《保险消费投诉处理管理办法》《人身保险公司保险条款和保险费率管理办法》《保险公司业务管理规定》《中国保险监督管理委员会行政处罚程序规定》等部门规章。与《保险法》的实施有密切联系的还包括《海商法》以及国务院颁布的《外资保险公司管理条例》、《机动车交通事故责任强制保险条例》及《农业保险条例》等行政法规。

上述法律法规及规章构成了我国现行的《保险法》法律规范体系，共同起到了“规范保险活动，保护保险活动当事人的合法权益，加强对保险业的监督管理，维护社会经济秩序和社会公共利益，促进保险事业的健康发展”的作用。对于《保险法》的理解和适用，主要体现在保险合同部分，需要重点注意以下几个问题：

一是关于保险利益的规定

保险利益原则是保险法的基本原则之一。所谓保险利益又称可保利益，是指投保人或者被保险人对保险标的具有的法律上承认的利益。根据《保险法》第 12 条、第 31 条、第 48 条的规定，人身保险的投保人在保险合同订立时，对被保险人应当具有保险利益。财产保险的被保险人在保险事故发生时，对保险标的应当具有保险利益。

人身保险中，投保人以自己为被保险人进行投保时，其对自身具有保险利益毋庸置疑。当投保人以他人的身体或寿命为标的进行投保时，我国采用利益和同意兼顾原则,即当投保人和被保险人之间有经济利益或其他利害关系时,投保人对被保险人有保险利益;当投保人和被保险人之间没有经济利益或其他利害关系时,如果投保人征得被保险人同意,投保人对被保险人有保险利益。《最高人民法院关于适用〈中华人民共和国保险法〉若干问题的解释(二)》[1]第 2 条规定:人身保险中,因投保人对被保险人不具有保险利益导致保险合同无效,投保人主张保险人退还扣减相应手续费后的保险费的,人民法院应予支持。《最高人民法院关于适用〈中华人民共和国保险法〉若干问题的解释(三)》[2]第 4 条规定:保险合同订立后,因投保人丧失对被保险人的保险利益,当事人主张保险合同无效的,人民法院不予支持。

财产保险合同中的保险利益,是指投保人或被保险人对保险标的物所具有的某种合法的经济利益。其应当符合以下条件:合法性、经济性、确定性。财产保险利益主要包括现有利益、期待利益和责任利益三种。《保险法解释二》第 1 条规定:财产保险中,不同投保人就同一保险标的分别投保,保险事故发生后,被保险人在其保险利益范围内依据保险合同主张保险赔偿的,人民法院应予支持。

二是正确理解保险合同的成立和生效

根据《保险法》第 13 条的规定,订立保险合同要经过要约和承诺两个步骤。由于保险合同是诺成合同、非要式合同,在保险实务中,投保人可以书面方式也可以口头方式向保险人提出要约;保险人表示承诺的方式可以是口头同意承保,也可以是签字盖章或者采取表明其承保的其他方式。因此,只要双方当事人协商一致,保险合同即告成立,不能仅以保险单等保险凭证出具与否来衡量和判断合同是否成立。

针对保险合同订立中的狭义无权代理情形,《保险法解释二》第 3 条做了具体规定:投保人或者投保人的代理人订立保险合同时没有亲自签字或者盖章,而由保险人或者保险人的代理人代为签字或者盖章的,对投保人不生效。但投保人已经交纳保险费的,视为其对代签字或者盖章行为的追认。保险人或者保险人的代理人代为填写保险单证后经投保人签字或者盖章确认的,代为填写的内容视为投保人的真实意思表示。但有证据证明保险人或者保险人的代理人存在《保险法》第

---

〔1〕 以下简称《保险法解释二》。

〔2〕 以下简称《保险法解释三》。

116 条、第 131 条相关规定情形的除外。

保险合同不同于普通合同的特点之一是保险合同订立所需的期间较长，而保险合同是保障风险的合同，在保险人承保之前，很可能发生风险，对此风险产生的损失应否赔付，合同双方往往存在争议。《保险法解释二》第 4 条规定：保险人接受了投保人提交的投保单并收取了保险费，尚未作出是否承保的意思表示，发生保险事故，被保险人或者受益人请求保险人按照保险合同承担赔偿或者给付保险金责任，符合承保条件的，人民法院应予支持；不符合承保条件的，保险人不承担保险责任，但应当退还已经收取的保险费。保险人主张不符合承保条件的，应承担举证责任。

三是关于投保人如实告知义务的规定

投保人履行如实告知义务是保险法最大诚信原则的体现。

首先，《保险法》第 16 条从总体上规定了投保人的如实告知义务。投保人未依法履行如实告知义务的，依照本条第 2 款、第 4 款、第 5 款的规定，发生一定的法律后果。同时，该条对保险人因投保人未依法履行如实告知义务而解除合同的权利规定了除斥期间、不可抗辩期间和禁止反言的限制。

其次，投保人如实告知范围的主观限制与客观限制。《保险法》第 16 条第 1 款采取的是询问告知主义，在此基础之上《保险法解释二》第 5 条规定了对于投保人如实告知范围的主观限制，“保险合同订立时，投保人明知的与保险标的或者被保险人有关的情况，属于保险法第十六条第一款规定的投保人应当如实告知的内容”；《保险法解释二》第 6 条规定了对于投保人如实告知范围的客观限制，“投保人的告知义务限于保险人询问的范围和内容”。

再次，关于禁反言与弃权。弃权与禁反言存在极大的相似性。弃权与禁反言都是当事人在享有某种权利的情况下，以某种方式向相对人表示其不行使该权利，导致权利丧失而不得行使。二者的区别主要体现在所处的阶段不同：禁反言主要适用于保险合同订立阶段；弃权主要适用于保险合同成立之后的履行阶段。我国《保险法》第 16 条第 6 款确立了禁反言制度，《保险法解释二》第 7 条和《保险法解释三》第 5 条第 2 款规定了弃权制度。“保险人在保险合同成立后知道或者应当知道投保人未履行如实告知义务，仍然收取保险费，又依照保险法第十六条第二款的规定主张解除合同的，人民法院不予支持”。“保险人知道被保险人的体检结果，仍以投保人未就相关情况履行如实告知义务为由要求解除合同的，人民法院不予支持”。

最后,关于投保人违反告知义务时保险人拒绝赔偿与解除合同之间的关系。合同解除是保险人拒赔的条件,保险人只有解除合同后才能对解除前发生的保险事故拒赔。因此,《保险法解释二》第 8 条规定:保险人未行使合同解除权,直接以存在《保险法》第 16 条第 4 款、第 5 款规定的情形为由拒绝赔偿的,人民法院不予支持。但当事人就拒绝赔偿事宜及保险合同存续另行达成一致的情况除外。

四是关于保险人的提示及说明义务

保险人的说明义务也是保险法最大诚信原则的重要体现。

首先,关于保险人说明义务的分类。《保险法》第 17 条将保险人说明义务分为对一般格式条款的说明义务与格式条款中免除保险人责任条款的说明义务:保险人对前者承担一般说明义务,对后者承担提示和明确说明义务。此分类被《最高人民法院关于〈保险法解释二〉第九条适用问题的答复》中确认:《保险法》第 17 条分为两款:第 1 款是对保险人提供的格式条款的一般说明义务,第 2 款是保险合同中免除保险人责任的条款的提示和明确说明义务。第 2 款的理解应以第 1 款的规定为前提,故第 2 款中的“免责条款”应指保险人提供的格式条款中的“免责条款”,不包括非格式条款中的“免责条款”。

其次,关于“免除保险人责任条款”的范围。《保险法解释二》第 9 条对与投保人利益关系密切的“责任免除条款、免赔额、免赔率、比例赔付或给付” 等免除或者减轻保险人责任的条款属于“免除保险人责任的条款”,要求保险人进行提示和明确说明。

再次,保险人对以法律、行政法规中的禁止性规定作为免责事由的格式条款的提示和明确说明义务的履行。《保险法解释二》第 10 条规定:保险人将法律、行政法规中的禁止性规定情形作为保险合同免责条款的免责事由,保险人对该条款作出提示后,投保人、被保险人或者受益人以保险人未履行明确说明义务为由主张该条款不生效的,人民法院不予支持。可见,保险人需要对该类免责条款进行提示,但减轻保险人对该类条款的说明义务。

最后,保险人提示义务及明确说明义务的履行。关于提示义务的履行,《保险法解释二》第 11 条第 1 款规定,保险人在投保单或者保险单等其他保险凭证上,以足以引起投保人注意的文字、字体、符号或其他明显标志作出提示的,就可以认定其履行了免责条款的提示义务。关于说明义务的履行，根据《最高人民法院研究室关于对〈保险法〉第十七条规定的"明确说明"应如何理解的问题的答复》，保险人的说明只有达到使投保人明了保险条款的真实含义和法律后果才尽到履行说明义务，采纳的是实质标准。但实践中，对于保险人如何证明保险人的明确说明达到投保人理解的程度仍然存在不同认识。《保险法解释二》第 11 条第 2 款规定，保险人对保险合同中有关免除保险人责任条款的概念、内容及其法律后果以书面或者口头形式向投保人作出常人能够理解的解释说明的，人民法院应当认定保险人履行了《保险法》第 17 条第 2 款规定的明确说明义务。关于说明义务举证责任的规定，《保险法解释二》第 13 条规定，保险人对其履行了明确说明义务负举证责任。投保人对保险人履行了符合本解释第 11 条第 2 款要求的明确说明义务在相关文书上签字、盖章或者以其他形式予以确认的，应当认定保险人履行了该项义务。但另有证据证明保险人未履行明确说明义务的除外。

五是关于保险合同内容的确定

《保险法解释二》第 14 条规定：保险合同中记载的内容不一致的，按照下列规则认定：(1)投保单与保险单或者其他保险凭证不一致的，以投保单为准。但不一致的情形系经保险人说明并经投保人同意的，以投保人签收的保险单或者其他保险凭证载明的内容为准。(2)非格式条款与格式条款不一致的，以非格式条款为准。(3)保险凭证记载的时间不同的，以形成时间在后的为准。(4)保险凭证存在手写和打印两种方式的，以双方签字、盖章的手写部分的内容为准。

六是关于死亡保险的规定

首先，关于以未成年人为被保险人的死亡保险合同的成立。《保险法》第 33 条规定：投保人不得为无民事行为能力人投保以死亡为给付保险金条件的人身保险，保险人也不得承保。父母为其未成年子女投保的人身保险，不受前款规定限制。但是，因被保险人死亡给付的保险金总和不得超过国务院保险监督管理机构规定的限额。实践中，未成年人父母之外的其他人也可能为未成年人投保死亡险，一律不承认这类保险合同的效力可能不完全符合未成年人的利益。《保险法解释三》第 6 条规定：未成年人父母之外的其他履行监护职责的人为未成年人订立以死亡为给付保险金条件的合同，当事人主张参照《保险法》第 33 条第 2 款、第 34 条第 3 款的规定认定该合同有效的，人民法院不予支持，但经未成年人父母同意的除外。

其次，以死亡为给付保险金条件的合同中"被保险人同意"的认定。我国现行

《保险法》第 34 条第 1 款明确规定，以死亡为给付保险金条件的合同，未经被保险人同意并认可保险金额的，合同无效。对于“同意”的认定标准，《保险法解释三》第 1 条采取了更宽泛的认定，使其在实务中更具有操作性，即当事人订立以死亡为给付保险金条件的合同，根据《保险法》第 34 条的规定，“被保险人同意并认可保险金额”可以采取书面形式、口头形式或者其他形式；可以在合同订立时作出，也可以在合同订立后追认。有下列情形之一的，应认定为被保险人同意投保人为其订立保险合同并认可保险金额：(1)被保险人明知他人代其签名同意而未表示异议的；(2)被保险人同意投保人指定的受益人的；(3)有证据足以认定被保险人同意投保人为其投保的其他情形。

再次，关于法院就《保险法》第 31 条、第 34 条规定的无效情形的主动审查。《保险法解释三》第 3 条规定：人民法院审理人身保险合同纠纷案件时，应主动审查投保人订立保险合同时是否具有保险利益，以及以死亡为给付保险金条件的合同是否经过被保险人同意并认可保险金额。

最后，关于宣告死亡在保险法上的效果。在人寿保险中，保险合同多将被保险人的“死亡”约定为保险人向受益人支付保险金的条件，此处的“死亡”当然应该包括自然死亡与宣告死亡。对此，《保险法解释三》第 24 条第 1 款也进行了确认。该条第 2 款还规定：被保险人被宣告死亡之日在保险责任期间之外，但有证据证明下落不明之日在保险责任期间之内，当事人要求保险人按照保险合同约定给付保险金的，人民法院应予支持。

七是关于受益人的确定

首先，如何理解“未指定受益人或指定受益人不明”。对此，《保险法解释三》第 9 条规定：投保人指定受益人未经被保险人同意的，人民法院应认定指定行为无效。当事人对保险合同约定的受益人存在争议，除投保人、被保险人在保险合同之外另有约定外，按以下情形分别处理：(1)受益人约定为“法定”或者“法定继承人”的，以继承法规定的法定继承人为受益人；(2)受益人仅约定为身份关系的，投保人与被保险人为同一主体时，根据保险事故发生时与被保险人的身份关系确定受益人；投保人与被保险人为不同主体时，根据保险合同成立时与被保险人的身份关系确定受益人；(3)约定的受益人包括姓名和身份关系，保险事故发生时身份关系发生变化的，认定为未指定受益人。

其次，部分受益人在保险事故发生前死亡、放弃受益权或者依法丧失受益权的后果。根据《保险法解释三》第 12 条的规定,部分受益人在保险事故发生前死亡、放弃受益权或者依法丧失受益权的,该受益人应得的受益份额由其他受益人享有,当事人另有约定的除外。具体来说:(1)未约定受益顺序及受益份额的,由其他受益人平均享有。(2)未约定受益顺序但约定受益份额的,由其他受益人按照相应比例享有。(3)约定受益顺序但未约定受益份额的,由同顺序的其他受益人平均享有;同一顺序没有其他受益人的,由后一顺序的受益人平均享有。(4)约定受益顺序及受益份额的,由同顺序的其他受益人按照相应比例享有;同一顺序没有其他受益人的,由后一顺序的受益人按照相应比例享有。

再次,关于受益人的变更。(1)投保人或者被保险人变更受益人的行为生效的时间,《保险法解释三》第 10 条第 1 款做了规定,投保人或者被保险人变更受益人,当事人主张变更行为自变更意思表示发出时生效的,人民法院应予支持。(2)另外,变更受益人是投保人与被保险人处分自己的权利,无需保险人的同意。为了保护保险人的信赖,防止向错误的受益人给付保险金,受益人的变更必须通知保险人,但这并不表明其明确将通知保险人作为变更受益人行为的生效要件。应该将通知作为对抗保险人的要件。以上精神反映在《保险法解释三》第 10 条第 2 款的规定中,即投保人或者被保险人变更受益人未通知保险人,保险人主张变更对其不发生效力的,人民法院应予支持。(3)投保人变更受益人未经被保险人同意的效力,《保险法解释三》第 10 条第 3 款规定"人民法院应认定变更行为无效"。(4)投保人或者被保险人在保险事故发生后变更受益人的效力。保险事故发生后,保险给付请求权随之产生,根据《保险法解释三》第 11 条的规定,受益人的受益权转化为保险金给付请求权,该权利不再是期待权,而是确定性的权利,故投保人、被保险人不能再进行变更。

最后,存在继承关系的受益人与被保险人在同一事件中的死亡时间推定。在处理此类保险合同纠纷案件时,应明确:当受益人与被保险人有继承关系时,在对保险金归属时适用《保险法》中同时遇难死亡时间推定,即根据《保险法解释三》第 15 条的规定,受益人与被保险人存在继承关系,在同一事件中死亡且不能确定死亡先后顺序的,人民法院应依据《保险法》第 42 条第 2 款推定受益人死亡在先,并按照《保险法》及本解释的相关规定确定保险金归属。在确定遗产继承人范围时必须适用《最高人民法院关于贯彻执行〈中华人民共和国继承法〉若干问题的意见》的同时遇难死亡时间推定。

八是关于财产保险标的的转让。《保险法》第 49 条规定了因保险标的转让所产生的保险合同权利和义务的变更以及投保人、被保险人通知义务的履行。但是对于很多问题没有详细规定。

首先,保险标的已转让并实际交付,但尚未办理所有权变更登记的情形下,谁有权主张被保险人的权利。《最高人民法院关于适用〈中华人民共和国保险法〉若干问题的解释(四)》[1]第 1 条认为,《保险法》第 49 条规定的“转让”是指保险标的的毁损灭失的风险发生转移。因此,保险标的已交付受让人,但尚未依法办理所有权变更登记,承担保险标的毁损灭失风险的受让人,依照《保险法》第 48 条、第 49 条的规定主张行使被保险人权利的,人民法院应予支持。

其次,保险人在初次订立保险合同时已经履行提示和说明义务,保险标的转让后是否需要再履行该义务。根据《保险法解释四》第 2 条的规定,保险人在一般情况下,不再对保险标的的受让人负有提示和明确说明的义务。

再次,财产保险合同中被保险人死亡,承继保险标的继承人能否行使保险权利和义务。保险标的转让,一般是通过合同方式进行,《保险法解释四》第 3 条增加一种例外情形,即被保险人死亡后保险标的(不论动产或者不动产)上的保险权益自然转移给新的保险标的的继承人。保险人对于保险标的的继承,在学理上应理解为保险合同权利义务的法定概括转移。因此,继承人取得被保险人的权利和义务。

最后,保险标的转让通知发出后保险人回复之前保险责任的承担。即保险公司在出具批单前的空档期发生保险事故的,根据《保险法解释四》第 5 条的规定,被保险人或者受让人依照保险合同向保险公司主张保险人按照保险合同承担赔偿保险金责任的,人民法院应予支持。

九是关于财产保险中保险人的代位求偿权。《保险法》第 60 条规定了财产保险中保险人的代位求偿权,这是财产保险中“损失补偿原则”的体现,其目的就是防止被保险人通过购买保险而获取不当利益。然而,此条的规定过于原则。

首先,保险代位求偿权的行使和诉讼时效期间。《保险法解释二》第 16 条规定,保险人应以自己的名义行使保险代位求偿权。根据《保险法》第 60 条第 1 款的规定,保险人代位求偿权的诉讼时效期间应自其取得代位求偿权之日起算。

其次,被保险人对第三者请求赔偿的权利基础。《保险法解释四》第 7 条的规

---

〔1〕 以下简称《保险法解释四》。

定明确了被保险人对第三者请求赔偿的权利基础,保险人可以在侵权或违约两者之中选择对自己有利的权利基础主张代位求偿权。

再次,保险人代位求偿权制度中对第三者赔偿行为的善意判断及法律后果。根据《保险法解释四》第 10 条,在被保险人获得保险赔偿后,保险公司尚未行使代位求偿权之前,第三者向被保险人作出赔偿的,此时第三者积极赔偿的行为应当理解为善意,保险公司不得向第三者行使代位求偿权。但对于已经赔付的保险金,保险公司可以向被保险人主张返还。保险公司将已经获得代位求偿权的情况通知了第三者,即第三者此时已经知悉保险公司向被保险人进行了赔付并取得代位求偿权,仍然向被保险人支付赔偿,此时第三者的赔偿行为应当理解为非善意,保险公司仍然可以向第三者行使代位求偿权,第三者以已经履行了赔偿责任为由抗辩的,法院不支持,即第三者将面临第二次赔偿的风险。

最后,保险人行使代位求偿权纠纷的管辖和保险代位求偿权诉讼中相关主体的确定。《保险法解释四》第 12 条规定:保险人以造成保险事故的第三者为被告提起代位求偿权之诉的,以被保险人与第三者之间的法律关系确定管辖法院。第 13 条规定:保险人提起代位求偿权之诉时,被保险人已经向第三者提起诉讼的,人民法院可以依法合并审理。保险人行使代位求偿权时,被保险人已经向第三者提起诉讼,保险人向受理该案的人民法院申请变更当事人,代位行使被保险人对第三者请求赔偿的权利,被保险人同意的,人民法院应予准许;被保险人不同意的,保险人可以作为共同原告参加诉讼。

十是关于责任保险的规定。《保险法》第 65 条规定了责任保险的一般规则,但是规定较为原则,《保险法解释四》第 14 条到第 20 条确定了一些具体规则。

第一,如何认定《保险法》第 65 条第 2 款中"被保险人对第三者应负的赔偿责任确定"。《保险法解释四》第 14 条认为包括以下情形:(1)被保险人对第三者所负的赔偿责任经人民法院生效裁判、仲裁裁决确认;(2)被保险人对第三者所负的赔偿责任经被保险人与第三者协商一致;(3)被保险人对第三者应负的赔偿责任能够确定的其他情形。

第二,如何认定《保险法》第 65 条第 2 款中"被保险人怠于请求"。根据《保险法解释四》第 15 条的规定,被保险人对第三者应负的赔偿责任确定后,被保险人不履行赔偿责任,且第三者以保险人为被告或者以保险人与被保险人为共同被告提起诉讼时,被保险人尚未向保险人提出直接向第三者赔偿保险金的请求的,可以认定为属于《保险法》第 65 条第 2 款规定的“被保险人怠于请求”的情形。

第三,责任保险的被保险人因共同侵权依法承担连带责任时的保险金赔偿问题。根据《保险法解释四》第 16 条,责任保险的被保险人因共同侵权依法承担连带责任,保险人以该连带责任超出被保险人应承担的责任份额为由,拒绝赔付保险金的,人民法院不予支持。保险人承担保险责任后,主张就超出被保险人责任份额的部分向其他连带责任人追偿的,人民法院应予支持。

第四,责任保险中,第三者诉被保险人所取得的生效判决虽进入执行程序但未获执行时,保险人如何承担保险责任。根据《保险法解释四》第 17 条的规定,在第三者选择以被保险人为被告起诉,判决后经强制执行仍未获得全部赔偿的情况下,第三者仍然可以依据《保险法》第 65 条直接请求保险公司支付赔偿金,保险公司不得以自己并非案件当事人或案件已经进入执行程序为由拒绝赔付。

第五,责任保险诉讼时效的起算点。《保险法解释四》第 18 条“自被保险人对第三者应负的赔偿责任确定之日起计算”的规定,有利于保护被保险人的合法权益,也符合保险原理。

第六,保险人的和解参与权。根据《保险法解释四》第 19 条的规定,责任保险的被保险人与第三者就被保险人的赔偿责任达成和解协议且经保险人认可,被保险人主张保险人在保险合同范围内依据和解协议承担保险责任的,人民法院应予支持。被保险人与第三者就被保险人的赔偿责任达成和解协议,未经保险人认可,保险人主张对保险责任范围以及赔偿数额重新予以核定的,人民法院应予支持。

第七,责任险中保险人向被保险人支付保险金给第三者造成损害的法律责任。根据《保险法解释四》第 20 条的规定,责任保险的保险人在被保险人向第三者赔偿之前向被保险人赔偿保险金,第三者依照《保险法》第 65 条第 2 款的规定行使保险金请求权时,保险人以其已向被保险人赔偿为由拒绝赔偿保险金的,人民法院不予支持。保险人向第三者赔偿后,请求被保险人返还相应保险金的,人民法院应予支持。

中华人民共和国保险法

（1995年6月30日第八届全国人民代表大会常务委员会第十四次会议通过　2002年10月28日第九届全国人民代表大会常务委员会第三十次会议《关于修改〈中华人民共和国保险法〉的决定》修正　2009年2月28日第十一届全国人民代表大会常务委员会第七次会议修订　根据2014年8月31日第十二届全国人民代表大会常务委员会《关于修改保险法等五部法律的决定》修正　2015年4月24日第十二届全国人民代表大会常务委员会第十四次会议全国人民代表大会常务委员会《关于修改〈中华人民共和国计量法〉等五部法律的决定》修正）

第一章　总　　则

本章介绍

本章是《保险法》的总则部分，它是关于保险法基本内容的规定，是其他各章的总结与统领。本章明确了《保险法》的立法目的、保险的定义以及适用范围，规定了从事保险活动的基本原则、诚实信用原则、保险业务经营主体、境内投保、分业经营原则、保险监督管理机构等基本问题。

第一条　【立法目的】[1]　**为了规范保险活动，保护保险活动当事人的合法权益，加强对保险业的监督管理，维护社会经济秩序和社会公共利益，促进保险事业的健康发展，制定本法。**

---

〔1〕　条文主旨为编者所加，下同。——编者注

条文解读

本条是对本法立法目的的规定。本法的立法目的是：

（一）规范保险活动

本法集调整保险合同关系的法律规范和保险业管理的法律规范于一体，总结我国保险业发展的实践经验，研究借鉴国外的保险立法例，对从事保险合同活动应遵循的基本原则、保险合同当事人的权利义务、保险公司及保险中介机构的设立条件及基本行为规范、保险经营规则、对保险业的监督管理，以及违反本法行为的法律责任等作了明确规定，确立了从事保险活动和对保险业实施监督管理应遵循的基本法律规范。

（二）保护保险活动当事人的合法权益

本法对保险合同的订立、履行、变更、解除过程中当事人的权利义务作了明确规定，为公平保护投保人、被保险人和保险人等保险合同当事人的合法权益提供了法律保障。

（三）加强对保险业的监督管理

本法通过确立严格的商业保险行业准入条件，规范保险公司及保险中介机构的经营行为，强化对保险公司偿付能力监管等为主要内容的保险业监督管理的制度规则，规定了对保险业的监管原则、监管内容、监管机构和监管措施，为加强对保险业的监督管理提供了明确的法律依据。

（四）维护社会经济秩序和社会公共利益，促进保险事业的健康发展

随着商业保险业的不断发展，保险规模的不断扩大，保险公司集中了投保人以保险费形式交付的大量资金，对保险资金的管理，涉及广大投保人、被保险人和受益人的切身利益。保险资金运用不当，造成保险公司偿付不能，直接损害广大投保人、被保险人、受益人的利益，甚至引发诉讼纠纷。同时，保险业作为金融业的重要组成部分，其能否健康发展直接影响我国金融业的稳健发展。制定保险法规，依法规范保险活动，加强对保险业的监督管理，对于促进保险业健康发展，对于维护社会经济秩序和社会公共利益，具有重要意义。

第二条 【保险的定义】 本法所称保险，是指投保人根据合同约定，向保险人支付保险费，保险人对于合同约定的可能发生的事故因其发生所造成的财产损失承担赔偿保险金责任，或者当被保险人死亡、伤残、疾病或者达到合同约定的年龄、期限等条件时承担给付保险金责任的商业保险行为。

条文解读

本条是对本法所称保险的定义的规定。

保险作为专门的经济术语，其本来含义是指商业保险。商业保险是投保人与保险人在自愿的基础上，以保险合同方式建立保险关系，集合多个主体的风险，合理计收保险费，建立保险基金，以对特定的灾害事故造成的财产损失或人身伤亡，提供资金补偿或保障的经济活动。保险有广以和狭义之分，广义的保险是将商业保险、社会保险与政策保险等一切采取保险方式来处理危险的社会化保险机制都包括在内；狭义的保险则仅指商业保险，即采取商业手段并严格按照市场法则运行的保险机制。本条规定了本法所称保险范围是商业保险活动中的相关关系。属于社会保障性质的社会保险，不适用本法规定，应由专门的社会保险法律调整。

配套法规及解读

《保险法解释三》(2015 年 11 月 25 日)

第二十五条 被保险人的损失系由承保事故或者非承保事故、免责事由造成难以确定，当事人请求保险人给付保险金的，人民法院可以按照相应比例予以支持。

※法规解读：本条是关于被保险人的损失系由承保事故或者非承保事故、免责事由造成难以确定时，保险人是否给付保险金、如何给付保险金的规定。本条规定体现了保险法近因原则。对于多种原因并存下近因的认定在实务中存在较大争议，如果多种原因中有承保危险，又有非承保危险和免责事由，在损失可以分解时，则由保险人承担相应责任并无疑义。当无法区分或原因无法确定时，按比例原则处理无疑是最为合理的。

（一）近因是指对造成承保损失起决定性、有效性、直接性的原因。近因原则是指在保险法上，只有当一个原因对损害结果的发生有决定性意义，而且这个原因是保险合同承保的风险时，保险人才承担保险责任。近因原则在我国《保险法》中虽然没有明文规定，但却在司法实践中得到承认，同时，这也是世界各国所公认的保险法的基本原则。

（二）对一因一果的保险赔付，无须探求近因，或者说在一因一果的情形下，没有适用近因原则的前提，近因探求真正需要解决的是存在多个原因的情形。具体来说，包括以下几种情况：

1. 多个原因连续发生、前后衔接

两个以上原因危险连续发生造成损害，若后因是前因直接、必然的发展结果或合理的延续时，前因为近因。具体而言：(1)后因是前因的直接必然结果；(2)后因是前因的合理延续；(3)后因是前因自然延长的结果。如果前因是承保危险，而后因不论是否为承保危险，保险人均要承担责任；反之，如果前因不是承保危险，保险人也不必负责。

两个以上原因危险连续发生造成损害，若后因是前因的可能结果，应当区分前因是承保风险和前因是除外风险或未承保风险的情形。

前因是承保风险时，区分为：(1)当后因是承保风险时，由于前后因都是承保风险，保险人应当赔付。(2)当后因是除外风险时，除外风险是近因，保险人不应赔付。(3)当后因是未承保风险时，前因是近因，保险人应予赔偿。但是，如果后因是除外风险或未承保风险，该风险与前因毫无关系，而是独立介入的风险造成了损失，此种情况后因成为近因，保险人不予赔付。

2. 多个原因同时发生、相互并存

对于同时发生且相互独立的多种原因致损的情况，任何一个原因都可以导致损失发生，故均被认定为近因。如果这些致损原因都属于承保责任范围，保险人应该赔偿，此时无须探求哪个原因作为近因。如果这些致损原因都属于责任免除范围，保险人不予赔偿。如果数个原因中既有承保风险，又有除外风险，通常认为除外风险是损失的近因，保险人不予赔偿。

3. 多个原因同时发生、相互独立

数个原因同时发生并相互独立是指每个原因都可以独立造成损失，无须依赖于其他原因的情况。

如果同时发生的多种原因均属承保风险，则保险人应负全部赔付责任，多种原因均属近因；如果同时发生的多种原因均属除外风险，则保险人不负赔付责任。

如果多个原因中既有承保风险，又有未承保风险或除外风险，由于每个风险都可以单独造成损失，因此承保风险就成为保险法上承担法律责任的近因，保险人应当赔付。大陆法系、英美法系都尝试将“分摊原则”适用于保险法，即当承保危险和未承保危险共同导致损害时，按比例给付保险金。但分摊原则在损害是由承保危险和未承保危险共同造成时，才有适用余地，是传统因果关系学说的补充和纠正。

关联法规索引

《中国保险监督管理委员会办公厅关于涉嫌非法经营保险业务问题的复函》（保监厅函〔2012〕62号）

典型案例

赵某、朱某芳诉中美联泰大都会人寿保险有限公司意外伤害保险合同纠纷案[1]

※案情简介：原告赵某、朱某芳因与中美联泰大都会人寿保险有限公司（以下简称联泰保险公司）发生意外伤害保险合同纠纷，向江苏省南京市鼓楼区人民法院提起诉讼。

原告赵某、朱某芳起诉称：赵某、朱某芳分别系死者赵某先的女儿和妻子。赵某先生前所在的基泰物业开发管理（南京）有限公司（以下简称基泰物业公司）为其在被告联泰保险公司投保了团体意外伤害保险。2016年1月28日，赵某先酒后意外死亡，南京市公安局法医中心开具死亡证明，证明系意外死亡，根据保险合同约定，联泰保险公司应给付赵某先的继承人保险金12万元。

---

〔1〕　案件来源：江苏省南京市鼓楼区人民法院（原下关区法院）（2016）苏0106民初7397号民事判决书。

被告联泰保险公司辩称:(1)原告赵某、朱某芳称赵某先系酒后意外死亡,但其提供的证据并不足以证明该事实;(2)根据被告提供的《南京市急救中心院前医疗急救病历》、《接处警工作登记表》及基泰物业公司提供的《证明》显示,赵某先系严重醉酒导致死亡;(3)被保险人赵某先作为一名成年人,要不要饮酒以及饮酒多少,完全可以控制,但其放任醉酒结果的发生,系其主观因素所致,不属于意外身故。综上,虽然被告对赵某先的死亡表示同情,但是应尊重法律和合同的严谨性,请求依法驳回原告的诉讼请求。

南京市鼓楼区人民法院一审查明:

2015年12月24日,基泰物业公司为赵某先等26人向被告联泰保险公司投保了《团体意外伤害保险(F款)条款》,主要内容为:保险期间自2015年12月18日零时起至2016年12月17日24时止,其中普通意外身故指被保险人遭受意外伤害事故,且自该意外伤害事故发生之日起180日内因该事故为直接且单独原因导致身故的,联泰保险公司将按合同约定的保险金额12万元给付意外身故保险金;保险合同中关于意外伤害的释义为:是指遭受外来的、突发的、非本意的、非疾病的使身体受到伤害的客观事件;保险合同没有指定受益人,意外身故保险金视为被保险人之遗产。基泰物业公司在投保前已取得被保险人同意,联泰保险公司已就保险合同中保险责任、责任免除等条款向基泰物业公司进行了提示说明。

2016年1月27日晚,赵某先任职的基泰物业公司年终聚餐,赵某先饮酒过多,留宿在公司未回家。次日4:00左右,赵某先同事观察其状况不正常,拨打“120”急救,“120”急救中心到达现场后查体发现赵某先已经死亡。《南京市急救中心院前医疗急救病历》主诉记载:“酒精中毒后呼吸心跳停止,具体时间不详。”南京市公安局玄武分局新街口派出所《接处警工作登记表》记载:“2016年1月28日5:08,中山东路9号天时商务中心1楼大厅,有个员工严重醉酒,‘120’救护医生已经到,称人快不行了,现在需要民警过来一下。由周警官到现场了解情况,调取现场监控录像,联系‘120’救护车将其带往医院急救,后医生宣布该人已死亡。后民警联系死者家属,死者家属对死因没有异议,双方约好下星期先来派出所协商解决,如果协商解决不成,准备通过司法途径解决。”2016年2月19日,南京市公安局法医中心开具赵某先死亡证明,死亡原因载明“酒后意外死亡”。原告赵某、朱某芳系赵某先的第一顺位继承人。后赵某、朱某芳向联泰保险公司申请理赔遭拒,遂诉至法院。

本案的争议焦点为：赵某先喝酒死亡是否属于意外身故。

南京市鼓楼区人民法院一审认为：

原告赵某、朱某芳对赵某先生前喝酒的事实无异议，根据《南京市急救中心院前医疗急救病历》和《接处警工作登记表》记载，可以证实赵某先系醉酒导致死亡，上述记载并未出现其他外在因素的介入。原告提供的《死亡证明》仅记载了死亡原因为“酒后意外死亡”，并未记载导致死亡的其他意外因素，故其认定的意外因素为“酒后”。至于喝酒致死是否属于意外身故，则需根据案涉保险合同的约定加以认定。根据保险合同约定，意外伤害是指遭受外来的、突发的、非本意的、非疾病的使身体受到伤害的客观事件。喝酒过量有害身体健康属生活常识，赵某先作为完全民事行为能力人，完全可以控制是否需要喝酒及喝酒量的多少，故喝酒行为本身不符合意外伤害定义的外来的、突发的和非本意的因素，不属于意外伤害。在赵某先喝酒死亡过程中，并无证据表明存在外部因素的介入，故其喝酒导致死亡不属于意外身故，原告主张被告联泰保险公司承担意外身故保险金责任于法无据，法院不予支持。

据此，南京市鼓楼区人民法院作出判决：驳回原告赵某、朱某芳的诉讼请求。

※裁判要旨：意外伤害是指由于外来的、突发的、非本意的、非疾病的原因导致身体受到伤害的客观事件。饮酒过量有害身体健康属生活常识，被保险人作为完全民事行为能力人，对此完全可以控制、避免，故饮酒过量导致身体损害不是基于外来的、突发的和非本意的因素，不属于意外伤害，被保险人据此申请保险公司支付保险金的，人民法院不予支持。

邢某子等诉中国平安财产保险股份有限公司上海市闵行支公司人身保险合同案[1]

※案情简介：2010年12月9日，精星公司作为投保人，为其22名员工（含郭某瑞）向被告（中国平安财产保险股份有限公司上海市闵行支公司）投保平安团体意外伤害保险、平安附加意外伤害住院团体收入保障保险和平安附加意外伤害团体医疗保险，保险自2010年12月10日零时起生效，保险期限12个月。平安团体意外伤害保险责任为意外伤害身故及残疾，22人保险金额共计4,400,000元；平安附

〔1〕 本案根据上海市第一中级人民法院(2011)沪一中民六(商)终字第193号判决书整理。

加意外伤害团体医疗保险责任为意外住院和门急诊,22人保险金额共计880,000元;平安附加意外伤害住院团体收入保障保险责任为意外住院津贴,22人保险金额为158,400元。

郭某瑞在精星公司工地担任勤杂工,负责管理工具和整理工具。2011年1月6日7时20分许,郭某瑞在将工具从工具箱中拿出时突然倒地,经上海市第五人民医院抢救无效,于当天13时30分许死亡。在医院抢救期间共发生医疗费1531.60元。2011年1月6日,上海市第五人民医院出具郭某瑞死亡医学证明书,直接死亡原因为脑出血,引起脑出血的疾病或情况为高血压病三级极高危组。郭某瑞死亡后,投保人精星公司向被告报案,被告派员于2011年1月17日至工地现场向有关人员作了调查。2011年1月18日,上海市松江区人力资源和社会保障局作出工伤认定书,认定郭某瑞之死视同为工伤。2011年1月19日,郭某瑞遗体被火化。

郭某瑞之直系亲属只有父母与妻、子,其父母均已死亡,两原告系郭某瑞之妻、子,为郭某瑞法定共同受益人。起诉要求被告赔偿医疗费用1531.60元、身故保险金20万元。被告辩称郭某瑞系因高血压病三级导致脑出血死亡,不属于保险责任范围,被告不应承担赔偿责任。

上海市闵行区人民法院经审理认为:被保险人与被告之间的保险合同关系依法成立并生效,在发生了保险事故后,被告应按约承担保险责任,向被保险人赔付保险金。两原告作为法定受益人,有权主张本保险合同项下的保险权益。本案主要争议在于:(1)被保险人死亡是否属于保险合同中约定的保险事故,被告是否应赔付身故保险金。(2)郭某瑞之死在被认定为工伤后,被告是否还应赔偿医疗费。

关于争议一,法院认为,被告应赔偿身故保险金。理由是:根据《保险法》的规定,损失原因的确定对于决定保险人是否应承担保险责任至关重要,保险人对保险合同项下赔付责任的履行,取决于在符合保险合同规定的前提下,风险与损失之间的因果关系。当一个损失结果存在数个致损原因时,则必须确定引起损失决定性和有效性的原因,这就是保险法上的近因原则。根据保险条款的规定,保险人承保的风险是外来的、突发的、非本意的和非疾病的客观事件致使被保险人身体受到的伤害。保险条款将疾病作为除外责任,然而,疾病可以造成意外伤害,意外伤害也可以造成疾病。如果是除外责任的疾病造成意外事故,而意外事故再引起伤害或死亡，那么引起损失的近因就是意外事故。如果存在两个造成伤害的近因，其中一个属于明示的除外危险如某种疾病，这种情况下则需区别伤害或死亡是由疾病造成，还是疾病仅加重了其他原因所造成的伤害这两种不同情况。在第一种情况下，保险人不需承担赔偿责任；在第二种情况下，保险人仍需承担赔偿责任，因为疾病仅使被保险人更容易受到意外事故的伤害。本案中，就需区别这两种情况。

高血压是一种慢性的、基础性的疾病，一般情况下，患高血压病不会引起患者立即死亡。高血压导致患者死亡，必须要有一定的诱因，诸如精神、心理因素、外来刺激、过度疲劳、剧烈运动等。上海市第五人民医院出具的死亡医学证明书，仅对郭某瑞死亡的病理原因作了描述，认为系脑出血，引起脑出血的疾病或情况为高血压病。但死亡医学证明书对引起郭某瑞高血压病急性发作的原因是什么未作认定。郭某瑞存在高血压这个基础性疾病毋庸置疑，但高血压病是一种慢性病，在正常情况下，不会导致郭某瑞立即死亡，故引起郭某瑞高血压病急性发作的原因，才是导致郭某瑞死亡的真正原因。郭某瑞是在搬运工具的过程中倒地，经医院检查后发现存在脑出血，故此时存在两种可能性：一是由于脑出血导致郭某瑞倒地，二是郭某瑞倒地引发脑出血。如系第一种情况，保险人可不承担赔偿责任。如系第二种情况，则倒地才是被保险人死亡的近因，保险人应承担赔偿责任。但郭某瑞倒地过程无人目睹，且其遗体已被火化，火化前未做尸检，故郭某瑞之死究竟是由于倒地引起脑出血，还是由于脑出血倒地，目前已无法查清。如被告认为被保险人的死亡是由于潜在疾病引起而非由于倒地引起，应由被告方承担举证责任。但被告自得知事故发生之日至尸体火化时止，未向家属主张对被保险人进行尸体解剖，导致引起郭某瑞死亡的直接的、决定性的原因是什么目前已无法查明，被告应承担相应的不利后果。保险人认为高血压是郭某瑞死亡的直接原因，并引用除外条款拒绝赔偿，但未提供充分证据加以佐证，法院对此难以采信。

关于争议二，保险条款规定，被保险人如果已从其他途径获得补偿，则保险人只承担合理医疗费用剩余部分的保险责任。本案中，郭某瑞之死已被认定为工伤，医疗费应由其单位负担，故被告可不负赔偿责任。

综上，法院认为，两原告作为法定受益人要求被告赔付郭某瑞之死亡保险金，符合法律规定，法院予以支持。但两原告要求被告赔偿医疗费缺乏依据，法院不予支持。

上诉人(原审被告)诉称:被上诉人郭某瑞的死亡并非由外来的、突发的、非本意的和非疾病的客观事件造成,不属于保险责任中对于意外伤害事故的定义,故保险人不应承担赔偿责任。死亡证明书已经明确郭某瑞的死因,法院认为没有查清死亡原因而保险公司应当要求尸检需承担不利后果,缺乏依据。原审法院假设郭某瑞的死因有可能由于倒地导致脑出血,这种假设没有任何依据。原审法院认定事实不清,严重损害了上诉人的利益,故请求撤销原审判决,改判驳回被上诉人的诉讼请求。

被上诉人(原审原告)辩称:原审认定事实清楚,适用法律正确,请求驳回上诉,维持原判。

上海市第一中级人民法院根据上述事实和证据认为:原审法院对于本案是否属于意外伤害事故已作了详尽的阐述,法院予以认同。上诉人所称,本案中对于外来性这一要素,被上诉人至今未提交任何证据加以证明,被保险人郭某瑞的死亡存在一个外来的客观事件,因此,涉案的事件不属于保险合同中所约定的意外伤害事故致死。法院认为,首先,上诉人也未提供证据证明被保险人郭某瑞的死亡系自身疾病所致。虽然死亡医学证明书中记载直接死亡的原因为脑出血,导致脑出血的原因是高血压三级,但也未有证据证明引起高血压发作的原因是被保险人自身疾病所致而非外力所为。其次,上海市松江区人力资源和社会保障局所作出的工伤认定书,认定被保险人郭某瑞之死视同为工伤,因此这一认定证明郭某瑞非因疾病致死。最后,任何死亡皆有其原因,上诉人欲证明被保险人郭某瑞是因疾病发作倒地致死,但未提供相关证据予以证明,故上诉人的上诉理由,法院不予认同。综上所述,原审判决认定事实清楚,适用法律正确,原审判决应予维持。

※裁判要旨:在人身保险合同纠纷中,伤亡原因事关保险责任范围的认定,因此伤亡原因的界定历来是此类纠纷的难点。本案死者患有高血压,高血压导致脑出血,死亡直接原因是脑出血。表面上看死者的死亡是高血压造成的,但是高血压是一种需要诱因引发的慢性疾病,诱因造成了高血压病发,高血压病发导致脑出血,脑出血使死者死亡,故该诱因是死亡过程一系列逻辑链条的导火索,是死亡的决定性因素。按照近因原则,本案中的诱因才是保险理赔上有意义的原因,需要查明。本案中并没有能直接证明诱因的证据,需要对举证责任进行合理分配,按照“谁主张,谁举证”的原则,被告应当为其抗辩举证,由于其无法举证,对其抗辩主张不能采纳。本案一审法院已对争议焦点作了详细的剖析、论述,认定被保险人死亡

属于保险合同中约定的保险事故,保险人应当赔偿身故保险金,是公正、合法、合理的。

李某诉某保险公司意外伤害保险合同纠纷案[1]

※案情简介:2012年3月21日,李某在某保险公司为自己购买一份意外伤害险,保险期间自2012年3月22日至2013年3月21日。双方签订的保险合同中约定:被保险人自意外伤害发生之日起180日内因该意外伤害身故的,保险公司给付身故赔偿金50,000元。2012年7月29日,李某不慎摔倒导致骨折,遂送往医院手术,术后3天引起急性腹泻、双肺肺炎等并发症并查出其患有糖尿病,遂转院治疗,2012年10月29日,李某因双肺肺炎引发酸电解质紊乱继而引发休克死亡。李某死亡后,其家属持相关资料向保险公司索赔未果,遂诉至法院,要求保险公司如约给付意外身故赔偿金50,000元。

在本案中,原、被告双方争议的核心是李某的死亡是否属意外事故及保险公司应否承担责任。据此,合议庭形成两种不同意见。

第一种观点认为,李某因不慎摔倒导致骨折进行手术从而引发并发症,不慎摔倒骨折是死亡的直接原因亦系引起术后并发症的罪魁祸首,故李某不慎摔倒最终死亡属意外身故,保险公司应如约给付身故赔偿金50,000元。

第二种观点认为,李某的死亡原因不单是意外摔伤骨折还包括术后各种并发症及自身疾病,死亡原因与保险合同约定不完全相符,李某意外摔伤骨折只是其最终死亡的诱因,故应按公平原则合理分配原、被告双方的责任。

法院采取第二种观点,理由如下:确认保险责任承担与否的关键是保险损因是否属于保险承保的范围,认定本案因果关系的关键在于确认该案的损因是意外骨折还是肺部感染等自身疾病。被保险人的死亡,从表面上看,似乎肺部感染系保险事故的发生原因,从而切断了骨折和死亡之间的联系,但是在实际情况中,术后引发感染并发生死亡存在一定的概率,而且被保险人作为年事已高的老人,三者之间存在因果联系的可能性较高。而保险公司与李某签订人身保险合同时,明知被保险人是老人,年事已高,对于这一点应当有事先的充分预计,故其应当承担一定的

---

〔1〕 案件来源:http://www.faxin.cn/lib/cpal/AlyzContent.aspx?isAlyz=1&gid=C1262471&libid=0201&userinput,最后访问时间:2019年4月17日。

赔偿责任。但随着医疗技术的不断进步,目前对骨折引起肺部感染的预防和护理已很成熟,意外伤害骨折后导致肺部感染的可能性较低,肺部感染导致死亡的概率较小,死亡不是肺部感染的合理连续,肺部感染亦不是意外骨折的合理连续,骨折的发生对其死亡没有实质影响。若要保险公司承担全部责任,显然有失公允。故该案从公平合理原则出发,鉴于骨折与死亡结果之间的有机联系,骨折构成了死亡的主要诱因,本院认为应按公平原则合理分配原、被告双方的责任。

※裁判要旨: 根据《保险法解释三》第二十五条的规定,被保险人的损失系由承保事故或者非承保事故、免责事由造成难以确定,当事人请求保险人给付保险金的,人民法院可以按照相应比例予以支持。骨折术后引发感染并发生死亡存在一定的概率,被保险人作为年事已高的老人,三者之间存在因果联系的可能性较高。保险公司与其签订人身保险合同时,明知被保险人是老人,对于这一点应当有事先的充分预计,故应当承担一定的赔偿责任。但骨折后导致肺部感染的可能性较低,肺部感染导致死亡的概率较小,骨折只是死亡的诱因。若要保险公司承担全部责任,有失公允,故应按公平原则合理分配原、被告双方的责任。

第三条 【适用范围】在中华人民共和国境内从事保险活动,适用本法。

条文解读

本条是对本法适用的地域范围的规定。

按照本条规定,凡在我国境内从事商业保险活动,包括保险合同的订立、履行、变更、解除,保险活动各方当事人权利义务的确定,保险公司的设立和经营规则制定,保险中介机构的行业行为,国家有关部门对保险业的监督管理活动等,适用本法规定。香港和澳门两个特别行政区的保险活动,依照两个特别行政区基本法的相关规定,应适用特别行政区的相关法律规定,不适用本法。

第四条 【从事保险活动的基本原则】从事保险活动必须遵守法律、行政法规,尊重社会公德,不得损害社会公共利益。

条文解读

本条是对从事保险活动应当遵循的基本原则的规定。

（一）从事保险活动必须遵守法律、行政法规，这是对保险活动应当具有合法性的要求。《保险法》是我国保险活动所依据的基本法律。同时，保险活动除必须遵守本法及与本法配套的行政法规以外，还应当遵守《民法总则》《合同法》《公司法》等民商事和行政管理的法律、行政法规的相关规定。

（二）从事保险活动必须尊重社会公德。社会公德是指社会所公认的调整社会生活中人们之间的关系，维护社会公共生活秩序的行为规范。保险活动同其他市场活动一样，也应当遵守社会公德，不得损害社会公共利益。

第五条　【诚实信用原则】保险活动当事人行使权利、履行义务应当遵循诚实信用原则。

条文解读

本条是对保险活动当事人应当遵循诚实信用原则的规定。

诚实信用原则是指民事主体从事民事活动，行使民事权利和履行民事义务时，应本着真诚善意的态度，信守承诺，讲究信誉，意思表示真实、行为合法，做到不欺不诈，不损人利己，不得以欺骗消费者等方法从事经营活动，损害国家和他人的利益。诚实信用原则是保险活动所应遵循的基本原则之一，保险法律规范中许多内容都体现了这一原则。

第六条　【保险业务经营主体】保险业务由依照本法设立的保险公司以及法律、行政法规规定的其他保险组织经营，其他单位和个人不得经营保险业务。

条文解读

本条是对商业保险业务经营主体的规定。

从事商业保险业务只能由符合法律规定条件的特定商业组织进行经营。本法借鉴其他国家保险业监督管理的有益经验，结合我国实际情况，将商业保险业务的经营主体限定为依照本法设立的保险公司或有关法律、行政法规规定的其他保险组织，禁止其他单位和个人经营商业保险业务，有利于保护投保人、被保险人和受益人的合法权益，维护保险市场的正常秩序，切实发挥保险的保障作用。

根据本条规定，依照本法设立的保险公司，包括依照《公司法》规定采取股份有限公司形式的保险公司和采取有限责任公司形式的保险公司，可以经营商业保险业务。此外，为给一些依法设立的政策性保险公司、保险合作社等保险组织经营商业保险业务留有余地，本条还规定，法律、行政法规规定的其他保险组织也可以经营商业保险业务。

第七条 【境内投保】在中华人民共和国境内的法人和其他组织需要办理境内保险的，应当向中华人民共和国境内的保险公司投保。

条文解读

本条是对中国境内的法人和其他组织办理中国境内保险的应向中国境内的保险公司投保的规定。

本条规定中“境内的法人”，包括依照我国法律设立的具有法人资格的公司、企事业单位、机关和社会团体；“其他组织”，是指依法成立的不具备法人资格的各类组织，包括合伙企业、个人独资企业、未取得法人资格的联营企业等；“境内的保险公司”，是指依照我国法律在我国境内设立的内资保险公司、中外合资保险公司以及外国保险公司在中国境内的分公司。本条规定我国境内的法人和其他组织办理境内保险应向我国境内的保险公司投保，具有操作上的便利性。它便于保险人及时对保险事故进行勘验理赔，有利于被保险人及时获得补偿。这是一项维护保险当事人权益的措施。

第八条 【分业经营原则】保险业和银行业、证券业、信托业实行分业经营、分业管理，保险公司与银行、证券、信托业务机构分别设立。国家另有规定的除外。

条文解读

本条是对保险业与其他金融业实行分业经营、分业管理的规定。

保险业是金融业的重要组成部分。金融分业经营是指银行、证券、保险、信托等项金融业务实行相互分离经营。金融混业经营是指金融业的混合、交叉经营。本条规定了我国金融业分业经营原则。即在金融业内部实行专业化经营。严格的分业经营模式可以简单概括为:一个法人、一个执照、一类业务。

近年来,在严格建立防火墙隔离机制的前提下,银行、保险业也进行了建立金融控股集团的试点。为了有效防范金融风险,同时鼓励金融创新,根据实践发展的需要,法律规定保险业与其他金融业继续实行分业经营、分业管理的同时,规定“国家另有规定的除外”,以法律的形式为我国金融体制的进一步改革和保险市场的发展留了余地。

第九条 【保险监督管理机构】 国务院保险监督管理机构依法对保险业实施监督管理。

国务院保险监督管理机构根据履行职责的需要设立派出机构。派出机构按照国务院保险监督管理机构的授权履行监督管理职责。

条文解读

本条是关于保险业监督管理机构的规定。

保险业是国民经济的重要组成部分,是重要的金融服务行业。国家必须对保险业实施严格的监督管理,保护合法经营,制止违法经营,维护公平竞争的保险市场秩序。目前市场经济发达国家一般对保险业都采取实体性监管原则,即通过法律授予专门机构对保险业进行实体性监督和管理的权利,该机构依法律规定的条件对保险公司的设立进行审批,还要对已经成立的保险公司的市场行为进行监管以及对其偿付能力进行评估。

按照本条规定,国务院保险监督管理机构依法对保险业实施监督管理。这里的“国务院保险监督管理机构”指中国保险监督管理委员会[1]保监会作为全国保险业的监督管理机构，依照本法和国务院的规定对保险业实施监督管理。根据本条的规定，保监会可以设立派出机构，派出机构根据保监会的授权履行保险监管职责。

〔1〕 以下简称“保监会”。

第二章　保 险 合 同

本章介绍

本章是《保险法》的第二章，即保险合同部分，它包括三节内容。第一节（第 10 ~ 30 条）为一般规定，规定了人身保险合同和财产保险合同的共同规则，包括保险合同及其主体、保险合同订立原则、保险利益和保险标的、保险合同成立与生效、保险合同效力、保险合同解除、投保人如实告知义务、保险人说明义务、保险合同内容、无效格式条款、保险合同变更、通知义务、协助义务、理赔、拒绝赔付通知、先行赔付、诉讼时效、保险欺诈、再保险、再保险的保费及赔付以及争议条款解释。第二节（第 31 ~ 47 条）为人身保险合同，规定了人身保险利益、申报年龄不真实的处理、死亡保险的禁止、死亡保险合同的效力、保险费的支付、逾期支付保险费、合同效力的恢复、禁止通过诉讼要求支付保险费、受益人的确定、受益顺序及份额、受益人变更、保险金作为遗产情形、受益权丧失、被保险人自杀处理、免于赔付情形、保险人禁止追偿以及人身保险合同的解除。第三节（第 48 ~ 66 条）为财产保险合同，包括财产保险利益、保险标的转让、禁止解除合同、安全义务、危险增加通知义务、降低保险费、保费退还、保险价值确定、重复保险、防止或减少损失责任、赔偿解除、保险标的残值价值归属、代位求偿权、不能行使代位求偿权的法律后果、代位求偿权行使限制、协助行使代位求偿权、勘验费用承担、责任保险以及责任保险相应费用承担。

第十条　【保险合同及其主体】保险合同是投保人与保险人约定保险权利义务关系的协议。

投保人是指与保险人订立保险合同，并按照合同约定负有支付保险费义务的人。

保险人是指与投保人订立保险合同，并按照合同约定承担赔偿或者给付保险金责任的保险公司。

条文解读

本条是关于保险合同和保险合同主体的定义的规定。

（一）保险合同属于合同的一种，是投保人与保险人约定保险权利义务关系的协议，是保险活动最基本的法律表现形式。根据保险合同的约定，投保人向保险人支付保险费，保险人则对合同约定的发生的特定情形所造成的人身伤害或财产损失承担赔偿保险金的责任，这一约定就构成了投保人与保险人之间基本的保险权利义务关系。

保险合同具有合同的一般属性，如当事人的法律地位平等，应当遵循公平互利、协商一致、自愿订立的原则，合同的内容应当合法，当事人应当自觉履行合同。除此之外，保险合同还具有其自身特征：

第一，保险合同是双务合同，即合同的双方当事人相互享有权利，又相互负有义务。

第二，保险合同是射幸合同，即合同的效果在订立时是不确定的，保险人赔偿义务的实际履行带有偶然性。

第三，多数保险合同是附合合同，即在订立合同时，由保险人提出合同的内容，投保人只能作出同意或者不同意的选择，因此也称为格式合同或标准合同。

第四，保险合同是最大诚信合同，诚信是一般合同的基本要求，而保险合同所要求的不是一般的、相对的诚实守信，而是最大限度的诚实守信。

第五，保险合同是诺成合同、不要式合同。只要双方当事人意思表示一致，保险合同即告成立，并不以作成特定的形式为要件，保险单或者其他保险凭证等书面形式只是载明合同内容的凭证，因此保险合同是不要式合同。

（二）所谓投保人，又称要保人，是指与保险人订立保险合同，并按照保险合同约定负有支付保险费义务的人。投保人是任何保险合同不可或缺的当事人之一，既可以是自然人也可以是非自然人。投保人应当具备以下两个条件：第一，投保人必须具有相应的权利能力和行为能力，否则其订立的保险合同不发生法律效力；第二，投保人应承担支付保险费的义务，不论投保人是为自己利益还是为他人利益订立保险合同，均应承担支付保险费的义务。此外，人身保险的投保人在保险合同订立时，对被保险人应当具有保险利益。

（三）所谓保险人，又称承保人，是指与投保人订立保险合同，并承担赔偿或者给付保险金责任的保险公司。如同投保人一样，保险人也是保险合同中不可或缺的一方当事人，它具有以下三个法律特征：

第一，保险人是保险基金的组织、管理和使用者，它通过收取保险费而建立保险基金，以经营保险业务，在保险事故发生时依保险合同承担赔偿或者给付保险金的责任；

第二，保险人是履行赔偿损失或者给付保险金义务的人，该义务是依据法律规定或者保险合同确定的；

第三，保险人主要是得到国家保险监督管理机构的批准，取得经营保险业务许可证，并向工商行政管理部门办理登记，领取营业执照，依法成立的保险公司。法律、行政法规规定的其他保险组织也可以经营商业保险业务，并适用本法关于保险公司的规定。

第十一条　【保险合同订立原则】订立保险合同，应当协商一致，遵循公平原则确定各方的权利和义务。

除法律、行政法规规定必须保险的外，保险合同自愿订立。

条文解读

本条是对订立保险合同应当遵循的基本原则的规定。

当事人订立保险合同是一种民事法律行为，我国民事法律中有关民事活动的基本原则的规定都应适用于订立保险合同的活动，但保险合同有其特殊性，故本条明确规定了订立保险合同时还应遵循如下原则：

（一）协商一致原则。这要求双方当事人在自愿的基础上就订立保险合同充分表达自己的愿望和要求，并且应当尊重对方的利益，任何一方不得把自己的意志强加给对方，双方经过协商最终就合同的内容达成一致，共同决定相互之间的权利义务，进而签订保险合同。

（二）公平原则。遵循公平原则就是要求订立保险合同应当兼顾双方利益，合同双方当事人在法律地位上平等，当事人权利义务要对等，做到互惠互利。

（三）自愿订立原则。遵循自愿订立原则要求保险合同双方当事人在自愿的基础上自主订立，即双方当事人以自己的意志决定是否建立保险合同关系。除法律、行政法规规定必须保险的以外，任何单位和个人不得强制他人订立保险合同。

配套法规及解读

《中华人民共和国侵权责任法》(2009 年 12 月 26 日)

第四十八条 机动车发生交通事故造成损害的，依照道路交通安全法的有关规定承担赔偿责任。

《中华人民共和国道路交通安全法》(2011 年 5 月 1 日)

第七十六条 机动车发生交通事故造成人身伤亡、财产损失的，由保险公司在机动车第三者责任强制保险责任限额范围内予以赔偿；不足的部分，按照下列规定承担赔偿责任：

(一)机动车之间发生交通事故的，由有过错的一方承担赔偿责任；双方都有过错的，按照各自过错的比例分担责任。

(二)机动车与非机动车驾驶人、行人之间发生交通事故，非机动车驾驶人、行人没有过错的，由机动车一方承担赔偿责任；有证据证明非机动车驾驶人、行人有过错的，根据过错程度适当减轻机动车一方的赔偿责任；机动车一方没有过错的，承担不超过百分之十的赔偿责任。

交通事故的损失是由非机动车驾驶人、行人故意碰撞机动车造成的，机动车一方不承担赔偿责任。

《机动车交通事故责任强制保险条例》(2016 年 2 月 6 日修订)

第二十一条 被保险机动车发生道路交通事故造成本车人员、被保险人以外的受害人人身伤亡、财产损失的，由保险公司依法在机动车交通事故责任强制保险责任限额范围内予以赔偿。

道路交通事故的损失是由受害人故意造成的，保险公司不予赔偿。

第二十三条 机动车交通事故责任强制保险在全国范围内实行统一的责任限额。责任限额分为死亡伤残赔偿限额、医疗费用赔偿限额、财产损失赔偿限额以及被保险人在道路交通事故中无责任的赔偿限额。

机动车交通事故责任强制保险责任限额由保监会会同国务院公安部门、国务院卫生主管部门、国务院农业主管部门规定。

※法规解读：订立保险合同应当遵循自愿的原则，根据自愿原则参加的保险也

被称为自愿保险。除自愿保险以外还有一类保险是根据法律、行政法规规定必须参加的保险，也即法定保险。目前现行法律规定必须保险的主要有：《煤炭法》第44条规定的煤矿企业必须为煤矿井下职工办理意外伤害保险；《建筑法》第48条规定的建筑施工企业必须为从事危险作业的职工办理意外伤害保险；《海洋环境保护法》第66条规定的船舶油污责任保险；《公证法》第15条规定的公证执业责任保险；《企业破产法》第24条规定的个人担任破产管理人应当参加执业责任保险；《合伙企业法》第59条规定的特殊普通合伙企业应当办理职业保险；《道路交通安全法》第17条规定的行机动车第三者责任保险；《突发事件应对法》第27条规定的国务院有关部门、县级以上地方各级人民政府及其有关部门、有关单位应当为专业应急救援人员购买人身意外伤害保险。目前由行政法规规定的必须参加的保险主要有：《内河交通安全管理条例》第67条规定的船舶污染损害责任保险、沉船打捞责任保险；《旅行社管理条例》第22条规定的旅客旅游意外险；《防治海洋工程建设项目污染损害海洋环境管理条例》第27条规定的污染损害民事责任保险；《道路运输条例》第36条规定的旅客或者危险货物承运人责任险；《国务院关于通用航空管理的暂行规定》第7条规定的强制机身险和第三者责任险；《铁路旅客意外伤害强制保险条例》规定的铁路旅客意外伤害强制保险。除法律、行政法规规定必须保险的以外，都应是自愿保险，由投保人自行决定是否参加，保险公司和其他单位不得强制他人订立保险合同。

关联法规索引

《煤炭法》第44条；《建筑法》第48条；《海洋环境保护法》第66条；《公证法》第15条；《企业破产法》第24条；《合伙企业法》第59条；《突发事件应对法》第27条；《内河交通安全管理条例》第67条；《旅行社管理条例》第22条；《防治海洋工程建设项目污染损害海洋环境管理条例》第27条；《道路运输条例》第36条；《国务院关于通用航空管理的暂行规定》第7条；《铁路旅客意外伤害强制保险条例》

中国保险监督管理委员会关于禁止强制销售保险的紧急通知（保监消保〔2013〕634号）

典型案例

王某珍诉付某明等道路交通事故人身损害赔偿纠纷案[1]

※案情简介：原告王某珍诉称，2008年11月7日19时50分许，被告付某明驾驶川FR××××二轮摩托车载乘其妻、子从汉旺镇新开村经武都村往德茂公路方向行驶，行至绵竹市汉旺镇武都村十二组汉旺中学路段时，与原告发生碰挂，致原告受伤。事故发生后，原告到绵竹市人民医院住院治疗，于2008年12月11日出院，医嘱休息1个月，门诊随访。2008年11月20日，绵竹市公安局交通警察大队对此次事故作出认定，认定被告付某明在事故中负主要责任，原告负事故次要责任。2009年2月18日，原告所受伤经德阳正源司法鉴定中心鉴定为颅脑损伤致残程度属七级、头部损伤致残程度属十级。现请求人民法院依法判令二被告及第三人赔偿原告医疗费25,121.83元、卧具费30元、护理费1050元、住院伙食补助费350元、鉴定检查及复印费1046.50元、残疾赔偿金14,897.40元、交通费1067元、精神损害抚慰金10,000元，应扣除被告甄某友及第三人支付的医疗费15,000元。

被告付某明辩称，对原告所诉的事发经过无异议。被告付某明系被告甄某友的雇员，被告付某明是在完成被告甄某友交办的事项过程中发生的交通事故。

被告甄某友辩称，对原告所诉的事发经过无异议。被告甄某友系川FR××××二轮摩托车的车主。被告付某明系被告甄某友的雇员，交通事故也是在被告付某明完成被告甄某友交办事项的过程中发生的。原告要求赔偿的精神抚慰金太高。川FR××××二轮摩托车已在第三人处投保了机动车辆强制险，原告的损失应当由第三人赔偿。在事故发生后，被告甄某友向原告支付了医疗费10,000元。

第三人辩称，被告甄某友在第三人处购买了交通事故强制保险是事实，此次事故也发生在保险期间内。第三人只应在保险限额范围内对此次交通事故的损失进行赔偿，对原告的医疗费只赔偿10,000元。第三人不是本案的直接侵权人，原告要求的精神损害赔偿不应由第三人赔付；对原告提出的医疗费中的自费药品及无医院签章的票据所记载的费用不予赔偿；原告要求赔偿的残疾赔偿金所计算的年限过高，对超出部分不予赔偿；原告提供的交通费票据均是德阳与绵竹之间的，而

[1] 本案根据四川省德阳市绵竹市人民法院(2009)绵竹民初字第699号民事判决书整理。

原告居住在汉旺,就医在绵竹,原告提供的票据不符合事实,不予赔偿;原告要求的复印费不在赔偿范围内,不予赔偿。对其他赔偿项目无异议。第三人在事故发生后已支付了原告医疗费5000元。

法院认为,本案系机动车与行人之间发生的交通事故,被告付某明驾驶机动车与原告发生交通事故致原告受伤,应对原告因此次事故而发生的损失进行赔偿;因被告付某明系在从事雇主即被告甄某友交办事项过程中致原告受伤,根据《最高人民法院关于审理人身损害赔偿案件适用法律若干问题的解释》第九条的规定,被告付某明应承担的赔偿责任应由其雇主即被告甄某友承担;又由于被告甄某友已对事故机动车在第三人处购买了机动车交通事故责任强制保险,此次事故也发生在保险期间内,根据《道路交通安全法》第七十六条第一款"机动车发生交通事故造成人身伤亡、财产损失的,由保险公司在机动车第三者责任强制保险责任限额范围内予以赔偿"的规定,可以确定本案的赔偿义务人为第三人中国人民财产保险股份有限公司绵竹支公司。

关于原告的诉讼请求,第三人对原告要求赔偿护理费1050元、住院伙食补助费350元、鉴定及检查费1030元、卧具费30元的诉讼请求无异议,法院对原告的上述诉讼请求予以支持。

对原告要求的医疗费,第三人认为其只应在强制保险条款规定的赔偿限额10,000元以内予以赔付,法院认为,根据《机动车交通事故责任强制保险条例》第二十三条第二款的规定,机动车交通事故责任强制保险责任限额应由保监会会同国务院公安部门、国务院卫生主管部门、国务院农业主管部门规定,而第三人所称的赔偿限额并未经上述部门联合作出,因此,对第三人的该辩解理由不予采纳;第三人认为原告请求的医疗费中自费药品部分不应由其赔付,法院认为,从强制保险条款的内容来看,并未将自费药品列为免赔项目,且第三人在庭审过程中也未能举证证明原告所发生的医疗费中包含有自费药品,因此第三人的该辩解理由没有法律依据和事实依据,法院不予采信;关于医疗费用的具体金额,根据已认定的证据,对原告有证据证实的医疗费25,082.33元,本院予以支持。

对原告要求的残疾赔偿金14,897.4元,第三人辩解认为原告计算的赔偿年限有误,法院认为,原告出生于1938年7月8日,其定残之日为2009年2月18日,此时原告已满70周岁,未满71周岁,《最高人民法院关于审理人身损害赔偿案件适用法律若干问题的解释》第二十五条第一款规定的计算年限"六十周岁以上的,年龄每增加一岁减少一年”,是以周岁为计算依据,因此原告按10年计算是正确的,故对第三人的该辩解理由不予采信,因原告计算的标准和年限均符合法律规定,本院对其请求的残疾赔偿金14,897.4元予以支持。

关于原告要求的交通费,第三人认为原告主张的交通费不实,法院认为,原告主张的交通费金额过高,根据原告就医、鉴定的情况,将原告发生的交通费酌情确定为200元较为适宜。

关于原告要求的复印费16.5元,第三人辩解认为复印费不应在赔偿范围之内,本院认为,原告提供的复印费收据系鉴定机构出具,属于原告因鉴定而发生的费用,故对第三人的辩解不予采信,对原告要求的复印费16.5元予以支持。

关于原告要求赔偿的精神损害抚慰金,第三人认为其不是直接侵权人,故不应赔偿,法院认为,根据强制保险条款,第三人的赔偿责任包括被保险人依法应承担的精神损害抚慰金,因此原告要求赔偿精神损害抚慰金的请求符合规定,应予以支持;关于精神抚慰金的具体金额,法院综合考虑原、被告的过错、原告的残疾等级以及该残疾对其生活的影响程度,酌情确定为6000元。

综上所述,法院为保护当事人的合法权益,根据《民事诉讼法》第六十四条第一款,《道路交通安全法》第七十六条第一款,《最高人民法院关于审理人身损害赔偿案件适用法律若干问题的解释》第九条、第十七条、第十八条、第十九条、第二十一条、第二十二条、第二十三条、第二十五条之规定,判决如下:一、第三人中国人民财产保险股份有限公司绵竹支公司应于本判决生效之日起十日内向原告王某珍赔偿33,656.23元(其中,医疗费25,082.33元、护理费1050元、住院伙食补助费350元、鉴定检查及复印费1046.50元、残疾赔偿金14,897.40元、交通费200元、卧具费30元、精神损害抚慰金6000元,扣除被告甄某友及第三人已支付的医疗费15,000元)。二、驳回原告王某珍的其他诉讼请求。

※**裁判要旨**:机动车交通事故保险属于强制保险,根据《机动车交通事故责任强制保险条例》第二十三条第二款的规定,机动车交通事故责任保险责任限额应由保监会会同国务院公安部门、国务院卫生主管部门、国务院农业主管部门规定,而第三人所称的赔偿限额并未经上述部门联合做出,因此对第三人的抗辩理由不予采纳;第三人认为原告请求的医疗费中自非药品部分不应由其赔付,法院认为,从强制保险条款的内容上看,并未将自费药品列为免赔项目。

荣某英诉王某、永某财产保险股份有限公司江阴支公司机动车交通事故责任纠纷案〔1〕

※案情简介:2012年2月10日14时45分许,王某驾驶号牌为苏MT××××的轿车,沿江苏省无锡市滨湖区蠡湖大道由北往南行驶至蠡湖大道大通路口人行横道线时,碰擦行人荣某英致其受伤。2月11日,滨湖交警大队作出《道路交通事故认定书》,认定王某负事故的全部责任,荣某英无责。事故发生当天,荣某英即被送往医院治疗,发生医疗费用30,006元,王某垫付20,000元。荣某英治疗恢复期间,以每月2200元聘请一名家政服务人员。号牌苏MT××××轿车在永某保险公司投保了机动车交通事故责任强制保险,保险期间为2011年8月17日0时起至2012年8月16日24时止。原、被告一致确认荣某英的医疗费用为30,006元、住院伙食补助费为414元、精神损害抚慰金为10,500元。荣某英申请并经无锡市中西医结合医院司法鉴定所鉴定,结论为:(1)荣某英左桡骨远端骨折的伤残等级评定为十级;左下肢损伤的伤残等级评定为九级。损伤参与度评定为75%,其个人体质的因素占25%。(2)荣某英的误工期评定为150日,护理期评定为60日,营养期评定为90日。

原告荣某英诉称:要求两被告赔偿医疗费用30,006元、住院伙食补助费414元、营养费1620元、残疾赔偿金27,658.05元、护理费6000元、交通费800元、精神损害抚慰金10,500元,并承担本案诉讼费用及鉴定费用。

被告永某财产保险股份有限公司江阴支公司(以下简称永某保险公司)辩称:对于事故经过及责任认定没有异议,其愿意在交强险限额范围内予以赔偿;对于医疗费用30,006元、住院伙食补助费414元没有异议;因鉴定意见结论中载明"损伤参与度评定为75%,其个人体质的因素占25%",故确定残疾赔偿金应当乘以损伤参与度系数0.75,认可20,743.54元;对于营养费认可1350元,护理费认可3300元,交通费认可400元,鉴定费用不予承担。

被告王某辩称:对于事故经过及责任认定没有异议,原告的损失应当由永某保险公司在交强险限额范围内优先予以赔偿;鉴定费用请求法院依法判决,其余各项费用同意保险公司意见;其已向原告赔偿20,000元。

〔1〕 本案根据2014年1月26日最高人民法院第六批第24号指导案例(法〔2014〕18号)整理。

一审法院依据鉴定意见结论中载明的“损伤参与度评定为75%，其个人体质的因素占25%”，确认残疾赔偿金27,658.05元扣减25%为20,743.54元。

江苏省无锡市滨湖区人民法院于2013年2月8日作出(2012)锡滨民初字第1138号判决：一、被告永某保险公司于本判决生效后十日内赔偿荣某英医疗费用、住院伙食补助费、营养费、残疾赔偿金、护理费、交通费、精神损害抚慰金共计45,343.54元。二、被告王某于本判决生效后十日内赔偿荣某英医疗费用、住院伙食补助费、营养费、鉴定费共计4040元。三、驳回原告荣某英的其他诉讼请求。宣判后，荣某英向江苏省无锡市中级人民法院提出上诉。无锡市中级人民法院经审理于2013年6月21日以原审适用法律错误为由作出(2013)锡民终字第497号民事判决：一、撤销无锡市滨湖区人民法院(2012)锡滨民初字第1138号民事判决。二、被告永某保险公司于本判决生效后十日内赔偿荣某英52,258.05元。三、被告王某于本判决生效后十日内赔偿荣某英4040元。四、驳回原告荣某英的其他诉讼请求。

法院生效裁判认为：《侵权责任法》第二十六条规定：“被侵权人对损害的发生也有过错的，可以减轻侵权人的责任。”《道路交通安全法》第七十六条第一款第(二)项规定，机动车与非机动车驾驶人、行人之间发生交通事故，非机动车驾驶人、行人没有过错的，由机动车一方承担赔偿责任；有证据证明非机动车驾驶人、行人有过错的，根据过错程度适当减轻机动车一方的赔偿责任。因此，交通事故中在计算残疾赔偿金是否应当扣减时应当根据受害人对损失的发生或扩大是否存在过错进行分析。本案中，虽然原告荣某英的个人体质状况对损害后果的发生具有一定的影响，但这不是《侵权责任法》等法律规定的过错，荣某英不应因个人体质状况对交通事故导致的伤残存在一定影响而自负相应责任，原审判决以伤残等级鉴定结论中将荣某英个人体质状况“损伤参与度评定为75%”为由，在计算残疾赔偿金时作相应扣减属适用法律错误，应予纠正。

※裁判要旨：交通事故的受害人没有过错，其体质状况对损害后果的影响不属于可以减轻侵权人责任的法定情形。本案例还涉及保险金赔付是否应当依据损伤“参与度”问题。本案例中，被告王某驾驶的机动车在被告永某保险公司投保了机动车交通事故责任强制保险。原告荣某英将永某保险公司一同告上法庭。被告永某保险公司的一项抗辩理由即认为应当按照伤残鉴定意见结论确定的损伤“参与度”对应赔偿的保险金作相应扣减。法院认为保险公司的主张没有法律依据，故不

采纳其抗辩理由。保险公司关于依损伤"参与度"扣减保险赔偿金的抗辩，与交强险或商业保险的设置目的及赔付规则是不相符的。以交强险为例，根据《道路交通安全法》第七十六条，《机动车交通事故责任强制保险条例》第二十一条、第二十三条的规定，明确了机动车发生交通事故，保险公司在机动车第三者责任强制保险责任限额范围内的赔付责任。可见，在确定交强险赔付责任时，我国相关立法并没有因受害人体质状况对损伤存有参与度须作相应扣减的规定，保险公司的免责事由仅限于受害人故意造成交通事故的情形，即便是投保机动车无责，保险公司也应在交强险无责限额内予以赔偿。因此，对于交通事故受害人符合法律规定的赔偿项目和标准的损失，均属交强险的赔付范围，参照损伤"参与度"而对交强险赔付责任进行扣减是没有法律依据的。

第十二条 【保险利益、保险标的】 人身保险的投保人在保险合同订立时，对被保险人应当具有保险利益。

财产保险的被保险人在保险事故发生时，对保险标的应当具有保险利益。

人身保险是以人的寿命和身体为保险标的的保险。

财产保险是以财产及其有关利益为保险标的的保险。

被保险人是指其财产或者人身受保险合同保障，享有保险金请求权的人。投保人可以为被保险人。

保险利益是指投保人或者被保险人对保险标的具有的法律上承认的利益。

条文解读

本条是关于保险利益、保险标的的规定。

（一）所谓保险利益又称可保利益，按照本条第6款的规定，是指投保人或者被保险人对保险标的具有的法律上承认的利益。具体而言，这种利益关系体现在两个方面：一是保险事故发生，投保人或者被保险人因保险标的遭受损失或伤害而受到损害；二是保险事故未发生，投保人或者被保险人因保险标的的安全而受益。

（二）根据保险标的不同，保险合同分为人身保险和财产保险。

1. 人身保险是指以人的寿命和身体为保险标的，即以被保险人的生与死、意外伤害和疾病等为保险事故的保险。人身保险具有以下特点：第一，人身保险中的被保险人仅限于有生命的自然人。因为人身保险是以人的寿命和身体作为保险标的，以被保险人的死亡、伤残、疾病或达到合同约定的年龄、期限作为保险事故的保险，非自然人或未出生的胎儿以及死者，都不能作为保险对象。第二，人身保险中的保险金额，是由保险合同当事人根据被保险人的需要和投保人支付保险费的能力约定的。由于作为保险标的的人的寿命和身体难以用金钱计算价值，所以在人身保险中不存在保险价值，不会出现保险金额超过保险价值，或者保险金额低于保险价值的情形，也不适用按实际损失承担赔偿责任的原则。

2. 财产保险是指以财产及由财产所产生的有关利益为保险标的的保险。财产保险具有以下主要特征：

第一，财产保险的保险标的是财产以及由财产所产生的有关利益。具体可以分为三个方面：一是有形的物质财产如房屋、汽车、机器设备；二是无形财产，主要包括由财产所产生的各种财产权利如财产使用权；三是损害赔偿责任，这是指被保险人在因过失行为对他人造成损害，使他人财产遭受损失时，依法应当承担的民事赔偿责任。

第二，财产保险具有补偿性，它主要是以补偿被保险人因保险事故遭受的经济损失为目的订立的合同。保险财产或者与财产有关的利益都有确定的价值，在保险事故发生后，可以由保险人评定被保险人的实际损失，支付保险赔偿金，给予补偿。

第三，财产保险以赔偿实际损失为原则。在财产保险中，应记载保险金额，这是根据保险标的的价值确定的赔偿保险金的最高限额。当发生保险事故时，保险人应当以保险金额为限，按照保险标的的实际损失进行赔偿。

（三）所谓被保险人，按照本条第 5 款的规定，是指其财产或者人身受保险合同保障，享有保险金请求权的人，投保人可以为被保险人。首先，被保险人是受保险合同保障的人，即保险事故发生时遭受损失的人，具体来讲财产保险的被保险人是对保险财产具有保险利益的人，如所有权人、经营管理人、使用权人、抵押权人等，人身保险的被保险人是对其自身的生命及身体取得保险保障的人；其次，被保险人是享有保险金请求权的人，由于被保险人是因保险事故而遭受损失的人，保险人的赔偿自然应当以被保险人为给付对象。保险的投保人与被保险人在保险合同订立、履行过程中依其不同的法律地位，给予不同的称谓，不可混为一谈。

配套法规及解读

《保险法》(2015 年 4 月 24 日修订)

第三十一条　投保人对下列人员具有保险利益：

(一)本人；

(二)配偶、子女、父母；

(三)前项以外与投保人有抚养、赡养或者扶养关系的家庭其他成员、近亲属；

(四)与投保人有劳动关系的劳动者。

除前款规定外，被保险人同意投保人为其订立合同的，视为投保人对被保险人具有保险利益。

订立合同时，投保人对被保险人不具有保险利益的，合同无效。

第四十八条　保险事故发生时，被保险人对保险标的不具有保险利益的，不得向保险人请求赔偿保险金。

※法规解读：根据《保险法》第 12 条、第 31 条、第 48 条的规定，人身保险的投保人在保险合同订立时，对被保险人应当具有保险利益。财产保险的被保险人在保险事故发生时，对保险标的应当具有保险利益。

(一)人身保险合同中的保险利益

其中投保人以自己为被保险人进行投保时，其对自身具有保险利益毋庸置疑。对于“投保人以他人的身体或寿命为标的进行投保”的情形，各国确认的标准不一。我国采用利益和同意兼顾原则，即当投保人和被保险人之间有经济利益或其他利害关系时，投保人对被保险人有保险利益；当投保人和被保险人之间没有经济利益或其他利害关系时，如果投保人征得被保险人同意，投保人对被保险人有保险利益。

人身保险的投保人在保险合同订立时，对被保险人应当具有保险利益。即在人身保险合同中，只有对保险标的具有保险利益的人，才具有投保人的资格。投保人对保险标的不具有保险利益的，不能与保险人订立保险合同。至于在发生保险事故时，投保人是否对被保险人具有保险利益，对于保险合同的效力没有影响。这是因为，要求投保人在订立合同时对被保险人具有保险利益，可以避免发生道德危险；同时由于人身保险合同保险期限较长（如寿险）并具有储蓄性，因此只强调在订立合同时投保人必须具有保险利益，而在给付保险金时并不追究有无保险利益，即使投保人对被保险人因离婚、雇佣合同解除或者其他原因丧失保险利益，也不影响保险合同的效力，保险人仍应承担给付保险金的责任。

（二）财产保险的被保险人在保险事故发生时，对保险标的应当具有保险利益

财产保险合同中的保险利益，是指投保人或被保险人对保险标的物所具有的某种合法的经济利益。其应当符合以下条件：合法性、经济性、确定性。财产保险利益主要包括现有利益、期待利益和责任利益三种。现有利益是保险合同订立时已经存在，保险事故发生时丧失的利益。主要包括对保险标的的所有权利益、占有利益、用益物权利益以及担保物权利益等。期待利益是保险合同订立时不存在，但基于现有权利而未来可能获得的利益。责任利益是保险合同订立时不存在，保险事故发生时依法产生的被保险人应当承担的责任，如被保险人的侵权责任。随着现代保险业的发展，一方面考虑到要防止道德风险，另一方面也要适应保险实务多样性的需要，应允许投保人为他人投保。现行《保险法》对财产保险合同没有要求在合同订立时投保人对保险标的必须具有保险利益，但要求在发生保险事故时，被保险人对保险标的必须具有保险利益。根据本法第 48 条的规定，保险事故发生时，被保险人对保险标的不具有保险利益的，不得向保险人请求赔偿保险金。

关联法规索引

《海商法》第 218 条

典型案例

沈某诉上海海博出租汽车有限公司等意外伤害保险合同纠纷案[1]

※案情简介：上海市浦东新区人民法院经公开审理查明：2011 年 10 月 19 日 23 时 40 分许，韩某丽驾驶张某军所有的牌号为浙 C 小型客车行驶至本市普陀区金沙江路、真光路口处与原告沈某乘坐的由沙某光驾驶的牌号为沪 E 的出租车相

〔1〕 本案根据上海市第一中级人民法院（2014）沪一中民六（商）终字第 322 号民事判决书整理。

撞后，再次与案外人乔某青驾驶的处于停止状态的牌号为沪B的大货车相撞。上述出租客车与大货车并未碰撞。事故致使原告受伤。上海市公安局普陀分局交通警察支队出具事故认定书，认定韩某丽转弯未让直行，负事故全部责任，原告、沙某光及乔某青均无责任。事故发生后，原告至上海市普陀区中心医院就诊，诊断为：头、胸、右髋多处软组织受伤，右股骨大粗隆骨折。司法鉴定科学技术研究所司法鉴定中心接受上海市公安局普陀分局交通警察支队委托，对原告损伤后的伤残等级及三期进行鉴定，结论为：原告构成交通事故十级伤残，休息期为120～150日，护理期为90日，营养期为60日。肇事车辆浙C小型客车在中国平安财产保险股份有限公司上海分公司（以下简称平安保险公司）投保了"交强险"，限额为122,000元。2012年8月30日，上海市普区人民法院以（2012）普民一（民）初字第3578号民事判决书，判决：（1）平安保险公司赔偿原告医疗费2825.70元、营养费1800元，共计4625.70元；（2）平安保险公司赔偿原告精神损害抚慰金5000元、残疾赔偿金72,460元、误工费13,250元、护理费3600元、残疾辅助器具费190元、交通费262元，共计94,762元；（3）韩某丽赔偿原告鉴定费1930元及律师代理费5000元，共计6930元。

原告乘坐的沪E出租车，隶属于通达出租公司，事故发生之后已经由被告海博出租公司收购，该车辆由被告通达出租公司向被告人寿保险公司投保了出租汽车/租赁车乘客意外伤害保险，该保险理赔实施细则规定，关于5座以下出租车造成残疾事故的保险项目及保额进行了约定。

另查明：《上海市出租汽车管理条例》（2006年修正）第二十条规定，经营者及其从业人员应当执行由市场物价部门批准的收费标准，并且按照规定使用由交通局会同税务部门印制的车费发票，客运车费中包括乘客意外伤害保险费。该条例于2011年12月22日经上海市人民代表大会常务委员会予以部分修改，关于第二十条未予修改。

另查明：原告确认，上海市普通区人民法院以（2012）普民一（民）初字第3578号民事判决书确定的赔偿金额已获得赔偿。

原告沈某诉称：2011年10月19日，原告乘坐车牌号为沪E的海博出租车，行驶至普陀区金沙江路、真光路口时，与案外人韩某丽驾驶的牌号为浙C小型客车发生交通事故，致原告受伤。2012年5月15日，经司法鉴定科学技术研究所司法鉴定中心鉴定，原告所受伤构成十级伤残。原告因本次事故造成的损失为医疗费人民币2825.70元、交通费262元、误工费38,230.35元、护理费3600元、营养费2400元、残疾赔偿金72,460元、鉴定费1930元、残疾辅助器具费190元、精神损害抚慰金10,000元、律师费10,000元,合计141,898.05元。沪E车登记在通达出租公司名下,但其车身标识、车身颜色均为海博出租公司,同时海博出租公司为通达出租公司的独资股东,故海博出租公司和通达出租公司对事故应承担连带责任。海博出租公司向被告人寿保险公司投保了乘客人身意外伤害保险,人寿保险公司理应对原告乘坐本次出租车受到的伤害承担赔偿责任。据此,原告请求判令:被告人寿保险公司赔偿原告意外伤害身体残疾保险金10,000元、意外伤害医疗费用2825.70元、意外伤害补偿费用106,880.35元(其中,误工补助费38,230.35元、护理费3600元、营养费2400元、残疾辅助器具费190元、残疾补偿金62,460元)计119,706.05元;请求判令被告海博出租公司、被告通达出租公司共同赔偿原告交通费262元、律师费10,000元、精神损害抚慰金10,000元、鉴定费1930元、公证费1000元,以及赔偿被告人寿保险公司赔偿不足部分的金额(如果法院对原告第一项诉请中确认超过人寿保险公司应赔偿的部分,原告认为应该由剩余二被告承担);本案诉讼费由三被告承担。

被告海博出租公司、被告通达出租公司辩称:发生事故以后,在普陀区人民法院已经经过了侵权诉讼,两被告已经履行了赔偿义务。就本案的医疗费、残疾赔偿金等一系列费用,伤者都已经得到了赔偿,不应该再重复要求我方赔偿。通达出租公司已经被海博出租公司收购,收购在事故发生之后,发生事故的车辆是隶属于通达出租公司的,尚未变更至海博出租公司。如果有赔偿责任,我们的意见是由海博出租公司来承担赔偿责任,因为通达出租公司已经被海博出租公司收购,虽然未注销,但通达出租公司实际已经不存在。对原告主张的交通费不予认可,我们在侵权案件中已经支付过了;对本案的律师费10,000元,由法院依法判决;精神损害抚慰金、鉴定费,侵权案件已经判决,不应该重复承担;公证费,由法院依法处理。

被告人寿保险公司辩称:原告主张的保险关系属实,事故也确实发生在保险期限内。根据意外伤害保险的发票和理赔实施细则,出租车乘客的意外伤害保险,被告承担70%的责任,中国平安财产保险股份有限公司承担30%的赔偿责任。就原告主张的诉请,对原告的第一项诉请中,意外伤害身体残疾保险金10,000元没有异议,同意赔付;意外伤害医疗费用2825.70元,在理赔实施细则中,载明医疗费中要扣除被保险人从当地社会基本医疗或其他途径获得的补偿,根据侵权案件的判决，原告已经获得了充分的赔偿，被告不承担赔偿责任；意外伤害补偿费用106,880.35元，在理赔实施细则第三点中载明，承运人的责任已经在侵权案件中明确并已经承担，所以在本案中不存在责任。对于原告欲重复要求被告承担保险责任，被告认为，原告从中取得了不当利益，而且其主张的伤害赔偿费用也超过了保险赔偿的限额50,000元。本案中通达出租公司出租车驾驶员没有承担事故责任，根据约定，驾驶员对原告不产生补偿费用，所以我们也不应当承担意外伤害补偿费用的赔偿责任。有些费用已经在侵权案件中确定，比如，精神损害抚慰金，已经得到了法院的确认，不应该再重复赔偿。至于律师费，在运输合同和保险合同中，原告不能主张。公证费1000元，因为侵权案件的关系，原告通过公证的形式提起本案诉讼，不应该由运输合同的另外一方来承担责任。

上海市浦东新区人民法院经审理认为：系争保险合同主要涉及意外伤害身体残疾保险金、医疗费用、补偿费用三项。关于身体残疾保险金和医疗费用：系争保险既包括伤残赔偿金等人身保险，也包括医疗费、误工费等财产保险，属于综合性保险。按照《保险法》的规定，财产保险以填补损失为原则，通过其他途径获得赔偿的，不再重复赔付；人身保险则以人的生命和身体为保险标的，在获得韩某丽的赔偿后，原告可以继续依法要求人寿保险公司赔付。关于保险金中的补偿费用：虽然理赔细则未明确无责赔付比例，也未约定无责免赔，但从合同约定驾驶员承担事故责任比例从次责至全责由低到高承担相应比例来看，主要是对驾驶员未安全驾驶的行为进行惩罚。合同约定，驾驶员承担次责的，被告人寿保险公司应承担95%的赔付责任，而本次事故中，出租车驾驶员已尽到谨慎驾驶义务，在事故中不承担责任，被告人寿保险公司反而主张不承担赔付责任，显然不能达到当初保险合同的缔约目的，失去了乘客意外伤害保险的保障作用。故本院按照费用性质和理赔细则限额等，依法判决人寿保险公司赔付原告意外伤害身体残疾保险金10,000元、补偿费用50,000元；对医疗费2825.70元不予支持。至于原告要求两被告出租车公司承担的律师费、公证费及其他费用，由于依法不应由出租车公司承担或已得到韩某丽的赔偿等，本院依法不予支持。

上海市浦东新区人民法院依照《合同法》第六十条第一款，《保险法》第二条、第二十三条，《最高人民法院关于民事诉讼证据的若干规定》第二条的规定，判决如下：

(1)被告中国人寿保险股份有限公司上海市分公司应于本判决生效之日起十

日内赔付原告沈某保险金人民币60,000元;(2)驳回原告沈某的其余诉讼请求。

上诉人沈某诉称:被上诉人人寿保险公司在理赔限额200,000元内又进一步对理赔作了限定,免除了其义务,排除了投保人的权利,相关条款应属无效;上诉人主张的律师费、公证费系合理、必要的费用,被上诉人海博出租公司及通达出租公司未及时申请理赔,导致上诉人不得不提起本案诉讼,产生诉讼费用损失,故上述两被上诉人应承担相应民事责任。上诉人据此请求二审法院撤销原判,改判支持其一审对被上诉人人寿保险公司的全部诉讼请求,判令被上诉人海博出租公司、通达出租公司赔偿其律师费10,000元、公证费1000元。

被上诉人海博出租公司、通达出租公司、人寿保险公司共同辩称:相关保险合同条款合法有效,上诉人主张的律师费、公证费缺乏依据,请求驳回上诉、维持原判。

上海市第一中级人民法院经审理,确认一审法院认定的事实和证据。

上海市第一中级人民法院经审理认为:依照《保险法》第二条、第十二条第三款的规定,财产险被保险人之保险金理赔请求权成立的前提为存在因保险事故而造成的财产损失,如被保险人的该种损失已通过其他法律关系的当事人承担其他民事责任而得到填补,则被保险人亦将丧失相应的保险金理赔请求权。现上诉人要求被上诉人人寿保险公司予以赔付的钱款中,除身体残疾保险金外,其余均为财产性损失,上诉人亦已明确该种损失均已由第三人实际赔偿,故原审判决被上诉人人寿保险公司给付的保险金已超出上诉人的权利范围,上诉人再行要求被上诉人人寿保险公司予以赔付,缺乏事实与法律依据,本院对其主张不予采信。

就上诉人还主张由被上诉人海博出租公司、通达出租公司承担本案的律师费、公证费,本院认为,本案上诉人的诉请为基于被保险人的合同地位,向保险人主张保险金请求权,而上诉人为提起本案诉讼支付的上述费用,并非本案保险合同约定的赔付范围,亦与本案保险合同法律关系并非同一法律关系。前述两被上诉人是否应对上诉人的此种费用承担赔偿责任,并非本案审理范围,上诉人可另行主张其权利。且上诉人上述主张的基础为前述两被上诉人存在怠于行使权利的过错,而上诉人作为系争保险合同的被保险人行使其相应保险金理赔请求权,并不以前述两被上诉人履行相关义务为前提,故上诉人所称的相关过错并不成立。上诉人的上述主张,缺乏事实与法律依据,本院亦不予采信。

上海市第一中级人民法院依照《民事诉讼法》第一百七十条第一款第(一)项

的规定,判决如下:驳回上诉,维持原判。

※裁判要旨:经营者及其从业人员应当执行由市场物价部门批准的收费标准,并且按照规定使用由市交通局会同市税务部门印制的车费发票,客运车费中包括乘客意外伤害保险费。乘坐出租客车具有对该保障项目的知情权,其发生交通事故,可以获得相应的乘客意外伤害保险的保障。在人寿保险公司对涉案保险关系予以确认并确认乘客乘坐事故车辆发生事故亦在保险期限内的情况下,作为被保险人的出租车乘客具有保险金请求权。本案所涉意外伤害保险承保范围既包括伤残及身故赔偿金,亦包含医疗费、误工费等财产性损失,故此意外伤害保险实质系兼容财产险及人身险的综合性保险。财产保险以填补损失为原则,通过其他途径获得赔偿的,不再重复赔付;人身保险则以人的生命和身体为保险标的,在获得韩某丽的赔偿后,被保险人可以继续依法要求人寿保险公司赔付。

第十三条　【保险合同成立与生效】投保人提出保险要求,经保险人同意承保,保险合同成立。保险人应当及时向投保人签发保险单或者其他保险凭证。

保险单或者其他保险凭证应当载明当事人双方约定的合同内容。当事人也可以约定采用其他书面形式载明合同内容。

依法成立的保险合同,自成立时生效。投保人和保险人可以对合同的效力约定附条件或者附期限。

条文解读

本条是对保险合同成立和生效的规定。

(一)订立保险合同是投保人与保险人的双方法律行为,保险合同的订立过程,是投保人和保险人意思表示趋于一致的过程,在双方意思表示一致的基础上,双方最终达成协议,保险合同才能成立。订立保险合同与其他合同一样,要经过要约和承诺两个步骤。由于保险活动与保险合同的特殊性,在订立保险合同过程中,要约通常由投保人提出,而由保险人承诺给予保险保障。由于保险合同是诺成合同、非要式合同,在保险实务中,投保人可以书面方式也可以口头方式向保险人提出要约;保险人表示承诺的方式可以是口头同意承保,也可以是签字盖章或者采取表明其承保的其他方式。总之,只要双方当事人协商一致,保险合同即告成立,不能仅以保险单等保险凭证出具与否来衡量和判断合同是否成立,保险合同的这一特点,有利于使被保险人在保险合同成立后,保险单等保险凭证签发前的这段时间内能够获得保险保障。

(二)保险合同成立后,保险人应当及时向投保人签发保险单或者其他保险凭证,并在保险单或者其他保险凭证中载明当事人双方约定的合同内容。这是保险人在保险合同成立后应履行的法定义务。载明合同内容的凭证主要有以下几种:

1. 保险单,是投保人与保险人之间订立的保险合同的书面凭证,它由保险人签发给投保人,是最基本的载明合同内容的形式。

2. 保险凭证,是保险人签发给投保人以证明保险合同业已生效的文件,它是一种简化的保险单,与保险单具有同样的作用和效力。

3. 投保单,是投保人向保险人递交的书面要约。为准确迅速处理保险业务,投保单的格式和项目都由保险人设计,附格式条款,并以规范的形式提出。在保险人出具正式保险单后,投保单成为保险合同的组成部分。

4. 暂保单,是在正式保险单出具之前先给予投保人的一种临时保险凭证,它具有与正式保险单同等的法律效力,并于正式保险单交付时自动失效。

在订立保险合同过程中,由于保险标的的特殊性不能采用标准的保险单时,投保人与保险人需要就保险标的及保险保障的一些问题进行具体协商,经双方同意形成合同内容。所以,本条第 2 款规定,当事人可以采用其他书面协议形式载明合同内容。

(三)保险合同的生效是指保险合同对当事人双方发生约束力,即合同条款产生法律效力。一般而言,合同一经依法成立,即发生法律效力。依据本条规定,投保人和保险人可以对合同的效力约定附条件或者附期限。

1. 附条件是指合同当事人自己约定的、未来有可能发生的、用来限定合同效力的某种合法事实。所附条件可分为生效条件和解除条件。生效条件是指使合同的效力发生或者不发生的条件,在此条件出现之前,合同的效力处于不确定状态,当此条件出现后,即条件成就后,合同生效;当条件没有出现,合同不生效。

2. 附期限是指双方当事人约定的将来的某个时间。合同中的附期限可分为附生效期限和附终止期限。生效期限又称为始期,是指以其到来使合同发生效力的期限。该期限的作用是延缓合同效力的发生,其作用与附条件合同中的生效条件相当。合同在该期限到来之前,其效力处于停止状态,待期限到来时,合同的效力才发生。终止期限是指以其到来使合同效力消灭的期限。保险合同附期限一般为附期限生效。

配套法规及解读

《保险法解释二》(2013年5月31日)

第三条 投保人或者投保人的代理人订立保险合同时没有亲自签字或者盖章,而由保险人或者保险人的代理人代为签字或者盖章的,对投保人不生效。但投保人已经交纳保险费的,视为其对代签字或者盖章行为的追认。

保险人或者保险人的代理人代为填写保险单证后经投保人签字或者盖章确认的,代为填写的内容视为投保人的真实意思表示。但有证据证明保险人或者保险人的代理人存在保险法第一百一十六条、第一百三十一条相关规定情形的除外。

《民法总则》(2017年3月15日)

第一百七十一条 行为人没有代理权、超越代理权或者代理权终止后,仍然实施代理行为,未经被代理人追认的,对被代理人不发生效力。

相对人可以催告被代理人自收到通知之日起一个月内予以追认。被代理人未作表示的,视为拒绝追认。行为人实施的行为被追认前,善意相对人有撤销的权利。撤销应当以通知的方式作出。

行为人实施的行为未被追认的,善意相对人有权请求行为人履行债务或者就其受到的损害请求行为人赔偿,但是赔偿的范围不得超过被代理人追认时相对人所能获得的利益。

相对人知道或者应当知道行为人无权代理的,相对人和行为人按照各自的过错承担责任。

第一百七十二条 行为人没有代理权、超越代理权或者代理权终止后,仍然实施代理行为,相对人有理由相信行为人有代理权的,代理行为有效。

《合同法》(1999年3月15日)

第四十八条 行为人没有代理权、超越代理权或者代理权终止后以被代理人名义订立的合同,未经被代理人追认,对被代理人不发生效力,由行为人承担责任。

相对人可以催告被代理人在一个月内予以追认。被代理人未作表示的,视为拒绝追认。合同被追认之前,善意相对人有撤销的权利。撤销应当以通知的方式作出。

第四十九条 行为人没有代理权、超越代理权或者代理权终止后以被代理人名义订立合同,相对人有理由相信行为人有代理权的,该代理行为有效。

《保险法》(2015 年 4 月 24 日修订)

第一百二十七条 保险代理人根据保险人的授权代为办理保险业务的行为,由保险人承担责任。

保险代理人没有代理权、超越代理权或者代理权终止后以保险人名义订立合同,使投保人有理由相信其有代理权的,该代理行为有效。保险人可以依法追究越权的保险代理人的责任。

※法规解读:无权代理分为广义的无权代理和狭义的无权代理。广义的无权代理包括表见代理和狭义的无权代理。从广义上说,只要代理人在从事代理行为时没有代理权或者超越了代理权限,都是无权代理。从狭义上说,无权代理仅指除表见代理以外的无权代理。狭义的无权代理,主要是指根本没有代理权、本人的授权行为无效、超越代理权限、代理权消灭以后进行的代理。表见代理,是指在无权代理的场合,如果善意相对人客观上有正当理由相信无权代理人具有代理权,从而与其发生法律行为,则该法律行为的效果直接由被代理人承担。我国现行法律中,《民法总则》第 172 条、《合同法》第 49 条、《保险法》第 127 条规定了表见代理;《民法总则》第 171 条、《合同法》第 48 条均规定了狭义的无权代理,《保险法》中未规定狭义的无权代理,《保险法解释二》第 3 条对这一漏洞进行了补充。

鉴于代投保人签章的主体系保险合同的相对方保险人或其代理人,具有明显的特殊性,决定了这里探讨的无权代理问题仅限于狭义的无权代理,不会涉及表见代理问题。

(一)关于保险合同订立时保险人或其代理人代投保人签章的法律后果

1. 无权代理人所签订的合同是效力待定的合同

合同效力待定,是指合同订立时未产生效力,因为它在法律行为本身之外还欠缺某种生效要件,若该要件在合理的期限内具备了,它也可以产生法律效力。无权代理人签订的合同,因为欠缺被代理人的意思表示即缺少合同有效的条件,因此该合同对被代理人不发生相应的效力。无权代理人签订的合同有可能违反被代理人的意思,侵害其利益,但也有可能符合被代理人的意愿,对其利益有所促进作用,因此，应当把是否接受该合同的决定权赋予被代理人。如果被代理人追认，则该合同对被代理人产生效力。否则，对其不产生效力。这仍然是意思自治的体现。因此，这里的效力待定，是指对被代理人是否发生效力的状态不确定，被代理人可以通过追认使合同产生法律效力。

就无权代理合同的效力未定状态，可以使其效力状态确定的主体包括被代理人与相对人。具体体现为，被代理人有追认权，相对人有催告权和撤销权。无权代理人没有任何权利使合同效力归于确定，且在不被追认场合（对被代理人不生效力），要承担责任。此所谓承担责任，是指由该无权代理人自己作为当事人履行该民事行为中对相对人的义务，或者不能履行时对善意相对人承担损害赔偿责任。但在相对人属于恶意即明知代理人无代理权的情形，无权代理人可以不承担损害赔偿责任。

2. 关于被代理人的追认权

被代理人的追认权，性质上属于形成权。追认是一种单方法律行为，是被代理人对无权代理行为在事后予以承认的一种单方意思表示，一经被代理人追认，无须相对人的同意即可发生法律效力，成为有权代理。追认实质上是事后授权。这种合意使被代理人与行为人之间形成了一种事后委托合同关系。追认具有溯及既往的效力，即一旦追认，因无权代理订立的合同从成立之时即产生法律效力。在本人尚未追认以前，无权代理合同虽然已经订立，但并没有实际生效。追认既然是本人所享有的一种权利，那么本人有权作出追认，也有权拒绝追认。如果本人明确表示拒绝追认，则无权代理行为自始无效，因无权代理订立的合同不能对本人产生法律效力。追认既可以是明示的，也可以是默示的。所谓明示追认，是指一方当事人（本人）做出的、将未经其授权的代理行为视为已授权行为、并成为该行为一方当事人的明确的意思表示。默示追认也称暗示追认，指从本人的言语、行为（含作为与不作为），以及相关情形中推断出本人对未经其授权的，但以其名义或为其利益而为的代理行为的追认。本条第2款规定的“但投保人已经交纳保险费的，视为其对代签字或者盖章行为的追认”可以认为是一种默示追认。保险合同的权利义务由作为被代理人的投保人承担。

（二）关于保险人或其代理人代填保险单证后经投保人签章确认的法律后果问题

投保人填写投保单是其履行如实告知义务的主要形式。实践中，投保单或其所附风险询问表有时并非投保人亲自填写，而是保险业务员或保险代理人代为填写后由投保人签字或盖章，在此情形下，代为填写的内容能否视为投保人的真实意思表示，存在争议。主要存在两种观点：一种观点是只要投保人签字或盖章确认，代为填写的内容即视为投保人自填，对投保人产生约束力。另一种观点是只要代为填写保险单证的主体是保险人或其代理人，则代为填写的内容对投保人不应具有约束力。

以上两种观点都有失偏颇。就投保单而言，投保人的签章表明他已将由代理人记入的或根据代理人的建议记入的内容作为自己的陈述或主张，如果这部分内容与事实不符，则投保人有权撤销保险。

然而，当对投保单或其部分不存在投保人真实的声明或同意时，也需要法律留有一些缺口，以便法院能够根据实际情况弱化投保人签章的效力。根据本条司法解释第 2 款“但书”部分的规定，在保险人或其代理人阻碍投保人履行本法规定的如实告知义务，或者诱导其不履行本法规定的如实告知义务的情况下，投保人不受其签字或盖章确认的保险单证相关内容的约束。因此，正确理解该款“但书”部分的规定很有必要。如果投保人已经告知真实情况而保险业务员或代理人故意不填的，即应当视为符合“但书”部分的规定要求，代为填写的内容不应视为投保人的真实意思表示。举证责任应由投保人一方承担。实践中，投保人一方（含被保险人、受益人）往往通过保险代理人出具证明的方式履行该项举证义务。

关联法规索引

《保险法》第 116 条、第 131 条；《合同法》第13～37 条、第 44～46 条；《海商法》第 221 条；《中国保险监督管理委员会关于规范人身保险经营行为有关问题的通知》；《保险销售从业人员监管办法》；《山东省高级人民法院关于审理保险合同纠纷案件若干问题的意见（试行）》；《北京市高级人民法院关于审理保险合同纠纷案件若干问题的指导意见（试行）》

典型案例

云南福运物流有限公司与中国人寿财产保险股份公司曲靖中心支公司财产损失保险合同纠纷案[1]

※案情简介:再审申请人云南福运物流有限公司(以下简称福运公司)因与被申请人中国人寿财产保险股份有限公司曲靖中心支公司(以下简称人寿财保曲靖公司)财产损失保险合同纠纷一案,不服云南省高级人民法院(2012)云高民二终字第110号民事判决,向最高人民法院申请再审。

福运公司以其与人寿财保曲靖公司建立货物运输保险关系,发生保险事故后,其以在向人寿财保曲靖公司进行保险索赔过程中受到欺诈、所签协议内容显失公平为由,诉至云南省曲靖市中级人民法院,请求法院判令:(一)撤销福运公司、人寿财保曲靖公司于2011年8月30日签订的《赔偿协议书》及《货运险赔偿确认书》;(二)人寿财保曲靖公司赔偿福运公司保险款2,372,007元(扣除已支付的498,800元,尚欠福运公司保险赔偿款1,873,207元)。

云南省曲靖市中级人民法院于2012年1月11日作出(2011)曲中民初字第114号民事判决,认为:依据《保险法》第十条、第十三条和第十四条规定,福运公司采用手机电话投保了包括云aa7753、云a1480挂车在内的36辆汽车公路运输货物,由于客观原因,人寿财保曲靖公司的业务员曾某用笔记录了口述投保内容,后又作了补录。2011年8月18日,人寿财保曲靖公司向福运公司出具了保单尾号为16号的《国内公路运输货物保险单》,且在2011年8月29日开具了收取保险费7630.85元的发票。对此,应认为双方当事人签订的《国内公路运输货物保险合同》是成立的。在尾数为16号的保单明细表中的云aa7753、云a1480挂车在启运的当天,因左后轮起火,致车辆和车上装载的货物被烧毁,货物损失金额共计2,372,007元。人寿财保曲靖公司提交的《机动车辆保险报案记录(代抄单)》中记录了黄某报案时间为2011年8月16日22时54分06秒,该机动车和货物保险均在该保险公司,该保险公司应当同时知道货物被烧毁的事实。福运公司在事发后的第二天,即2011年8月17日9时34分才通过网上银行将保险费转入人寿财保

[1] 本案根据最高人民法院(2013)民申字第1567号民事裁定书整理。

曲靖公司业务员曾某的银行卡,按照双方签订的《国内公路运输货物保险单》中的约定,以及《保险法》的相关规定,保险公司不承担保险责任。福运公司虽然未收到《公路货物运输保险条款》,以及未在尾数为16号的保单上签章,但该公司长期与人寿财保曲靖公司有保险业务,且实际收到了保单,应当知道《公路货物运输保险条款》和保单中的内容。福运公司2011年8月30日签章的《货运险赔偿确认书》,以及与人寿财保曲靖公司于同日签订的《赔偿协议书》,是经双方自愿协商达成的,且人寿财保曲靖公司按照协议一次性了结,全部支付了协议赔偿款。根据《最高人民法院关于民事诉讼证据的若干规定》第二条第一款、第二款的规定,虽然福运公司主张受人寿财保曲靖公司欺诈,致使其违背真实意思的情况下订立了内容显失公平的协议书等事实,以及人寿财保曲靖公司主张福运公司假意接受通融赔付协议,骗取与其签订国内公路运输货物保险合同,已构成欺诈,属于重大误解,但均无足够证据加以证明,双方当事人均应承担不利后果。判决:(一)驳回福运公司的诉讼请求;(二)驳回人寿财保曲靖公司的反诉请求。

福运公司不服上述民事判决,向云南省高级人民法院提起上诉称:(一)一审法院认定事实不清。一审法院未采信福运公司提交的《云南省非车险重大案件报告单》,该证据证实了人寿财保曲靖公司认可与福运公司之间成立货运险保险合同及保险标的已出险等正常情况而向其上级公司上报这一基本事实。(二)一审法院适用法律错误。包括:一审法院未认定人寿财保曲靖公司应履行《保险法》第十七条的明确说明义务、未认定人寿财保曲靖公司不再享有合同解除权及其他抗辩权而不予赔偿的权利以及人寿财保曲靖公司只赔偿498,800元显然有失公平。请求:撤销原审判决,改判支持其本诉请求并由人寿财保曲靖公司承担一审、二审案件受理费。

人寿财保曲靖公司不服上述民事判决,向云南省高级人民法院提起上诉称:(一)一审判决遗漏及错误认定案件事实。包括:人寿财保曲靖公司与福运公司签订并履行13号保险单的事实;人寿财保曲靖公司对16号保险单的内部录单时间是2011年8月29日并非2011年8月17日;2011年8月17日上午福运公司工作人员交付投保单及转账保险费时均未告知人寿财保曲靖公司工作人员发生交通事故。(二)人寿财保曲靖公司签订《赔偿协议书》与16号保险单均属于重大误解。而福运公司假意接受《赔偿协议书》,骗取人寿财保曲靖公司与其签订16号保险单,明显属于欺诈,福运公司应当返还人寿财保曲靖公司所支付的全部通融赔偿金。请求:撤销原审判决第(二)项,改判支持其一审反诉请求。

云南省高级人民法院2011年6月18日作出(2012)云高民二终字第110号民事判决,认为:二审争议的主要焦点是一审法院确认人寿财保曲靖公司不承担保险责任和因举证不足驳回双方当事人的撤销诉请是否正确。(一)本案双方当事人长期有保险业务往来,建立了一定的互信关系。依据《保险法》第十三条第一款的规定,2011年8月16日下午5时36分,福运公司工作人员吕东某采用手机拨打人寿财保曲靖公司业务员曾某的手机,口述了此次投保的品名、数量、单价及金额,启运时间为当天,即2011年8月16日0时。此行为是福运公司作为投保人明确提出的保险要求。人寿财保曲靖公司曾某用笔记录了当时的口述投保内容,因接近下班时间,没有出单,准备次日补录此单。此行为是人寿财保曲靖公司同意承保。该案投保人福运公司投保时已接近下班时间,保险人人寿财保曲靖公司也因接近下班时间,没有出单。虽然依据法律规定,人寿财保曲靖公司作为保险人应当及时向投保人福运公司签发保险单或者其他保险凭证,但没有明确限定具体的时间,而双方当事人对此也没有相应的约定。所以不能由此认定人寿财保曲靖公司作为保险人违反了法定或约定义务而要承担没有及时签发保险单的责任。依据《保险法》第十条、第十一条和第十三条第二款、第三款的规定,该案双方当事人就福运公司工作人员吕东某手机口述的和人寿财保曲靖公司曾某用笔记录的投保内容达成了合意,但对于具体的相关交付保险费,开始承担保险责任时间等其他内容并没有达成合意,直到2011年8月17日福运公司才填写国内货物运输保险投保单就其他相关权利义务内容进行协议。该投保单特别约定一栏中载明:"投保人应当在保险合同成立时交付保险费。保险费未交清前发生的保险事故,保险公司不承保险责任。"随后投保人声明一栏加盖有福运公司印章并载明:"保险人已将国内运输保险条款(铁路/公路/水路/航空)内容(包括责任免除内容)向投保人作了明确说明,投保人已充分理解条款内容(包括责任免除内容)及保险人的说明。上述所填写内容属实,投保人同意以此投保单作为订立保险合同的依据。"尾数为16号的保险单中亦有相同上述内容的特别约定。尾数为16号的保险单是福运公司向原审法院提交的己方第三组证据之一,福运公司以此份保险单主张双方当事人之间成立货物运输保险合同关系和要求人寿财保曲靖公司承担相应的保险责任。由此,可以确认双方经过投保单和保险单的协议共同就"投保人应当在保险合同成立时交付险费。保险费未交清前发生的保险事故,保险公司不承担保险责任"达成一致合意，双方当事人均应按此协议约定履行。该案查明2011年8月16日22时35分涉案车辆云aa7753、云a1480发生保险事故，而福运公司第一笔涉案保险费交付的时间是2011年8月17日9时34分，所以根据双方当事人之间的相关约定，人寿财保曲靖公司不承担保险责任。尽管福运公司是2011年8月30日才收到尾数为16号的保险单，但福运公司在2011年8月17日填写和加盖公司印章的投保单中已载明“投保人应当在保险合同成立时交付保险费。保险费未交清前发生的保险事故，保险公司不承担保险责任”。现福运公司要求人寿财保曲靖公司承担保险责任与其投保单所载明的内容不相符，故不应予以支持。（二）双方当事人对尾数为16号的保险单是由人寿财保曲靖公司签章出具的真实性均无异议，尽管该保险单上没有福运公司的签章，但福运公司称保险单历来不需要己方签章也是成立保险合同关系的，双方当事人所争议的仅是该保险单是否存在可撤销事由。2011年8月30日，双方当事人签订的《赔偿协议书》载明：经双方协商，就损失赔偿达成一次性赔偿协议：(1)由甲方（人寿财保曲靖公司）赔偿乙方（福运公司）此次事故货物保险损失人民币498,800元；(2)货物残值由乙方根据烟草有规定处理；(3)此次事故货物损失赔偿后一次性了结。同日，福运公司在《货运险赔偿确认书》上签名盖章，该确认书载明：16号保险单于2011年8月16日出险受损，现已处理完毕，我单位同意接受贵公司的处理结果，赔付金额（小写）498,800元。2011年9月15日，福运公司收到该赔偿款并出具了《赔款收据》。从上述《赔偿协议书》和《货运险赔偿确认书》中载明的内容和履行情况可以确认双方当事人经协商同意此次事故货物损失赔偿后一次性了结。现双方当事人均称是受对方欺诈，存在显失公平或重大误解要求撤销上述《赔偿协议书》《货运险赔偿确认书》或尾数为16号的保险单，但均不能提交相应证据予以证明，故对双方当事人的此项主张均不予采纳。综上，福运公司和人寿财保曲靖公司的上诉理由均不能成立，原判认定事实清楚，适用法律正确，应予维持。据此，依照《民事诉讼法》第一百五十三条第一款第（一）项的规定，判决：驳回上诉，维持原判。

福运公司向最高人民法院申请再审称：（一）原一、二审法院驳回双方当事人均要求撤销《赔偿协议书》及《货运险赔偿确认书》双方的要求，实属程序违法、适用法律错误。（二）本案人寿财保曲靖公司应承担保险赔偿责任。原一审、二审法院均客观认定本案双方当事人之间签订的《国内公路运输货物保险合同》成立，但同时又认定依据《保险法》及《公路货物运输保险条款》的规定，人寿财保曲靖公司不承担保险责任，属适用法律错误。请求：（一）依法撤销曲靖市中级人民法院（2011）曲中民初字第114号民事判决书及云南省高级人民法院（2012）云高民二终字第110号民事判决书；（二）人寿财保曲靖公司赔偿福运公司保险赔偿款1,873,207元；（三）原一审、二审案件受理费由人寿财保曲靖公司负担。

最高人民法院认为：（一）本案一审、二审法院驳回双方当事人要求撤销《赔偿协议书》及《货运险赔偿确认书》的请求并无不当。本案双方当事人达成的《赔偿协议书》及《货运险赔偿确认书》是双方对财产损害赔偿金额的自认，是真实意思表示，是有效的民事法律行为。虽然双方当事人均提出撤销《赔偿协议书》及《货运险赔偿确认书》的请求，但均未对可撤销的理由提出相关证据。《民法通则》第五十七条规定："民事法律行为从成立时起具有法律约束力。行为人非依法律规定或者取得对方同意，不得擅自变更或解除。"根据上述规定，福运公司与人寿财保曲靖公司所签订的《赔偿协议书》及《货运险赔偿确认书》应受法律保护，双方当事人应受该协议的约束。（二）人寿财保曲靖公司不应赔偿福运公司的其余货物损失1,873,207元。首先，福运公司与人寿财保曲靖公司之间的保险合同关系成立且有效，本案一审、二审法院关于保险合同成立的认定并无不当。其次，保险费是被保险人获得保险保障的对价，根据《保险法》第十三条第三款关于"依法成立的保险合同，自成立时生效。投保人和保险人可以对合同的效力约定附条件或者附期限"之规定，本案福运公司向保险公司投保所提交的《国内货物运输保险投保单》上关于"投保人应当在保险合同成立时交付保险费。保险费未交清前发生的保险事故，保险公司不承担责任。保险责任开始后15天内投保人未交清保险费，保险人有权解除保险合同"的"特别约定"，属于附生效要件的合同。由于本案保险合同约定于交纳保险费后生效，故保险人对投保人保险费交纳前所发生的损失不承担赔偿责任。综上，福运公司要求人寿财保曲靖公司承担保险责任的请求，因与其投保单所载明的内容不相符，最高人民法院不予支持。福运公司关于人寿财保曲靖公司没有对特别约定向其履行明确说明条款内容义务的主张，最高人民法院不予采信。

综上，福运公司的再审申请不符合《民事诉讼法》第二百条第（二）项、第（六）项规定的情形。最高人民法院依照《民事诉讼法》第二百零四条第一款之规定，裁定如下：驳回云南福运物流有限公司的再审申请。

※裁判要旨：（一）当事人就货物保险损失达成的《赔偿协议书》及《货运险赔偿确认书》是对财产损害赔偿金额的自认，是真实意思表示，是有效的民事法律行

为。(二)保险合同以当事人双方意思表示一致为成立要件,即保险合同以双方当事人愿意接受特定条件拘束时,保险合同即为成立。签发保险单属于保险方的行为,目的是对保险合同的内容加以确立,便于当事人知晓保险合同的内容,能产生证明的效果。根据《保险法》第十三条第一款关于“投保人提出保险要求,经保险人同意承保,保险合同成立。保险人应当及时向投保人签发保险单或者其他保险凭证,并在保险单或者其他保险凭证中载明当事人双方约定的全部内容”之规定,签发保险单并非保险合同成立时所必须具备的形式。(三)保险费是被保险人获得保险保障的对价。根据《保险法》第十三条第三款关于“依法成立的保险合同,自成立时生效。投保人和保险人可以对合同的效力约定附条件或者附期限”之规定,保险合同可以明确约定以交纳保险费为合同的生效要件。如保险合同约定于交纳保险费后保险合同生效,则投保人对交纳保险费前所发生的损失不承担赔偿责任。

王某诉保险公司人身保险合同纠纷案[1]

※案情简介:2011年8月9日王某购买了某保险公司的保险产品某保险卡1份,保险费100元,保险期间为1年,如王某在保险期间内发生人身意外伤害,可获得最高额度8000元的医疗费理赔及每人每天30元的住院补助,该保险卡在网上激活后即生效。2012年2月4日16时许,王某在临安市於潜镇某甲村工业园区路段,驾驶浙A24二轮摩托车与方某驾驶的登记的机动车所有人为杭州某农林开发有限公司的浙AD8号牌小客车发生碰撞,造成两车损坏、王某受伤的交通事故。王某受伤后,送往临安市於潜人民医院救治,后转院至临安骨伤科医院住院治疗,共住院33天,花去医疗费49,493.23元。该交通事故赔偿案已经临安市人民法院调解结案。2013年11月王某向某保险公司申请理赔保险额度内医疗费8000元、住院补贴990元,合计8990元。某保险公司认为根据保险条款责任免除:被保险人酒后驾驶、无合法有效驾驶证驾驶或驾驶无有效行驶证的交通工具的,不承担给付保险金的责任,并于2014年1月6日作出理赔拒付通知书。2014年1月22日王某提起诉讼,要求某保险公司承担人身损害意外保险金8990元。另查明,浙A24二轮摩托车是在临安市黄甲于2002年12月购买,后黄甲将该摩托车抵押给临安市吴某,吴某于2008年意外伤害死亡,因吴某欠王某钱,吴某父亲黄乙将该摩

[1] 本案根据浙江省杭州市中级人民法院(2015)浙杭民终第102号民事判决书整理。

托车折抵债务抵给了王某。现该摩托车仍登记在黄甲名下,信息显示该机动车状态正常,但已无法提供该摩托车的有效行驶证。

原审法院认为,根据《保险法》第十七条第二款之规定,对保险合同中免除保险人责任的条款,保险人在订立合同时应当在投保单、保险单或者其他保险凭证上作出足以引起投保人注意的提示,并对该条款的内容以书面或者口头形式向投保人作出明确说明;未作提示或者明确说明的,该条款不产生效力。本案中,王某作为被保险人购买了保险产品某保险卡后即保险合同生效。该保险合同的相关条款,包括责任免除条款只有在该保险卡通过电脑激活后在电脑上显示,未经王某签字确认。因此,应认定某保险公司对免责条款未尽到明确的说明义务。王某作为被保险人因客观原因无法提供本案肇事摩托车的有效行驶证,因此也不能证明王某驾驶的摩托车为无有效行驶证的交通工具。故某保险公司以合同免责条款中被保险人驾驶无有效行驶证的交通工具为由,不承担给付保险金的责任的抗辩理由不能成立。王某的诉讼请求,予以支持。据此,原审法院依据《保险法》第十七条第二款、第三十一条第一款第(一)项之规定,判决:某保险公司应赔偿王某因道路交通事故造成的人身损害意外保险医疗费8000元,住院补助990元,合计8990元,该款限某保险公司于判决生效之日起十日内付清。

宣判后,保险公司不服该判决,提出上诉称:(一)一审法院认定王某作为被保险人购买了保险产品某保险卡后即保险合同生效,属于认定事实、适用法律错误。根据《保险法》规定,依法成立的保险合同原则上自成立时起开始生效,但是双方当事人可以对合同的生效时间和生效条件作出相应的约定。本案中,"保险金卡"只是投保工具,持有此卡不代表保险合同已生效,且该卡对保险合同的生效也作出了明确的约定。上诉人认为涉案保险合同依法依约只有在保险卡单激活投保完成后才成立并生效,且该约定并不违反法律相关规定,合法有效。因此,一审法院认为购买保险卡保险合同即生效存在明显错误。(二)一审法院认定上诉人对免责条款未尽到明确的说明义务,属于认定事实、适用法律错误。根据《保险法》及相关司法解释的规定,通过网络、电话等方式订立的保险合同,保险人以网页、音频、视频等形式对免除保险人责任条款予以提示和明确说明的,法院可以认定其履行了提示和明确说明义务。保险人将法律、行政法规中的禁止性规定情形作为保险合同免责条款的免责事由,保险人对该条款作出提示后,投保人、被保险人或者受益人以保险人未履行明确说明义务为由主张该条款不生效的,法院不予支持。本案中,上诉人已依法履行了对保险条款、责任免除条款的提示和明确说明义务,王某也确认并同意,且王某及一审法院均对保险合同、激活流程等内容合法有效予以认定,应认定上诉人已履行了提示和明确说明义务,故该条款应具有相应的法律效力。保险条款中载明的被保险人酒后驾驶、无合法有效驾驶证驾驶,或驾驶无有效行驶证的机动车等行为都属于严重违法的行为,也是社会危害极大的行为,如果对这种行为予以赔付,客观上是纵容了这种行为的发生,从长远看会引导错误的价值取向。如被上诉人王某认为上诉人未履行说明义务,有责任提供证据加以证明,在其没有证据证明的情况下,应由其承担举证不能的不利后果,上诉人不承担保险赔付责任。(三)一审法院认定"王某作为被保险人因客观原因无法提供本案事故摩托车的有效行驶证,因此也不能当然认定王某驾驶无有效行驶证的交通工具",属于认定事实、适用法律错误。根据《保险法》规定,保险事故发生后,按照保险合同请求保险人赔偿或者给付保险金时,投保人、被保险人或者受益人应当向保险人提供其所能提供的与确认保险事故的性质、原因、损失程度等有关的证明和资料。保险合同条款约定:"在申请事故保险金时,申请人须填写保险金给付申请书,并提供下列证明和资料:(1)保险合同或其他保险凭证;(2)申请人的有效身份证件;(3)国家卫生行政部门认定的医疗机构、公安部门或者其他相关机构出具的被保险人的死亡证明;(4)所能提供的与确认保险事故的性质、原因等有关的其他证明和资料。"本案中,被上诉人一直未提供过该摩托车行驶证。一审法院以村委会出具的证明等认定黄甲将该摩托车抵押给吴某,并以此认定被上诉人因客观原因无法提供该摩托车的有效行驶证,不符合证据规则的相关规定,也与上诉人提供的证据存在明显矛盾。根据机动车登记信息,目前该二轮摩托车所有人仍应为黄甲。被上诉人在事故发生后既未向上诉人提供该摩托车行驶证等材料,也未举证证明该摩托车具有合法有效行驶证,其怠于履行上述法律义务的行为,是导致案件事实无法进一步查明的直接原因,应由被上诉人承担举证不能的责任。请求二审法院依法撤销原判,改判上诉人不承担保险赔付责任。

被上诉人王某辩称:上诉人的上诉理由没有事实依据。卡单电脑激活,这是上诉人工作中的一个流程,没有完成全部流程的保险产品应该是不合格的产品,不合格的产品是不应该销售出去的。对被上诉人来说,交了钱,拿到了保险卡,就是上诉人合法的被保险人。需要说明的是,这张保险卡既是投保单,又是保险单,也是缴保险费的凭证,一卡三功能。虽然保险卡单通过电脑激活后方能显示保险单的相关信息,特别是保险条款中的保险人责任免除条款的内容会在上诉人的电脑中显示出来,但显示的内容全部由上诉人自己掌握着,上诉人并未以口头的或书面的形式向被上诉人作明确的说明,这是事实,也是本案中的关键问题。因此,一审据此判决,该保险合同的相关条款,包括责任免除条款,只有将保险卡通过电脑激活后方能显示出来,但并未经被上诉人签字确认。因此,应认定上诉人对免责条款未尽到明确的说明义务,请求驳回上诉人的上诉请求。

二审法院认为:本案双方当事人对于案涉保险合同已生效不存在争议,争议焦点在于保险合同自王某购买保险产品某保险卡即生效,还是自持卡人通过网上激活后方可生效,以及某保险公司是否已就免责条款尽到明确的说明义务。王某持有的某保险卡"投保提示"栏明确记载"持卡人须在本卡有效期内按'自助激活生效流程'进行注册,保险单方可生效……保险单生效时间自激活时所选日期零时起,保险期间为 1 年"。据此,应认定,双方就保险合同生效时间特别约定为经自助激活后生效。原审法院认为王某作为被保险人购买了保险产品某保险卡后即保险合同生效,该认定有误,本院予以纠正。关于某保险公司是否已向王某就免责条款尽到明确说明义务的争议。王某主张其向某保险公司业务员张某支付 100 元,并将身份信息提供给了张某,张某给了王某一张保险卡,保险卡是张某激活的,王某本人并未进行自助激活。某保险公司在二审中亦陈述是出售保险卡的人根据王某的授权委托,获得王某的相关身份信息后将卡激活。但称张某并非其公司的业务人员。某保险公司对于张某身份的陈述与其在原审庭审中自认张某系其公司业务员的事实相悖,对某保险公司二审中的该项辩解,本院不予采信。本案应认定某保险公司的业务人员张某向王某售卡并代为激活的事实。保险卡在网上激活流程中,除需填写投保人、被保险人身份信息外,对相关保险条款及免责条款还须勾选"以上所有告知、条款及相关声明我已经阅读并接受"才能完成激活流程。《保险法解释二》第三条第一款规定:"投保人或者投保人的代理人订立保险合同时没有亲自签字或者盖章,而由保险人或者保险人的代理人代为签字或者盖章的,对投保人不生效。但投保人已经交纳保险费的,视为其对代签字或者盖章行为的追认。"本案中,虽然王某以交纳保费的形式对张某代签保险合同的行为予以追认,并产生保险合同生效的法律效果。但就其中免责条款向投保人作出提示或明确说明系保险人的法定义务,在保险人某保险公司未举证证明其已就免责事项履行了提示或说明义务的情形下,不能因王某追认张某代为签约行为而认为王某认可某保险公司已向其履行了免责条款的提示或说明义务。案涉免责条款对王某不产生效力。上诉人某保险公司的上诉请求,二审法院不予支持。综上,原审判决实体处理并无不当。依照《民事诉讼法》第一百七十条第一款第(一)项之规定,判决如下:驳回上诉,维持原判。二审案件受理费50元,由某保险公司负担。

※裁判要旨:本案争议焦点主要涉及以下两个问题:(一)购买了保险卡后保险合同是否即生效。(二)保险公司对免责条款是否尽到了明确的说明义务。

第一个焦点问题,根据《保险法》第十三条的规定,双方当事人可以对合同的生效时间和生效条件作出相应的约定,但其前提是不能违反法律相关规定。本案中保险卡不是保险有效凭证,只是投保工具,持有此卡不代表保险合同已生效,且该卡对保险合同的生效也作出了明确的约定,即持卡人须在自助保险卡的有效期内按激活投保流程进行相关操作(如填写投保信息、指定被保险人),在获得电子保险单号后该卡所对应的保险合同才能成立。该约定并不违反法律相关规定,合法有效。因此,购买了保险卡后不应认为保险合同即生效。保险卡对保险合同的成立生效作出明确约定,不违反法律相关规定,合法有效。据此,仅购买保险卡,未达到成立生效条件的,不应认为保险合同生效。

第二个焦点问题,保险公司对免责条款是否尽到了明确的说明义务的问题。根据《保险法解释二》第十一条规定,"保险合同订立时,保险人在投保单或者保险单等其他保险凭证上,对保险合同中免除保险人责任的条款,以足以引起投保人注意的文字、字体、符号或者其他明显标志作出提示的,人民法院应当认定其履行了《保险法》第十七条第二款规定的提示义务。保险人对保险合同中有关免除保险人责任条款的概念、内容及其法律后果以书面或者口头形式向投保人作出常人能够理解的解释说明的,人民法院应当认定保险人履行了保险法第十七条第二款规定的明确说明义务"。根据《保险法解释二》第十二条规定,"通过网络、电话等方式订立的保险合同,保险人以网页、音频、视频等形式对免除保险人责任条款予以提示和明确说明的,人民法院可以认定其履行了提示和明确说明义务"。随着保险销售产品和渠道的创新,投保人在网上以激活卡单的方式购买保险产品过程中是独自完成全部操作的,保险人在激活流程中只要主动向投保人作出必要的提示,就应该视为其已尽说明义务。保险卡是以网上激活方式订立的,在保险公司保险卡网上激活操作流程中,具体保险条款在网上激活时,作为不可跳越的必读页面提供给投保人阅读。该页面中,对于"责任免除"部分的条款,保险公司也采用了不同于其他条款的字体，对于免除保险责任的具体情形作出了明显的标注和提示。保险条款释义部分对酒后、无合法有效驾驶证驾驶、无有效行驶证等都再次作出了详细书面解释，以书面形式向投保人作出了明确说明。本案中，王某向张某支付 100 元，并将身份信息提供给了张某，张某给了王某一张保险卡，保险卡是张某激活的，王某本人并未进行自助激活，且法院认可张某的保险公司业务员身份。根据《保险法解释二》第三条规定，虽然王某以缴纳保费的形式对张某的行为予以追认，但是就免责条款向投保人作出提示或说明是保险人的法定义务，保险公司未能举证证明其就免责条款向投保人作出提示或说明的情况下，不能因为王某追认张某代为签约的行为而认为王某认可保险公司已向其履行了免责条款的提示和说明义务。

第十四条　【保险合同对价】保险合同成立后，投保人按照约定交付保险费，保险人按照约定的时间开始承担保险责任。

条文解读

本条是对保险合同对价的规定。

（一）有约束力的合同必须包括合法的对价。所谓对价，是指合同一方当事人作为交换给予另一方当事人的有价值商品、服务或承诺。保险合同与其他合同一样要求有价值的对价。依照本条的规定，保险合同成立后，投保人按照约定交付保险费；保险人按照约定的时间开始承担保险责任。这是对保险合同对价的规定。投保人给予保险人的对价是投保人按照约定交付保险费；保险人给予投保人的对价是保险人按照约定的时间开始承担保险责任。

（二）保险费是投保人向保险人所支付的费用，作为保险人根据保险合同承担赔偿或者给付保险金责任的对价，投保人支付或者承诺支付保险费是保险合同生效的必要条件。

（三）保险人给予投保人的对价是保险人按照约定的时间开始承担保险责任，也就是保险人对于保险标的发生保险事故时按保险合同规定履行赔偿或者给付保险金责任的承诺。在财产保险中，支付保险费一般并不是合同生效的前提条件，因此在保险期间开始时投保人没有交付保险费的，通常不能构成保险人以缺乏对价为由的有效抗辩。在人身保险中，由于本法规定保险人对人寿保险的保险费不得用诉讼方式要求投保人支付,所以保险合同约定分期支付保险费的,保险单一般都明确规定首期保险费足额支付后人身保险合同才生效。投保人应当于合同成立时支付首期保险费,并按期支付其余各期的保险费。保险合同生效后,投保人可以享有支付保险费的宽限期,但是投保人在宽限期内仍未支付当期保险费的,保险人有权中止合同或者按照合同约定的条件减少保险金额。如果在规定的期限内投保人交付了欠交的保险费及利息,合同的效力恢复,否则合同自中止之日丧失法律约束力。

配套法规及解读

《保险法解释二》(2013年5月31日)

第四条 保险人接受了投保人提交的投保单并收取了保险费,尚未作出是否承保的意思表示,发生保险事故,被保险人或者受益人请求保险人按照保险合同承担赔偿或者给付保险金责任,符合承保条件的,人民法院应予支持;不符合承保条件的,保险人不承担保险责任,但应当退还已经收取的保险费。

保险人主张不符合承保条件的,应承担举证责任。

※法规解读:保险合同的订立,通常须经过要约和承诺两个步骤。保险合同的要约,通常是投保人的投保行为,在实务中的表现是,投保人填写保险人提供的投保书,就保险标的履行如实告知义务,并将投保单交给保险人的行为。保险合同的承诺,是保险公司的承保行为,因保险产品的不同,承诺的形式也不同,有的表现为保险公司业务员的同意承保;有的是核保完毕后,保险人签章同意;有的还需要相关人员批准。

许多保险合同订立时,保险人在投保阶段即要求投保人交付保险费,这在人身保险尤其是人寿保险中较为普遍。在人寿保险实务中,依其承保方式,保险人在接到投保人的要保申请书后,往往要先收取一定金额的保险费(首期保险费),然后须对要保申请书所填具的各项投保条件进行逐项审核,对被保险人进行体检,再以此为基础作出是否同意承保的决定,最后才将是否同意承保决定通知投保人。上述承保作业流程可简单概括为:收到投保单→预收保险费→核保→作出承保与否的决定→通知投保人。这个流程表明,保险合同区别于普通合同的特点之一是保险合同订立所需的时间较长,而保险合同是保障风险的合同,在保险人承保之前,很可能发生风险,对此风险产生的损失应否赔付,合同双方往往存在争议。

从域外保险法理论观察，学者们的立场基本是一致的，即保险人对于收取保险费后作出同意承保意思表示前所发生的保险事故，一般应当承担保险责任。本条司法解释主要基于以下考虑：

第一，满足投保方的合理期待原则。合理期待原则，是指当保险合同当事人就合同内容的解释发生争议之时，应以投保人或被保险人对于合同缔约目的的合理期待作为出发点对保险合同进行解释。法院应重视并尊重投保人、被保险人以及受益人对保险合同条款的客观合理的期待，即使保单中严格的条款术语并不支持这些期待。

第二，不违背民法关于权利与义务相一致的基本原理。保险人对其预先收取保险费的行为应当提供相应的对价。保险人预收保险费使投保人本应在合同生效后才应履行的交付保险费义务提前履行，从履行义务的对等性分析，保险人亦应提前履行其义务，而保险人提前履行义务的体现，应当是就其作出是否同意承保意思表示前发生的风险依照保险合同审查，符合承保条件的，应当承担保险责任。

第三，应当符合保险法的最大诚信原则。最大诚信原则作为保险法的基本原则之一，在整个保险法的制度架构中居于基础性地位，具体的制度设计不应与之相违背。如果保险人收取了保险费且符合承保条件，仍认定保险合同不成立，保险人不必对此前发生的风险负责，则等于在法律层面上肯定或宣示保险人的迟到承诺为合法，其结果势必刺激、鼓励保险人在收到保险费后拖延承诺和滥用权利阻却合同成立，有违保险法的最大诚信原则。

第四，努力探求并尊重当事人的真实意思。在符合承保条件的情况下，因保险人提前收取保险费而将保险人承担责任的时间点提前，其实并未违背保险精算的基础，没有加大保险人的承保风险，本质上并不违背保险人的真实意思。

"符合承保条件"是决定保险人承担保险责任的关键所在。需要注意的是，在举证责任的承担方面实行倒置。另外，承保条件限于客观可保条件。单就"符合承保条件"的文义而言，可从主观、客观两方面加以理解。承保的主体是保险人，保险人可能会以此为由主张"不符合承保条件"。对此，不应支持。

关联法规索引

《合同法》第 14 条、第 21 条；《保险法》第 13 条、第 36 条、第 37 条

典型案例

翟甲、翟乙诉某保险公司、某教育培训学校人身保险合同纠纷案[1]

※案情简介:2009年1月23日原告翟甲与翟乙结婚。2009年10月25日生育一子,名翟丙。2014年4月,翟丙在被告某教育培训学校接受培训教育期间,原告向某教育培训学校交现金100元。2014年4月25日某教育培训学校向某保险公司投保团体人身险。被保险人翟丙等10名学生,同时以每个被保险人保费100元为标准向某保险公司交纳保险费100元。某保险公司未签发保险单。某教育培训学校投保的团体人身险具体包括意外伤害险、附加意外医疗、重大疾病三个险种,其中意外伤害的保险额为80,000元,保险费为70元,以被保险人遭受意外人身事故等为保险金给付条件。意外医疗的保险额为5000元,保费20元,以被保险人因遭受意外事故在医院进行治疗为保险金给付条件。2014年5月18日翟丙因高空坠落死亡。

事故发生后,翟丙父母向某保险公司申请理赔,某保险公司调查时发现,该业务已于2014年4月30日在系统内以"该业务的投保年龄低于允许年龄(16岁)"为由,进行了撤件处理,故拒赔。翟丙父母不服,提起诉讼。原审原告翟甲、翟乙一审诉称:二原告之子翟丙(殁年5岁)系被告某教育培训学校学生。2014年3月16日,学校通知原告要为翟丙缴纳100元的人身意外保障费,二原告当日向某教育培训学校交了100元保险费。2014年5月18日,翟丙在家意外从楼上摔下,经抢救无效后死亡。原告随后找二被告了解理赔事宜,某教育培训学校说保险费已于4月25日通过银行转账汇入某保险公司的账户。被告某保险公司直接拒赔。据此,为维护原告的合法权益,特向人民法院提起诉讼,请求依法判令被告某保险公司支付85,000元理赔款,某教育培训学校承担连带责任。请求事项:(1)请求人民法院依法判令被告某保险公司支付保险理赔款85,000元,被告某教育培训学校承担连带责任;(2)诉讼费由被告承担。

原审被告某保险公司一审辩称:(1)某教育培训学校投保后,保险人并未承保,没有签发保险单,保险合同并未成立。(2)某教育培训学校不能为无民事行为能力

---

[1] 本案根据湖北省襄阳市中级人民法院(2015)鄂襄阳中民三终字第00205号民事判决书整理。

人投保以死亡为保险金给付条件的保险合同,因此即使保险合同成立也无效。

原审被告某教育培训学校一审辩称:已将原告交的100元现金,以保险费形式交到保险公司,学校无责任。

原审法院认为,被告收取了某教育培训学校的保险费,应当视为保险合同成立。翟丙为无民事行为能力人,只有其父母可以为其投保以死亡为保险金给付条件的人身保险,其他人不得为翟丙投保以死亡为给付条件的人身保险。某教育培训学校为翟丙投保以死亡为给付条件的人身保险,征得了其父母同意,故某教育培训学校与某保险公司所签订的团体人身保险合同为有效合同,受法律保护,故原告请求因翟丙高空坠落死亡而给付保险金80,000元,原审法院予以支持。原告未举出因意外事故在医院治疗的证据。故原告请求依据附加意外医疗险给付保险金5000元不能成立。原告要求被告某教育培训学校承担民事责任,无法律依据,原审法院不予支持。依照《保险法》第十四条的规定,判决如下:(一)被告某保险公司于本判决生效后十日内赔偿原告翟甲、翟乙保险金80,000元;(二)驳回原告的其他诉讼请求。如果未按本判决指定的期间履行给付金钱义务,应当依照《民事诉讼法》第二百二十九条之规定,加倍支付迟延履行期间的债务利息。案件受理费1925元,原告翟甲、翟乙共同负担125元,被告某保险公司负担1800元。

上诉人某保险公司不服原审法院判决,提起上诉称:(一)原审判决认定事实不清和错误。(1)原审判决认为上诉人收取了被上诉人交纳的保险费,但根据庭审证据认定的事实是:保险费实为被上诉人某教育培训学校通过银行现金入账的方式主动交付的,上诉人仅仅被动承受,既没有向被上诉人索取过保费,也没有开具过发票。原审判决采用"被告收取了某教育培训学校的保险费"的表述不仅不够严谨,且与法庭查明的事实不一致。(2)在一审法庭调查阶段,上诉人一再申明在知晓翟丙死亡之前,上诉人已经通知投保人拒绝承保,并申请了证人出庭作证,在质证过程中,被上诉人也承认了该事实,原审判决对此关键事实不置一词,未如实记录,原审遗漏重要事实。(3)原审法院在事实认定时明显错列当事人。(二)原审判决适用法律错误。(1)上诉人被动接受保险费的行为属于上诉人的意思表示行为,在法律上不能构成有效承诺。合同的成立需要经过要约与承诺两个阶段,承诺生效时合同成立。而缴纳保险费是保险合同的履约行为,不能视为保险合同成立的标准。《合同法》第二十一条规定:"承诺是受要约人同意要约的意思表示。"本案中,虽然被上诉人提出保险合同要约,但是上诉人并未表示接受要约,一审阶段法庭也已经查明上诉人未签发保险单,同时上诉人在知晓翟丙死亡之前已经通知投保人(被上诉人)拒绝承保,无论从事实上还是从法律上,本案所涉的保险合同都并未成立,更加未能生效。(2)原审判决书载明的"某教育培训学校为翟丙投保以死亡为给付条件的人身保险,征得了其父母的同意,故某教育培训学校与某保险公司签订的团体人身保险合同为有效合同"的观点,没有任何法律依据。首先,《保险法》第三十三条明确规定,只有父母为其未成年子女投保的人身保险,不受前款强制性规定限制。也就是说,除父母作为投保人外,其他任何自然人或者法人、均不能为无民事行为能力人投保以死亡为给付保险金条件的人身保险。其次,本案所涉的是团体人身保险合同,被保险人共计10人,翟丙仅仅是被保险人之一,在投保时,上诉人无法确认投保人已经征得全部无民事行为能力人的父母同意,被上诉人也未提供任何证据证明全体被保险人的父母均同意投保。在此情况下,上诉人完全有理由认为此投保要约不符合承保条件,有权利拒绝承保,且上诉人也的确通知了投保人拒绝承保,即使翟丙的父母在翟丙死亡后向保险人(上诉人)表示作为父母同意投保,也无法直接产生本案所涉的团体人身保险合同成立并生效的法律后果。(3)根据《保险法解释二》第四条规定"保险人接受了投保人提交的投保单并收取了保险费,尚未作出是否承保的意思表示,发生保险事故,被保险人或者受益人请求保险人按照保险合同承担赔偿或者给付保险金责任,符合承保条件的,人民法院应予支持;不符合承保条件的,保险人不承担保险责任,但应当退还已经收取的保险费"。同时,《保险法》第三十三条规定"投保人不得为无民事行为能力人投保以死亡为给付保险金条件的人身保险,保险人也不得承保",该项规定是法律强制性规定。本案所涉的人身保险合同是团体人身保险合同,投保人是某教育培训学校,而翟丙在投保时年仅5岁,属于无民事行为能力人,其不符合保险人的承保条件,保险人不得承保,即使保险人肯予以承保,也将属于《合同法》第五十二条规定的"违反法律、行政法规的强制性规定"的法定无效合同。保险人(上诉人)在拒保后,已经通知了投保人(被上诉人),并要求投保人提供账号以便退回保险费,但投保人一直不予配合,单方面不接收拒保决定,希望保险人给付高额保险金。请求二审法院撤销原审判决;改判驳回被上诉人的诉讼请求。本案全部诉讼费用由被上诉人承担。

被上诉人翟甲、翟乙答辩称:原审判决认定事实,适用法律正确,程序合法,上诉人的上诉无事实和法律依据。原审判决不存在主体不适格、错误的问题。请求二审法院驳回上诉,维持原判。

被上诉人某教育培训学校答辩称:上诉人提出的被动承受保险费是不成立的,按照前两年的惯例,上诉人收到了被上诉人的保费,不存在合同不成立的问题。请求二审法院驳回上诉,维持原判。

二审法院认为,根据《某保险公司团体人身险投保单》《团体人身险被保险人清单》《现金缴款单》等书证,结合各方当事人的陈述、证人证言等,可以认定:保险人即上诉人接受了投保人某教育培训学校填写和提交的投保单,并收取了某教育培训学校交纳的保险费,至翟丙意外身亡时,上诉人未向某教育培训学校作出是否承保的意思表示;翟丙在投保时和身亡时均为无民事行为能力的未成年人,某教育培训学校作为投保人以翟丙等学生作为被保险人,与上诉人订立含有以被保险人死亡为保险金给付条件内容的涉案团体人身保险合同,该投保行为取得了翟丙父母翟甲、翟乙的同意。依据《保险法解释二》第四条第一款"保险人接受了投保人提交的投保单并收取了保险费,尚未作出是否承保的意思表示,发生保险事故,被保险人或者受益人请求保险人按照保险合同承担赔偿或者给付保险金责任,符合承保条件的,人民法院应予支持;不符合承保条件的,保险人不承担保险责任,但应当退还已经收取的保险费"之规定,结合上述事实,法院认为,翟丙意外身亡时,虽然涉案团体人身险合同尚处在缔结阶段,但翟丙的保险金受益人翟甲、翟乙有权向上诉人请求给付保险金。按照上诉人的主张,涉案团体人身险合同以被保险人死亡为给付保险金的条件,依据《保险法》第三十三条"投保人不得为无民事行为能力人投保以死亡为给付保险金条件的人身保险,保险人也不得承保。父母为其未成年子女投保的人身保险,不受前款规定限制。但是,因被保险人死亡给付的保险金总和不得超过国务院保险监督管理机构规定的限额"之规定,翟丙作为无民事行为能力的未成年人仅能由父母为其投保,因系某教育培训学校投保,故保险人不得承保,即使上诉人承保保险合同也无效,这属于上述规定之"不符合承保条件"的情形。对此本院认为,根据《保险法解释三》第六条"未成年人父母之外的其他履行监护职责的人为未成年人订立以死亡为给付保险金条件的合同,当事人主张参照《保险法》第三十三条第二款、第十四条第三款的规定认定该合同有效的,人民法院不予支持,但经未成年人父母同意的除外"之规定,某教育培训学校作为对其学生负有一定监护职责的投保人,在取得翟丙父母翟甲、翟乙同意的情况下为翟丙投保涉案团体人身险,不存在因为违反《保险法》第三十三条而将会导致保险合同无效的问题。

上诉人主张其仅是被动收到保险费而并非主动收取保险费，翟丙意外身亡之前其已拒绝承保及其拒绝承保后欲退还保险费而被上诉人不予配合。对此，从上诉人的相关举证来看，上诉人提供的其于2014年4月29日对涉案团体人身险因被保险人年龄不符合承保要求做了拒保处理的“案件系统信息”属于其公司内部资料，不能证明其于翟丙意外身亡之前已向投保人作出了拒绝承保的意思表示；上诉人申请作证的证人证言内容模糊（如有关行为的发生时间不具体），证人证言涉及的相关事实缺乏其他证据印证（如证人曾电话通知投保人拒保及拒保原因、拒保时投保人未告知翟丙身亡），证人作为上诉人一方经办涉案团体人身险的工作人员的身份，这些情况表明证人证言在证明上诉人申请证人作证的证明目的上的证明力不足，不能认为上诉人申请证人作证的证明目的已经达成；在案其他证据也不支持上诉人的上述事实主张。故对上诉人的上述事实主张应不予采信。上诉人还主张某教育培训学校投保涉案保险是否经过翟丙父母翟甲、翟乙同意，若同意是否在投保时既已同意等情况原审未查清，本院认为，综合全案证据，在上诉人未提供相反证据的情况下，本案认定某教育培训学校为翟丙投保涉案团体人身险时征得了翟甲、翟乙同意并无不当。

原审判决在叙述迟延履行原审判决确定的给付金钱义务的法律后果时，引述法律依据错误，本院予以纠正，即应系依照《民事诉讼法》第二百五十三条之规定，加倍支付迟延履行期间的债务利息。

综上，上诉人某保险公司的上诉请求和理由不能成立，二审院不予支持。原审判决认定事实清楚，实体处理适当。依照《民事诉讼法》第一百七十条第一款第（一）项之规定，判决如下：驳回上诉，维持原判。二审案件受理费1800元，由上诉人某保险公司负担。

※裁判要旨：第一，根据《保险法解释三》第六条“未成年人父母之外的其他履行监护职责的人为未成年人订立以死亡为给付保险金条件的合同，当事人主张参照《保险法》第三十三条第二款、第十四条第三款的规定认定该合同有效的，人民法院不予支持，但经未成年人父母同意的除外”之规定，某教育培训学校作为对其学生负有一定监护职责的投保人，在取得翟丙父母翟甲、翟乙同意的情况下为翟丙投保涉案团体人身险，不存在因为违反《保险法》第三十三条而将会导致保险合同无效的问题。

第二，根据《保险法解释二》第四条第二款的规定，保险人接受了投保人提交的投保单并收取了保险费，尚未作出是否承保的意思表示，发生保险事故，被保险人或者受益人请求保险人按照保险合同承担赔偿或者给付保险金责任，符合承保条件的，人民法院应予支持；不符合承保条件的，保险人不承担保险责任，但应当退还已经收取的保险费。保险人拒绝承保的，拒绝承保意思表示送达投保人之前，保险公司存在承担保险责任的风险。翟丙意外身亡时，虽然涉案团体人身险合同尚处在缔结阶段，但翟丙的保险金受益人翟甲、翟乙有权向上诉人请求给付保险金。

中国人寿保险股份有限公司潼南县支公司与胡某曰意外伤害保险合同纠纷案[1]

※案情简介：再审申请人中国人寿保险股份有限公司潼南县支公司（以下简称人保潼南公司）因与被申请人胡某曰意外伤害保险合同纠纷一案，不服重庆市第一中级人民法院（2015）渝一中法民终字第05457号民事判决，向重庆市高级人民法院申请再审。人保潼南公司申请再审称：投保人和被保险人需同一人，激活是投保人启动保险合同的一项义务，不是一审认定的售后服务事项；对黄某的身份认定错误，其证言不实。

重庆市高级人民法院认为，人保潼南公司对其出售的意外伤害保险是否承担保险赔偿责任是本案争议焦点。至于该保单是否激活问题。经查明，2013年10月28日，胡某曰之子胡某明所在潼南县张某琼预制厂为胡某明等6名工人在保险代理人黄某处购买了6份人保潼南公司的意外伤害保险，胡某明的险单为吉祥D卡，卡号为5260661200007×××。根据保险代理人黄某出庭作证的证言，其在申请人人保潼南公司处签字领取保险卡后，交给了潼南县张某琼预制厂，并根据该厂向其提供的激活保险卡所需的相关资料，激活了保险卡。因黄某系保险代理人，其行为为代理保险公司所为，故投保人有理由相信人保潼南公司出售的保险卡已经激活并生效。胡某明因压井在事故中意外死亡后，胡某曰作为其继承人，有权向人保潼南公司索赔。对于黄某的证言，与保单卡领取单、人保潼南公司另一员工莫某英的证言等互相印证，人保潼南公司现并无证据推翻黄某的证言，故一、二审法院采信黄某证言并无不当。至于人保潼南公司提出的保险卡需投保人、激活人、被保险人

〔1〕本案根据重庆市高级人民法院（2015）渝高法民申字第02258号民事裁定书整理。

同意，且亲自激活后才生效的观点。因前述要求系特殊要求，而保险公司现未能举证证明其将保险卡售出后，对前述要求向保单卡购买人进行了明确的提示说明，故在其保险代理人代投保人激活保单并告知已生效后，可以视为保险卡已生效，人保潼南公司不得以未激活未生效为由拒绝赔付。

综上，中国人寿保险股份有限公司潼南县支公司的再审申请不符合《民事诉讼法》第二百条规定的情形。依照《民事诉讼法》第二百零四条第一款之规定，裁定如下：驳回中国人寿保险股份有限公司潼南县支公司的再审申请。

※裁判要旨：保险人对其提供的保险卡在激活生效时的特殊要求未向保单卡购买人作出明确说明，其保险代理人代投保人激活保单并告知已生效后，可以视为保险卡已生效，保险人不得以未激活未生效为由拒绝赔付。

第十五条　【保险合同解除】除本法另有规定或者保险合同另有约定外，保险合同成立后，投保人可以解除合同，保险人不得解除合同。

条文解读

本条是对解除保险合同的规定。

（一）投保人有权在法律规定范围内处分自己的民事权利。本条的规定既赋予了投保人解除保险合同的权利，同时又对投保人解除保险合同作出了一定限制，即本法另有规定或者保险合同另有约定的除外。如本法第 50 条规定，货物运输保险合同和运输工具航程保险合同，保险责任开始后，合同当事人不得解除合同。根据这一规定，货物运输保险合同和运输工具航程保险合同的投保人，在保险责任开始后就不能解除保险合同，这是由这两种保险合同的性质和特点决定的。另外，如果保险合同已明确约定某些特殊情况下不得解除保险合同，在出现约定的这些情况时，投保人也不得任意解除合同。

（二）除本法另有规定或者保险合同另有约定外，保险合同成立后，保险人不得解除保险合同。为了保护投保人的利益，保险人不得任意解除保险合同，这是许多国家保险法规定的原则，我国《保险法》也采用了这一原则。

配套法规及解读

《合同法》(1999 年 3 月 15 日)

第九十三条 当事人协商一致,可以解除合同。

当事人可以约定一方解除合同的条件。解除合同的条件成就时,解除权人可以解除合同。

第九十四条 合同的法定解除有下列情形之一的,当事人可以解除合同:

(一)因不可抗力致使不能实现合同目的;

(二)在履行期限届满之前,当事人一方明确表示或者以自己的行为表明不履行主要债务;

(三)当事人一方迟延履行主要债务,经催告后在合理期限内仍未履行;

(四)当事人一方迟延履行债务或者有其他违约行为致使不能实现合同目的;

(五)法律规定的其他情形。

第九十五条 法律规定或者当事人约定解除权行使期限,期限届满当事人不行使的,该权利消灭。

法律没有规定或者当事人没有约定解除权行使期限,经对方催告后在合理期限内不行使的,该权利消灭。

第九十六条 当事人一方依照本法第九十三条第二款、第九十四条的规定主张解除合同的,应当通知对方。合同自通知到达对方时解除。对方有异议的,可以请求人民法院或者仲裁机构确认解除合同的效力。

法律、行政法规规定解除合同应当办理批准、登记等手续的,依照其规定。

第九十七条 合同解除后,尚未履行的,终止履行;已经履行的,根据履行情况和合同性质,当事人可以要求恢复原状、采取其他补救措施,并有权要求赔偿损失。

《保险法解释三》(2015 年 11 月 25 日)

第十七条 投保人解除保险合同,当事人以其解除合同未经被保险人或者受益人同意为由主张解除行为无效的,人民法院不予支持,但被保险人或者受益人已向投保人支付相当于保险单现金价值的款项并通知保险人的除外。

※法规解读:保险合同的解除,是指有保险合同解除权的一方向他方做出意思表示,使已经生效的保险合同在有效期届满前不再具有约束力的行为。按照《保险法》第 15 条的规定,只有在发生本法规定的下列情形或者保险合同另有约定外,保

险人才有权解除保险合同。因此,保险合同的解除可以分为法定解除和意定解除。

(一)法定解除

1. 投保人的法定解除权

一般情况下,保险合同成立后,投保人可以解除合同,但《保险法》对某些保险合同中投保人的合同解除权作了限制性规定。例如,“货物运输保险合同和运输工具航程保险合同,保险责任开始后,合同当事人不得解除合同”。

人身保险合同中,“投保人解除合同的,保险人应当自收到解除合同通知之日起三十日内,按照合同约定退还保险单的现金价值”。

财产保险合同中,“保险责任开始前,投保人要求解除合同的,应当按照合同约定向保险人支付手续费,保险人应当退还保险费。保险责任开始后,投保人要求解除合同的,保险人应当将已收取的保险费,按照合同约定扣除自保险责任开始之日起至合同解除之日止应收的部分后,退还投保人”。

2. 保险人的法定解除权

一般情况下,保险合同成立后,保险人不可以解除合同。根据《保险法》的规定,保险人的法定解除权情形主要包括:

(1)投保人故意或者因重大过失未履行如实告知义务,足以影响保险人决定是否同意承保或者提高保险费率的,保险人有权解除合同。但是,自保险人知道有解除事由之日起超过三十日不行使解除权消灭;自合同成立之日起超过二年的,保险人不得解除合同;保险人在合同订立时已经知道投保人未如实告知的情况的,保险人不得解除合同。

(2)未发生保险事故,被保险人或者受益人谎称发生了保险事故,向保险人提出赔偿或者给付保险金的请求的,保险人有权解除合同,并不退还保险费。

(3)投保人、被保险人故意制造保险事故的,保险人有权解除合同,不承担赔偿或者给付保险金的责任。

(4)投保人申报的被保险人年龄不真实,并且其真实年龄不符合合同约定的年龄限制的,保险人可以解除合同,并在扣除手续费后,向投保人退还保险单的现金价值。但是,自保险人知道有解除事由之日起超过三十日不行使解除权消灭;自合同成立之日起超过二年的,保险人不得解除合同;保险人在合同订立时已经知道投保人未如实告知的情况的,保险人不得解除合同。

(5)人身保险合同效力依照本法第36条规定中止,自合同效力中止之日起满二年双方未达成协议的，保险人有权解除合同，应当按照合同约定退还保险单的现金价值。

(6)因保险标的转让导致危险程度显著增加的，保险人自接到被保险人或者保险标的受让人的通知之日起三十日内，可以按照合同约定调整保险费或者解除合同。保险人解除合同的，应当将已收取的保险费，按照合同约定扣除自保险责任开始之日起至合同解除之日止应收的部分后，退还投保人。

(7)投保人、被保险人未按照约定履行其对保险标的的安全应尽责任的，保险人有权要求增加保险费或者解除合同。

(8)在合同有效期内，保险标的的危险程度显著增加的，被保险人应当按照合同约定及时通知保险人，保险人有权要求增加保险费或者解除合同。保险人解除合同的，应当将已收取的保险费，按照合同约定扣除自保险责任开始之日起至合同解除之日止应收的部分后，退还投保人。

(9)保险标的发生部分损失的，除合同约定不得解除合同的外，保险人可以解除合同，将保险标的未受损失部分的保险费，扣除自保险责任开始之日起至合同终止之日止期间的应收部分后，退还投保人。

(二)意定解除

意定解除是指保险合同成立后，由投保人和保险人协商解除保险合同。

(三)为他人利益保险合同中任意解除权的归属

《保险法》第15条规定了投保人的任意解除权，第47条规定了人身保险的保险人在投保人行使任意解除权的情况下，“应当自收到解除合同通知之日起三十日内，按照合同约定退还保险单的现金价值”。但是保险合同可能涉及投保人以外之人的利益，解除为他人利益保险合同可能损害他人的期待，因此《保险法解释三》第17条规定了为他人利益保险合同中任意解除权的归属以及对此种合同中投保人解除权的限制。

1. 保险合同的分类

以投保人是否享有赔偿请求权为区别标准，保险合同可分为为自己利益保险合同、为他人利益保险合同和为自己利益兼为他人利益保险合同三种。

为自己利益保险合同，是指投保人自行享有保险给付请求权的保险合同，即投保人以自己之名义，为自己之计算而订立的保险合同。为自己利益保险合同有两种形态：一是投保人以自己为被保险人，而未指定受益人；二是投保人以他人为被保险人，指定自己为受益人。

为他人利益保险合同，是指投保人自己不享有保险给付请求权的保险合同，即投保人以自己名义，为他人利益计算而订立的保险合同。为他人利益保险合同又有三种形态：一是投保人自己为被保险人而指定他人为受益人；二是投保人以他人为被保险人且未指定受益人；三是投保人以他人（第三方）为被保险人而又另行指定受益人（第四方）。

为自己利益兼为他人利益保险合同，是指投保人为自己利益计算的同时也兼顾他人利益而签订的保险合同。

2. 为他人利益保险合同中任意解除权的归属

投保人是保险合同的当事人，被保险人和受益人仅为保险合同的关系人，《保险法解释三》第 17 条规定，任意解除权属于投保人，其解除权的行使无须经过被保险人或受益人同意，因此被保险人或受益人无权主张无效。

3. 为他人利益保险合同中任意解除权的行使方式

首先，任意解除权系形成权，无须经过诉讼或仲裁，只要投保人通知解除，自通知到达保险人即可以发生解除的效力。《保险法》第 47 条虽然未直接规定，但从"保险人应当自收到解除合同的通知"的表述，可以推论出通知的对象为保险人，通知的内容为解除合同。其次，解除应向合同当事人进行通知才能发生效力。在为他人利益保险合同中，被保险人、受益人不是合同当事人，故投保人无向他们通知的义务，也不会因向他们通知产生解除合同的效力。

4. 为他人利益保险合同中对投保人任意解除权的限制

为了平衡被保险人或受益人的利益，本条司法解释后半段规定了被保险人或受益人的介入权，因为投保人对于保险合同所具有的最根本的利益就是保单现金价值，当被保险人或受益人已向投保人支付保单现金价值并通知保险人后，投保人的解除权理应受到限制。根据《合同法》的原理，被保险人或受益人通过向投保人支付相当于保险单现金价值的方式在法律性质上属于保险合同的概括转让，此时被保险人或者受益人转变为新投保人，具有保险合同的任意解除权的主体为新投保人而非原投保人。

关联法规索引

《保险法》第16条、第27条、第32条、第37条、第47条、第49条、第50～52条、第54条、第58条;《海商法》第226～228条

典型案例

王连顺诉中国人寿保险公司永顺县支公司保险合同纠纷案[1]

※案情简介:1995年10月30日,原中国人民保险公司永顺县支公司为本单位6名女职工(包括原告王连顺之妻陈晓兰)投保妇科癌病普查保险,保单号95－018,投保人和保险人均为永顺县保险公司,被保险人和受益人是这6名女职工,保期三年,保险金额1万元,保费每人40元。该保费已由永顺县保险公司工会经费中出资一次交清。

1996年6月,原中国人民保险公司永顺县支公司分立为人寿保险公司和财产保险公司两个单位,陈晓兰被分到被告永顺人保工作。1997年7月,陈晓兰从永顺人保调往中国平安保险公司吉首分公司工作。同年8月5日,永顺人保作出业务批单,以陈晓兰不具有可保利益为由解除了保险合同,没有书面通知陈晓兰。1998年1月,湖南省湘西土家族苗族自治州人民医院诊断陈晓兰患癌症,后又经湖南肿瘤医院确诊为子宫膜腺癌。陈晓兰患癌后,曾于1998年1月和5月两次向永顺人保递交了给付保险金的申请。永顺人保以陈晓兰调离后已不具有可保利益,保险合同失效为由,于同年7月21日给陈晓兰下发了保险金拒付通知书。陈晓兰为此于1999年2月8日提起诉讼,同年7月8日因癌症恶化死亡。

原告王连顺(陈晓兰之夫)诉称:被告单位曾为在该单位工作的我妻陈晓兰投保妇科癌病普查保险,保期三年,保费1万元。我妻在保期内患癌后,被告却拒绝理赔。请求判令被告按照保险合同的约定给付保险金,并赔偿我妻生前因被告拒绝理赔而遭受的精神损失。

被告辩称:为自己职工的利益,本单位曾给女职工投保妇科癌病普查保险是事实。但由于陈晓兰后来调出本单位,本单位已没有可保利益,因此以业务批单解除

---

〔1〕　载《中华人民共和国最高人民法院公报》2001年第4期,收录时做相应修改。

了该保险合同。保险合同不存在了,原告的理赔申请当然无效。应当驳回原告的诉讼请求。

湖南省永顺县人民法院认为:任何单位为自己的职工谋取合法利益,都是法律允许并支持的正当行为。由于保险是原中国人民保险公司永顺县支公司的业务,此次保险是该公司为自己的职工投保,这种特殊情况决定了该保险合同上投保人和保险人的签署是同一人,但这与自己和自己签订的无效合同情况不同,仍然属于两个平等民事主体之间签订合同。根据保费出资的实际情况,应认定这个保险合同的投保人是原中国人民保险公司永顺县支公司工会,保险人是该公司。维护职工合法权益,关心职工的生活,全心全意为职工服务,是工会的职能。工会在职工同意的情况下为职工投保人身险,是其履行职责的体现。依照《保险法》第五十二条第二款的规定,原中国人民保险公司永顺县支公司工会对保险标的具有保险利益。依照《保险法》第十二条的规定,本案的人身保险合同是当事人真实意思的表示,依法成立有效。

原告王连顺之妻陈晓兰在原中国人民保险公司永顺县支公司工作期间,既是原中国人民保险公司永顺县支公司的职工,也是原中国人民保险公司永顺县支公司工会的会员,有权利享受职工和会员的待遇。原中国人民保险公司永顺县支公司从该公司工会出资为其女职工投保,是该公司工会给会员的福利待遇。因保险合同的成立,陈晓兰以被保险人和受益人的身份成为合同当事人。依照《保险法》第二十一条第二款、第三款的规定,陈晓兰享有保险金请求权。

通常的合同,由于是签约双方的一致意思表示,所以只要签约双方协商一致,就可以变更或者解除。但是在保险合同中,由于有被保险人加入,合同与被保险人利害相关,因此只有在通知并征求被保险人的意见后,才能决定合同的订立、变更或解除。原告王连顺之妻陈晓兰从被告永顺人保调离后,永顺人保借该人身保险合同为同一人签署的便利,在没有征求陈晓兰意见的情况下,就以业务批单的形式解除合同。此举违背了《保险法》第十五条的规定,不能发生解除的效力。

人员流动是社会发展的正常现象。以可流动人员的身体作为保险标的的人身保险合同,投保人在投保时对保险标的具有的保险利益,可能由于人员流动而在投保后发生变化。对人身保险合同,只能根据投保人在投保时是否具有保险利益来确定合同效力,不能随保险合同成立后的人事变化情况来确定合同效力,这样才能保持合同的稳定性。被告永顺人保以陈晓兰调离后,永顺人保已没有可保利益为由，主张本案合同无效，理由不能成立。

依法成立的合同，对各方当事人都有约束力，各方当事人必须按照合同的约定享受权利和履行义务。原告王连顺之妻陈晓兰在保期内患了妇科癌症，符合保险合同约定的承保条件，被告永顺人保在接到保险理赔申请后，应当按约定支付保险金。王连顺诉请判令永顺人保给付保险金，应当支持；诉请判令永顺人保赔偿陈晓兰的精神损失，由于没有提供相应的证据，不予支持。据此，湖南省永顺县人民法院于1999年8月11日判决：（一）被告永顺人保给付原告王连顺保险金1万元；（二）原告王连顺要求被告永顺人保赔偿精神损失，不予支持。诉讼费530元，由被告永顺人保负担。

一审判决发生法律效力后，湖南省湘西土家族苗族自治州人民检察院提起抗诉。理由是：本案保费是由原中国人民保险公司永顺县支公司支出，一审判决认定由该公司工会经费中支出，证据不足，是认定事实的错误；陈晓兰不是保险合同的当事人，其调离永顺人保后，永顺人保已失去保险利益，一审判决仍认定合同有效，是适用法律不当。湖南省湘西土家族苗族自治州中级人民法院指令湖南省永顺县人民法院再审。

湖南省永顺县人民法院另行组成合议庭，依法按照一审程序再审查明：原判认定本案保费是由原中国人民保险公司永顺县支公司工会经费中支出，有该保险业务的经办人胡春花以原中国人民保险公司永顺县支公司的名义出具的证明。虽然该证明存在形式上的缺陷，但所证明的事实是确定的。另外，对原中国人民保险公司永顺县支公司的行政事业经费的会计凭证账查账，其结果是：从1995年10月1日至10月30日，该账中没有为陈晓兰等6名女职工支出保费的凭证。

湖南省永顺县人民法院再审认为，抗诉机关认为保费是由原中国人民保险公司永顺县支公司支出，没有举出任何证据；认为陈晓兰调离后，保险合同因投保人失去保险利益而无效，理由不能成立。原判认定事实清楚，证据确实，适用法律正确，判处恰当，审判程序合法，应当维持。据此，该院于2000年5月16日判决：驳回抗诉，维持原判。诉讼费930元，由原审被告永顺人保负担。

宣判后，永顺人保仍不服，向湖南省湘西土家族苗族自治州中级人民法院提起上诉。理由是：（一）在本案合同中，上诉人既作为投保人又作为保险人，经协商一致变更保险合同的部分内容，作出终止对陈晓兰保险责任的业务批单，是合法的民事行为；（二）即使以批单形式终止对陈晓兰的保险责任是无效的，由于陈晓兰已调离，上诉人已不具有可保利益，保险合同中涉及陈晓兰的部分也应当认定无效。

湖南省湘西土家族苗族自治州中级人民法院经二审后认为：认定本案的保险合同不能解除，不仅仅因为它是以无效的批单形式解除的，更因为解除时没有通知陈晓兰并征求她的意见。陈晓兰虽然不是该保险合同的签约人，但作为人身保险合同的被保险人和受益人，她有权知道合同的效力情况。在无人通知的情况下，她有理由相信该保险合同仍然存在。当她患了癌症并据此申请理赔时，上诉人永顺人保才出具解除合同的批单，此举违背了民事行为应当遵循的诚实信用原则，当然无效。

只有两个以上的平等民事主体为设立、变更、终止民事权利义务关系而签订的协议，才可称为合同。本案的保险合同能够成立，就在于一方是从事保险业务的保险人原中国人民保险公司永顺县支公司，另一方是代表6名女职工权益的原中国人民保险公司永顺县支公司工会。上诉人永顺人保在还涉及其他5名女职工权益的情况下，既不想否认本案保险合同的效力，又要说服该保险合同是由其一人签订的，不但与事实不符，且与法理不合，自相矛盾。如果确实是自己与自己签订"合同"，变更保险合同的"经协商一致"又从何谈起？永顺人保的上诉理由不能成立。原判正确，应当维持。据此，该院依照《民事诉讼法》第一百五十三条第一款第（一）项的规定，于2000年10月16日判决：驳回上诉，维持原判。案件受理费400元，由上诉人永顺人保负担。

※裁判要旨：虽然保险公司为自己的职工投保的保险合同上投保人和保险人的签署是同一个人，但仍属于两个平等民事主体之间签订合同。一方是从事保险业务的保险人原中国人民保险公司永顺县支公司，另一方是原中国人民保险公司永顺县支公司工会。在保险合同中，由于有被保险人加入，合同与被保险人利害相关，因此只有在通知并征求被保险人的意见后，才能决定合同的订立、变更或解除。若解除保险合同时没有通知被保险人并征求其意见，则该保险合同不能被解除。

第十六条　【投保人如实告知义务】在订立保险合同，保险人就保险标的或者被保险人的有关情况提出询问的，投保人应当如实告知。

投保人故意或者因重大过失未履行前款规定的如实告知义务，足以影响保险人决定是否同意承保或者提高保险费率的，保险人有权解除合同。

前款规定的合同解除权，自保险人知道有解除事由之日起，超过三十日不行使而消灭。自合同成立之日起超过二年的，保险人不得解除合同；发生保险事故的，保险人应当承担赔偿或者给付保险金的责任。

投保人故意不履行如实告知义务的，保险人对于合同解除前发生的保险事故，不承担赔偿或者给付保险金的责任，并不退还保险费。

投保人因重大过失未履行如实告知义务，对保险事故的发生有严重影响的，保险人对于合同解除前发生的保险事故，不承担赔偿或者给付保险金的责任，但应当退还保险费。

保险人在合同订立时已经知道投保人未如实告知的情况的，保险人不得解除合同；发生保险事故的，保险人应当承担赔偿或者给付保险金的责任。

保险事故是指保险合同约定的保险责任范围内的事故。

条文解读

本条是对投保人告知义务的规定。

（一）告知是指投保人或者被保险人在签订和履行保险合同过程中，将其知道或者应当知道的有关保险标的的重要情况如实地向保险人进行说明。告知义务的法理依据在于保险合同是最大诚信合同，投保人远比保险人更了解保险标的的情况，履行告知义务是投保人的法定义务。

（二）投保人未依法履行如实告知义务的，依照本条第 2 款、第 4 款、第 5 款的规定，有以下法律后果：

1. 投保人故意或者因重大过失未履行如实告知义务，足以影响保险人决定是否同意承保或者提高保险费率的，保险人有权解除合同。

2. 投保人故意不履行如实告知义务的，保险人对于合同解除前发生的保险事故，不承担赔偿或者给付保险金的责任，并不退还保险费。

3. 投保人因重大过失未履行如实告知义务，对保险事故的发生有严重影响的，保险人对于合同解除前发生的保险事故，不承担赔偿或者给付保险金的责任，但应当退还保险费。

（三）本条对保险人因投保人未依法履行如实告知义务而解除合同的权利规定了除斥期间、不可抗辩期间和禁止反言的限制。

1. 除斥期间,是指法律预定某种权利于存续期间届满当然消灭的期间。除斥期间的规定有利于督促保险人及时行使自己的权利,也防止有些保险人知道解除的事由后,采取“静观其变”的态度,即如果发生了保险事故,就采取解除合同的方式保护自己的利益,如果不发生保险事故就获得了收取保险费的利益。依据本条第 3 款的规定,保险人解除合同的权利,自保险人知道有解除事由之日起,超过三十日不行使而消灭。

2. 不可抗辩期间也称为不可争期间,是指自保险合同成立之日起一定时期届满后,保险合同就成为不可争议的法律文件,进入不可争辩期间,保险人不得以投保人在订立合同时不履行如实告知义务为由主张解除合同。法律设定解除权的目的是为了抑制投保人的投机取巧,防止其故意隐瞒危险情况,从而使保险人乃至所有诚信的投保人的利益受到损害。但是,若允许保险人无限期地享有解除权,亦可能对其他保险活动当事人产生损害:一是如果时间过久,被保险的财产或者人身都有可能发生变化,很难核实投保人当时的告知是否属实;二是如果人身保险合同的被保险人死亡,受益人也不一定知道当时的告知是否属实;三是规定了不可抗辩期间,有利于督促保险人在订立保险合同时认真审查保险标的的情况,防止发生纠纷。依据本条第 3 款的规定,自合同成立之日起超过二年的,保险人不得解除合同。

3. 禁止反言是指合同一方已经以明示或者默示放弃在合同中可以主张的某种权利,日后不得再向对方主张该项权利。依据本条第 6 款的规定,“保险人在合同订立时已经知道投保人未如实告知的情况的”,仍然与其签订了保险合同,事后,保险人不得再以此为由要求解除合同;发生保险事故的,保险人应当承担赔偿或者给付保险金的责任。

(四)本条第 7 款是对保险事故定义的规定。按照这款规定,保险事故是指保险合同约定的保险责任范围内的事故,也就是造成保险人承担保险责任的事故投保人要求保险人承保的事故项目在保险合同中应当列明,从而确定保险人的责任范围。并不是任何事故均可成为保险人承保的事故。构成保险事故应具备以下要件:(1)事故须有发生的可能;(2)事故的发生须不确定;(3)事故的发生须属将来,即其发生须在保险合同订立以后,才可作为保险事故。

配套法规及解读

《保险法解释二》(2013 年 5 月 31 日)

第五条　保险合同订立时,投保人明知的与保险标的或者被保险人有关的情况,属于保险法第十六条第一款规定的投保人"应当如实告知"的内容。

第六条　投保人的告知义务限于保险人询问的范围和内容。当事人对询问范围及内容有争议的,保险人负举证责任。

保险人以投保人违反了对投保单询问表中所列概括性条款的如实告知义务为由请求解除合同的,人民法院不予支持。但该概括性条款有具体内容的除外。

第七条　保险人在保险合同成立后知道或者应当知道投保人未履行如实告知义务,仍然收取保险费,又依照保险法第十六条第二款的规定主张解除合同的,人民法院不予支持。

第八条　保险人未行使合同解除权,直接以存在保险法第十六条第四款、第五款规定的情形为由拒绝赔偿的,人民法院不予支持。但当事人就拒绝赔偿事宜及保险合同存续另行达成一致的情况除外。

《保险法解释三》(2015 年 11 月 25 日)

第五条　保险人在合同订立时指定医疗机构对被保险人体检,当事人主张投保人如实告知义务免除的,人民法院不予支持。

保险人知道被保险人的体检结果,仍以投保人未就相关情况履行如实告知义务为由要求解除合同的,人民法院不予支持。

※法规解读:上述司法解释条文对于《保险法》第 16 条规定的投保人告知义务作出了更为详细的规定。

(一)投保人如实告知范围的主观限制与客观限制

保险合同是最大诚信合同,表现之一就是投保人的如实告知义务。关于如实告知义务的范围,《保险法》第 16 条第 1 款采取的是询问告知主义,在此基础之上《保险法解释二》第 5 条规定了对于投保人如实告知范围的主观限制;《保险法解释二》第 6 条规定了对于投保人如实告知范围的客观限制。

1. 投保人如实告知范围的主观限制

告知义务毫无疑问属于先合同义务。保险告知义务产生之初,其目的更多在于弥补保险人搜集信息能力的不足,此时的保险告知义务一般都采取客观主义的立场。随着保险告知义务立法目的的变化，防止保险人以保险告知义务推卸责任成为当前各国及地区保险法的主要任务，不考虑投保人主观状态的客观主义对善意投保人过于严苛，客观主义逐渐被主观主义所修正。现行《保险法》基本沿袭2002年《保险法》的做法，未从投保人主观状态对告知内容进行限制，但其在告知义务违反的构成中，进一步严格投保人的主观过错要件，投保人仅在故意或重大过失未履行如实告知义务情况下，才构成告知义务的违反。《保险法解释二》第5条即对于该漏洞的一个补充，即规定了对于投保人如实告知范围的主观限制。

关于投保人如实告知义务范围的主观主义立法模式，难点在于：告知范围是仅限于投保人明知内容，还是应当包括投保人应知的内容。上述司法解释认为告知范围仅限于明知内容，认为现代保险告知义务的实质并不是要求投保人承担无限告知义务，而是在保险人和投保人之间合理地分配信息搜集责任，在保险人评估风险能力以及专业经营水平不断提高的情况下，不应对投保人施加过重的负担。投保人作为普通人，不一定知道所有与保险标的有关的风险状况，在投保人不知道相关风险状况的情况下，如仍要求其承担告知义务，显然强人所难，也有违诚信原则。

投保人明知，是指投保人通过某种方法、手段实际了解到了相关情况或事实。对投保人是否明知的争议主要集中于人身保险合同纠纷案件中。对于此类案件中投保人是否明知的审查，应区分以下两个层次：(1)审查被保险人客观上是否患有相关疾病，即是否存在应当告知的重要事项；(2)审查投保人对被保险人的疾病是否明知，即投保人主观上是否知道该重要事项。实践中，保险人通常以被保险人相关病历、住院记录等作为证据来证明投保人明知相关疾病，但并不是所有这些证据材料都可以得出投保人明知相关疾病的结论。因此，具体案件审理中，应当综合考量所有相关证据，结合案件具体情况，准确认定投保人是否明知，防止保险公司随意以投保人违反告知义务为借口逃避责任。

2. 投保人如实告知范围的客观限制

从各国保险立法和学说来看，告知方式和范围的确定有两种形式，即主动告知主义和询问告知主义。主动告知主义即无限告知主义，是指法律对告知的内容没有确定性的规定，只要事实上存在与保险标的的危险有关的重要事实，投保人都要向保险人进行说明。其实质是将提供风险测定所需信息的责任完全强加于投保人一方。对于哪些事实属于重要事实采取实质标准，即根据特定事实对风险评估的作用进行判断。询问告知主义即投保人对保险人询问的问题必须如实告知，而对保险人没有询问的问题，投保人没有告知义务，不告知不构成告知义务的违反。在询问告知主义中，义务人仅就保险人询问的内容承担告知义务，故对于哪些内容属于必须告知的重要事实，取决于保险人是否已经进行询问，于是，重要事实的判断问题也转变为形式判断问题。多数国家采取询问告知主义。我国现行《保险法》第16条第1款和《保险法解释二》第6条也是采取此种观点。

当前保险营销方式不断创新，网络投保、电话投保等新型投保方式大量出现，在这些新型投保方式中，保险人的询问一般是以电话或者网页的方式进行。至于非书面形式的询问在实践中难以举证，容易就询问的内容产生争议的问题，可以通过保险人承担举证责任来解决。因此本条司法解释规定“当事人对询问范围及内容有争议的，保险人负举证责任”。

关于是否可以采取兜底条款的问题。兜底条款将列举条款里未提及问题全都囊括进去，实质上仍是要求投保人承担主动、无限告知义务，从根本上违反了询问告知主义的立法目的。故保险人的询问，必须具体、明确，不能随意采用兜底条款。根据保险实践的需要，允许保险人使用一些形式上类似于概括性条款的表述，但内容上仍应达到相对具体的程度。至于是否达到相对具体程度，审判实践中应当结合具体案件事实进行判断。因此，本条司法解释规定：“保险人以投保人违反了对投保单询问表中所列概括性条款的如实告知义务为由请求解除合同的，人民法院不予支持。但该概括性条款有具体内容的除外。”

（二）禁止反言与弃权

根据《保险法》第16条第6款的规定，只有在保险人订立保险合同时知道投保人未如实告知，投保人或被保险人才可以援引第6款规定的抗辩权，对抗保险人解除合同的权利，并要求保险人对发生的保险事故仍应承担赔偿或者给付保险金责任。然而，保险人还可能是在保险合同订立后知道投保人未履行如实告知义务，在此情况下，只要投保人未如实告知的内容对保险人风险评估有重要影响，保险人完全可以直接解除保险合同。但实践中，有些保险人为了获取保险费，即使明知投保人未履行如实告知义务仍然继续收取保险费，给投保人或被保险人造成其已经原谅投保人未如实告知的表象，此种情形下的保险人是否仍然可以投保人违反如实告知义务为由解除合同，拒绝赔付保险金或者要求被保险人、受益人返还已经支付的保险金呢？这涉及保险法上的禁止反言和弃权制度。

保险法上的禁止反言是指保险人意识到或者应当意识到其有权基于投保人或

被保险人不实陈述、违反保证或条件而享有抗辩或解除合同的权利,但保险人在被保险人尚未意识到其抗辩或解除合同的原因的情况下,以明示或默示的方式向保险人表示其没有意识到对被保险人的抗辩权或解除权,保单依然有效,并且投保人或被保险人相信了保险人的表示且因此造成损失。保险法上适用禁止反言的法律后果是,保险人不得以投保人或被保险人违反约定义务为由主张保险合同无效、解除保险合同或对投保人、被保险人、受益人进行抗辩。

保险法上的弃权是指保险人已经意识到其有理由解除保单,或者有理由抗辩投保人或被保险人保单项下的主张时,其通过代理人的行为,明示或默示向投保人或被保险人传达其自愿放弃上述权利的意思。保险法上的弃权需要具备两个方面的构成要件:(1)保险人知悉或者应当知悉自身权利,这种权利主要是指保险人因投保人违反保险合同义务而享有的合同解除权和对投保方索赔的抗辩权;(2)保险人对相关权利的放弃。这种放弃主要通过明示或默示的放弃作出,某些特殊情形下沉默也可以推定为保险人的放弃。保险法弃权的法律后果主要是保险人丧失了其明示放弃或默示放弃的相关权利,在投保人、被保险人、受益人有相关违约行为时,保险人不得再主张已经放弃的合同解除权或抗辩权。

弃权与禁止反言存在极大的相似性,存在诸多联系,有时甚至难以区分。弃权与禁止反言都是当事人在享有某种权利的情况下,以某种方式向相对人表示其不行使该权利,导致权利丧失而不得行使。二者的区别主要体现在所处的阶段不同:禁止反言主要适用于保险合同订立阶段,即保险人在订立合同时知道或者应当知道投保人未如实告知或被保险人不符合承保条件仍向投保人签发保单,或者保险代理人在订立保险合同时对投保人作出错误陈述或操作,致使投保人相信保险合同以保险代理人陈述的内容订立,则保险人不得主张合同无效或解除合同;弃权主要适用于保险合同成立之后的履行阶段,即保险人知道或者应当知道投保人或者被保险人违反其应尽义务,不具备理赔资格,仍然向投保人继续收取保费或者受理被保险人、受益人的理赔申请的,则应视为保险人已经放弃拒绝理赔的权利。

我国《保险法》第16条第6款确立了禁止反言制度,《保险法解释二》第7条和《保险法解释三》第5条第2款规定了弃权制度。弃权的适用条件并不限于保险人明知投保人未如实告知的情形,还应包括其应当知道投保人未如实告知的情形。"知道"属于主观心理状态,外人难以认知,更是难以提供证据予以证明,如果仅将弃权适用于保险人"知道"情形,并要求投保人、被保险人举证证明,弃权的适用可操作性将大大降低。"应当知道"以理性保险人是否知道作为判断标准,是一种客观尺度,将其纳入弃权适用情形,不仅容易操作,也能更好地督促保险人尽到信息搜集和审查义务。在具体适用弃权制度上,应当严格适用的条件:(1)保险人知道或者应当知道投保人未如实告知。此处的"应当知道"应当以理性保险人为判断标准,即如果一个理性的保险人在同等事实状态下能够知道投保人未如实告知的,即应认为"应当知道"。(2)保险人的知道或者应当知道是在保险合同成立后,而不包括保险合同成立前或成立时知道或应当知道。保险人在保险合同成立前或成立时知道投保人未如实告知仍然向投保人签发保单的,应适用《保险法》第16条第6款禁止反言的规定。(3)保险人表示放弃权利。此处的放弃权利,可以是明示的,也可以是默示的。明示放弃权利应适用意思表示的相关规定,默示放弃权利则应严格限定。例如,《保险法解释二》第7条规定的"收取保险费"。收取保险费不仅包括收取首期保险费,还包括收取后续保险费。再比如根据《保险法解释三》第5条第2款的规定,"即使投保人未如实告知相关情况,但由于体检结果已将真实情况客观反映出来,保险人明知而未表示异议的情况下,构成弃权"。

(三)投保人违反告知义务时保险人拒绝赔偿与解除合同之间的关系

对于《保险法》所确立的解除合同与拒绝赔偿二者处于何种关系的问题,即对于《保险法》第16条第2款与第4款和第5款的关系问题,理论界与实务界一直存在较大争议。争议的焦点集中在:在投保人违反如实告知义务的情况下,保险人是否可以不解除保险合同直接拒赔?肯定观点认为,既然法律赋予如实告知义务违反两种法律后果,保险公司可以选择适用,可以选择解除保险合同,不承担保险责任,也可以选择不解除保险合同,直接主张不承担保险责任。而且在有些情况下,维持保险合同的效力对保险人、投保人双方都较为有利。否定观点认为,保险人只有在解除保险合同的情况下才能拒赔,这更为符合立法原意,也能够更好地保护投保人和被保险人。《保险法》第16条第4款、第5款关于拒赔的内容规定为"保险人对于合同解除前发生的保险事故,不承担赔偿或者给付保险金的责任",根据该表述的文义理解,保险人拒赔的是"合同解除前发生的保险事故",显然合同解除是保险人拒赔的条件,保险人只有解除合同后才能对解除前发生的保险事故拒赔,这也符合当前各国对于拒赔与解除关系的理解。因此,《保险法解释二》第8条规定:"保险人未行使合同解除权,直接以存在保险法第十六条第四款、第五款规定的情形为由拒绝赔偿的,人民法院不予支持。"

保险人解除合同才能拒赔，固然能够防止保险人滥用违反告知义务逃避保险责任，但也存在一定弊端：保险人解除合同将直接使保险合同归于消灭，而并不当然符合当事人之间的利益关系。最为典型的是一些人寿保险，其一般会附带意外伤害险，如仅发生意外伤害就要求保险人解除合同才能拒赔，被保险人将因合同解除遭受更大的不利。因此，从鼓励保险合同存续、充分保险保障功能出发，应保持一定灵活性，允许当事人就保险合同存续进行约定，这也符合当事人意思自治的需要。因此，《保险法解释二》第8条规定："但当事人就拒绝赔偿事宜及保险合同存续另行达成一致的情况除外。"

（四）体检与如实告知义务的关系

我国现行《保险法》虽对投保人的如实告知义务作了上述较为丰富的规定，但未就体检与如实告知义务的关系问题作出针对性的规定。实务中就体检程序的介入能否减轻甚至免除投保人的如实告知义务这一问题存在理解上的较大分歧。第一种观点认为，体检程序的介入免除投保人的如实告知义务。理由：保险人安排被保险人进行体检的，其即能通过体检掌握被保险人的风险状况。投保人需要如实告知的事项，保险人通过指定医疗服务机构体检即可查实，再次要求投保人履行如实告知义务，已经没有必要。第二种观点认为，安排被保险人体检只是保险人控制风险的方式，而不是其义务。如认为被保险人采用体检方式即可免除投保人的如实告知义务，不利于鼓励保险人通过体检控制道德风险。《保险法解释三》第5条第1款采取的是第二种观点，本款规定是最大诚信原则在投保人如实告知义务中的具体体现。基于保险人与投保人之间的消息不对称性，最大诚信原则要求投保人应当对其明知的与保险标的或被保险人有关的情况在保险人询问的时候进行如实告知。体检虽然会使保险人对被保险人的自身情况有所了解，但体检的项目与保险人询问的项目一般并不完全一致，体检的目的与询问的目的也不完全相同，因此体检无法取代询问，故投保人不能因为体检而免除如实告知义务。

为了使本条的规定更加完善，本条第2款规定了可以认定保险人弃权的情形，即"保险人知道被保险人的体检结果，仍以投保人未就相关情况履行如实告知义务为由要求解除合同的，人民法院不予支持"。主要考虑：保险人知道被保险人的体检结果与投保人的告知不相符，仍然同意承保，容易给投保人造成保险合同并无瑕疵的信赖，该投保人也就不会为其投保标的寻求其他保障方式，此时如果允许保险人再解除合同，并拒绝理赔，不利于投保人利益的保障。

关联法规索引

《保险法解释二》第 3 条;《合同法》第 95 条、第 97 条;《海商法》第 222 ~ 224 条

典型案例

韩龙梅等诉阳光人寿保险股份有限公司江苏分公司保险合同纠纷案[1]

※案情简介:“绚丽阳光”保险卡系被告阳光人寿保险股份有限公司(以下简称阳光人保)推出的短期个人综合意外伤害保险业务中销售的,在网上激活的自助式保险卡。该保险卡正面印制的内容为:“保险责任:意外身故、伤残保障 6 万元,意外伤害医疗保障 1 万元;保险期限 1 年,保费 100 元,自助保险卡系列及卡号”;该卡的背面内容为:“账号、密码,激活有效期至 2010 年 06 月 30 日(请在此日期前激活);投保激活方式,网络激活:登录阳光保险集团网站 www. ygbx. com——点击‘网上激活’页面——输入账号、密码、验证码进入投保页面——填写相关投保信息——确认激活成功。”保险卡宣传手册对该产品保障内容、投保对象、保费与份额限制、注意事项、投保规定、保险责任、责任免除、索赔指引等进行了详细的介绍,并摘录了部分保险条款。其中,“重要提示”部分第 1 条载明,保险卡仅供客户投保使用,非保险凭证,持卡人须在卡的有效期内按照投保流程进行投保,在获得保险单号后该卡所对应的保险责任于激活次日零时生效;“投保规定”第 6 条规定,投保职业只接受一、二、三、四类人员作为被保险人,不接受四类以上职业人员作为被保险人,职业类别按照《阳光人寿保险股份有限公司职业分类表》确定。该职业分类表将营业用货车司机列为第六大类生产、运输设备操作人员及有关人员。网上激活过程中,如被保险人职业栏选择“营业用货车司机”,则会因被拒绝承保而不能激活保险卡,无法形成电子保单。

2008 年 12 月 5 日,被告阳光人保与徐州民兴保险代理有限责任公司(以下简称民兴代理公司)签订了保险代理合同,约定由民兴代理公司代理阳光人保在徐州地区的保险销售业务,合同期限为 1 年。刘继为农业家庭户口,系苏 CB××××

[1] 载《中华人民共和国最高人民法院公报》2010 年第 5 期,收录时做相应修改。

解放牌货车车主，于2006年11月27日为该车办理了从事经营活动的机动车辆道路运输证，刘继的驾驶证载明的准驾车型为B类。2009年3月，刘继以100元的价格从民兴代理公司业务员宗芹手中购得“绚丽阳光”保险卡一张。阳光人保的网站系统中显示，刘继购买的保险卡已被激活，其职业为农民，被保险人为刘继，保险责任期间自2009年3月16日0时起至2010年3月15日24时止，保单未指定受益人。

2009年4月20日，刘继驾驶苏CB××××解放牌货车在四川发生交通事故。次日，刘继经医院抢救无效死亡。刘继之妻韩龙梅，子女刘娜、刘凯，父亲刘元贞，母亲王月兰即本案五原告均为刘继的合法继承人。五原告向被告阳光人保提出理赔申请，2009年6月15日，阳光人保向五原告出具书面拒赔通知书，称刘继以农民职业参保，而其实际职业为“营业用货车司机”，依据“绚丽阳光”保险卡列明的拒保职业范围，作出拒赔决定。

南京市鼓楼区人民法院认为：《保险法》第十七条第一款规定：“订立保险合同，保险人应当向投保人说明保险合同的条款内容，并可以就保险标的或者被保险人的有关情况提出询问，投保人应当如实告知。”（现第十六条第一款，有改动）对于投保人的告知义务而言，被告阳光人保自行提供的保险条款也规定：“订立本合同时，本公司会就投保人和被保险人的有关情况提出书面询问，投保人和被保险人应当如实告知。”可见，投保人的告知义务的范围应当以保险人询问的事项为限，对保险人未询问的事项，投保人不负告知义务。

本案中，证人宗芹称，在收取保险费时误以为刘继是农民而未询问其职业，涉案保险卡系保险代理公司根据业务员对被保险人职业状况的陈述代为激活，后又交付给刘继的内容，鉴于宗芹作为向刘继销售被告阳光人保保险业务的经办人，与阳光人保有利害关系，其出具的不利于阳光人保的证言可信度较高，且阳光人保未能举证证明涉案保险卡由刘继自己激活，亦未能举证证明在收取保险费时对刘继的职业提出了书面询问，故可以认定阳光人保未能全面履行对保险合同条款的说明义务。阳光人保网站上可查阅被保险人的职业分类表，网上激活的过程中，被保险人职业栏如选择“营业用货车司机”，保险卡会因被拒绝承保而不能激活。但是，本案所涉保险卡系民兴代理公司内勤代为激活，激活过程中，民兴代理公司仅向其业务员宗芹而未向投保人刘继进行询问，而宗芹并未询问过刘继的职业，使刘继没有机会就其职业状况履行如实告知义务。因此，刘继并未违反投保人如实告知义务。阳光人保作为保险人认为刘继违反告知义务主张解除合同,要求免除相应的赔偿责任请求没有事实根据与法律依据。因此,涉案保险合同合法有效,保险责任期间自2009年3月16日0时起至2010年3月15日24时止。2009年4月20日,刘继因交通事故而意外死亡,已经构成保险事故,保险人应按保险合同约定承担赔偿责任。本案中,涉案保险合同没有指定受益人,五名原告作为刘继的法定继承人,有权要求阳光人保履行给付保险金的义务。据此,南京市鼓楼区人民法院于2009年11月20日判决:被告阳光人保赔偿原告保险金60,000元。

※**裁判要旨**:《保险法》第十六条第一款规定:"订立保险合同,保险人就保险标的或者被保险人的有关情况提出询问的,投保人应当如实告知。"保险人或其委托的代理人出售"自助式保险卡"未尽说明义务,又未对相关事项向投保人提出询问,自行代替投保人激活保险卡形成数据电文形式的电子保险单,在保险合同生效后,保险人以电子保险单内容不准确,投保人违反如实告知义务为由主张解除保险合同的,人民法院不予支持。

余某、文某诉新华人寿保险股份有限公司河南分公司驻马店中心支公司、正阳支公司人身保险合同纠纷案〔1〕

※**案情简介**:2013年4月3日,李某在新华人寿保险股份有限公司正阳支公司为其雇佣的驾驶员余甲投保了美满人生意外伤害险,李某交纳200元保险费,该公司将一张保险卡激活后交付给余甲,卡号尾为:184,双方没有签订书面合同。该卡上载明:保险责任意外伤害金额15万元,意外伤害医疗保险金额1万元;保险期间一年;注意事项:2.有关本卡的责任说明,责任免除等未尽事宜以新华人寿保险股份有限公司相关条款为准。2013年9月8日9时40分左右,余甲驾驶四轮拖拉机由西向东行使至汝南埠魏龚村老刘庄路段一弯道时,因行车未确保安全,致使拖拉机冲出道路发生翻车,造成车辆损坏,余甲死亡。正阳县公安局交通警察大队认定:余甲未取得机动车驾驶证驾驶机动车上路行使行车未确保安全是导致交通事故发生的根本原因。事故发生后,余甲的父母余某、文某作为原告向被告新华人寿保险股份有限公司河南分公司驻马店中心支公司及正阳支公司索赔,新华人寿驻马店中心支公司于2013年11月25日作出理赔决定通知书,决定不予给付合同项

---

〔1〕 本案根据正阳县人民法院(2014)正民金初字第8号民事判决书整理。

下对应保险金;该合同终止,退还保单现金价值。作出决定的依据是合同约定的责任免除项。为此,双方发生了诉讼。

2014年3月17日,正阳县人民法院判决限二被告新华人寿保险股份有限公司河南分公司驻马店中心支公司、正阳支公司于本判决生效后三十日内向二原告余某、文某支付赔偿金15万元。

法院生效裁判认为:李某在新华人寿正阳支公司为其雇用的司机余甲投保美满人生意外伤害险,是双方当事人的真实意思表示。该公司将保险卡交付给余甲,双方的保险合同关系即以成立,应受法律保护,合同当事人应严格按照合同约定履行自己的义务。李某为余甲投保时,该保险公司知道余甲为李某雇用的司机,但没有询问其有无驾驶证,不应再以被保险人余甲无证驾驶机动车作为抗辩理由;虽然《道路交通安全法》第十九条第一款规定"驾驶机动车,应当依法取得机动车驾驶证"。被告提交的保险条款也将无合法有效驾驶证驾驶机动车作为责任免除条款,但被告向余甲给付的保险卡上仅注明"责任免除等未尽事宜以新华人寿保险股份有限公司相关条款为准",被告没有证据证明向投保人或被保险人提供了该保险条款,更无证据证明向投保人或被保险人对该条款进行了提示。不符合《保险法解释二》第十条的规定。按照《保险法》第十七条的规定保险人未尽到提示义务,该免责条款对被保险人不产生效力,被告对余甲的意外死亡应承担保险责任。被告辩称原告主张的索赔事项不属于赔偿范围,要求驳回原告诉讼请求的理由不足,不应予以支持。

※裁判要旨:本案争议的焦点有两点:一是投保人投保时是否没有履行如实告知义务,即李某是否隐瞒了余甲没有驾驶证这一事实;二是保险人将法律、法规中规定的禁止性规定情形作为保险合同免责条款的免责事由,保险人是否应对该条款履行提示义务。

关于第一个焦点问题,余甲驾车与李某一起到被告新华人寿保险股份有限公司正阳支公司。李某在该公司为其雇用的司机余甲投保美满人生意外伤害险。该公司业务员知道余甲系李某雇用的司机,但没有询问其有无驾驶证,《保险法》第十六条第一款规定"订立保险合同,保险人就保险标的或者被保险人有关情况提出询问的,保险人应当如实告知"。根据《保险法解释二》第五条,保险合同订立时,投保人明知的与保险标的或者被保险人有关的情况,属于《保险法》第十六条第一款规定的投保人"应当如实告知"的内容。根据该解释第六条第一款,"投保人的告知义务限于保险人询问的范围和内容。当事人对询问范围及内容有争议的,保险人负举证责任”。因保险人没有对该事项进行询问,所以投保人李某和被保险人余甲没有主动告知被保险人没有驾驶证,更不存在不如实告知之说。保险人不得以投保人未履行如实告知义务为由不承担保险责任。

关于第二个焦点问题,保险人对法律禁止性规定免责条款负有提示义务。《保险法解释二》第十条规定,“保险人将法律、法规中规定的禁止性规定情形作为保险合同免责条款的免责事由,保险人对该条款作出提示后,投保人、被保险人或者受益人以保险人未履行明确说明义务为由主张该条款不生效的,人民法院不予支持”。由此可以看出,保险人将法律法规规定的禁止性情形作为免责条款,无须履行明确说明义务,但前提是应当对该条款作出提示。《道路交通安全法》第十九条第一款规定“驾驶机动车,应当依法取得机动车驾驶证”。被告向余甲给付的保险卡上仅注明“责任免除等未尽事宜以新华人寿保险股份有限公司相关条款为准”,其也将无合法有效驾驶证驾驶机动车作为责任免除条款,但被告没有证据证明向投保人或被保险人提供了该保险条款,更无证据证明向投保人或被保险人对该条款进行了提示。不符合《保险法解释二》第十条的规定。保险人未尽到提示义务,该免责条款对被保险人不产生效力,被告对余甲的意外死亡应承担保险责任。

田某、冉某诉某保险公司人身保险合同纠纷案〔1〕

※案情简介: 小田系田某、冉某之子。2007 年 6 月 21 日,田某与某保险公司签订保险合同,合同约定:投保人为田某,被保险人为小田,保险受益人为田某、冉某,投保险种为终身保险,保险期间为终身,保险金额为 2 万元,如被保险人身故,保险公司将按基本保额的三倍给付身故保险金。合同签订后,田某按前述保险合同约定按期向保险公司缴纳了 2007 年至 2009 年的保险费共计 4500 元。2009 年 11 月 23 日,被保险人小田因患肺结核死亡。田某认为属于保险责任事故,向保险公司提出理赔申请。保险公司于 2009 年 12 月 25 日向田某出具《拒绝给付保险金通知书》,该通知书载明的主要内容有“经调查核实我公司发现投保前已患疾病,根据相关法律规定和保险合同条款……本次事故我公司不承担保险责任……该合同效力终止……退还保单现金价值 2116.74 元”。田某、冉某遂诉至该院,要求保险

〔1〕 本案根据 2013 年 6 月 7 日,最高人民法院公布的三起保险合同纠纷典型案例 2 进行整理。

公司共同赔付保险金60,000元。另查明,小田于2001年和2008年接受过肺结核诊治。2007年6月19日,田某在申请投保时,在填写个人保险投保单告知事项第7条C项"被保险人是否曾患有或接受治疗过哮喘、肺结核、肺气肿等疾病"时,投保人田某及被保险人小田均填写为"否"。

法院认为,田某在投保时就被保险人小田曾患"肺结核"的事实未向保险公司尽到如实告知义务,保险公司有权解除合同。根据在案事实,保险公司于2009年12月25日作出《拒绝给付保险金通知》,该载明的内容可以确认,从2009年12月25日起保险公司就应当知道有解除事由,但保险公司在知道有解除事由之日起30日内未行使该解除权,其解除权已消灭。本案所涉保险合同未被解除的情况下,对双方仍具有约束力,保险公司应当按照本案所涉保险合同的约定承担给付田某等人保险金的责任。判决撤销原审民事判决,保险公司承担保险责任。

※裁判要旨:保险人未在法定期间内解除合同,丧失保险合同解除权。保险人以投保人违反如实告知义务为由拒绝赔偿的,人民法院不予支持。

李某诉保险公司人身保险合同纠纷案〔1〕

※案情简介:2009年12月2日,李某与保险公司签订保险合同,内容为:投保人、被保险人为李某;保险公司承保"关爱专家定期重疾个人疾病保险";保险金额为20万元;保险期间20年;保险费1020元、缴费频次为年缴;合同生效日为2009年12月10日0时。合同签订后,保险公司向李某交付了保险单、保险条款、投保单。李某交纳了2009年至2011年的保费。保险条款中关于重大疾病的名词释义第12项载明:终末期肾病(或称慢性肾功能衰竭尿毒症期)是指,双肾功能慢性不可逆性衰竭,达到尿毒症期,经诊断后已经进行了至少90日的规律性透析治疗或实施了肾脏移植手术。保险责任载明:自保险合同生效之日起因意外伤害原因,或自保险合同生效之日起180日后因意外伤害之外的其他原因,被保险人初次发生本合同约定的重大疾病,本公司按照保险金额给付重大疾病保险金,本合同效力终止。在投保单的告知事项中针对"是否曾住院检查或治疗""是否有其他未告知的疾病或功能不全"等问题,李某被勾选的答案均为"否"。在投保书"声明与授权"栏中,保险公司印制了以下文字:本人声明已经书面告知并回答投保书所列之询

〔1〕 本案根据北京市第二中级人民法院(2013)二中民终字第15882号民事判决书整理。

问。如本人违反告知义务,并足以影响承保决定,贵公司有权根据《保险法》的规定处理,其中包括解除本合同和拒绝赔付。李某在该栏目内签字确认。

2012年12月26日,李某向保险公司申请理赔。2013年1月8日,保险公司在处理理赔时发现,2007年李某在开滦医院被诊断为慢性肾小球肾炎、慢性肾功能衰竭等,2008年至2010年,李某在开滦医院被诊断为慢性肾小球肾炎、慢性肾功能衰竭尿毒症期等;2012年开滦医院病情诊断证明书写明:李某患有慢性肾炎、尿毒症、高血压、贫血、长期维持血液透析及对症治疗。

法院认为:我国《保险法》在其第一章"总则"中规定:保险活动当事人行使权利、履行义务应当遵循诚实信用原则。由此可见,诚实信用原则是《保险法》的基本原则。保险合同是射幸合同,具有不确定性。因此,保险合同与一般的经济合同当中风险由当事人自己承担有着本质的区别。现代保险的经营是依据"大数法则"为基础开展的,在"大数法则"下,被保险人所缴纳的保险费构成用于承担保险风险的保险基金;该保险基金是每个被保险人所共有的,每个被保险人的利益是一致的,任何一个人都不能随意去占有和破坏;同样,任何一个被保险人的恶意行为所导致向保险人提出索赔的损害,其实质不是损害保险人的利益,而是通过破坏保险基金的稳定,直接影响了每一个被保险人的利益。故保险合同双方都必须遵循最大诚信原则,严格履行保险合同。

本案中,李某在患有慢性肾功能衰竭尿毒症期、肾性高血压、肾性贫血、双肾多发囊肿,已属患重大疾病的情况下,与保险公司订立保险合同。事实上,李某投保的已经不再是"不确定事件",而是确定的重大疾病,是已经发生的致损事件,不属于保险意义上的危险,不构成保险事故。在"大数法则"下,如果李某的赔偿请求得到支持,将会影响每个被保险人在"保险基金"当中利益的一致性,影响其他被保险人的合法利益,也将违背《保险法》的基本原则即诚实信用原则。

北京市西城区人民法院于2013年9月16日作出(2013)西民初字第08686号民事判决:驳回原告李某的诉讼请求。宣判后,李某不服提出上诉,北京市第二中级人民法院于2013年12月17日作出(2013)二中民终字第15882号民事判决:驳回上诉,维持原判。

※裁判要旨:根据《保险法》第二条的规定可以看出,保险的本质是危险的分散与转移,与被保险人有关的危险,基于保险合同的成立,由保险人按照合同的约定予以承担。所谓危险,具有两方面的特征:一为危险客观存在;二为危险是否转

化为现实具有不确定性。基于该不确定性，现代保险的基本职能就是转移风险、补偿损失，由投保人通过交纳少量保险费，将风险转由保险人承担，保险人一旦发生风险，则进行损失分摊，由众多的企业和个人共同分摊少数遭受灾害事故的企业和个人的损失。诚实信用原则就成了《保险法》的基本原则。根据诚实信用原则的要求，为了便于保险公司测定和估计事故发生的危险程度，投保人在申请保险时应当对保险标的状况作出真实可靠的陈述并严格遵守保险合同规定的条件。李某投保的已经不再是"不确定事件"，而是确定的重大疾病，是已经发生的致损事件，不属于保险意义上的危险，不构成保险事故。

本案中，李某在投保前已患重大疾病，该事实既不属于保险意义上的"危险"，也不构成保险法上的"保险事故"。因此，《保险法》第十六条规定的不可抗辩条款不能扩张解释至任意情形下，被保险人均能获得赔偿，否则将损害其他被保险人的合法利益，违背《保险法》的立法本意。

何丽红诉中国人寿保险股份有限公司佛山市顺德支公司、中国人寿保险股份有限公司佛山分公司保险合同纠纷案[1]

※案情简介：被告中国人寿保险股份有限公司佛山市顺德支公司系被告中国人寿保险股份有限公司佛山分公司的下属分支机构。2004 年 3 月 8 日，黄国基与原告何丽红一起到顺德支公司下属的伦教办事处，投保"祥和定期保险"20 万元（投保单号为 1001440200964435）、"人身意外伤害综合保险"31 万元（投保单号为 1001440200731249）。以上两份保险的投保人、被保险人均为黄国基，受益人均为何丽红。黄国基在保险投保单中填写的工作单位是"伦教建筑水电安装队"，职业是"负责人"，职业代码是"070121"，平均年收入为"5 万元"。对于保险投保单第三项告知事项中的第十一款内容，即"A. 目前是否有已参加或正在申请中的其他人身保险？如有，请告知承保公司、保险险种名称、保险金额、保单生效时间；B. 过去两年内是否曾被保险公司解除合同或申请人身保险而被延期、拒保或附加条件承保；C. 过去有无向保险公司索赔"，黄国基在 1001440200964435 号保险投保单中均填写"否"，而在 1001440200731249 号保险投保单中未填写任何内容。

2004 年 3 月 15 日，被告佛山分公司向黄国基签发了合同编号为 2004 -

---

〔1〕 载《中华人民共和国最高人民法院公报》2008 年第 8 期，收录时做相应修改。

441406－D31－58001682－5 的“人身意外伤害综合保险合同”，保险金额为 31 万元（其中包括人身意外伤害险 30 万元、意外医疗险 1 万元），保险费 390 元，合同生效日期为 2004 年 3 月 16 日。当日黄国基即向佛山分公司交纳了保险费 390 元。2004 年 3 月 24 日，佛山分公司又向黄国基签发了合同编号为 2004－441406－S51－00007131－0 的“祥和定期保险合同”，保险金额为 20 万元，保险费为 594 元，合同生效日期为 2004 年 3 月 25 日。当日黄国基向佛山分公司交纳了保险费 594 元。

2004 年 7 月 7 日，黄国基意外死亡。中山大学法医鉴定中心司法鉴定书认定：黄国基符合交通事故致心肺破裂、失血性休克死亡。同年 8 月 27 日，原告何丽红向被告佛山分公司提出理赔申请，并提交了相关书面材料，但佛山分公司以投保人黄国基故意违反如实告知义务、保险人有权解除合同等为由，未予赔付。同年 8 月 31 日，佛山分公司及被告顺德支公司向佛山市公安局顺德分局报案，反映何丽红涉嫌保险诈骗罪。同年 11 月 15 日，佛山市公安局顺德分局作出不予立案通知书。

另查明：黄国基于 2004 年 2 月 29 日、3 月 2 日向中国太平洋人寿保险股份有限公司顺德支公司购买了 3 份“安康如意卡保险”，保险金额为 288, 000 元；于 2004 年 3 月 1 日向中国平安人寿保险股份有限公司购买了 5 份“如意卡保险”，保险金额为 15 万元；于 2004 年 3 月 4 日向天安保险股份有限公司顺德分公司购买了“愉快人身意外伤害保险”1 份，保险金额为 100 万元；于 2004 年 3 月 5 日、3 月 9 日向新华人寿保险股份有限公司广州分公司购买了“多保通吉祥卡”3 份，保险金额为 30 万元。上述保险金额共计 1, 738, 000 元。

黄国基于 2003 年 9 月 16 日进入泰康人寿保险股份有限公司，从事兼职个人寿险业务代理工作，2004 年 1 月 2 日离职。原告何丽红于 2003 年 9 月 4 日进入泰康人寿保险股份有限公司，从事兼职个人寿险业务代理工作，2004 年 2 月 2 日离职。

佛山市顺德区人民法院一审认为：

一、关于投保人黄国基在投保涉案保险时是否故意违反了如实告知义务的问题

根据本案事实，可以认定投保人黄国基在投保涉案保险时，在是否向多家保险公司投保同类保险的问题上具有故意违反如实告知义务的行为。

首先，在如实告知自己职业方面，投保人只要实事求是地说明自己的工作情况，即属于尽到了相关的如实告知义务，至于投保人的工作应认定为何种职业、职

业类别和职业代码如何确定,应当由保险人根据投保人的情况自行作出选择。要求投保人自己准确地界定职业类别、代码,则超出了一般投保人的能力范围。本案中,投保人黄国基在投保涉案保险时陈述自己从事水电安装工作,相关证据也证实黄国基确有从事水电安装的资质,也实际从事水电安装工作。至于黄国基是否曾兼职保险公司业务员,不影响其就自身职业做出的上述陈述的真实性。因此可以认定黄国基已就其职业情况尽到了如实告知义务。

其次,投保人黄国基向被告佛山分公司分别购买了“祥和定期保险”和“人身意外伤害综合保险”,签订了两份保险合同。在购买“祥和定期保险”时,黄国基对于投保单第三部分告知事项第十一款投保记录关于“A. 目前是否有已参加或正在申请中的其他人身保险?如有,请告知承保公司、保险险种名称、保险金额、保单生效时间;B. 过去两年内是否曾被保险公司解除合同或申请人身保险而被延期、拒保或附加条件承保;C. 过去有无向保险公司索赔”的三项询问,均填写了“否”。黄国基向佛山分公司投保“人身意外伤害综合保险”时,对于投保单第三部分告知事项第十一款关于是否向多家保险公司投保等事项的询问,既未填写“是”,也未填写“否”,即未作回答。但根据本案事实,黄国基分别于2004年2月29日、3月1日、3月2日、3月5日、3月9日向多家保险公司购买了多份人身保险,保险金额累计高达1,738,000元,可以认定黄国基对于保险人提出的上述问题没有履行如实告知义务。黄国基生前曾从事泰康人寿保险股份有限公司兼职个人寿险业务代理工作的事实,对于如实告知义务应当比一般投保人具有更全面和清晰的认识,并对保险风险控制应注意的事项具有一定的了解。同时,黄国基的重复投保行为集中在2004年2月29日至3月9日之间,距涉案投保时间并不久远,不可能记忆不清。据此可以认定黄国基不履行如实告知义务系出于故意。

二、关于被告佛山分公司、顺德支公司应否承担保险责任的问题

首先,原、被告双方均确认办理涉案保险业务的业务员严小惠是被告顺德支公司的业务员。严小惠办理涉案保险业务属职务行为,由该职务行为导致的相应法律责任,应由其单位顺德支公司承担。鉴于中国人寿保险股份有限公司在佛山市的分支机构是被告佛山分公司,顺德支公司是佛山分公司的下属机构,不具备以自己的名义独立签发保险合同及承担相应法律责任的资格,故涉案保险合同应认定为由佛山分公司与黄国基签订,由此导致的法律后果应由佛山分公司承担。

其次,如前所述,投保人黄国基向被告佛山分公司购买“祥和定期保险”时,在

是否向多家保险公司投保同类保险的问题上具有故意违反如实告知义务的行为。黄国基所重复投保的包括涉案保险在内的各项保险，均为低保费、高赔付的险种，重复投保次数多，保险金额累计高达1,738,000元，相应的保险费对于黄国基5万元的年收入而言，亦属巨额。上述情形的存在，使投保人在客观上具有巨大的潜在道德风险，投保人不如实告知保险人上述情况，直接影响到保险人对投保人人身风险的评估，足以影响保险人对是否承保、如何确定承保条件和费率等问题作出正确决策。因此，佛山分公司解除黄国基与其签订的涉案“祥和定期保险合同”，拒绝对该保险合同解除前发生的保险事故承担赔偿或者给付保险金的责任，并不退还保险费，具有事实根据和法律依据。原告何丽红要求佛山分公司依据“祥和定期保险合同”支付保险赔偿金的诉讼请求，不予支持。

最后，投保人黄国基向被告佛山分公司投保“人身意外伤害综合保险”时，对于投保单第三部分告知事项第十一款关于是否向多家保险公司投保等事项的询问，既未填写“是”，也未填写“否”，即未作回答，也具有故意违反如实告知义务的行为。佛山分公司明知存在上述情形，但既不向投保人作进一步的询问，也未明确要求投保人必须如实回答，而是与投保人签订了涉案“人身意外伤害综合保险合同”，并收取了保险费。保险人虽然可以以投保人不履行如实告知义务为由解除保险合同并拒绝承担赔偿责任，但如果保险人在明知投保人未履行如实告知义务的情况下，不是要求投保人如实告知，而是仍与之订立保险合同，则应视为其主动放弃了抗辩权利。佛山分公司的上述行为，即属于主动放弃了要求投保人如实告知的权利，构成有法律约束力的弃权行为，故无权再就该事项继续主张抗辩权利。因此，佛山分公司无权解除其与黄国基签订的合同编号为2004－441406－D31－58001682－5的“人身意外伤害综合保险合同”。因该合同的被保险人黄国基已因交通事故死亡，合同约定的保险事故已经发生，佛山分公司应按该合同的约定，向受益人即原告何丽红支付意外伤害保险赔偿金30万元。

佛山市顺德区人民法院于2005年7月29日判决如下：（一）被告佛山分公司应于判决发生法律效力之日起十日内向原告何丽红支付保险金30万元及利息（按中国人民银行同类贷款利率计算，从2004年11月22日起至还款之日止）；（二）驳回原告何丽红的其他诉讼请求。案件受理费10,010元，由被告佛山分公司负担6670元，由原告何丽红负担3340元。

何丽红不服一审判决，向佛山市中级人民法院提起上诉。其主要上诉理由是：

(一)被上诉人佛山分公司与黄国基签订“人身意外伤害综合保险合同”在先,故在与黄国基签订“祥和定期保险合同”时,应当清楚黄国基已经投保“人身意外伤害综合保险”,即应当清楚黄国基有参加其他人身保险的情况。但佛山分公司仍在“祥和定期保险合同”第十一款中填写了“否”,也没有在第十二款中就黄国基购买“人身意外伤害综合保险”的情况作出任何注释,在审核保单时也未就此提出异议,而是签发了生效的保单。佛山分公司上述行为表明该公司在与黄国基签订“祥和定期保险合同”中,对于黄国基是否如实告知重复投保情况放弃了抗辩权利,故双方签订的“祥和定期保险合同”合法有效,佛山分公司应履行合同义务,承担理赔责任。(二)一审判决认定投保人黄国基构成“故意不履行如实告知义务”有误。根据《保险法》的有关规定,财产保险重复投保的应通知各保险人,而对于人身保险重复投保是否应当通知各保险人,法律则无明文规定。换言之,人身保险可以多次重复投保。现实中,一个人购买多份人身保险的情况比比皆是,投保人是否重复投保并不影响保险人决定是否承保。因此,佛山分公司以黄国基故意不履行如实告知义务为由拒绝承担保险责任是不当的。佛山分公司曾怀疑何丽红骗保而向公安机关报案,佛山市公安局顺德分局经侦查,作出《不予立案通知书》,从根本上否定了何丽红、黄国基骗保的可能性。但一审法院在已有充分证据证明何丽红、黄国基无骗保事实的情形下,仍主观臆断何丽红、黄国基有骗保可能,有失公正。本案中,投保人是否如实告知有无重复投保根本不是发生涉案保险事故的根本原因。因此,即使是过失不履行如实告知义务,也不足以免除佛山分公司的保险理赔责任。综上,请求二审法院撤销一审判决,改判被上诉人顺德支公司、佛山分公司立即支付何丽红保险金50万元及利息(按中国人民银行同期同类贷款利率计算,从起诉之日起至还款之日止),并判令顺德支公司、佛山分公司承担一审、二审诉讼费。

佛山市中级人民法院经二审,确认了一审查明的事实,另查明:黄国基在投保涉案保险时,被上诉人佛山分公司向其发放了《高保额财务问卷》,要求其对投保情况、工作情况、个人资产情况、负债情况等内容进行如实填写。该问卷中“投保情况”一栏下设“投保时间”“保险公司”“保险金额”等项内容。问卷首行有粗体标注的重要提示栏,其内容为:“下列信息只被用来评估被保险人所需保额,我公司将严守客户秘密。”问卷尾部有同样粗体标注的投保人/被保险人声明栏,其内容为:“对此问卷的各项要求均已了解,所填各事项均属事实并确无欺瞒。上述一切陈述及本声明将成为发出保单的依据,并与投保单一并作为保险合同的组成部分。”黄国基在投保涉案“人身意外伤害综合保险”时填写了前述《高保额财务问卷》,但在投保情况栏中未作任何填写。

佛山市中级人民法院二审认为:

一、关于在投保涉案“祥和定期保险”时,黄国基是否履行了如实告知义务的问题

本案中,黄国基在投保涉案“祥和定期保险”时,被上诉人佛山分公司就投保记录向黄国基做出了询问,但黄国基隐瞒了自己在其他保险公司多次重复投保的实际情况,做出了与事实明显不符的答复,显然违反了如实告知的法定义务。一审法院结合黄国基重复投保时间密集及其曾兼职保险代理业务的具体情况,认定黄国基为故意不履行告知义务,并无不当,应予维持。

二、关于黄国基在投保涉案“祥和定期保险”时没有履行如实告知义务,被上诉人佛山分公司是否有权据此解除该保险合同并拒绝承担保险责任的问题

投保人未履行如实告知义务,保险人能否据此解除保险合同并拒绝承担保险责任,应当以投保人未如实告知的事项是否足以影响保险人对是否承保、如何确定承保条件和保险费率做出正确决定为判断标准。而做出上述判断,不能依据投保人、被保险人、受益人或保险人的主观认识,必须根据投保人未如实告知事项的具体内容和性质,综合各种情况进行客观、全面考量。根据保险行业的实际情况,投保人是否已经参加或者正在申请其他人身保险的情况,是保险人正确认定承保风险,决定是否承保和如何确定承保条件、保险费率的重要依据。投保人不如实告知上述事项,将直接影响保险人的正确评估和决策,足以影响保险合同的订立。根据本案事实,被上诉人佛山分公司通过投保单和《高保额财务问卷》,对投保人黄国基是否已经参加或者正在申请其他人身保险进行了询问,但黄国基未予如实回答,违反了如实告知义务。佛山分公司作为保险人,有权依据《保险法》第十七条第二款〔1〕关于“投保人故意隐瞒事实,不履行如实告知义务的,或者因过失未履行如实告知义务,足以影响保险人决定是否同意承保或者提高保险费率的,保险人有权解除保险合同”的规定,解除其与黄国基签订的涉案“祥和定期保险合同”,并对保险合同解除前发生的保险事故不承担赔偿或给付保险金的责任,同时不退还保险费。

〔1〕 本案例发生时适用的《保险法》为2002年修正的文本,对应现行2015年修正的文本为第十六条。——编者注

上诉人何丽红作为受益人，请求佛山分公司依照该保险合同承担保险责任于法无据，对其相应诉讼请求依法不予支持。

佛山市中级人民法院于2006年1月10日判决如下：驳回上诉，维持原判。二审案件受理费10,010元，由上诉人何丽红负担。

※**裁判要旨**：(一)基于保险合同的特殊性，合同双方当事人应当最大限度的诚实守信。投保人依法履行如实告知义务，是最大限度诚实守信的一项重要内容。根据《保险法》第十六条的规定，投保人在订立保险合同前，应当如实回答保险人就保险标的或者被保险人的有关情况作出的询问，如实告知影响保险人对是否承保以及如何设定承保条件、承保费率做出正确决定的重要事项。对于投保人故意隐瞒事实，不履行如实告知义务的，或者因过失未履行如实告知义务，足以影响保险人决定是否同意承保或者提高保险费率的，保险人有权解除保险合同，并对于保险合同解除前发生的保险事故不承担赔偿或者给付保险金的责任。

(二)如果保险人在明知投保人未履行如实告知义务的情况下，不是进一步要求投保人如实告知，而是仍与之订立保险合同，则应视为其主动放弃了抗辩权利，构成有法律约束力的禁止反言行为，故无权再以投保人违反如实告知义务为由解除保险合同，而应严格依照保险合同的约定承担保险责任。

第十七条 【保险人说明义务】订立保险合同，采用保险人提供的格式条款的，保险人向投保人提供的投保单应当附格式条款，保险人应当向投保人说明合同的内容。

对保险合同中免除保险人责任的条款，保险人在订立合同时应当在投保单、保险单或者其他保险凭证上作出足以引起投保人注意的提示，并对该条款的内容以书面或者口头形式向投保人作出明确说明；未作提示或者明确说明的，该条款不产生效力。

条文解读

本条是对保险人的订约说明义务的规定。

(一)保险人的订约说明义务，是指保险人在订立保险合同之前，应向投保人说明保险合同格式条款的真实含义。由于保险业务具有高度的专业性和技术性，一般投保人对于保险合同中的保险术语的含义不甚了解。加之保险合同多以保险人提供的格式条款订立，投保人对于保险合同条款内容的理解可能存在偏差、误解，导致被保险人、受益人在保险事故发生后得不到预期的保险保障。基于公平原则和最大诚信原则，拥有专业技术优势的保险人应当对涉及对方当事人重大利益的条款进行说明，以使最终成立的保险合同建立在双方充分理解合同条款含义的基础之上。

保险人的说明义务有以下特点：一是法定性，即说明义务是保险人的法定义务，保险人不得以合同条款等形式予以限制或者免除；二是先合同性，即说明义务的履行时间是在订立保险合同之前，在双方当事人对合同磋商的阶段；三是主动性，即不以投保人的询问为条件，采用保险人提供的格式条款的，保险人向投保人提供的投保单应当附格式条款，保险人应当主动向投保人说明合同的内容。

（二）保险人对保险合同中免除保险人责任的条款的提示和说明义务。根据保险业的惯例，保险合同中一般都有在特定情况下免除保险人责任的条款，这在不违反公平原则的前提下，是法律允许的。鉴于保险合同多为格式合同，为了让投保人充分了解他所购买的保险服务能否提供给他需要的保险保障，重要的是要赋予其充分的知情权。保险合同中规定有关于保险人责任免除条款的，保险人在订立合同时应当在投保单、保险单或者其他保险凭证上作出足以引起投保人注意的提示，并对该条款的内容以书面或者口头形式向投保人作出明确说明；未作提示或者明确说明的，该条款不产生效力。

配套法规及解读

《合同法》(1999 年 3 月 15 日)

第三十九条第一款 采用格式条款订立合同的，提供格式条款的一方应当遵循公平原则确定当事人之间的权利和义务，并采取合理的方式提请对方注意免除或者限制其责任的条款，按照对方的要求，对该条款予以说明。

第四十条 格式条款具有本法第五十二条和第五十三条规定情形的，或者提供格式条款一方免除其责任、加重对方责任、排除对方主要权利的，该条款无效。

《最高人民法院关于适用〈中华人民共和国合同法〉若干问题的解释(二)》(2009年5月13日)

第六条 提供格式条款的一方对格式条款中免除或者限制其责任的内容,在合同订立时采用足以引起对方注意的文字、符号、字体等特别标识,并按照对方的要求对该格式条款予以说明的,人民法院应当认定符合合同法第三十九条所称“采取合理的方式”。

提供格式条款一方对已尽合理提示及说明义务承担举证责任。

第九条 提供格式条款的一方当事人违反合同法第三十九条第一款关于提示和说明义务的规定,导致对方没有注意免除或者限制其责任的条款,对方当事人申请撤销该格式条款的,人民法院应当支持。

第十条 提供格式条款的一方当事人违反合同法第三十九条第一款的规定,并具有合同法第四十条规定的情形之一的,人民法院应当认定该格式条款无效。

《最高人民法院研究室关于对〈保险法〉第十七条规定的“明确说明”应如何理解的问题的答复》(2000年1月24日)

甘肃省高级人民法院:

你院甘高法研〔1999〕06号《关于金昌市旅游局诉中保财产保险公司金川区支公司保险赔偿一案的请示报告》收悉。经研究,答复如下:

《中华人民共和国保险法》第十七条规定:“保险合同中规定有保险责任免除条款的,保险人应当向投保人明确说明,未明确说明的,该条款不发生法律效力。”这里所规定的“明确说明”,是指保险人在与投保人签订保险合同之前或者签订保险合同之时,对于保险合同中所约定的免责条款,除了在保险单上提示投保人注意外,还应当对有关免责条款的概念、内容及其法律后果等,以书面或者口头形式向投保人或其代理人作出解释,以使投保人明了该条款的真实含义和法律后果。

《保险法解释二》(2013年5月31日)

第九条 保险人提供的格式合同文本中的责任免除条款、免赔额、免赔率、比例赔付或者给付等免除或者减轻保险人责任的条款,可以认定为保险法第十七条第二款规定的“免除保险人责任的条款”。

保险人因投保人、被保险人违反法定或者约定义务,享有解除合同权利的条款,不属于保险法第十七条第二款规定的“免除保险人责任的条款”。

第十条 保险人将法律、行政法规中的禁止性规定情形作为保险合同免责条款的免责事由，保险人对该条款作出提示后，投保人、被保险人或者受益人以保险人未履行明确说明义务为由主张该条款不生效的，人民法院不予支持。

第十一条　保险合同订立时，保险人在投保单或者保险单等其他保险凭证上，对保险合同中免除保险人责任的条款，以足以引起投保人注意的文字、字体、符号或者其他明显标志作出提示的，人民法院应当认定其履行了保险法第十七条第二款规定的提示义务。

保险人对保险合同中有关免除保险人责任条款的概念、内容及其法律后果以书面或者口头形式向投保人作出常人能够理解的解释说明的，人民法院应当认定保险人履行了保险法第十七条第二款规定的明确说明义务。

第十二条　通过网络、电话等方式订立的保险合同，保险人以网页、音频、视频等形式对免除保险人责任条款予以提示和明确说明的，人民法院可以认定其履行了提示和明确说明义务。

第十三条　保险人对其履行了明确说明义务负举证责任。

投保人对保险人履行了符合本解释第十一条第二款要求的明确说明义务在相关文书上签字、盖章或者以其他形式予以确认的，应当认定保险人履行了该项义务。但另有证据证明保险人未履行明确说明义务的除外。

《保险法解释三》(2015 年 11 月 25 日)

第十九条　保险合同约定按照基本医疗保险的标准核定医疗费用，保险人以被保险人的医疗支出超出基本医疗保险范围为由拒绝给付保险金的，人民法院不予支持；保险人有证据证明被保险人支出的费用超过基本医疗保险同类医疗费用标准，要求对超出部分拒绝给付保险金的，人民法院应予支持。

※法规解读：现行《保险法》对免除保险人责任条款的提示义务和明确说明义务的规定较为简单，对免除保险人责任条款范围界定、对明确说明义务的履行方式、举证责任等均无进一步规定。上述司法解释针对《保险法》第 17 条规定的提示和说明义务作了具体规定。

(一)保险人说明义务的分类

《保险法》第 17 条将保险人说明义务分为对一般格式条款的说明义务与格式条款中免除保险人责任条款的说明义务：保险人对前者承担一般说明义务，对后者承担提示和明确说明义务。

（二）“免除保险人责任的条款”的范围

关于保险人明确说明的对象，《保险法》第17条规定为“免除保险人责任的条款”。对于如何理解“免除保险人责任的条款”实践中的争议很大。

所谓“免除保险人责任的条款”，是指保险合同中载明的保险人不负赔偿或者给付保险金责任的范围的条款以及散见在保险单其他条款中的涉及部分免除保险人责任的条款。保险人应当对此作出提示并明确说明。未尽提示和说明义务的，保险合同中上述条款将不产生法律效力。免除保险人责任的条款是免除保险责任的条款。保险责任是保险人在保险事故发生后依据保险合同约定所承担的赔偿或给付保险金责任，其实际上是保险人根据保险合同所应承担的义务，而不是保险人违反义务所应承担的不利后果。保险责任范围与免责条款之间的关系不限于包含关系。被保险人或者受益人以相关免责条款不产生效力为由要求保险人赔偿或者给付保险金的，人民法院应当审查保险条款关于保险责任范围的具体规定，以确定事故是否属于保险责任范围。事故不属于保险责任范围的，无须审查事故是否属于免责范围以及相关免责条款的效力；事故属于保险责任范围的，应进一步审查事故是否属于免责条款规定的情形，以及免责条款是否有效。

要求保险人对过多条款进行明确说明可能无助于保险说明义务制度的立法目的。因保险条款内容复杂，可能涉及保险责任的条文众多，如要求保险人对所有这些条款都进行明确说明，可能分散投保人的注意力，使其不能专注于对其利益产生实质影响的重要条款。故《保险法解释二》第9条第1款对与投保人利益关系密切的“责任免除条款、免赔额、免赔率、比例赔付或给付”等免除或者减轻保险人责任的条款属于“免除保险人责任的条款”，要求保险人进行提示和明确说明。

与保险合同解除相关的条款虽可能导致保险人不承担保险责任，但这是保险人解除保险合同的法律后果，而不是直接免除保险人的保险责任，故《保险法解释二》第9条第2款“保险人因投保人、被保险人违反法定或者约定义务，享有解除合同权利的条款”排除在免除保险人责任条款的范围之外。

（三）保险人对以法律、行政法规中的禁止性规定作为免责事由的格式条款的提示和明确说明义务如何履行

实践中，有些保险合同将法律、行政法规中的禁止性规定情形作为保险合同免责条款的免责事由，例如，有不少保险条款载明，被保险人无证驾驶、酒后驾车，保险人免责。在保险人未对这些条款明确说明的情况下，保险人是否可以依据这类

免责条款拒赔，存在不同认识。根据《保险法解释二》第10条的规定，保险人需对该类免责条款进行提示，但是减轻保险人对该类条款的说明义务。一方面，禁止性规定不同于法定免责条款。禁止性规定是命令当事人不得为一定行为的法律规定，属于禁止当事人采用特定模式的强行性规范。法定免责条款是法律、行政法规明确规定的不承担责任的情形。法定免责条款中，行为人违反法律规定的法律后果是保险人不承担保险责任；而在禁止性规定中，行为人违反法律规定，应根据该规定的立法目的受到相应的行政处罚或者刑事处罚，并不当然对私法上的民事合同产生影响，如保险人并未将禁止性规定情形作为免责事由，则禁止性规定的违反不会直接导致免除保险责任的法律效果。保险人如未将禁止性规定情形作为免责事由向投保人进行提示和说明，投保人即使知道禁止性规定的内容，也无从知悉违反禁止性规定将导致保险人免责。因此，保险人必须对以禁止性规定情形作为免责事由的格式条款进行提示和说明。另一方面，因禁止性规定属于法律规范，较为容易理解，如果保险人就上述后果通过充分的提示使得投保人知道违反禁止性规定与保险人免责之间的直接关联性，则保险人的上述行为就已经符合《保险法解释二》第11条的要求，达到了《保险法》第17条第2款的立法目的和效果，即达到了明确说明的标准，因此，投保人、被保险人、受益人不得再以保险人未履行明确说明义务为由主张相关免责条款不生效。保险人的说明义务的举证责任可予以适当减轻。

（四）保险人提示义务及明确说明义务的履行

《保险法》第17条第2款规定了对于免除保险人责任条款的提示和明确说明义务。审判实践中，对于提示义务是否具有独立法律地位、提示义务如何履行、保险人明确说明义务的履行的判断标准等存在较大争议。《保险法解释二》第11条、第12条、第13条对上述问题进行了解答。

1. 提示义务为2009年《保险法》修订时新增内容。关于提示义务与说明义务的关系问题，应该认为，提示义务是一项独立的义务。提示义务是保险人通过特定的方式提醒投保人注意免除保险人责任条款存在的义务，说明义务则是保险人对一般格式条款和格式条款中的免除保险人责任条款进行解释，以使投保人理解免责条款的义务，二者具有不同的功能。在逻辑上，提示是明确说明的前置性义务，保险人只有先履行提示义务，使投保人知悉免责条款的存在，明确说明义务才有实际的对象。既然提示义务是明确说明义务的前置性义务，保险人只有先证明其已经尽到提示义务,才能表明其可能已经进行明确说明。因此,不管是在功能上,还是在实践中,提示义务都具有独立性,是明确说明义务的前置义务。关于提示义务的方式,从各地规范意见的相关内容来看,关于提示主要有两种方式:(1)显著提示,即在保险单以显著标志进行标识,以提醒投保人注意;(2)单独印制,即在一般条款之外单独对免除保险人责任条款独立印刷,以提醒投保人注意。根据《保险法解释二》第11条第1款的规定,保险人在投保单或者保险单等其他保险凭证上,以足以引起投保人注意的文字、字体、符号或其他明显标志作出提示的,就可以认定其履行了免责条款的提示义务。

2. 关于说明标准,根据《最高人民法院研究室关于对〈保险法〉第十七条规定的"明确说明"应如何理解的问题的答复》,保险人的说明只有达到使投保人明了保险条款的真实含义和法律后果才尽到履行说明义务,采纳的是实质标准。实践中,对于保险人如何证明保险人的明确说明达到投保人理解的程度仍然存在不同认识。对此,《保险法解释二》第11条采实质判断标准,即保险人的说明必须达到使投保人理解的程度。对于实践中如何进行认定的问题,该条设置了较具可操作性的判断标准,以解决投保人主观认知状态难以证明的问题,这主要是通过两个方面的制度来实现:(1)在实质判断标准的认定上,采客观标准,即"保险人对保险合同中有关免除保险人责任条款的概念、内容及其法律后果以书面或者口头形式向投保人作出常人能够理解的解释说明的,人民法院应当认定保险人履行了保险法第十七条第二款规定的明确说明义务";(2)对保险人提交的投保人签字的投保声明书,原则上予以认可,除非投保人有其他证据可以推翻。这种模式更为符合说明义务的立法意旨,也能更好地平衡各方当事人的利益关系。

3. 在网络销售、电话销售中,保险人对免除保险人责任条款的提示和明确说明义务如何履行。《保险法》关于保险人说明义务的规定,以传统面对面的保险合同订立方式为规制模型,主要适用于投保人填写投保单、保险人收取投保单进行核保以决定是否承保的订立方式。该规定适用于以网络、电话等方式订立的保险合同时,其提示和说明义务如何履行即产生争议。

在网络销售中,保险公司通常是以网页的形式提供保险格式条款,并通过投保人的点击来确认其履行明确说明义务。一般来说,保险人在其网站上设定有保险条款的说明程序,通常在投保声明页面中有这样的提示:(1)本人认可并接受网上投保方式,愿以此种方式与保险公司签订保险合同;(2)本人已详细阅读投保须知和保险条款,对各项保险责任和除外责任均已了解并同意,在提示内容下方,还设有"同意"或"不同意"的按钮。只有在点击"同意"并"确定"后,才能进入后续的程序。因保险人的提示和明确说明有确定的载体,实践中只要严格根据《保险法》第 17 条进行判断即可。即按照《保险法解释二》第 12 条规定,通过网络、电话等方式订立的保险合同,保险人以网页、音频、视频等形式对免除保险人责任条款予以提示和明确说明的,人民法院可以认定其履行了提示和明确说明义务。

在电话销售中,保险人在订立保险合同时仅与投保人电话沟通,甚至可能通过电话就完成所有合同订立程序,保险人并未向投保人提供保险格式条款,此时保险人的提示和明确说明义务如何履行,需要在实践中进一步探索。

4. 保险人履行提示和明确说明义务的举证责任。在举证负担上,尽管认为保险人应对是否履行了明确说明义务承担举证责任已成共识,但面对保险合同纠纷中普遍存在的保险人以投保人在相关文书上签字或盖章的文件作为证明其已履行明确说明义务的证据,司法实践中还是有不同的审核认定标准。民事诉讼中,举证责任具有双重意义,即行为意义上的举证责任与结果意义上的举证责任。前者是指当事人就其主张的事实负有提供证据的责任;后者是指在主张事实不存在或真伪不明时,主张该事实的当事人承担不利诉讼后果的责任。

《保险法解释二》第 13 条第 1 款"保险人对其履行了明确说明义务负举证责任",即行为意义上的举证责任规定,这在理论界和实务界不存在争议。有争议的是结果意义上的举证责任,即投保人的签字是否视为已经同意。现行保险实务中,保险人对免除保险人责任条款的明确说明义务通常以下列方式作出:(1)在印刷投保单时抬头打印特别提示,提示投保人详细阅读背面的保险条款,并特别注意有关责任免除、被保险人义务、免赔事项等内容;(2)在投保单的背面印有条款,其中对责任免除条款、被保险人义务条款、免赔事项等以加粗字体作为特别提示;(3)在投保单的下角设置"投保人声明"栏目,内容有:投保人兹声明保险人已对条款进行说明,投保人已理解保险合同条款及责任免除条款内容,并同意以本投保单作为订立保险合同的依据等,之后是投保人的签字或盖章。尽管保险人以上述方式获取书面凭证作为证明自己已履行明确说明义务的证据,但这种证据颇受质疑,司法实践中对此也有不同态度。根据《保险法解释二》第 13 条第 2 款的规定,投保人对保险人履行了符合本解释第 11 条第 2 款要求的明确说明义务在相关文书上签字、盖章或者以其他形式予以确认的,应当认定保险人履行了该项义务。因此,在投保人于相关文书上对保险人履行明确说明义务予以签字或盖章认可的情形下,已有初步证据表明保险人已履行了明确说明义务,此时投保人或被保险人如主张保险人未履行明确说明义务,则举证责任转移于投保人或被保险人,如果投保人或被保险人能够证明保险人存在未说明、不实说明或说明程度达不到"明确",则可以推翻投保人在相关文书上的签字的证据效力。符合"但另有证据证明保险人未履行明确说明义务的除外"的但书规定。

(五)如何处理医保标准条款

在人身保险合同和责任保险合同中,往往存在诸如"保险人按照国家基本医疗保险的标准核定医疗费用的赔偿金额"的保险条款,实务中一般简称为"医保标准条款"。医保标准条款问题尽管只是保险合同的一项约定,但因其涉及被保险人或责任事故受害人的切身利益、保险的精算基础、保险的对价平衡、投保人的合理期待等深层问题,且广泛存在于各保险公司设计的保险合同中,具有相当的普遍性,因此,关于医保标准条款的适用问题广受关注。我国立法没有针对该问题作出具体规定。

在处理具体的医保标准条款纠纷时,存在多种不同的理解,至少有以下几种意见:第一种意见认为,医保标准条款的约定合法有效,应当按照约定的医保范围给付保险金;第二种意见认为,应当认定医保标准条款无效;第三种意见认为,医保标准条款系免责条款,如未明确说明,则不发生法律效力。

医疗费用保险属于商业保险,医保标准是保险人厘定保险费率的基础,如果对医保标准条款完全不认可,判令保险人对医保标准之外的医疗费用亦全部赔付,会导致双方当事人之间的对价不平衡,且保险人需要赔付的范围无法控制,保险人将缺乏厘定保险费的基础,认定该条款无效亦缺乏充足的依据。但如果完全按照保险人的理解仅判令保险人给付医保范围内的医疗费用,则不符合对价平衡原则,亦有违投保人的合理期待,对投保人一方有失公平。因此,根据合理期待原则和对价平衡原则,《保险法解释三》第19条规定:"保险合同约定按照基本医疗保险的标准核定医疗费用,保险人以被保险人的医疗支出超出基本医疗保险范围为由拒绝给付相应保险金的,人民法院不予支持;保险人有证据证明被保险人支出的费用超过基本医疗保险同类医疗费用标准,要求对超出部分拒绝给付保险金的,人民法院应予支持。"如此处理,既保护了被保险人利益,又未从实质上损害保险人利益。

在适用该条时应注意医保标准条款已经保险人明确说明而产生法律效力是本

条司法解释适用的前提。医保标准条款符合免责条款的特征。对于免责条款的认定,应从实质上进行把握,免责条款并不仅限于在保险条款中以“责任免除”或“免责条款”名义出现的条款,还包括散落于各章节的部分或全部免除保险责任的条款。因此,医保标准条款从其文义及作用来看,对保险公司在赔偿限额内的责任又进行了限定,即保险公司对国家基本医疗保险标准以外的医疗费用不予赔付,该条款应当属于限制保险公司赔偿责任的责任免除条款。既然属于责任免除条款,则根据《保险法》第 17 条第 2 款及相关司法解释的规定,保险人应该履行提示义务和明确说明义务。

另外,适用本条司法解释时不能将“超过基本医疗保险同类医疗费用标准”理解为“超过基本医疗保险用药范围”。对于基本医疗保险范围外的医疗项目支出,保险人应当按照基本医疗保险范围内的同类医疗费用标准赔付。“保险人有证据证明”意味着:诉讼中保险人主张被保险人支出的费用超过基本医疗保险同类医疗费用标准,但不能提供相关证据证明的,由保险人承担不利的法律后果。

关联法规索引

《保险法解释二》第 8 条;《保险法解释四》第 2 条;《合同法》第 41 条、第 53 条;《关于适用〈中华人民共和国合同法〉若干问题的解释(二)》第 6 条;《海商法》第 222 条、第 223 条;《保险公司管理规定》第 46 条、第 64 条

典型案例

吴某诉某保险公司财产保险合同纠纷案[1]

※案情简介:2004 年 11 月 17 日,吴某就其所有的汽车向某保险公司投保了车损险、主险不计免赔特约险、车上人员责任险等。保险合同载明:(1)家庭自用汽车损失保险条款。其中第十二条第(八)项中载明,保险车辆用于营运收费性商业行为期间的任何损失和费用,保险公司不负责赔偿。(2)机动车辆第三者责任保险条款。第三十二条载明,保险公司根据保险车辆驾驶人员在事故中所负责任比例,承

〔1〕 载《中华人民共和国最高人民法院公报》2008 年第 8 期,收录时做相应修改。

担相应的赔偿责任,并在保险单载明的责任限额内按约定的免赔率免赔。其中,保险车辆同一保险年度内发生多次赔款,其免赔率从第二次开始每次增加5%,非营运车辆从事营业运输活动时发生保险事故,造成第三者损失,按本保险保费与相应的营业车辆保费的比例计算赔偿。(3)附加险条款及解释。其中载明,车上人员责任险系第三者责任险的附加险。在车上人员责任险条款第四条第(三)项载明,每次赔偿均实行20%绝对免赔率。2005年5月31日,吴某驾驶被保险车辆与案外人胡某驾驶的拖拉机相碰,致车辆受损及吴某和同乘人员于某、吕某受伤。交警大队做出交通事故认定书,认定吴某、胡某负事故同等责任。经法院判决,于某各项损失为28,887元,吕某各项损失为955.30元,并胡某与吴某连带赔偿上述损失。吴某向保险公司申请理赔,保险公司认为,吴某将其车用于营业收费,根据保险条款约定属于保险公司无须赔偿;对于于某、吕某的损失,同意根据保险条款约定的比例进行赔偿。吴某认为保险公司在签订保险合同时,未向其交付保险条款,亦未就保险条款中关于保险公司不予理赔和按比例理赔所依据的免责条款进行必要的解释和说明。吴某诉至法院,要求保险公司赔偿全部损失。

法院认为,本案的争议焦点为保险公司提供的保险条款中所约定的免赔事由及免赔率是否属于免责条款,以及该约定是否生效。本案中,保险公司提供的保险条款中关于免除保险人责任的约定,应当属于《保险法》规定的"免除保险人责任的条款",保险人应就这些条款履行明确说明义务。

※裁判要旨:保险人提供的格式合同文本中的责任免除条款、免赔率条款、比例赔付条款,可以认定为《保险法》第十七条第二款规定的"免除保险人责任的条款",保险人应当尽到提示和明确说明义务。《保险法解释二》第九条第一款规定:保险人提供的格式合同文本中的责任免除条款、免赔额、免赔率、比例赔付或者给付等免除或者减轻保险人责任的条款,可以认定为保险法第十七条第二款规定的"免除保险人责任的条款"。保险公司提供的保险格式合同文本条款中关于免除保险人责任的约定,应当属于《保险法》规定的"免除保险人责任的条款",保险人应就这些条款履行明确说明义务,保险人因投保人、被保险人违反法定或者约定义务,享有解除合同的权利。对商业第三者责任险中"无责免赔"条款的条款效力,通常认为此种比例赔偿的做法,不符合法律追求正义、秩序的基本价值,有违保险立法尊重社会公德与诚实信用的原则,故司法裁判实践中基本上对此持否定态度。

中国人寿保险股份有限公司泰州市分公司与王某意外伤害保险合同纠纷案[1]

※案情简介:2012年7月26日,投保人范某向人寿保险公司申请投保国寿安心意外伤害保险(A/B)团体险并交付保费。2012年8月2日,人寿保险公司向投保人送达保险合同,保险合同附件中包括保险单、保险条款、保费发票、投保单等。保险单中载明投保人范某,被保险人王某,险种为国寿安心意外伤害保险(A/B)型,保险期间1年,自2012年7月27日0时起至2013年7月26日24时止。国寿安心意外伤害保险A型保险金额210,000元,B型保险的保险金额30,000元。国寿安心意外伤害保险A型基本条款第四条保险责任约定:"在本保险合同期间内,被保险人遭受意外伤害,本公司依下列约定给付保险金:被保险人自意外伤害发生之日起一百八十日内因同一原因身故的本公司按本合同的保险金额给付身故保险金"等。B型保险合同第四条保险责任约定:"被保险人自意外伤害发生之日起一百八十日内因同一原因身体残疾的,本公司根据《人身保险残疾程度与保险金给付比例表》(见附录)的规定,按本合同的保险金额及该项残疾所对应的给付比例给付残疾保险金"等。2013年4月7日,张某驾驶苏M轻型普通货车沿兴泰大道由西向东行驶至姜堰区兴泰镇。在避让前方车辆时,苏M车辆逆行与驾驶电动自行车、相对方向行驶的王某发生交通事故,王某受伤,车辆受损。后经姜堰区公安局交通巡逻警察大队道路交通事故认定,张某负事故的全部责任。王某受伤后就诊于姜堰区中医院和泰州市人民医院,后经泰州市姜堰区人民法院委托泰州市人民医院司法鉴定所鉴定,王某因本次事故造成多发性肋骨骨折,构成九级伤残。

2014年8月11日,王某起诉至泰州市姜堰区人民法院,请求判令人寿保险公司按国寿安心意外伤害保险(A/B险)赔偿王某保险金240,000元。

人寿保险公司辩称,对王某诉称发生交通事故所受到的意外伤害及在该公司投保的事实没有异议,但对王某要求赔偿的保险金额有异议。人寿保险公司已于2012年8月2日向投保人范某送达了保险合同,保险合同附件中包括保险单、保险条款、保费发票、投保单等,王某发生交通事故受到伤害,对应国寿安心意外伤害保险B型(以下简称B型保险)的基本条款,根据《人身保险残疾程度与保险金给付

[1] 本案根据江苏省高级人民法院(2016)苏民再47号民事判决书整理。

比例表》(以下简称《给付比例表》)的规定,人寿保险公司同意按保险金额30,000元的10%给付王某3000元。

姜堰市人民法院一审审理认为,关于人寿保险公司是否应当赔偿王某国寿安心意外伤害保险A型保险保险金210,000元的问题。投保人提出保险要求,经保险人同意承保,保险合同成立。保险人应当及时向投保人签发保险单或者其他保险凭证。本案中投保人范某向人寿保险公司申请投保国寿安心意外伤害保险(A/B)团体险,并交付保费。人寿保险公司向投保人送达保险合同,包括保险单、保险条款、保费发票、投保单等,保险合同成立且已生效,对双方当事人均具有约束力。国寿安心意外伤害保险A型条款中约定,保险人承担保险责任的范围为被保险人自意外伤害发生之日起一百八十日内因同一原因身故而按合同约定的保险金额给付身故保险金。王某因发生交通事故受伤致残不符合保险条款中约定的保险责任赔偿的范围,故对王某要求按国寿安心意外伤害保险A型赔偿保险金210,000元的诉讼请求,该院不予支持。

关于人寿保险公司是否应当对B型保险条款中约定的保险责任即被保险人发生意外伤害应按《给付比例表》的标准赔付向投保人履行提示和明确说明义务的问题。保险条款中关于《给付比例表》的约定,是免除保险人责任的条款。依据《保险法》第十七条第二款的规定,本案中人寿保险公司既未在保险单等其他保险凭证上,以足以引起投保人注意的文字、字体、符号或者其他明显标志作出提示,也未向投保人履行明确说明义务,故该条款不产生效力。人寿保险公司要求按照《给付比例表》规定的比例给付保险金,该院不予采信。

综上,泰州市姜堰区人民法院依照《保险法》第五条、第十三条第一款、第二款、第十七条第二款之规定,于2014年10月31日作出(2014)泰姜商初字第00388号民事判决:(一)中国人寿保险股份有限公司泰州市分公司于判决生效后十日内赔偿王某保险金30,000元;(二)驳回王某其余诉讼请求。

人寿保险公司不服一审判决,向江苏省泰州市中级人民法院提起上诉称,(1)一审法院将《给付比例表》视为免除保险人责任条款不恰当;(2)人寿保险公司已经将保险合同等送达给投保人范某,已经履行了提示及说明义务;(3)《给付比例表》是保险合同的附件,是保险合同的组成部分,应以合同条款为理赔依据。综上,一审法院认为人寿保险公司未履行明确说明义务属认定事实错误,所作出的伤残全额赔付判决违背了公平原则。请求二审法院查明事实,撤销一审判决并由王某承担一审、二审诉讼费用。

王某答辩称，人寿保险公司在销售保险时既未对投保人做出明确说明义务也没有用足以让投保人注意的文字、字体或符号做出提示。一审法院认定事实清楚，适用法律正确，请求二审驳回上诉，维持原判。

江苏省泰州市中级人民法院二审审理认为，《保险法解释二》第九条第一款规定，保险人提供的格式合同文本中的责任免除条款、免赔额、免赔率、比例赔付或者给付等免除或者减轻保险人责任的条款，可以认定为《保险法》第十七条第二款规定的"免除保险人责任的条款"。本案所涉 B 型保险合同条款第四条保险责任约定"被保险人自意外伤害发生之日起一百八十日内因同一原因身体残疾的，本公司根据《人身保险残疾程度与保险金给付比例表》的规定，按本合同的保险金额及该项残疾所对应的给付比例给付残疾保险金"，该约定虽在保险责任条款中，但约定的内容实际是按比例赔付或给付等减轻人寿保险公司责任的条款，因此应认定为免除保险人责任的条款。依据《保险法》第十七条第二款的规定，对保险合同中免除保险人责任的条款，保险人在订立合同时应当尽提示及说明义务，未作提示或者明确说明义务的，该条款不产生效力。本案中，人寿保险公司既未在保险单等其他保险凭证上，就按比例赔付条款以足以引起投保人注意的文字、字体、符号或者其他明显标志作出提示，也未向投保人履行明确说明义务，故该条款不产生效力。

江苏省泰州市中级人民法院依照《民事诉讼法》第一百七十条第一款第（一）项之规定作出（2014）泰中商终字第 00398 号民事判决：驳回上诉，维持原判决。二审案件受理费 550 元，由人寿保险公司负担。

本院再审过程中，人寿保险公司称：（一）《给付比例表》不属于免责条款。《给付比例表》是中国保险行业协会与中国法医学会联合发布、国务院保险监督机构明令各保险公司采用的商业意外保险中残疾给付的行业标准。《保险法解释二》第九条规定的"比例赔付"是指保险公司不按实际损失全额承担赔偿责任，而是按照实际损失乘以保险金额与保险价值的比例承担赔偿责任。《给付比例表》约定在案涉保险合同的保险责任条款中，明确保险人承担责任的范围是"被保险人如因意外伤害致身体残疾"承担责任的标准，不属于免除或者减轻保险人责任的条款。（二）人寿保险公司已经履行了说明义务。案涉保险合同投保人范某于 2012 年 7 月 26 日投国寿安心意外伤害保险（A/B）型团体险，人寿保险公司在办理此项业务时，不仅向范某提交了合同文本，而且还讲明了合同内容。范某在保险合同送达回执上已经签字，了解并认可了保险合同的全部内容，保险合同送达书回执能够证明人寿保险公司已经履行了《保险法》第十七条第一款规定的说明义务，案涉保险合同对各方均具有法律约束力。一审、二审判决将保险合同中保险责任条款任意扩大为免除人寿保险公司责任的条款有误。（三）人寿保险公司按照《给付比例表》承担给付义务。经鉴定，王某的伤残等级为九级，根据《江苏省高级人民法院关于审理保险合同纠纷若干问题的讨论纪要》第十五条的规定，人寿保险公司应当按照《给付比例表》承担10%的赔偿责任，而非30,000元的保险金额。综上，请求撤销原一审、二审判决，判令人寿保险公司按照《给付比例表》赔付王某保险金3000元。

王某辩称，人的生命健康权无价。案涉B型保险合同第四条保险责任约定"被保险人自意外伤害发生之日起一百八十日内因同一原因身体残疾的，本公司根据《人身保险残疾程度与保险金给付比例表》规定的内容实际是按照比例赔付或者给付等减轻人寿保险公司责任的条款，保险人在订立合同时应当尽到提示及说明义务，未做提示或者明确说明义务的，该条款不产生效力"。人寿保险公司既未在保险单等其他保险凭证上以足以引起投保人注意的文字、字体、符号或者其他明显标志作出提示，也未向投保人履行明确说明义务，故该条款不产生效力。综上，请求驳回人寿保险公司的再审请求。

江苏省高级人民法院另查明：1998年7月11日，中国人民银行下发银发（1998）322号《中国人民银行关于下发〈人身保险伤残程度与保险金给付比例表〉的通知》，通知中明确"一、自本通知下发之日起，各保险公司新报备的险种条款中对残疾程度的定义及保险金给付比例必须按照人身保险残疾程度与保险金给付比例表执行。二、自1999年7月1日起，所有新签单业务条款中对残疾程度的定义及保险金给付比例必须按照人身保险残疾程度与保险金给付比例表执行"。1999年12月13日，中国保险监督管理委员会下发保监发（1999）237号《关于继续使用〈人身保险残疾程度与保险金给付比例表〉的通知》明确"各保险公司报备的险种条款与新签单业务条款中对残疾程度的定义及保险金给付比例仍继续按照《人身保险残疾程度与保险金给付比例表》执行"。

本案的争议焦点是：（一）案涉B型保险合同第四条按《人身保险残疾程度与保险金给付比例表》赔付保险金的约定是否为免除保险人责任的条款；（二）人寿保险公司赔付王某保险金的标准与数额。

江苏省高级人民法院再审认为：（一）案涉B型保险合同第四条按《人身保险

残疾程度与保险金给付比例表》给付保险金的约定不属于《保险法》第十七条第二款规定的“免除保险人责任的条款”。

根据《保险法》第十一条第一款的规定，保险合同的订立应兼顾投保人与保险人的利益，合理分担各方的权利义务。人身意外伤害保险合同中，关于被保险人因意外伤害造成不同程度的伤残，由保险人进行不同额度赔付的约定，即保险合同公平原则的体现。保险的功能在于各个不同的投保人通过向保险人自愿支付保险费，在发生特定风险需要补偿时得到经济上的补偿，从而分散并消化风险。对免除保险人责任的条款的判定，应遵守保险合同的公平原则：对于个别投保人、被保险人及保险人权利义务归属的判定标准，也应适用于同类型保险的其他投保人、被保险人及保险人；认定和解释保险条款时，亦应考虑个别争议的处理对同类型保险的其他投保人、被保险人权益产生的影响，从而对各方权利义务予以权衡。

根据《保险法解释二》第九条的规定，《保险法》第十七条第二款规定的保险合同中“免除或者减轻保险人责任”的条款属于免除保险人责任的条款。免除保险人责任条款中的“比例赔付或者给付”应当是指保险公司不按实际损失的全额承担赔偿责任，而是按照实际损失乘以保险金额与保险价值的比例承担赔偿责任，属于在确定的损失范围内减免保险人责任的情形。

本案中，B 型保险合同第四条第一款约定将被保险人伤残程度的重与轻和保险人给付保险金的多与少相对应，是兼顾被保险人利益的同时合理分担各方权利义务的约定。《给付比例表》为国务院保险监督管理机构将给付保险金的标准与被保险人的伤残程度相对应而设定并明令要求业内各保险公司在商业保险中采用的人身伤残保险金给付标准。案涉 B 型保险合同第四条关于保险人按照《给付比例表》给付保险金的约定，并未在人寿保险公司承担保险责任的范围内减轻或排除其应当承担的风险与损失，不属于《保险法解释二》第九条规定的“比例赔付或者给付”，不应当认定为免除保险人责任的条款。

原一审、二审判决将案涉 B 型保险合同的第四条的前述约定认定为“免除保险人责任的条款”，按 B 型保险的保险金额 3 万元判令人寿保险公司承担保险责任，导致该类型保险合同的被保险人伤残程度无论轻重均得等额赔偿，违反了《保险法》第十一条规定的精神，亦不符合《保险法》第十七条第二款、《保险法解释二》第九条规定的本意。原一审、二审判决适用法律不当，江苏省高级人民法院予以纠正。

(二)关于人寿保险公司应当赔付王某保险金的标准及数额。本案中,王某在B型保险合同生效期内,因道路交通事故遭受意外伤害,人寿保险公司应当按照该合同的约定承担保险责任并给付保险金。泰州市人民医院司法鉴定所受泰州市姜堰区人民法院委托依照《道路交通事故受伤人员伤残评定GB18667－2002》进行鉴定,王某因道路交通事故外伤致多发性肋骨骨折构成九级伤残。虽然《给付比例表》中未明确规定九级伤残对应的赔付标准,但在王某因意外伤害导致残疾的情况下,仅因《给付比例表》中无相应的赔付标准而免除人寿保险公司的赔偿责任,与案涉B型保险合同的目的不符,人寿保险公司亦同意按照《给付比例表》中的第七级残疾程度对应的标准向王某予以赔付。故人寿保险公司应按照案涉B型保险合同保险金额10%的比例赔付王某保险金3000元。

综上,人寿保险公司的再审请求具有事实和法律依据,江苏省高级人民法院予以支持。判决如下:(一)撤销江苏省泰州市中级人民法院(2014)泰中商终字第00398号民事判决及泰州市姜堰区人民法院(2014)泰姜商初字第00388号民事判决;(二)中国人寿保险股份有限公司泰州市分公司于本判决发生法律效力之日起十日内向王某支付保险金3000元;(三)驳回王某的其他诉讼请求。如果未按本判决指定的期间履行给付金钱义务,应当依照《民事诉讼法》第二百五十三条之规定,加倍支付迟延履行期间的债务利息。一审案件受理费2563元,由王某负担2243元,由人寿保险公司负担320元;二审案件受理费550元,由王某负担。

※裁判要旨:《保险法解释二》第九条第一款规定,保险人提供的格式合同文本中的责任免除条款、免赔额、免赔率、比例赔付或者给付等免除或者减轻保险人责任的条款,可以认定为《保险法》第十七条第二款规定的“免除保险人责任的条款”。免除保险人责任条款中的“比例赔付或者给付”应当是指保险公司不按实际损失的全额承担赔偿责任,而是按照实际损失乘以保险金额与保险价值的比例承担赔偿责任,属于在确定的损失范围内减免保险人责任的情形。因此,意外伤害保险合同中,保险人按照《人身保险残疾程度与保险金给付比例表》的规定对给付保险金的标准进行的约定,并未在人寿保险公司承担保险责任的范围内减轻或排除其应当承担的风险与损失,不应被认定为免除保险人责任的条款。

上诉人安邦财保河南公司与被上诉人吴某保险合同纠纷案[1]

※案情简介:2012年4月23日18时43分许,原告吴某驾驶无号牌轿车由东向西进入光山县紫玉庭苑小区东门后,向右拐弯时撞到了在小区内骑自行车的魏某及停在停车位内许某的豫S轿车尾部,造成两车受损,魏某死亡的道路交通事故。肇事后,吴某弃车逃逸。2012年5月2日,光山县交警大队作出道路交通事故认定书,认定:吴某的行为违反了《道路交通安全法》第二十二条第一款、第七十条第一款,《道路交通安全法实施条例》第九十二条第一款之规定,其违法行为是事故发生的根本原因,负此事故的全部责任。魏某、许某不负此事故的责任。事故发生后,原告吴某与魏某的亲属就魏某死亡造成的各项损失在交警部门的主持下达成赔偿协议,由原告吴某一次性赔偿80万元。许某车辆经评估损失为4360元,也已由原告全额赔付,魏某自行车评估400元。被告安邦财保河南公司已在交强险范围赔偿原告包括魏某自行车损失在内的110,400元。

另查明,死者魏某,2003年6月17日出生,汉族,属非农业户口。原告吴某所有的肇事车辆在被告安邦财保河南公司投有交强险和20万元商业第三者责任险,事故发生在有效保险期间。

原审法院认为,合法有效的合同受到法律保护。原被告双方签订的保险合同是双方真实的意思表达,且合同已生效,双方均应按照保险合同的约定履行各自的义务。被告方在交通事故后已就交强险部分赔付了110,400元,且同意赔付交强险中财产损失中的1600元,原告表示同意。双方争议的焦点:关于20万元的商业第三责任险是否应予赔偿。原告称,在保单的格式条款中明确注明:"投保人申明:保险人已将投保险种对应的保险条款(包括责任免除部分)向本人作了明确说明,本人已充分理解;上述填写的内容均属实,同意此保单作为订立保险合同的依据"上签名不是真实意思的表达,原因:(1)上述表述是保险公司事先打印好的格式条款,其内容是没有公平合理确立双方权利与义务,而且还免除其责任,加重并排除原告的主要权利,该条款无效。(2)原告有证据证明,被告方的经办人并没有就"责任免除内容"对原告进行明解,而是称"出了事故就陪",诱骗作为文盲的原告在格式合同上签名,原告的签名是基于对介绍他买保险的杨某的信任,并不是他的

[1] 本案根据河南省信阳市中级人民法院(2013)信中法终字第1027号民事判决书整理。

真实意思表示;被告辩称,在“投保人声明”中签名,即表示他充分理解了保险条款,包括免责条款。在“安邦财产保险股份有限公司机动车第三者责任保险条款的责任免除”的第五条第六项中明确约定遗弃被保险车辆逃离事故现场属免赔条款,故保险公司不承担赔偿义务。法院认为:保险公司提供的格式保险条款第五条“被保险机动车辆造成下列人身伤害或财产损失,不论在法律上是否应当有被保险公司承担赔偿责任,保险人均不负责赔偿”,此条款将法律的规定以格式条款的形式否认。法律规定的义务是强制性规定,除非当事人在不违背法律强制性规定的情况下采用格式条款的形式加以排除。《合同法》第四十条规定,“……或者提供格式条款一方免除其责任,加重对方责任,排除对方主要权利的该条款无效”,保险人在保险合同中的主要责任就是发生保险事故后按照合同约定赔偿保险合同约定的保险金。而投保人的主要权利是在发生保险事故,获得赔偿的权利。保险人在排除法律规定的情况下免除自身责任,排除对方主要权利。“说明义务”是保险人应负的一项法定义务,不宜在格式内容上让投保人的简单签名来排除自己的说明义务,而应详细说明、讲解,特别是免责条款,否则该免责条款无效。被告保险公司在原告投保时向其提供了格式条款,并要求原告吴某在格式条款后签名。但在本案诉讼中,原告有证据证明保险公司并未向其解释、说明保险条款,特别是免责条款,被告保险公司未举证说明向其履行了告知义务。故被告安邦公司辩称已履行了说明告知义务的理由不成立。在保险有效期内发生保险事故,安邦公司应依法履行商业三责险应承担的赔偿责任。综上,根据《保险法》第十四条、第十九条之规定,判决:安邦财产保险股份有限公司河南分公司在交强险范围内赔偿原告损失1600元,在商业第三者责任险范围内赔偿原告损失20万元,于判决生效后十日内付齐。

上诉人安邦财保河南分公司不服原审判决,提出上诉称:(1)上诉人在吴某投保机动车商业保险时,已经向吴某提供保险条款,其中责任免除部分采用黑体字区别于其他条款,足以引起投保人注意,保险合同免责条款向吴某进行了详尽的解释说明,并由被上诉人吴某在机动车商业保险投保单上特别提示处签名确认。(2)肇事逃逸行为是《道路交通安全法》明确禁止的情形。(3)一审法院认为上诉人的免责条款免除了自身责任,加重了对方责任,违反了《合同法》的规定系适用法律错误。综上,一审法院认定事实不清,适用法律错误,请求二审法院查明事实,依法改判,驳回被上诉人要求上诉人赔付20万元保险金诉讼请求。

被上诉人吴某辩称:(1)被答辩人没有将保险条款提交给答辩人,也没有就保险条款尤其免责条款对答辩人进行解释、说明。被答辩人虽提供了由被上诉人签字的保险单,但不能证明被答辩人履行了《保险法》规定的说明义务。(2)肇事逃逸并非法律禁止性规定情形,被答辩人提供保险合同免责条款违背《保险法》第十九条规定。(3)《合同法》是合同领域的基本法,《合同法》第四十条和《保险法》第十九条实质内容一致,一审法院适用合同法正确。综上,被答辩人上诉理由不足,请求驳回上诉,维持原判。

二审法院认为,保险合同是投保人与保险人约定权利义务关系的协议。投保人提出保险要求,经保险人同意承保,并就合同条款达成协议,保险合同成立。被上诉人依据上诉人签发的保险单主张保险合同权利,应受保险合同条款的拘束。根据法律规定,交通事故逃逸是严重的违法行为,法律规定了严格的处罚条款,因而,交通事故逃逸明显属于法律、行政法规禁止性规定情形。上诉人安邦财保河南公司将交通事故逃逸行为作为保险合同免责事由并不违反《合同法》及《保险法》的有关规定,一审法院适用《合同法》认定该免责条款无效不当,应予纠正。被上诉人吴某辩称上诉人安邦财保河南公司在签订保险合同时对免责条款未尽提示和明确说明义务。经查,上诉人在与被上诉人签订保险合同时作为保险合同组成部分的机动车第三者责任保险条款中,责任免除部分用黑体字印刷,区别于其他保险条款。同时被上诉人作为保险人在投保单投保人申明一栏明示告知投保人"保险人已将投保险种对应的保险条款(包括责任免除部分)向本人作了明确说明,本人已充分理解:上述填写的内容均属实,同意此保单作为订立保险合同的依据",并有投保人吴某亲笔签名。投保人吴某作为完全民事行为能力人,其对自己的签名应承担相应的法律后果。故保险人的免责条款提示说明义务已经履行,该免责条款对双方具有法律效力。对于被上诉人提出三名证人证明保险公司未履行提示和说明义务的主张,由于证人证言主观性较强,证明力相对较弱,加之交通事故逃逸是法律禁止性规定情形,其含义明确,不易产生歧义,作为保险合同免责条款,保险公司的说明义务可适当减轻,投保人亦应对违反法律禁止性规定行为能否获得赔偿较一般免责条款具有更高的关注度,被上诉人的上述辩解理由不能成立。综上,上诉人的上诉理由成立,本院予以支持。原审判决安邦财保河南公司在商业第三者责任险范围内赔偿吴某损失20万适用法律错误,应予纠正。依照《民事诉讼法》第一百七十一条第一款第(二)项之规定,判决如下:(一)变更原审民事判决主文为"安邦财产保险股份有限公司河南分公司在交强险限额内赔偿被上诉人吴某1600元，于本判决生效后十日内付清”。（二）驳回被上诉人吴某其他诉讼请求。一审诉讼费4324元，二审诉讼费4300元，合计8624元，由上诉人安邦财产保险股份有限公司河南分公司负担624元，被上诉人吴某负担8000元。

※裁判要旨：第一，关于免责条款的提示问题。上诉人在与被上诉人签订保险合同时作为保险合同组成部分的机动车第三者责任保险条款中，责任免除部分用黑体字印刷，区别于其他保险条款。同时被上诉人作为保险人在投保单投保人申明一栏明示告知投保人“保险人已将投保险种对应的保险条款（包括责任免除部分）向本人作了明确说明，本人已充分理解：上述填写的内容均属实，同意此保单作为订立保险合同的依据”，并有投保人吴某亲笔签名。投保人吴某作为完全民事行为能力人，其对自己的签名应承担相应的法律后果。故保险人的免责条款提示说明义务已经履行，该免责条款对双方具有法律效力。

第二，关于免责条款的说明问题。根据法律规定，交通事故逃逸是严重的违法行为，法律规定了严格的处罚条款，因而，交通事故逃逸明显属于法律、行政法规禁止性规定情形。其含义明确，不易产生歧义，作为保险合同免责条款，保险公司的说明义务可适当减轻，投保人亦应对违反法律禁止性规定行为能否获得赔偿较一般免责条款具有更高的关注度。根据《保险法解释二》第十条规定，保险人将法律、行政法规中的禁止性规定情形作为保险合同免责条款的免责事由，保险人对该条款作出提示后，投保人、被保险人或者受益人以保险人未履行明确说明义务为由主张该条款不生效的，人民法院不予支持。

周甲、周乙诉中国太平洋财产保险股份有限公司常熟中心支公司意外伤害保险合同纠纷案[1]

※案情简介：2016年11月26日20时33分许，马某驾驶苏E小型轿车在常熟市支梅公路由南向北行驶至望贤路路口时，车头部与在人行横道上由西向东横过道路的行人周丙相撞，致周丙当场死亡。事故后，经提取周丙体内血液送常熟市第一人民医院司法鉴定所鉴定，周丙血液中乙醇浓度为218mg/100ml，属醉酒状态。

一审另查明：周丙与妻子周甲共生育周乙一名子女。周丙的父亲周丁、母亲何

[1] 本案根据苏州市中级人民法院（2017）苏05民终7234号民事判决书整理。

某均早于周丙死亡。

一审又查明:2016 年年初,观智村村委会组织包括周丙在内的 600 多户村民家庭向太保常熟支公司投保“农家险”。该险种包括家庭财产综合保险和家庭人身意外伤害保险。为此,周丙通过观智村村委会向太保常熟支公司支付保险费 200 元。

2016 年 3 月 25 日,观智村村委会作为投保人在太保常熟支公司提供的《家庭人身意外伤害保险投保单》上签章,并将该村所有被保险人信息情况以清单载明交付太保常熟支公司。该清单中,第 113 号为周丙的信息。上述投保单在“投保人签章”栏上方载明:“保险人(保险公司)提示请您仔细阅读保险条款,尤其是黑体字标注部分的条款内容,并听取保险公司业务人员的说明,如对保险公司业务人员的说明不明白或有异议的,请在填写本投保单之前向保险公司业务人员进行询问,如未询问,视同已经对条款内容完全理解并无异议。”上述投保单的“投保人签章”栏载明:“本人声明所填上述内容(包括投保单及投保附件)属实。本人已经收悉并仔细阅读保险条款,尤其是黑体字部分的条款内容,并对保险公司就保险条款内容的说明和提示完全理解,没有异议,并已取得被保险人或其法定监护人同意,申请投保。”但“投保人签章”处下方的“被保险人或其法定监护人签章”处没有签名或盖章。

之后,太保常熟支公司签发保单号为 AS908 的《家庭人身意外伤害保险单》。太保常熟支公司提交的该保险单副本正面上半部分载明:投保人:观智村村委会,被保险人:周丙,受益人:法定;保险期间:自 2016 年 3 月 29 日 0 时起至 2017 年 3 月 28 日 24 时止;意外身故的丧葬补贴为 1000 元/人,意外身故的保险金额为 5 万元/人、累计赔偿 10 万元/户;明示告知:(1)保险人已向投保人说明保险合同的条款内容,并就免除保险人责任的条款进行了明确说明,投保人已了解该条款的真实含义和法律后果。(2)本保险单为机打保险单,手写无效。(3)保险费未交清前,本保险合同不生效。但“明示告知”栏中“投保人/被保险人签名”处没有签名。该保险单副本的背面上半部分(3 -1)、正面下半部分(3 -2)、背面下半部分(3 -3)载有:中国太平洋财产保险股份有限公司家庭人身意外伤害保险(2013 版)条款简介、附加意外伤害住院津贴保险条款简介、附加意外伤害医疗保险 B 款(2013 版)条款简介。该保险单副本的正面下半部分(3 -2)载明:“责任免除一、因下列原因之一,直接或间接造成被保险人身故、残疾的,保险人不负任何给付保险金责任:……二、下列任一情形下,保险人对被保险人身故、残疾不负任何给付保险金责任:……(三)被保险人醉酒或受毒品、管制药物的影响期间;(四)被保险人酒后驾车、无有效驾驶证驾驶或驾驶无有效行驶证的机动车期间。"该保险单副本的背面下半部分(3-3)最下方载明:"注意:未尽事宜以《中国太平洋财产保险股份有限公司家庭人身意外伤害保险(2013版)条款》《中国太平洋财产保险股份有限公司附加意外伤害住院津贴保险条款》《中国太平洋财产保险股份有限公司附加意外伤害医疗保险B款(2013版)条款》(该保险仅向购买此保障的投保人提供)为准,投保人应在投保网点仔细阅读保险条款内容,并听取保险人对免除责任的条款的明确说明。"

2017年3月20日,观智村村委会出具《证明》一份,载明:"兹由我村5组原户主周丙于2016年3月29日购买太平洋保险公司农家险一份,期限至2017年3月28日止。现因周丙于2016年11月26日突发车祸身亡,保单遗失,存根在我村财务处保管。现周丙家属提出向保险公司理赔一事望给予答复。"之后,周甲、周乙向太保常熟支公司理赔,因太保常熟支公司认为周丙的死亡不属于保险责任,双方产生争议。

一审再查明:周甲、周乙提交的太保常熟支公司关于"农家险"的宣传单,包括《关于农村家庭财产和家庭成员意外伤害保险的介绍》和《保险新方案(二)》各一份。其中,《关于农村家庭财产和家庭成员意外伤害保险的介绍》载明:"三、投保方式:由村委会(社区)组织,各农村家庭在规定的时间内办理投保手续,并按统一时间起保……"《保险新方案(二)》载明:"明示告知:……2.人身意外伤害保险承保年龄扩展至70周岁(含70周岁)以下的投保家庭成员的意外伤害事故,不包括被保险人违法、犯罪行为和被保险人酒后驾驶或无有效驾驶证驾驶及/或驾驶无有效行驶证的机动车辆(包括持过期未审检驾照驾驶及/或驾驶行驶证到期未年审的机动车辆)、驾驶与准驾车型不符的机动车辆发生的意外伤害事故……6.本险种适用条款《家庭财产综合保险条款》《家庭人身意外伤害保险条款》,具体保障与理赔范围以保险合同条款为准。"

太保常熟支公司提交的《中国太平洋财产保险股份有限公司家庭人身意外伤害保险(2013版)条款》中,第二条"被保险人和投保人"载明:"投保人应为具有完全民事行为能力的被保险人本人、对被保险人有保险利益的其他人。"第九条"责任免除"以加黑加粗的字体载明:"二、下列任一情形下,保险人对被保险人身故、残疾不负任何给付保险金责任:……(三)被保险人醉酒或受毒品、管制药物的影响期间;(四)被保险人酒后驾车、无有效驾驶证驾驶或驾驶无有效行驶证的机动车期间。”

一审庭审中,周甲、周乙陈述:观智村村委会要求每一家农户都去购买“农家险”,周丙支付保险费后,在收费清单上自己的名字后面签名,而后,观智村村委会发了一份“农家险”的宣传单。周丙死亡后,周甲、周乙根据“农家险”的宣传单,向观智村村委员会询问后得知可以向太保常熟支公司理赔。本案中,支付保险费的是周丙,周丙才是实际的投保人。观智村村委会没有支付保险费,不是真正的投保人,其只是履行了一个中介的义务。太保常熟支公司没有向实际的投保人周丙对免责条款作出提示和说明,不能仅凭观智村村委会的盖章就认为太保常熟支公司已经尽了提示和说明的义务。太保常熟支公司宣传单中的《保险新方案(二)》,明示告知被保险人酒后驾驶属于太保常熟支公司免责的范围,而周丙不是酒后驾驶,不属于太保常熟支公司可以免责的范围。周丙没有收到太保常熟支公司或观智村村委会交付的保险单及保险条款。太保常熟支公司提交的保险单的字体过小,识别困难,一般人不会注意到这么小的保险单中的免责事由,保险单中“投保人/被保险人签名”处也没有签名。太保常熟支公司单方保管持有的保险条款的免责条款与宣传单中的免责内容也不一致,太保常熟支公司对被保险人有误导、弄虚作假之嫌。“农家险”的被保险人多,并不能免除太保常熟支公司向被保险人直接送达保险单并对相关免责条款作出明确提示和说明的义务。因此,太保常熟支公司应承担本案的责任。

太保常熟支公司一审陈述:“农家险”的性质属于团体意外险,该险种在全市范围内的诸多村委会推广,均由各乡镇的村委会作为投保人。本案中,观智村村委会作为投保人,向我司交纳保险费,在投保单上盖章,与我司建立保险合同。同时,观智村村委会向我司提供被保险人清单,我司根据清单分别制作明确载明被保险人的保险单,并且将保险单的正本提供给观智村村委会,由观智村村委会向被保险人发放。“农家险”的被保险人非常多,投保时,由我司向投保人观智村村委会释明保险条款内容后,再由投保人向被保险人释明。观智村村委会是在清楚并完全理解保险条款的情形下在投保单上盖章的,投保人在投保单上也明确表示已取得被保险人同意才申请投保的。我司发给被保险人的保险单上,对责任免除部分也以加黑加粗的形式尽到了提示和说明义务。“农家险”宣传单是我司推广涉案险种的宣传资料,其中《保险新方案(二)》“明示告知”一栏的第6点明确载明“本险种适用条款《家庭财产综合保险条款》《家庭人身意外伤害保险条款》,具体保障与理赔范围以保险合同条款为准”。因此,本案理赔时应当以《家庭人身意外伤害保险条款》约定为准。根据《家庭人身意外伤害保险条款》第九条第二款第(三)项的规定,被保险人周丙醉酒期间身故,我司不负任何给付保险金责任。

一审法院认为:周丙经观智村村委会组织向太保常熟支公司投保“农家险”并支付保险费200元,太保常熟支公司签发以周丙为被保险人的单独的保险单,故周丙与太保常熟支公司之间成立保险合同关系。太保常熟支公司辩称观智村村委会为投保人,因观智村村委会既未支付保险费,亦不对周丙户具有保险利益,故对太保常熟支公司该辩称意见,不予采信。周丙在保险期间因交通事故死亡,太保常熟支公司辩称根据《家庭人身意外伤害保险条款》的规定,周丙醉酒期间身故,太保常熟支公司不负给付保险金的责任,因太保常熟支公司未就该免责条款向周丙作出提示和明确说明,故该条款对周丙不产生效力,太保常熟支公司应根据家庭人身意外伤害保险的约定给付意外身故保险金5万元和丧葬补贴1000元,合计51,000元。周丙未指定受益人,周甲、周乙作为周丙的继承人,要求太保常熟支公司支付上述51,000元的诉讼请求,符合法律规定,予以支持。遂判决:太保常熟支公司于判决生效之日起十日内支付周甲、周乙51,000元。案件受理费减半收取538元,由太保常熟支公司负担。

二审法院认为,本案所涉太保常熟支公司与周丙之间的保险合同关系,合法有效,应受法律保护。周丙在保险期间因交通事故意外身故事实清楚。二审争议的焦点在于太保常熟支公司有无就家庭人身意外伤害保险免责条款尽到明确说明义务的问题。周甲、周乙一审举证的其家庭户收到的太保常熟支公司宣传单保险新方案(二)中明示告知,人身意外伤害保险承保的意外伤害事故,不包括被保险人酒后驾驶或无有效驾驶证驾驶及/或驾驶无有效行驶证的机动车辆、驾驶与准驾车型不符的机动车辆发生的意外伤害事故。周丙的意外身故情况显然并不属于该保险公司明示告知的免责情形。而太保常熟支公司提交的家庭人身意外伤害保险条款第九条责任免除部分虽然约定了在被保险人醉酒或受毒品、管制药物的影响期间这一情形下,保险人对被保险人身故、残疾不负任何给付保险金责任。但周丙家庭户明确未收到过该保险条款及保险单。太保常熟支公司并未提供有效证据证明其就该免责条款向周丙履行了明确说明义务,故该免责条款不产生效力,太保常熟支公司理应根据合同约定向周甲、周乙理赔。太保常熟支公司的上诉理由,不能成立，不予采纳；一审判决认定事实清楚，适用法律正确，应予维持。依照《民事诉讼法》第一百七十条第一款第（一）项规定，判决如下：驳回上诉，维持原判决。

※裁判要旨：首先需要明确的是，本案的投保人为周丙，而非观智村村委会，因此保险人说明义务的对象应该是周丙。《保险法解释二》第十一条规定："保险合同订立时，保险人在投保单或者保险单等其他保险凭证上，对保险合同中免除保险人责任的条款，以足以引起投保人注意的文字、字体、符号或者其他明显标志作出提示的，人民法院应当认定其履行了保险法第十七条第二款规定的提示义务。"保险人对保险合同中有关免除保险人责任条款的概念、内容及其法律后果以书面或者口头形式向投保人作出常人能够理解的解释说明的，人民法院应当认定保险人履行了《保险法》第十七条第二款规定的明确说明义务。本案中，太保常熟支公司提交的家庭人身意外伤害保险条款第九条责任免除部分虽然约定了在被保险人醉酒或受毒品、管制药物的影响期间这一情形下，保险人对被保险人身故、残疾不负任何给付保险金责任，但周丙家庭户明确未收到过该保险条款及保险单。太保常熟支公司并未提供有效证据证明其就该免责条款向周丙履行了明确说明义务，故该免责条款不产生效力，保险公司应根据家庭人身意外伤害保险的约定给付意外身故保险金和丧葬补贴。

戴某与某保险公司意外伤害保险合同纠纷案[1]

※案情简介：2010 年 2 月 15 日，戴某购买了意外险自助保险卡一张，并由向其出售该卡的保险代理公司代为激活，保险期限一年。2010 年 9 月 20 日，戴某驾驶未年检的二轮摩托车与停在路边的手扶拖拉机发生追尾相撞，发生交通事故死亡。交警大队出具的交通事故认定书载明：戴某驾驶逾期未接受定期安全技术检验的二轮摩托车上路……认定戴某负事故主要责任。同年 10 月 20 日，交通事故车辆技术检验报告结果为"制动效果无法检验"。戴某继承人向被告索赔未果，遂诉至法院，请求判令被告赔偿保险金 7 万元。

自助保险卡正面印制的内容有：一般意外伤害保险金额最高 7 万元，保费 100 元等；该卡背面和随卡交付的产品说明手册都载有投保流程；保险公司通过其网站

---

〔1〕 案件来源：http://www. faxin. cn/lib/cpal/AlyzContent. aspx? isAlyz = 1&gid = C1303684&libid = 0201&userinput，最后访问时间：2019 年 4 月 17 日。

上的网页设置，在激活保险卡过程中，对包括投保须知、保障责任、保险条款等内容进行说明，且对保险人免责条款有区别于一般保险条款的特别说明形式。激活过程中，投保人须先阅读保险条款等内容，并在投保声明页面中“1. 本人认可并接受网上投保方式，愿以此种方式与保险公司签订保险合同；2. 本人已详细阅读投保须知和保险条款，对各项保险责任和除外责任均已了解并同意”的提示内容下方，点击“同意”并“确定”后，才能进入后续的激活程序，否则不能激活自助保险卡，无法形成电子保单。

法院审理认为，自助卡式电子保单，是一种新型的保险合同缔结形式。这种完全电子化的保险业务，没有传统保险合同订立过程中签订书面投保单的程序。如再要求保险人以传统的方法印制书面的投保单去让投保人签字来完成对保险条款的明确说明义务，显然与自助保险卡这种新型简易保险产品本身的特征不符。保险人已经通过其网站上的程序设置，在投保人激活自助保险卡的流程中，向投保人履行了上述保险人免责条款的明确说明义务。据此，判决驳回戴某的诉讼请求。

※裁判要旨：根据《保险法解释二》第十二条规定：通过网络、电话等方式订立的保险合同，保险人以网页、音频、视频等形式对免除保险人责任条款予以提示和明确说明的，人民法院可以认定其履行了提示和明确说明义务。自助卡式保险单业务，虽与完全通过网络订立保险合同不完全一致，但在该类保险合同中，保险人的提示和明确说明义务也是通过网页的方式履行的。保险人通过其网站上的程序设置，在投保人激活自助保险卡的流程中，向投保人履行了免除保险人责任条款的提示和明确说明义务的，应认为相关免责条款已经产生效力。

第十八条 【保险合同内容】保险合同应当包括下列事项：

（一）保险人的名称和住所；

（二）投保人、被保险人的姓名或者名称、住所，以及人身保险的受益人的姓名或者名称、住所；

（三）保险标的；

（四）保险责任和责任免除；

（五）保险期间和保险责任开始时间；

（六）保险金额；

（七）保险费以及支付办法；

（八）保险金赔偿或者给付办法；

（九）违约责任和争议处理；

（十）订立合同的年、月、日。

投保人和保险人可以约定与保险有关的其他事项。

受益人是指人身保险合同中由被保险人或者投保人指定的享有保险金请求权的人。投保人、被保险人可以为受益人。

保险金额是指保险人承担赔偿或者给付保险金责任的最高限额。

条文解读

本条是对保险合同应当包括的内容的规定。

（一）保险合同当事人的权利和义务关系作为保险合同的内容，是以保险合同条款的形式表现的。按照本条的规定，保险合同应当包括下列事项：

1. 保险人的名称和住所。保险人是保险合同当事人之一，保险合同对其名称和住所应当加以记载，以便于投保人、被保险人、受益人行使权利、履行义务。保险人应当使用经过工商行政管理机关核准登记的名称，并以其主要办事机构所在地为住所。

2. 投保人、被保险人的姓名或者名称、住所，以及人身保险的受益人的姓名或者名称、住所。投保人、被保险人以及人身保险的受益人作为保险活动的当事人，对其名称和住所加以记载是履行保险合同的需要。投保人、被保险人、受益人为自然人的，应当使用身份证或者户口簿所记载的姓名，并以其户籍所在地为住所，经常居住地与住所不一致的，以经常居住地为住所。

3. 保险标的。所谓保险标的，是指作为保险对象的财产及其有关利益或者人的寿命和身体。作为保险对象的财产，可以是有形的，也可以是无形的。作为保险对象的人，是指自然人，可以是一个人，也可以是一个特定团体中的所有的人。保险标的既是确定危险程度和保险利益的重要依据，也是决定保险种类、确定保险金额和选定保险费率的依据。

4. 保险责任和责任免除。在保险合同中，保险责任条款具体规定了保险人所承担的风险范围，保险种类不同，保险责任也不相同。在规定风险范围的同时，保险合同通常还约定责任免除条款,即保险人不负赔偿或者给付保险金责任的情形。

5. 保险期间和保险责任开始时间。保险期间是指保险合同的有效期限,即保险合同从生效到终止的期间。保险期间是保险合同不可缺少的条款,在保险期间内,投保人按照约定交付保险费,保险人则按照约定承担保险责任。多数情况下保险期间的起始时间与保险责任的开始时间是一致的,但有时也不一致。

6. 保险金额。保险金额是指保险人承担赔偿或者给付保险金责任的最高限额。保险金额既是计算保险费的依据,也是保险合同双方当事人享有权利、承担义务的重要依据,对此应在保险合同中载明。

7. 保险费以及支付办法。保险费是根据保险金额与保险费率计算出来的,是保险基金的来源,缴纳保险费是投保人应尽的基本义务,对此保险合同应当载明。保险费支付办法包括支付手段(现金或银行转账),币种(人民币或外币),支付是否分期及具体支付时间等。

8. 保险金赔偿或者给付办法。保险金赔偿或者给付办法是指保险人在保险事故发生造成保险标的损失时,向被保险人或受益人赔偿或者给付保险金的方式和时间等。一般情况下,保险金的赔偿或者给付办法,在财产保险合同中按照合同约定的方式计算赔偿金额,在人身保险合同中按照合同约定的保险金额定额给付。

9. 违约责任和争议处理。违约责任是指合同当事人因其过错致使合同不履行或者不完全履行时,基于法律规定或者合同约定应当承担的法律后果。争议处理是指保险合同当事人在合同履行过程中发生争议时的处理办法,包括协商、调解、仲裁、诉讼等,投保人和保险人应当在保险合同中约定,以利于争议的解决。

10. 订立合同的年、月、日。保险合同应当记载订立合同的时间,这对于确定投保人是否具有保险利益、保险合同是否有效、保险责任的开始时间以及计算保险期间等具有重要作用。

(二)保险合同除法定记载事项外,投保人和保险人还可以就与保险有关的其他事项作出约定。

(三)本条第3款规定的受益人是人身保险特有的概念。投保人和被保险人也可以投保以自己为受益人的保险。受益人具有以下法律地位和特征:第一,受益人应当由被保险人或者投保人在投保时指定,并在保险合同中载明。第二,受益人是享有保险金请求权的人,如果发生给付纠纷,受益人可以独立行使诉讼权利,请求得到给付。第三,受益人无偿享受保险利益,受益人不负交付保险费的义务,保险人也无权向受益人追索保险费。第四,受益人权利的行使时间必须在保险事故发生后,如果受益人在保险事故发生前死亡,受益权随之消灭;如果受益人为牟取保险金而杀害被保险人,其受益权即被剥夺。

配套法规及解读

《合同法》(1999 年 3 月 15 日)

第四十一条　格式条款和非格式条款不一致的,应当采用非格式条款。

《保险法解释二》(2013 年 5 月 31 日)

第十四条　保险合同中记载的内容不一致的,按照下列规则认定:

(一)投保单与保险单或者其他保险凭证不一致的,以投保单为准。但不一致的情形系经保险人说明并经投保人同意的,以投保人签收的保险单或者其他保险凭证载明的内容为准;

(二)非格式条款与格式条款不一致的,以非格式条款为准;

(三)保险凭证记载的时间不同的,以形成时间在后的为准;

(四)保险凭证存在手写和打印两种方式的,以双方签字、盖章的手写部分的内容为准。

※法规解读:由于我国《保险法》未就保险合同内容的认定规则作出明确具体的规定,而现实中保险公司经营普遍不够规范,以致经常出现投保单与保险单、其他保险凭证不一致,或者非格式条款与格式条款不一致,或者保险凭证的内容记载时间或记载方式不一致等问题,这些问题直接关系到被保险人能否获得保险赔付,往往为此引发纠纷。这实际上涉及合同的解释问题。《保险法解释二》第 14 条作出了规定。

(一)合同条款的解释

在合同领域,意思表示的解释存在两个可能的出发点:一是根据私法自治的原则,优先考虑表意人的内心意思;二是重视意思表示的外部表征,保护社会和商业交往中的信赖利益。前者被称为“意思主义”,后者则为“表示主义”,针对如何探知当事人过去的内心意思,两者的对立贯穿了意思表示解释领域的全部。意思主义通过“理性人”的假定,以特定的标准,探究表意人的真实意思。因此,意思主义的解释理论存在悖论:如何达到主观心理的客观解释,即“意思主义如何可能”? 另外，随着交易安全与信赖原理的发展和现实需求，表示主义渐渐取得了主导的地位。表示主义依据表示所形成的外部表征，推定表意人的内在意思。在此过程中所形成的意思是在顾及信赖及交易安全的前提下形成的，以受领人可得而知的意思为准。表示主义并非对表意人自由的简单否定，而是将传统的意思自治理念在意思表示解释之中，进行解构与重建。

（二）保险合同内容的认定规则

1. 投保单与保险单或者其他保险凭证不一致

根据《保险法解释二》第14条第1项的规定，一般情形下，“投保单与保险单或者其他保险凭证不一致的，以投保单为准”。保险人需要变更投保单的内容的，应当对变更的内容向保险人进行说明，在投保人知悉变更内容并签字确认后，才能认为保险单或者其他保险凭证改变了投保单的内容，才能以保险单或者其他保险凭证为准确定保险合同的内容。即“不一致的情形系经保险人说明并经投保人同意的，以投保人签收的保险单或者其他保险凭证载明的内容为准”。

2. 非格式条款与格式条款不一致

根据合同订立的一般原理，当事人之间可以做出不同于格式条款的约定。而且，由于非格式条款是由当事人在格式条款之外临时动议的结果，它能够比格式条款更加真实地代表双方当事人的意思表示，自然应当具有优先于格式条款的效力。这一规则被《合同法》第41条和《保险法解释二》第14条第2项的规定所认可。在具体运用该条时，要注意两个适用前提：一是非格式条款体现投保人真实意思；二是非格式条款与格式条款产生实质冲突。

3. 保险凭证的内容记载时间或者记载方式不一致

根据《保险法解释二》第14条第3项和第4项的规定，不同保险凭证形成时间不一致的，形成时间在后的视为对形成在前的保险凭证内容的变更，故应以形成时间在后的为准。保险合同中打印部分通常是一方当事人事先提供的，双方签章的手写部分则一般是经过双方协商确定的，可以对打印部分进行变更。从手写到打印，外力介入的程度依次递增，当事人的注意力依次衰减。手写条款以最简单的工具、以最直接的方式做成，最能接近当事人的内心意思。故双方签章的手写部分效力高于打印部分。

关联法规索引

《保险法》第 10 条、第 13 条、第 20 条

典型案例

曹连成、胡桂兰、曹新建、曹显忠诉民生人寿保险股份有限公司江苏分公司保险合同纠纷案[1]

※案情简介：2008 年 2 月 9 日，曹正银以本人为被保险人向被告民生保险投保民生金玉满堂两全保险 D 款（分红型），受益人栏为空白，保险期间 5 年，保险金额 11,000 元，意外身故保险金按三倍基本保险金额给付，保险费 10,000 元。保险人责任免除条款规定，被保险人无合法有效驾驶证驾驶或驾驶无有效行驶证的机动车导致身故的，保险人不承担赔偿责任；保险人责任免除条款，以及保险条款的释义中，没有对机动车的认定标准作出规定。投保人于当日全额缴纳了保险费，保险合同于次日生效。曹正银在投保单中投保人签名处签字。

如东县公安局交巡警大队于 2011 年 9 月 28 日出具的交通事故认定书载明：2011 年 9 月 5 日 5 时 40 分左右，案外人李朋驾驶苏 FL1512 号轿车由南向北行驶至苏 225 复线如东县河口镇荷园村村部西侧十字路口，遇曹正银驾驶未经登记的轻便二轮摩托车由西向东行驶，相撞发生交通事故，致曹正银受伤，经抢救无效于次日死亡，两车局部受损。李朋负事故主要责任，曹正银负次要责任。

又查明，曹正银所购案涉事故车辆的产品说明书及产品检验合格证均显示，该车为济南轻骑摩托车股份有限公司出产的"先锋"牌助力车。事故发生当日的道路交通事故现场图显示，曹正银驾驶的为助力车。同年 9 月 22 日，如东县公安局物证鉴定室出具的物证检验意见书载明，案涉曹正银所驾驶车辆为无号牌的先锋 48cc 轻便摩托车。交通事故车辆技术检验报告显示，该车为无号牌轻便摩托车，检验结果为制动合格，没有车辆经改装的记录。

曹正银的第一顺序继承人为其父曹连成，其妻胡桂兰，其长子曹新建、次子曹显忠。上述四名原告诉称：按合同约定，被告应当赔偿意外身故保险金 33,000 元。

---

[1] 载《中华人民共和国最高人民法院公报》2014 年第 10 期，收录时做相应修改。

原告向被告索赔未果,遂诉至法院,请求法院判令被告赔偿保险金 33,000 元,并承担本案的诉讼费用。

被告民生保险辩称:对双方的保险合同关系、原告已经缴纳保险费、被保险人因交通事故的发生而死亡构成保险事故,以及四原告系被保险人第一顺序继承人的身份等事实不持异议。但抗辩,保险条款中的保险人责任免除条款规定,被保险人无合法有效驾驶证驾驶或驾驶无有效行驶证的机动车导致身故的,保险人不承担赔偿责任。被保险人曹正银无驾驶证驾驶无有效行驶证的轻便摩托车,故保险人不承担赔偿责任。请求法院判决驳回原告的诉讼请求。

审理中,原、被告双方对保险人免责条款中所称的机动车如何定义存在不同解释。原告认为,案涉事故车辆的产品说明书及产品检验合格证均显示,该车为助力车。主观上被保险人没有违反保险条款规定的恶意,客观上案涉"先锋"牌车辆无法在当地交管部门登记,亦无法取得机动车号牌;且事故发生当日的道路交通事故现场图显示,亦载明被保险人曹正银驾驶的为助力车。而助力车不属于机动车,不应根据责任免除条款理解为机动车而适用保险人责任免除条款。而被告则认为,根据交警部门出具的交通事故认定书、物证检验意见书,以及交通事故车辆技术检验报告,案涉车辆为轻便摩托车,应解释为机动车辆,符合保险人责任免除条款中规定的免责情形。经原告方申请,法院向如东县车管所调查得知,案涉"先锋"牌车辆,因在全国机动车辆产品公告查询服务系统中没有相关信息,故无法在当地交管部门登记,亦无法取得机动车号牌及证照。

本案的争议焦点为:案涉被保险人驾驶的车辆是否能解释为保险人免责条款中所规定的机动车。南京市鼓楼区人民法院一审认为:投保人曹正银与被告民生保险之间所签订的保险合同合法有效,被保险人曹正银在保险责任期间内意外死亡,已构成保险事故。关于案涉被保险人驾驶的车辆是否能解释为保险人免责条款中所规定的机动车的问题。法院认为,根据《保险法》的有关规定,采用保险人提供的格式条款订立的保险合同,保险人与投保人、被保险人或者受益人对合同条款有争议的,应当按照通常理解予以解释。对合同条款有两种以上解释的,人民法院或者仲裁机构应当作出有利于被保险人和受益人的解释。本案中,保险人免责条款,以及保险条款的释义中,均未对机动车的认定标准作出规定。事故发生当日交管部门出具的道路交通事故现场图显示,曹正银驾驶的为助力车。而之后交管部门出具的物证检验意见书、车辆技术检验报告及交通事故认定书,又将该车定性为轻便摩托车。可见,即使是交管部门在处理本案交通事故过程中,对案涉车辆属性的认知也存在差异。审理中,原、被告双方对被保险人发生交通事故时所驾驶的案涉车辆是否属于免责条款中所指的机动车存在不同解释。虽然,被告根据上述交通事故认定书、物证检验意见书,以及交通事故车辆技术检验报告,认为案涉车辆属于机动车的解释,符合相关国家标准对机动车的规定。但是,原告对案涉车辆不符合免责条款中规定机动车的解释,符合一个没有专业知识的普通人的认知标准。首先,一个普通的投保人、被保险人或受益人对机动车的概念,只能是根据其日常生活经验法则来作出解释。消费者对其所购买产品的认识,通常是基于产品的说明书及合格证书形成的。由于案涉事故车辆的产品说明书及产品检验合格证均显示,该车为"先锋"牌助力车,生产厂商这种对产品性质的误导行为,使被保险人曹正银作为一个普通的购买者无法知晓其所购买的车辆就是机动车,不可能产生该车系保险人责任免除条款中所指的机动车的认识,亦无从根据机动车的管理需要去办理相关的驾驶证和机动车辆行驶证。案涉车辆虽然未领取相关的机动车证照,但该车并未经改装,事故发生后的检验结果表明其制动合格。因此,被保险人主观上没有违反保险人免责条款中相关规定的故意与过失。其次,被保险人客观上无法对案涉车辆进行登记并取得机动车号牌。《道路交通安全法》第八条规定:国家对机动车实行登记制度。机动车经公安机关交通管理部门登记后,方可上道路行驶。但是,因为该型号车辆的数据未进入车管部门颁发证照所依据的全国机动车辆产品公告查询服务系统,根据对机动车辆管理的规定,该车无法进行登记并取得机动车号牌及证照。因此,原告在保险人免责条款,以及保险条款的释义中,没有对机动车的认定标准作出规定的情况下,基于存在生产厂家误导的产品说明书、产品检验合格证,以及被保险人客观上无法取得机动车号牌的事实,作出案涉车辆不属于保险人免责条款中所规定的机动车之解释,符合一个普通车辆购买人及使用人的认知标准,应作出有利于被保险人的解释,案涉车辆应认定为不属于本案保险人免责条款中所规定的机动车。此时,被保险人在不领取驾驶证的情况下驾驶案涉车辆,亦不属于免责条款规定的无证驾驶情形。

根据《保险法》的有关规定,没有指定受益人的,被保险人死亡后,保险金作为被保险人的遗产,由保险人向被保险人的继承人履行给付保险金的义务。四原告系被保险人曹正银的法定第一顺序继承人,有权向被告主张赔偿保险金。保险合同约定,意外身故保险金按三倍基本保险金额给付,保险金额为 11,000 元。故四原告要求被告赔偿保险金33,000元的诉讼请求,法院予以支持。据此,南京市鼓楼区人民法院于2012年7月24日判决:被告民生人寿保险股份有限公司江苏分公司于本判决生效后十日内一次性支付原告曹连某、胡桂某、曹新某、曹显某保险金33,000元。

※**裁判要旨:**在保险人责任免除条款及保险条款释义中,没有对机动车的认定标准作出规定的情况下,基于轻便摩托车生产厂家产品说明书、产品检验合格证(均显示该车为助力车)的误导,以及被保险人客观上无法取得机动车号牌的事实,作出案涉车辆不属于保险人免责条款中所规定的机动车之解释,符合一个普通车辆购买人及使用人的认知标准,应作出有利于被保险人的解释,案涉车辆应认定为不属于保险人免责条款中所规定的机动车。此时,被保险人在不领取驾驶证的情况下驾驶上述车辆,亦不属于免责条款规定的无证驾驶情形。

第十九条 【无效格式条款】在采用保险人提供的格式条款订立的保险合同中的下列条款无效:

(一)免除保险人依法应承担的义务或者加重投保人、被保险人责任的;

(二)排除投保人、被保险人或者受益人依法享有的权利的。

条文解读

本条是对不公平格式条款无效的规定。

(一)格式条款,又称为标准条款,是当事人为了重复使用而预先拟定,并在订立合同时未与对方协商的条款。格式条款具有以下特点:一是其对象具有广泛性。要约向公众发出,任何人只要同意要约的规定就可以签订合同。二是条款具有持久性。格式条款一般是经过认真研究拟定的,在一个相当长的时期内不会改变。三是条款由商品或者服务的提供者提出。使用格式条款的好处是简捷、省时、方便、降低交易成本,但其弊端在于:提供商品或者服务的一方往往利用其优势地位,制定有利于自己而不利于交易对方的条款,因此,必须在立法上予以限制。

(二)在合同关系中,双方的权利义务应当是平等的。但在有些情况下,格式条款使用方基于对自己利益的保护,利用格式条款不公平地限制对方的某些权利或者减轻、免除自己的部分义务,这有违公平原则。采用保险人提供的格式条款订立的保险合同中的下列条款无效：

1. 免除保险人依法应承担的义务或者加重投保人、被保险人责任的条款。

2. 排除投保人、被保险人或者受益人依法享有的权利的条款。

合同无效为自始无效。这有利于督促保险人公平、合理地制定保险合同格式条款，进一步保护投保人、被保险人的利益。

配套法规及解读

《合同法》(1999 年 3 月 15 日)

第四十条 格式条款具有本法第五十二条和第五十三条规定情形的，或者提供格式条款一方免除其责任、加重对方责任、排除对方主要权利的，该条款无效。

《保险法解释三》(2015 年 11 月 25 日)

第二十条 保险人以被保险人未在保险合同约定的医疗服务机构接受治疗为由拒绝给付保险金的，人民法院应予支持，但被保险人因情况紧急必须立即就医的除外。

※法规解读：格式条款是当事人为了重复使用而预先拟定，并在订立合同时未与对方协商的条款。《保险法》第 19 条与第 17 条的提示和明确说明义务、第 30 条不利解释规则共同构成保险法对格式条款的整体立法规范，目的都在于从立法上对格式条款可能存在的不公平现象进行预防和纠正，防止格式条款的滥用，实现契约自由与实质公平的协调一致。

人身保险合同中，保险公司为控制风险，往往会在保险合同中约定被保险人必须到指定的医院就医，否则不予赔付。保险事故发生后，被保险人申请理赔，保险人以被保险人未在保险合同约定的医疗服务机构中就医为由拒绝给付保险金。关于保险格式条款中指定定点医院条款的效力问题，涉及保险合同中格式条款的效力认定。

《保险法》第 19 条与《合同法》第 40 条的规定不尽相同。根据《合同法》第 40 条的规定，“提供格式条款一方免除其责任、加重对方责任、排除对方主要权利的，该条款无效”。《保险法》第 19 条则强调免除保险人“依法应承担”的义务和排除被保险人等相对方“依法享有”的权利的条款无效。此处的“依法”应解释为依据《保险法》或者其他法律，而且有关该项权利或义务的规定应为强制性规范，该项权利或义务不得由当事人约定排除或变更。之所以如此，是因为保险条款有其特殊性，危险承担为其本质属性，其核心内容为风险责任承担与除外的约定。其中除外责任或责任免除内容、免赔额等保险人责任限制或除外等条款，符合保险原理，为行业普遍存在。如果认识不到这一点，本条在实践中容易被扩大适用。保险人的免责或者除外责任约定，除法定免责条件外，更多是基于不同险种的不同风险考量而作的技术安排。但在投保人看来，获得保险赔偿是其主要权利，任何除外责任或免责条款都将可能被认为是对其“应享有的权利”的排除。如果此类条款都被认定为无效，则保险合同中的主体内容都将处于无效状态，影响缔结保险合同的基础，这与立法目的大相径庭。

对于指定定点医院条款的效力是否应予认可，存在“肯定说”与“否定说”两种相反观点。《保险法解释三》第20条采折中观点，原则上认可指定定点医院条款的效力，同时规定例外情况。首先，认可保险合同关于指定定点医院条款的效力，认为保险人以被保险人未在保险合同约定的医疗服务机构中就医为由拒绝给付保险金的，人民法院应予支持。这有利于防范保险欺诈。其次，该条作出例外规定。被保险人因情况紧急必须立即就医而导致未能在保险合同约定的医疗服务机构中就医的，保险人应给付保险金。

关联法规索引

《合同法》第40条、第52条、第53条

典型案例

王玉国诉中国人寿保险公司淮安市楚州支公司保险合同纠纷案[1]

※案情简介：2009年7月30日，原告王玉国和被告中国人寿保险公司淮安市楚州支公司签订了保险合同一份，合同约定：险种名称为康宁终身保险合同(2007修订版)，保费金额为2万元，保险期间为终身。康宁终身保险条款(2007修订版)第五条第一款约定，被保险人于合同生效之日起180日后，初次发生本合同所指的

---

〔1〕 载《中华人民共和国最高人民法院公报》2015年第12期，收录时做相应修改。

重大疾病，本公司按基本保险金的二倍给付重大疾病保险。第二十三条重大疾病的名称及定义如下：“10 主动脉手术指为治疗主动脉疾病，实际实施了开胸或开腹进行的切除、置换、修补病损主动脉血管的手术，主动脉指胸主动脉和腹主动脉，不包括胸主动脉和腹主动脉的分支血管，动脉内血管形成术不在保障范围内。”合同签订后，原告分别于 2009 年 8 月 1 日、2010 年 8 月 10 日缴纳保费共计 4600 元，2011 年 2 月 12 日，原告经淮安市第一人民医院确诊为主动脉夹层（stan – fordb 型），并建议转上级医院继续治疗。2011 年 2 月 17 日至 2011 年 3 月 4 日原告在江苏省人民医院行主动脉夹层覆膜支架隔绝术。原告要求被告给付保险金未果，遂诉至法院。请求法院依法判令被告给付原告保险金 4 万元，并由被告承担诉讼费、鉴定费。

被告人寿保险楚州支公司辩称：原告王玉国于 2009 年 7 月 30 日与被告签订康宁终身保险合同（2007 版）是事实，因原告所患疾病（手术）不符合合同约定的保险责任范围，故请求法院驳回原告的诉讼请求。

2012 年 4 月 27 日根据原告王玉国申请，委托了江苏省人民医院司法鉴定所对原告申请的“1. 王玉国所患的主动脉夹层（stanfordb 型）是否属于主动脉疾病；2. 主动脉夹层覆膜支架隔绝术是否比中国人寿保险股份有限公司康宁终身保险条款（2007 修订版）第二十三条第十款约定的开胸手术创伤更小、手术死亡率和并发症的发生率低；3. 主动脉夹层覆膜支架隔绝术是否属于中国人寿保险股份有限公司康宁终身保险条款（2007 修订版）第二十三条第十款约定的主动脉手术；4. 患者的病情是否更加适合主动脉夹层覆膜支架隔绝术，是否属于主动脉修补范畴”等事项进行了鉴定，该所于 2012 年 6 月 11 日作出了省人医司鉴所法医临床〔2012〕鉴字第 087 号法医临床鉴定意见书，鉴定意见为：“王玉国所患的主动脉夹层（stanfordb 型）属于主动脉疾病；主动脉夹层覆膜支架隔绝术比中国人寿保险股份有限公司康宁终身保险条款（2007 修订版）第二十三条第十款约定的开胸手术创伤更小、手术死亡率和并发症的发生率低；主动脉夹层覆膜支架隔绝术是主动脉手术，但其无须实施开胸进行；患者的病情更加适合主动脉夹层覆膜支架隔绝术，属于介入主动脉修补范畴。”2012 年 7 月 10 日该所作出答复：“1. 随着医学技术的进步，外科手术向微创化发展。许多原先需要开胸或开腹的手术，已被腔镜或介入手术取代。被鉴定人王玉国所患疾病为主动脉夹层（stanfordb 型），该病患更适合用介入的方法行主动脉夹层覆膜支架隔绝术。对其实施的主动脉夹层覆膜支架隔绝术是主动脉手术，属于介入主动脉修补范畴，相对于传统的开胸手术，具有创伤小、死亡率低、并发症发生率低的优点，目前已取代了传统的开胸手术。2. 对照委托方提供的中国人寿保险股份有限公司康宁终身保险条款（2007 修订版）第二十三条第十款规定‘主动脉手术指为治疗主动脉疾病，实际实施了开胸或开腹进行的切除、置换、修补病损主动脉血管的手术……’被鉴定人接受的主动脉夹层覆膜支架隔绝术为主动脉手术，本术式与开胸手术虽途径不同，但目的一致，因其无须实施开胸，故创伤更小。本所用法医学及临床医学知识理解主动脉手术之本意为治疗主动脉疾病，治疗采用创伤小、死亡率低、并发症发生率低的方法为合理行为，新的术式取代旧的术式是科学的进步，具体手术途径非本条款的核心内容。3. 本所鉴定主张已表达明确，本案矛盾焦点为保险条款滞后于目前医学技术所致。”原告支付鉴定费用 5380 元（检查费 5280 元、门诊费 100 元）。

江苏省淮安市淮安区人民法院一审认为：原、被告签订的康宁终身保险合同，系双方真实意思表示，且不违反法律、行政法规强制性规定，应认定为合法有效，对双方当事人具有法律约束力，双方当事人应当严格按照合同的约定行使权利并履行义务。本案中，原、被告对双方之间存在的保险合同关系及原告所患的主动脉疾病均无异议，只是对原告没有采取开胸而是行主动脉夹层覆膜支架隔绝术治疗疾病是否属保险责任范围产生争议。原、被告双方订立的保险合同已明确约定重大疾病的保险范围有“主动脉手术”，该合同第二十三条第十款项目是对医疗术语“主动脉手术”的解释和描述，以进一步明确保险责任范围，“主动脉手术”指为治疗主动脉疾病的手术，主动脉指胸主动脉和腹主动脉，不包括胸主动脉和腹主动脉的分支血管。由此可见，胸主动脉和腹主动脉疾病应属原、被告签订的康宁终身保险合同约定重大疾病的保险责任范围。本案中，根据江苏省人民医院司法鉴定所法医学鉴定意见书及答复函意见，原告王玉国所患主动脉夹层（stanfordb 型）疾病属于主动脉疾病，符合康宁终身保险合同约定重大疾病的保险责任范围。该合同第二十三条第十款项目关于“实际实施了开胸或开腹进行的切除、置换、修补病损主动脉血管”显然不属于对疾病症状的解释和描述，而是对于疾病治疗方式的限制，排除了被保险人享有的对疾病治疗方式的选择权。按通常理解，重大疾病并不会与某种具体的治疗方式相联系。对于被保险人来说，其在患有重大疾病时，往往会结合自身身体状况，选择具有创伤小、死亡率低、并发症发生率低的治疗方式而使自己所患疾病得到有效治疗，而不会想到为确保重大疾病保险金的给付而采取保险人限定的治疗方式。保险人以限定治疗方式来限制原告获得理赔的权利，免除自己的保险责任，根据《保险法》第十九条的规定，该条款应认定无效。而且，随着医学技术的进步，外科手术向微创化发展，许多原先需要开胸或开腹的手术，已被腔镜或介入手术所取代，而重大疾病的保险期间往往很长甚至终身，因此保险人以被保险人投保时的治疗方式来限定被保险人患重大疾病时的治疗方式不符合医学发展规律。保险公司不能因为被保险人没有选择合同指定的治疗方式而拒绝理赔。据此，江苏省淮安市淮安区人民法院于2012年9月6日判决如下：被告中国人寿保险股份有限公司淮安市楚州支公司于本判决书生效后十日内给付原告王玉国保险金4万元。

人寿保险楚州支公司不服一审判决，向江苏省淮安市中级人民法院提起上诉，江苏省淮安市中级人民法院于2012年11月13日判决如下：驳回上诉，维持原判。

※裁判要旨：保险公司以保险合同格式条款限定被保险人患病时的治疗方式，既不符合医疗规律，也违背保险合同签订的目的。被保险人有权根据自身病情选择最佳的治疗方式，而不必受保险合同关于治疗方式的限制。保险公司不能以被保险人没有选择保险合同指定的治疗方式而免除自己的保险责任。

第二十条　【保险合同变更】投保人和保险人可以协商变更合同内容。

变更保险合同的，应当由保险人在保险单或者其他保险凭证上批注或者附贴批单，或者由投保人和保险人订立变更的书面协议。

条文解读

本条是对保险合同变更的规定。

（一）保险合同依法成立，即具有法律约束力，当事人双方都应当全面履行合同规定的义务，不得擅自变更保险合同。但是在保险合同订立以后，保险合同有效期届满之前，由于保险合同当事人的主观和客观情况的变化，有时也需要对已经订立的保险合同作必要的变更。

（二）保险合同内容的变更会影响到保险合同当事人的权益及保险风险的大小，因此，保险合同的变更应当采用法定形式。变更保险合同的，应当由保险人在保险单或者其他保险凭证上批注或者附贴批单，或者由投保人和保险人订立变更的书面协议。批单是变更保险合同时使用的一种保险单证，上面列明变更的条款内容，一般附贴在原保单或保险凭证之上，批单需由保险人签署。

配套法规及解读

《合同法》(1999年3月15日)

第七十七条 当事人协商一致，可以变更合同。

法律、行政法规规定变更合同应当办理批准、登记等手续的，依照其规定。

第七十八条 当事人对合同变更的内容约定不明确的，推定为未变更。

※法规解读：(一)保险合同变更的概念

保险合同变更，是指保险合同在其有效期内，由于订立合同时的条件发生变化，合同当事人按照法律规定的条件和程序，对原合同的某些条款进行修改或者补充，从而使合同的主体、内容或者效力发生变化。

(二)保险合同变更的种类

保险合同的变更有广义和狭义之分。狭义的保险合同变更，是指保险合同法律关系客体和内容的变更；广义的保险合同变更，是指保险合同法律关系主体、客体和内容三要素中任何一个要素的变更。

1. 保险合同主体的变更，是指保险合同中投保人、被保险人、受益人的变更，而保险合同的标的没有发生变化，通常不包括保险人的变更。在人身保险中，合同主体的变更还包括受益人的变更。根据《保险法》第41条的规定，被保险人或者投保人可以变更受益人并书面通知保险人。保险人收到变更受益人的书面通知后，应当在保险单或者其他保险凭证上批注或者附贴批单。投保人变更受益人时须经被保险人同意。在财产保险中，主体变更多由保险标的的所有权转移而发生。如《保险法》第49条第1款规定，保险标的转让的，保险标的的受让人承继被保险人的权利和义务。

2. 保险合同内容的变更，是指保险合同中约定的事项，即体现合同双方当事人权利义务关系的条款发生变化，如保险金额、保险期间的变更。

(三)保险合同变更的程序

1. 经投保人和保险人同意；

2. 由保险人在保险单或者其他保险凭证上批注或者附贴批单，或者有投保人和保险人订立变更的书面协议。

关联法规索引

《保险法》第41条、第49条;《保险法解释二》第14条;《海商法》第229条、第230条

典型案例

顾某诉华夏人寿保险股份有限公司江苏分公司保险合同纠纷案[1]

※案情简介:2010年4月月初,顾某为其案外人施某等多名公司员工购买了"特惠保自助式保险卡",并将其中一张交给施某。后施某委托他人以自己为被保险人激活了该卡,打印出的电子保单载明:保险责任期间自2010年4月4日起至2011年4月3日止;意外伤害最高保险金额3万元,保险金额=最高保险金额×职业类别赔付比例;被保险人职业类别与赔付比例对应为:1~3类100%,4类80%,5类40%,6类20%,拒保职业0%;依据被保险人出险时所从事的工作或活动确定其职业类别,并按规定的比例进行相应保险金的给付。

"特惠保自助式保险卡"系由投保人自行在网上激活的自助式保险卡,背面印制的内容有:卡号、密码、投保流程。出售时随自助式保险卡一并交付给客户的还有产品说明手册。网上激活过程中,投保人须先阅读保险条款等内容,并在投保声明页面中"1.本人认可并接受网上投保方式,愿以此种方式与华夏人寿保险股份有限公司签订保险合同;2.本人已详细阅读投保须知和保险条款,对各项保险责任和除外责任均已了解并同意"的提示内容下方,点击"同意"并"确定"后,才能进入后续的激活程序,否则不能激活自助式保险卡,无法形成电子保单。

2010年12月21日,施某在安装维修塔机过程中不慎坠落,经抢救无效死亡。施某出险时从事的工作,对应《团险职业分类表》中的4类人员即建筑公司水电工。顾某为其垫付医疗费用29万元,并向其家属支付59万元后,取得其继承人签字的权益转让承诺书,受让其人身意外险所接受理赔款的权益。顾某据此向被告索赔

[1] 本案根据江苏省南京市鼓楼区人民法院(2011)鼓商初字第396号民事判决书整理。

未果,遂诉至法院,请求法院判令被告赔偿保险金 3 万元,并承担本案的诉讼费用。

江苏省南京市鼓楼区人民法院审理后认为:本案之保险合同合法有效,被保险人施某在保险责任期间内意外死亡,已构成保险事故,保险人应按约承担赔偿责任。施某的法定继承人已将保险合同中接受赔偿款之权益转让给原告,其转让行为合法有效,原告有权据此向被告索赔。本案中,自助式保险卡的购买人是原告,而激活人是施某。在卡被转让,购卡人与激活人不是同一人的情况下,首先要确定投保人身份,才能判定保险人是否向其正确履行了保险条款的明确说明义务,从而确定《团险职业分类表》、意外伤害保险金额与职业类别赔付比例的规定之效力,据此确定被保险人的理赔标准。

一般情况下,自助式保险卡的购卡人是投保人。但在卡被转让的情况下,应认定原投保人将该卡及其附随的获得相应保险保障的投保权利转让,受让人通过激活或委托他人激活自助式保险卡成为投保人。本案中,首先,原告将其购买的自助式保险卡交给施某,施某受让该卡后以自己为被保险人,委托他人激活并生成案涉电子保单,故施某既是电子保单的投保人,也是被保险人。其次,保险人已经通过其网站上的流程设置,在投保人激活自助式保险卡的过程中,向投保人履行了说明义务及保险人免责条款的明确说明义务,本案电子保单中的《团险职业分类表》,以及意外伤害保险金额与职业类别赔付比例的规定等内容,应当认定为保险合同合法有效的组成部分而予以适用。最后,虽然电子保单中施某的职业被填为“技工”,但保险条款规定,依据出险时所从事的工作或活动确定职业类别,并按规定的比例进行相应保险金的给付。施某出险时所从事的工作,对应《团体职业分类表》中的 4 类人员即建筑公司水电工。根据意外伤害保险金额与职业类别赔付比例的规定,应按 80% 理赔。

据此,南京市鼓楼区人民法院于 2011 年 7 月 15 日判决:(一)被告华夏人寿保险股份有限公司江苏分公司于本判决生效后 10 日内一次性支付原告顾某保险金 24,000 元;(二)驳回原告顾某的其他诉讼请求。

※裁判要旨:近年来,随着电脑的普及和互联网的长足进步,保险电子商务有了迅速的发展,通过网上销售的电子保单作为一种重要的保险营销手段和保险业务拓展形式,越来越受到世界各国保险公司的青睐。目前,国内多家保险公司纷纷推出了电子保单业务,尤其是在倡导低碳环保经济的今天,无纸化的电子保单在我国得到迅速发展,司法实务中与之相关的纠纷也日益增多,尤以卡式电子保单最为

常见。

电子保单是随着电子商务发展而出现的新的保险合同缔结形式，对《保险法》的规定不能机械地生搬硬套。一般情况下，自助式保险卡的购卡人是投保人。保险人出售自助式保险卡并收取费用，即为保险人同意承保，保险合同成立并生效，所缔结的是一个开放式的简易保险合同。激活保险卡生成电子保单，是在保险人的网站上以数据电文形式确定被保险人和保险责任的开始时间。通常，具有为特定对象投保意图的购卡人是投保人。在卡被转让的情况下，最终激活该卡的受让人通过激活或委托他人激活自助式保险卡成为投保人。保险人出售在网上激活的自助式保险卡，并以其公司网站设定的投保流程，在卡载明的有效激活期内，接纳任何符合承保条件的对象作为被保险人。这种特定的投保形式和流程设计，把本应在保险合同订立阶段履行的程序（如保险人向投保人履行说明义务，保险人就被保险人或保险标的的情况进行询问，以及投保人履行告知义务），相应顺延至激活时完成。自助式保险卡购买人以购卡的形式交纳保费，取得了以激活该卡的方式缔结保险合同，使某人成为被保险人而获得相应保险保障的投保权利。购卡人既可以为本人投保，也可以为他人投保；既可以本人来激活，也可委托他人激活；既可以本人使用，也可以将投保之权利随卡转让，受让人亦可将卡再次转让。在卡被转让的情况下，只有最终激活该卡的受让人，才能以确定的投保对象作为被保险人，在激活过程中根据投保流程，去阅读具体的保险条款以及保险人免责条款等说明内容，并根据保险人的询问，输入被保险人各种信息，就被保险人的情况履行如实告知义务，通过审核程序后，最终激活自助式保险卡并生成电子保单。因此，在卡被转让的情况下，受让人通过激活或委托他人激活自助式保险卡成为投保人。

第二十一条　【通知义务】投保人、被保险人或者受益人知道保险事故发生后，应当及时通知保险人。故意或者因重大过失未及时通知，致使保险事故的性质、原因、损失程度等难以确定的，保险人对无法确定的部分，不承担赔偿或者给付保险金的责任，但保险人通过其他途径已经及时知道或者应当及时知道保险事故发生的除外。

条文解读

本条是对投保人、被保险人或者受益人出险通知义务及违反该义务应承担的法律后果的规定。在适用该条时，应该注意三个方面：一是投保人、被保险人或者受益人主观上必须是故意或者重大过失；二是保险人不能通过其他途径已经及时知道或者应当及时知道保险事故发生；三是保险人不承担赔偿或者给付保险金的责任的范围仅限于保险事故的性质、原因、损失程度等难以确定的部分。

保险事故发生后，投保人、被保险人或者受益人有出险通知义务，应该注意以下几点：

（一）投保人、被保险人或者受益人的出险通知义务是指在保险合同有效期内，投保人、被保险人或者受益人知道保险事故发生后，应当及时通知保险人。法律规定此项通知义务的主要目的是可以使保险人在出险时能立即展开对损失的调查，不致因调查的迟延而丧失证据，影响责任的确定。投保人、被保险人或者受益人作为法定的通知义务人，必须严格履行出险通知义务。

（二）出险通知的义务人。在财产保险合同中为投保人和被保险人，在人身保险合同中为投保人、被保险人或者受益人；通知的事项是保险人承担保险责任范围内的保险事故，具体包括出险时间、地点、原因、受损标的的种类、范围及损失程度等。为有利于保险人及时查勘现场、核定损失和确定责任，法律要求及时通知。法律没有规定通知的时限，主要是考虑到实际情况比较复杂，不同类型的保险事故、不同险种所需要的通知时间不尽一致，在法律中难以对通知的具体时间作统一规定，可以由保险合同当事人依据法律的基本要求在保险合同中自行约定通知的具体时间。

（三）未通知或者通知迟延的，通知义务人应承受一定的法律后果。即“故意或者因重大过失未及时通知，致使保险事故的性质、原因、损失程度等难以确定的，保险人对无法确定的部分，不承担赔偿或者给付保险金的责任”。为了更充分地保障被保险人的利益，本条还规定，虽然通知义务人未尽及时履行通知义务，“但保险人通过其他途径已经及时知道或者应当及时知道保险事故发生的”，保险人不得以当事人未履行通知义务为理由不承担赔偿责任。

关联法规索引

《中国保险监督管理委员会关于开展财产保险积压未决赔案清理专项工作的通知》(保监消保〔2012〕199号)

典型案例

蒋某等与中国太平洋财产保险股份有限公司上海分公司保险合同纠纷上诉案[1]

※案情简介:2001年5月10日,蒋某向上海虹桥汽车销售有限公司购买了一辆产地为广州的雅阁轿车,价格为人民币298,000元。同年5月11日,蒋某与浦发银行南市支行签订了一份汽车消费(自然人)借款合同,约定蒋某向浦发银行南市支行借款人民币208,000元,用于购买汽车,贷款期限为五年,年利率为6.03%等。同日,蒋某与浦发银行南市支行还签订一份个人借款抵押合同,约定蒋某将广州本田雅阁轿车一辆,评估价值人民币298,000元,为其向浦发银行南市支行贷款人民币208,000元进行抵押担保,抵押担保的范围为借款合同项下全部到期应付而未付的贷款本金及利息、违约金、损害赔偿金及实现抵押权的费用,抵押的存续期间到期日为2008年。蒋某与浦发银行南市支行签订的个人借款抵押合同经上海市黄浦区第二公证处公证,确认合同上双方当事人签名、印章均属实,内容合法,该公证书具有强制执行的效力。2001年5月15日,蒋某向太平洋保险上海分公司下属分支机构闵行支公司投保,被保险车辆为广州本田雅阁轿车,蒋某投保车辆损失险、第三者责任险、全车盗抢险、自燃损失险,合计保险费为人民币11,127.20元;保险期限自2001年5月16日0时起至2002年5月15日24时止;受益人为浦发银行南市支行,机动车辆保险单附机动车辆保险条款。2001年5月24日,蒋某取得该车行驶证。蒋某与章某同居于本市102室,广州本田雅阁轿车由其与章某共同使用,其在小区有固定付费停车位。2001年12月14日,蒋某与章某争吵后离开住所前往浙江温岭,其离开时轿车在停车位上。在浦发银行南市支行向蒋某催讨每月的还款时,蒋某于2002年2月19日到停车处,发现轿车已不在,经与章某

[1] 本案根据上海市第二中级人民法院(2002)沪二中民三(商)终字第441号整理。

联系，章某否认其在2001年12月14日之后使用过该车。蒋某才于2002年3月6日向上海市公安局闵行分局龙柏新村派出所报失，3月25日，上海市公安局闵行分局刑事侦查支队受理蒋某失窃广州本田雅阁轿车案。4月11日，蒋某才通知太平洋保险上海分公司被保险的车辆失窃。在公安部门立案侦查三个月无结论后，蒋某向太平洋保险上海分公司提出理赔要求，未果，蒋某向法院提起诉讼，要求太平洋保险上海分公司依据保险条款全车盗抢险第五条第一款第一项的规定，支付保险金人民币219,030元。

上海市公安局闵行分局刑事侦查支队在对蒋某失窃车辆案立案后也传唤过章某，但章某否认车在其处，目前轿车下落不明，失窃车辆案也无定论。

一审法院认为：蒋某就其购买的广州本田雅阁轿车向太平洋保险上海分公司进行了投保，交纳了保险费，并与太平洋保险上海分公司签订了保险合同，该保险合同依法成立。各方当事人理应依照保险合同所附机动车辆保险条款履行。蒋某在保险期限内因所投保车辆失窃而向太平洋保险上海分公司提出理赔，太平洋保险上海分公司在审理中提出四条不承担赔偿责任、拒赔理由。针对该四条理由，原审法院认为：(1)《保险法》第三十六条规定了危险程度增加，被保险人未履行通知义务的，因保险标的危险程度增加而发生的保险事故，保险人不承担赔偿责任；蒋某与太平洋保险上海分公司签订的保险合同所附保险条款基本险第二十六条、第三十条也规定了相同意思。但对于危险程度增加，在我国《保险法》上并没有规定哪些属于负通知义务的危险程度增加。原审法院认为，该危险程度增加须是重要危险程度增加才符合负通知义务的危险程度增加。本案中，太平洋保险上海分公司认为与蒋某有同居关系的章某持有失窃车辆的车钥匙，在蒋某将车停在小区停车处后离开上海即属于危险程度增加，缺乏事实与法律依据，故对太平洋保险上海分公司的该理由，不予认可。(2)公安部门在蒋某报案后传唤了章某，章某否认失窃车辆在他处；截至目前，公安部门对蒋某失窃车辆案并无定论，故太平洋保险上海分公司认定章某盗窃了车辆及蒋某与章某之间存在民事、经济纠纷依据不足。再则，蒋某报的是盗窃案而非抢劫案、抢夺案，故太平洋保险上海分公司该理由，无事实依据，不予采纳。(3)蒋某向太平洋保险上海分公司投保了四个险种，即基本险中的车辆损失险和第三者责任险，附加险中的全车盗抢险和自燃损失险。两个附加险是在投保了车辆损失险的基础上方可投保的。保险条款附加险前言规定，附加险条款与基本险条款相抵触的，以附加险条款为准，未尽之处，以基本险条款为准。全车盗抢险第四条被保险人义务中第一款规定“被保险人得知或应当得知保险车辆被盗窃、被抢劫或被抢夺后,应在24小时内向当地公安部门报案,同时在48小时内通知保险人,并登报声明”,而在基本险第二十八条第一款、第三十条中规定“保险车辆发生保险事故后,被保险人应当采取合理保护、施救措施,并立即向事故发生地公安交通管理部门报案,同时在48小时内通知保险人。被保险人不履行规定义务的,保险人有权拒绝赔偿”。从以上条文理解,被保险人违反全车盗抢险的第四条第一款的规定,保险人可依据基本险的第二十八条、第三十条拒赔。保险条款规定关于被保险人在出险后报案与通知义务,这仅是一种形式要件,保险条款之所以要求被保险人及时向公安机关报案并通知保险人,目的在于一旦出险后可借助公共权力机关行使侦察权,最大限度地挽回财产损失,减轻保险人应承担的义务。本案中,蒋某从2002年2月19日知道车辆不在原来的停车位上,在章某否认开过车的情况下,直至2002年3月6日才向公安部门报案,有违常理,对此其不能提供合理解释。蒋某于2002年4月11日在发现车辆不见的50余天后才通知太平洋保险上海分公司,也未登报声明,其迟迟不履行被保险人的义务,也使太平洋保险上海分公司未能及时进行勘验及采取施救的措施。蒋某违反了被保险人的义务,太平洋保险上海分公司作为保险人,有权依据保险条款的规定拒绝赔偿。(4)由于公安部门至今未侦破蒋某的失窃车辆案,太平洋保险上海分公司认定盗窃车辆是章某故意所为,无事实依据,故对太平洋保险上海分公司该节免责理由,不予采纳。

从太平洋保险上海分公司提供的证据可看出,在2001年12月14日至2002年3月6日蒋某报案之前这一段时间,章某曾经使用过失窃车辆,结合蒋某与章某之间的非法同居关系,蒋某失窃车辆案确实存在一定的疑点。

财产险中没有受益人这一概念,蒋某基于其与浦发银行南市支行之间的借款关系和车辆抵押这一事实,而与太平洋保险上海分公司约定浦发银行南市支行为受益人,实际上是进一步强化浦发银行南市支行的优先受偿权。既然浦发银行南市支行是蒋某投保车辆的受益人,在被保车辆失窃而向保险公司索赔时,浦发银行南市支行享有保险金请求权,故浦发银行南市支行的诉讼地位应是有请求权的原告而非无独立请求权的第三人。太平洋保险上海分公司关于浦发银行南市支行诉讼地位的辩称意见,无法律依据,不予采纳。鉴于浦发银行南市支行是基于蒋某的胜诉而胜诉,现本案因蒋某的诉讼请求依据不足,未予支持,故对浦发银行南市支行的诉讼请求亦不予支持。据此判决：对蒋某、浦发银行南市支行要求太平洋保险上海分公司履行保险合同，支付保险金人民币219,030元的诉讼请求不予支持。一审案件受理费人民币5,795.45元，由蒋某及浦发银行南市支行负担。判决后，蒋某及浦发银行南市支行均不服，提起上诉。

二审法院认为：1. 关于保险合同中免责条款的效力问题。由于机动车辆保险合同是以机动车辆保险条款作为其合同主要条款，而机动车辆保险条款又是由保监会统一制定的，故该条款应是《合同法》意义上的格式条款。根据《保险法》的规定，保险合同应当含有免责条款，本案中太平洋保险上海分公司拒绝理赔所直接引用的是机动车辆保险条款基本险第三十条，两方上诉人均认为根据《合同法》第四十条的规定，保险人在保险合同格式条款中规定免除其责任的，该条款即为无效。但从《合同法》第三十九条的规定显示，法律对于格式条款中的免责条款并未全盘否定，故上诉人对《合同法》第四十条的理解有失偏颇。结合《合同法》第三十九条及第四十条的规定看，《合同法》的立法精神允许格式条款存在免责条款，以此允许免除提供格式条款一方将来可能负有的责任，所附前提条件是必须由提供格式条款的一方采取合理的方式提请对方注意免责条款。从本案所涉机动车辆保险条款基本险第二十八条、第三十条看，当发生保险事故后，被保险人未尽及时通知义务的情况下，可以免除保险人的赔偿责任，显然双方约定免除的是太平洋保险上海分公司将来可能发生的责任，符合《合同法》的立法精神，故该免责条款应为有效。

2. 关于保险人是否尽到说明、提请被保险人注意免责条款义务的问题。从本案所涉机动车辆保险条款的形式看，涉及被保险人义务及保险人责任免除部分的条文均以醒目的黑体字出现；且机动车辆保险单明示告知栏亦已注明“详细阅读所附保险条款，特别是有关责任免除和投保人、被保险人义务的部分”。虽本案中太平洋保险上海分公司引用的不是直接的免责条款，但附加险条款的前言部分已明确载明了附加险条款与基本险条款的关系。从机动车辆保险合同的形式看，应已能足够引起被保险人的注意。蒋某作为合同一方当事人，应负有仔细阅读合同条款的义务。然而现在并无证据表明蒋某曾在合同订立时就合同条款向保险人提出需要作进一步解释的要求。鉴于法律并未作出有关格式条款提供方履行说明、提请注意义务具体方式的规定，故本院认为太平洋保险上海分公司已在订立合同时以适当的方式就免责条款向被保险人蒋某履行了相关说明、提请注意义务。蒋某及浦发银行南市支行以保险人未履行免责条款说明义务为由，要求确认机动车辆保险条款基本险第三十条为无效条款的上诉理由,法院不予采信。

综上,二审法院依照《民事诉讼法》第一百五十三条第一款第(一)项之规定,判决如下:驳回上诉,维持原判。二审案件受理费人民币5,795.45元,由上诉人蒋某与上诉人上海浦东发展银行南市支行各半负担。

※裁判要旨:保险合同中所附机动车辆保险条款系保险合同的组成部分,属格式条款,该条款中所约定的免责条款并不违反我国《合同法》及《保险法》的相关规定,应为有效。作为保险人的太平洋保险上海分公司已以合理形式提请作为被保险人的蒋某注意保险合同中的免责条款。蒋某在发现车辆被盗后,未能按照保险合同约定,及时向公安机关报案,并通知太平洋保险上海分公司,以致太平洋保险上海分公司丧失查找被盗车辆线索的良好时机。被保险人未尽及时通知义务使公安机关和保险人丧失查找被盗车辆线索的良好时机进而导致保险事故的性质、原因、损失程度等难以确定,保险人不承担给付保险金的责任。

第二十二条 【协助义务】保险事故发生后,按照保险合同请求保险人赔偿或者给付保险金时,投保人、被保险人或者受益人应当向保险人提供其所能提供的与确认保险事故的性质、原因、损失程度等有关的证明和资料。

保险人按照合同的约定,认为有关的证明和资料不完整的,应当及时一次性通知投保人、被保险人或者受益人补充提供。

条文解读

本条是对保险索赔时投保人、被保险人或者受益人应当提供有关证明和资料,以及保险人通知补充提供有关证明和资料的规定。

保险索赔是指保险事故发生后,根据保险合同的约定,向保险人要求履行赔偿或者给付保险金的行为,保险事故的发生是提出保险索赔的前提。按照本条第1款的规定,保险事故发生后,依据保险合同请求保险人赔偿或者给付保险金时,投保人、被保险人或者受益人应当向保险人提供其所能提供的与确认保险事故的性质、原因、损失程度等有关的证明和资料。

按照本条第2款的规定,保险人依照保险合同的约定,认为投保人、被保险人或者受益人提供的有关证明和资料不完整的,应当及时一次性通知投保人、被保险人或者受益人补充提供。“及时一次性通知”的目的是防止保险人拖延时间，不合理地反复要求投保人、被保险人或者受益人补充提供有关证明和资料。

配套法规及解读

《民事诉讼法》(2017年6月27日)

第六十四条第一款 当事人对自己提出的主张，有责任提供证据。

《最高人民法院关于民事诉讼证据的若干规定》(2001年12月21日)

第二条 当事人对自己提出的诉讼请求所依据的事实或者反驳对方诉讼请求所依据的事实有责任提供证据加以证明。

没有证据或者证据不足以证明当事人的事实主张的，由负有举证责任的当事人承担不利后果。

※法规解读：举证责任也称证明责任，是指证明主体依据法定职权或举证负担在诉讼证明上所应承担的相应责任。由于客观事实难以完全恢复展现，因而在诉讼中存在事实难以查证认定，以及由此而产生的不利后果分配问题，也就是举证责任分担问题。民事诉讼中，举证责任具有双重意义，即行为意义上的举证责任与结果意义上的举证责任。前者是指当事人就其主张的事实负有提供证据的责任；后者是指在主张事实不存在或真伪不明时，主张该事实的当事人承担不利诉讼后果的责任。

在保险金请求权人向保险人索赔时，发生保险事故的举证责任应由其自行承担。根据“谁主张，谁举证”的举证责任分担原则，当事人有责任证明自己的主张，并承担举证不能所导致的不利后果。《保险法》第23条所指的“与确认保险事故的性质、原因、损失程度等有关的证明和资料”主要是指：(1)保险单或者保险凭证的正本；(2)已支付保险费的凭证；(3)账册、收据、发票、装箱单、运输合同等有关保险财产的原始单据；(4)身份证、工作证、户口簿或者其他有关人身保险的被保险人姓名、年龄、职业等情况的证明材料；(5)确认保险事故的性质、原因、损失程度等的证明和资料；(6)索赔清单，如受损财产清单、费用清单等。

关联法规索引

《中国保险监督管理委员会关于开展财产保险积压未决赔案清理专项工作的

通知》(保监消保〔2012〕199 号)

典型案例

李某等三人诉福德生命人寿保险某支公司保险合同纠纷案[1]

※案情简介:2014 年 3 月 12 日,赵某从富德生命人寿保险某支公司购买"福瑞保险卡"1 份并于当日激活生效,保险期限为 1 年,保险费 100 元,保险责任约定:意外身故保险金额 10 万元、意外全残保险金额 9 万元、意外伤残保险金额 1 万元、意外医疗费用补偿 5000 元、意外住院补贴 50 元/每天,意外医疗费用补偿保险的免赔额为 100 元,赔付比例为 80%。保险期间为自激活注册后约定的生效日起 1 年。2014 年 7 月 17 日被保险人赵某尸体在当地殡仪馆火化,火化证明载明"赵某 2014 年 7 月 17 日因病死亡,死因明确,无异议,同意火化"。2016 年 5 月 31 日李某等 3 人作为赵某的近亲属状告保险公司,要求理赔。保险公司提出以下抗辩理由:(1)赵某死后投保人、受益人均未通知保险公司;(2)原告提供的火化证明中记载被保险人"因病"死亡;(3)经法院调查,死者当地基层组织负责人出具证明称赵某死因为自缢;(4)原告起诉时距赵某死亡已近 2 年,原告方未提供被保险人因意外身故的证明材料。根据《民事诉讼法》规定,当事人对自己提出的诉讼请求所依据的事实,应当提供证据加以证明。《保险法》第二十二条规定,保险事故发生后,保险索赔方应当向保险人提供其所能提供的与确认保险事故的性质、原因、损失程度等有关的证明材料。保险索赔方有义务提供保险人据以查证的相关证明和材料,说明了索赔方负有保险事故发生事实的举证责任。本案中,原告方提供有关保险事故的证据材料仅为"火化证明",其中载明因病死亡,而非意外。被告保险公司通过其他方式,包括申请法院调查取证,也未得出被保险人死亡原因证据。依照《民事诉讼法》第六十四条第一款、《最高人民法院关于适用〈中华人民共和国民事诉讼法〉的解释》第九十条之规定,判决驳回原告方的诉讼请求。

※裁判要旨:根据《保险法》第二十二条的规定,保险合同中,索赔方的举证责任是初步举证责任。索赔方须提供其所能提供的与确认保险事故性质、原因、损失

---

〔1〕 本案根据通辽铁路运输法院(2016)内 7104 民初 140 号民事判决书整理。

程度等有关之材料，以证明事故发生在保险责任范围内，就已完成证明保险事故发生的举证责任，保险人知悉后有义务进一步核实具体事实。保险公司证明有以下三种情形之一的，不承担赔偿或给付保险金责任：(1)证明事故不属于保险事故；(2)证明事故属于保险事故但符合保险合同约定的免除保险人责任情形；(3)证明事故属于保险事故但符合保险法规的法定免除责任情形。本案中，被保险人是否意外死亡成为争议焦点，所谓意外死亡是指，由于外力、突发、非本意、非疾病原因导致自然人死亡的事件。被保险人身故后其近亲属未及时报险，在保险公司未调查核实被保险人死亡原因之前已进行火化，重要证据灭失；2 年之后索赔方要求理赔时，其提供的证据材料不足以证明待证事实，也不具有可据此查证的线索意义，所以索赔方没有完成其初步举证责任，应当承担举证不能的不利后果。

李思佳诉西陵人保公司人身保险合同纠纷案〔1〕

※案情简介：2003 年 5 月 7 日，原告李思佳之母所在单位宜昌市职业教育中心在被告西陵人保公司为原告购买"学生、幼儿平安保险"一份（该保险附加意外伤害医疗保险，保险期间为 1 年），并按规定交纳了保险费。2004 年 1 月 7 日，原告乘坐李某驾驶的鄂 EA9821 号二轮摩托车在本市城区发生交通事故，致使原告受伤，经宜昌市第一人民医院门诊治疗，医疗花费为 131，390 元。因原告另在泰康保险公司购买四季长乐终生分红人身保险，该保险亦附加意外伤害医疗保险，事故发生后，原告持医疗费发票原件等相关资料到泰康保险公司要求理赔，该公司依保险合同为原告赔付医疗保险金 126，390 元。之后，原告持医疗费发票复印件等相关资料到被告处要求理赔，被告拒绝赔付。原告李思佳请求判令被告向原告支付医疗保险金 131，390 元。

被告西陵人保公司辩称：原告李思佳在我公司投保的学生平安保险中附加的意外伤害医疗保险，是一种财产性质的保险，应适用损失补偿原则理赔，原告在已经获得泰康保险公司赔付的情况下，不能重复理赔。我公司要求原告提供医疗费原始凭证，是为了确认原告的损失是否获得赔偿，并对重复理赔行为加以控制。原告因交通事故受伤而支付的医疗费已经获得赔偿，我公司有权拒绝赔付。故原告的诉讼请求应当依法驳回。

---

〔1〕 载《中华人民共和国最高人民法院公报》2006 年第 7 期，收录时做相应修改。

本案争议的焦点是:(1)意外伤害医疗保险是人身保险还是财产保险。(2)原告要求理赔,是否必须提供医疗费单据等资料原件。宜昌市西陵区人民法院认为:

关于第一点。我国《保险法》中所称保险,包括财产保险和人身保险两大类。人身保险是以人的寿命和身体为保险标的的保险。原告在被告处投保的“学生、幼儿平安保险”,是对被保险人因疾病或遭受意外伤害造成死亡或身体残疾,由保险人按约定给付保险金的保险,属于人身保险;其附加的意外伤害医疗保险,是以被保险人身体因遭受意外伤害需要治疗为给付保险金条件的保险,其性质亦应属人身保险。因此,被告应按照《保险法》中关于人身保险合同的赔付原则支付保险金。被告关于附加的意外伤害医疗保险是一种财产性质的保险,应适用损失补偿原则理赔的答辩观点无法律依据,不予采纳。

关于第二点。根据《保险法》第二十三条第一款的规定,保险事故发生后,被保险人申请理赔,应当向保险人提供其所能提供的与确认保险事故的性质、原因、损失程度等有关的证明和资料,并未要求必须提供相关资料原件。因此,被告要求原告必须提供医疗费收据等资料原件方可理赔的答辩观点,缺乏法律依据,不予采纳。

另外,关于原告李思佳请求的医疗保险金的给付标准问题。因原、被告双方对保险合同关系的成立和生效无异议,现原告已依被告西陵人保公司的要求交纳了保险费,尽管被告未向原告出具书面保险合同,根据权利义务对等的原则,被告应比照本公司承办此项保险业务对外公布的合同条款中载明的标准支付原告医疗保险金。被告提供的《国寿学生、幼儿平安保险附加意外伤害医疗保险条款》第三条第(一)项规定:“被保险人在县级以上(含县级)医院或者本公司认可的医疗机构诊疗所支出的、符合当地社会医疗保险主管部门规定可报销的医疗费用,本公司扣除人民币50元的免赔额后,在保险金额范围内,按80%的范围内给付医疗保险金。”对于被告提供的上述保险条款,原告亦予以确认,故该条款应当作为确定本案保险金给付标准的依据。因此,本案被告赔付的具体数额应当为原告实际支付的医疗费131,390元减去免赔额50元后剩余金额的80%,即101,112元。原告要求被告对其发生的医疗费全额赔付的诉讼请求,没有法律依据,不予支持。

据此,宜昌市西陵区人民法院于2004年9月1日判决:被告西陵人保公司给付原告李思佳医疗保险金101,112元。

西陵人保公司不服一审判决,向湖北省宜昌市中级人民法院提出上诉,理由是:(1)本案中的意外伤害医疗保险的保险标的为医疗费用,是一种财产损失,而财产保险适用损失补偿原则。被上诉人的损失已得到补偿,因此上诉人对被上诉人的理赔申请有权拒绝。(2)被上诉人没有提供有效票据(医疗费票据原件)。故请求依法撤销原判,改判驳回被上诉人的诉讼请求。

被上诉人李思佳答辩称:原判认定事实清楚,适用法律正确,应予维持。

宜昌市中级人民法院认为:

一、关于意外伤害医疗保险是否属于财产性质的保险

人身保险,是指以人的生命或身体为保险标的,当被保险人在保险期限内发生死亡、伤残、疾病、年老等事故或生存至保险期满时,由保险人给付保险金的保险。财产保险,是指以财产及其有关利益为保险标的,当被保险人的财产及其有关利益因发生保险责任范围内的灾害事故而遭受经济损失时由保险人给予补偿的保险。意外伤害医疗保险,是指当被保险人由于遭受意外伤害需要治疗时,保险人给予医疗保险金的保险。

意外伤害医疗保险具有一些特点。例如,意外伤害造成医疗费用的支出,是一种经济损失,这种损失的数额可以确定。但是,意外伤害医疗保险毕竟是基于人身发生意外伤害而形成的保险,不能因涉及经济损失而将其归属于财产性质的保险。《保险法》第九十二条(现第九十五条)第一款第(二)项[1]规定:“人身保险业务,包括人寿保险、健康保险、意外伤害保险等保险业务。”该条款非常明确的把意外伤害保险划分在人身保险中,因此,意外伤害医疗保险应属于人身保险范畴。上诉人将意外伤害医疗保险归属于财产保险,或者认为“应当视为财产保险”的观点,并无法律上的依据。人民法院审理案件,严格遵守“以事实为依据,以法律为准绳”的原则,与法律相悖的理论、学说,不能作为断案的依据。

二、关于本案是否适用损失补偿原则

“损失补偿原则”是适用于财产保险的一项重要原则,即当保险事故发生并使被保险人遭受损失时,保险人必须在其承担的保险金给付义务范围内履行合同义务,对被保险人所受实际损失进行填补;保险人履行给付义务旨在弥补被保险人因承保危险发生所失去的利益,被保险人不能因保险给付义务的履行而获得额外利益。《保险法》赋予保险人行使代位追偿权也是财产保险中“损失补偿原则”的体

[1] 对应现行《保险法》第九十五条第一款第(一)项的规定。

现，其目的就是防止被保险人通过购买保险而获取不当利益。同时，《保险法》限制了财产保险的重复投保，规定在财产保险中重复保险的保险金额总和超过保险价值的，各保险公司的赔偿金额的总和不得超过保险价值。除当事人另有约定外，各保险公司按其保险金额与保险金额总和的比例承担赔偿责任。但是在人身保险中，《保险法》第六十八条（现第四十六条）规定："人身保险的被保险人因第三者的行为而发生死亡、伤残或者疾病等保险事故的，保险人向被保险人或者受益人给付保险金后，不得享有向第三者追偿的权利。但被保险人或者受益人仍有权向第三者请求赔偿。"明确限制保险人行使代位追偿权，但被保险人或者受益人仍有权向第三者请求赔偿。而且，《保险法》对人身保险并无重复投保的限制。因此，"损失补偿原则"不适用于人身保险，当然也不适用于本案中属于人身保险的意外伤害医疗保险。

三、关于保险人能否以第三人已经向被保险人、受益人赔偿为由拒绝理赔

《保险法》对于人身保险并不限制重复投保，也不适用"损失补偿原则"。作为人身保险的一种，意外伤害医疗保险的被保险人或受益人依保险合同取得赔偿是一种合同法律关系，是约定之债。意外伤害医疗保险的被保险人因侵害人的过错获取赔偿是一种侵权法律关系，是法定之债。根据债之相对性原理，法定之债和约定之债之间、数个约定之债之间均是不同的法律关系。同时，保险合同是最大诚信合同，保险人往往还是格式合同的提供方。因此，保险人若是认为被保险人获得理赔后仍可能从第三人处获得赔偿，从而"获得额外的不当利益，违反公平原则，引发道德风险"，则应当在保险免责事项中，明确规定在何种情形下、何种范围内免除自己的责任，并对自己尽到此说明义务负有举证责任。在保险人尽到了明确说明关于保险人责任免除条款义务的情形下，民事主体作为自己利益的最佳判断者，可以在综合考虑缴纳保险金的数额、可得赔偿数额、风险及收益之后，决定自己是否投保，是否重复投保。保险人以不重复赔偿为由拒绝理赔，又不能证明自己已经明确向被保险人声明此免责事项的，人民法院不予支持。

四、关于上诉人能否以医疗费票据复印件不是有效票据为由拒绝理赔

上诉人西陵人保公司在一审中提出，要求被保险人提供医疗费原始凭证，是为了确认被保险人的损失是否已经获得赔偿，从而对重复理赔行为加以控制。根据《保险法》的规定，保险事故发生后，依照保险合同请求保险人赔偿或给付保险金时，投保人、被保险人或者受害人应当向保险人提供其所能提供的与确认保险事故

性质、原因、损失程度等有关的证明和资料。因此,在处理人身保险赔偿事宜时,只要被保险人提供的有关证明和资料能够确认保险事故及相关费用已经发生,保险公司就应按照保险合同履行给付保险金的义务,而不应以被保险人是否出具相关费用单据原件为必备条件。对于保险责任范围内的索赔,保险公司只有在相关法律和保险合同有明确规定的情况下,才能予以拒赔。本案保险人对于被保险人发生保险事故的事实并不否认,而以医疗费票据复印件不是有效票据为由不予理赔,没有法律依据。且本案中意外伤害医疗保险属于人身保险,法律并不禁止在该种保险中重复投保,重复理赔,被告不能举证证明自己对投保人明确说明第三人已经赔偿或理赔是免责事由,而以要求被保险人提供医疗费用单据原件的方法对重复理赔加以控制,没有法律依据,不予支持。综上,上诉人的上诉理由均不成立,原审判决认定事实清楚,适用法律正确,程序合法,应予维持。宜昌市中级人民法院于2004年11月16日判决:驳回上诉,维持原判。

※裁判要旨:根据本条规定,保险事故发生后,依照保险合同请求保险人赔偿或给付保险金时,投保人、被保险人或者受害人应当向保险人提供其所能提供的与确认保险事故性质、原因、损失程度等有关的证明和资料。因此,在处理人身保险赔偿事宜时,只要被保险人提供的有关证明和资料能够确认保险事故及相关费用已经发生,保险公司就应按照保险合同履行给付保险金的义务,而不应以被保险人是否出具相关费用单据原件为必备条件。对于保险责任范围内的索赔,保险公司只有在相关法律和保险合同有明确规定的情况下,才能予以拒赔。本案保险人对于被保险人发生保险事故的事实并不否认,而以医疗费票据复印件不是有效票据为由不予理赔,没有法律依据。另外,本案中意外伤害医疗保险属于人身保险,法律并不禁止在该种保险中重复投保,重复理赔,被告不能举证证明自己对投保人明确说明第三人已经赔偿或理赔是免责事由,而以要求被保险人提供医疗费用单据原件的方法对重复理赔加以控制,没有法律依据,不予支持。

第二十三条 【理赔】保险人收到被保险人或者受益人的赔偿或者给付保险金的请求后,应当及时作出核定;情形复杂的,应当在三十日内作出核定,但合同另有约定的除外。保险人应当将核定结果通知被保险人或者受益人;对属于保险责任的,在与被保险人或者受益人达成赔偿或者给付保险金的协议后十日内,履行赔偿或者给付保险金义务。保险合同对赔偿或者给付

保险金的期限有约定的，保险人应当按照约定履行赔偿或者给付保险金义务。

保险人未及时履行前款规定义务的，除支付保险金外，应当赔偿被保险人或者受益人因此受到的损失。

任何单位和个人不得非法干预保险人履行赔偿或者给付保险金的义务，也不得限制被保险人或者受益人取得保险金的权利。

条文解读

本条是对保险人收到索赔请求后核定事故、承担保险责任期限的规定。

（一）对保险人核定事故期限的规定。保险人在收到被保险人或者受益人的赔偿或者给付保险金的请求后，应当立即派人查验，了解事故情况及原因，对事故及时作出核定。对情形复杂的，应当在三十日内作出核定。同时，考虑到实践中的情况差别很大，有的事故可能在三十日内难以作出核定，在对法定的核定时间作出规定的同时，又规定保险合同对核定期限可以另作约定。在根据上述规定“及时”、“三十日内”或者“依照约定”对事故作出核定后，保险人应当将核定结果通知被保险人或者受益人。

（二）对保险人履行赔偿或者给付保险金期限的规定。保险人对事故进行核定后，对属于保险合同约定的保险责任的，应当与被保险人或者受益人就赔偿或者给付保险金的数额进行协商，并在达成协议后十日内履行赔偿或者给付保险金的责任。同时，考虑到实践中的情况各不相同，本条在对赔偿或者给付保险金的期限作出规定的同时，允许合同另行约定。如果合同对此有约定，保险人应当按照合同约定履行赔偿或者给付保险金的义务。

（三）依照本条第 2 款的规定，保险人未依照法定时间或者合同约定的时间履行赔偿或者给付保险金义务的，除应当支付保险金外，还应赔偿被保险人或者受益人因此受到的损失。

（四）为了保证保险人依法履行赔付义务，同时保护被保险人或者受益人的合法权益，本条第 3 款规定，任何单位或者个人都不得非法干预保险人履行赔偿或者给付保险金的义务，也不得限制被保险人或者受益人取得保险金的权利。

配套法规及解读

《保险法解释二》(2013 年 5 月 31 日)

第十五条 保险法第二十三条规定的三十日核定期间,应自保险人初次收到索赔请求及投保人、被保险人或者受益人提供的有关证明和资料之日起算。

保险人主张扣除投保人、被保险人或者受益人补充提供有关证明和资料期间的,人民法院应予支持。扣除期间自保险人根据保险法第二十二条规定作出的通知到达投保人、被保险人或者受益人之日起,至投保人、被保险人或者受益人按照通知要求补充提供的有关证明和资料到达保险人之日止。

第十八条 行政管理部门依据法律规定制作的交通事故认定书、火灾事故认定书等,人民法院应当依法审查并确认其相应的证明力,但有相反证据能够推翻的除外。

※法规解读:保险理赔是指基于被保险人或者受益人提出的索赔请求,保险人根据合同和有关索赔资料,受理保险赔偿,审核确定保险索赔责任,以决定是否支付保险金的行为。一般应遵循下列程序:一是立案检验、现场查勘;二是审核责任;三是计算、确定并支付保险金。

(一)"核定"期间如何计算

《保险法》第 23 条称所指的"核定",是指调查保险事故的性质、原因,勘估保险标的的损失程度,确定保险人应负给付责任的范围。在保险实务中,"核定"系保险人进行保险给付前的一个内部程序,是保险人为了正确进行保险理赔,防范道德风险而实施的一种行为。《保险法》第 23 条规定的保险人及时通知核定结果义务,目的在于实现保险金给付结果,使该合同主要义务的实现不被拖延,所以它是一种由诚信原则而生的附随义务。

按照文义解释,《保险法》第 23 条对核定的期限存在三个不同层面的要求:(1)当事人对核定期限有特别约定的按约定;(2)没有约定的,保险人应当尽快作出核定;(3)没有约定,且情形复杂的,应在 30 日内作出核定。但该条所指的 30 日,应从何日开始起算?是从被保险人一方告知保险事故发生时就开始起算,还是从被保险人提出保险赔付请求开始起算?依据《保险法》第 22 条,被保险人一方在提出赔付请求后,负有提交证明和资料义务,如资料不齐影响核定的,保险人还负有一次性通知补齐资料义务。保险人通知补齐后,等待被保险人补齐资料的期间是否仍应计算在30日之内?《保险法》对此语焉不详,以致实务中出现了各种不同理解与做法。《保险法解释二》第15条作出了规定。在适用该条文时,应注意两点:一是这30日的起算点,自"保险人初次收到索赔请求"及"投保人、被保险人或者受益人提供的有关证明和资料之日"起算,这两个条件同时满足才可起算;二是在扣除补充提供有关证明和资料的期间自"保险人根据保险法第二十二条规定作出的通知到达投保人、被保险人或者受益人之日起,至投保人、被保险人或者受益人按照通知要求补充提供的有关证明和资料到达保险人之日止",均采取的到达主义。另外,补充资料根据《保险法》第22条的规定,以一次补充为原则,除非被保险人要求分批次补充。

(二)关于行政管理部门依法制作的事故认定书的证明效力

有些保险事故发生后,行政机关依职权对事故进行调查和处理,并制作相应的文书,认定事故的基本事实、原因及当事人责任。常见的是公安机关交通管理部门对道路交通事故作出的交通事故认定书、公安机关消防机构对火灾事故作出的火灾事故认定书。

《道路交通安全法》第73条明确规定,交通事故认定书应当载明交通事故的基本事实、成因和当事人的责任。公安部颁布的《道路交通事故处理程序规定》进一步对公安机关交通管理部门处理道路交通事故的程序、道路交通事故认定书的制作作出了具体规定。《消防法》未对火灾事故认定书的内容作具体的规定;但公安部2009年下发的《关于印发公安消防行政法律文书(式样)及相关文件的通知》对火灾事故调查法律文书制作及式样作了规定。

1. 事故认定书属于证据

《最高人民法院关于民事诉讼证据的若干规定》第9条规定,对众所周知的事实等当事人无须举证证明。其中包括已为人民法院发生法律效力的裁判所确认的事实、已为仲裁机构的生效裁决所确认的事实、已为有效公证文书所证明的事实。交通事故认定书属于行政机关公文,并不属于该条规定的三类文书的范畴。因此,事故认定书属于证据。

2. 事故认定书兼有书证和鉴定意见的性质

无论是交通事故认定书还是火灾事故认定书,其基本内容均包括事故的基本事实、成因和当事人责任三部分。这三部分内在的逻辑关系是结果、原因和责任,即事故的结果、事故的原因及事故的责任人。其中的结果是对事故客观事实状况的描述，符合书证以文字记载和表达的思想内容证明案件事实的特点，可以证明交通事故或者火灾事故已经发生的客观状况，其中并无主观判断。事故认定书的基本事实部分也属于书证，属于证明性文书、公文书。成因部分则是由法定的机关在运用专业知识审查、分析现场勘查笔录、证人证言、当事人陈述、技术鉴定等材料的基础上，对事故的因果关系作出的结论性意见，而责任部分则是根据成因确定相应的责任人。事故认定书的成因与当事人责任部分属于鉴定意见。

3. 事故认定书的可诉性

在保险合同纠纷案件的审理过程中，当事人对事故认定书提出异议时，人民法院应当采取不同的措施。对交通事故认定书提出异议的，人民法院应当直接对道路交通事故认定书从证据的角度进行审查并决定如何采信，对于火灾事故认定书提出异议的，应告知当事人提起行政诉讼。如当事人提起行政诉讼并被受理后，则应依据《民事诉讼法》第 150 条的规定，中止保险合同纠纷案件的审理，待行政诉讼案件审结后，再恢复民事诉讼。

4. 事故认定书的证明力

（1）书证部分的证明力

根据《最高人民法院关于民事诉讼证据的若干规定》第 77 条第 1 项规定，国家机关、社会团体依职权制作的公文书证的证明力一般大于其他书证。事故认定书基本事实部分主要是依据现场勘查笔录、当事人陈述、证人证言等作出的。现场勘查是公安机关人员亲身感受的结果，当事人陈述也是在事故发生后及时获得。事故认定书在时空上接近事故本身，其证明力较强。

（2）鉴定意见部分的证明力

《最高人民法院关于民事诉讼证据的若干规定》第 71 条规定，人民法院委托鉴定部门作出的鉴定结论，当事人没有足以反驳的相反证据和理由的，可以认定其证明力。

5. 结论

根据《保险法解释二》第 18 条的规定，行政管理部门依据法律规定制作的交通事故认定书、火灾事故认定书等，人民法院应当依法审查并确认其相应的证明力，但有相反证据能够推翻的除外。因此，事故认定书是关键证据，但不是不可否认的证据。

关联法规索引

《保险法》第22条、第46条、第55条、第56条;《保险法解释三》第20条;《健康保险管理办法》第4条、第22条;《中国保监会关于定期开展清理财产保险积压未决赔案工作的通知》(保监消保〔2013〕398号);《中国保险监督管理委员会关于开展财产保险积压未决赔案清理专项工作的通知》(保监消保〔2012〕199号)

典型案例

林某家人与保险公司意外伤害保险合同纠纷案[1]

※案情简介:2017年1月9日,现年55岁的林某向浙江永嘉农村商业银行股份有限公司上塘支行(以下简称永嘉农商银行)申请个人保证借款10万元,同日向中国太平洋人寿保险股份有限公司温州中心支公司(以下简称保险公司)购买了《安贷宝意外伤害保险(B款)》。保险合同约定保险期限自2017年1月10日0时起至2018年1月8日24时止;保险金额为10万元整;保险金第一受益人为永嘉农商银行,第二受益人为法定受益人;保险责任第(1)条约定若被保险人在保险期间内遭受意外伤害,自意外伤害发生之日起180日内以该次意外伤害为直接原因导致身故,本公司按保险单所载保险金额给付身故保险金,本公司对该被保险人的保险责任终止。

2月11日早上7时许,林某前往村里的寺庙上香。走到寺庙门口的台阶和石狮子处时,由于天气寒冷地面霜未退去,导致台阶处路面湿滑,林某不慎摔倒,顿时磕掉两个门牙,满嘴是血。随后,林某被送往永嘉的一家医院抢救,医院认为其伤势过重建议直接送往温州抢救。同日林某被送往温州的一家医院抢救,经医院诊断为脑出血、蛛血、多发腔梗、脑梗塞、左大脑前动脉狭窄、双侧颈内动脉钙化伴轻度狭窄、高血压,同日进行"左侧开颅血肿清除去骨瓣减压术",术后林某深度昏迷,医生认为病情严重,继续救治下去成功希望渺茫,后经家属商量决定自动出院。次日,林某在家中死亡。

---

〔1〕 载 http://www. faxin. cn/lib/cpal/AlyzContent. aspx? isAlyz = 1&gid = C1320783&libid = 0201&userinpu,最后访问时间:2019年4月17日,收录时做相应修改。

原告叶某系林某的妻子,原告小林系林某和叶某的儿子。林某死亡后第二天,原告即通知保险公司要求赔偿。2月21日,原告将理赔材料交给保险公司,保险公司在收到理赔材料后20余天后通知两原告称林某系自身疾病死亡只能赔付1万元,原告不同意按保险合同约定理赔,保险公司在数日后又通知原告同意将理赔款增至1.5万元。因双方协商未果,原告起诉至永嘉法院,要求判令保险公司向第三人永嘉农商银行支付保险款10万元。

被告保险公司辩称,被保险人与被告签订的是安贷宝意外伤害保险,该保险有别于人寿险、健康险、疾病险,该险种约定被保险人直接受到意外伤害才承担保险责任,而本案被保险人系自身疾病脑出血死亡,不在被告的承保范围内,被告不承担保险责任,原告的请求应予驳回。

原告认为,保险公司与林某签订的保险合同真实有效,应受法律保护。林某死亡后原告即通知被告,在现场有两名目击证人的情况下被告一直没有进行调查取证,仅凭一份医院出院记录及死亡证明就认定林某系因自身疾病死亡,显然错误。且该出院记录也没有写明林某系高血压导致脑出血死亡,摔倒也有可能导致脑出血,且林某摔倒的时候有两名目击证人,足以证明林某系摔倒后导致脑出血死亡。

该案在审理过程中,经法院主持调解,当事人自愿达成如下协议:被告保险公司同意于2017年10月1日前向第三人永嘉农商银行支付保险金6.5万元。

※裁判要旨:投保人购买意外伤害险后身亡,行为人死亡后保险第一受益人即通知保险公司,在现场有目击证人的情况下保险公司一直没有进行调查取证,仅凭一份医院出院记录及死亡证明就认定投保人系因自身疾病死亡,如目击证人足以证明投保人属意外伤害死亡的,保险公司应承担相应合同义务。

第二十四条 【拒绝赔付通知】保险人依照本法第二十三条的规定作出核定后,对不属于保险责任的,应当自作出核定之日起三日内向被保险人或者受益人发出拒绝赔偿或者拒绝给付保险金通知书,并说明理由。

条文解读

本条是对保险人就事故进行核定后,对不属于保险责任的,应当向被保险人或者受益人发出拒绝赔偿或者拒绝给付保险金通知书的规定。

保险人依照本法第23条的规定对被保险人或者受益人的赔偿或者给付保险金的请求作出核定后,认为不属于保险责任的,应按照本条规定,自作出核定之日起三日内向被保险人或者受益人发出拒绝赔偿或者拒绝给付保险金通知书,并说明理由。“三日内”“并说明理由”目的是让保险人及时通知被保险人或者受益人,使被保险人或者受益人了解保险人不承担保险责任的理由,以便分析该理由是否符合保险法的规定或者保险合同的约定,从而更好地保护自己的合法权益。

配套法规及解读

《保险法解释三》(2015年11月25日)

第十八条 保险人给付费用补偿型的医疗费用保险金时,主张扣减被保险人从公费医疗或者社会医疗保险取得的赔偿金额的,应当证明该保险产品在厘定医疗费用保险费率时已经将公费医疗或者社会医疗保险部分相应扣除,并按照扣减后的标准收取保险费。

※法规解读:本条涉及保险人给付商业医疗保险的保险金时能否扣除被保险人或受益人已从公费医疗或社会医疗保险获得的赔偿金额。

依据保险人给付保险金目的的不同,保险合同又可分为损失填补保险合同与定额给付保险合同。损失填补保险合同,是指在保险事故发生时,由保险人评估被保险人所遭受的实际损失,并在保险金额限度内给付保险金,以弥补被保险人所受实际损失的保险合同。定额给付保险合同,是指当事人双方预先约定一定数额保险金额,于保险事故发生(或约定期限届满)时,保险人即按该保险金额给付保险金,既不得增减,也无须重新计算的保险合同。在定额给付保险合同中,保险人确定的保险金标准,是当事人双方约定的保险金额,而与保险价值及实际损失无关。

根据保险标的性质,保险合同可分为财产保险合同与人身保险合同。财产保险合同属于损害填补型保险,人身保险合同通常属于定额给付型保险,但存在例外。有些健康保险和意外伤害保险在一定程度上具有填补损害的性质。保险业的发展催生了一种新型的保险,亦即中间性保险,其内涵是当被保险人发生人身意外伤害或疾病等保险事故后,保险公司通过给付一定金额的保险金,对当事人由此遭受的医疗、护理、丧葬等费用损失予以补偿。

《健康保险管理办法》第4条规定:“医疗保险按照保险金的给付性质分为费

用补偿型医疗保险和定额给付型医疗保险。费用补偿型医疗保险是指，根据被保险人实际发生的医疗费用支出，按照约定的标准确定保险金数额的医疗保险。定额给付型医疗保险是指，按照约定的数额给付保险金的医疗保险。费用补偿型医疗保险的给付金额不得超过被保险人实际发生的医疗费用金额。”根据以上规定，定额给付型医疗费用保险按照约定的数额给付保险金，故可以在公费医疗、社会医疗保险之外重复给付，费用补充型医疗保险应根据被保险人的实际医疗费用支出按照约定标准进行赔付，故原则上不在公费医疗、社会医疗保险之外重复给付。考虑到有的被保险人可能存在公费医疗或者社会医疗保险，《健康保险管理办法》第22条规定：“保险公司设计费用补偿型医疗保险产品，必须区分被保险人是否拥有公费医疗、社会医疗保险的不同情况，在保险条款、费率以及赔付金额等方面予以区别对待。”据此，保险公司开发费用补偿性医疗保险时应区分被保险人是否存在公费医疗、社会医疗保险，有公费医疗或者社会医疗保险的被保险人因仅在公费医疗、社会医疗保险范围之外赔偿，保险费较低，没有公费医疗或者社会医疗保险的被保险人可以获得全部赔偿，保险费较高。

就医疗费用保险是否适用损失补偿原则，理论界存在不同观点。根据《保险法解释三》第18条的规定，应该区分费用补偿型医疗费用保险和定额给付型医疗费用保险。虽然根据我国《保险法》规定，人身保险不适用保险代位求偿制度。但费用补偿型医疗保险具有特殊性，该保险产品开发设计的目的在于补偿被保险人因治疗疾病或医治伤害所发生的费用，应当适用损失补偿原则。允许保险人扣减被保险人从公费医疗或社会医疗保险取得的赔偿金额，可避免被保险人因伤病或受伤治疗而获得不当得利。否则，少数被保险人因可获得重复赔偿，可能会进行过度或者不合理治疗，引发道德风险，背离保险制度初衷。

关于举证责任，根据该条的规定，保险人给付费用补偿型的医疗费用保险金时，主张扣减被保险人从公费医疗或者社会医疗保险取得的赔偿金额的，应当证明该保险产品在厘定医疗费用保险费率时已经将公费医疗或者社会医疗保险部分相应扣除，并按照扣减后的标准收取保险费。如果该保险产品开发设计时扣除了公费医疗或社会医疗保险部分，但实际操作中是按照未扣除的保险产品的费率收取保险费，则存在销售误导的可能，保险人的主张不能得到支持。

关联法规索引

《中国保险监督管理委员会关于开展财产保险积压未决赔案清理专项工作的通知》(保监消保〔2012〕199号);《中国保监会关于定期开展清理财产保险积压未决赔案工作的通知》(保监消保〔2013〕398号)

典型案例

洋浦福海船务有限公司诉联合财保公司通海水域保险合同纠纷案〔1〕

※案情简介:2015年6月16日,案外人河北东海特钢集团有限公司(以下简称东海公司)与洋浦福海船务有限公司(以下简称福海公司)签订了"金泰68"轮运输合同。合同约定由福海公司运输货物至广州鱼珠码头,东海公司向福海公司支付包干费93元/吨。福海公司为完成涉案货物运输,与案外人洋浦鹏远船务有限公司签订了"新晨海"轮运输合同,但由于洋浦鹏远船务有限公司的原因,双方同意由"金泰68"轮负责运输涉案货物。涉案货物于2015年6月27日在曹妃甸港由唐山曹妃甸康鑫货运代理有限公司装船,装船后唐山曹妃甸康鑫货运代理有限公司向福海公司出具了装船清单,曹妃甸港西港码头有限公司亦在该清单上加盖了检算章。曹妃甸港西港码头有限公司向福海公司出具了货物交接清单,载明螺纹钢3999件13,221.84吨、盘螺钢材1470件3052.9吨。

2015年6月30日,福海公司为涉案货物向联合财保公司投保国内水路货物运输保险。投保单上载明:投保人为福海公司,被保险人为福海公司员工李某。保险单载明:"被保险人:李某;启运地:曹妃甸;目的地:广州鱼珠;运输工具:金泰68;运单号码:XGMT000001175;承保险别:国内水路货物运输综合险;货物名称:盘螺1470件,重3052.90吨,保险金额8,242,830元,螺纹钢3999件,重13,221.84吨,保险金额33,054,600元,总保险费8259.49元;保险期间共2个月,自2015年6月30日0时起至2015年8月28日24时止"。特别约定栏载明:本保险适用条款名称为《水路货物运输保险条款》即中华联合(备案)〔2009〕N32号文件。《水路货物运输保险条款》第六条规定了综合险,除包括基本险责任外,保险人还负责赔偿:

---

〔1〕 本案根据天津市高级人民法院(2016)津民终420号整理。

(一)因受碰撞、挤压而造成货物破碎、弯曲、凹瘪、折断、开裂的损失赔偿……(四)遭受盗窃的损失。第十八条规定:被保险人向保险人申请索赔时,应当提供保险单(凭证)、运单(货票)、提货单、发票(货价证明)及被保险人所能提供的其他与确认保险事故的性质、原因、损失程度等有关的证明和资料。

2015年7月8日涉案货物到达广州鱼珠码头,7月15日广东广物物流有限公司鱼珠分公司鱼珠业务部在货物交接清单上载明,收到螺纹钢3995件、盘螺钢材1470件。7月20日,福海公司就短少的4件货物向联合财保公司报险,联合财保公司对报险情况进行了查勘核实,对于短少4件螺纹钢的事实予以认可。福海公司报险后向联合财保公司提交了工矿产品购销合同、国内水路货物运输保险单、保险费发票、唐山曹妃甸康鑫装船清单等单证。

联合财保公司对于与福海公司之间的保险合同无异议。对于短少的螺纹钢,双方同意以装船清单中载明的该型号钢材总重量除以总件数确定单件钢材重量,然后按照单价2100元/吨计算赔偿金额。装船清单中载明该型号螺纹钢为586件2019.12吨,每件重量则为3.446吨,短少4件钢材的价值为28,946.40元。

天津海事法院经审理认为,本案为通海可航水域保险合同纠纷,争议焦点为联合财保公司是否应当承担保险责任及保险赔偿的金额。本案中,联合财保公司对与福海公司之间的保险合同无异议,双方之间的保险合同合法有效,因此双方之间权利义务应当受保险合同及相关法律规定的约束。联合财保公司主张福海公司应当就涉案丢失的钢材向公安机关报警,经公安机关调查确定是否因盗窃造成,若无法证明,联合财保公司将不承担保险责任。一审法院认为,虽然保险合同中约定福海公司应当提交"所能提供的其他与确认保险事故的性质、原因、损失程度等有关的证明和资料",但该条款并非约定由福海公司承担证明保险事故原因的义务,向公安机关报警证明涉案钢材短少系因盗窃造成亦非保险合同约定。福海公司在涉案货物发生保险事故后履行了根据《保险法》第二十一条的规定的及时通知义务的情况下,不承担确定保险事故原因的义务。故,一审法院对于联合财保公司要求福海公司承担证明保险事故原因的抗辩主张不予支持。一审法院认为,在涉案货物确实发生短少的情况下,且货物短少有可能因遭受盗窃造成时,福海公司为维护自己的利益,依据保险合同中"遭受盗窃的损失"这一条款向联合财保公司申请索赔系正当行使自己的权利,并不违反诚实信用原则。而联合财保公司接到报险后,未及时、积极确定保险事故的原因。诉讼中,联合财保公司亦未提交证据证明涉案货物短少不属于保险责任范围或者属于除外责任,因此,联合财保公司应当承担向福海公司支付保险金的责任。福海公司和联合财保公司在保险合同中约定每吨螺纹钢的保险价值为2500元。在本案中,福海公司主张按照每吨2100元计算短少钢材的价值系自行处分其权利且不违反法律规定,联合财保公司亦予以认可。因此,联合财保公司应当支付福海公司保险金28,946.40元。

天津海事法院于2016年9月26日作出(2016)津72民初653号民事判决,判决联合财保公司于判决生效之日起10日内给付福海公司保险金28,946.40元;驳回福海公司的其他诉讼请求。

宣判后,联合财保公司向天津市高级人民法院提起上诉。

天津市高级人民法院经审理认为,本案系海上、通海水域保险合同纠纷,联合财保公司与福海公司成立保险合同关系,保险合同对双方均有约束力双方订立的《国内水路货物运输保险保险单》载明"本案保险适用条款名称为《水路货物运输保险条款》(中华联合(备案)〔2009〕N32号)",双方的权利义务应依据保险单所约定的保险条款确定。福海公司主张联合财保公司承担综合险保险责任,因福海公司投保的综合险属于列明险,只有属于《水路货物运输保险条款》第六条列明的五种保险事故造成的损失,联合财保公司才负有赔偿责任。故,本案双方争议的焦点为是否发生了保险条款中列明的保险事故。

《民事诉讼法》第六十四条第一款规定,当事人对自己的主张,有责任提供证据。《保险法》第二十二条第一款规定,保险事故发生后,按照保险合同请求保险人赔偿或者给付保险金时,投保人、被保险人或者受益人应当向保险人提供其所能提供的与确认保险事故的性质、原因、损失程度等有关证明和资料。福海公司提起本案一审诉讼,主张涉案货物遭受盗窃发生短少,其作为原告和被保险人,有责任提供证据证明其主张的保险事故实际发生。

本案中,福海公司虽提供证据证明涉案货物发生短少,联合财保公司对此亦予以认可,但在案证据并不能证明货物短少是遭受盗窃所造成的,福海公司所提交的证据中,并无有关保险事故发生的直接证据,其未就事故性质完成初步举证责任。联合财保公司接到报案后,对事故现场进行核验,未出具拒赔通知书等行为,尚不构成对发生保险事故的自认,不能以此免除福海公司对该项主张的举证责任。故,福海公司关于发生了遭受盗窃损失的保险事故,联合财保公司应承担保险赔偿责任的主张证据不足,二审法院不予支持。

天津市高级人民法院于2016年12月28日作出(2016)津民终420号民事判决:(一)撤销天津海事法院(2016)津72民初653号民事判决;(二)驳回福海公司诉讼请求。

※裁判要旨:本案涉及对于被保险人对保险事故举证责任承担不能,而保险人拖延出具拒赔通知书是否视为保险人同意给付保险金的问题。《保险法》第二十二条规定实际上是对举证责任的分配,明确了证明保险事故发生的责任在于投保人、被保险人、受益人一方。本案中,单纯的货损并不是保险人应承担责任范围内的保险事故,福海公司的举证内容不仅应包括发生了货损事故,而且要证明事故的发生系因盗窃而产生。福海公司未能提供货物因盗窃造成短少的初步证据,其应承担不能证明涉案事故属于保险事故的不利后果,即无法按照保险合同要求保险人赔偿。该举证责任不因联合财保公司延迟审核理赔材料而免除,更不能以联合财保公司不出具拒赔通知而当然地认定福海公司已经完成了保险事故发生的举证责任。

"理赔难"一直是保险业的难点所在,也是社会反映比较集中的问题。保险实践中,保险人对一些拟作出拒赔处理的案件,采取拖延出具据拒赔通知书的做法,既不给付保险金或保险赔款,又不明确表示拒绝承担保险责任。关于保险人未在法定期限内出具拒绝给付保险金通知书,能否视为保险人同意给付保险金?保险法对于保险人拖延理赔的惩罚性规定适用的前提为保险责任事故,对于不属于保险责任的情形并不适用。发生的货物短缺不属于保险人的保险责任,在此情况下,通融理赔也好,保险人弃权也好,如果视为保险人同意赔偿或给付保险金,应有保险人明确承担赔偿或给付保险金的意思表示或积极的行为。保险人未在法定期限内出具拒赔通知书的,应当由监管部门进行行政处罚,而不是承担赔偿或者给付保险金的民事责任。

第二十五条 【先行赔付】保险人自收到赔偿或者给付保险金的请求和有关证明、资料之日起六十日内,对其赔偿或者给付保险金的数额不能确定的,应当根据已有证明和资料可以确定的数额先予支付;保险人最终确定赔偿或者给付保险金的数额后,应当支付相应的差额。

条文解读

本条是对保险人先予支付保险金的规定。

在保险理赔过程中，为了保护被保险人或者受益人的合法权益，使其在遭受损失或者损害后能够及时获得一定的补偿，本条规定了保险人先予支付保险金的制度。

按照本条规定，保险人自收到赔偿或者给付保险金的请求和有关证明、资料之日起六十日内，对其赔偿或者给付保险金的数额不能确定的，应当根据已有证明和资料可以确定的数额先予支付；保险人最终确定赔偿或者给付保险金的数额后，应当支付相应的差额。

第二十六条　【诉讼时效】人寿保险以外的其他保险的被保险人或者受益人，向保险人请求赔偿或者给付保险金的诉讼时效期间为二年，自其知道或者应当知道保险事故发生之日起计算。

人寿保险的被保险人或者受益人向保险人请求给付保险金的诉讼时效期间为五年，自其知道或者应当知道保险事故发生之日起计算。

条文解读

本条是对被保险人或者受益人向保险人请求赔偿或者给付保险金诉讼时效的规定。

（一）保险金请求权是被保险人、受益人的一项财产权利，为促使被保险人、受益人及时行使权利，本条规定了保险金请求权的诉讼时效。本条区分人寿保险及人寿保险以外的保险，对诉讼时效期间作了不同规定。

人寿保险，是指以人的生命为保险标的，以被保险人在保险合同约定的期限内生存或者死亡作为给付保险金条件的人身保险合同。主要包括死亡保险合同、生存保险合同、两全保险合同。本条规定，人寿保险的受益人对保险人请求赔偿或者给付保险金的诉讼时效期间为五年，自其知道或者应当知道保险事故发生之日起计算。

人寿保险以外的其他保险，主要是指财产保险及人身保险中的健康保险、意外伤害保险等。本条规定,人寿保险以外的其他保险的被保险人或者受益人,其向保险人请求赔偿或者给付保险金的诉讼时效期间为二年,自其知道或者应当知道保险事故发生之日起计算。

(二)本条对人寿保险诉讼时效期间的规定长于其他保险,这主要是因为,人寿保险多数情况下的受益人不是被保险人,其可能不能及时知道保险事故的发生,为了更好地保护受益人的利益,本条对其行使请求给付保险金的诉讼时效期间规定为五年。而人寿保险以外的其他保险,被保险人就是享有保险金请求权的人,其能够及时知道保险事故的发生,因此,本条将其行使请求赔偿保险金的诉讼时效期间规定为二年。

配套法规及解读

《民法总则》(2017 年 3 月 15 日)

第一百八十八条 向人民法院请求保护民事权利的诉讼时效期间为三年。法律另有规定的,依照其规定。

诉讼时效期间自权利人知道或者应当知道权利受到损害以及义务人之日起计算。法律另有规定的,依照其规定。但是自权利受到损害之日起超过二十年的,人民法院不予保护;有特殊情况的,人民法院可以根据权利人的申请决定延长。

第一百九十二条 诉讼时效期间届满的,义务人可以提出不履行义务的抗辩。

诉讼时效期间届满后,义务人同意履行的,不得以诉讼时效期间届满为由抗辩;义务人已自愿履行的,不得请求返还。

第一百九十三条 人民法院不得主动适用诉讼时效的规定。

第一百九十四条 在诉讼时效期间的最后六个月内,因下列障碍,不能行使请求权的,诉讼时效中止:

(一)不可抗力;

(二)无民事行为能力人或者限制民事行为能力人没有法定代理人,或者法定代理人死亡、丧失民事行为能力、丧失代理权;

(三)继承开始后未确定继承人或者遗产管理人;

(四)权利人被义务人或者其他人控制;

(五)其他导致权利人不能行使请求权的障碍。

自中止时效的原因消除之日起满六个月，诉讼时效期间届满。

第一百九十五条 有下列情形之一的，诉讼时效中断，从中断、有关程序终结时起，诉讼时效期间重新计算：

（一）权利人向义务人提出履行请求；

（二）义务人同意履行义务；

（三）权利人提起诉讼或者申请仲裁；

（四）与提起诉讼或者申请仲裁具有同等效力的其他情形。

《最高人民法院关于审理民事案件适用诉讼时效制度若干问题的规定》

第一条 民法总则施行后诉讼时效期间开始计算的，应当适用民法总则第一百八十八条关于三年诉讼时效期间的规定。当事人主张适用民法通则关于二年或者一年诉讼时效期间规定的，人民法院不予支持。

第二条 民法总则施行之日，诉讼时效期间尚未满民法通则规定的二年或者一年，当事人主张适用民法总则关于三年诉讼时效期间规定的，人民法院应予支持。

第三条 民法总则施行前，民法通则规定的二年或者一年诉讼时效期间已经届满，当事人主张适用民法总则关于三年诉讼时效期间规定的，人民法院不予支持。

※法规解读：上述法条及司法解释规定了诉讼时效制度，是《保险法》规定的保险金请求权诉讼时效的前提。诉讼时效是权利人向人民法院请求保护民事权利的法定期间。保险金请求权诉讼时效，即索赔时效，是指投保人或者被保险人在保险标的因保险事故而遭受损失后，依照保险合同的有关规定，请求保险人给予经济补偿或者给付保险金的权利行使期限。

（一）诉讼时效的特征

诉讼时效有三个特征：第一，法定性。诉讼时效期间，诉讼时效中断、中止的事由，都是法律规定的。诉讼时效期间是一个法定的可变期间，中间有某种事由，它可以中止、中断。第二，强制性。诉讼时效的规定属于强制性规定。当事人不得排除适用，不适用诉讼时效的约定是无效的。当事人对于法律规定的诉讼时效期间，既不能延长，也不能缩短。就因为不能排除它的适用，因此诉讼时效利益的抛弃是无效的。第三，普遍性。它是普遍适用于法律没有另外规定的各种民事权利义务关系的，只要权利受到侵害，只要法律未规定不适用诉讼时效，或者性质上决定不能适用诉讼时效的,都要适用诉讼时效。保险金请求权不属于《民法总则》第196条所规定的不适用诉讼时效的情形,因此,应该适用诉讼时效制度。

(二)诉讼时效的种类

诉讼时效分为一般诉讼时效和特别诉讼时效。我国现阶段是在《民法总则》当中规定的,适用于法律没有另外规定的各种法律关系的诉讼时效期间。一般诉讼时效期间,《民法总则》第188条规定的是三年,特别诉讼时效期间是民法或者单行法特别规定的仅适用于法律特殊规定的民事关系的诉讼时效期间。特别诉讼时效在适用上具有特别性和优先性。特别诉讼时效期间可以长于一般诉讼时效期间,也可以短于一般诉讼时效期间。因此,《保险法》第26条第1款规定的人寿保险以外的其他保险的被保险人或者受益人,向保险人请求赔偿或者给付保险金的诉讼时效期间为二年。

(三)诉讼时效的效力

诉讼时效的效力,即诉讼时效期间届满以后发生的法律后果,这个问题各国立法有不同的立法例,有四种立法例:权利消灭说、诉权消灭说、抗辩权发生说、胜诉权消灭说。《最高人民法院关于诉讼时效法律适用若干问题的规定》(法释〔2008〕11号)之后,学者普遍认为是一种抗辩权发生说。《民法总则》也采取了"抗辩权发生说",明确规定:"诉讼时效期间届满的,义务人可以提出不履行义务的抗辩。诉讼时效期间届满后,义务人同意履行的,不得以诉讼时效期间届满为由抗辩;义务人已自愿履行的,不得请求返还","人民法院不得主动适用诉讼时效的规定"。

(四)诉讼时效期间的起算点

根据《民法总则》第188条第2款的规定,一般来说诉讼时效期间自权利人知道或者应当知道权利受到损害以及义务人之日起计算。但是自权利受到损害之日起超过二十年的,人民法院不予保护;有特殊情况的,人民法院可以根据权利人的申请决定延长。因此,诉讼时效有两个起算点。第一个起算点是从"权利人知道或者应当知道权利受到损害以及义务人之日起计算";根据《保险法》第26条的规定,人寿保险以外的其他保险的被保险人或者受益人的二年索赔时效和人寿保险的被保险人或者受益人的五年索赔时效的起算点,均自其知道或者应当知道保险事故发生之日起计算。这符合《民法总则》的规定。实践中对于何时为"知道或者应当知道保险事故发生之日"存有疑问,如下面的典型案例所示。第二个起算点是"权利受到损害之日",其对应的诉讼时效期间是二十年。保险金请求权的诉讼时效也要受此二十年最长诉讼时效的限制。

关联法规索引

《民法总则》第189~191条、第196~199条;《最高人民法院关于审理民事案件适用诉讼时效制度若干问题的规定》第4条

典型案例

罗某等诉中国平安财产保险股份有限公司江门中心支公司保险合同案[1]

※案情简介: 2001年4月7日,原告罗某为冈荣鞋底厂所属的江铃牌货车向保险公司投保了车辆损失险、第三者责任险、车上座位险以及玻璃破碎险等四个险种,其中第三者责任险为20万元;保险费合计4780元,保险期限从2001年4月8日0时起至2002年4月7日24时止;保险公司向投保人出具附有保监发〔2000〕16号《机动车辆保险条款》的《机动车辆保险单》一份和保险证一个;原告向保险公司支付保险费4780元。2001年8月6日17时20分,司机陈某驾驶保险车辆沿肇江线由江门往沙坪方向行经肇江线89公里路段时,与林某驾驶的摩托车发生碰撞,造成车辆损坏及林某受伤的交通事故。该事故经鹤山市公安局交警大队处理认定为:陈某驾驶的车辆违反《道路交通管理条例》第七条第一款的规定,是造成事故的原因,负事故的全部责任。事故发生后,原告于48小时内以电话方式通知被告。事故所造成林某受伤的医疗费及车辆维修费共120,702.65元。2003年8月13日,罗某向保险公司提出索赔。同年12月1日,保险公司以罗某未履行《机动车辆保险条款》第二十八条和《保险法》第二十七条的规定为由予以拒赔。

原告罗某、鹤山冈荣鞋底厂(以下简称冈荣鞋底厂)及其委托代理人诉称:原告为其车辆向被告购买车辆损失险、车上座位险、玻璃破碎险和第三者责任险等险种,2001年8月6日,原告的司机陈某驾驶该车与林某驾驶的摩托车发生了碰撞,造成林某受损及摩托车受损的后果,经交警部门认定陈某负事故的全部责任。之

〔1〕 本案根据广东省江门市中级人民法院(2004)江中法民三终字第223号民事判决书整理。

后,原告与林某在鹤山市人民法院的主持下达成了调解协议,由原告向林某赔偿164,286.66元。原告向被告索赔,但被告以其违反合同约定予以拒赔。故请求判令被告赔偿164,286.66元给原告,并负担本案诉讼费。

被告中国平安财产保险股份有限公司江门中心支公司(以下简称保险公司)及其委托代理人辩称:原告没有履行《机动车辆保险条款》第二十八条及第四十条的规定,被告根据保险条款有权予以拒赔;原告根据其与林某达成的协议主张损失,根据《机动车辆保险条款》第十六条规定,被告有权重新核定或拒绝赔偿;另外,原告的索赔申请已经超过2年的索赔时效。因此,原告的诉讼请求无法成立,应予驳回。

广东省鹤山市人民法院经审理认为:罗某与保险公司书面订立的财产保险合同,合法有效。《机动车辆保险单》的条款对两原告和保险公司都有约束力,罗某已履行了合同约定的交付保险费义务。结合双方的诉辩及各自提交的证据,法院认为冈荣鞋底厂的车辆造成的保险事故损失共120,702.65元。两原告以(2003)鹤法民初字第59号民事调解书为依据,认为保险事故造成其损失共164,286.66元,依据不足,不予采纳。按照双方签订的财产保险合同的《机动车辆保险条款》第二十八条第二款的规定,两原告应于2001年9月16日前将保险单和事故责任认定书等已有的单证提交给保险公司,其余尚未取得的单证可按实际取得时才提交。但两原告在2003年10月23日才予提交,超过合同约定的时间两年多,其行为是没有按合同约定履行合同的义务。保险公司根据《机动车辆保险条款》第三十条的规定拒绝赔偿,请求驳回两原告诉讼请求之辩,理据充分,本院依法予以支持。《保险法》第二十七条第一款关于索赔时效的规定,本案是财产责任保险,属人寿保险以外的其他保险。保险事故发生之日,是指第三人请求被保险人承担法律责任之日。本案中,交警大队于2001年9月6日向当事人宣布了交通事故的责任,2001年9月6日两原告应当知道保险事故的发生,该日是保险事故发生之日。所以,原告请求保险公司给付保险金的权利未消灭。综上所述,两原告在事故发生前履行了保险合同的全部义务,有请求保险公司给付保险金的权利,但由于两原告没有履行合同中《机动车辆保险条款》第二十八条第二款规定的义务,保险公司根据该条款第三十条的规定有权拒绝赔偿,现保险公司请求驳回两原告诉讼请求,本院予以支持。判决驳回两原告的诉讼请求。

上诉人罗某、冈荣鞋底厂不服原审判决,上诉称:(1)《机动车辆保险条款》属于保险合同中的格式条款,其中的第二十八条第二款和第十四条严重违反了《合同法》和《保险法》的规定,应属无效。(2)一审法院对(2003)鹤法民初字第59号民事调解书中确定的保险事故损失为164,286.66元不予认可,属认定事实错误,并且违反了《最高人民法院关于适用〈中华人民共和国民事诉讼法〉若干问题的意见》第七十五条和《最高人民法院关于民事诉讼证据的若干规定》第九条的规定。综上所述,一审法院判决部分法律适用不当,部分事实认定错误,请二审法院撤销原审判决,判令被上诉人赔偿164,286.66元给上诉人,本案一审、二审的诉讼费用由被上诉人负担。

被上诉人保险公司答辩称:(1)《机动车辆保险条款》第二十八条第二款的规定合法合理。(2)《机动车辆保险条款》第十四条的规定是公平合理的。保险事故发生后,为避免被保险人虚报修理费造成保险人不必要的经济损失,为此,保险人认为,保险车辆及第三者财产损坏时,被保险人会同保险人共同确定修理项目、方式和费用,既是双方的权利,也是双方的义务,是公平地维护双方合法权益的行为。因此,该条规定是公平合理的。(3)一审法院对(2003)鹤法民初字第59号民事调解书中确定的保险事故损失为164,286.66元不予认定,是正确的。《最高人民法院关于适用〈中华人民共和国民事诉讼法〉若干问题的意见》第七十五条和《最高人民法院关于民事诉讼证据的若干规定》第九条规定的"法院裁判"并不包括民事调解,民事调解是双方自愿作出的,仅对调解双方产生法律效力,调解双方达成的协议不能要求第三方也履行该协议。综上所述,一审法院的判决是正确的,应当驳回上诉人的上诉。

广东省江门市中级人法院经审理认为:本案保险标的江铃牌货车虽属冈荣鞋底厂所有,但罗某为该标的投保系据于冈荣鞋底厂的委托所作出,故投保人罗某对该保险标的具有保险利益,其本案的投保行为合法有效。根据《保险法》的规定,罗某为投保人、冈荣鞋底厂为被保险人。因此,冈荣鞋底厂享有本案保险金的请求权;罗某要求保险公司支付保险金依法无据,应予驳回。

投保人罗某为被保险人冈荣鞋底厂所有的江铃牌汽车向保险公司投保第三者责任险,保险车辆出险后,保险公司应依约对被保险人冈荣鞋底厂所应向第三者支付的赔偿金额予以赔偿。民事调解书属于人民法院的裁判文书之一,其中所确认的事实系经法院审理后查明的事实,如当事人无足够证据予以推翻则应予认定。本案中,保险车辆因涉案事故所造成第三者林某的经济损失为164,286.66元(其中摩托车修复费1385元），已被生效的广东省鹤山市人民法院（2003）鹤法民初字第59号民事调解书所确认，而保险公司并无证据推翻该认定，故法院依法予以确认。虽然冈荣鞋底厂之后向林某赔偿前述损失款项164,286.66元，但其中的摩托车修复费1385元因被保险人冈荣鞋底厂事先未知会保险公司便对摩托车予以修理，根据《机动车辆保险条款》第十四条的约定，保险公司主张拒赔该项费用，理据充足，应予支持。冈荣鞋底厂认为《机动车辆保险条款》第十四条因显失公平且保险人无履行明确说明的义务而无效。本院认为，该条款能均衡保护双方的合法权益、公平合理地确定双方的权利义务且具有可操作性，冈荣鞋底厂主张其显失公平依据不足；另该条款含义确切、清楚且保险人已于保险单正面明示告知投保人应特别详细阅读所附的有关责任免除和投保人、被保险人义务的保险条款，保险公司至此已经履行了明确说明的义务。因此，冈荣鞋底厂主张该条款无效，本院不予采纳。综上，保险公司应理赔的损失范围为162,901.66元。根据《机动车辆保险条款》第二十条的约定，因本案保险车辆的司机在事故中负全部责任，保险公司有权免赔20%，故其仅应向冈荣鞋底厂赔偿130,321.33元。

保险公司以冈荣鞋底厂没有履行《机动车辆保险条款》第二十八条规定的关于"事发后48小时内通知保险人""在事故处理结案之日起10天内向保险人提交相关单证"的义务以及冈荣鞋底厂的索赔已过两年的索赔时效为由主张拒赔。本院认为，冈荣鞋底厂诉称其于事发后48小时内已以电话的方式及时向保险公司的保险业务员李某报案，保险公司对此表示并不清楚，故其对冈荣鞋底厂的主张提出质疑并予否认，依据不足，不予采纳。因此，保险公司以冈荣鞋底厂无履行事发后48小时内报案为由拒赔不能成立，本院不予支持；《保险法》第二十七条第一款所规定的被保险人享有2年索赔时效是被保险人的法定权利，任何机关、单位和个人均不得剥夺，在索赔时效期间予以理赔是保险人的法定义务，《机动车辆保险条款》关于"在事故处理结案之日起10天内向保险人提交相关单证，否则保险人有权拒赔或解除合同"的约定，违反了前述法律强制性规定，根据《合同法》第五十二条第（五）项的规定，该项约定应属无效，保险公司不能依此为据拒赔；至于冈荣鞋底厂的理赔请求有无超过两年的索赔时效的问题，索赔时效自被保险人知道保险事故发生之日起算，本案讼争的为责任保险，其保险事故发生之日是指被保险人的民事责任依法被确定之日，冈荣鞋底厂对第三人林某所应承担的民事责任在双方于2003年1月8日达成调协议时才予确定，故本案的索赔时效应从2003年1月8日起算，计至本案起诉日期2004年1月12日，尚未超过两年，因此，冈荣鞋底厂的索赔请求权并未消灭。综上所述，原审判决认定事实错误，处理不当，应予纠正。

广东省江门市中级人民法院作出如下判决：(1)撤销广东省鹤山市人民法院(2004)鹤法经初字第109号民事判决；(2)中国平安财产保险股份有限公司江门中心支公司应于本判决生效之日起十日内向冈荣鞋底厂支付保险金130,321.33元；(3)驳回罗某的诉讼请求及鹤山冈荣鞋底厂的其他诉讼请求。本案一审受理费4796元、二审受理费4796元，合共9592元，由中国平安财产保险股份有限公司江门中心支公司负担7672元、罗某和鹤山冈荣鞋底厂共同负担1920元。

※裁判要旨：本案一审、二审法院对保险索赔时效的起算时间存在分歧，前者认为应于2001年9月6日交警大队向肇事当事人宣布了交通事故时起算，后者则认为应于2003年1月8日被保险人冈荣公司所承担的民事责任被依法确认时起算。笔者同意后者的观点，理由如下：索赔时效依法自被保险人或者收益人知道保险事故发生之日起算，本案讼争的为责任保险，其保险标的为被保险人对第三人所承担的民事责任，索赔时效既然系被保险人提起索赔的保护期限，其起算之日必须系被保险人已经具备提出索赔所需的条件，而责任保险中的被保险人只有在其民事责任得以固定后才能提出索赔，因此，责任保险中的保险事故发生之日是指依法确定被保险人的民事责任之日，相应，其索赔时效应在被保险人知道其民事责任依法被确认之日起算。《保险法》规定的被保险人享有二年索赔时效是被保险人的法定权利，任何机关、单位和个人均不得剥夺，在索赔时效期间予以理赔是保险人的法定义务，保险合同关于"在事故处理结案之日起10天内向保险人提交相关单证，否则保险人有权拒赔或解除合同"的约定，违反了前述法律强制性规定，该项约定应属无效，保险公司不能依此为据拒赔。

第二十七条　【保险欺诈】未发生保险事故，被保险人或者受益人谎称发生了保险事故，向保险人提出赔偿或者给付保险金请求的，保险人有权解除合同，并不退还保险费。

投保人、被保险人故意制造保险事故的，保险人有权解除合同，不承担赔偿或者给付保险金的责任；除本法第四十三条规定外，不退还保险费。

保险事故发生后，投保人、被保险人或者受益人以伪造、变造的有关证

明、资料或者其他证据，编造虚假的事故原因或者夸大损失程度的，保险人对其虚报的部分不承担赔偿或者给付保险金的责任。

投保人、被保险人或者受益人有前三款规定行为之一，致使保险人支付保险金或者支出费用的，应当退回或者赔偿。

条文解读

本条是对投保人、被保险人、受益人进行保险诈骗的情形及其应承担的法律后果的规定。

（一）未发生保险事故，被保险人或者受益人谎称发生了保险事故，而向保险人提出索赔请求的，属于保险诈骗行为，保险人不承担保险责任，并有权依照本条规定解除合同，也不退还保险费。

（二）投保人、被保险人故意制造保险事故，虽然发生了事故，但这种事故是投保人、被保险人为获取保险金而故意制造的，不属于合同约定的保险事故。因为从保险原理来讲，保险事故的发生是或然性的，是意料之外偶然发生的，而不是故意造成或者必然发生的。因此，本条规定，投保人、被保险人故意制造保险事故的，保险人有权解除合同，不承担赔偿或者给付保险金的责任。对于保险人因此是否应当退还保险费，本条区分财产保险和人身保险作了不同规定。即对于财产保险，保险人不退还保险费；对于人身保险，则应当依照本法第 43 条的规定办理。即人身保险的投保人故意制造保险事故的，保险人不承担给付保险金的责任，投保人已交足二年以上保险费的，保险人应当按照合同约定退还保险单的现金价值。

（三）保险事故发生后，投保人、被保险人或者受益人以伪造、变造的有关证明、资料或者其他证据，编造虚假的事故原因或者夸大损失程度的。这种情形是指确实有保险事故发生，但投保人、被保险人或者受益人并不是根据保险事故实际所造成的人身损害或者财产损失情况提出赔偿或者给付保险金的请求，而是弄虚作假，伪造证据，夸大人身损害程度或者财产损失程度，企图得到超额的赔付。保险的功能在于补偿，因赔偿或者给付保险金而使被保险人、受益人额外受益，有违保险的基本原则。因此，本条规定，保险人对投保人、被保险人、受益人虚报的部分不承担赔偿或者给付保险金的责任。

（四）本条前三款规定，投保人、被保险人、受益人有上述行为的，保险人不承担赔偿或者给付保险金的责任。第4款则是在此基础上规定,投保人、被保险人、受益人有上述行为之一,致使保险人支付保险金或者支出费用的,应当退回或者赔偿。

配套法规及解读

《民法总则》(2017年3月15日)

第一百四十八条　一方以欺诈手段,使对方在违背真实意思的情况下实施的民事法律行为,受欺诈方有权请求人民法院或者仲裁机构予以撤销。

第一百四十九条　第三人实施欺诈行为,使一方在违背真实意思的情况下实施的民事法律行为,对方知道或者应当知道该欺诈行为的,受欺诈方有权请求人民法院或者仲裁机构予以撤销。

《最高人民法院印发关于贯彻执行〈中华人民共和国民法通则〉若干问题的意见(试行)》(1988年4月2日)

第六十八条　一方当事人故意告知对方虚假情况,或者故意隐瞒真实情况,诱使对方当事人作出错误意思表示的,可以认定为欺诈行为。

《合同法》(1999年3月15日)

第五十四条第二款　一方以欺诈、胁迫的手段或乘人之危,使对方在违背真实意思的情况下订立的合同,受损害方有权请求人民法院或仲裁机构变更或者撤销。

※法规解读:《保险法》第27条规定的是保险合同成立后,投保人、被保险人、受益人进行保险欺诈所造成的法律后果,其理论基础是规定于《民法总则》中的欺诈条款。《民法总则》规定了两种欺诈行为。

(一)一方欺诈

1. 一方欺诈的概念

当事人一方欺诈是指民事法律关系的当事人一方故意实施某种欺骗他人的行为,并使该他人陷入错误而与欺诈行为人实施的民事法律行为。

2. 一方欺诈的构成要件

(1)欺诈的一方出于故意。要求欺诈行为人在主观上明知自己与对方当事人订立民事法律行为的意图是欺骗对方,但仍然追求这种结果的发生。

(2)欺诈行为人在客观上实施了欺诈行为。欺诈行为有两种:一是积极的欺诈行为，即行为人故意捏造事实，虚构情况；二是消极的欺诈行为，即行为人故意隐匿真实情况，不将真实情况告知对方当事人。

(3)受欺诈一方在违背真实意思的情况下实施民事法律行为。

(二)第三人欺诈

1. 第三人欺诈的概念

第三人欺诈是指民事法律行为当事人以外的第三人，对一方当事人故意实施欺诈行为，致使该方当事人在违背真实意思，对方知道或者应当知道欺诈行为的情形下，与对方当事人实施的民事法律行为。

2. 第三人欺诈的构成要件

(1)实施欺诈行为的主体是民事法律行为之外的第三人，而不是民事法律行为的双方当事人。

(2)第三人实施欺诈行为是对民事法律行为当事人的一方进行。

(3)受欺诈的一方当事人由于受第三人的欺诈，在违背真实意思的情况下，与对方当事人实施了民事法律行为。

(4)对方当事人在与受欺诈一方当事人实施民事法律行为时，知道或者应当知道第三人的欺诈行为。

关联法规索引

《中华人民共和国刑法》第 198 条

典型案例

刘向前诉安邦财产保险公司保险合同纠纷案[1]

※案情简介：2009 年 12 月 7 日，原告刘向前在被告安邦公司处为其所有的车辆苏 NU3839、苏 NG886 挂车投保了机动车商业保险(以下简称商业险)和机动车交通事故责任强制保险(以下简称交强险)，保险期间分别为 2009 年 12 月 26 日至 2010 年 12 月 25 日、2009 年 12 月 8 日至 2010 年 12 月 7 日。

[1] 载《中华人民共和国最高人民法院公报》2013 年第 8 期，收录时做相应修改。

2010年4月3日23时5分，原告刘向前驾驶上述车辆在高邮市X206线与菱塘回族乡团结街交叉路口发生交通事故，车上货物刮倒了路上的广播电视、电信线路以致线路、绿化带、路边房屋和一辆小型客车受损。交警部门认定，因原告驾驶的车辆所载货物超高是形成该事故的原因，故原告对该事故承担全部责任。后经交警部门调解，由原告赔偿各项损失共计51,215元，原告现已实际赔付了该费用。原告向被告安邦公司理赔过程中，被告认为上述车辆未在被告处投保货险且车辆所载货物超高，故该事故不在保险赔偿的范围。后被告又对原告进行了电话回访，双方就涉案事故达成了销案的协议，具体内容如下：

“问：我们是安邦保险公司的，你是刘向前先生吗？

答：是的。

问：4月3日的事故，你还记得吗？在高邮市，你这个案子需要销案吗？

答：当时砸到电线，中间有点不平，砸到了一点点。

问：你要是销案的话，我们就帮你销了。

答：算了吧，你们不赔就算了。

问：好，那帮你销案了。”

另查明：原告刘向前所投保的商业险条款约定了：“……第七条下列损失和费用，保险人不负责赔偿：(一)被保险机动车发生意外事故，致使第三者停业、停驶、停电、停水、停气、停产、通讯或者网络中断，数据丢失、电压变化等造成的损失以及其他各种间接损失……(六)被保险人或驾驶人的故意行为造成的损失……第九条保险人依据本保险合同约定计算赔款的基础上，保险单载明的责任限额内按下列免赔率免赔：负全部事故责任的免赔率为20%，违反安全装载规定的，增加免赔率10%……”

原告刘向前诉称：在理赔过程中，原告在被告误导下口头放弃向被告理赔。现请求依法判令撤销因原告口头放弃向被告理赔而达成的销案协议。

被告安邦公司辩称：涉案保险事故在我公司已经销案，原告刘向前曾口头放弃理赔，而且原告的上述投保车辆在发生事故时超高超载，且没有经过我公司定损，根据双方订立的机动车第三者责任保险条款第七条第一款和第六款，该事故亦不属于保险赔偿的范围。

宿迁市宿城区人民法院一审认为，本案的争议焦点是：原、被告双方在上述电话回访中就涉案事故所达成的销案协议是否具备法定可撤销的条件。原告刘向前主张该协议应予撤销，主要理由是，根据双方保险合同的约定，涉案保险事故理应在赔偿范围内，保险公司拒赔存在欺诈，故该协议应予撤销。对此，法院认为，根据《合同法》第五十四条第二款的规定，一方以欺诈、胁迫的手段或乘人之危，使对方在违背真实意思的情况下订立的合同，受损害方有权请求人民法院或仲裁机构变更或者撤销。本案中，被告安邦公司在原告向其要求理赔时出具的拒赔通知载明的拒赔理由是"上述车辆未投保货险且车辆所载货物超高"，但直至诉讼中也未能提供相应的合同条款依据，双方订立的保险合同中亦无任何条款约定车辆所载货物超高属于免赔情形，且根据该合同约定，涉案保险事故属于约定的保险责任范围，故被告以根本不存在的条款拒赔显然存在欺诈，而原告口头同意销案则以被告为实现欺诈而实施的诱问为基础。原告在接到该拒赔通知与被告达成的销案协议，显然违背了原告的真实意思表示，原告请求撤销该协议，法院依法予以支持。另，被告主张涉案保险事故未经其定损，且系根据保险合同第七条第一款和第六款的约定拒赔，但并无证据证明原告要求赔偿因涉案事故所造成的损失属于该条款规定的间接损失或系被保险人及驾驶人故意行为所致，故该主张亦于法无据，不予支持。

据此，宿迁市宿城区人民法院依照《合同法》第五十四条、《民事诉讼法》第一百二十八条之规定，于2011年7月25日作出判决：撤销原告刘向前与被告安邦公司就涉案保险事故达成的销案协议。

安邦公司不服一审判决，向宿迁市中级人民提起上诉。安邦公司上诉称：在安邦公司电话回访被上诉人刘向前时，被上诉人明确表示放弃理赔，并进行了销案处理。被上诉人具有完全的民事行为能力，应当对其行为承担相应的法律后果。双方关于销案的协议系自愿达成，未违反法律规定，依法应受法律保护，一审判决对该协议予以撤销是错误的，请求二审法院依法改判驳回刘向前的诉讼请求。

宿迁市中级人民法院二审认为，合同一方当事人故意告知对方虚假情况，或者故意隐瞒真实情况，诱使对方当事人作出错误意思表示的，其行为构成欺诈。欺诈的构成要件为：(1)一方当事人存在告知虚假情况或者隐瞒真实情况的行为；(2)该行为是故意作出；(3)欺诈行为致使对方陷入错误认识，并基于该错误认识作出了不真实的意思表示。本案中，从电话回访的内容分析，被上诉人刘向前同意销案的原因是此前上诉人安邦公司拒绝理赔，致使其误以为因交通事故造成的损失将不能从安邦公司处获得赔偿。安邦公司认为其不应赔偿的理由分别是被上诉人未投保货物损失险、被保险车辆装载货物超高及不属其赔偿范围，但在诉讼中未能对其拒赔理由提供法律及合同上的依据。安邦公司作为专业保险公司，基于工作经验及对保险合同的理解，其明知或应知本案保险事故在其赔偿范围之内，在其认知能力比较清楚，结果判断比较明确的情况下，对被上诉人作出拒赔表示，有违诚实信用原则。在涉案销案协议订立过程中，安邦公司基于此前的拒赔行为，故意隐瞒被上诉人可以获得保险赔偿的重要事实，对被上诉人进行错误诱导，致使被上诉人误以为将不能从保险公司获得赔偿，并在此基础上作出同意销案的意思表示，该意思表示与被上诉人期望获得保险赔偿的真实意思明显不符。故安邦公司的行为构成欺诈，依照《合同法》第五十四条第二款之规定，该销案协议应予撤销。宿迁市中级人民法院依据《民事诉讼法》于2011年11月2日作出判决：驳回上诉，维持原判。

※裁判要旨：保险事故发生后，保险公司作为专业理赔机构，基于专业经验及对保险合同的理解，其明知或应知保险事故属于赔偿范围，而在无法律和合同依据的情况下，故意隐瞒被保险人可以获得保险赔偿的重要事实，对被保险人进行诱导，在此基础上双方达成销案协议的，应认定被保险人作出了不真实的意思表示，保险公司的行为违背诚信原则构成保险合同欺诈。被保险人请求撤销该销案协议的，人民法院应予支持。

第二十八条 【再保险】保险人将其承担的保险业务，以分保形式部分转移给其他保险人的，为再保险。

应再保险接受人的要求，再保险分出人应当将其自负责任及原保险的有关情况书面告知再保险接受人。

条文解读

本条是对再保险的界定及再保险分出人告知义务的规定。

再保险也叫分保，是指保险人将其承担的保险业务，部分转移给其他保险人。进行再保险，可以分散保险人的风险，有利于其控制损失，稳定经营。在再保险关系中，直接接受保险业务的保险人称为原保险人，也叫再保险分出人；接受分出保险责任的保险人称为再保险接受人，也叫再保险人。再保险合同的存在虽然是以原保险合同的存在为前提,但两者在法律上是各自独立存在的合同,再保险的权利义务关系与原保险的权利义务关系,是相互独立的法律关系。

再保险接受人是再保险分出人的保险人,有权利了解原保险的有关事项。因此,本条规定,应再保险接受人的要求,再保险分出人应当书面告知有关情况。如果再保险接受人未提要求,则再保险分出人不必主动告知。告知的内容主要包括再保险分出人自负责任的情况和原保险的有关情况。

第二十九条 【再保险的保费及赔付】再保险接受人不得向原保险的投保人要求支付保险费。

原保险的被保险人或者受益人不得向再保险接受人提出赔偿或者给付保险金的请求。

再保险分出人不得以再保险接受人未履行再保险责任为由,拒绝履行或者迟延履行其原保险责任。

条文解读

本条是关于明确再保险合同当事人和原保险合同当事人各自权利义务关系的规定。

再保险合同是约定再保险接受人与原保险人之间权利义务关系的协议,与原保险合同是相互独立的两个合同。再保险接受人与原保险的投保人、被保险人、受益人之间,不存在直接的权利义务关系。即投保人是向原保险人提出保险要求的,由原保险人承担保险责任并收取保险费;而再保险接受人所承担的是对原保险人的保险责任,其不对投保人承担责任。因此,再保险接受人不能向投保人提出支付保险费的要求,其只能向原保险人收取再保险费。基于同样道理,原保险的被保险人或者受益人不得向再保险接受人提出赔偿或者给付保险金的请求,其只能按照保险合同的约定,向原保险的保险人提出赔偿或者给付保险金的请求。

原保险责任是原保险人对原保险合同中的被保险人、受益人承担的保障责任,原保险人必须按照原保险合同的约定履行赔偿或者给付保险金的责任。在原保险合同的订立和履行过程中,再保险接受人既不与原保险的被保险人、受益人发生直接关系,又不是原保险人承担保险责任的前提条件。因此,原保险人即再保险分出人不得以再保险接受人未履行再保险责任为由，拒绝履行或者迟延履行其原保险责任。

第三十条　【争议条款解释】采用保险人提供的格式条款订立的保险合同，保险人与投保人、被保险人或者受益人对合同条款有争议的，应当按照通常理解予以解释。对合同条款有两种以上解释的，人民法院或者仲裁机构应当作出有利于被保险人和受益人的解释。

条文解读

本条是对采用保险人提供的格式条款订立的保险合同解释原则的规定。

实践中，多数保险合同采取保险人提供的格式条款订立。依照《合同法》对格式条款的解释原则，本条规定了对采用格式条款订立的保险合同的解释原则。这次修改，对这条的规定有两点变化：第一，对合同解释原则的规定仅适用于采用保险人提供的格式条款订立的合同。如果是保险人与投保人充分协商形成的条款，其解释不适用第 30 条规定。第二，采用保险人提供的格式条款订立的合同，双方对条款的理解有争议时，不是当然适用有利于被保险人、受益人解释的原则，而是首先按照通常的理解予以解释。只是在有两种以上通常理解时，才适用有利于被保险人、受益人的解释。这样规定更加公平，有利于保险双方的利益。

配套法规及解读

《合同法》(1999 年 3 月 15 日)

第四十一条　对格式条款的理解发生争议的，应当按通常理解予以解释。对格式条款有两种以上解释的，应当作出不利于提供格式条款一方的解释。格式条款和非格式条款不一致的，应当采用非格式条款。

第一百二十五条　当事人对合同条款的理解有争议的，应当按照合同所使用的词句、合同的有关条款、合同的目的、交易习惯以及诚实信用原则，确定该条款的真实意思。

合同文本采用两种以上文字订立并约定具有同等效力的，对各文本使用的词句推定具有相同含义。各文本使用的词句不一致的，应当根据合同的目的予以解释。

《保险法解释二》(2013年5月31日)

第十七条 保险人在其提供的保险合同格式条款中对非保险术语所作的解释符合专业意义，或者虽不符合专业意义，但有利于投保人、被保险人或者受益人的，人民法院应予认可。

※法规解读：格式条款是当事人为了重复使用而预先拟订并在订立合同时未与对方协商的条款。使用格式条款简洁、方便、省时，但是提供格式条款的一方往往利用其优势地位，制定有利于自己而不利于对方的条款。为此，《合同法》规定，提供格式条款的一方应当遵循公平原则确定双方的权利义务。同时规定，对格式条款的理解发生争议的，应当按照通常理解予以解释。对格式条款有两种以上解释的，应当作出不利于提供格式条款一方的解释。

(一)保险合同格式条款的解释规则

1. 疑义利益解释规则的适用前提

作为合同的一般解释规则，如现行《合同法》第125条规定的文意解释、体系整体解释、目的解释、习惯解释、诚信解释以及第41条规定的公平解释(格式条款的特别解释规则)，对保险合同同样适用。所谓文意解释，作为一切解释的出发点，法官首先必须考察条文用语的通常含义，当然如果合同对特定用语有专门定义或者特别限定的，则遵从专门术语的特定含义作出解释，这种解释更多地体现为字面解释；文意解释作为一切解释的归宿，是指根据字面作出的解释，再结合体系解释、目的解释等其他解释方法，或检证补强或填补修正，最终探究出当事人的真实意思，维护公平正义。在合同的解释规则方面，保险法没有超出合同法所确立的解释规则，保险法也无非是特别突出格式条款的解释规则(作不利于起草格式条款一方的解释)。《保险法》第30条与《合同法》第41条规定的精神完全一致。也就是说，即使是格式条款，也应当首先根据通常理解进行文意解释；在根据通常理解作出不同解释情况下，才作出有利于被保险人和受益人的解释，而不能不顾条文的文意(通常理解)径直采用有利于被保险人和受益人的解释。

疑义利益解释原则不能与其他解释原则并用，仅适用于保险合同有歧义而致使当事人的意图不明确的场合，即只有在应用其他解释原则不能获得正确解释的情况下，才适用不利于保险人的解释原则。第一，若保险单的用语明确、清晰且没有歧义,说明当事人的意图明确,没有解释保险合同条款的余地,不能作不利于保险人的语义解释,疑义解释原则更不能被用于曲解保险合同的用语。第二,若保险合同有文义不清的条款,但经当事人的解释被排除了,也没有适用不利解释原则的余地。第三,若当事人的意图可以通过其他途径予以证实,也不能适用疑义利益解释原则以排除当事人的明示意图。第四,若保险合同的用语经司法解释已经明确(例如,最高人民法院关于"暴雨"的司法解释),说明合同条款的用语不存在歧义,亦不能适用疑义利益解释原则。

2. 疑义利益解释规则适用的原因

通常保险合同发生条款争议后,首先根据通常理解进行文意解释;在根据通常理解作出不同解释情况下,应当适用不利解释原则,即作对保险人不利的解释,对被保险人作有利的解释。

对有争议的保险合同的条款作对保险人不利解释,原因在于保险合同是附和合同,不论是投保单、保险单还是特约条款,大部分都由保险人制定,在制定时,必然经过深思熟虑,反复推敲,内容多对自己有利,且已经基本实现了格式化。格式保险合同由保险人备制,极少反映投保人、被保险人或者受益人的意思,投保人在订立保险合同时,一般只能表示接受或者不接受保险人拟就的条款。另外,保险合同的格式化也实现了合同术语的专业化,保险合同所用术语非普通人所能理解,这在客观上有利于保险人的利益。因此,一旦合同成立而双方发生纠纷,投保人将处于不利的地位。为了保护被保险人或者受益人的利益,各国在长期的保险实务中积累发展了疑义解释原则,以示对被保险人或者受益人给予救济。这对于被保险人和受益人经济上的弱者的利益维护具有十分重大的意义。

(二)保险合同中使用的非保险术语应如何解释

专业术语的理解是否也一概无例外地适用疑义利益解释原则呢?从我国保险合同立法来看,对该问题一直没有作出规定。根据《保险法解释二》第17条的规定,保险人在其提供的保险合同格式条款中对非保险术语所作的解释符合专业意义,或者虽不符合专业意义,但有利于投保人、被保险人或者受益人的,人民法院应予认可。即不适用疑义利益解释原则。

本条将专业术语进一步区分为保险术语与非保险术语,并根据保险条款中是否就非保险术语作出了符合专业意义的解释这一标准来决定是否适用疑义利益解释原则。对于非保险术语,在保险条款中作出了解释且该解释合乎专业含义的,则不适用疑义利益解释原则;而对于保险术语,司法解释未作相同的规定。适用本条包含三个条件:(1)须为非保险术语;(2)须对非保险术语作了解释;(3)所作的解释须符合专业意义或者虽不符合专业意义,但有利于投保人、被保险人或者受益人。

本条在适用时应该注意以下几点:

1. 保险人在其提供的保险合同格式条款中对非保险术语所作的解释不符合专业上通常理解的,适用疑义利益解释原则。

2. 保险人在其提供的保险合同格式条款中对非保险术语所作的解释应具有确定性,如有歧义且产生了两种以上合理解释,仍应适用疑义利益解释原则。本条司法解释表述的“保险人在其提供的保险合同格式条款中对非保险术语所作的解释符合专业意义”,是指对非保险术语作出了内涵明确、在专业上不存在歧义的解释。如果对非保险术语作了解释但解释后仍然内涵不明确且引发了两种以上的合理解释,则其解释效果类似于未作出解释,这种情形应当适用疑义利益解释原则。

3. 保险合同对保险人提供的格式条款中使用的非保险术语未作出解释的,适用疑义利益解释原则。如果保险合同对保险人提供的格式条款中使用的非保险术语未作出解释,则不应当直接认可该术语的专业意义,亦即应当适用疑义利益解释原则,这亦是从本条司法解释规定中可以得出的符合逻辑的结论。

4. 保险术语在解释规则方面与普通格式条款用语并无区别,无论保险人是否在保险格式条款中就保险术语的含义作出了解释,均适用疑义利益解释原则。但这并不意味着适用疑义利益解释原则得出的结论一定对保险人不利;亦不意味着保险人预先在保险格式条款中就保险术语的含义作出解释的努力没有价值。

关联法规索引

《民法总则》第 142 条;《合同法》第 125 条

典型案例

海南丰海粮油工业有限公司诉中国人民财产保险股份有限公司海南省分公司海上货物运输保险合同纠纷案[1]

※案情简介：1995年11月28日，海南丰海粮油工业有限公司（以下简称丰海公司）在中国人民财产保险股份有限公司海南省分公司（以下简称海南人保）投保了由印度尼西亚籍"哈卡"轮（HAGAAG）所运载的自印度尼西亚杜迈港至中国洋浦港的4999.85吨桶装棕榈油，投保险别为一切险，货价为3,574,892.75美元，保险金额为3,951,258美元，保险费为18,966美元。投保后，丰海公司依约向海南人保支付了保险费，海南人保向丰海公司发出了起运通知，签发了海洋货物运输保险单，并将海洋货物运输保险条款附于保单之后。根据保险条款规定，一切险的承保范围除包括平安险和水渍险的各项责任外，海南人保还"负责被保险货物在运输途中由于外来原因所致的全部或部分损失"。该条款还规定了5项除外责任。上述投保货物是由丰海公司以CNF价格向新加坡丰益私人有限公司（以下简称丰益公司）购买的。根据买卖合同约定，发货人丰益公司与船东代理梁国际代理有限公司（以下简称梁国际）签订一份租约。该租约约定由"哈卡"轮将丰海公司投保的货物5000吨棕榈油运至中国洋浦港，将另1000吨棕榈油运往香港。

1995年11月29日，"哈卡"轮的期租船人、该批货物的实际承运人印度尼西亚PT. SAMUDERAINDRA公司（以下简称PSI公司）签发了编号为DM/YPU/1490/95的已装船提单。该提单载明船舶为"哈卡"轮，装货港为印度尼西亚杜迈港，卸货港为中国洋浦港，货物唛头为BATCHNO. 80211/95，装货数量为4999.85吨，清洁、运费已付。据查，发货人丰益公司将运费支付给梁国际，梁国际已将运费支付给PSI公司。1995年12月14日，丰海公司向其开证银行付款赎单，取得了上述投保货物的全套（3份）正本提单。1995年11月23日至29日，"哈卡"轮在杜迈港装载31,623桶、净重5999.82吨四海牌棕榈油启航后，由于"哈卡"轮船东印度尼西亚PT. PERUSAHAANPELAYARANBAHTERABINTANGSELATAN公司（以下简称BBS公司）与该轮的期租船人PSI公司之间因船舶租金发生纠纷，"哈卡"

[1] 本案根据2015年4月15日最高人民法院第十批第52号指导性案例（法〔2015〕85号）整理。

轮中止了提单约定的航程并对外封锁了该轮的动态情况。

为避免投保货物的损失，丰益公司、丰海公司、海南人保多次派代表参加“哈卡”轮船东与期租船人之间的协商，但由于船东以未收到租金为由不肯透露“哈卡”轮行踪，多方会谈未果。此后，丰益公司、丰海公司通过多种渠道交涉并多方查找“哈卡”轮行踪，海南人保亦通过其驻外机构协助查找“哈卡”轮。直至1996年4月，“哈卡”轮走私至中国汕尾被我海警查获。根据广州市人民检察院穗检刑免字(1996)64号《免予起诉决定书》的认定，1996年1月至3月，“哈卡”轮船长埃里斯·伦巴克根据BBS公司指令，指挥船员将其中11,325桶2100多吨棕榈油转载到属同一船公司的“依瓦那”和“萨拉哈”货船上运走销售，又让船员将船名“哈卡”轮涂改为“伊莉莎2”号(ELIZAⅡ)。1996年4月，更改为“伊莉莎2”号的货船载剩余货物20,298桶棕榈油走私至中国汕尾，4月16日被我海警查获。上述20,298桶棕榈油已被广东省检察机关作为走私货物没收上缴国库。1996年6月6日丰海公司向海南人保递交索赔报告书，8月20日丰海公司再次向海南人保提出书面索赔申请，海南人保明确表示拒赔。丰海公司遂诉至海口海事法院。

海口海事法院于1996年12月25日作出(1996)海商初字第096号民事判决：(一)海南人保应赔偿丰海公司保险价值损失3,593,858.75美元；(二)驳回丰海公司的其他诉讼请求。宣判后，海南人保提出上诉。海南省高级人民法院于1997年10月27日作出(1997)琼经终字第44号民事判决：撤销一审判决，驳回丰海公司的诉讼请求。丰海公司向最高人民法院申请再审。最高人民法院于2003年8月11日以(2003)民四监字第35号民事裁定，决定对本案进行提审，并于2004年7月13日作出(2003)民四提字第5号民事判决：(一)撤销海南省高级人民法院(1997)琼经终字第44号民事判决；(二)维持海口海事法院(1996)海商初字第096号民事判决。

最高人民法院认为：本案为国际海上货物运输保险合同纠纷，被保险人、保险货物的目的港等均在中华人民共和国境内，原审以中华人民共和国法律作为解决本案纠纷的准据法正确，双方当事人亦无异议。

丰海公司与海南人保之间订立的保险合同合法有效，双方的权利义务应受保险单及所附保险条款的约束。本案保险标的已经发生实际全损，对此发货人丰益公司没有过错，亦无证据证明被保险人丰海公司存在故意或过失。保险标的的损失是由于“哈卡”轮船东BBS公司与期租船人之间的租金纠纷，将船载货物运走销售和走私行为造成的。本案争议的焦点在于如何理解涉案保险条款中一切险的责任范围。

二审审理中,海南省高级人民法院认为,根据保险单所附的保险条款和保险行业惯例,一切险的责任范围包括平安险、水渍险和普通附加险(偷窃提货不着险、淡水雨淋险、短量险、沾污险、渗漏险、碰损破碎险、串味险、受潮受热险、钩损险、包装破损险和锈损险),中国人民银行《关于〈海洋运输货物"一切险"条款解释的请示〉的复函》亦作了相同的明确规定。可见,丰海公司投保货物的损失不属于一切险的责任范围。此外,鉴于海南人保与丰海公司有长期的保险业务关系,在本案纠纷发生前,双方曾多次签订保险合同,并且海南人保还作过一切险范围内的赔付,所以丰海公司对本案保险合同的主要内容、免责条款及一切险的责任范围应该是清楚的,故认定一审判决适用法律错误。

从保险条款的规定看,海洋运输货物保险条款中的一切险条款具有如下特点:

1. 一切险并非列明风险,而是非列明风险。在海洋运输货物保险条款中,平安险、水渍险为列明的风险,而一切险则为平安险、水渍险再加上未列明的运输途中由于外来原因造成的保险标的的损失。

2. 保险标的的损失必须是外来原因造成的。被保险人在向保险人要求保险赔偿时,必须证明保险标的的损失是因为运输途中外来原因引起的。外来原因可以是自然原因,亦可以是人为的意外事故。但是一切险承保的风险具有不确定性,要求是不能确定的、意外的、无法列举的承保风险。对于那些预期的、确定的、正常的危险,则不属于外来原因的责任范围。

3. 外来原因应当限于运输途中发生的,排除了运输发生以前和运输结束后发生的事故。只要被保险人证明损失并非因其自身原因,而是运输途中的意外事故造成的,保险人就应当承担保险赔偿责任。

根据《保险法》的规定,保险合同中规定有关于保险人责任免除条款的,保险人在订立合同时应当向投保人明确说明,未明确说明的,该条款仍然不能产生效力。据此,保险条款中列明的除外责任虽然不在保险人赔偿之列,但是应当以签订保险合同时,保险人已将除外责任条款明确告知被保险人为前提。否则,该除外责任条款不能约束被保险人。

关于中国人民银行的复函意见。在保监委成立之前,中国人民银行系保险行业的行政主管机关。1997 年 5 月 1 日,中国人民银行致中国人民保险公司《关于

〈海洋运输货物保险“一切险”条款解释的请示〉的复函》中，认为一切险承保的范围是平安险、水渍险及被保险货物在运输途中由于外来原因所致的全部或部分损失。并且进一步提出：外来原因仅指偷窃、提货不着、淡水雨淋等。1998年11月27日，中国人民银行在对《中保财产保险有限公司关于海洋运输货物保险条款解释》的复函中，再次明确一切险的责任范围包括平安险、水渍险及被保险货物在运输途中由于外来原因所致的全部或部分损失。其中外来原因所致的全部或部分损失是指11种一般附加险。鉴于中国人民银行的上述复函不是法律法规，亦不属于行政规章。根据《立法法》的规定，国务院各部、委员会、中国人民银行、国家审计署以及具有行政管理职能的直属机构，可以根据法律和国务院的行政法规、决定、命令，在本部门的权限范围内，制定规章；部门规章规定的事项应当属于执行法律或者国务院的行政法规、决定、命令的事项。因此，保险条款亦不在职能部门有权制定的规章范围之内，故中国人民银行对保险条款的解释不能作为约束被保险人的依据。另外，中国人民银行关于一切险的复函属于对保险合同条款的解释。而对于平等主体之间签订的保险合同，依法只有人民法院和仲裁机构才有权作出约束当事人的解释。为此，上述复函不能约束被保险人。要使该复函所做解释成为约束被保险人的合同条款，只能是将其作为保险合同的内容附在保险单中。之所以产生中国人民保险公司向主管机关请示一切险的责任范围，主管机关对此作出答复，恰恰说明对于一切险的理解存在争议。而依据《保险法》第三十一条的规定，对于保险合同的条款，保险人与投保人、被保险人或者受益人有争议时，人民法院或者仲裁机关应当作有利于被保险人和受益人的解释。作为行业主管机关作出对本行业有利的解释，不能适用于非本行业的合同当事人。

综上，应认定本案保险事故属一切险的责任范围。二审法院认为丰海公司投保货物的损失不属一切险的责任范围错误，应予纠正。丰海公司的再审申请理由依据充分，应予支持。

※裁判要旨：中国人民银行关于一切险的复函属于对保险合同条款的解释。而对于平等主体之间签订的保险合同，依法只有人民法院和仲裁机构才有权作出约束当事人的解释。对于保险合同的条款，保险人与投保人、被保险人或者受益人有争议时，应当作有利于被保险人和受益人的解释。海上货物运输保险合同中的“一切险”，除包括平安险和水渍险的各项责任外，还包括被保险货物在运输途中由于外来原因所致的全部或部分损失。在被保险人不存在故意或者过失的情况下，

由于相关保险合同中除外责任条款所列明情形之外的其他原因，造成被保险货物损失的，可以认定属于导致被保险货物损失的“外来原因”，保险人应当承担运输途中由该外来原因所致的一切损失。

第三十一条　【人身保险利益】投保人对下列人员具有保险利益：

（一）本人；

（二）配偶、子女、父母；

（三）前项以外与投保人有抚养、赡养或者扶养关系的家庭其他成员、近亲属；

（四）与投保人有劳动关系的劳动者。

除前款规定外，被保险人同意投保人为其订立合同的，视为投保人对被保险人具有保险利益。

订立合同时，投保人对被保险人不具有保险利益的，合同无效。

条文解读

本条是对人身保险中投保人对哪些人员具有保险利益的规定。

保险利益是指投保人或者被保险人对保险标的具有的法律上承认的利益。

（一）依照本条规定，人身保险的投保人，对下列人员具有保险利益：

1. 本人。投保人与自己的生命和健康有最大的利害关系，当然具有保险利益。

2. 配偶、子女、父母。配偶、子女、父母与投保人具有亲属、血缘以及经济上的利害关系，是投保人的近亲属，相互之间具有保险利益。配偶是指与投保人具有合法婚姻关系的另一方，夫妻互为配偶。投保人的子女包括投保人的婚生子女、非婚生子女、养子女和有抚养关系的继子女。父母包括生父母、养父母和有扶养关系的继父母。

3. 与投保人有抚养、赡养或者扶养关系的家庭其他成员、近亲属。家庭其他成员、近亲属主要包括：投保人的祖父母、外祖父母、孙子女以及外孙子女等直系血亲；投保人的亲兄弟姐妹、养兄弟姐妹、有抚养关系的继兄弟姐妹等旁系血亲。如果投保人与配偶、子女、父母以外的家庭其他成员、近亲属之间没有形成抚养、赡养、扶养关系，则投保人对他们不具有保险利益。

4. 与投保人有劳动关系的劳动者。企业、个体经济组织、民办非企业单位对其职工具有保险利益,可以直接为其职工投保,而不需要依照本条第 2 款的规定经过职工本人同意。

5. 被保险人同意的投保人。不论投保人与被保险人相互间有无利害关系,只要被保险人同意,投保人即有保险利益。该同意可以是书面同意,也可以是其他形式的同意。

(二)订立人身保险合同时,投保人对被保险人不具有保险利益的,合同无效。这样规定的目的是防止道德危险。需要注意的是,本法对人身保险中保险利益的要求限于投保人在订立合同时对被保险人具有保险利益。如果合同订立后、发生保险事故时投保人对被保险人不具有保险利益,不影响合同的效力。

配套法规及解读

《合同法》(1999 年 3 月 15 日)

第五十八条 合同无效或者被撤销后,因该合同取得的财产,应当予以返还;不能返还或者没有必要返还的,应当折价补偿。有过错的一方应当赔偿对方因此所受到的损失,双方都有过错的,应当各自承担相应的责任。

《保险法解释二》(2013 年 5 月 31 日)

第二条 人身保险中,因投保人对被保险人不具有保险利益导致保险合同无效,投保人主张保险人退还扣减相应手续费后的保险费的,人民法院应予支持。

《保险法解释三》(2015 年 11 月 25 日)

第四条 保险合同订立后,因投保人丧失对被保险人的保险利益,当事人主张保险合同无效的,人民法院不予支持。

※法规解读:保险利益原则是《保险法》基本原则之一,体现在《保险法》第 12 条、第 31 条和第 48 条规定中。

(一)人身保险利益不存在的法律后果

关于人身保险利益不存在的法律效力,《保险法》第 31 条第 3 款规定:人身保险利益不存在的,保险合同无效。

人身保险合同因投保人不具有保险利益无效后,保险人是否应当返还已经收取的保险费,存在不同认识。根据《合同法》第 58 条的规定,合同无效后,双方当事人应当相互返还取得的财产,有过错的应赔偿对方因此遭受的损失。投保人支付给保险人的保险费,从性质上来说属于应当返还的财产,而不是双方遭受的损失,故《保险法解释二》第 2 条规定,保险人应当退还保险费。

对于保险合同因不具有保险利益无效后,保险人在向投保人返还保险费时是否可以扣除手续费,存在肯定说和否定说。根据《保险法解释二》第 2 条的规定,投保人主张保险人退还扣减相应手续费后的保险费的,人民法院应予支持。值得注意的是:第一,保险人扣减的手续费应当是合理的。手续费是保险公司因开展保险经营活动所支出的成本,该成本应当是实际支出,且该支出应当是合理的。诉讼中,如果当事人对手续费的具体数额存在争议的,可以要求保险公司对手续费计算的合理性承担举证责任。第二,保险人只能扣减与投保人过错相对应的手续费。手续费是保险公司因保险合同无效遭受的损失,该损失应当由保险公司与投保人根据过错程度来分担。一般来说,保险人对保险合同因投保人不具有保险利益而无效存在过错,应自行承担部分手续费。保险公司能够扣减手续费的比例,应根据投保人的过错程度进行判断。

(二)保险合同存续期间投保人对被保险人丧失保险利益的效力

由于人身保险合同的存续期间都比较长,在其存续期间,投保人与被保险人之间的利益关系或者血缘关系会发生变化。投保人对被保险人的保险利益也可能随之消失。在此情况下,保险合同是否因之失其效力?对此存在两种不同观点,一种观点认为,人身保险合同中仅需投保人在合同成立时有保险利益即可,合同成立后投保人丧失保险利益的不影响合同效力。另一种观点认为,不管是人身保险还是财产保险,保险利益在保险合同成立与保险事故发生时均需存在。根据《保险法解释三》第 4 条的规定,投保人在合同订立后丧失保险利益的,不影响保险合同的效力。

第一,这符合保险利益原则的制度功能。

保险利益原则之所以会影响到保险合同的效力,原因在于保险利益原则具有防止赌博行为、防范道德风险的功能。保险立法与保险审判实践应当体现鼓励保险交易的基本原则,尽量维持保险合同的效力。只有在可能存在道德风险或者增加道德风险的情况下,才有必要适用保险利益原则,对保险合同的效力进行限制。投保人丧失保险利益是否影响保险合同的效力,取决于有没有必要通过保险利益原则来防范其中的道德风险。从防范道德风险的角度来看,不管投保人是否同时是保险合同的受益人，其在保险合同存续期间丧失保险利益都不会增加被保险人的道德风险。

第二，这符合人身保险合同的特点。

人身保险合同一般是比较长时期的合同，具有跨度长、主体多的特征。首先，在人身保险合同履行过程中，如果投保人不愿意缴纳保险费，被保险人、受益人可以补交保险费而使得该保险合同效力得到维持。如果僵硬地认定在保险合同订立时以及保险事故发生时，投保人都必须对保险标的具有保险利益，则会与保险实务严重脱节，并且会不合理地损害被保险人、受益人甚至是投保人的合法权益。其次，大部分人身保险合同是一种可以转让的有价单据，具有储蓄及投资的性质，如果合同因保险利益的丧失而丧失价值，势必违背公平正义的基本理念。最后，人身保险，尤其是人寿保险，具有储蓄及投资的性质，到期后所受领的保险金额为其自己所支付保险费及利息的累积款，或甚至少于此种累积额。投保人本于善意，对被保险人投保人寿保险，其后纵因人事变迁，致投保人对被保险人失去保险利益，而不应影响其合同所享有的权益，否则，多年的储蓄及投资，非因其自己之过失而落空，不但对投保人显失公平，且有违保险之目的。

关联法规索引

《合同法》第52条；《保险法》第12条、第31条、第34条、第40条、第41条、第43条；《保险法解释三》第1条、第3条

典型案例

王某与某保险股份有限公司海安支公司人身保险合同案[1]

※案情简介：2004年年初，案外人贲某变造蒙古国建筑装潢公司的委托书，委托海安县某经济信息服务部（以下简称某服务部）招收赴蒙古国劳务人员。2004年2月8日，原告王某在某服务部报名，贲某在内蒙古二连浩特市为包括王某在内的劳务人员办理了为期一个月的旅游签证。

〔1〕 本案根据江苏省南通市中级人民法院（2005）通中民二终字第0221号民事判决书整理。

2004 年 2 月 10 日，某服务部在王某等人准备前去二连浩特市时，将贲某委托其与劳务人员签订的《外蒙建筑工劳务协议书》交王某等人签字。协议书中，贲某作为甲方承诺有依法招聘合格出国劳工的招工权，并为应聘的乙方工人办理人身意外伤亡保险，保险金额为 12 万元/人，如发生伤亡事故，按保险公司规定执行，赔偿金由保险公司支付，甲方不承担经济赔偿责任，合同有效期为两年。之后，某服务部以贲某作为投保人、王某为被保险人，向被告某保险股份有限公司海安支公司（以下简称某保险公司）投保了人身意外伤害保险，某保险公司签发人身意外伤害保险单。在该保险单中，投保人与被保险人关系栏为“雇用”，工种为“木工”，保险期限自 2004 年 2 月 11 日 0 时起至 2005 年 2 月 10 日 24 时止，保险金额为 12 万元。在该保险单所附条款第三条规定的保险责任中载明，因意外事故以致双目永久完全失明或两肢永久完全残疾，给付保险金额全数。随后，贲某组织王某等劳务人员出境去蒙古国非法打工。2004 年 8 月，王某等人被蒙古国边防部门罚款后遣返回国。贲某被南通市中级人民法院一审以构成组织他人偷越国（边）境犯罪判处有期徒刑 10 年。

王某回国后，与他人一起至上海市虹口区打工，从事建筑装潢业务。2004 年 11 月 6 日凌晨 2 时许，王某在睡眠中不慎从所睡的上床铺跌至地面受伤，随后被同室人员送至上海市第一人民医院抢救，经诊断为 C4/5 脱位伴高位截瘫，经住院治疗，于同年 12 月 3 日出院。事故发生后，王某家人向某保险公司报险，双方就保险理赔问题发生争议，王某遂向法院提起诉讼，请求判令被告某保险公司给付原告意外伤害保险金 12 万元。

被告某保险公司辩称：第一，投保人贲某故意隐瞒其非法组织原告等人去蒙古国打工的事实，未履行如实告知的义务，被告有权随时解除合同。第二，贲某与原告之间不存在合法的雇佣关系，是组织与被组织偷越国（边）境的非法关系。贲某组织原告等人偷越国（边）境构成犯罪，已被南通市中级人民法院判处有期徒刑 10 年。贲某为其犯罪的行为对象投保，是其组织他人偷越国（边）境犯罪的一个环节，作为被保险人的原告出国打工的行为违法，故保险合同无效。第三，原告身为被保险人回国后打工，增加了保险人的风险，但原告未通知保险人，亦未与保险人协商调整保险费，且此时投保人与被保险人之间的雇佣关系已经不再存在，造成原告伤害的意外事故不属保险的范围。请求驳回原告的诉讼请求。

经审理后，一审法院认为：贲某以其受蒙古国建筑装潢公司委托招收、组织劳务人员出国打工为由，通过某服务部招收原告等人出国打工，贲某与原告之间因出国劳务事项形成雇佣关系，且贲某在与原告所订的《外蒙建筑工劳务协议书》中明确约定为原告办理人身意外伤亡保险，可以说明原告同意贲某为其投保，应认定作为投保人的贲某对被保险人具有保险利益。在贲某委托某服务部为原告等人投保及被告签发保单的过程中，就保险事项体现了保险合同当事人的真实意思，且不违反法律、行政法规的强制性规定，故应认定贲某以原告为被保险人与被告所订立的人身意外伤害保险合同合法有效。

人身保险合同的投保人在保险合同订立后，失去其在订立保险合同时所应具有的保险利益，但不影响已经订立的人身保险合同的效力。原告从蒙古国被遣返回国后，自行去上海打工，虽在事实上终止了与投保人在保险合同订立时存在的雇佣关系，但保险合同中工种栏原先所涉及职业并没有改变。被告关于原告回国后与投保人不存在雇佣关系、回国后打工风险增加未通知保险人、未与保险人协商调整保险费、原告所受伤害不在其保险范围的辩称意见，一审法院也不予采信。

据此，一审法院判决：被告某保险公司于判决发生法律效力后10日内给付原告王某保险公司金12万元。

某保险公司不服一审判决，提起上诉。二审法院认为：原审对本案定性和判决是正确的。本案所涉人身意外伤害保险合同是当事人真实意思表示，不违反法律法规的禁止性规定，应认定有效，双方当事人均应遵照履行。从贲某犯罪与为王某签订保险合同关系看，为王某签订保险合同不是贲某进行犯罪活动的手段，贲某犯组织他人偷越国（边）境罪与为王某投保是两个不同的法律关系，两个法律关系之间在违法性上没有因果关系。尽管王某出国打工是事实，但人民法院没有认定王某参与犯罪，也没有认定王某到上海打工违法。故某保险公司关于贲某犯罪导致其为王某投保无效的理由不能成立。从地域范围看，案涉保险合同未设定保险地域范围，未明确仅对王某在蒙古国打工提供保险，也未设定保险公司对王某在上海打工跌伤可以免责的条款。从出险可能性看，没有证据证明到蒙古国打工的风险一定小于国内，也没有证据证明在国内打工的风险大于到国外打工。何况，王某并非在打工过程中跌伤，而是在睡眠中滚落跌伤。而睡眠作为自然人必需的生理需要，与在何处打工没有关系。某保险公司关于到蒙古国打工风险小于到上海打工的理由，与王某在睡眠中滚落跌伤出险的事实之间缺乏逻辑联系。从意外险出险方式看，合同没有设定意外险出险的方式范围，更没有设定诸如王某在睡眠中滚落跌伤免责的条款。关于此前贲某与王某是否到国外打工,与本案保险合同法律关系无涉。因此,二审法院判决:驳回上诉,维持原判。

※裁判要旨:在人身保险合同中,确定是否具有保险利益的时间节点是在订立保险合同时,只要在此时具有保险利益则保险合同有效,否则即无效。

一、关于投保人贲某对被保险人王某是否具有保险利益,保险合同是否有效的问题。根据《保险法》第三十一条第一款第(四)项的规定,投保人对与其有劳动关系的劳动者具有保险利益。同时该条第二款规定,被保险人同意投保人为其订立保险合同的,视为投保人具有保险利益。本案中,投保人贲某与原告王某签订了《外蒙建筑工劳务协议书》,并实际组织王某出国务工。在该协议中双方明确约定由贲某为王某办理人身意外伤亡保险,可以证实王某同意贲某为其投保。因此,在订立保险合同时,投保人贲某与被保险人王某是"雇用"与"被雇用"的关系,且投保得到了王某的同意,由此可以认定贲某为王某投保具有保险利益。根据《保险法》第三十一条第三款的规定,在人身保险合同中,确定是否具有保险利益的时间节点是在订立保险合同时,只要在此时具有保险利益则保险合同有效,否则即无效。至于在被保险人发生保险事故时,投保人对保险标的是否具有保险利益并不影响保险合同的效力。

二、关于贲某组织王某非法出国打工等情况是否影响保险合同效力的问题。虽然贲某违法组织他人出国劳务,构成组织他人偷越国(边)境罪,但是投保人贲某为王某投保并不是其进行犯罪活动的手段,两者在违法性上没有因果关联性,是不同的法律关系,不存在为非法目的订立保险合同的问题。而且,法院没有认定王某参与犯罪,也没有认定王某到上海打工违法。因此,王某非法出国打工不必然造成保险合同无效。另外,本案中王某为睡眠中滚落跌伤,与在何处打工没有关联性。

第三十二条 【申报年龄不真实的处理】投保人申报的被保险人年龄不真实,并且其真实年龄不符合合同约定的年龄限制的,保险人可以解除合同,并按照合同约定退还保险单的现金价值。保险人行使合同解除权,适用本法第十六条第三款、第六款的规定。

投保人申报的被保险人年龄不真实,致使投保人支付的保险费少于应付保险费的,保险人有权更正并要求投保人补交保险费,或者在给付保险金时

按照实付保险费与应付保险费的比例支付。

投保人申报的被保险人年龄不真实，致使投保人支付的保险费多于应付保险费的，保险人应当将多收的保险费退还投保人。

条文解读

本条是对投保人不如实申报被保险人年龄的法律后果的规定。

保险公司根据人身保险的特点，按照概率计算，确定了承保年龄的最高上限，对超过这一年龄的，不予承保。同时，保险公司要以被保险人的年龄为参照值，根据生命表等计算出死亡概率，确定被保险人在不同年龄段投保时应缴纳保险费的费率。因此，人身保险合同中被保险人的年龄对保险人决定是否承保、确定保险费率的高低有重大影响。

配套法规及解读

《保险法》（2015 年 4 月 24 日修订）

第十六条第一款　订立保险合同，保险人就保险标的或者被保险人的有关情况提出询问的，投保人应当如实告知。

第二款　投保人故意或者因重大过失未履行前款规定的如实告知义务，足以影响保险人决定是否同意承保或者提高保险费率的，保险人有权解除合同。

※法规解读：《保险法》第 16 条规定，订立保险合同，保险人就保险标的或者被保险人的有关情况提出询问的，投保人应当如实告知。并对投保人不履行如实告知义务的法律后果作了规定。《保险法》第 32 条既是对这一规定的具体体现，又是针对人身保险合同的特点作出的特别规定。

（一）被保险人的真实年龄不符合合同约定的年龄限制，保险人有权解除合同。

1. 为了保证合同的相对稳定性，本条第 1 款对保险人解除合同的时限作了规定。即适用本法第 16 条第 3 款关于自合同成立之日起超过二年的，保险人不得解除合同，发生保险事故的，保险人应当承担给付保险金责任的规定。此外，为了更好地保护被保险人、受益人的利益，保险人行使合同解除权，适用本法第 16 条第 6 款关于“禁止反言原则”的规定，即保险人在合同订立时已经知道被保险人的实际年龄超过了合同约定的年龄限制而仍与投保人签订合同的,保险人不得解除合同。发生保险事故的,保险人应当承担给付保险金的责任。

2. 本条在赋予保险人合同解除权的同时,本着公平原则,规定保险人应当按照合同约定退还保险单的现金价值。保险单具有现金价值,是人身保险与财产保险的不同之处。人身保险尤其是长期寿险,兼有储蓄和投资的作用。寿险中的保险费由两部分组成:一是危险保险费,二是储蓄保险费。后者作为责任准备金的这部分保险费就是保险单的现金价值,它相当于投保人放在保险人处的储蓄存款,最后会以保险金的形式给付受益人。在人身保险合同解除后,合同效力虽然不存在了,但是在投保人长期支付保险费基础上积累起来的现金价值却不因此而消失,保险人不能据为己有,应当退还投保人。

(二)被保险人的真实年龄并未超过合同约定的年龄限制,但是投保人申报的被保险人的年龄比被保险人的真实年龄小,使投保人少交了保险费。对这种情形,保险人有权更正,并要求投保人按被保险人的真实年龄补交保险费,或者在给付保险金时按照实付保险费与应付保险费的比例支付。

(三)被保险人的真实年龄并未超过合同约定的年龄限制,但是投保人申报的被保险人的年龄比被保险人的真实年龄要大,使投保人多交了保险费。对这种情形,本条规定,保险人应当将多收的保险费退还投保人。

关联法规索引

《保险法》第 16 条第 3 款、第 6 款

典型案例

屈甲诉湖南通达联运有限责任公司等投保年限更改纠纷案[1]

※案情简介:1982 年 12 月,原告屈甲在其屈乙初退休后顶招为原石门县航运公司工人。招收时履历表出生年月为 1964 年 11 月。1990 年 8 月原告申请从航运公司调至联运公司(原石门县运输公司)工作,在申请人年龄一栏中填报为 24 岁。

[1] 本案根据湖南省石门县人民法院(1999)石民初字第 340 号民事判决书整理。

1993年4月23日,被告联运公司为解决职工的后顾之忧,作为福利为全公司在册职工250人向保险公司投"补充式养老金保险"。并与保险公司约定1947年4月以后出生的男性职工从年满55周岁起领取养老金。当时联运公司向保险公司申报原告年龄为1967年11月出生,在向保险公司申报时未与原告核对,也未在单位张榜公布,只凭单位职工花名册向保险公司申报。1999年11月,联运公司进行改制单位名称由石门县联运总公司改名为石门县通达联运有限责任公司,并公布职工名册和发放补充式养老保险单,此时原告才知晓联运公司为自己投保的补充式养老金保险出生年月为1967年11月,原告知晓后曾要求单位为其更正,但终因与保险公司就增加保费的事未能达成协议而未办妥。另查明,1999年11月24日原告屈甲向石门县公安局户政股提出申请,要求将自己原为1965年11月21日出生日期依据单位招工政审表更改为1964年11月21日出生,同日户政股通知楚江派出所作了变更。另查明,原告屈甲在1980年入团志愿书上记载出生年月为1966年11月21日,1990年8月申请调动表上的年龄记载为24岁。庭审中原告陈述工人调动审批表上出生年龄为自己书写,入团志愿书中的出生年月为他人书写,经本院司法技术室字迹鉴定两项相关内容为一人书写。庭审中,依被告保险公司计算,原告出生年龄变更为1964年11月后,在月保险金不变情况下,应补交保费5840元。

原告屈甲诉称,第一被告在申报我出生年月日时错报为1967年11月出生,造成原告年原满58周岁时才能领取养老金,致使原告期待的利益受到损害,第一被告的错报原告年龄的行为直到1999年11月单位改制时原告方才知晓。原告曾多次与二被告协商要求更正出生年月,二被告相互推诿不予处理,要求二被告更正原告保险单中出生年月,并保证依约给原告发放养老金,或责令二被告因工作失误给原告造成期待利益损失5943.60元。

被告联运公司辩称,原告系原航运公司转来职工,到我单位时原告登记出生年月为1966年11月,原告最早档案1980年的入团志愿书也是1966年11月出生,另外还有原身份证为1965年11月出生,多类档案不一致无法认定原告的出生年月。补充式养老保险是"职代会"根据职工的年龄来算的,现在原告要求我们为其变更年龄,我们无法变更,赔偿损失也无资金来源。

被告保险公司辩称,原告的投保年龄系联运公司向我处申报,即使原告出生年月有错与我们保险公司亦无联系,现在我们同意在投保人或受益人增加保费的前提下更改原告出生年月,或在原保费不变,降低月发补充养老金标准前提下更正原告的出生年月。

法院认为,被告联运公司在法律允许的范围内为本单位职工进行补充式养老金保险,作为职工的一种福利落实到职工个人,其行为并无不当。但在具体办理过程中,对涉及投保有关事项应尽注意核实义务。被告联运公司为原告上报投保年龄时未与原告核对出生年月,仅凭职工花名册及原告"职工调动申请表"进行推算,对原告出生年月造成错报,对此被告联运公司应承担错报年龄的相应责任。原告在1990年职工调动申请表中将自己的年龄申报为24岁。事后也未向单位作出更正,对此原告自己也应承担一定错报责任。原告在1999年11月24日前,其户口记载出生年月为1965年11月21日,1999年11月25日原告通过公安机关将自己的出生年1965年11月21日变更为1964年11月21日出生,该段记载年龄的过错责任应由原告自己承担。被告保险公司发现原告年龄有误报的情况,应依法及时予以纠正。

为此,依据《劳动法》第三条、第七十五条、第七十六条,当时《保险法》第五十三条之规定,判决如下:

一、被告联运公司于本判决生效后5日内补交原告18个月保费2940元,另18个月保费由原告自己向保险公司补交。

二、被告保险公司从原告及被告联运公司补充保费之日起5日内,在确定原告原约定月支取保险金不变的条件下,将原告的出生年月更为1964年11月。

本案案件受理费及其他实际支出1500元(含鉴定费),由原告承担750元,被告联运公司承担750元。

※裁判要旨:联运公司对涉及投保的有关事项应尽注意核实义务。联运公司为屈甲上报投保年龄时未与屈甲核对出生年月,仅凭职工花名册及屈甲"职工调动申请表"进行推算,对屈甲出生年月造成错报,对此联运公司应承担错报年龄的相应责任。所以判决联运公司在其过错范围内补交保险费。

第三十三条 【死亡保险的禁止】投保人不得为无民事行为能力人投保以死亡为给付保险金条件的人身保险,保险人也不得承保。

父母为其未成年子女投保的人身保险,不受前款规定限制。但是,因被保险人死亡给付的保险金总和不得超过国务院保险监督管理机构规定的限额。

条文解读

本条是对禁止为无民事行为能力人投保死亡险的规定。

(一)以死亡为给付保险金条件的保险是以被保险人的死亡作为保险事故,在事故发生时由保险人向受益人支付保险金的人身保险。根据我国《民法总则》的规定,无民事行为能力人是指不满八周岁的未成年人和不能辨认自己行为的成年人。无民事行为能力人缺乏自我保护能力,本身很容易遭受危险。为他们投死亡保险,可能会有人故意制造使他们的保险事故来赚取保险金。所以规定禁止为无民事行为能力人投保和承保以死亡为给付保险金条件的人身保险。

(二)通常情况下,父母不会为赚取保险金而有意制造自己未成年子女死亡的保险事故,本条规定父母可以为其未成年子女投保以死亡为给付保险金的保险。但为了防止万一,本条仍然从保险金的约定上作了限制性规定,即保险金总和不得超过保险监督管理机构规定的限额,避免父母为其未成年子女投保巨额保险。

配套法规及解读

《保险法解释三》(2015 年 11 月 15 日)

第六条 未成年人父母之外的其他履行监护职责的人为未成年人订立以死亡为给付保险金条件的合同,当事人主张参照保险法第三十三条第二款、第三十四条第三款的规定认定该合同有效的,人民法院不予支持,但经未成年人父母同意的除外。

※法规解读:在投保人与被保险人为不同之人的情形,为避免赌博行为、防止道德危险,《保险法》上建立了保险利益制度,禁止投保人为其无保险利益的他人投保人身保险。尽管保险利益在相当程度上具有防止道德危险发生之功能,但并不绝对。对于以他人的生命投保保险,以“死亡”为保险事故的,为保护被保险人,有必要在保险利益的基础上对投保人的投保行为作出进一步的限制,建立被保险人同意制度,未经被保险人同意而订立的此类保险合同,其效力应予否认。根据《保险法》第 34 条的规定,“被保险人同意”的内容,包括“同意为被保险人”及“同意一定数额的保险金额”。在父母为未成年人子女投保的情形下,由于父母与子女血脉相连,道德危险发生的机会极低,况且未成年人意外伤亡的可能性较高,其依赖保

险制度保护的程度更高。因此,按照《保险法》第33条的规定,若父母为投保人,以其未成年子女为被保险人,投保死亡保险,可以放宽死亡保险必须经被保险人同意的限制。但基于对未成年人的保护考虑,即便是父母作为投保人,为降低道德危险,亦应当对保险金额作出法定限制。

仅允许未成年人父母为未成年子女投保死亡险的做法,虽能很好保护未成人免于被他人作为骗保的对象,但也带来新的问题。实践中,未成年人父母之外的其他人也可能为未成年人投保死亡险,一律不承认这类保险合同的效力是否完全符合未成年人的利益?《保险法解释三》第6条作出了具体规定。

根据本条司法解释的精神,《保险法》允许父母为其未成年子女投保,应当既包括父母亲自投保,亦应当包括经父母同意的他人的投保。防范道德风险的关键在于受益人的确定及未确定受益人时保险金的分配,由未成年人的父母进行把关,能够产生与其自身投保相同的效果。因此,将未成年人父母投保,扩大到经未成年人的父母同意的投保,符合立法本意。

值得注意的是,本条司法解释并未允许父母死亡或丧失监护能力的情况下的其他监护人为未成年人订立死亡险合同。而且,司法解释对投保人的身份进行了严格的限制,只扩大到未成年人父母之外的其他履行监护职责的人。如果是未成年人的近亲属,但未因法定或受托享有监护权,则不具有为无民事行为能力的未成年人投保死亡保险的资格,其所签保险合同为无效。

关联法规索引

《民法总则》第20条、第21条;《保险法》第31条、第34条;《中国保险监督管理委员会关于父母为其未成年子女投保死亡人身保险限额的通知》(保监发〔1999〕43号);《中国保险监督管理委员会关于在北京等试点城市放宽未成年人死亡保险金额的通知》(保监发〔2002〕34号);《中国保险监督管理委员会关于父母为其未成年子女投保以死亡为给付保险金条件人身保险有关问题的通知》(保监发〔2010〕95号);《中国保险监督管理委员会关于父母为其未成年子女投保以死亡为给付保险金条件人身保险有关问题的通知》(保监发〔2015〕90号)

典型案例

乔某、周某诉中国人寿保险股份有限公司绵竹市支公司保险合同纠纷案[1]

※案情简介：原告乔某、周某诉称，2005年4月，原告为其子小乔在被告中国人寿保险股份有限公司绵竹市支公司处投保了3万元康宁终身保险，约定若被保险人身故，被告按基本保额的3倍赔付。原告每年还为小乔在被告处购买了2万元保额的学生平安保险。两险累计小乔身故保险金为11万元，其受益人为二原告。2008年5月6日下午，小乔下河游泳时不幸溺水身亡。同年6月被告向原告赔付学生平安险保险金2万元，康宁终身险保险金33,280元，其中的3280元是退还4年所缴保险费。二原告认为保监发(1999)43号文是以前制定的，与现实不符，应予修正；况"5·12"地震后被告理赔也超过了5万元限额，小乔身故理应按9万元赔付而不是3万元。二原告遂诉至本院，请求判令被告向二原告给付保险金6万元及其利息(从2008年6月26日起算)、精神损害抚慰金5000元。

被告辩称，原告所述属实。被告已按照合同约定履行了全部赔偿义务。未成年人身故的保险赔偿总额不得超过5万元限额系法律禁止性规定，不应违反；何况原、被告双方还签订有《未成年人特约》，确定了5万元的限额。原告的诉讼请求不成立。

法院认为，(一)为了保护未成年人的合法权益，2002年修正的我国《保险法》第五十五条规定，"投保人不得为无民事行为能力人投保以死亡为给付保险金条件的人身保险，保险人也不得承保。父母为其未成年子女投保的人身保险，不受前款规定限制，但是死亡给付保险金总和不得超过保险监督管理机构规定的限额"。2009年修订的《保险法》第三十三条也作了相同规定。中国保险监督管理委员会〔1999〕43号文件规定，未成年人死亡保额不得超过人民币5万元，若累计死亡保额超过5万元的，公司将在给付5万元身故保险金后，将剩余保险金额对应的保费无息退还给投保人。由此可见，未成年人死亡给付保险金总和不得超过5万元属法律禁止性规定，当事人订立合同时不得违反。原、被告订立的《保险合同》，因双方具有完全民事行为能力、意思表示真实、合同内容不违反法律法规的强制性(禁

---

〔1〕 本案根据四川省绵竹市人民法院(2009)绵竹民初字第340号民事判决书整理。

止性)规定,对双方具有约束力。其第11页为《未成年人投保特别约定声明书》,约定小乔死亡给付保险金总和不得超过5万元,其有投保人原告乔某的签名确认。因此,因未成年人小乔亡故,被告向二原告给付保险金总和不得超过5万元,这既是法律的规定,也是双方的约定。

(二)原、被告订立的保险合同第3页第四条约定:"被保险人身故,本公司按基本保额的三倍给付身故保险金,但应扣除已给付的重大疾病保险金,本合同终止。"此系格式条款中实际承保的风险保额,适用于不同年龄段的保险当事人,但法律将未成年人排除在外,因此,此条款不适用于未成年人。本案中,小乔系未成年人,当然不能适用。

(三)2008年"5·12"汶川特大地震发生后,根据此次自然灾害事故的特殊性,中国保险监督管理委员会同意:"本次地震灾害事故中死亡的未成年人,公司按实际承保的风险保额给付,不受5万元特约的限制。"此按实际承保的风险保额给付,不受5万元特约限制的规定,仅是针对"5·12"地震的个案特例,不具有普遍适用性。小乔于2008年5月6日下午因溺水身亡,非"5·12"地震所为,不能适用此"不受5万元特约的限制"的规定。

综上,被告已经依法按照合同约定,履行了全部赔偿义务,原告之请求于法无据,法院不予支持。据此,依照《保险法》(2002年修正)第五十五条第二款之规定,判决如下:驳回原告乔某、周某要求被告中国人寿保险股份有限公司绵竹市支公司,向其给付保险金6万元及其利息和精神损害抚慰金5000元的诉讼请求。本案依法减半征收诉讼费250元,由二原告负担。

※裁判要旨:"因被保险人死亡给付的保险金总和不得超过国务院保险监督管理机构规定的限额"。被保险人身故当时适用中国保险监督管理委员会〔1999〕43号文件规定,未成年人死亡保额不得超过人民币5万元。累计死亡保额超过5万元的,公司将在给付5万元身故保险金后,将剩余保险金额对应的保费无息退还给投保人。因此,未成年人死亡给付保险金的总和不得超过5万元属于禁止性规定,当事人订立合同时不得违反。未成年人死亡给付保险金的总和超过5万元的部分无效。

第三十四条 【死亡保险合同的效力】 以死亡为给付保险金条件的合同,未经被保险人同意并认可保险金额的,合同无效。

按照以死亡为给付保险金条件的合同所签发的保险单,未经被保险人书面同意,不得转让或者质押。

父母为其未成年子女投保的人身保险,不受本条第一款规定限制。

条文解读

本条是对以死亡为给付保险金条件的保险合同,未经被保险人书面同意并认可保险金额的法律后果,以及该类保险单转让、抵押条件的规定。

(一)以被保险人死亡为给付保险金条件的人身保险,被保险人不可能是受益人,这就有可能发生为赚取保险金故意谋害被保险人的危险。因此,规定以死亡为给付保险金条件的合同,必须经被保险人同意并认可保险金额,否则保险合同无效。

(二)由于人身保险的保险单具有现金价值,因此与其他有价证券一样可以转让或者质押。在转让或者实现质权时,会发生投保人的变更。按照以死亡为给付保险金条件的合同所签发的保险单,未经被保险人书面同意,不得转让或者质押。

(三)父母为其未成年子女投保的以死亡为给付保险金条件的合同,不必经其子女同意并认可保险金额。

配套法规及解读

《保险法解释三》(2015 年 11 月 25 日)

第一条 当事人订立以死亡为给付保险金条件的合同,根据保险法第三十四条的规定,"被保险人同意并认可保险金额"可以采取书面形式、口头形式或者其他形式;可以在合同订立时作出,也可以在合同订立后追认。

有下列情形之一的,应认定为被保险人同意投保人为其订立保险合同并认可保险金额:

(一)被保险人明知他人代其签名同意而未表示异议的;

(二)被保险人同意投保人指定的受益人的;

（三）有证据足以认定被保险人同意投保人为其投保的其他情形。

第二条　被保险人以书面形式通知保险人和投保人撤销其依据保险法第三十四条第一款规定所作出的同意意思表示的，可认定为保险合同解除。

第三条　人民法院审理人身保险合同纠纷案件时，应主动审查投保人订立保险合同时是否具有保险利益，以及以死亡为给付保险金条件的合同是否经过被保险人同意并认可保险金额。

第二十四条　投保人为被保险人订立以死亡为给付保险金条件的人身保险合同，被保险人被宣告死亡后，当事人要求保险人按照保险合同约定给付保险金的，人民法院应予支持。

被保险人被宣告死亡之日在保险责任期间之外，但有证据证明下落不明之日在保险责任期间之内，当事人要求保险人按照保险合同约定给付保险金的，人民法院应予支持。

※法规解读：《保险法》第34条规定了死亡保险合同的效力，但是对于“被保险人同意”的形式实践中一直有争议，对于被保险人对在死亡险中已经作出的同意意思表示是否可以事后撤销不明确，对于以死亡为给付保险金条件的合同是否经过被保险人同意并认可保险金额的审查主体不确定，被保险人被宣告死亡后，当事人是否要求保险人按照保险合同约定给付保险金等问题现行立法未给予明确规定。

（一）以死亡为给付保险金条件的合同中“被保险人同意”的认定

1. 死亡险中被保险人的同意

我国现行《保险法》第34条第1款明确规定，以死亡为给付保险金条件的合同，未经被保险人同意并认可保险金额的，合同无效。这是因为保险合同为射幸合同，而人身险中的死亡险更是以被保险人死亡为给付保险金条件的合同，若投保人投保该保险未经被保险人同意，或者投保本身虽然经过被保险人同意，但保险金额未经被保险人认可，则很有可能使保险人接受了与被保险人之间并不存在信任或者其他亲密利害关系的投保人的投保，从而使被保险人的人身在高额保险金额的诱惑之下，处于高度危险的状态，这显然不是法律所鼓励、诱导或刺激的交易安排。但基于对血缘关系的信任，法律规定，父母为其未成年子女投保死亡险的，不以被保险人的同意为生效要件。

2. 死亡险中被保险人同意的形式

如果严格要求被保险人的同意必须以书面形式在投保之时即作出，虽然有利于严格落实人身险中的死亡险的生效要件，有利于保险利益原则在该领域的有效实现，但也很有可能限制了在特定情形下的保险业务的顺利开展，很有可能使保险人在被保险人的死亡这一保险事故发生之时，以被保险人的同意存在瑕疵为由而拒绝赔付，反而不利于被保险人、受益人利益的保护。因此，我国《保险法》对被保险人就以死亡为给付保险金条件的合同的同意和对其保险金额的认可的形式，经历了一个由明确要求必须采取书面形式演变到不具体规定同意形式的过程。针对实践中存在的争议，《保险法解释三》第1条作出了规定。本条规定细化了认定标准，对“同意”也采取了更宽泛的认定，使其在实务中更具有操作性。根据该条，“被保险人同意并认可保险金额”可以采取书面形式、口头形式或者其他形式。这样一方面可以防范可能存在的道德风险，另一方面也可以规制保险人的不诚信行为。

3. 被保险人同意的时间

根据《保险法解释三》第1条第1款的规定，可以在合同订立时作出，也可以在合同订立后追认。这符合合同的一般原理，即作为意思表示的同意，既可以事前做出，也可以事后做出。本条仅规范死亡险，保险事故发生一般也意味被保险人死亡，此时被保险人不可能再进行追认。至于附带死亡险的其他保险，被保险人可能会根据非死亡的保险事故是否发生而决定是否追认，这时可能会有一定的逆向选择问题，但本条第2款对被保险人同意作了一定的限定，人民法院会视相应情形认定为被保险人同意投保人为其订立保险合同，这样就能够有效防止投保人在特定情形下随意以被保险人未同意为由，主张合同无效和要求保险人返还保险费。同时，即使保险合同无效，但当事人一方有过错的，还应承担缔约过失责任，会对合同当事人的利益进行有效平衡。

（二）以死亡为给付保险金条件的合同“被保险人同意”是否可以被撤销及撤销的法律后果

1. 以死亡为给付保险金条件的合同“被保险人同意”是否可以被撤销

人身险的保险期间通常较长，在这期间，投保人、被保险人之间的关系可能发生较大变化而使被保险人失去对投保人的信任。为了保护和尊重被保险人的人格权、生命权，同时基于意思自治原则，除了在合同缔结阶段应赋予被保险人同意权以决定合同是否生效外，更应赋予被保险人得以随时撤销同意之权利，使其得于合同存续期间自行判断，以避免先前行使同意权时判断或者信赖的基础丧失后，对被保险人产生不利的情形。所以，根据《保险法解释三》第2条的规定，允许被保险人撤销其作出的《保险法》第34条第1款的同意。

2. 被保险人撤销同意的形式和方式

作为该合同的当事人，投保人、保险人对于交易的合理预期本应予以保护，但因为该合理预期利益与被保险人的生命相比居于次要地位，法律优先保护被保险人的生命安全，故被保险人可以撤销其同意，但必须以书面形式撤销，并同时通知保险人、投保人，以使合同当事人能够根据新的情形对其资源配置作出新的安排。

3. 以死亡为给付保险金条件的合同“被保险人同意”被撤销后的法律后果

至于撤销后的人身保险合同效力如何，存在解除说和终止说。司法解释采解除说，被保险人撤销同意，“可认定为保险合同解除”。根据《保险法》第47条的规定，保险人应当自收到解除合同通知之日起30日内，按照合同约定退还保险单的现金价值。

（三）关于法院就《保险法》第31条、第34条规定的无效情形的主动审查

1.《保险法》第31条的无效

欠缺保险利益的保险合同属绝对无效，为理论所不争。在民法上，无效合同是不能通过事后的同意、追认等补救措施取得有效的。《保险法》第31条之同意也应贯彻上述原则，即在投保人与被保险人欠缺本条第1款所列身份关系的前提下，被保险人虽于订立合同后同意的，保险合同仍无效。因为第31条就保险利益的存在时间点作出了明确的限制性规定，即评判有无保险利益的时间点被限定于缔约时，而不是签订后。这就注定了任何事后取得保险利益的行为都不能改变合同效力的命运。

2.《保险法》第34条的无效

《保险法》第34条规定的同意之含义、性质、时间点是不明确的。《保险法》第34条中的欠缺同意虽然也有违背公序良俗之嫌，但更多涉及的是特定第三人的人格权利。所以此处的“无效”合同应该理解为需要同意的“效力待定合同”。

3. 法院主动审查的原则和方式

根据《保险法解释三》第3条，在人身保险纠纷案件审理中，有关保险利益有无和被保险人同意，法院可以不待当事人主张即主动予以审查。即使合同当事人均

主张有效的,法院仍可以根据客观事实作出无效的认定。在事实查明的过程中,法院除了可以要求主张合同有效的当事人就存在保险利益、被保险人同意的事实进行举证,还应当依据《民事诉讼法》第 64 条及其司法解释的规定,主动调查收集证据,在穷尽证据可能后,作出事实认定,进而判断合同效力。

(四)宣告死亡是否属于死亡险保险事故

我国《保险法》及相关法律法规并未明确规定人身保险中被保险人死亡是仅指自然死亡还是包含了宣告死亡,实践中对宣告死亡是否属于死亡险的保险事故存在争议。另外,在宣告死亡情况下,被保险人下落不明之日与宣告死亡之日之间存在一定的时间差,被保险人被宣告死亡之日在保险责任期间之外的,保险人是否应承担保险责任存在争议。

1. 宣告死亡的概念和条件

宣告死亡是指经利害关系人申请,由人民法院宣告下落不明人死亡的法律制度。根据《民法总则》的规定,宣告死亡需要具备以下条件:

(1)须经利害关系人申请

利害关系人是指配偶、父母、子女、兄弟姐妹、祖父母、外祖父母、孙子女、外孙子女等近亲属以及其他与申请人有民事权利义务关系的人。需要注意的是,根据《民法总则》第 47 条的规定,利害关系人在申请宣告死亡事项上有平等地位。

(2)被申请人下落不明满法定期间

根据《民法总则》第 46 条的规定,"自然人有下列情况之一的,利害关系人可以向人民法院申请宣告该自然人死亡:(一)下落不明满四年;(二)因意外事故,下落不明满二年。因意外事故下落不明,经有关机关证明该自然人不可能生存的,申请宣告死亡不受二年时间的限制"。

(3)由人民法院宣告

人民法院受理宣告被申请人死亡的申请后,先发出公告。公告期间为 1 年,因意外事故下落不明,经有关机关证明不可能生存的,公告期间为 3 个月。公告期满,人民法院可根据事实情况作出宣告被申请人死亡的判决。

2. 宣告死亡的效力

宣告死亡应发生与自然死亡相同的效力,即被宣告死亡的人丧失民事主体资格,其权利能力和行为能力终止,其婚姻关系自然解除,其个人合法财产成为遗产并开始继承。

3. 宣告死亡在保险法上的效果

在人寿保险中,保险合同多将被保险人的“死亡”约定为保险人向受益人支付保险金的条件,此处的“死亡”当然应该包括自然死亡与宣告死亡。对此,《保险法解释三》第 24 条第 1 款也进行了确认。

争议较多的是以被保险人死亡为条件给付保险金的意外伤害保险中的“死亡”是否当然包括“宣告死亡”。具体而言,如果被保险人由于长期失踪而被利害关系人申请法院宣告死亡,那么该宣告死亡能否认定为因为意外伤害而导致的死亡,并由保险公司支付保险金？应该认为,在意外伤害保险合同未将被保险人因意外伤害事故被宣告死亡作为除外责任的情况下,保险人应当承担被保险人因意外伤害事故被宣告死亡的意外伤害保险的死亡保险责任。

4. 人身保险中认定死亡的时间点

在宣告死亡情况下,被保险人下落不明之日与宣告死亡之日之间存在一定的时间差,实践中应以哪个时间点作为死亡险保险事故发生的时点存在争议。保险期间是指保险人为被保险人提供保险保障的期间。根据《保险法》理论,保险事故必须发生在保险期间内并造成保险标的的损害,保险人才承担保险责任。因此,在以死亡为给付保险金条件的人身保险,被保险人死亡只有发生在保险期间内,保险人才承担给付死亡保险金的保险责任。因此,宣告死亡时间的认定是极其关键的,将直接影响保险人是否应当承担保险责任。

《民法总则》第 48 条确认了被宣告死亡自然人的死亡日期,被宣告死亡的人,人民法院宣告死亡的判决作出之日视为其死亡的日期;因意外事件下落不明宣告死亡的,意外事件发生之日视为其死亡的日期。

上述被《民法总则》确认的死亡时间如果在保险责任期间内,当事人要求保险人按照保险合同约定给付保险金的,人民法院应予支持,这是毫无疑问的。但是,当被保险人被宣告死亡之日在保险责任期间之外,但有证据证明下落不明之日在保险责任期间之内,当事人要求保险人按照保险合同约定给付保险金的,人民法院是否应予支持？根据《保险法解释三》第 24 条第 2 款的规定,人民法院也应该支持。这是因为,意外伤害保险有一个显著的特征,其一般为短期保险,保险期间一般为 1 年,甚至是更短的特定时间。那么,以上述《民法总则》中确定的宣告死亡的时间就会与意外伤害保险的保险期间相冲突,很可能出现被保险人在保险期间内发生意外事故,而宣告死亡的判决生效日期在保险期间届满之后。本条司法解释如此规定，有利于保护投保人、被保险人和受益人的利益，避免出现因被保险人下落不明之日与宣告死亡日之间的时间差导致被保险人无法获赔的情况。

关联法规索引

《民法总则》第46～53条；《民事诉讼法》第64条、第184～185条；《保险法》第15条、第31条、第33条、第47条；《最高人民法院关于适用〈中华人民共和国民事诉讼法〉的解释》第96条；《保险法解释三》第4条、第6条

典型案例

辽宁省公安英烈救助协会诉民安保险（中国）有限公司辽宁分公司保险合同案[1]

※案情简介：辽宁省沈阳市皇姑区人民法院经公开审理查明：2008年6月23日，辽宁省公安英烈救助协会与民安保险（中国）有限公司辽宁分公司签订保险协议一份，协议约定辽宁省公安英烈救助协会作为投保人，在民安保险（中国）有限公司辽宁分公司为辽宁省公安英烈救助协会会员即被保险人共计73,000人办理不记名因公牺牲、致残团体保险。辽宁省公安英烈救助协会会员因公牺牲或致残后，由辽宁省公安英烈救助协会向民安保险（中国）有限公司辽宁分公司提出赔付要求，民安保险（中国）有限公司辽宁分公司在接到赔付要求7个工作日之内将赔付的金额支付给辽宁省公安英烈救助协会。刘某原系丹东市凤城公安局刘家河派出所教导员。2008年9月20日，刘某在驾驶轿车赶往派出所上班途中，与黄某驾驶的货车相撞。经凤城公安局交通警察大队认定：刘某、黄某负同等责任。刘某受重伤，经送往凤城市中心医院抢救无效，于2008年9月20日身亡。凤城市人事局认定刘某同志为公亡。

原告辽宁省公安英烈救助协会依据双方签订的保险协议，要求民安保险（中国）有限公司辽宁分公司理赔，该公司拒绝赔付，故辽宁省公安英烈救助协会向法院提起诉讼。要求被告按照双方签订的保险协议的约定赔付刘某因公牺牲保险赔

---

[1] 本案根据辽宁省沈阳市中级人民法院（2010）沈中民五终字第726号民事判决书整理。

偿金 250,000 元,并由被告承担本案诉讼费用。

被告辩称:原告不具备主体资格,请求法院驳回原告的起诉。双方签订的保险合同是无效的合同,被保险人死亡的情况不符合公安机关对于因公死亡条件的规定,而相应的政府机关也不应当认定刘某是因公牺牲。该起事故不在保险赔付范围。

辽宁省沈阳市皇姑区人民法院经审理认为:辽宁省公安英烈救助协会、民安保险(中国)有限公司辽宁分公司签订的保险协议是双方当事人的真实意思表示,合法有效。刘某系丹东市凤城公安局刘家河派出所教导员,在上班途中发生交通事故,导致死亡,业经凤城市人事局认定刘某同志为公亡,按照辽宁省公安英烈救助协会、民安保险(中国)有限公司辽宁分公司签订的保险协议,民安保险(中国)有限公司辽宁分公司应予以理赔。故辽宁省公安英烈救助协会要求民安保险(中国)有限公司辽宁分公司赔偿 250,000 元因公牺牲保险金的诉讼请求,法院予以支持。关于民安保险(中国)有限公司辽宁分公司提出的本案原告辽宁省公安英烈救助协会不是保险受益人、不具有主体资格的主张,因在双方签订的保险协议中明确约定,辽宁省公安英烈救助协会会员因公牺牲或致残后,由辽宁省公安英烈救助协会向民安保险(中国)有限公司辽宁分公司提出赔付要求,民安保险(中国)有限公司辽宁分公司在接到赔付要求 7 个工作日之内将赔付的金额支付给辽宁省公安英烈救助协会,故辽宁省公安英烈救助协会作为原告提起诉讼向民安保险(中国)有限公司辽宁分公司索赔主体适格。关于民安保险(中国)有限公司辽宁分公司提出刘某在上班途中发生交通事故导致死亡,交通队认定是对等责任,不是意外事故,刘某死亡的情况不符合公安机关认定的因公死亡的条件,因而拒绝理赔的主张,因刘某是在上班途中发生交通事故,凤城市人事局已认定刘某同志为公亡,故民安保险(中国)有限公司辽宁分公司应按保险协议因公牺牲的约定向辽宁省公安英烈救助协会进行理赔。

辽宁省沈阳市皇姑区人民法院依照《合同法》第六十条、《保险法》第十四条,作出如下判决:(1)被告民安保险(中国)有限公司辽宁分公司支付原告辽宁省公安英烈救助协会因公牺牲保险金 250,000 元,于判决生效后 10 日内给付。(2)驳回原、被告的其他诉讼请求。案件受理费 5050 元,由被告民安保险(中国)有限公司辽宁分公司承担。

上诉人(原审被告)诉称:被上诉人不具有起诉的主体资格;被上诉人作为投保

人对被保险人刘某不具有保险利益；本案中被保险人刘某并未书面同意并认可保险金额，上诉人与被上诉人之间签订的保险合同应属无效；刘某不符合因公牺牲条件，不符合保险合同约定的给付保险金条件。

被上诉人（原审原告）辩称：被上诉人属于合同当事人一方，被上诉人具有主体资格；一审判决适用法律正确，保险合同认定为有效正确；刘某死亡已经由法定机关作出了有效认定，属于因公牺牲。

辽宁省沈阳市中级人民法院经审理，确认一审法院认定的事实和证据。另查明：丹东市公安局颁发了《人民警察因公牺牲证明书》，证明刘某因公牺牲。

辽宁省沈阳市中级人民法院经审理认为：(1)关于辽宁省公安英烈救助协会有无原告资格问题。根据双方签订的《保险协议》第四条关于保险赔付程序的约定，辽宁省公安英烈救助协会会员因公牺牲或致残后，由辽宁省公安英烈救助协会向民安保险（中国）有限公司辽宁分公司提出赔付要求；民安保险（中国）有限公司辽宁分公司在接到赔付要求7个工作日之内将应赔付的金额支付给辽宁省公安英烈救助协会。因此，辽宁省公安英烈救助协会有向民安保险（中国）有限公司辽宁分公司赔付请求权以及受领赔付金额的权利。这种合同权利，正是投保人享有诉权的法律基础。一审判决依据合同约定，对辽宁省公安英烈救助协会原告主体资格的问题认定正确。

(2)关于辽宁省公安英烈救助协会对被保险人刘某是否具有保险利益的问题。《保险法》规定人身保险合同投保人须对被保险人具有保险利益的立法目的主要包括两个方面：一为防止赌博行为；二为防止道德风险。在本案中，辽宁省公安英烈救助协会作为投保人，为包括刘某在内的共计73,000名会员办理不记名因公牺牲、致残团体保险。在被保险人因公牺牲或致残后民安保险（中国）有限公司辽宁分公司依照约定给付保险金，辽宁省公安英烈救助协会受领保险金后，将全部保险金给付给被保险人家属或被保险人本人，作为投保人的辽宁省公安英烈救助协会未在该保险合同中获得任何利益，因此，辽宁省公安英烈救助协会与民安保险（中国）有限公司辽宁分公司签订的保险合同不存在赌博行为。另根据《保险协议》的约定，辽宁省公安英烈救助协会会员因公牺牲，由民安保险（中国）有限公司辽宁分公司每人一次性赔付因公牺牲保险金人民币250,000元。由此可知，辽宁省公安英烈救助协会为会员购买人身团体保险的目的是为了保障警察、民警等此类高危行业群体利益。双方签订的保险合同就从根本上排除了投保人可能为了谋取不法利益，人为制造保险事故，甚至谋害他人生命的道德风险。因此，本案中的保险合同与保险利益的立法目的不相违背。

(3)关于未经刘某书面同意并认可保险金额的保险合同是否无效的问题。《保险法》规定，以死亡为给付保险金条件的合同，需经被保险人同意并认可保险金额。该规定的立法目的是防范人身保险中可能发生的道德风险。辽宁省公安英烈救助协会作为投保人为包括刘某在内的73,000名警察等投保团体险的意愿来自于对公安干警及其家属的帮扶，而并非通过投保而自己获得利益，即保险事故的发生对于投保人没有任何正面的经济利益，团体保险中投保人没有获得利益的可能，这就从根本上排除了道德风险出现的可能性。因此，本案中的保险合同未经刘某书面同意并认可保险金额并不违背《保险法》第三十四条规定的立法目的。辽宁省公安英烈救助协会与民安保险(中国)有限公司辽宁分公司签订的《保险协议》虽然没有被保险人的书面签字同意并认可保险金额，但包括刘某在内的被保险人并未明确表示拒绝，即可以认为被保险人同意并认可保险金额。

(4)关于刘某死亡是否符合保险合同约定的给付保险金条件的问题。本案中，被保险人刘某在上班途中发生交通事故身亡，丹东市公安局认定刘某为因公牺牲，并向其家属发放刘某《人民警察因公牺牲证明书》。因此，刘某已经被有权机关认定为因公牺牲，符合双方约定的保险金给付条件，民安保险(中国)有限公司辽宁分公司应当按照保险合同的约定履行赔付义务。

辽宁省沈阳市中级人民法院依照《民事诉讼法》第一百五十三条第一款第(一)项，作出如下判决：驳回上诉，维持原判。二审案件受理费5050元，由上诉人民安保险(中国)有限公司辽宁分公司承担。

※裁判要旨：本案涉及两个焦点问题。第一，如何界定"保险利益"？我国《保险法》规定，保险利益是指投保人或者被保险人对保险标的具有的法律上承认的利益。那么，究竟什么是"法律上承认的利益"？如何认定被保险人或投保人是否具有保险利益？对于这些问题《保险法》都没有作出明确的规定，这就导致实务中对保险利益的判断缺乏可操作的标准。由于保险利益原则直接关系到保险合同的效力问题，因而有必要从保险利益的立法目的出发，对具体保险合同有无保险利益进行解释，消除法律条文的不确定性。

第二，在以死亡为给付保险金条件的合同中，被保险人同意的方式问题。我国《保险法》第三十四条规定，以死亡为给付保险金条件的合同，未经被保险人同意并认可保险金额的,合同无效。关于被保险人同意的方式,《保险法》中没有明确的约定。但是,在实践中对于没有书面同意形式的合同,如何认定"同意",成为困扰法官认定合同效力的新问题。二审法院充分运用了法律的目的解释方法,在贯彻立法目的的同时力求公平合理地处理案件,维持法律秩序的体系性和安定性。现在审理此案,可以根据《保险法解释三》第一条的规定,"当事人订立以死亡为给付保险金条件的合同,根据保险法第三十四条的规定,'被保险人同意并认可保险金额'可以采取书面形式、口头形式或者其他形式;可以在合同订立时作出,也可以在合同订立后追认。有下列情形之一的,应认定为被保险人同意投保人为其订立保险合同并认可保险金额:(一)被保险人明知他人代其签名同意而未表示异议的;(二)被保险人同意投保人指定的受益人的;(三)有证据足以认定被保险人同意投保人为其投保的其他情形。"适用该解释第1条第2款的第1项。辽宁省公安英烈救助协会与民安保险(中国)有限公司辽宁分公司签订的《保险协议》虽然没有被保险人的书面签字同意并认可保险金额,但包括刘某在内的被保险人并未明确表示拒绝,即可以认为被保险人同意并认可保险金额。另外,根据《保险法解释三》第3条,人民法院审理人身保险合同纠纷案件时,应主动审查投保人订立保险合同时是否具有保险利益,以及以死亡为给付保险金条件的合同是否经过被保险人同意并认可保险金额。

陆甲与中国人寿保险股份有限公司无锡市分公司
人身保险合同纠纷审判监督民事判决书[1]

※案情简介:2010年3月30日,陆甲作为投保人向保险公司递交"个人保险投保单",与保险公司签订《国寿福禄双喜两全保险(分红型)》人身保险合同一份,即5959号保险合同,被保险人为陆甲的孙女陆某某、合同生效日期2010年3月31日、保险金额106,065元、保险期间71年、交费方式为年交、交费日期为每年3月31日、标准保费30,000元、交费期满日为2020年3月30日,投保单最后"声明与授权"一栏第5条第2项内容为:"作为被保险人的法定监护人,本人同意投保人陆甲为被保险人投保贵公司的保险产品及基本保险金额,并同意本投保单中设定的受益人、受益顺序及受益份额",其后授权人签名一栏有陆甲的儿子即陆某某的父

[1] 本案根据江苏省无锡市中级人民法院(2014)锡商再提字第00004号民事判决书整理。

亲陆乙的签名。投保单最后被保险人(或其法定监护人)签名一栏,有陆乙的签名。同日,陆甲交纳保费30,000元。2011年5月9日,由投保人陆甲、被保险人(或其监护人)陆乙签字提交了“保险合同变更申请书”要求将5959号保险合同的保费由30,000元减少为10,000元;减少保费后该合同的保险金额为35,355元。同日保险公司支付陆甲退保金6320元。2012年5月18日陆甲交纳保费10,000元。2012年9月16日,保险公司向陆甲寄送了“分红保险红利通知书(累积生息)”,该通知书载明,5959号保险合同第二保单年度本期红利92.57元,截至红利实际派发日红利账户本利和为396.36元。

2011年1月28日,陆甲作为投保人与保险公司又签订一份《国寿福禄双喜两全保险(分红型)》人身保险合同,即2637号保险合同;被保险人仍为其孙女陆某某;合同生效日期2011年1月31日、保险金额92,280元、保险期间70年、交费方式为年交、交费日期为每年1月31日、标准保费80,000元、交费期满日为2014年1月30日,投保单“声明与授权”一栏第5条第2项内容为:“作为被保险人的法定监护人,本人同意投保人陆甲为被保险人投保贵公司的保险产品及基本保险金额,并同意本投保单中设定的受益人、受益顺序及受益份额”,其后授权人签名一栏有陆乙的签名;投保单最后被保险人(或其法定监护人)签名一栏,有陆乙的签名。同年1月30日,陆甲交纳保费80,000元。2012年2月28日陆甲通过保险费自动转账收费方式交纳保费80,000元;2012年8月21日,保险公司向陆甲寄送了“分红保险红利通知书(累积生息)”,该通知书载明,2637号保险合同第一保单年度本期红利394.13元,截至红利实际派发日红利账户本利和为399.78元。

5959号保险合同所生红利396.36元和2637号保险合同所生红利399.78元均在保险公司控制下,陆甲尚未领取;保险公司已于2013年2月1日将2637号保险合同生存保险金9228元支付给了陆甲。

2012年10月,一审原告陆甲起诉至无锡市滨湖区人民法院称,其作为投保人先后于2010年3月30日和2011年1月30日与保险公司签订两份《国寿福禄双喜两全保险(分红型)》人身保险合同,被保险人为其当时不满十周岁的孙女陆某某。但根据法律规定,保险公司禁止承保此类人身保险,因此上述合同均应当认定无效。此外,其对上述合同不具有保险利益,保险公司提供的现金价值表不合理,且显失公平。再者,2012年1月保监会发布了关于《人身保险公司保险条款和保险费率管理办法》若干问题的通知,要求保险公司停止销售此类人身保险,而保险公司在保监会通知停售后，未征求其意见而损害了其合法权益。故请求法院判令：(1)其与保险公司签订的上述两份保险合同无效；(2)保险公司退还其已支付的5959号保险合同的保费40,000元、支付该合同履行期间的预期损失(生存保险金)10,606.5元、红利396.36元；(3)保险公司退还其已支付的2637号保险合同的保费160,000元、支付其该合同履行期间的预期损失(生存保险金)18,456元、红利394.13元；(4)保险公司赔偿其利息损失7642.50元。在审理过程中，陆甲变更诉讼请求：放弃对上述两份合同红利的主张，此外，要求保险公司支付2637号保险合同履行期间的预期损失(生存保险金)的数额变更为9228元。

一审被告保险公司辩称，陆甲的诉请自相矛盾，既主张合同无效又请求根据合同给付保险金及红利。陆甲投保的两份保险合同都由被保险人陆某某的父亲陆乙亲笔签名，所以不存在陆甲诉状中所主张的合同无效的理由。2012年7月保监局将陆甲投诉的相关函件转给了保险公司，保险公司经核对未发现违规情况，且陆甲的投诉仅对保险公司退保的现金价值计算表示不满，而在2011年5月陆甲已对5959号保险合同办理过一次变更保险金额，相应的保费在扣除相应价值后已经退给陆甲，陆甲当时没有提出任何异议。综上，陆甲的诉请没有事实与法律依据，请求驳回其诉请。

在审理过程中，陆甲申请对上述两份保险合同上"陆乙"的签名进行鉴定。原审法院委托苏州同济司法鉴定所对5959号合同中"保险合同变更申请书"及2637号保险合同投保单上的"陆乙"的签名进行笔迹鉴定，鉴定意见为："保险合同变更申请书"上被保险人(或其法定监护人)签名处"陆乙"系陆乙本人所签；2637号保险合同投保单授权人签名及被保险人(或其法定监护人)签名处"陆乙"不是陆乙本人所签；陆甲和保险公司对鉴定意见均无异议。

无锡市滨湖区人民法院一审认为，陆甲为其未成年孙女陆某某购买人身保险而与保险公司签订的5959号保险合同，因在合同载明的保险期间，该合同经陆甲之子即陆某某的父亲陆乙签字申请变更保险费，故该合同应认为已经未成年被保险人的监护人同意而投保，根据保险法的相关规定，该合同依法有效。陆甲诉称该合同无效，并基于该合同无效而主张的诉讼请求，无事实与法律依据，该院不予支持。陆甲作为投保人为陆某某购买人身保险而与保险公司签订的2637号保险合同，因未获得未成年被保险人监护人的授权或同意，依法应认定无效。故对陆甲主张2637号保险合同无效的主张，予以支持。因该合同无效，保险公司应返还陆甲就该合同已交纳的保费,并支付相应利息,陆甲则应将该合同所取得的红利和生存保险金返还保险公司。陆甲要求保险公司按2637号保险合同生存保险金的约定的10%计算支付预期损失9228元的诉讼请求,与其主张合同无效的诉讼请求相矛盾,且与事实不符,亦无法律依据,该院不予支持。该院作出(2012)锡滨商初字第0707号民事判决:(一)陆甲与保险公司签订的2637号保险合同无效。(二)保险公司于判决发生法律效力之日退还陆甲上述保险合同保费160,000元,扣除生存保险金9228元,实际应退还150,772元,及以160,000元为基数、按中国人民银行同期存款基准利率计算的利息损失(其中以80,000元为基数自2011年1月30日起算、另80,000元自2012年2月28日起算,均计算至2012年10月22日)。(三)驳回陆甲其他诉讼请求。

江苏省无锡市人民检察院抗诉认为,根据《保险法》第三十三条的规定,除父母为投保人外,其他一切投保人不得为无民事行为能力人投保以死亡为给付保险金条件的人身保险,保险人也不得承保。本案投保人陆甲不是被投保的无民事行为能力人陆某某的父母,其为陆某某投保以死亡为给付保险金条件的人身保险的行为,及保险公司承保的行为,均为上述法律所禁止,因此双方所签订的两份保险合同均无效。

本院再审过程中陆甲称,本案中,保险人明知按法律规定不能承保此类保险,还出具两份合同,骗取其保费。此外,保险公司在未经陆某某授权的情况下,将5959号保险合同所涉及的满期金、生存金、年金的保险利益汇至申诉人的账户,侵犯了陆某某的合法权益。综上,原审法院认定事实错误,适用法律错误,请求法院支持其全部诉讼请求。

保险公司辩称,抗诉意见对法律的理解错误。结合《保险法》第三十三条、第三十四条的规定,应当理解为,此类为未成年子女投保的人身保险,只要征得其父母同意,应当有效,所以5959号保险合同有效,原审判决正确。

江苏省无锡市中级人民法院再审认为,《保险法》第三十三条和第三十四条的立法本意是为保护未成年人的生命安全。本案中,5959号保险合同的投保人是无民事行为能力人陆某某的祖父陆甲,但该合同已经过陆某某父亲的同意,因此,投保的道德风险已被防范,符合《保险法》的立法本意。再者,此保险合同经过被保险人的法定监护人的同意,即可视为经被保险人同意,故应属有效。综上,对无锡市人民检察院及陆甲提出的该合同因违反《保险法》第三十三条的规定而无效的理由及主张，本院不予采纳。对保险公司提出的“此类人身保险，只要征得其父母同意，应当有效”的答辩意见，本院予以采纳。原审判决认定事实清楚，适用法律正确，应予维持。

※**裁判要旨**：《保险法》第三十三条和第三十四条规定的本意是为保护未成年人的生命安全。根据《保险法解释三》第六条的规定，成年人父母之外的其他履行监护职责的人为未成年人订立以死亡为给付保险金条件的合同，当事人主张参照《保险法》第三十三条第二款、第三十四条第三款的规定认定该合同有效的，人民法院不予支持，但经未成年人父母同意的除外。本案中，5959 号保险合同的投保人是无民事行为能力人陆某某的祖父陆甲，但该合同已经过陆某某父亲的同意，因此，投保的道德风险已被防范，符合保险法的立法本意，故应属有效。

第三十五条 【保险费的支付】投保人可以按照合同约定向保险人一次支付全部保险费或者分期支付保险费。

条文解读

本条是对人身保险的保险费支付方式的规定。

人身保险合同是以人的寿命和身体作为保险标的的保险合同，主要包括人寿保险、健康保险、意外伤害保险等。在人身保险中，有的是短期保险，如健康保险，其保险费的支付方式类似于财产保险，一般在签订保险合同时一次付清保险费。除此之外，人身保险中大多数是长期保险，如人寿保险。人寿保险是以人的生命作为保险标的的保险，即约定在一定期限内以被保险人的死亡或者生存作为给付保险金的条件。人寿保险合同的保险期比较长，因而保险费金额比较高，如果一次性支付，会给投保人带来困难。为了照顾投保人的经济承受能力，也为了人身保险事业的顺利发展，本条规定人身保险合同的投保人可以按照合同约定采取一次性支付全部保险费的方式，也可以按照合同约定分期支付保险费。

第三十六条　【逾期支付保险费】 合同约定分期支付保险费，投保人支付首期保险费后，除合同另有约定外，投保人自保险人催告之日起超过三十日未支付当期保险费，或者超过约定的期限六十日未支付当期保险费的，合同效力中止，或者由保险人按照合同约定的条件减少保险金额。

被保险人在前款规定期限内发生保险事故的，保险人应当按照合同约定给付保险金，但可以扣减欠交的保险费。

条文解读

本条是对投保人未按照合同约定的期限支付保险费的法律后果的规定。

人身保险合同中约定分期支付保险费的合同，一般是长达几年或者几十年的长期合同。因此，合同双方必须在合同中订明分期支付保险费的具体办法，如支付保险费的周期、每期支付的时间和数额。投保人应当按照合同的约定如期支付保险费。本条规定的投保人支付首期保险费后，超过合同约定期限未支付当期保险费的法律后果是：

（一）保险合同效力中止

投保人自保险人催告之日起超过三十日未支付当期保险费，或者超过约定的期限六十日未支付当期保险费的，合同效力中止。"合同效力中止"是指合同暂时失去效力，当满足一定条件后，合同效力还可以恢复，与"合同效力终止"不同。投保人未按照合同约定期限支付当期保险费，合同效力并不立即中止，而是在一定期限内继续有效，这一期限被称为宽限期。即投保人只要在宽限期届满前支付当期保险费，保险合同就继续有效。否则，将导致合同效力中止。本条规定宽限期，是为了避免在合同生效后，因投保人一时不能按照合同约定的期限支付当期保险费而影响合同的效力，实际上是适当延长了投保人的交费期限。

（二）由保险人按照合同约定的条件减少保险金额

宽限期届满后投保人仍未交纳保险费的，保险人用减少保险金额的办法来折抵投保人未交的保险费。因为保险金额的大小与交纳保险费的多少是成正比的。因此，本条规定保险人可以减少保险金额以折抵投保人未按规定交纳的保险费，从而继续维持合同的效力。根据本条规定，如果采用这种办法，保险人应当按照合同约定的条件减少保险金额，而不能随意减少。

（三）在宽限期内保险合同的效力依然存在

对在此期间发生的保险事故，保险人应当按照合同约定给付保险金。由于投保人未交纳这一期间的保险费，本着公平的原则，本条第2款规定，保险人在给付保险金时可以扣减欠交的保险费。

配套法规及解读

《保险法解释三》(2015年11月25日)

第七条 当事人以被保险人、受益人或者他人已经代为支付保险费为由，主张投保人对应的交费义务已经履行的，人民法院应予支持。

※法规解读：在保险合同关系中，投保人的主要义务是支付保险费，违约会产生合同中止，甚至解除的法律后果。部分人身保险的交费期很长，投保人可能因经济原因或遗漏未能按约支付，他人可否代为缴纳？如第三人代为缴纳的，会在保险人、投保人、第三人之间产生何种法律效果？现行《保险法》没有明确规定。

投保人以外的第三人代债务人履行合同义务，与民法理论上的代为清偿并无差异。

（一）代为清偿的概念

代为清偿，是指由债务人以外的第三人代债务人而为清偿，使债权人的权利得以实现。又被称为第三人代为履行。

（二）代为清偿的构成要件

1. 债务的性质可以由第三人清偿；

2. 债权人与债务人之间没有不得由第三人代为清偿的特别约定；

3. 第三人需要以为债务人清偿债务为目的，以自己的名义进行清偿。

（三）代为清偿的法律后果

1. 债权人与债务人之间

因代为清偿系第三人为债务人的意思而为清偿，所以在债权人与债务人之间，债归于消灭，债务人对于债权人免其给付义务。

2. 债权人与第三人之间

第三人清偿后，债权人虽因第三人清偿丧失债权，但就债权本身而言并非绝对的消灭，而是因法定的或约定的原因移转于第三人，使第三人因清偿而立于原来债权人的地位行使债权,成为新的债权人,得以债权人的身份,向债务人行使债权以求偿。

3. 债务人与第三人之间

第三人清偿后,区分第三人有无利害关系而分别对债务人产生求偿权和承受权。无利害关系的第三人代为清偿的,依据其与债务人之间的法律关系不同而发生求偿权。比如,第三人受债务人的委任而向债权人清偿的,第三人可以基于委任关系向债务人求偿;如果第三人不具有法律上原因而代为清偿的,第三人可依据无因管理主张权利。有利害关系第三人代为清偿的,除了可以依据前述与债务人的内部关系主张权利之外,还可以代位原债权人,以自己的名义,承受债权人的权利,学理上称为承受权。

求偿权和承受权的差异在于:前者是依据内部关系产生的新债权,而后者是债务的法定转移。前者由于是新债权,不能向债务担保人主张担保责任,而后者可以一并受让债权的担保之债。前者债务人不得以对抗债权人的事由抗辩第三人;后者可以对债权人的抗辩事由对第三人进行抗辩,还可以对债权人之债权,向第三人行使抵销。就前者,由于是新债权,诉讼时效从成立起算;就后者,诉讼时效则延续原债权的诉讼时效。

(四)保险费的代为清偿

保险费系人身保险中专属投保人的债务。投保人以外的人,无论其有无利害关系,在法律上均不负交纳保险费的义务。根据《保险法解释三》第 7 条的规定,第三人代投保人交纳保险费,清偿他人的债务时,即构成代为清偿。

1. 第三人代付后可否要求变更自己为投保人

代交保险费之人无权要求将自己变更为投保人。代付的性质是第三人代为清偿,与合同概括转让完全不同。第三人的代付属于清偿的一种方式,至于第三人为何要代为清偿,则是第三人与债务人之间的法律关系问题,与债权人无涉,不属于合同变更。而合同转让,是合同一方权利义务的概括性让与,发生合同主体变动,是一种合同变更,需要取得合同相对方同意。在合同法理论上,两者的要件、法律后果不同,适用的法律规则也不同。如第三人代付的目的就是为了取得投保人地位,取得保单,应当在代付保险费时,即向投保人明确其受让的意思表示,并取得投保人的同意。

2. 保险人可否拒绝第三人代付人身保险保险费

无利害关系人坚持以自己名义代交保险费，且投保人拒绝他人代交的，保险人可以拒绝收取。有利害关系人代交的，投保人与保险人原则上不得拒绝。由于拒绝第三人代付会导致投保人缴费义务的违反，所以当保险人的拒绝缺乏明显合理性时，保险人就需要对自己无理拒绝承担不利法律后果，不能再以投保人未按约履行交费义务，主张合同中止、行使解除权。同理，基于诚信原则，保险人收取第三人代付的保险费后，债务因清偿而消灭，保险人不能反悔，退还业已收取的费用。

关联法规索引

《合同法》第 60 条

典型案例

陆某诉中国人寿保险股份有限公司太仓支公司保险合同纠纷案[1]

※案情简介：1997 年 2 月 13 日，投保人原告陆某向中国人寿保险公司太仓市支公司（2003 年变更为被告太仓人寿保险公司）投保了“少儿一生幸福保险”，被保险人董海威，保险期限自 1997 年 2 月 14 日 12 时起，缴费期 15 年，缴费方式为年缴，保险费 720 元。保险条款“关于缴费、失效、复效的约定”第十一条载明：“按年缴纳保险费的缴费期限为保险单每年生效对应日所在的月”；第十二条载明：“缴费期限的次月为宽限期，宽限期内保险人仍负保险责任。如果在宽限期内仍未缴纳保险费，保险单自动失效，保险人不负保险责任”；第十三条载明：“在保险单失效后的两年内，投保人及被保险人如果仍符合本条款第三条规定的投保条件，可以向保险人申请复效。经保险人审核同意后，投保人补缴失效期间的保险费及利息，保险单方能恢复效力。”陆某投保时，直接缴纳了第一年保费，之后两年由太仓人寿保险公司业务员刘某每年上门向陆某收取现金保费。2000 年开始太仓人寿保险公司委托邮政部门向陆某发送缴费通知单，至 2008 年陆某每年按照缴费通知单的提示向太仓人寿保险公司指定的银行缴纳保费，在银行直接领取保费收据。2009 年太

---

〔1〕 载《中华人民共和国最高人民法院公报》2013 年第 11 期，收录时做相应修改。

仓人寿保险公司仍委托邮政部门发送缴费通知单，但陆某称并未收到缴费通知单。2010年之后在缴费期即将届满之时，太仓人寿保险公司却终止了委托邮政部门向陆某发送缴费通知书的业务。2011年5月，刘某委托姐姐到陆某处上门办理银行代扣保费业务时，陆某知晓自己未按期缴纳保费致使保单失效，当月向太仓人寿保险公司申请复效，太仓人寿保险公司拒绝复效。

原告陆某诉至法院请求判令：(1)太仓人寿保险公司恢复保单效力，继续收取保费；(2)赔偿陆某为保单复效的损失2000元；(3)由太仓人寿保险公司承担诉讼费用。

被告太仓人寿保险公司辩称：(1)《保险法》规定，缴纳保险费是投保人的义务；(2)保险费的催缴不是保险人的法定义务；(3)《保险法》规定人身保险合同超过两年未缴费的，永久失效。本案保险合同因超过两年未交费，所以本合同已经失效，请求法院驳回陆某诉讼请求。

江苏省太仓市人民法院一审认为，原告陆某为被保险人董海威向被告太仓人寿保险公司投保人身财产保险，太仓人寿保险公司签发了保单，保险合同依法成立并生效。陆某、太仓人寿保险公司双方应当按照《合同法》第六十条第二款的规定，履行合同时遵循诚实信用原则，根据合同交易习惯履行通知、协助、保密等义务。保险条款关于缴费、失效、复效的约定中，投保人本应在每年的2月缴纳当年保险费，这是投保人应履行的义务，但保险条款中并未约定具体的缴纳方式，根据太仓人寿保险公司业务员刘某的证言及太仓人寿保险公司的陈述，订立合同后的第二年和第三年保险费是刘某上门收取，之后至2008年，投保人是按照太仓人寿保险公司委托邮政部门发送的缴费通知书告知的时间和地点缴纳保险费，双方已成就了特定的交易习惯。2009年，太仓人寿保险公司虽委托邮政部门发送缴费通知书，但邮政部门是否按约发送给陆某，太仓人寿保险公司并未提供证据证明。2010年在缴费期即将届满之时，太仓人寿保险公司却已不再发送缴费通知书，太仓人寿保险公司单方中断向陆某履行有效通知的义务，致使陆某未能及时缴纳保费，且重组并未改变太仓人寿保险公司应履行收取保费及通知交缴等习惯形成的义务。因此，对投保人二年内未能缴费致使保单失效应由太仓人寿保险公司承担责任，太仓人寿保险公司无权径依《保险法》的规定和保险条款的约定中止合同效力并解除保险合同，故对陆某要求太仓人寿保险公司继续履行合同义务的诉讼请求原审法院予以支持。关于陆某诉请太仓人寿保险公司赔偿损失2000元一节，因陆某未能提供证据证明,不予支持。

据此,太仓市人民法院依照《保险法》第三十六条、《合同法》第六十条第二款之规定,作出判决:(一)原告陆某与被告太仓人寿保险公司继续履行1997年2月13日签订的《少儿一生幸福保险合同》;(二)被告太仓人寿保险公司于本判决生效之日起10日内收取原告陆某应缴纳的2009年及之后应缴纳的保险费;(三)驳回原告陆某其他诉讼请求。

一审判决后,太仓人寿保险公司不服,向苏州市中级人民法院提起上诉称:(1)一审法院认定有误。首先,一审判决将保险人收取保险费的权利认定为保险人的义务,混淆保险人权利义务概念。其次,依照《保险法》(1995年)第五十八条的规定,合同效力的恢复并非保险人的义务,而是由双方自行协商决定是否复效。(2)一审法院适用法律不当。一是依据《保险法》的规定,缴纳保险费是投保人的法定义务,无论保险公司是否履行通知义务,投保人都应该履行缴费的义务,而且投保人已缴费12年,应该清楚知道缴费的时间,仅以未收到缴费通知就拒不缴费,应承担相应的法律后果。二是《合同法》是一般法,而《保险法》是特别法,按法理特别法效力大于一般法,一审判决以一般法的规定否定特别法规定,实属适用法律不当。综上所述,请求二审法院撤销一审判决,依法改判。

被上诉人陆某答辩称:(1)在投保人购买保险的时候,作为普通人的陆某无法准确认知保险合同内容是否公平、公正,签订合同时也无法真正理解条款内容和相关法律规定。(2)双方合同前期履行都是由上诉人太仓人寿保险公司业务员上门收取保费,后来凭缴费通知单去银行缴费,缴了12年费用后缴费期即将届满,太仓人寿保险公司却违背诚信在陆某不知情的情况下单方面停发缴费通知单。(3)事实上并不是陆某拒缴保费,而是保险公司企图使合同失效,根本意图在于逃脱理赔义务,因此,未能缴纳保险费的责任完全在太仓人寿保险公司。综上所述,请求驳回上诉,维持原判。

江苏省苏州市中级人民法院二审认为,《合同法》第六十条规定,当事人应当按照约定全面履行自己的义务。当事人应当遵循诚实信用原则,根据合同的性质、目的和交易习惯履行通知、协助、保密等义务。根据现已查明的事实,首先,双方已经就缴纳保费形成了一定的交易习惯,即由太仓人寿保险公司上门收取保费或由其通知投保人按其指定交纳保费;并且,太仓人寿保险公司在合同履行过程中亦曾要求投保人变更缴费方式(前二年为上门收取保费,后变更为由投保人按缴费通知要求至相关指定银行进行缴费),在该种情形下,投保人是无法确认每年缴费方式是否相同,因此,作为保险人的太仓人寿保险公司更应负有每年通知投保人缴费及告知缴费方式的义务。但是在案涉保险合同履行过程中,太仓人寿保险公司并无证据证明其于2009年向投保人陆某送达缴费通知书,2010年后更是未向陆某发送缴费通知书。据上述分析,显然造成投保人陆某二年未能缴费这一后果的主要责任在于保险人太仓人寿保险公司,在该种情况下其无权仅依《保险法》的相关规定及合同的相关约定中止合同效力并主张解除合同。在特别法有明确规定的情形下应当优先适用特别法,而在特别法无明确规定的情况下应当适用一般法的相关规定。因此,原审法院在《保险法》无明确规定的情况下适用《合同法》的相关规定,合法有据。太仓人寿保险公司主张原审法院适用法律错误的上诉理由显然也不能成立。苏州市中级人民法院于2013年1月18日作出判决:驳回上诉,维持原判。

※裁判要旨:人寿保险合同未约定具体的保费缴纳方式,投保人与保险人之间长期以来形成了较为固定的保费缴纳方式的,应视为双方成就了特定的交易习惯。保险公司单方改变交易习惯,违反最大诚信原则,致使投保人未能及时缴纳保费的,不应据此认定保单失效,保险公司无权中止合同效力并解除保险合同。

第三十七条 【合同效力的恢复】合同效力依照本法第三十六条规定中止的,经保险人与投保人协商并达成协议,在投保人补交保险费后,合同效力恢复。但是,自合同效力中止之日起满二年双方未达成协议的,保险人有权解除合同。

保险人依照前款规定解除合同的,应当按照合同约定退还保险单的现金价值。

条文解读

本条是对保险合同效力恢复以及解除的规定

(一)保险合同效力恢复

根据本法第36条的规定,投保人在本法规定的宽限期届满后未交纳保险费的,合同效力中止。本条在此基础上规定了合同效力的恢复,目的是保护投保人、被保险人的利益。本条规定了合同效力的恢复制度,为被保险人继续享有原合同保障提供了一条途径：

1. 保险人与投保人在法定期限内协商并达成协议。

保险合同是双方当事人协商一致订立的协议，投保人未按照规定期限支付当期保险费，是一种违约行为。本法对这种行为只是规定了合同效力的中止，至于保险合同是否能恢复效力，还需要合同双方协商。保险人与投保人在合同效力中止之日起二年内达成协议。

2. 投保人补交保险费

保险人与投保人就恢复合同效力达成协议后，投保人必须补交保险费，这是投保人继续履行保险合同义务的实际表现。如果投保人不补交保险费，保险合同不能恢复效力。

（二）保险合同解除

为了防止保险人与投保人对合同效力恢复问题的协商久拖不决，使保险合同效力处于不确定状态，自合同效力中止之日起满二年双方未达成协议的，保险人有权解除合同。因为人身保险特别是寿险的保险单具有现金价值，保险人依法解除合同，合同效力虽然不存在了，但是在投保人长期支付保险费基础上积累起来的现金价值却不因此而消失，保险人不能将它据为己有，应当退还投保人。

配套法规及解读

《保险法解释三》（2015 年 11 月 25 日）

第八条 保险合同效力依照保险法第三十六条规定中止，投保人提出恢复效力申请并同意补交保险费的，除被保险人的危险程度在中止期间显著增加外，保险人拒绝恢复效力的，人民法院不予支持。

保险人在收到恢复效力申请后，三十日内未明确拒绝的，应认定为同意恢复效力。

保险合同自投保人补交保险费之日恢复效力。保险人要求投保人补交相应利息的，人民法院应予支持。

※法规解读：《保险法》第 37 条将“保险人与投保人协商并达成一致”作为保险合同复效的条件，未对保险人拒绝复效作出任何限制性规定。这意味着保险人具有保险合同复效的同意权。借助这一权利，保险实务中出现了保险人滥用同意

权阻碍本应复效之保险合同复效的情形。

（一）保险合同的终止与复效

恢复已经中止效力的保险合同的效力，称之为保险合同的复效。保险合同的效力中止，是指保险合同的关系形式上虽仍存在，未失效也未终止，但保险人和投保人双方不负对待给付义务的情形。保险合同的效力因投保人在宽限期届满后仍然欠缴保险费而暂时停止，但仍有恢复效力的可能；若保险事故发生于宽限期内，保险人仍承担保险责任；投保人于宽限期内交付保险费的，保险合同的效力即继续不间断；若保险事故发生于效力中止期间，保险人不承担保险责任；在符合法定条件或者约定条件时，可以恢复保险合同的效力；否则，保险人可以解除保险合同。

（二）复效后保险合同的性质

复效合同是一种特殊的合同组合体，即原合同内容与新告知内容的组合。一方面，复效合同在条款、费率、保障范围等方面均遵循依照原合同进行处理的原则，这也是复效制度的宗旨所在；另一方面，投保人新的告知事项明显带有新条款的色彩，并且，我国许多复效保险合同明确约定，复效申请书中的新内容属于复效合同的内容。

（三）合同复效的条件

《保险法解释三》第 8 条第 1 款根据理论界与实务界的呼吁，对保险人复效自主权进行适度的限制。投保人申请复效，原则上并没有增加保险人所承保的风险，故只要投保人提出复效申请，并同意补交保险费及相应利息后，保险人无正当理由就应复效。对于保险人在复效中的权利，《保险法》第 37 条的表述是“经保险人与投保人协商并达成协议”，本款根据立法本意对其作了限缩解释，进一步明确为“除被保险人的危险程度在中止期间显著增加外”，不得拒绝复效。即如果被保险人的危险程度在中止期间显著增加，则保险人可以选择拒绝复效，也可以选择复效，享有复效与否的自主决定权；如果被保险人的危险程度在中止期间并未显著增加，则保险人不能拒绝复效。

（四）保险人决定复效与否的期限

关于保险人决定复效与否的期限的长短，本条司法解释第 2 款根据我国现实国情，结合保险业监管机构的相关规章性规定，综合考虑相关因素后进行了确定。最终将保险人审核复效申请的时间确定为收到复效申请后 30 日内，这个期间是符合我国现实国情的。

（五）复效的起始时间

本条司法解释第3款明确恢复效力的时间。投保人申请复效属于民法理论上的要物行为，申请复效时应补交保险费及相应利息。规定保险合同自投保人补交保险费之日恢复效力，同时明确保险人可以要求投保人补交相应利息，维护投保人与保险人之间的利益平衡。“保险合同自投保人补交保险费之日恢复效力。”投保人补交保险费后保险合同恢复效力的时间，是即时生效，而不是次日零时生效。

关联法规索引

《保险法解释三》第7条、第16条；《人身保险业务基本服务规定》（中国保险监督管理委员会令2010年第4号）

典型案例

原告王某诉被告中国人寿保险股份有限公司光山支公司保险合同纠纷案[1]

※案情简介：2008年8月13日原告王某在被告中国人寿保险股份有限公司光山支公司购买了一份康宁终身保险合同，被保险人是王某的妻子涂某，基本保险金额是20,000元，被保险人发生重大疾病赔偿基本保额的2倍，发生死亡赔偿基本保额的3倍，受益人是王某，保险期间为终身，标准保费是4620元，交费日期是每年8月15日，连续交10年。合同约定，原告分别在2008年8月13日、2009年8月15日、2010年8月15日、2011年8月15日、2012年10月24日、2013年8月15日交纳了标准保费，并于2012年10月24日交了迟延交费的利息6.57元。涂某于2013年4月16日因病住院治疗，2014年5月5日死亡。原告索赔6万元未果，引起诉讼。

原告诉称，其给妻子涂某在被告处投了康宁终身保险，涂某2014年5月5日死亡，其找被告理赔遭拒。依据法律和合同，被告的拒赔理由不成立，故起诉要求被告赔偿原告6万元。

〔1〕 本案根据河南省光山县人民法院（2014）光民初字第01095号民事判决书整理。

被告辩称,原告在2012年8月15日应续交保费时没有续交,2个月的宽限期内也没交,直到2012年10月24日才交费,超出了宽限期,合同中止,重新交费后有180天的考验期,原告妻子在2013年4月发病,尚在考验期内,故对其死亡保险公司不应承担赔偿责任。

法院认为,双方争议的焦点是原告于2012年10月24日交保险费时,比按合同约定的时间2012年8月15日晚了70天,所产生的后果,是申请复效还是合同继续有效。根据中国人寿保险股份有限公司康宁终身保险条款第七条第二款规定,"……如未按上述规定日期交付保险费的,至次日起六十日为宽限期;在宽限期内发生保险事故公司仍负保险责任;逾宽限期间仍未交付保险费的,如本合同当时具有现金价值,且现金价值扣除保险费及利息、借款及利息后的余额足以垫交到期应交保险费时,本公司将自动垫交该项欠交保险费使本合同继续有效;当本合同当时的现金价值余额不足以垫交到期应交的保险费时,或前项垫交的费及利息达到本合同现金价值时,本合同效力中止"。原告从2008年开始按时交保险费到2012年时,已交足4年,根据康宁终身保险的现金价值表规定,已交足4年的每1000元的现金价值是497元,则原告当时的现金价值应该是9184.56元(4620元/年×4年÷1000元×497元),远远超出原告2012年8月15日应交保险费4620元,根据前述保险条款规定,保险公司应该自动垫交该项欠交保险费使本合同继续有效。而被告将原告2012年10月24日续交保险费看作是申请复效,并以此拒赔是不符合合同约定的。综上所述,原告、被告签订的康宁终身保险合同从2008年8月15日开始到2014年5月5日涂某发生保险事故时一直持续有效,被保险人发生保险事故,被告应予赔偿。根据《保险法》第二十三条的规定,判决如下:被告中国人寿保险股份有限公司光山支公司于本判决生效后十日内一次性支付原告王某保险金60,000元。

※裁判要旨:双方争议的焦点是原告于2012年10月24日交保险费时,比按合同约定的时间2012年8月15日晚了70天,所产生的后果,是申请复效还是合同继续有效。根据本案康宁终身保险条款第7条第2款规定,"……逾宽限期间仍未交付保险费的,如本合同当时具有现金价值,且现金价值扣除保险费及利息、借款及利息后的余额足以垫交到期应交保险费时,本公司将自动垫交该项欠交保险费使本合同继续有效……"原告从2008年开始按时交保险费到2012年时,已交足4年,根据康宁终身保险的现金价值表规定,原告当时的现金价值应该是9184.56元,

远远超出原告2012年8月15日应交保险费4620元，根据前述保险条款规定，保险公司应该自动垫交该项欠交保险费使本合同继续有效而非申请复效。

第三十八条 【禁止通过诉讼要求支付保险费】 保险人对人寿保险的保险费，不得用诉讼方式要求投保人支付。

第三十九条 【受益人的确定】 人身保险的受益人由被保险人或者投保人指定。

投保人指定受益人时须经被保险人同意。投保人为与其有劳动关系的劳动者投保人身保险，不得指定被保险人及其近亲属以外的人为受益人。

被保险人为无民事行为能力人或者限制民事行为能力人的，可以由其监护人指定受益人。

条文解读

本条是对人身保险的受益人如何确定的规定。

（一）保险受益人简称受益人，又可称为保险金受领人，是保险合同中为被保险人或投保人所指定，在保险事故发生时，享有保险金请求权的人。保险受益人的权利即受益权，则是指在保险事故发生后，受益人对保险人具有的法律上请求保险赔偿给付的权利。保险受益人是保险最大利益的享受者，是保险保障的对象。

（二）本条规定了谁有权指定人身保险的受益人，具体是：

1. 被保险人。因为人身保险是以被保险人的生命或者身体作为保险标的的，其应当具有指定受益人的权利。同时，由于指定受益人是一种民事行为，必须由具有民事行为能力的人行使。而在人身保险合同中，被保险人可以是限制民事行为能力人或者是无民事行为能力人。根据《民法总则》的规定，无民事行为能力人、限制民事行为能力人的监护人是他的法定代理人。因此，被保险人为无民事行为能力人或者限制民事行为能力人的，可以由其监护人指定受益人，以保护被保险人的利益。

2. 投保人。投保人作为保险合同的一方当事人，负有支付保险费的义务。因此，也应当有权指定受益人。但是，在投保人与被保险人不是同一人的情况下，由于受益权的实现涉及被保险人的身体或者生命，为了防止出现谋害被保险人以取得保险金的道德危险，保护被保险人的利益，本条在规定投保人有权指定受益人的同时，又规定这种指定必须经被保险人同意。此外，对投保人为与其有劳动关系的劳动者投保时指定受益人又作了进一步的限制。即企业为其职工投保时，其指定的受益人不仅要经过职工本人同意，而且其不得指定职工及职工近亲属以外的人为受益人。

配套法规及解读

《保险法解释三》(2015 年 11 月 25 日)

第九条　投保人指定受益人未经被保险人同意的，人民法院应认定指定行为无效。

当事人对保险合同约定的受益人存在争议，除投保人、被保险人在保险合同之外另有约定外，按以下情形分别处理：

（一）受益人约定为“法定”或者“法定继承人”的，以继承法规定的法定继承人为受益人；

（二）受益人仅约定为身份关系的，投保人与被保险人为同一主体时，根据保险事故发生时与被保险人的身份关系确定受益人；投保人与被保险人为不同主体时，根据保险合同成立时与被保险人的身份关系确定受益人；

（三）约定的受益人包括姓名和身份关系，保险事故发生时身份关系发生变化的，认定为未指定受益人。

※法规解读：受益人是人身保险合同的关系人，也是人身保险合同履行后的最终利益获得者。通过指定受益人，不仅体现被保险人与投保人的投保意愿，而且可以防范道德风险。关于受益人指定制度，我国《保险法》第 39 条至第 43 条的规定已不能满足审判实践的需要，影响了人身保险业务的健康发展，有时甚至违背了投保人或被保险人投保的初衷，产生了一些不必要的纠纷。实务中人身保险合同受益人指定不明或格式文本中约定为“法定”“法定继承人”等造成大量争议，《保险法解释三》第 9 条作了明确规定。

（一）指定受益人未经被保险人同意的法律后果

须经被保险人同意的投保人指定受益人行为，在性质上属于须经第三人同意的法律行为，此时的保险合同属于效力待定合同。在第三人同意前，该法律行为未生效。第三人明确表示不同意的,该法律行为不生效。因此,投保人指定受益人未经被保险人同意,可以认定为指定行为未生效。从诉讼角度来看,投保人指定受益人是否有效的争议通常是发生于保险事故发生后。保险事故发生后,投保人指定的受益人向保险人申请理赔,保险人或者案外人主张该受益人未经被保险人同意,不是合格受益人。此时,如经审查,投保人指定受益人确实未经被保险人同意,因瑕疵已经不能补正,法院应认定指定行为无效(实际上是未生效),受益人不具有保险金请求权。

(二)如何理解未指定受益人或指定受益人不明

由于《保险法》第42条第1款第1项适用的前提是“没有指定受益人,或者受益人指定不明无法确定的”,而实务中的问题与观点分歧又很复杂,所以如何准确理解法律就显得特别重要。

1. 受益人填写为“法定”或者“法定继承人”的认定。受益人约定为“法定”或者“法定继承人”属于概括式指定方式的一种,应当根据投保人及被保险人的意愿,规定为受益人为“法定继承人”的,以《继承法》第10条第1款规定的继承人为受益人。即第一顺序:配偶、子女、父母。第二顺序:兄弟姐妹、祖父母、外祖父母。继承开始后,由第一顺序继承人继承,第二顺序继承人不继承。没有第一顺序继承人继承的,由第二顺序继承人继承。保险公司应同时结合《继承法》规定的继承人身份及继承顺序确定受益人,同时按照《保险法》第40条规定来分配保险金。由于保险合同签订时,被保险人并未死亡,根据《继承法》第2条“继承从被继承人死亡时开始”的规定,继承人的身份也是在被继承人死亡时才确定,故保险受益人的确定应以保险事故发生即被保险人死亡时确定的法定继承人名单确定。需要指出的是,《继承法》在此处的作用是用于确定受益人名单而非用于继承遗产,法定继承人是以该身份取得保险合同项下的受益人的身份。因而,受益人约定为“法定”或者“法定继承人”的保险合同只有受益人,没有法定继承人,只有受益权,没有继承权,合同项下的保险金不属于被保险人遗产,不适用《保险法》第42条,因而也就不发生用于清偿被保险人生前债务及纳税问题。

2. 受益人仅约定为身份关系的认定规则。人身保险订立和履行过程中之所以会产生这种模糊性的问题,在于这种身份关系确定的时间点与受益人指定的时间点存在差异,即是在保险合同订立之初或说保险事故发生之前确定受益人的范围,还是在保险事故发生之时对受益人的范围进行确定。对于此种概括式指定方式,司法解释通过区分投保人与被保险人是否为同一人，兼顾两种结果，作出了不同的规定。“受益人仅约定为身份关系，投保人与被保险人为同一主体的，根据保险事故发生时与被保险人的身份关系确定受益人；投保人与被保险人为不同主体的，根据保险合同成立时与被保险人的身份关系确定受益人。”

3. 约定的受益人包括姓名和身份关系，保险事故发生时身份关系发生变化的，如何确定受益人。对于受益人的指定，应当根据合同约定作出全面、正确的理解。指定姓名附加身份的方式，应当理解为既有姓名又有身份关系的约定，在保险事故发生时，原合同约定“姓名”所指向的人与具有该“身份”所对应的人已非同一主体，无论直接确定其中哪一人为受益人都难以说是对被保险人真意的完全尊重。故司法解释决定将此种情形“认定为未指定受益人”，进而适用《保险法》第42条第1款之规定，将保险金作为被保险人的遗产由法定继承人继承。

关联法规索引

《继承法》第2条、第10条；《保险法》第31条；《保险法解释三》第12条

典型案例

刘甲等诉中国人民财产保险股份有限公司石河子市分公司等人身保险合同案[1]

※案情简介：2010年1月30日，刘乙以与农八师一五〇团签订的土地承包合同为抵押向第三人合作银行在第三人处办理了农户小额信用贷款，贷款金额为250,000元，双方签订了联保借款合同。2009年1月，刘乙以其与借款250,000元。在银行工作人员安排下，经刘乙等借款人同意，第三人于2010年2月1日为包括刘乙在内的171名借款人向被告投保人身意外伤害险，但保险费由刘乙等借款人交纳。2010年1月31日，被告给第三人出具了保险单。该保险单载明：投保人：农村合作银行；被保险人总数：共171人（另附被保险人及受益人名单）；受益人：见被保险人及受益人名单；保障内容：团体意外伤害保险条款（2009版）；保障

〔1〕 本案根据新疆生产建设兵团农八师中级人民法院（2011）兵八民二终字第89号判决书整理。

项目:意外身故、残疾、烧伤;每人保险金额:86,959 元;保险费合计:20,818 元;保险期间自 2010 年 2 月 2 日 0 时起至 2011 年 1 月 31 日 24 时止;特别约定:详见清单。2010 年 5 月 15 日,刘乙驾驶小四轮拖拉机在农八师一五〇团迎宾路路口发生事故身亡。其后,两位原告向被告申请理赔,但被告以免责条款为由拒绝理赔。请求判令被告向两位原告支付保险金 100,000 元,由被告承担诉讼费。原告秦某系刘乙的母亲,原告刘甲系刘乙之子。刘乙与关某于 1994 年 6 月 18 日结婚,于 2007 年 6 月 5 日协议离婚。

被告辩称:我公司与第三人建立贷款保证保险关系,保险标的是刘乙对贷款的偿还能力,故我公司的合同相对人应为第三人。请求驳回两位原告的诉讼请求。

第三人新疆石河子农村合作银行(以下简称合作银行)述称刘乙于 2009 年在我行贷款 250,000 元,刘乙交了 500 元保险费,其他的事情不清楚。

新疆维吾尔自治区石河子市人民法院经审理认为:第三人为刘乙等借款人向被告投保团体意外伤害保险,被告向第三人出具了保险单并收取了保险费,应当认定双方之间建立了人身保险合同关系。刘乙在办理农户小额信用贷款时,通过第三人向被告交纳了保险费,应视为刘乙等借款人同意第三人代其与被告订立保险合同,故第三人对被保险人刘乙而言具有法律上的保险利益。保险合同订立后,被保险人刘乙在保险期间内驾驶小四轮拖拉机发生事故身亡,属于团体意外伤害保险的范围。根据保险单中的特别约定,受益人由被保险人指定。因被保险人刘乙未指定受益人,而被告与第三人在被保险人及受益人名单(清单)中对受益人的约定未经被保险人刘乙指定,属于无效条款,故刘乙的法定继承人即该案原告依法享有保险金给付请求权。

关于该案中保险合同的性质问题。该案中,从团体意外伤害保险条款中保险责任的内容来看,保险人依照约定给付保险金的条件是被保险人在保险期间内遭受意外伤害,并因该意外事故导致身故、残疾或烧伤,故团体意外伤害保险属于人身保险。被告辩解该案属于保证保险的理由不能成立,该院不予采纳。两位原告要求被告给付保险金的请求于法有据,该院予以部分支持。由于保险单中载明的保险金额与被保险人及受益人名单(清单)中列明的保险金额不一致,而作为保险合同组成部分的保险单和被保险人及受益人名单均由被告制作,被告在庭审过程中认可该案的保险金额为 100,000 元,故该案中应当以被保险人及受益人名单(清单)中列明的保险金额为准。

新疆维吾尔自治区石河子市人民法院依照《保险法》第二条、第五条、第二十三条、第三十九条、第四十二条，作出如下判决：(1)被告中国人民财产保险股份有限公司石河子市分公司于该判决生效后三日内给付原告刘甲、秦某保险金100,000元。(2)第三人新疆石河子农村合作银行在该案中不承担责任。案件受理费1750元，邮寄费90元，合计1840元(两原告已预交)，由被告中国人民财产保险股份有限公司石河子市分公司负担，与上述款项一并给付原告刘甲、秦某。

中国人民财产保险股份有限公司不服一审判决，提起上诉。

新疆生产建设兵团农八师中级人民法院经审理，确认了一审法院认定的事实和证据。

再查，一审、二审中，上诉人出具了2010年2月1日的投保单，原审第三人作为投保人在该投保单中声明：保险人所提供的保险单已附投保险种所适用的条款，保险人已向本人详细介绍了条款，尤其是对其中免除保险人责任的条款，以及本保险合同中付费约定和特别约定的内容已向本人作了明确说明，本人已充分理解并接受上述内容，同意以此作为订立保险合同的依据。原审第三人在投保人处盖章。2010年2月1日，原审第三人又向上诉人出具了投保声明书，该声明书载明：贵公司销售人员已将被保险人必须知晓并表示同意的保险事宜相关法律条文、保险合同的条款内容及有关事项向我单位经办人作了详细说明。而且就在贵公司投保保险之事，我单位已将保险责任、保险金额、保险费、责任免除、被保险人义务、解除合同、受益人等有关情况告知了各被保险人，各被保险人已同意以投保单及相关条款的约定为准向贵公司投保相应保险，我单位承诺：在保险有效期间，凡发生被保险人以未经其本人同意投保为由而引发的法律纠纷，与贵公司无关，本单位将承担相关法律责任。保险条款约定：第2.2.2条：被保险人在下列期间遭受意外伤害导致身故、残疾或烧伤的，保险人不承担给付保险金责任……(5)被保险人酒后驾车、无有效驾驶证(释义见6.8)驾驶或驾驶无有效行驶证的机动车交通工具期间；释义6.8无有效驾驶证：被保险人存在下列情形之一者……(2)驾驶的机动车与驾驶证载明的准驾车型不符。

另两被上诉人出具了刘乙于2009年6月14日取得的有效期6年的A2驾驶证，该A2驾驶证准驾车型代号为牵引车和B1、B2、M。另在二审中，上诉人与被上诉人申请本院调取刘乙所持驾照能否驾驶黄海金马－300A型轮式拖拉机。对此，本院致函石河子市农机安全监理所。石河子市农机安全监理所于2011年7月6

日向本院出具证明:刘乙驾驶的黄海金马－300A型轮式拖拉机为农业机械,准驾车型为"G"。两被上诉人也认可刘乙的A2驾驶证不能驾驶该轮式拖拉机。

新疆生产建设兵团农八师中级人民法院经审理认为,根据两上诉人的上诉理由和被上诉人的答辩意见,本案的争议焦点为:(1)两被上诉人是否具备诉讼主体资格;(2)上诉人是否应赔付两被上诉人保险金。

关于焦点一,法院认为,上诉人与原审第三人在被保险人及受益人名单(清单)中对受益人的约定虽未经被保险人刘乙指定,但两被上诉人在2011年1月30日已向原审第三人还清借款,原审第三人也明确表示放弃向上诉人的理赔申请,根据《保险法》第四十二条第一款规定,两被上诉人可以作为被保险人刘乙的遗产继承人向上诉人主张保险金。故上诉人称两被上诉人不具备诉讼主体资格的理由,法院不予采信。

关于焦点二,法院认为,原审第三人作为团体人身意外伤害保险合同的投保人,其在团体投保单中的声明及其向上诉人出具的投保声明书,均可认定上诉人根据《保险法》第十七条第二款就责任免除条款已履行了向其明确说明的义务。故上诉人与原审第三人在团体人身意外伤害保险合同中关于驾驶的机动车与驾驶证载明的准驾车型不符等责任免除条款的约定有效,法院予以确认。因被保险人刘乙非投保人,上诉人不必向其履行明确说明的义务。故对两被上诉人称责任免除条款无效的抗辩理由,法院不予采信。因石河子市农机安全监理所已核定刘乙驾驶的黄海金马－300A型轮式拖拉机属农业机械,准驾车型应为"G"。被保险人刘乙在事故发生时,其驾驶的机动车与其A2驾驶证载明的准驾车型不符,两位被上诉人也认可刘乙的驾驶证不能驾驶该轮式拖拉机,且根据保险条款的约定,上诉人不应承担给付保险金的责任。故对两被上诉人向上诉人主张保险金的请求,本院不予支持。

综上所述,原判决认定上诉人赔付两被上诉人保险金错误,二审法院予以纠正。上诉人以责任免除条款拒赔两被上诉人保险金的理由,法院予以采信。

※裁判要旨:该人身保险合同纠纷案件有两个焦点:受益人指定的效力和团体保险中保险人明确说明义务的履行对象。

关于第一个焦点即关于受益人指定的效力问题。我国《保险法》第三十九条第二款仅就投保人为与其有劳动关系的劳动者投保人身保险时对受益人的指定有明确禁止性规定,此禁止性规定加强了对投保人和被保险人利益的保护,强化了保险人的义务。但对其他投保人与被保险人不一致,投保人基于与被保险人有保险利益而缔结的人身保险合同对受益人指定没有明确的禁止性规定。本案中,投保人合作银行与被保险人刘乙之间不存在劳动关系,双方存在的保险利益关系是基于双方签订的借贷合同。对此是否允许将受益人指定为被保险人刘乙及其近亲属以外的人,法律没有明确的禁止性规定。因此,投保人合作银行、被保险人刘乙均可成为受益人。但本案中,保险公司已与投保人合作银行、被保险人刘乙在保险单中特别约定,受益人由被保险人刘乙指定。因此,保险公司与投保人合作银行在特别约定中约定受益人为投保人合作银行,未经被保险人刘乙同意,该约定应属无效,应视为当事人在人身保险合同中未指定受益人。另外,根据《保险法解释三》第九条的规定,投保人指定受益人未经被保险人同意的,人民法院应认定指定行为无效。本案在现在审理根据上述司法解释也应视为当事人在人身保险合同中未指定受益人。根据《保险法》第四十二条第一款第(三)项的规定,应由被保险人刘乙的法定继承人刘甲、秦某向保险公司主张给付保险金的诉讼请求。

关于第二个焦点即团体保险中保险人明确说明义务的履行对象。保险合同的双方当事人为保险人和投保人,保险人明确说明义务的履行对象为投保人,如实告知义务的法定承担者亦为投保人。当投保人与被保险人为不同民事主体时,该项义务仍由投保人履行,而不能自然推托或转嫁于被保险人。本案中,团体人身保险合同中的投保人是法人组织,即合作银行,被保险人是约定条件下确定的个人。保险条款是投保人合作银行与保险公司进行充分协商后签订的。投保人合作银行在投保人声明栏盖章,并向保险公司出具一份声明,应认定保险公司就责任免除条款向投保人合作银行履行了明确说明义务,该条款内容对合同当事人具有约束力。故刘甲、秦某向保险公司主张给付保险金的理由不成立。

蒋甲等诉平安保险淮安公司保险合同纠纷案[1]

※案情简介:江苏高速公路工程养护有限公司(以下简称养护公司)为包括蒋乙在内的10名员工在中国平安财产保险股份有限公司淮安中心支公司(以下简称保险公司)处投保了平安团体意外伤害保险(保险金额为30万元/人)等保险。养

〔1〕 载 http://www.faxin.cn/lib/cpal/AlyzContent.aspx? isAlyz = 1&gid = C669098&libid = 0201,最后访问时间:2019年4月17日,收录时做相应修改。

护公司庭审中陈述:投保前,其对员工进行了宣传并要求集中投保。2007年11月3日,蒋乙在盐徐高速公路上施工时被撞伤,经医院抢救无效死亡。保险事故发生在保险期间内。

事故发生后,养护公司依据保单及《同意购买人身保险声明》(以下简称声明书)进行理赔。声明书载明:“经过双方友好协商,本人就江苏高速公路工程养护有限公司为本人购买人身保险事宜声明如下:(1)本人同意养护公司为本人投保人身保险,包括养护公司以本人名义或以其自身名义订立、变更保险合同以及退保。(2)本人认可养护公司订立保险合同时所确定的保险金额,养护公司可以转让或者质押保险合同。(3)本人同意指定养护公司作为受益人,也同意养护公司为本人指定受益人或者变更受益人,日后如养护公司变更受益人的,由其直接办理即可,本人皆认可……”在声明人处有“蒋乙”的签名。保险公司以声明书为检材,以养护公司提供的材料为样本,对声明书签名的真伪自行委托鉴定,并依鉴定结论,向养护公司赔偿保险金301,830元(其中含1830元的抢救费用)。

原告蒋甲等五人(系蒋乙的法定继承人)诉至江苏省淮安市清河区人民法院,要求保险公司支付意外伤害保险金30万元。

清河区人民法院以原、被告各自提供的两个声明书样本对外委托鉴定,鉴定结论和其他相关证据不能确定声明书蒋乙签名的真伪。

清河区人民法院经审理认为:在声明书中蒋乙的签名真伪难以认定的情况下,依照《保险法》及其司法解释,即《保险法》对保险合同认定为有效的具有溯及力,投保人对与其有劳动关系的劳动者直接具有保险利益,不再要求经过被保险人同意,而投保人为与其有劳动关系的劳动者投保以死亡为给付保险金条件的人身保险,经被保险人“同意”并认可保险金额即有效,该“同意”不再要求以“书面”的形式。再根据养护公司陈述,投保前其对员工进行了宣传并要求集中投保,并结合其已为蒋乙等多人投保,被保险人亲属主张保险金等事实,认定蒋乙同意并认可了保险金额,保险合同有效。此外,依照《保险法》第三十九条第二款的规定,即使同意指定单位为受益人,该指定是无效的,视为没有指定受益人。由保险人依照继承法的规定履行给付保险金的义务。

清河区人民法院判决:被告保险公司支付给原告蒋甲等五人保险金30万元;第三人养护公司返还被告保险公司30万元。

养护公司不服一审判决,上诉于江苏省淮安市中级人民法院。

淮安市中级人民法院经审理认为：保险合同依照《保险法》及其司法解释合法有效，声明书中蒋乙的签名真实性不能确定，视为没有指定受益人。保险金应作为被保险人的遗产2010年8月19日，淮安市中级人民法院判决：驳回上诉，维持原判。

※**裁判要旨**：投保人为与其有劳动关系的劳动者投保以死亡为给付保险金条件的人身保险，经被保险人同意并认可保险金额即有效，该同意不要求以书面的形式。此类案件现在根据《保险法解释三》第一条的规定，当事人订立以死亡为给付保险金条件的合同，根据《保险法》第三十四条的规定，"被保险人同意并认可保险金额"可以采取书面形式、口头形式或者其他形式；可以在合同订立时作出，也可以在合同订立后追认。有下列情形之一的，应认定为被保险人同意投保人为其订立保险合同并认可保险金额：（一）被保险人明知他人代其签名同意而未表示异议的；（二）被保险人同意投保人指定的受益人的；（三）有证据足以认定被保险人同意投保人为其投保的其他情形。本案中，根据养护公司陈述，投保前其对员工进行了宣传并要求集中投保，并结合其已为蒋乙等多人投保，被保险人亲属主张保险金等事实，认定蒋乙同意并认可了保险金额，保险合同有效。

根据《保险法》第三十九条第二款的规定，投保人为与其有劳动关系的劳动者投保人身保险，不得指定被保险人及其近亲属以外的人为受益人。所以即使同意指定单位为受益人，该指定是无效的，视为没有指定受益人。保险金应作为被保险人的遗产。

第四十条　【受益顺序及份额】被保险人或者投保人可以指定一人或者数人为受益人。

受益人为数人的，被保险人或者投保人可以确定受益顺序和受益份额；未确定受益份额的，受益人按照相等份额享有受益权。

条文解读

本条是对受益人为数人时的受益顺序和受益份额的规定。

（一）本法第39条规定，被保险人或者投保人可以指定受益人。本条第1款则进一步规定，被保险人或者投保人可以指定一人或者数人为受益人。对受益人的人数，法律未作任何限制，由被保险人或者投保人自主决定。

（二）受益顺序与受益份额。在被保险人或者投保人指定的受益人为数人时，就产生了受益顺序和受益份额的问题。本条第 2 款规定，受益人为数人时，被保险人或者投保人可以确定受益顺序和受益份额。同时，针对实践中可能出现被保险人或者投保人对指定的受益人未确定受益份额的情况，为了减少由此可能产生的纠纷，本条第 2 款规定了公平的解决办法，即所有受益人按照相等的份额享有受益权，实际上使受益人处于同一受益顺序等额享有受益权。

配套法规及解读

《保险法解释三》（2015 年 11 月 25 日）

第十二条 投保人或者被保险人指定数人为受益人，部分受益人在保险事故发生前死亡、放弃受益权或者依法丧失受益权的，该受益人应得的受益份额按照保险合同的约定处理；保险合同没有约定或者约定不明的，该受益人应得的受益份额按照以下情形分别处理：

（一）未约定受益顺序及受益份额的，由其他受益人平均享有；

（二）未约定受益顺序但约定受益份额的，由其他受益人按照相应比例享有；

（三）约定受益顺序但未约定受益份额的，由同顺序的其他受益人平均享有；同一顺序没有其他受益人的，由后一顺序的受益人平均享有；

（四）约定受益顺序及受益份额的，由同顺序的其他受益人按照相应比例享有；同一顺序没有其他受益人的，由后一顺序的受益人按照相应比例享有。

第十三条 保险事故发生后，受益人将与本次保险事故相对应的全部或者部分保险金请求权转让给第三人，当事人主张该转让行为有效的，人民法院应予支持，但根据合同性质、当事人约定或者法律规定不得转让的除外。

※法规解读：根据《保险法》第 40 条的规定，被保险人或者投保人可以指定数人为受益人，且可以确定受益顺序和受益份额，各个受益人可以在保险事故发生后按照确定的受益顺序和受益份额取得保险金。实践中，有部分受益人可能在保险事故发生前死亡、放弃受益权或者依法丧失受益权，该受益人应得的受益份额应由谁享有存在争议。同样，对于保险金请求权是否可以转让存在争议。现行立法没有作出明确规定。

（一）部分受益人在保险事故发生前死亡、放弃受益权或者依法丧失受益权

1. 受益权的性质

受益人基于投保人或被保险人的指定，根据人身保险合同享有的保险事故发生后的保险金请求权即为受益权。受益人享有的受益权，是基于保险合同固有的权利，是固有权，而非继受权。受益人基于受益权取得的保险金，不属于投保人或被保险人的遗产，投保人或被保险人的债权人不得就保险金强制执行。受益权是受益人对保险人的保险金请求权，在保险事故发生前，受益权尚未确定，故受益权在保险事故发生前仅是一种期待利益，而非既得权。

2. 部分受益人在保险事故发生前死亡、放弃受益权或者依法丧失受益权

受益人制度的产生是为了弥补死亡险中被保险人在保险事故发生时死亡而导致保险金请求权主体缺失产生的制度，故受益权的行使必须以保险事故发生时受益人生存为条件，但受益人在保险事故发生前死亡是现实生活中难以避免的事实，受益人在保险事故发生前死亡，其受益权如何处理也是法律上无法回避的问题。

受益人基于投保人或者被保险人的指定成为受益人。投保人或被保险人指定受益人的行为为单方法律行为，只要投保人或被保险人作出指定行为，就产生法律效力，无须受益人的同意。受益权对于受益人来说是一项权利，而不是负担，其基于投保人或被保险人取得受益权后，可以依法支配该权利，可以在保险事故发生后行使保险金请求权，也可以不行使或者放弃受益权。受益人放弃受益权可以在保险事故发生前放弃受益权，也可以在保险事故发生后放弃受益权。

根据《保险法》第43条第2款的规定，受益人故意造成被保险人死亡、伤残、疾病的，或者故意杀害被保险人未遂的，该受益人丧失受益权。

3. 部分受益人在保险事故发生前死亡、放弃受益权或者依法丧失受益权的法律后果

根据《保险法解释三》第12条的规定，部分受益人在保险事故发生前死亡、放弃受益权或者依法丧失受益权的，该受益人应得的受益份额由其他受益人享有，当事人另有约定的除外。具体来说：未约定受益顺序及受益份额的，由其他受益人平均享有；未约定受益顺序但约定受益份额的，由其他受益人按照相应比例享有；约定受益顺序但未约定受益份额的，由同顺序的其他受益人平均享有；同一顺序没有其他受益人的，由后一顺序的受益人平均享有；约定受益顺序及受益份额的，由同

顺序的其他受益人按照相应比例享有；同一顺序没有其他受益人的，由后一顺序的受益人按照相应比例享有。

需要注意的是，本条适用于保险事故发生前部分受益人死亡、放弃受益权或者依法丧失受益权的情形。保险事故发生后，受益人的权利由期待性质的受益权已经转化为保险金请求权，该权利属于既得权，此时如果出现部分受益人死亡、放弃受益权或者依法丧失受益权的情况，不适用本条规则。具体如何处理应区分不同情形。部分受益人在保险事故发生后死亡的，该受益人的受益份额应作为受益人的遗产，由该受益人的继承人分配；部分受益人在保险事故发生后放弃保险金请求权的，可适用本条规则，由同一顺序的受益人分配，如果没有同一顺序的受益人，由后顺序的受益人享有，没有其他受益人的，可以作为被保险人的遗产。

（二）人身保险的保险金请求权是否可以转让

《保险法》对于保险金请求权是否可以转让，未作明确规定。

1. 合同权利转让基本理论问题

(1)合同债权转让的概念

合同权利转让，指不改变合同债权的内容而将其移转于他人的合同。合同债权转让的对象是债权，债权转让的前提是债权具有可让与性或财产性。

(2)合同权利转让的构成要件

当事人转让合同权利时必须满足以下条件：转让人与受让人之间必须达成合法的转让协议；转让人必须享有合法有效的合同债权，转让的前提是转让人所享有的债权必须是合法有效的；应当通知债务人。

(3)合同权利转让的限制

根据《合同法》第79条的规定，债权人可以将合同的权利全部或者部分转让给第三人，但有下列情形之一的除外：根据合同性质不得转让；按照当事人约定不得转让；依照法律规定不得转让。

2. 保险金请求权

保险金请求权又称“索赔请求权”，是指保险事故发生后，要求保险人赔偿或给付保险金的权利。保险金请求权是基于保险契约而产生的请求保险金的权利，是债权请求权。保险金请求权除了具有一般请求权的特征之外，还具有自身的特征。投保人在为被保险人或受益人利益订立的保险合同中，被保险人或受益人享有保险金请求权，投保人不享有。保险金请求权的这一特征是合同相对性的例外。保险金请求权还具有涉他性,是因保险合同为第三人利益的涉他合同的特征所决定的。另外,保险合同的射幸性决定了保险金请求权也具有射幸性的特征,这是由保险合同的射幸性决定的。保险合同中约定的保险事故,是否发生具有不确定性和偶然性,从而决定了受益权在保险事故发生前仅是一种期待权。

3. 保险金请求权是否可以转让

《保险法解释三》第 13 条区分保险事故发生前后,保险事故发生后,受益人将与本次保险事故相对应的全部或者部分保险金请求权转让给他人,当事人主张该转让有效的,人民法院应予支持,但根据合同性质、当事人约定或者法律规定不得转让的除外。

区分保险事故发生与否作出规定,符合债权转让的要求。依据我国《保险法》,人身保险受益人变更的决定权是属于被保险人的,在保险事故尚未发生时,受益人无权转让其受益权,而保险事故发生后,被保险人或受益人对保险人的债权已经确定,保险金请求权具有财产性和确定性,原则上属于纯财产性质的债权,与其他普通财产权利的转让并无二致,可以自由转让。

值得注意的是,本条司法解释与《合同法》第 79 条的规定一脉相承。如果保险合同明确约定保险金请求权不得转让,则应遵守该约定。对于哪些情况属于根据合同性质以及法律规定不得转让的,则应结合具体案件事实判断该债权是否属于专属于债务人本身的债权或者是出于保障债权人生活的目的的债权。

关联法规索引

《合同法》第 79 ~ 83 条;《保险法》第 12 条、第 18 条、第 42 条、第 43 条;《保险法解释三》第 9 条、第 11 条、第 20 条

典型案例

中国太平洋人寿保险股份有限公司德州中心支公司与刘某等保险合同纠纷上诉案〔1〕

※案情简介：原告刘某之夫，宋甲、宋乙之父宋丙于2010年3月15日在平原县农村信用合作联社坊子分社贷款80,000元，该社作为被告中国太平洋人寿保险股份有限公司德州中心支公司的代理人，在宋丙办理贷款的同时给其办理了安贷宝意外伤害保险，保险期限6个月，保险金额80,000元，在保险合同B款中用格式化条款约定：本合同身故保险金和残疾保险金的第一受益人为发放贷款的金融机构，其受益额度为索赔当时依本合同所载贷款合同的约定仍未偿还的贷款本息总额，第一受益人的受益额度在任何情况下不超过本合同的保险金额。在责任免除条款中第五条约定：被保险人酒后驾驶、无合法有效驾驶证驾驶，或驾驶无有效行驶证的机动车，致被保险人身故或残疾的，保险公司不负给付保险金责任。2010年4月11日，宋丙无证驾驶二轮摩托车（漏检）发生交通事故，经抢救无效于2010年5月1日死亡，后因原告找第三人理赔未果而诉至法院，要求被告赔付安贷宝意外伤害赔偿金80,000元。法院受理后，依法追加平原县农村信用合作联社作为第三人参加诉讼。原告及第三人均同意将该保险理赔金用于偿还宋丙从第三人处的贷款。

原审法院认为，宋丙在贷款同时投保的安贷宝意外伤害保险，其合同合法有效，应予保护；被保险人宋丙因无证驾驶漏检车辆发生交通事故死亡，其近亲属即原告有权要求被告按保险合同履行赔偿义务；在保险合同中的免责条款中被告虽然用黑体字以示提醒，但被保险人并未在其附近签字，且被告及第三人亦未有证据证明其就免责条款履行了对被保险人的告知义务；因该保险合同系第三人平原县农村信用合作联社所办理，虽然合同约定第三人为第一受益人，但其既是贷款的发放机构，又是被告的代理方，对原告、被告的争议标的没有独立的请求权，而案件结果与它确有法律上的利害关系，因此只能作为无独立请求权的第三人参加诉讼，综上对被告的抗辩意见法院不予支持，被告应当按照保险合同赔偿保险金80,000

〔1〕 本案根据山东省德州市中级人民法院（2011）德中少民终字第3号民事判决书整理。

元；原告及第三人均同意将该保险金用于偿还宋丙从第三人处的贷款，法院予以支持。据此，原审法院作出判决：被告中国太平洋人寿保险股份有限公司德州中心支公司于判决生效后三日内赔付第三人平原县农村信用合作联社保险金80,000元。案件受理费1800元，由被告中国太平洋人寿保险股份有限公司德州中心支公司负担。

中国太平洋人寿保险股份有限公司德州中心支公司不服一审判决，提起上诉。

二审法院认为，投保人宋丙与中国太平洋人寿保险股份有限公司德州中心支公司签订的保险合同约定如果发生保险事故，则支付相应的理赔金，理赔金优先用于支付宋丙与平原县农村信用合作联社之间的贷款合同债务，超出部分赔付给法定继承人，合同约定合法有效，本院予以支持。因保险公司是否赔付理赔金关系到被上诉人刘某、宋甲、宋乙贷款合同债务的免除，因此，三被上诉人与本案有法律上的利害关系。同时，保险合同只约定了第一受益人和第二受益人的受益顺序，未规定主张权利顺序，因此，三被上诉人作为受益人是本案的适格主体，可以作为原告提起诉讼。涉案保险合同约定："第一受益人为发放贷款的金融机构，如身故保险金超过第一受益人额度，上诉人将剩余部分的保险金给付被保险人或投保人制定的第二受益人。"该约定合法有效，保险事故发生后，保险人中国太平洋人寿保险股份有限公司德州中心支公司应当依照合同约定将保险金80,000元赔付给原审第三人平原县农村信用联社。原审判决正确，应予以维持。

※裁判要旨：投保人宋丙与中国太平洋人寿保险股份有限公司德州中心支公司签订的保险合同约定，如果发生保险事故，则支付相应的理赔金，理赔金优先用于支付宋丙与平原县农村信用合作联社之间的贷款合同债务，超出部分赔付给法定继承人，合同约定合法有效。保险合同只约定了第一受益人和第二受益人的受益顺序，未规定主张权利顺序。三被上诉人作为受益人是本案的适格主体，可以作为原告提起诉讼。另外，涉案保险合同约定："第一受益人为发放贷款的金融机构，如身故保险金超过第一受益人额度，上诉人将剩余部分的保险金给付被保险人或投保人制定的第二受益人。"该约定合法有效，保险事故发生后，保险人中国太平洋人寿保险股份有限公司德州中心支公司应当依照合同约定将保险金80,000元赔付给原审第三人平原县农村信用联社。

第四十一条 【受益人变更】 被保险人或者投保人可以变更受益人并书面通知保险人。保险人收到变更受益人的书面通知后，应当在保险单或者其他保险凭证上批注或者附贴批单。

投保人变更受益人时须经被保险人同意。

条文解读

本条是对变更受益人的规定。

（一）根据《保险法》的规定，被保险人或者投保人有权指定受益人。由于人身保险合同的期限一般较长，在保险期间可能会出现一些事先无法预料的情况。而这些情况往往会影响到被保险人或者投保人在指定受益人问题上所作的决定。如果被保险人或者投保人在指定受益人之后，因为情况发生变化或者自己改变主意想变更受益人，应当允许，这是被保险人或者投保人行使本法赋予的指定受益人这一权利的延续。因此，被保险人或者投保人可以变更受益人。投保人变更受益人时须经被保险人同意。

（二）由于保险人是保险合同的一方当事人，变更受益人涉及对保险合同的变更，关系到保险人在保险事故发生后给付保险金时确定给付对象的问题，所以被保险人或者投保人变更受益人的行为，必须由被保险人或者投保人书面通知保险人。保险人收到变更受益人的书面通知后，应当在保险单或者其他保险凭证上批注或者附贴批单。被保险人或者投保人必须遵守这一规定，以免其变更受益人的意思表示因缺少法定形式要件而不具有法律效力。

配套法规及解读

《保险法解释三》（2015 年 11 月 25 日）

第十条 投保人或者被保险人变更受益人，当事人主张变更行为自变更意思表示发出时生效的，人民法院应予支持。

投保人或者被保险人变更受益人未通知保险人，保险人主张变更对其不发生效力的，人民法院应予支持。

投保人变更受益人未经被保险人同意，人民法院应认定变更行为无效。

第十一条 投保人或者被保险人在保险事故发生后变更受益人,变更后的受益人请求保险人给付保险金的,人民法院不予支持。

※法规解读:根据《保险法》第39条和第41条的规定,实践中主要存在两个方面的争议:一是投保人未经被保险人同意变更受益人的效力;二是投保人或被保险人变更受益人是否需要保险人的同意。

(一)受益人的变更

受益人之指定,往往为投保人与受益人之间存有经济上或感情上的关系,人寿保险合同期限较长,时过境迁,人的关系难免发生变动,若受益人经指定后不许投保人或者被保险人变更,有违投保人或被保险人的真实意思,因此,投保人或者被保险人指定受益人后,仍有权变更所指定之人。

保险金受益人的变更,在法律性质上属于投保人或被保险人的单方法律行为,无须保险人与投保人或被保险人的合意。从法理上来看,被保险人或者投保人对受益人变更,其权利应在保险事故发生之前行使。保险事故一旦发生,受益人之受益权转化为现实的既得权,被保险人不得再随意处分受益人对保险金之请求权。

(二)投保人或者被保险人变更受益人的行为生效的时间

变更受益人的行为是被保险人或投保人的单方法律行为,自被保险人或受益人变更意思表示发出时产生效力。对于如何理解意思表示的发出,要看此项意思表示是需要受领的意思表示,还是无须受领的意思表示:(1)无须受领的意思表示,只要求表意人完成表示行为;(2)需受领的意思表示,意思表示必须针对受领人发出。变更受益人的意思表示无须保险人与原受益人的同意,为无须受领的意思表示,故只要被保险人或投保人完成变更受益人的表示行为,变更行为即产生效力,无需到达保险人。《保险法解释三》第10条第2款作了规定,投保人或者被保险人变更受益人,当事人主张变更行为自变更意思表示发出时生效的,人民法院应予支持。

(三)受益人变更是否需要保险人同意

关于受益人的变更,基于《保险法》第41条的规定,有观点认为,投保人或被保险人变更受益人需要书面通知保险人,保险人同意变更并办理批注手续后变更行为才产生效力。该观点不符合受益人变更制度的初衷,也不符合《保险法》的立法原意,如前所述,受益人的变更是投保人或被保险人的单方行为,无须保险人的同意。

第一,变更受益人是投保人与被保险人处分自己的权利,无须保险人的同意。从合同法角度而言,受益人的地位类似于第三人利益合同中的第三人,其享有的保险金请求权,是源于投保人和被保险人基于保险合同产生的权利。被保险人作为保险金请求权的原始权利主体,有权自由决定将该权利授予任何人。因此,变更受益人的行为是变更权人根据自己的意思自由选择谁可以享有受益权,属于私法自治的领域,即权利人以变更受益人的法律行为来处分保险合同利益,无须保险人同意。

第二,保险人的批注并不是变更行为的生效条件。批注并非为保险人的利益而设的行为,而是对被保险人履行了通知义务的一种证明。因而只要被保险人能够证明其已将变更受益人的行为书面通知了保险人,该变更就应当生效,而不应受保险人批注的影响。对保险人来讲,其收到被保险人或者投保人变更受益人的通知后,应当履行在保险单或者其他保险凭证上批注或者附贴批单的义务,以便将来在给付保险金时有据可查。

第三,投保人或被保险人单方变更受益人不会损害保险人的利益。在保险合同中,保险人的权利是收取保险费,主给付义务是在保险事故发生时根据保险合同约定给付保险金。无论谁是受益人,对保险人的权利义务都没有实质影响。

(四)受益人变更通知保险人的效力

根据《保险法》第41条的规定,投保人或被保险人可以单方变更受益人,但为了保护保险人的信赖,防止向错误的受益人给付保险金,受益人的变更必须通知保险人,但这并不意味着受益人变更只有通知到保险人后才发生效力。

受益人的变更取决于投保人或被保险人的单方行为,无须保险人的同意,故在性质上为单方法律行为。单方法律行为由一方当事人的意思表示构成,其何时生效取决于该意思表示是否属于有相对人的意思表示:无相对人之意思表示,因表示行为完成而成立,并且立即发生效力;有相对人之意思表示,虽亦因表示行为之完成而成立,但不立即发生效力,而以相对人了解或可得了解为其有效要件。

《保险法》第41条的规定并不表明其明确将通知保险人作为变更受益人行为的生效要件。应该认为,该条将通知作为对抗保险人的要件,即投保人或被保险人变更受益人即使不通知保险人也不影响在新旧受益人之间产生效力,没有通知保险人只是不能对抗保险人,保险人向原受益人给付视为其履行给付保险金义务,新受益人可以基于不当得利要求原受益人向其返还保险金。

以上精神反映在《保险法解释三》第10条第2款的规定中，即投保人或者被保险人变更受益人未通知保险人，保险人主张变更对其不发生效力的，人民法院应予支持。

(五)投保人变更受益人未经被保险人同意的效力

投保人变更受益人的，需要经过被保险人同意。这种需要被保险人同意的变更行为，在性质上属于需要第三人同意的法律行为，属于效力待定的民事法律行为。据传统民法理论，同意本身也是法律行为，一方面，其旨在使以需经同意法律行为作为内容的规则发生效力；另一方面，其构成需经同意法律行为的辅助行为。同意第三人法律行为可以事前作出，也可以事后作出，前者称为允许，后者称为追认。投保人变更受益人时，被保险人的同意原则上可事前允许，也可事后追认。事后追认是在投保人变更受益人后作出的。如果"投保人变更受益人未经被保险人同意"，实际上是指未经过被保险人的事先允许和事后追认，因此属于不发生效力的民事法律行为，因此，《保险法解释三》第10条第3款规定"人民法院应认定变更行为无效"。

(六)投保人或者被保险人在保险事故发生后变更受益人的效力

在保险事故发生前，受益人地位受到四方面因素的影响：一是投保人履约行为的影响，二是变更受益人的影响，三是受益人自身不当行为的影响，四是受益人先于被保险人死亡。因此，受益人地位在保险事故发生前随时可能有变化，故无法将之定性为确定性的权利。此时，受益人享有的受益权是一种期待权，是否能够实现尚不确定，故投保人、被保险人可以按照《保险法》第41条和《保险法解释三》第10条的规定，随时变更受益人。

但在保险事故发生后，保险给付请求权随之产生，受益人系唯一享有保险赔偿请求权之人，受益人即时取得既得权利，有相当的稳定性。根据《保险法解释三》第11条的规定，受益人的受益权转化为保险金给付请求权，该权利不再是期待权，而是确定性的权利，故投保人、被保险人不能再进行变更。

关联法规索引

《合同法》第11条；《保险法》第18条、第39条；《保险法解释三》第2条、第9条、第13条

典型案例

常甲与常乙等人身保险合同纠纷再审案[1]

※案情简介:常甲的儿子常丙于2001年3月10日向人寿新乡分公司投保了"康宁终身保险"50份,保额15万元,其保险合同中,投保人、被保险人、受益人均为常丙。2002年7月10日,人寿新乡分公司经常丙的口头申请,为常丙办理了保险合同变更申请,将受益人变更为常丙的女儿常乙,但合同中没有常丙的签字。2003年5月7日,常丙再次交纳了2003年3月6日至2004年3月15日的保费4400元整。2003年7月31日常丙在新乡市第一人民医院因病死亡。2003年12月24日原告常甲要求人寿新乡分公司给付其儿子常丙保险金15万元的1/3即5万元为已所有。而第三人常乙则以合同变更后的受益人为己为由,要求受益15万元保险金。被追加的第三人原某认为15万元保险金应由合同变更后的受益人常乙享有。

人寿新乡分公司辩称,2002年6月月底,常丙要求变更受益人为常乙合法有效,原告、被告间不存在保险合同,原告不应起诉被告。

新乡市红旗区人民法院一审认为:2001年3月10日常丙与人寿新乡分公司所签订的保险合同真实有效。常丙去世后,人寿新乡分公司应将15万元保险金赔付常丙的第一顺序继承人。常甲作为常丙的父亲,为第一顺序继承人,可以得到常丙的保险金5万元(因为有三个第一顺序继承人)。常甲的诉讼请求法院予以支持。2002年7月10日,人寿新乡分公司为常丙办理了变更受益人的保险合同,变更2001年3月10日合同中的受益人为常乙,我国《保险法》规定,投保人变更受益人时须经被保险人同意。但变更后的保险合同未有当事人常丙的签字,保险代理人的代理行为无效,此合同无效。故作为常丙女儿的第三人常乙和妻子原某均应分得常丙遗留下的保险金5万元。人寿新乡分公司在办理变更保险合同中,由于其工作中有失误,给第三人常乙造成了经济损失5万元,人寿新乡分公司负赔偿责任。人寿新乡分公司已于2004年7月20日付给常乙10万元。新乡市红旗区人民法院于2004年8月6日作出(2004)红民一初字第93号民事判决:(一)人寿新乡分公司于本

---

[1] 本案根据河南省高级人民法院(2008)豫法民再字第00034号民事判决书整理。

判决生效后五日内支付常甲保险金5万元整。(二)人寿新乡分公司于本判决生效后五日内支付原某保险金5万元整。共计6110元,由人寿新乡分公司负担。

人寿新乡分公司不服一审判决,向新乡市中级人民法院提起上诉。

新乡市中级人民法院二审查明:一审法院于2004年7月22日依职权追加原某为第三人,原某称不需要答辩期限,并反对法院追加其为第三人,认为变更后的保险合同合法有效,受益人是其女儿常乙,不是继承纠纷。此后未再开庭。2004年8月6日,原某向一审法院交纳了诉讼费。二审查明的其他事实与一审法院查明的相同。

新乡市中级人民法院二审认为,被保险人或者投保人可以变更受益人并书面通知保险人。保险人收到变更受益人的书面通知后,应当在保险单上批注。投保人变更受益人要履行书面通知险人的义务,是严格的形式要求,就是为了防止在变更受益人问题上发生纠纷。在诉讼过程中,保险人、受益人及其他当事人均未提供证据证明投保人常丙书面通知保险人变更受益人的事实存在,故不能认定变更受益人的行为依法成立。因变更受益人的行为不能成立,被保险人常丙没有指定受益人,其死亡后,保险金应作为其遗产,由人寿新乡分公司向被保险人常丙的继承人履行给付保险金的义务。常甲作为常丙的三个第一顺序继承人之一,其请求人寿新乡分公司向其支付常丙15万元保险金的1/3即5万元于法有据,应予以支持。人寿新乡分公司已向常丙的继承人之一常乙支付10万元保险金。一审判决人寿新乡分公司向被保险人常丙的继承人支付共计10万元的保险金,已超过该保险合同的最高保险金额15万元,人寿新乡分公司上诉称其支付保险金不应超过15万元的上诉理由成立,本院予以支持。由于人寿新乡分公司未严格按照我国《保险法》的规定办理有关变更受益人手续,致使纠纷发生,因此,应由其承担诉讼费用。新乡市中级人民法院作出(2005)新民一终字第0038号民事判决:(一)维持新乡市红旗区人民法院(2004)红民一初字第93号民事判决第一项;(二)撤销新乡市红旗区人民法院(2004)红民一初字第93号民事判决第二项。维持一审案件受理费负担;二审案件受理费2100元,其他诉讼费600元,由人寿新乡分公司负担。

常乙申请再审。

新乡市中级人民法院再审认为,常丙在办理变更受益人手续时,向保险公司提供了保险合同正本、身份证、户口本,由代办员王某为常丙填写了保险变更申请,后保险公司也办理了批单,对投保人常丙变更受益人的行为是认可的。从本案事实来看，应当认定变更受益人是常丙的真实意思表示。因保险公司的过错，没有常丙的签字，其变更行为有瑕疵，但不能据此否认该行为是常丙的真实意思表示。新乡市中级人民法院于2005年9月5日作出(2005)新中民再字第106民事号判决：(一)撤销本院(2005)新民一终字第0038号民事判决及新乡市红旗区人民法院(2004)红民一初字第93号民事判决。(二)驳回常甲的诉讼请求。维持一审、二审诉讼费承担部分。

常甲向河南省高级人民法院申请再审，要求撤销新乡市中级人民法院(2005)新中民再字第106号民事判决，维持该院(2005)新民一终字第0038号民事判决。

河南省高级人民法院认为，本案中虽没有直接证据表明常丙曾变更保险合同受益人为其女儿常乙，但下列间接证据能得到认证：人寿新乡分公司保险代办员王某向人寿新乡分公司提供了该保险合同正本、常丙的身份证、户口簿、并数次作证承认是受常丙的委托向人寿新乡分公司申请变更受益人，人寿新乡分公司审查后办理了受益人变更批单，常丙交纳保险合同变更后下一年的续期保费。常甲作为原告既然诉求常丙没有变更保险合同受益人，则应举证证明。而常甲在历次审理中均没有对常丙变更保险合同受益人的行为不是其真实意思表示予以提供证据证明。综合本案事实来看，常丙变更保险合同受益人为其女儿不存在道德风险，且以上间接证据能相互印证变更保险合同受益人为其女儿属真实意思。常丙采用口头方式委托变更受益人，由保险公司的保险代办员王某代为办理相关手续，人寿新乡分公司予以变更保险受益人，符合当前人身保险合同行为的日常习惯，故可以认定为双方当事人的合意。常丙变更保险受益人的意思表示真实，可以认定。2002年版的《保险法》第六十三条规定：被保险人或者投保人可以变更受益人并“书面通知保险人……”该规定旨在规范合同双方的行为，减少并预防矛盾的发生。人寿新乡分公司违反上述规定，对常丙变更保险合同受益人的行为予以批注认可，没有认真核实常丙变更保险受益人申请书，应当对其有瑕疵的变更行为承担相应责任，但不能据此否定该变更行为的有效性。判决如下：维持河南省新乡市中级人民法院(2005)新中民再字第106号民事判决。

※裁判要旨：常丙变更保险合同受益人为其女儿不存在道德风险，且以上间接证据能相互印证变更保险合同受益人为其女儿属真实意思表示。常丙采用口头方式委托变更受益人，由保险公司的保险代办员王某代为办理相关手续，人寿新乡分公司予以变更保险受益人，符合当前人身保险合同行为的日常习惯，故可以认定为

双方当事人的合意。常丙变更保险受益人的意思表示真实,可以认定。人寿新乡分公司对常丙变更保险合同受益人的行为予以批注认可,没有认真核实常丙变更保险受益人申请书,应当对其有瑕疵的变更行为承担相应责任,但不能据此否定该变更行为的有效性。核心在于变更受益人的意思表示是单方法律行为,受益人变更的法律效力即到达保险人,对保险人有效。

第四十二条　【保险金作为遗产情形】被保险人死亡后,有下列情形之一的,保险金作为被保险人的遗产,由保险人依照《中华人民共和国继承法》的规定履行给付保险金的义务:

(一)没有指定受益人,或者受益人指定不明无法确定的;

(二)受益人先于被保险人死亡,没有其他受益人的;

(三)受益人依法丧失受益权或者放弃受益权,没有其他受益人的。

受益人与被保险人在同一事件中死亡,且不能确定死亡先后顺序的,推定受益人死亡在先。

条文解读

本条是对被保险人死亡后,没有受益人时保险金归属的规定。

(一)保险金作为遗产的具体情形:第一,没有指定受益人,或者受益人指定不明无法确定的。没有指定受益人,主要是指被保险人生前未指定,投保人指定后被保险人生前未同意等情形。第二,受益人先于被保险人死亡,没有其他受益人的。第三,受益人依法丧失受益权或者放弃受益权,没有其他受益人的。受益人依法丧失受益权是指本法规定的受益人故意造成被保险人死亡或者伤残,或者故意杀害被保险人未遂的情况。受益人主动放弃受益权是受益人在享有受益权的前提下主动放弃这种权利。

将没有受益人的情况下的保险金作为被保险人的遗产,由保险人依照《继承法》的规定,向被保险人的继承人履行给付保险金的义务。

(二)本条第 2 款对不能确定被保险人与受益人死亡的先后顺序问题作了规定。即受益人与被保险人在同一事件中死亡,且不能确定先后顺序的,推定受益人死亡在先。

配套法规及解读

《保险法解释三》(2015年11月25日)

第十四条 保险金根据保险法第四十二条规定作为被保险人遗产,被保险人的继承人要求保险人给付保险金,保险人以其已向持有保险单的被保险人的其他继承人给付保险金为由抗辩的,人民法院应予支持。

第十五条 受益人与被保险人存在继承关系,在同一事件中死亡且不能确定死亡先后顺序的,人民法院应依据保险法第四十二条第二款推定受益人死亡在先,并按照保险法及本解释的相关规定确定保险金归属。

※法规解读:根据《保险法》第42条的规定,保险金作为被保险人的遗产,由被保险人的继承人享有。但被保险人的继承人可能是多人,如仅其中一个或者部分继承人持有保险单向保险人申请理赔,保险人可否直接向该继承人给付保险金并不明确。受益人与被保险人存在继承关系,在同一事件中死亡且不能确定死亡先后顺序的,如何确定两者的死亡顺序也不明确。

(一)部分继承人持有保险单向保险人申请理赔获赔后,其他继承人再诉请保险人给付应如何处理

根据《保险法》第42条的规定,被保险人死亡时没有受益人或者受益人放弃、丧失受益权的,保险金作为被保险人的遗产,由被保险人的继承人享有。在被保险人的继承人是多人的情况下,根据《保险法解释三》第14条的规定,只要提出理赔申请的被保险人继承人持有保单,保险公司即可向其支付保险金,而无须寻找全部被保险人的继承人,否则会极大增加保险公司的负担,也不利于提高理赔效率。根据《继承法》原理,在继承开始后遗产分配前,遗产属继承人共同共有,任一共同共有人均有权向义务人主张全部权利,因此保险人向持有保险单的继承人支付保险金应当认定为有效给付,继承人之间的关系应另行解决,不应在保险合同法律关系中作调整。

适用该条要符合下列条件:一是需符合《保险法》第42条规定的情形,即符合保险金作为被保险人遗产的法定情形;二是被保险人的继承人要求保险人给付保险金且该继承人持有保险单,保险单起到证明存在保险合同关系以及持有保险单的人为被保险人的继承人这一事实的作用,如果不持有保险单,保险人有权拒绝支付保险金;三是保险人已向持有保险单的被保险人的继承人给付保险金并以此为

由抗辩的,人民法院应予支持。

(二)存在继承关系的受益人与被保险人在同一事件中的死亡时间推定

受益人与被保险人存在继承关系,在同一事件中死亡且不能确定死亡先后顺序的,需要对两者的死亡时间做出推定。根据《最高人民法院关于贯彻执行〈中华人民共和国继承法〉若干问题的意见》第2条的规定,根据被保险人和受益人有无继承人、彼此之间是否存在辈分的高低关系等推定被保险人与受益人死亡的先后顺序。但是根据《保险法》第42条第2款的规定,"推定受益人死亡在先"。这两种推定得出的结论可能一致,也可能不一致。如何协调两个法条存在争议。

根据《保险法解释三》第15条的规定,受益人与被保险人存在继承关系,在同一事件中死亡且不能确定死亡先后顺序的,人民法院应依据《保险法》第42条第2款推定受益人死亡在先,并按照《保险法》及本解释的相关规定确定保险金归属。

在处理此类保险合同纠纷案件时,应明确区别两点:一是当受益人与被保险人不存在继承关系时,适用《保险法》对于同时遇难死亡时间推定;二是当受益人与被保险人有继承关系时,在对保险金归属时适用《保险法》的同时遇难死亡时间推定,在确定遗产继承人范围时必须适用《最高人民法院关于贯彻执行〈中华人民共和国继承法〉若干问题的意见》的同时遇难死亡时间推定。

对于被保险人与受益人同时遇难死亡时间的推定规则的适用,应当符合以下条件:一是受益人与被保险人在同一事件中死亡。所谓同一事件中死亡,应当是指受益人与被保险人遭遇同一个事故死亡。此处的同一个事故,可能是非常短促的一个事件,也可能是有一定时间持续性的事件。同一事件中的死亡可能指同时自然死亡,也可能指同时下落不明后被宣告死亡。二是不能确定死亡先后顺序。不能确定死亡先后顺序,是指客观上无法确定受益人与被保险人的死亡时间先后,包括受益人与被保险人可能存在先后死亡时间,但客观上无法查清的情况,还包括因科学上无法分清先后死亡顺序而被认定同时死亡的情形。

关联法规索引

《最高人民法院关于贯彻执行〈中华人民共和国继承法〉若干问题的意见》第2条;《保险法》第43条;《保险法解释三》第2条、第9条、第11条、第12条、第15条;《办理继承公证的指导意见》

第四十三条　【受益权丧失】 投保人故意造成被保险人死亡、伤残或者疾病的，保险人不承担给付保险金的责任。投保人已交足二年以上保险费的，保险人应当按照合同约定向其他权利人退还保险单的现金价值。

受益人故意造成被保险人死亡、伤残、疾病的，或者故意杀害被保险人未遂的，该受益人丧失受益权。

条文解读

本条是对投保人、受益人故意制造保险事故应当承担的法律后果的规定。

在人身保险中，由被保险人或者投保人指定的受益人依法享有受益权。但是受益人的这种受益权只是一种期待权，即这种权利虽然经过被保险人或者投保人的指定而产生，但它并不是立即就能实现的权利，必须要等到保险合同约定的保险事故发生时才能主张。为了防止道德危险，本条对投保人、受益人故意造成被保险人死亡、伤残或者疾病的行为规定了法律后果，包括：

投保人故意造成被保险人死亡、伤残或者疾病，保险人不承担给付保险金的责任。同时，投保人已交足二年以上保险费的，保险人应当按照合同约定向其他权利人退还保险单的现金价值。

受益人故意造成被保险人死亡、伤残、疾病的，或者故意杀害被保险人未遂的，该受益人丧失受益权。受益人的上述行为是危害被保险人的身体或者生命的违法行为，应当依法受到制裁，也应当剥夺其享有的保险受益权。在受益人为多人时，未实施上述行为的其他受益人仍然享有受益权，保险人应当按照合同约定对这些受益人承担给付保险金的责任。

配套法规及解读

《保险法解释三》（2015 年 11 月 25 日）

第十六条　保险合同解除时，投保人与被保险人、受益人为不同主体，被保险人或者受益人要求退还保险单的现金价值的，人民法院不予支持，但保险合同另有约定的除外。

投保人故意造成被保险人死亡、伤残或者疾病，保险人依照保险法第四十三条规定退还保险单的现金价值的，其他权利人按照被保险人、被保险人的继承人的顺序确定。

※法规解读：对于投保人与被保险人、受益人为不同主体时，保单现金价值归谁所有存在不同认识，引发很多争议。

(一)保险单现金价值的归属

根据保险原理，保单现金价值是保险事故发生前投保人支付的保险费的积累及收益，属于投保人的储蓄，应归属于投保人，因此保险合同解除后被保险人或受益人无权主张。保单现金价值在两种情形下需要返还：一是保险事故发生前，保险合同终止；二是保险事故发生后，保险人因法律规定不承担保险责任。

根据《保险法解释三》第16条第1款的规定，保险单现金价值应归属于投保人，而不是被保险人或者受益人。因为：首先，根据保险原理，保险单的现金价值属于投保人的储蓄，是投保人的财产。保险单的现金价值来源于保险人在保险期间前期超收的保险费，具有储蓄性质。在保险合同提前终止的，应当返还给投保人。由于投保人交纳的保险费中包含了保险期间后期对自然保险费的补充部分，该剩余部分的积累即为保险单的现金价值，该现金价值以责任准备金形式储存，如果不返还该积累的金额，会导致保险人不当受益，故保险人应将现金价值返还给投保人。其次，根据合同法原理，投保人是保险合同当事人，享有基于保险合同的现金价值请求权。最后，从交费主体来看，投保人承担交纳保险费的义务，享有基于保险费产生的保险单现金价值。值得注意的是，“被保险人或者受益人要求退还保险单的现金价值的，人民法院不予支持，但保险合同另有约定的除外”。

(二)《保险法》第43条第1款规定中的“其他权利人”如何确定

投保人故意造成被保险人死亡、伤残或者疾病的，保险人不承担给付保险金的责任，投保人当然也丧失要求返回现金价值的权利。有疑问的是，在此情况下保险人是否仍需返回现金价值。按照《保险法》第43条第1款的规定“投保人已交足二年以上保险费的，保险人应当按照合同约定向其他权利人退还保险单的现金价值。”对于此处的“其他权利人”如何确定并不明确。根据《保险法解释三》第16条第2款的规定，“投保人故意造成被保险人死亡、伤残或者疾病，保险人依照保险法第四十三条规定退还保险单的现金价值的，其他权利人按照被保险人、被保险人继承人的顺序确定”。

关联法规索引

《保险法》第32条、第37条、第43~45条、第47条

典型案例

樊某莲、游某珍等与中国人民人寿保险股份有限公司重庆市分公司意外伤害保险合同纠纷案[1]

※案情简介:2014年11月18日,四川住业公司向人民人寿保险重庆分公司投保了建筑工程团体意外伤害保险(B款)(新标准版)—身故保险金,保险金额400,000元/人;建筑工程团体意外伤害保险(B款)(新标准版)—Ⅰ类伤残保险金,保险金额400,000元/人;附加建筑工程意外伤害团体医疗保险(A款),保险金额20,000元/人。施工项目名称:重庆市怡置照母山G20A地块之总承包工程Ⅰ标段(高屋)。施工地址:北部新区金州大道约克郡照母山项目。保险期间:自2014年11月24日0时起至2017年7月23日24时止。保险合同生效日:2014年11月24日0时0分。建筑工程团体意外伤害保险(B款)(新标准版)保险条款载明:2.3保险责任:在合同有效期内,被保险人在施工现场或施工期间指定的生活区域内遭受意外伤害,本公司承担如下保险责任,被保险人自意外伤害发生之日起180日内因该意外伤害导致身故,本公司按该被保险人的身故保险金额给付身故保险金,本合同对该被保险人的保险责任终止。2.4责任免除:因投保人对被保险人的故意杀害、故意伤害导致被保险人身故或伤残的,本公司不承担给付保险金的责任。

2016年5月22日,四川住业公司烟道安装班组工人钟某民、樊某全、樊某、云某四人在重庆照母山G20AI标段高层18号楼安装烟道,樊某在22楼用手扶住烟道,当烟道下放到距离指定位置50厘米时,樊某探头到烟道内告知楼上操作手动葫芦的工人云某,此时支撑葫芦的底座突然滑落,樊某被坠落的葫芦砸中头部。樊某伤后经送医急救无效,于当日14时死亡。

2016年6月14日,重庆两江新区管理委员会作出《关于四川住业建设开发有限公司"5·22"物体打击死亡事故结案的通知》,附件《四川住业建设开发有限公

[1] 本案根据重庆市江北区人民法院(2017)渝0105民初2293号民事判决书整理。

司"5·22"物体打击事故调查报告》载明:"四、现场勘察情况,烟道安装采用的手动葫芦吊装,葫芦底座固定在32层烟道顶,固定支座脱落。固定支座采用角钢和钢筋焊接,用2颗膨胀螺丝固定。五、事故原因和事故性质,(一)直接原因,手动葫芦固定支座脱落,葫芦和铁链在坠落过程中砸中死者头部是导致事故发生的直接原因。(二)间接原因,四川住业建设开发有限公司企业主体责任落实不到位,主要表现为安全隐患排查不到位,施工班组未按施工方案施工,固定葫芦底座的膨胀螺丝由4颗私自改为2颗,施工单位没有及时发现和消除现场存在的安全隐患;施工单位现场监管不到位,对施工班组未正确佩戴安全帽的行为未及时发现和纠正。"

保险事故发生后,游某珍、王某芳、樊某莲、樊某容(游某珍系樊某母亲,王某芳系樊某妻子,樊某莲、樊某容均系樊某女儿)向人民人寿保险重庆分公司申请保险金赔付,人民人寿保险重庆分公司作出《理赔完成通知书》,载明:"被保险人樊某因意外身故壹案提出的理赔申请,本公司已按照保险合同的约定理赔完成,基于下述原因,我公司解除被保险人樊某的保险合同,不予赔偿并不退还保险费:保险合同号下的建筑工程团体意外伤害保险理赔结论为拒付且保险责任终止,拒付理由为未按《安全生产法》,提供安全防护措施和其他维护安全的必要措施,导致危险程度显著增加,致事故发生;因重大过失未履行如实告知义务,对保险事故的发生有严重影响的,保险人有权解除合同,并对发生的保险事故,不承担赔偿或者给付保险金的责任。被保险人对事故存在重大过失,保险人不承担赔偿责任。"

原告游某珍、王某芳、樊某莲、樊某容提出诉讼请求,请求判令:被告人民人寿保险重庆分公司向原告支付樊某死亡保险赔偿金40万元。

被告人民人寿保险重庆分公司辩称,保险公司不应理赔。第一,保险合同主体是四川住业公司和保险公司,樊某在工作中受伤致死,有权向其单位即四川住业公司提出赔偿,无权向被告直接提出理赔请求。第二,根据《安全生产法》的相关规定,四川住业公司作为施工单位,有义务采取安全措施防止安全事故,但其没有按照法律规定办事,故意放任安全隐患的存在,对于事故的发生属于间接故意。根据《保险法》第四十三条和双方保险合同第2.4条规定,投保人故意造成安全事故的发生,保险公司可以拒绝理赔。第三,樊某不属于保险合同的参保对象,保险合同上并没有规定参保人有樊某,原告和投保人也没有举证证明樊某是四川住业公司的工作人员。

法院认为，四川住业公司向人民人寿保险重庆分公司投保建筑工程团体意外伤害保险，双方未约定受益人，依照《保险法》之规定，被保险人死亡后，没有指定受益人，保险金作为被保险人的遗产，由保险人依照《继承法》的规定履行给付保险金的义务。游某珍、王某芳、樊某莲、樊某容作为樊某的第一顺位继承人，有权向人民人寿保险重庆分公司主张保险金。对于樊某是否属于保险合同项下的被保险人，人民人寿保险重庆分公司在作出的《理赔完成通知书》中已经明确樊某为该保险合同项下的被保险人，现人民人寿保险重庆分公司提出的抗辩主张与其已经自认的事实不符，对此不予支持。

人民人寿保险重庆分公司依据《保险法》第四十三条和四川住业公司与人民人寿保险重庆分公司签订的保险合同第2.4条的内容，主张投保人四川住业公司间接故意造成樊某的死亡，保险公司不承担保险责任。间接故意作为犯罪故意中的一种，所针对的是行为人作出可能导致受害人伤害的行为时的心理状态，如果行为人没有作出致害行为，则无从谈论犯罪故意。据事故调查报告显示，樊某死亡的直接原因是葫芦固定支座脱落砸中死者头部，四川住业公司未作出可能伤害樊某的行为，也就不可能存在犯罪故意。事故调查报告显示四川住业公司存在企业主体责任落实不到位和施工单位现场监管不到位的情形，对于现场存在的安全隐患并未及时发现。故人民人寿保险重庆分公司主张四川住业公司间接故意造成樊某死亡不成立，不能据此免除支付樊某死亡赔付保险金的责任。

综上所述，四川住业公司为其工人樊某投保建筑工程团体意外伤害保险，樊某在合同承保的工地施工过程中受伤致死，符合人民人寿保险重庆分公司承担保险责任的条件，人民人寿保险重庆分公司应当承担给付保险金40万元的责任。对原告游某珍、王某芳、樊某莲、樊某容的诉讼请求予以支持。

※裁判要旨：本案的关键是是否是投保人故意造成被保险人的死亡。本案中，樊某死亡的直接原因是葫芦固定支座脱落砸中死者头部，四川住业公司未作出可能伤害樊某的行为，也就不存在间接故意。四川住业公司对作业安全有保障义务，但构成不作为间接故意犯罪的前提依然应当是明知危害状态存在而放任其发生，并且对侵害结果的发生不持否定心理。但事故调查报告显示四川住业公司存在企业主体责任落实不到位和施工单位现场监管不到位的情形，对于现场存在的安全隐患并未及时发现。故人民人寿保险重庆分公司主张四川住业公司间接故意造成樊某死亡不成立，不能据此免除支付樊某死亡赔付保险金的责任。

第四十四条 【被保险人自杀处理】 以被保险人死亡为给付保险金条件的合同，自合同成立或者合同效力恢复之日起二年内，被保险人自杀的，保险人不承担给付保险金的责任，但被保险人自杀时为无民事行为能力人的除外。

保险人依照前款规定不承担给付保险金责任的，应当按照合同约定退还保险单的现金价值。

条文解读

本条是对死亡保险中被保险人自杀，保险人是否承担保险责任的规定。

以死亡为给付保险金条件的保险合同，被保险人自杀的，保险人不承担给付保险金的责任。同时，本条还规定了例外情形，即被保险人自杀时为无民事行为能力人的，保险人应当承担给付保险金的责任。这是因为无民事行为能力人不能辨认自己的行为，不能判断自己行为的后果。对这种情形，保险人应当承担保险责任。

在签订保险合同之后经过较长时间而被保险人自杀的，不是在签订合同时可以预见的行为。因为自杀一般是在一时想不开的情况下发生的，很难设想一个想要自杀的人会将自杀行为拖到几年之后才付诸实施。因此，在签订合同之后间隔一定时间发生的自杀，符合保险事故具有不确定性的特征。为此，以死亡为给付保险金条件的合同，自合同成立或者合同效力恢复之日起二年后，如果被保险人自杀的，保险人应当承担给付保险金的责任。

此外，由于保险单的现金价值不属于保险人所有，本着公平的原则，本条第二款规定，保险人依照第一款规定不承担保险责任的，应当按照合同约定退还保险单的现金价值。

配套法规及解读

《最高人民法院关于如何理解〈中华人民共和国保险法〉第六十五条“自杀”含义的请示的答复》(2002 年 3 月 6 日)

江西省高级人民法院：

你院〔2001〕赣经请字第 3 号关于如何理解《中华人民共和国保险法》第六十五

条“自杀”含义的请示收悉,经研究答复如下:

本案被保险人在投保后两年内因患精神病,在不能控制自己行为的情况下溺水身亡,不属于主动剥夺自己生命的行为,亦不具有骗取保险金的目的,故保险人应按合同约定承担保险责任。

《保险法解释三》(2015 年 11 月 25 日)

第二十一条 保险人以被保险人自杀为由拒绝承担给付保险金责任的,由保险人承担举证责任。

受益人或者被保险人的继承人以被保险人自杀时无民事行为能力为由抗辩的,由其承担举证责任。

※法规解读:在审判实务中,以被保险人自杀为争议焦点的案件,核心问题都是举证责任的承担,因为在待证事实真伪不明时,负有证明责任的人要承担败诉后果。《保险法解释三》第 21 条做了明确的规定。

(一)自杀的界定

自杀是指自愿并且故意地终结自己生命的行为或情形。“自杀”概念应该包含主客观两方面的内容,并且与被害人的自主决定紧密相关,这成为共识。认定自杀有主客观两方面要求。在主观方面,被害人不仅应当认识到并且意欲使死亡结果发生,而且必须自愿地即自主决定地选择了死亡。此外,被害人还必须客观上事实性地支配着直接导致死亡的行为,在将不可逆转地造成死亡结果的最后关键时刻自己控制着事态的发展。

因此,当无民事行为能力人,包括无民事行为能力的精神病人、间歇性精神病人在其精神病发作期间自杀的,如果其主观方面对于自杀缺乏上述认识因素、意志因素或者自愿性因素时,不能认定其成就了自杀行为,保险人不能以此为由拒绝承担相应的赔偿责任。

(二)自杀的举证责任

以被保险人死亡作为给付保险金条件的合同主要是寿险合同与意外伤害保险合同。对于寿险合同,只要不是合同中明确规定的除外风险所造成的被保险人死亡,保险人对于其他原因造成的被保险人死亡均负有保险金给付责任,所以被视为是以一切险的方式规定承保风险的保险,因此索赔请求人只需证明被保险人死亡这个保险事故在保险责任期间内发生即可,保险人则必须证明被保险人死于自杀或属于其他除外责任方能拒绝承担给付保险金的责任;意外伤害保险则属于列明风险的合同,即不但要求有被保险人死亡的结果还要求其必须是因意外事故所致,所以索赔请求人需证明被保险人系死于合同规定的意外伤害。

因此,保险人主张被保险人自杀,根据谁主张谁举证的原则,理应由保险人承担举证责任。当自杀的事实由保险人证明的情况下,受益人或被保险人的继承人主张被保险人自杀时为无民事行为能力人,同样根据“谁主张,谁举证”的原则,应由受益人或者被保险人的继承人对待证事实承担举证责任。

从证明的标准来看,在民事诉讼中采用的是“证据优势原则”,根据《最高人民法院关于民事诉讼证据的若干规定》第73条规定:“双方当事人对同一事实分别举出相反的证据,但都没有足够的依据否定对方证据的,人民法院应当结合案件情况,判断一方提供证据的证明力是否明显大于另一方提供证据的证明力,并对证明力较大的证据予以确认。”

关联法规索引

《保险法解释三》第16条、第22条;《最高人民法院关于民事诉讼证据的若干规定》第73条

典型案例

张某华诉中国人寿保险公司新余分公司保险合同理赔案[1]

※案情简介:1998年9月30日,张某华与中国人寿保险公司新余分公司(以下简称新余保险公司)签订保险合同。合同约定:被保险人梁某霞,女,1974年11月11日生;投保人张某华,男,1971年5月10日生,与被保险人系配偶关系;受益人张某华,受益份额100%;保险名称为重大疾病终身保险,基本保险金额30,000元;保险期间为终身,保险责任起止时间为1998年9月30日0时至终身;交费期20年,交费方式为年交保费765元,并以重大疾病终身保险条款作为保险合同的组成部分。该条款第8条规定,在本合同有效期内,被保险人因意外伤害而身故或身

[1] 载 http://www.faxin.cn/lib/cpal/AlyzContent.aspx?isAlyz=1&gid=C674753&libid=0201&userinput=被保险人自杀,最后访问时间:2019年4月29日,收录时做相应修改。

体高度残疾,或于本合同生效或复效之日起180日以后因疾病而身故或身体高度残疾时,保险公司按保险单所载保险金额的3倍给付身故保险或身体高度残疾保险金。合同签订的同时,张某华向新余保险公司交保险费765元,1999年11月29日交第二年保险费765元。

1997年7月1日,被保险人在医院生育一女孩。1999年12月10日,因小孩生病,被保险人感到紧张,于2000年1月25日生病住进了新余市第二人民医院,经诊断:被保险人患有产后抑郁症。被保险人在住院前有在家多次打开煤气开关、用布上吊等轻生行为。2000年3月12日,被保险人在住院期间随张某华请假回家后独自到北湖水库溺水身亡。2000年3月14日,新余市第二人民医院出具居民死亡证明,证明直接导致被保险人死亡的疾病是产后抑郁症,从发病到死亡有4月许。被保险人死亡后,张某华向新余保险公司要求按合同给付保险金,新余保险公司于2000年4月4日作出拒付案件通知书称:经审核在合同订立或复效之日起二年内自杀不属于保险责任范围,此案拒付。为此,张某华向法院起诉。

江西省新余市渝水区人民法院经审理认为,本案属于保险合同理赔纠纷。我国保险法规定自杀这一除外责任条款,无疑是为避免蓄意自杀者通过保险谋取保险金,防止诈保。因此,保险法意义上的自杀应当是具有主观上的故意,企图剥夺自己生命的行为。本案被保险人自杀系精神失常的行为所致,其情形不符合保险法所特指的蓄意自杀。保险公司依法应当给付张某华保险金,不能免责。依据保险法的规定,判决新余保险公司给付张某华保险金9万元;新余保险公司支付滞纳金按中国人民银行同期逾期贷款利率计算(自2000年4月4日起至7月28日止)给张某华。上列款项限新余保险公司在判决生效后10日内支付。本案诉讼费3120元由新余保险公司承担。

※裁判要旨:我国现行《保险法》第四十四条第一款规定自杀这一除外责任条款,无疑是为避免蓄意自杀者通过保险谋取保险金,防止诈保。因此,保险法意义上的自杀应当是具有主观上的故意,企图剥夺自己生命的行为。本案被保险人自杀系精神失常的行为所致,其情形不符合保险法所特指的故意自杀(不包括精神失常的自杀)。产后抑郁症属于一种精神病,病人临床表现自杀意图明显。从《保险法》第四十四条的立法目的来解释,法律规定被保险人在合同订立后两年内自杀的,保险公司免责,只是为了防止道德危险的发生。本案被保险人自杀不是故意的,保险公司应给付保险金。

李某某诉某人寿保险公司支公司人身保险合同案[1]

※案情简介:原告李某某是何某某的儿子。2014年2月26日,原告之母何某某与被告某人寿保险公司订立了《人身保险合同》,投保人为何某某,被保险人为何某某,身故保险金受益人是原告李某某。投保的主险为平安智胜人生终身寿险(万能型),保险金额为150,000元;附加一年期短险为无忧意外13(552)保险,保险金额为10,000元。保险合同成立及生效日是2014年2月26日。在合同签订后何某某向被告支付了保险费6000元。2014年8月5日,何某某在昆明市西山区大观河边千诺酒店死亡,经昆明市公安局西山分局对死亡现场及尸表进行勘验后作出何某某系高坠死亡,可排除他杀的检验意见。何某某死亡后其尸体被拉回老家,并于2014年8月28日按照农村风俗予以土葬。在此期间,其丈夫即原告李某某的父亲李某刚在收拾何某某遗物时,发现何某某投保了人身保险,即于2014年8月24日向被告某人寿保险公司申请理赔,被告某人寿保险公司以被保险人本次事故属于《平安智胜人生终身寿险》《平安附加无忧意外伤害保险》条款约定的责任免除事项为由,作出了"歉难给付保险金"的决定。

一审法院认为:依法成立的保险合同受法律保护。原告之母何某某与某人寿保险公司签订的《人身保险合同》是双方当事人的真实意思表示,何某某也按约支付了保费,故该保险合同合法有效。现本案双方当事人争议的焦点为:(1)被告对保险合同中免除保险人责任的条款内容是否以书面或者口头形式向投保人作出了明确说明?(2)被保险人何某某是否系自杀?举证责任由谁承担?(3)原告是否及时报案?(4)被告是否应当按照保险合同的约定对原告理赔。

首先,保险合同是格式合同,条款由保险人事先拟定,极少反映投保人、被保险人或受益人的意思。且保险合同内容复杂,有许多被保险人不易理解的专业术语。因此从平衡投保人、被保险人或者受益人的利益出发,《保险法》第十七条第二款规定了保险人的说明义务。本案中,被保险人何某某虽然在保险公司的电子投保申请确认书上签字,并按照该确认书上所书格式签写了内容为"本人已阅读保险条款、产品说明书和投保提示书,了解本产品的特点和保单利益的不确定性"的书面申请,但该声明系事前已经打好,投保人只要按照内容抄写即可,并不能足以证实

---

〔1〕 本案根据云南省曲靖市中级人民法院(2015)曲少民终字第106号民事判决书整理。

被告对保险合同中免除保险人责任的条款内容以书面或者口头形式向投保人何某某作出了明确的说明。

其次,被保险人何某某在被告某人寿保险公司投保了保险合同平安智胜人生终身寿险(万能型)和附加一年期无忧意外13(552)保险,此保险合同的成立这一基本事实双方当事人无异议,原、被告双方均予以认可。现在原告、被告双方争议的焦点是被保险人何某某是死于“意外”还是“自杀”?原告方提供的确认保险事故性质、原因的证明材料是公安机关经过勘验调查后,作出的何某某系高坠死亡,可排除他杀的检验意见,同时公安机关并未作出被保险人何某某系自杀的意见。从保险合同来看,其“责任免除”一节中明确列举了“被保险人在主险合同成立起2年内自杀”等情形,责任免除顾名思义就是要免除自己的一些责任,其举证责任也就应由被告某人寿保险公司来承担,这样被告某人寿保险公司就应举证证实被保险人何某某的死亡是自杀,才能免除其理赔责任,否则是不能免责的。保险合同条款约定被保险人遭受意外死亡,保险人则应承担保险金给付责任。规定“采用保险人提供的格式条款订立的保险合同,保险人与投保人、被保险人或者受益人对合同条款有争议的,应当按照通常理解予以解释。对合同条款有两种以上解释的,人民法院或者仲裁机关应当作出有利于被保险人和受益人的解释。”现双方当事人对“被保险人何某某系高坠死亡,可排除他杀”的理解产生分歧,根据《保险法》第三十条的规定,应作出有利于被保险人和受益人的解释,并且保险公司亦未能举证证明何某某的死亡系“自杀”,故被告某人寿保险公司应向原告支付保险赔偿金。

最后,李某某的父亲李某刚在庭审中解释其之前并不知道何某某购买人身保险的情况,其是在准备安葬何某某时,在收拾何某某的遗物时才发现何某某与被告签订的《人身保险合同》,并于第二日向被告某人寿保险公司报案。结合本案保险合同的投保人及被保险人均系何某某,受益人为其子李某某,保险事故发生时刚年满3周岁的实际,一审法院认为,原告的行为符合保险合同的约定“受益人在知道保险事故发生后10日内应当通知保险人”,尽到了及时报案的义务。

综上所述,在合同有效期内约定的保险事故发生,某人寿保险公司理应按照保险合同的约定给付保险金。原告李某某主张被告向其赔付保险金250,000元符合法律规定,法院予以支持;原告提出其律师费由被告承担的诉请,无法律依据,法院不予支持。被告不服,提起上诉。二审法院判决:驳回上诉,维持原判。

※裁判要旨:本案涉及被保险人或投保人死亡后,其死亡原因到底系“意外”还

是“自杀”的举证责任分配问题。

第一，本案被保险人何某某坠楼身亡已成既定事实，但对于坠楼身亡的具体原因，因为案发现场没有目击证人，也没有监控设备，经公安机关调查得出“可排除他杀，系高坠死亡”的结论，该结论已经排除了人为致害，属于意外或者非刑事案件。按照《保险法》第二十二条的规定，虽然举证责任的第一任务仍由投保人、被保险人或受益人承担，但其规定了一个限度，即“其所能提供的”，对于保险人所要求的证明和资料无法提供的情况如何处理却没有规定。本案中，人身保险合同的受益人（原告李某某）依照其自身条件和能力已经提供其客观上所能提供的与确认保险事故性质、原因有关的证明和资料，已经完成了举证责任，而保险事故原因的举证责任由此转移给保险人，同时保险人是主张免责，也应当对其主张负有举证责任。《保险法司法解释三》第二十一条第一款进行了确认：“保险人以被保险人自杀为由拒绝给付保险金的，由保险人承担举证责任。”

第二，本案中双方当事人对被保险人何某某到底是“自杀”还是“意外”争议较大，被告某人寿保险公司在与何某某签订人身保险合同时所提供的合同范本是为了重复使用而事先已经拟定好，并对大多数投保人和被保险人均通用的，属标准的格式合同。根据《保险法》第三十条的规定，对此应作出有利于被保险人和受益人的解释，应当认定被保险人何某某的死亡属“意外”，故某人寿保险公司应当按照人身意外伤害保险合同的相关规定支付保险赔偿金。

第四十五条 【免于赔付情形】因被保险人故意犯罪或者抗拒依法采取的刑事强制措施导致其伤残或者死亡的，保险人不承担给付保险金的责任。投保人已交足二年以上保险费的，保险人应当按照合同约定退还保险单的现金价值。

条文解读

本条是对被保险人故意犯罪或者抗拒依法采取的刑事强制措施导致其自身伤残或者死亡的，保险人不承担给付保险金责任的规定。

按照保险原理，保险人所承保的是由于外来因素造成的保险事故。被保险人因故意犯罪或者抗拒依法采取的刑事强制措施导致发生保险事故，不属于这种情况。因此,保险人不应当承担给付保险金的责任。由于人身保险的保险单具有现金价值,本条规定,有上述情形,如果投保人已交足二年以上保险费的,保险人应当按照合同约定退还保险单的现金价值。

配套法规及解读

《保险法解释三》(2015 年 11 月 25 日)

第二十二条 保险法第四十五条规定的“被保险人故意犯罪”的认定,应当以刑事侦查机关、检察机关和审判机关的生效法律文书或者其他结论性意见为依据。

第二十三条 保险人主张根据保险法第四十五条的规定不承担给付保险金责任的,应当证明被保险人的死亡、伤残结果与其实施的故意犯罪或者抗拒依法采取的刑事强制措施的行为之间存在因果关系。

被保险人在羁押、服刑期间因意外或者疾病造成伤残或者死亡,保险人主张根据保险法第四十五条的规定不承担给付保险金责任的,人民法院不予支持。

※法规解读:由于《保险法》第 45 条中所采“故意犯罪”一词本身含义太广,使得司法认定易流于形式乃至泛滥,有遭保险人滥用而推卸给付责任的嫌疑。

(一)“被保险人故意犯罪”如何认定

我国《刑法》第 14 条规定:“明知自己的行为会发生危害社会的结果,并且希望或者放任这种结果发生,因而构成犯罪的,是故意犯罪。”

保险法学上就“犯罪不赔”中的犯罪概念,有单义性和多义性两种不同的观点。前者以罪犯单义性解释为理论基础,坚持认为只有符合《刑法》第 13 条的全部要求,且经过法院作出有罪判决的,才属于犯罪。即使被保险人的行为已经在事实上明显构成犯罪,但是只要没有法院作出有罪判决,保险公司就不能拒赔。否则就会与罪刑法定、无罪推定的刑事法律原则相悖,失去法的规定性。后者认为,《保险法》第 45 条所谓的犯罪于保险法领域仅须被保险人所为的行为本质上已符合刑法或其他刑事特别法的犯罪构成要件的,保险人即应予以免责。至于该行为人是否具有罪责,则在所不问。

根据《保险法解释三》第 22 条的规定,即使承认犯罪概念的多义性,是否构成犯罪也应当以《刑事诉讼法》规定的侦查机关、检察机关和审判机关作出的生效法律文书或者结论性意见为唯一依据。

（二）保险人以被保险人故意犯罪、抗拒依法采取的刑事强制措施的情形主张不承担给付保险金责任的，需判断上述情形与保险事故之间是否存在因果关系

在保险法上，因果关系旨在解决保险人填补责任的有无，所以侧重于危险（承保危险和免责危险）与损害之间的因果关系有无的判断。

在被保险人存在故意犯罪或者抗拒依法采取的刑事强制措施的行为时，法律是要一概采取否定态度，还是要详细分析因果关系，从而判断保险人是否需要承担赔付保险金的责任，在保险业界有一定争议。《保险法解释三》第 23 条认为，如果保险人认为只要被保险人存在故意犯罪或者抗拒依法采取的刑事强制措施的行为时，其必然无须承担赔付保险金的责任的，即应在保险合同中作出明确的约定，并按照法律的要求对该免责条款进行提示和说明，并据此厘定合理的保险费率。如果保险合同并无这样的明文约定，则应按照保险法的基本原理进行判断，即如果被保险人故意犯罪或者抗拒依法采取的刑事强制措施的行为同其死亡、伤残的保险事故之间存在因果关系时，保险人无须承担赔付保险金的责任，如果该行为同其死亡、伤残的保险事故之间不存在因果关系时，如被保险人在羁押、服刑期间因意外或者疾病造成伤残或者死亡，仍由保险人承担赔付保险金的责任。

关联法规索引

《刑法》第 13 条、第 14 条；《刑事诉讼法》第 12 条、第 64 条；《保险解释三》第 16 条；《关于保险条款中有关违法犯罪行为作为除外责任含义的批复》

典型案例

上诉人中国人寿保险股份有限公司海城市支公司与被上诉人张某等人身保险合同纠纷案〔1〕

※案情简介：被保险人吕某于 2017 年 1 月 2 日通过村里向人寿保险海城公司支付 20 元保险费，购买了国寿农村小额团体意外伤害保险，保险期限为一年，保险金额为 30，000 元。

〔1〕 本案根据辽宁省鞍山市中级人民法院（2018）辽 03 民终 1075 号民事判决书整理。

2017年6月6日，驾驶人吕某醉酒后驾驶逾期未检验的桑塔纳牌小型轿车沿大盘线由南向北行驶到海城市杨家教堂前，忽视行车安全，车辆驶入道路左侧与凌某驾驶的重型货车由北向南行驶相撞，造成车辆损坏，吕某死亡的交通事故。此事故经海城市公安局交通管理大队认定：吕某负此事故的主要责任，凌某负此事故的次要责任。另查，张某、吕甲、吕乙、商某分别为死者吕某的妻子、儿子、父亲和母亲。

张某、吕甲、吕乙、商某向一审法院起诉请求：(1)人寿保险海城公司承担保险责任，向张某、吕甲、吕乙、商某支付保险金30,000元；(2)案件受理费由人寿保险海城公司承担。

一审法院认为：被保险人吕某与人寿保险海城公司之间成立的人身保险合同关系，系双方真实意思表示，未违反法律行政法规强制性规定，合法有效。根据《保险法》第十七条第二款的规定，现人寿保险海城公司拒赔的依据系国寿农村小额团体意外伤害保险条款第六条的约定，该约定属于免除保险人责任的条款，但人寿保险海城公司未提供证据证明其已经作出提示或者明确说明，故该条款并不产生法律效力，人寿保险海城公司以此为据拒赔没有合同依据。人寿保险海城公司的辩称意见，该院不予采信。作为被保险人的吕某身故后，张某、吕甲、吕乙、商某作为其第一顺序继承人，有权要求人寿保险海城公司给付相应保险金，故张某、吕甲、吕乙、商某的诉请，理由正当，该院予以支持。

综上所述，一审法院判决：人寿保险海城公司于该判决生效之日起十日内给付张某、吕甲、吕乙、商某保险金30,000元。

人寿保险海城公司上诉请求：请求撤销一审判决，改判人寿保险海城公司不承担理赔30,000元的保险责任；由张某、吕甲、吕乙、商某承担一审、二审诉讼费用。事实和理由：被保险人吕某醉酒后驾驶机动车属故意犯罪行为，该行为属于法定免赔事由。《道路交通事故认定书》认定吕某醉酒后驾驶逾期未年检的小型轿车。海城市正骨医院法医司法鉴定所酒检报告：吕某血液中检测乙醇含量为158.95mg/100ml。依据《车辆驾驶人员血液、呼气酒精含量阈值与检验标准》规定的“醉酒驾车，车辆驾驶人员血液中的酒精含量大于或者等于80mg/100ml”，吕某血液中酒精含量已远超这一认定标准，依据《刑法》第一百三十三条之一的规定，吕某的行为属故意犯罪行为，已明显构成危险驾驶罪。依据《保险法》第四十五条的规定，吕某的故意犯罪行为属于法定免赔事由，因此，人寿保险海城公司不应向张某、吕甲、吕乙、商某支付保险金。

张某、吕甲、吕乙、商某辩称，双方订立的人身保险合同合法有效，根据《保险法》第十七条第二款，保险公司在订立合同的同时，应该对被保险人的免责条款尽到告知义务，上诉人人寿保险海城公司没有尽到该义务，因此应承担赔偿责任。原审判决认定事实清楚，适用法律正确，请求二审法院维持原判。

二审法院认为，本案争议的焦点是人寿保险海城公司是否应该承担理赔责任。根据《刑法》第一百三十三条之一的规定，在道路上醉酒驾驶机动车的处拘役，并处罚金。《最高人民法院、最高人民检察院、公安部关于办理醉酒驾驶机动车刑事案件适用法律若干问题的意见》第一条第一款规定，在道路上驾驶机动车，血液酒精含量达到80mg/100ml以上的，属于醉酒驾驶机动车，依照《刑法》第一百三十三条之一第一款的规定，以危险驾驶罪定罪处罚。本案被保险人吕某驾车肇事后经海城市正骨医院法医司法鉴定所检测血液中的酒精含量为158.95mg/100ml，超过国家质量监督检验检疫总局发布的《车辆驾驶人员血液、呼气酒精含量阈值与检验标准》规定的“醉酒驾车，车辆驾驶人员血液中的酒精含量大于或者等于80mg/100ml”，故吕某属于醉酒驾驶机动车。虽然吕某因肇事已死亡，但根据《中国保险监督管理委员会关于保险条款中有关违法犯罪行为作为除外责任含义的批复》第四条规定“对于犯罪行为，如果当事人尚生存，则应依据法院的判决来决定是否构成犯罪，如果当事人已经死亡，无法对其进行审判。则应理解为事实上明显已构成犯罪行为”，本案吕某醉酒驾车的行为明显属故意犯罪，构成危险驾驶罪。又根据《保险法》第四十五条的规定，人寿保险海城公司对于吕某因醉酒驾驶机动车肇事死亡不应承担给付保险金的责任。

综上所述，人寿保险海城公司的上诉请求成立，予以支持。判决如下：撤销海城市人民法院(2017)辽0381民初7974号民事判决；驳回张某、吕甲、吕乙、商某的诉讼请求。一审案件受理费275元，二审案件受理费550元，共计825元均由张某、吕甲、吕乙、商某承担。

※裁判要旨：本案争议的焦点是人寿保险海城公司是否应该承担理赔责任。吕某属于醉酒驾驶机动车，此行为明显属故意犯罪，构成危险驾驶罪。又根据《保险法》第四十五条“因被保险人故意犯罪或者抗拒依法采取的刑事强制措施导致其伤残或者死亡的，保险人不承担给付保险金的责任。投保人已交足二年以上保险费的，保险人应当按照合同约定退还保险单的现金价值”的规定，人寿保险海城公

司对于吕某因醉酒驾驶机动车肇事死亡不应承担给付保险金的责任。另外，根据《保险法解释三》第二十二条的规定，“被保险人故意犯罪”的认定，应当以刑事侦查机关、检察机关和审判机关的生效法律文书或者其他结论性意见为依据。根据第二十三条的规定，保险人主张根据《保险法》第四十五条的规定不承担给付保险金责任的，应当证明被保险人的死亡、伤残结果与其实施的故意犯罪或者抗拒依法采取的刑事强制措施的行为之间存在因果关系。

第四十六条 【保险人禁止追偿】被保险人因第三者的行为而发生死亡、伤残或者疾病等保险事故的，保险人向被保险人或者受益人给付保险金后，不享有向第三者追偿的权利，但被保险人或者受益人仍有权向第三者请求赔偿。

条文解读

本条是对人身保险的保险人无代位求偿权的规定。

人身保险，是指以人的生命或身体为保险标的，当被保险人在保险期限内发生死亡、伤残、疾病、年老等事故或生存至保险期满时，由保险人给付保险金的保险。财产保险，是指以财产及其有关利益为保险标的，当被保险人的财产及其有关利益因发生保险责任范围内的灾害事故而遭受经济损失时由保险人给予补偿的保险。

在财产保险中，由于第三者的原因致使保险标的发生保险责任范围内的损失，保险人履行了合同规定的赔偿责任，向被保险人赔偿保险金后，在其赔偿限度内取代了被保险人对该项财产的权利，有权向造成损失的第三者提出赔偿请求。保险人的这种权利就是代位求偿权。代位求偿权只存在于财产保险中，人身保险中无代位求偿权，这是人身保险与财产保险的显著区别之一，这种区别是由于财产保险与人身保险的保险标的不同而产生的。

财产保险的标的价值是可以确定的，在发生保险事故后，赔偿数额也是可以确定的。因此，财产保险适用补偿原则，在保险人赔偿被保险人因保险事故所受到的损失后，就在赔偿限额内取得了对该保险标的的权利。而人身保险合同的保险标的是人的生命或者身体，是无法确定其价值的。人身保险适用定额保险原则，由投保人与保险人约定保险金额，但这一金额并不代表被保险人的价值，只是双方约定的一个数额，发生保险事故后，保险人按照约定的保险金额进行赔偿。同时，人的生命或者身体与财产不一样，是不可能发生权利转移的，保险人在给付保险金后，并不能由此而取得任何权利。因此，本条规定，人身保险的被保险人因第三者的行为而发生死亡、伤残或者疾病等保险事故，保险人向被保险人或者受益人给付保险金后，不享有向第三者追偿的权利，即人身保险的保险人不享有代位求偿权。

保险人向被保险人或者受益人给付保险金后，被保险人或者受益人仍有权向第三者请求赔偿。因为人的生命或者身体是无价的，不能以金钱来衡量。所以，人身保险不适用财产保险的补偿原则，即使被保险人或者受益人从保险人处获得保险金，也不妨碍其依法向侵权人请求赔偿。被保险人或者受益人享有侵权赔偿请求权和保险金请求权两项权利。

配套法规及解读

《保险法解释二》(2013 年 5 月 31 日)

第十九条 保险事故发生后，被保险人或者受益人起诉保险人，保险人以被保险人或者受益人未要求第三者承担责任为由抗辩不承担保险责任的，人民法院不予支持。

财产保险事故发生后，被保险人就其所受损失从第三者取得赔偿后的不足部分提起诉讼，请求保险人赔偿的，人民法院应予依法受理。

※法规解读：在我国现行《保险法》中，第 46 条、第 60 条通常是被作为规定人身保险保险人没有代位求偿权和财产保险保险人有代位求偿权的法律规定加以适用的。但实际上，这两个条文还包含着更为丰富的内容。

(一)被保险人或者受益人享有的对保险人的请求权和向第三者的请求权的关系

保险事故发生后，保险人应当承担保险责任，被保险人根据保险合同的约定，可以向保险人行使赔偿或给付保险金请求权。如果保险事故是第三者侵权或者违约行为导致，被保险人可以依据法律规定或者合同约定，要求第三者承担侵权或者违约责任。即被保险人或者受益人同时享有对保险人的请求权和向第三者的请求权，这两个请求权的关系如何？被保险人在行使请求权时有无顺序的要求？

1. 人身保险合同中被保险人或者受益人对保险人和对第三人请求权的关系

人身保险合同订立并生效后，如果发生了第三者导致的保险事故，保险人应承担保险责任，第三者应承担损害赔偿责任，被保险人或者受益人享有对保险人的保险金给付请求权，并享有对第三者的损害赔偿请求权。保险人向被保险人或者受益人给付保险金后，被保险人或者受益人享有的对保险人的保险金给付请求权因其已经实现而不复存在，根据《保险法》第 46 条的规定，"被保险人或者受益人仍有权向第三者请求赔偿"，即被保险人或者受益人对第三者的损害赔偿请求权不受被保险人或者受益人对保险人的保险金给付请求权的影响，所以在人身保险中，两种请求权不存在行使顺序的问题。

2. 财产保险合同中被保险人对第三者和保险人请求权的关系

根据《保险法》第 60 条和第 61 条的相关规定，可以得出推论：财产保险被保险人既可以先向第三者主张请求权，也可以先向保险人主张请求权。因为一般情况下，第三者的赔偿通常是被保险人主张请求权的结果，而如果被保险人不向保险人行使请求权，启动理赔程序，保险人也不会主动赔偿保险金。因此，也不存在两种请求权的行使顺序问题。

综上所述，根据《保险法》的相关规定，可以得出，无论在人身保险合同还是在财产保险合同中，被保险人（受益人）既可以先向第三人也可以先向保险人主张请求权的解释。此观点被《保险法解释二》第 19 条第 1 款确认："保险事故发生后，被保险人或者受益人起诉保险人，保险人以被保险人或者受益人未要求第三者承担责任为由抗辩不承担保险责任的，人民法院不予支持。"

将被保险人或者受益人先向第三者提出请求权作为理赔的条件之一，无疑影响了保险功能的发挥，从整体上拖延了保险人对被保险人的理赔时间，降低了整个社会的效益。此条款根据《保险法解释二》第 19 条的规定，属于加重投保人、被保险人责任的条款，应认定为无效条款，即使经保险人提示并明确说明也不产生效力。

（二）财产保险中被保险人先诉第三者再诉保险人不属于重复诉讼

一事不再理是民事诉讼的原则之一，适用"一事不再理"原则的前提是准确识别一"诉"与他"诉"是否为同"诉"。通常情况下，根据诉的主体、诉的标的和案件的具体事实来识别诉。

因第三者对保险标的的损害而造成的保险事故发生后，财产保险的被保险人先起诉第三者，再起诉保险人，显然不属于"同诉"。首先，诉的主体不同。被告分别为第三者、保险人。其次，诉的标的不同。一个是基于侵权法律关系的损害赔偿请求权，或者基于被保险人与第三者之间的合同法律关系的请求权，另一个是基于保险合同法律关系的请求权。最后，案件的具体事实不同。两诉中，第三者对保险标的损害的事实部分是相同的，但保险合同纠纷中保险合同的成立与生效的事实是另诉中所没有的。

（三）财产保险中被保险人再诉保险人限于实际获赔不足部分

因第三者的原因导致保险事故发生后，被保险人或者其相关权利人可以选择向第三者或者保险人请求赔偿，但行使请求权并不等于实际获得赔偿，或者获得的实际赔偿不能完全弥补被保险人的损失。被保险人未能获得实际赔偿的损失，如果在保险责任范围内或者第三者的赔偿责任范围内，被保险人可以就其未能获得的实际赔偿部分向保险人或者第三者请求赔偿。至于被保险人先向保险人请求赔偿而未能弥补其全部损失的，《保险法》第 60 条第 3 款已经明确，“保险人依照本条第一款规定行使代位请求赔偿的权利，不影响被保险人就未取得赔偿的部分向第三者请求赔偿的权利”。同样地，对于被保险人先向第三者请求赔偿而未能弥补其全部损失的，《保险法解释二》第 19 条第 2 款规定，财产保险事故发生后，被保险人就其所受损失从第三者取得赔偿后的不足部分提起诉讼，请求保险人赔偿的，人民法院应予依法受理。

关联法规索引

《保险法》第 60 条、第 61 条；《保险法解释三》第 18 条

典型案例

冯跃顺诉光大永明人寿保险有限公司保险合同纠纷案[1]

※案情简介：2005 年 1 月 20 日，原告冯跃顺向被告光大永明人寿保险有限公司（以下简称光大永明）提交投保书，申请投保光大永明“永宁康顺综合个人意外伤害保险（精英计划）”，并预交了保险费 388 元。光大永明于 2005 年 1 月 27 日向

〔1〕 载《中华人民共和国最高人民法院公报》2007 年第 11 期，收录时做相应修改。

冯跃顺出具保单，确定：光大永明承保冯跃顺投保的“永宁康顺综合个人意外伤害保险（精英计划）”，保险期间自2005年1月26日起至2006年1月25日止，意外伤害医疗保险金为5000元，每日住院给付金额为每天20元。该保险合同第十五条第七款第一项规定：“被保险人因遭受本合同认定的意外事故，需经医院进行必要的治疗，本公司对其自事故发生之日起180日内支出的必须且合理的实际医疗费用100元以上部分向被保险人给付意外伤害医疗保险金。被保险人意外伤害医疗保险金的累计给付以保险单载明的意外伤害医疗保险金金额为限。”

2005年6月24日，原告冯跃顺因交通事故受伤住院治疗，至同年7月28日出院，其间共计发生住院医疗费用6690.41元，门诊医疗费用491.6元。天津市公安交通管理局河西支队于2005年7月13日就此次交通事故出具公交西（2005）第384号《交通事故认定书》，认定肇事司机黄宝岐对此次交通事故负全部责任，冯跃顺无责任。

原告冯跃顺于2005年8月1日向被告光大永明提交保险理赔给付申请书以申请保险理赔，并于2005年9月14日就保险理赔资料事项出具声明，表示不能提供其与肇事司机签订的交通事故损害赔偿调解协议、费用收据和诊断证明，也不能提供肇事司机赔偿的金额。光大永明分别于2005年9月21日、11月7日两次向冯跃顺出具保险理赔通知书，明确表示冯跃顺需提供涉案交通事故损害赔偿调解书以及相关治疗费的原件，否则暂不予保险理赔。光大永明于2005年10月24日向冯跃顺出具保险理赔批单，表明光大永明已赔付冯跃顺每日住院给付金额600元。

2005年12月7日，经天津市公安交通管理局河西支队主持调解，原告冯跃顺与肇事司机黄宝岐达成交通事故损害赔偿调解协议，该调解协议约定：冯跃顺因涉案交通事故受伤所花费的前期治疗费（凭票据）由黄宝岐承担，黄宝岐一次性赔偿冯跃顺误工6个月（凭证明）、护理第1个月2人、第2个月1人（凭证明）的相关经济损失，以及冯跃顺因涉案交通事故受伤所必需的后期治疗费、交通费、营养费等所有损失，以上共计18,500元。该款项黄宝岐已给付冯跃顺。

原告冯跃顺诉称：2005年1月25日，原告与被告光大永明签订个人意外伤害保险合同。2005年6月，原告因交通事故受到意外伤害，经住院治疗，花费各项治疗费用共计7200元。原告就此向被告申请保险理赔，被告以原告没有提交交通事故调解书及相关原始发票，且原告已接受交通事故肇事司机赔偿为由，拒绝赔偿原告保险金。原告认为，根据公安交通管理部门的规定，交通事故调解书并不发放给原告,原告无法提供;被告以原告提交相关原始发票等单据的原件作为保险理赔的前提条件没有法律依据,原告已经向被告充分证明了涉案交通事故的相关事实,且原告最初曾持全部原始单据向被告理赔,但被告提出“应先由肇事司机赔偿后再进行保险理赔”。而原告从肇事司机处获得赔偿后,被告又以此为由拒赔,显然缺乏诚信。原告与被告之间订立的个人意外伤害保险合同中并没有载明“被保险人由于第三者伤害,依法应由第三者承担赔偿责任时,保险人免责”的内容,故被告应当依照保险合同进行保险理赔。被告此举违反了《保险法》第六十八条[1]的规定,请求依法判令被告赔偿原告医疗费5000元。

被告光大永明辩称:原告冯跃顺未依照涉案个人意外伤害保险合同的约定向被告提供办理保险理赔的相关原始单据材料,被告无法做出保险理赔决定;被告对原告的医疗费用已经做出保险理赔,原告也已经获得交通事故肇事司机的赔偿,原告因涉案交通事故发生的损失已经得到必要、充分的填补,不应就涉案交通事故损害赔偿义务人已经给予赔偿的损失再次要求被告进行保险理赔,否则将违背损失补偿原则。请求判令驳回原告的诉讼请求。

本案要解决的争议焦点是:原告冯跃顺因涉案交通事故受伤后,在已经获得交通事故肇事司机赔偿损失的情况下,能否再向被告光大永明进行保险理赔,被告应否给予保险理赔。

天津市和平区人民法院一审认为:原告冯跃顺与被告光大永明之间签订的个人意外伤害保险合同合法有效,应受国家法律保护。冯跃顺因涉案交通事故受伤后,在已经获得交通事故肇事司机赔偿损失的情况下,仍然可以再向光大永明主张保险理赔,光大永明应当给予保险理赔。

首先,被告光大永明承保、原告冯跃顺投保的“永宁康顺综合个人意外伤害保险(精英计划)”属于人身保险,不属于财产保险的性质。

意外伤害保险具有一些类似于财产保险的特点,例如,意外伤害造成医疗费用的支出是一种经济损失,这种损失的数额可以确定等。但是,意外伤害保险从根本上讲是基于人身发生意外伤害而形成的保险,不能仅因涉及财产损失而将其归属于财产性质的保险。《保险法》第九十二条(现第九十五条第一款第一项)第二款规定:“人身保险业务,包括人寿保险、健康保险、意外伤害保险等保险业务。”该条

[1] 本案例发生于2005年,适用2002年的《保险法》文本,对应现行《保险法》第46条。——编者注

款非常明确地把意外伤害保险划分在人身保险中。因此,意外伤害保险应属于人身保险范畴。被告光大永明将涉案个人意外伤害保险归属于财产保险,并无法律上的依据。

其次,作为人身保险的个人意外伤害保险不适用损失补偿原则。原告冯跃顺因涉案交通事故受伤后,在已经获得交通事故肇事司机赔偿损失的情况下,可以再向被告光大永明主张保险理赔,光大永明应依照保险合同给予保险理赔。

"损失补偿原则"是适用于财产保险的一项重要原则。保险人履行给付义务旨在弥补被保险人因承保危险发生所失去的利益,被保险人不能因保险给付义务的履行而获得额外利益。法律赋予保险人行使代位追偿权也是财产保险中"损失补偿原则"的体现,其目的就是防止被保险人通过购买保险而获取不当利益。同时,《保险法》限制了财产保险的重复投保。但是对于人身保险,《保险法》明确限制保险人行使代位追偿权,同时赋予被保险人或者受益人另外向实施致害行为的第三者主张侵权赔偿的权利。而且,《保险法》对人身保险并无重复投保的限制。因此,"损失补偿原则"不适用于人身保险,当然也不适用于本案中属于人身保险的个人意外伤害保险。

意外伤害保险的被保险人或受益人依保险合同取得赔偿系基于保险合同关系,这与意外伤害保险的被保险人作为受害人,因侵害人的过错获取赔偿属于不同的法律关系。因此,保险人不能以实施致害行为的第三人已经向被保险人、受益人给予赔偿为由拒绝保险理赔。交通事故损害赔偿义务人黄宝岐对原告冯跃顺所支付的赔偿,是基于侵权行为的发生而产生的侵权责任赔偿,被告光大永明不得因此拒绝向冯跃顺履行保险赔偿的合同义务。本案是基于冯跃顺与光大永明签订的个人意外伤害保险合同所发生的纠纷,涉案交通事故属于该险种保险条款所规定的保险事故,光大永明对此也不存异议,故光大永明应承担相应的保险责任,给付冯跃顺保险金。

综上所述,天津市和平区人民法院于2006年6月作出判决:被告光大永明给付原告冯跃顺保险金5000元,于判决生效后十日内付清。一审案件受理费210元,由被告光大永明负担。

※裁判要旨:意外伤害保险属于人身保险,不适用财产保险中的"损失补偿原则"。被保险人或者受益人从实施致害行为的第三者处获得侵权赔偿后,仍然可以向保险人主张保险理赔,保险人不得以被保险人或者受益人已经获得侵权赔偿为由拒绝履行保险理赔责任。

第四十七条　【人身保险合同解除】投保人解除合同的，保险人应当自收到解除合同通知之日起三十日内，按照合同约定退还保险单的现金价值。

条文解读

本条是对投保人解除保险合同时，保险人应当退还保险单的现金价值的规定。

本法第15条规定，除本法另有规定或者保险合同另有约定外，保险合同成立后，投保人可以解除保险合同。依照本条规定，投保人解除保险合同时，保险人应当按照合同约定退还保险单的现金价值。为了防止保险人在退还保险单的现金价值时发生拖延，本条规定了退还期限，即自保险人接到投保人解除合同的通知之日起三十日内退还。

第四十八条　【财产保险利益】保险事故发生时，被保险人对保险标的不具有保险利益的，不得向保险人请求赔偿保险金。

条文解读

本条是财产保险的被保险人在保险事故发生时对保险标的不具有保险利益应如何处理的规定。

本法第12条对保险利益原则作了规定，但没有规定不具有保险利益的法律后果。财产保险的被保险人在保险事故发生时对保险标的不具有保险利益的，由于其并没有因为保险事故的发生而产生经济利益损失，因此保险人不承担赔偿保险金的责任，被保险人不得向保险人请求赔偿。

配套法规及解读

《保险法解释二》（2013年5月31日）

第一条　财产保险中，不同投保人就同一保险标的分别投保，保险事故发生后，被保险人在其保险利益范围内依据保险合同主张保险赔偿的，人民法院应予支持。

※法规解读：保险利益原则是保险法基本原则之一，体现在《保险法》第12条、第31条和第48条规定中，均为效力性规范，人身保险合同中保险利益的缺失将导致保险合同无效，财产保险合同中保险利益不存在的法律后果为被保险人不得向保险人请求赔偿保险金。关于保险利益的内容，《保险法》第12条第6款将其界定为“投保人或被保险人对保险标的具有的法律上承认的利益”，该表述较为抽象，不同主体是否可以就不同性质的保险利益对同一标的物同时投保？投保人在他人保险利益范围内投保的，保险人是否应承担责任？

（一）保险利益的概念及财产保险利益的种类

1. 保险利益的概念

保险利益是投保人或被保险人对保险标的具有的法律上承认的利益，即在保险事故发生时，可能遭受的损失或失去利益。

2. 财产保险利益的种类

财产保险利益包括现有利益、期待利益、债权利益以及责任利益。

（1）现有利益

现有利益，是指投保人或被保险人对保险标的享有的已经确定的现存利益。现有利益主要包括基于物权、占有、准物权产生的利益。

（2）期待利益

期待利益，是指投保人或被保险人在订立保险合同时对保险标的的利益尚未存在，但基于其现有权利而在将来可获得的利益。

（3）债权利益

债权利益，是指债权人基于有效合同对债权本身当然具有保险利益，订立信用保险合同。

（4）责任利益

责任利益，是指投保人或被保险人对保险标的所承担的合同上的责任，以及投保人或被保险人应承担的侵权损害赔偿责任。民事责任主要产生于违约行为和侵权行为。当投保人或被保险人有承担民事责任的可能时，对其可能承担的责任具有保险利益。

（二）关于不同保险利益的规范

承认同一保险标的上可存在不同保险利益，允许投保人为同一保险标的分别投保，实际上是认可借用人、租用人、保管人、承运人等主体基于自己的法律地位或者利益关系订立的保险合同有效,能够鼓励保险交易,同时也防止保险人利用保险利益原则逃避责任。此外,承认同一保险标的上可存在不同保险利益,能够引导保险公司开发与不同被保险人保险利益相对应的保险产品,鼓励保险产品的创新。

需要明确的是,不同投保人在为同一保险标的投保时,只能在“各自”保险利益范围内进行投保。根据《保险法》第12条的规定,财产保险仅要求被保险人在保险事故发生时具有保险利益,并不要求投保人在保险合同订立时具有保险利益,所以本条采用“不同投保人就同一保险标的分别投保”的表述,一方面表明财产保险的投保人对保险标的无须具有保险利益;另一方面也意味着被保险人在保险合同订立时也无须具有保险利益。

关联法规索引

《保险法解释四》第1条

典型案例

中国平安财产保险股份有限公司江苏分公司诉江苏镇江安装集团有限公司保险人代位求偿权纠纷案[1]

※案情简介: 2008年10月28日,被保险人华东联合制罐有限公司(以下简称华东制罐公司)、华东联合制罐第二有限公司(以下简称华东制罐第二公司)与被告江苏镇江安装集团有限公司(以下简称镇江安装公司)签订《建设工程施工合同》,约定由镇江安装公司负责被保险人整厂机器设备迁建安装等工作。《建设工程施工合同》第二部分“通用条款”第38条约定:“承包人按专用条款的约定分包所承包的部分工程,并与分包单位签订分包合同,未经发包人同意,承包人不得将承包工程的任何部分分包”;“工程分包不能解除承包人任何责任与义务。承包人应在分包场地派驻相应管理人员,保证本合同的履行。分包单位的任何违约行为或疏忽导致工程损害或给发包人造成其他损失,承包人承担连带责任”。《建设工程施工合同》第三部分“专用条款”第14条第1项约定“承包人不得将本工程进行

[1] 本案根据2016年12月28日最高人民法院第15批第74号指导案例(法〔2016〕449号)进行整理。

分包施工”。“通用条款”第40条约定:“工程开工前,发包人为建设工程和施工场地内的自有人员及第三人人员生命财产办理保险,支付保险费用”;“运至施工场地内用于工程的材料和待安装设备,由发包人办理保险,并支付保险费用”;“发包人可以将有关保险事项委托承包人办理,费用由发包人承担”;“承包人必须为从事危险作业的职工办理意外伤害保险,并为施工场地内自有人员生命财产和施工机械设备办理保险,支付保险费用”。

2008年11月16日,镇江安装公司与镇江亚民大件起重有限公司(以下简称亚民运输公司)签订《工程分包合同》,将前述合同中的设备吊装、运输分包给亚民运输公司。2008年11月20日,就上述整厂迁建设备安装工程,华东制罐公司、华东制罐第二公司向中国平安财产保险股份有限公司江苏分公司(以下简称平安财险公司)投保了安装工程一切险。投保单中记载被保险人为华东制罐公司及华东制罐第二公司,并明确记载承包人镇江安装公司不是被保险人。投保单“物质损失投保项目和投保金额”栏载明“安装项目投保金额为177,465,335.56元”。附加险中,还投保有“内陆运输扩展条款A”,约定每次事故财产损失赔偿限额为200万元。投保期限自2008年11月20日起至2009年7月31日止。投保单附有被安装机器设备的清单,其中包括:彩印机2台,合计价值为29,894,340.88元。投保单所附保险条款中,对“内陆运输扩展条款A”作如下说明:经双方同意,鉴于被保险人已按约定交付了附加的保险费,保险公司负责赔偿被保险人的保险财产在中华人民共和国境内供货地点到保险单中列明的工地,除水运和空运以外的内陆运输途中因自然灾害或意外事故引起的损失,但被保险财产在运输时必须有合格的包装及装载。

2008年12月19日10时30分许,亚民运输公司驾驶员姜玉才驾驶挂重型半挂车,从旧厂区承运彩印机至新厂区的途中,在转弯时车上钢丝绳断裂,造成彩印机侧翻滑落地面损坏。平安财险公司接险后,对受损标的确定了清单。经镇江市公安局交通巡逻警察支队现场查勘,认定姜玉才负事故全部责任。后华东制罐公司、华东制罐第二公司、平安财险公司、镇江安装公司及亚民运输公司共同委托泛华保险公估有限公司(以下简称泛华公估公司)对出险事故损失进行公估,并均同意认可泛华公估公司的最终理算结果。2010年3月9日,泛华公估公司出具了公估报告,结论:出险原因系设备运输途中翻落(意外事故);保单责任成立;定损金额总损1,518,431.32元、净损1,498,431.32元;理算金额1,498,431.32元。泛华公估公司收取了平安财险公司支付的47,900元公估费用。

2009年12月2日,华东制罐公司及华东制罐第二公司向镇江安装公司发出《索赔函》,称“该事故导致的全部损失应由贵司与亚民运输公司共同承担。我方已经向投保的中国平安财产保险股份有限公司镇江中心支公司报险。一旦损失金额确定,投保公司核实并先行赔付后,对赔付限额内的权益,将由我方让渡给投保公司行使。对赔付不足部分,我方将另行向贵司与亚民运输公司主张”。

2010年5月12日,华东制罐公司、华东制罐第二公司向平安财险公司出具赔款收据及权益转让书,载明:已收到平安财险公司赔付的1,498,431.32元。同意将上述赔款部分保险标的的一切权益转让给平安财险公司,同意平安财险公司以平安财险公司的名义向责任方追偿。后平安财险公司诉至法院,请求判令镇江安装公司支付赔偿款和公估费。

江苏省镇江市京口区人民法院于2011年2月16日作出(2010)京商初字第1822号民事判决:(一)江苏镇江安装集团有限公司于判决生效后10日内给付中国平安财产保险股份有限公司江苏分公司1,498,431.32元;(二)驳回中国平安财产保险股份有限公司江苏分公司关于给付47,900元公估费的诉讼请求。一审宣判后,江苏镇江安装集团有限公司向江苏省镇江市中级人民法院提起上诉。江苏省镇江市中级人民法院于2011年4月12日作出(2011)镇商终字第0133号民事判决:(一)撤销镇江市京口区人民法院(2010)京商初字第1822号民事判决;(二)驳回中国平安财产保险股份有限公司江苏分公司对江苏镇江安装集团有限公司的诉讼请求。二审宣判后,中国平安财产保险股份有限公司江苏分公司向江苏省高级人民法院申请再审。江苏省高级人民法院于2014年5月30日作出(2012)苏商再提字第0035号民事判决:(一)撤销江苏省镇江市中级人民法院(2011)镇商终字第0133号民事判决;(二)维持镇江市京口区人民法院(2010)京商初字第1822号民事判决。

法院生效裁判认为,本案的焦点问题是:(1)保险代位求偿权的适用范围是否限于侵权损害赔偿请求权;(2)镇江安装公司能否以华东制罐公司、华东制罐第二公司已购买相关财产损失险为由,拒绝保险人对其行使保险代位求偿权。

关于第一个争议焦点。《保险法》第六十条第一款规定:“因第三者对保险标的的损害而造成保险事故的,保险人自向被保险人赔偿保险金之日起,在赔偿金额范围内代位行使被保险人对第三者请求赔偿的权利。”该款使用的是“因第三者对保险标的的损害而造成保险事故”的表述，并未限制规定为“因第三者对保险标的的侵权损害而造成保险事故”。将保险代位求偿权的权利范围理解为限于侵权损害赔偿请求权，没有法律依据。从立法目的来看，规定保险代位求偿权制度，在于避免财产保险的被保险人因保险事故的发生，分别从保险人及第三者获得赔偿，取得超出实际损失的不当利益，并因此增加道德风险。将《保险法》第六十条第一款中的“损害”理解为仅指“侵权损害”，不符合保险代位求偿权制度设立的目的。故保险人行使代位求偿权，应以被保险人对第三者享有损害赔偿请求权为前提，这里的赔偿请求权既可因第三者对保险标的实施的侵权行为而产生，也可基于第三者的违约行为等产生，不应仅限于侵权赔偿请求权。本案平安财险公司是基于镇江安装公司的违约行为而非侵权行为行使代位求偿权，镇江安装公司对保险事故的发生是否有过错，对案件的处理并无影响。并且，《建设工程施工合同》约定“承包人不得将本工程进行分包施工”。因此，镇江安装公司关于其对保险事故的发生没有过错因而不应承担责任的答辩意见，不能成立。平安财险公司向镇江安装公司主张权利，主体适格，并无不当。

关于第二个争议焦点。镇江安装公司提出，在发包人与其签订的建设工程施工合同通用条款第40条中约定，待安装设备由发包人办理保险，并支付保险费用。从该约定可以看出，就工厂搬迁及设备的拆解安装事项，发包人与镇江安装公司共同商定办理保险，虽然保险费用由发包人承担，但该约定在双方的合同条款中体现，即该费用系双方承担，或者说，镇江安装公司在总承包费用中已经就保险费用作出了让步。由发包人向平安财险公司投保的业务，承包人也应当是被保险人。关于镇江安装公司的上述抗辩意见，《保险法》第十二条第二款、第六款分别规定：“财产保险的被保险人在保险事故发生时，对保险标的应当具有保险利益”；“保险利益是指投保人或者被保险人对保险标的具有的法律上承认的利益”。据此，不同主体对于同一保险标的可以具有不同的保险利益，可就同一保险标的投保与其保险利益相对应的保险险种，成立不同的保险合同，并在各自的保险利益范围内获得保险保障，从而实现利用保险制度分散各自风险的目的。因发包人和承包人对保险标的具有不同的保险利益，只有分别投保与其保险利益相对应的财产保险类别，才能获得相应的保险保障，两者不能相互替代。发包人华东制罐公司和华东制罐第二公司作为保险标的的所有权人，其投保的安装工程一切险是基于对保险标的享有的所有权保险利益而投保的险种，旨在分散保险标的的损坏或灭失风险，性质上属于财产损失保险；附加险中投保的“内陆运输扩展条款 A”约定“保险公司负责赔偿被保险人的保险财产在中华人民共和国境内供货地点到保险单中列明的工地，除水运和空运以外的内陆运输途中因自然灾害或意外事故引起的损失”，该项附加险在性质上亦属财产损失保险。镇江安装公司并非案涉保险标的所有权人，不享有所有权保险利益，其作为承包人对案涉保险标的享有责任保险利益，欲将施工过程中可能产生的损害赔偿责任转由保险人承担，应当投保相关责任保险，而不能借由发包人投保的财产损失保险免除自己应负的赔偿责任。其次，发包人不认可承包人的被保险人地位，案涉《安装工程一切险投保单》中记载的被保险人为华东制罐公司及华东制罐第二公司，并明确记载承包人镇江安装公司不是被保险人。因此，镇江安装公司关于“由发包人向平安财险公司投保的业务，承包人也应当是被保险人”的答辩意见，不能成立。《建设工程施工合同》明确约定“运至施工场地内用于工程的材料和待安装设备，由发包人办理保险，并支付保险费用”及“工程分包不能解除承包人任何责任与义务，分包单位的任何违约行为或疏忽导致工程损害或给发包人造成其他损失，承包人承担连带责任”。由此可见，发包人从未作出在保险赔偿范围内免除承包人赔偿责任的意思表示，双方并未约定在保险赔偿范围内免除承包人的赔偿责任。最后，在保险事故发生后，被保险人积极向承包人索赔并向平安财险公司出具了权益转让书。根据以上情况，镇江安装公司以其对保险标的也具有保险利益，且保险标的所有权人华东制罐公司和华东制罐第二公司已投保财产损失保险为由，主张免除其依建设工程施工合同应对两制罐公司承担的违约损害赔偿责任，并进而拒绝平安财险公司行使代位求偿权，没有法律依据，不予支持。

※裁判要旨：本案的第一个争议焦点表明，因第三者的违约行为给被保险人的保险标的造成损害的，可以认定为属于《保险法》第六十条第一款规定的“第三者对保险标的的损害”的情形。保险人由此依法向第三者行使代位求偿权的，人民法院应予支持。保险人行使代位求偿权，以被保险人对第三者享有损害赔偿请求权为前提，这里的赔偿请求权既可因第三者对保险标的实施的侵权行为而产生，亦可基于第三者的违约行为等产生，不应仅限于侵权赔偿请求权。相对于投保人两制罐公司以及保险人平安财险公司而言，镇江安装公司系造成保险标的损害的第三者，平安财险公司在承担保险赔偿责任后，有权向镇江安装公司代位请求赔偿。

本案第二个争议焦点体现为，不同主体对于同一保险标的可以具有不同的保险利益，可就同一保险标的投保与其保险利益相对应的保险险种，成立不同的保险合同，并在各自的保险利益范围内获得保险保障。因发包人和承包人对保险标的具有不同的保险利益，只有分别投保与其保险利益相对应的财产保险类别，才能获得相应的保险保障，二者不能相互替代。《保险法解释二》第一条明确规定："财产保险中，不同投保人就同一保险标的分别投保，保险事故发生后，被保险人在其保险利益范围内依据保险合同主张保险赔偿的，人民法院应予支持。"司法解释从鼓励保险创新和交易的角度，明确了财产保险中，财产的使用人、租赁人、承运人、承包人等虽然不是财产所有权人，但也可基于不同的保险需求，就同一保险标的分别向保险公司投保与其保险利益相对应的保险险种，成立不同的保险合同，并在各自的保险利益范围内获得保险保障，从而实现利用保险制度分散各自风险的目的。因不同主体对同一保险标的可以具有不同的保险利益，故可以就同一保险标的分别投保与其保险利益相对应的保险类别。承包人虽对施工所涉发包人设备也具有保险利益，但该保险利益系责任保险利益，不同于发包人对其设备具有的所有权保险利益。承包人欲将施工过程中可能产生的损害赔偿责任转由保险人承担，应当投保相关责任保险，而不能借由发包人投保的财产损失保险免除自己应负的赔偿责任。

第四十九条 【保险标的的转让】在保险标的转让的，保险标的的受让人承继被保险人的权利和义务。

保险标的转让的，被保险人或者受让人应当及时通知保险人，但货物运输保险合同和另有约定的合同除外。

因保险标的转让导致危险程度显著增加的，保险人自收到前款规定的通知之日起三十日内，可以按照合同约定增加保险费或者解除合同。保险人解除合同的，应当将已收取的保险费，按照合同约定扣除自保险责任开始之日起至合同解除之日止应收的部分后，退还投保人。

被保险人、受让人未履行本条第二款规定的通知义务的，因转让导致保险标的的危险程度显著增加而发生的保险事故，保险人不承担赔偿保险金的责任。

条文解读

本条是对因保险标的转让而变更财产保险合同的规定。

（一）财产保险的保险标的转让，是指保险合同生效后，作为保险标的的保险财产及有关利益，因为买卖、赠与、继承等情况发生转移。因保险标的的转让而发生的保险合同变更，有两种处理方式：一是通知变更。即保险标的转让的，投保人或者被保险人应当通知保险人，经保险人同意继续承保后，变更保险合同。二是自动变更。即保险标的转让的，保险合同自动变更，保险标的的受让人自然承继被保险人的权利和义务。

现行《保险法》将以前的通知变更修改为自动变更，本条第1款明确规定，保险标的转让的，保险标的的受让人承继被保险人的权利和义务，这样的修改可以避免产生保险合同的"空白期"，减少争议。

（二）保险标的转让，会使当初保险合同订立时所依据的客观情况发生变化，在有些情况下，转让还会导致危险程度的增加，加大保险事故发生的可能性。从公平的角度出发，应该给保险人一定的选择和补救的权利，以免单方面加重保险人的负担。因此，本条对保险标的转让时有关当事人的权利义务也进行了规定，主要包括以下三个方面：

1. 保险标的转让的，被保险人或者受让人应当及时通知保险人，以便保险人对保险标的受让人的情况进行调查，以决定是否提高保险费或者解除合同。但上述规定不适用于对货物运输保险合同的保险标的的转让。这是由货物运输保险合同自身的特点决定的。货物运输保险合同的保险标的是运输过程中的货物。由于运输中的货物流动性大，特别是海上运输，路程遥远，在一般情况下，货物在远地易主，很难通知保险人。此外，货物运输合同中保险标的的转让，一般不会导致危险程度的增加，为了方便合同当事人的交易，避免错过交易良机，国际上的保险惯例是只要保险合同没有另作规定，则运输保险保单可随货物的转移而背书转让。也就是说，除合同另有约定外，货物运输保险合同保险标的转让，不必通知保险人。此外，如果保险合同明确约定保险标的转让而变更合同主体的不必通知保险人，被保险人或者受让人也不必履行上述通知义务。

2. 因保险标的转让而导致危险程度显著增加的，保险人有权按照合同约定增加保险费；投保人不同意增加保险费的，保险人有权解除合同。保险人也可以直接解除合同。但是，保险人的上述权利只限于在其收到被保险人或者受让人的通知后30日内行使；超出上述时限的，保险人不得增加保险费或者解除合同。同时，保险人解除合同的，应当将已收取的保险费按照合同约定扣除自保险责任开始之日起至合同解除之日止应收的部分后，退还投保人。

3. 被保险人或者受让人没有履行本条规定的及时通知义务的，应当承担相应的法律后果。依据本条第 4 款的规定，被保险人、保险标的的受让人未及时通知的，因转让而导致保险标的危险程度显著增加而发生的保险事故，保险人不承担赔偿责任。如果保险标的转让未导致危险程度显著增加，即使被保险人或者受让人未及时通知，发生了保险事故，或者保险事故的发生与保险标的转让导致危险程度增加没有关系的，保险人仍然应承担赔偿责任。

配套法规及解读

《保险法解释四》(**2018 年 7 月 31 日**)

第一条 保险标的已交付受让人，但尚未依法办理所有权变更登记，承担保险标的毁损灭失风险的受让人，依照保险法第四十八条、第四十九条的规定主张行使被保险人权利的，人民法院应予支持。

第二条 保险人已向投保人履行了保险法规定的提示和明确说明义务，保险标的受让人以保险标的转让后保险人未向其提示或者明确说明为由，主张免除保险人责任的条款不生效的，人民法院不予支持。

第三条 被保险人死亡，继承保险标的的当事人主张承继被保险人的权利和义务的，人民法院应予支持。

第五条 被保险人、受让人依法及时向保险人发出保险标的转让通知后，保险人作出答复前，发生保险事故，被保险人或者受让人主张保险人按照保险合同承担赔偿保险金的责任的，人民法院应予支持。

※法规解读：《保险法》第 49 条规定了因保险标的转让所产生的保险合同权利和义务的变更以及投保人、被保险人通知义务的履行。但是对于很多问题没有详细规定。

（一）保险标的已转让并实际交付，但尚未办理所有权变更登记的情形下，谁有权主张被保险人的权利

根据我国《物权法》的规定，物权的变动与标的物毁损、灭失的风险负担的转移并不是同时发生，我国法律行为引起的物权变动遵从物权形式主义，只有完成法律规定的物权变动要件，所有权才发生转移，在物权变动要件完成之前，保险标的可

能已经交付给了受让人,由受让人直接占有和使用,保险标的毁损、灭失的风险也随之转移给受让人承担。此时发生保险事故,谁有权向保险人主张支付保险金存在争议。争议的焦点在于,如何理解《保险法》第 49 条规定的“转让”,即此处的“转让”是指物权的变动,还是指保险标的毁损灭失的风险发生转移。

《保险法解释四》第 1 条认为《保险法》第 49 条规定的“转让”是指保险标的毁损灭失的风险发生转移。因此,保险标的已交付受让人,但尚未依法办理所有权变更登记,承担保险标的毁损灭失风险的受让人,依照《保险法》第 48 条、第 49 条的规定主张行使被保险人权利的,人民法院应予支持。适用本条司法解释应注意以下三点:

第一,关于保险标的范围的界定

适用本条的保险标的的范围为我国《物权法》上规定的所有权变动需要依法进行登记的物,既包括《物权法》第 14 条规定的以登记作为物权变更生效要件的不动产,也包括《物权法》第 24 条规定的以登记作为物权变动对抗要件的特殊动产,如船舶、机动车和航空器等,不包括一般动产。

第二,保险标的已经交付

无论保险标的物是不动产还是特殊动产,均需要交付给受让人。无论是现实交付还是观念交付均可以,但占有改定除外。

第三,受让人实际承担保险标的毁损、灭失的风险

当事人对标的物毁损、灭失的风险负担,可以由当事人约定,没有约定的,适用《合同法》的规定。此处的“风险”,是指不可归责于双方当事人的原因而发生的标的物毁损、灭失。即当事人对标的物毁损、灭失的风险负担,当事人有约定的,依其约定;没有约定的,贯彻交付主义,但当事人有过错的,采取过错主义。具体体现在《合同法》第 142 ~ 147 条。

(二)保险人在初次订立保险合同时已经履行提示和说明义务,保险标的转让后是否需要再履行该义务

1. 保险人在初次订立保险合同时已经履行提示和说明义务

保险人在初次订立保险合同时,已经根据《保险法》第 17 条和《保险法解释二》第 11 条的规定,履行了提示和说明义务,并且按照《保险法解释二》第 9 条对免除保险人责任条款尽了提示和明确说明的义务。

2. 保险标的转让后保险人是否需要再向受让人履行提示和说明义务

根据《保险法解释四》第 2 条的规定,保险人在一般情况下,不再对保险标的的

受让人负有提示和明确说明的义务。按照合同转让的原理,《合同法》第82条规定,债务人对让与人的抗辩,可以向受让人主张。在初次订立保险合同时,如果保险人已经依法尽了提示和明确说明的义务,即应该认为已经就格式条款和免责条款的效力问题,对投保人取得了抗辩,保险人对于保险合同的受让人,也可以主张此抗辩。

(三)财产保险合同中被保险人死亡,承继保险标的继承人能否行使保险权利和义务

保险标的转让,一般是通过合同方式进行,《保险法解释四》第3条增加了一种例外情形。即在财产保险合同中,被保险人死亡后保险标的(无论动产或者不动产)上的保险权益自然转移给新的保险标的的继承人。

保险法对于保险标的所有权因继承而发生变动时权利义务的承继问题,未作出规定。保险法也未明确将保险利益作为遗产的范围。保险合同成立后,被保险人死亡引发的保险合同关系的变更系保险法规范的内容,与继承法规范的目的和内容不同。

应该认为,被保险人死亡,继承人依法取得遗产所有权的同时实际承担保险标的毁损、灭失风险,有权主张保险合同权利。根据“风险转移说”的保险利益原则,被保险人死亡,危险负担已经转移。因遗产损毁灭失的风险负担已经转移至继承人,保险保护利益的损失即继承人的损失,继承人拥有了保险利益。保险人对于保险标的的继承,在学理上应理解为保险合同权利义务的法定概括转移。因此,继承人取得被保险人的权利和义务。

(四)保险标的转让通知发出后保险人回复之前保险责任的承担

根据《保险法》第49条的规定,保险标的转让的,被保险人或者受让人应当及时通知保险人,以便保险人对保险标的的受让人情况进行调查,以决定是否提高保险费或者解除合同。被保险人、受让人就保险标的的转让行为向保险人发出通知后、保险人作出答复前,即保险公司在出具批单前的空档期发生保险事故的,根据《保险法解释四》第5条的规定,被保险人或者受让人依照保险合同向保险公司主张保险人按照保险合同承担赔偿保险金责任的,可以得到支持。

这种规定有利于保护被保险人和受让人的利益。这条规定的作用在于要求保险公司收到转让通知后,应尽快对风险程度进行判断,并对是否继续承保以及保费是否增加作出答复。避免出现保险公司怠于答复,不发生保险事故就正常收取保

费，一旦发生保险事故就以转让行为导致保险标的危险程度增加或转让后不符合承保条件为由拒绝承担保险责任的情形。

关联法规索引

《物权法》第 14 条、第 23 条；《合同法》第 44 条、第 60 条、第 79 ~ 83 条、第 142 ~ 147 条；《侵权责任法》第 50 条；《保险法》第 17 条、第 23 条、第 30 条、第 49 条、第 59 条；《保险法解释四》第 4 条；《机动车交通事故责任强制保险条例》第 18 条；《最高人民法院关于连环购车未办理过户手续，原车主是否对机动车发生交通事故致人损害承担责任的请示的批复》；《最高人民法院关于购买人使用分期付款购买的车辆从事运输因交通事故造成他人财产损失，保留车辆所有权的出卖方不应承担民事责任的批复》

典型案例

蔡某诉李某、某保险公司保险合同纠纷案[1]

※案情简介：2010 年 3 月，李某向王某购买了某小型货车一辆，并办理了车辆所有权变更手续，将车辆及相关的材料进行了移交，但并未通知保险公司，也未办理保险批改手续。2010 年 5 月，李某驾驶小货车与蔡某驾驶的轿车相撞，造成双方受伤、两车受损的交通事故。经交警部门认定，李某负本次事故的主要责任，蔡某负次要责任。李某向保险公司提出索赔，保险公司以与李某不存在保险合同关系为由拒绝理赔。蔡某诉至法院，要求李某赔偿各项损失，保险公司在保险限额内予以赔偿。

法院经审理认为：本案的争议焦点是李某向王某购买车辆，在未通知保险公司并办理保险变更登记的情形下发生事故，保险公司是否可以拒赔，即李某对该车是否享有保险利益。本案中，李某受让车辆虽然没有履行保险变更手续，但保险标的

〔1〕 载 http://www.faxin.cn/lib/cpal/AlyzContent.aspx? isAlyz = 1&gid = C1333581&libid = 0201&userinput = %E4%BF%9D%E9%99%A9%E6%A0%87%E7%9A%84%E8%BD%AC%E8%AE%A9，最后访问时间：2019 年 5 月 20 日，收录时做相应修改。

转让只是变更了所有权人，其车辆用途和危险系数没有变化，受让人继续对保险标的享有保险利益，在车辆发生事故时，应继续享有保险利益，保险合同仍然发生效力，保险公司应当承担保险责任。法院判决：某保险公司在保险合同约定的保险限额范围内承担赔偿责任；不足部分由李某赔偿。

※裁判要旨：首先，受让人对保险标的具有保险利益。根据我国《保险法》第四十九条的规定，当被保险机动车所有权转移时，受让人即享有车辆保险合同的权利和义务。其次，本案保险车辆的用途和危险程度并未变化。机动车保险合同的第三者责任险属于强制性保险，保险责任自动产生，无须投保人和保险人约定，保险人不能随意拒绝承担赔偿责任。虽然《保险法》规定保险车辆转让保险合同需要通知，但并没有规定保险合同未作变更，保险人可以因此解除保险合同或不承担保险责任，只是说因转让导致保险标的危险程度显著增加而发生保险事故时，保险人不承担赔偿责任。本案中，王某和李某未向保险人履行保险标的转让的通知义务，但在法律没有禁止性规定的情况下，保险车辆的用途并未变化，危险程度并未增加。因此，保险人的保险责任也没有变化，不履行通知义务并不能构成保险人免责的法定事由。最后，机动车辆保险合同具有社会公益性。机动车辆保险合同的功能是保护交通事故的受害者，具有社会公益性。王某已经实际交付了车辆，受让人李某对该车辆也已占有、使用、收益，根据《合同法》第一百四十二条的规定，已经成为风险的真正负担者。就原车主王某而言，车辆价值的减损或者灭失对其都没有利益可言，而受让人李某在承担风险的同时应该享有保险权利，故保险公司仍应在原保险合同约定的保险限额内承担理赔责任。

朱某与中国人民财产保险股份有限公司韶关市分公司财产保险合同纠纷〔1〕

※案情简介：2015年12月17日，余甲为其所有的粤B小型轿车向被告中国人民财产保险股份有限公司韶关市分公司（以下简称韶关人保）投保了保险金额/赔偿限额为147,840元的机动车损失保险等商业保险。被告签发的保险单记载：被保险人为余乙，车主为余甲，保险期限自2016年1月7日起至2017年1月6日止。

---

〔1〕 本案根据广东省韶关市浈江区人民法院（2018）粤0204民初2402号民事判决书整理。

2016年4月30日21时58分许，原告朱某驾驶粤B小型轿车由东往西行驶至韶赣高速66公里+500米路段时，碰撞到护栏后停在道路右侧且未设置安全警示标志，严某驾驶重型半挂车行经该路段时与之发生碰撞，造成两车受损的道路交通事故。韶关市公安局交通警察支队高速公路二大队作出《道路交通事故认定书》，认定朱某负全部责任。事故发生后，原告委托韶关市中一保险公估有限公司对粤B小型轿车作车辆损失鉴定，鉴定结论车辆损失为82,294元，残值960元，建议赔付金额81,334元。原告支付了鉴定费2000元。因双方未能就赔偿达成一致意见，原告向法院提起诉讼。

另查明：原告称涉案车辆登记在余甲名下，其与余甲在上述交通事故发生前曾就涉案车辆的转让达成口头协议，并事后与余甲于2017年10月10日补签了合同。根据原告提交的《二手车辆转让合同》，合同约定余甲将其名下粤B小型轿车以98,000元的价格转让给朱某。诉讼过程中，原告提交了余乙和余甲于2018年11月22日出具的书面说明《关系证明》，内容：本人余乙与余甲是兄妹关系，此粤B车辆在2017年10月10日以98,000元转让了给朱某，通过现金的方式支付。

原告朱某向法院提出诉讼请求：(1)被告在10日内向原告支付车辆损失81,334元；(2)本案受理费由被告承担。

被告韶关人保辩称：原告驾驶的粤B小轿车，在被告投保了车辆损失限额为147,840元，本次事故在保险期限内。根据《保险法》的相关规定，本案原告不具备保险利益：第一，原告对该车没有保险利益，保险公司对原告不负保险责任；第二，本案原告不受保险合同保障，不负事故的赔偿责任，无权享受保险金。关于车辆损失，经查，该车在被告处有商业险的承保记录，根据2016年1月投保记录，该车新车购置价即实际价值为147,840元，于2006年1月登记，按规定月折旧率0.6%，该车使用了123个月，则折旧金额为147,840×123×0.6%＝109,105.92元，故此次发生交通事故车辆的实际价值是147,840－109,105.92＝38,734.08元。原告主张已超出车的实际价值，应以实际价值38,734.08元确定。同时根据规定，被告应获得涉案车辆的全部权利。本案诉讼费不属于保险责任范围，不应由被告承担。

法院认为：涉案车辆在韶关人保投保了交强险和商业险，保险合同已成立并生效，当事人应当按照约定全面履行自己的义务。原告、被告对本次事故属保险事故均无异议，本院予以认可。本案的争议焦点是原告朱某是否享有保险利益。根据原告提交的《二手车辆转让合同》、余甲和余乙出具的《关系证明》，可以证明涉案小型轿车已以98,000元的价格转让和交付原告朱某,根据《保险法解释四》第1条的规定,"保险标的已交付受让人,但尚未依法办理所有权变更登记,承担保险标的毁损灭失风险的受让人,依照保险法第四十八条、第四十九条的规定主张行使被保险人权利的,人民法院应予支持"。余甲将保险车辆转让给原告,原告作为受让人承继余甲的权利和义务,在保险车辆有效期内发生保险事故,有权要求被告按保险合同约定予以赔偿。本院就双方有争议部分即对粤B小型轿车车损价格的认定如下:粤B小型轿车作车损鉴定的价格为82,294元,残值960元,建议赔付金额81,334元,原告对此鉴定结论无异议,且被告未能提交证据证明鉴定结论不合理的情况下,本院对该鉴定结论予以采纳,认定粤B小型轿车车损是82,294元,扣除残值960元,被告应予赔偿81,334元。判决如下:被告韶关人保于本判决生效之日起五日内赔偿原告朱某保险金81,334元。

※裁判要旨:本案的焦点在于原告是否具有保险利益。根据《物权法》第二十三条的规定,动产物权的设立和转让,自交付时发生效力,但法律另有规定的除外;第二十四条规定,船舶、航空器和机动车等物权的设立、变更、转让和消灭,未经登记,不得对抗善意第三人。《合同法》第一百四十二条规定:标的物毁损、灭失的风险,在标的物交付之前由出卖人承担,交付之后由买受人承担,但法律另有规定或者当事人另有约定的除外。《保险法解释四》第一条,保险标的已交付受让人,但尚未依法办理所有权变更登记,承担保险标的的毁损灭失风险的受让人,依照《保险法》第四十八条、第四十九条的规定主张行使被保险人权利的,人民法院应予支持。本案中作为特殊动产的机动车在交付之后,所有权已经发生了转移,虽然没有办理所有权变更登记,但是标的物毁损灭失的风险已经转移给受让人,保险利益也随之转移给受让人,因此,原告可以向被告主张行使被保险人的权利。

马甲诉某保险公司保险合同纠纷案[1]

※案情简介::2013年3月23日,钱某为其名下的轿车投保机动车交通事故责任强制保险,不计免赔及车辆损失险等险种,车辆损失险保险金额84,600元,保险期间自2013年3月24日0时起至2014年3月23日24时止,其中商业第三者责任保险条款的保险责任为:在保险期间内,被保险人或其允许的合法驾驶人在使用

[1] 本案根据江苏省泰州市中级人民法院(2015)泰中商终字第00020号民事判决书整理。

保险车辆过程中发生意外事故，致使第三者遭受人身伤亡和财产的直接损毁，依法应由被保险人承担的经济赔偿责任，保险人对于超过交强险各分项赔偿限额以上的部分，按照本保险合同的规定负责赔偿；车辆损失险的保险责任为：在保险期间内，被保险人或其允许的合法驾驶人在使用保险车辆过程中，因下列原因造成保险车辆的损失，保险人按照本保险合同的规定负责赔偿：(一)碰撞、倾覆；(二)火灾、爆炸；(三)外界物体倒塌或坠落、保险车辆行驶中平行坠落；(四)雷击、暴风、龙卷风、暴雨、洪水、海啸、地陷、崖崩、雪崩、雹灾、泥石流、滑坡；(五)载运保险车辆的渡船遭受本条第(四)项所列自然灾害(只限于有驾驶人随船照料者)；同时车辆损失险第五条载明，发生意外事故时，驾驶人有以下情形之一的，保险人不负赔偿责任。其中第八项情形为：事故发生后，被保险人或驾驶人在未依法采取措施的情况下驾驶保险车辆或者遗弃保险车辆逃离事故现场，或故意破坏、伪造现场、毁灭证据的。后被保险车辆出售给马甲，2013 年 7 月 25 日，该车办理了车辆转移登记手续，车主变更为马甲。同日，经投保人申请，某保险公司同意自 2013 年 7 月 26 日 0 时起商业保险单与强制保险单的被保险人、投保人、行驶证车主姓名由“钱某”变更为“马甲”，保险单所载其他条件不变。

2013 年 8 月 29 日，马甲之子马乙驾驶被保险车辆沿蟛蜞港西侧道路由南向北行驶至沿江高速公路左转弯时，遇情况时采取措施不当，致车辆失控驶入道路北侧沟内，致车辆损坏，驾驶员马乙受伤。交警部门作出道路交通事故认定书(以下简称事故认定书)，认定马乙驾驶机动车未确保安全驾驶，肇事后弃车逃逸，其行为违反《道路交通安全法》第三十八条、第七十条第一款之规定，马乙承担本起事故的全部责任。同年 9 月 3 日，某保险公司出具定损报告，确认事故造成被保险车辆损失为 18,000 元。9 月 20 日，某保险公司向马甲发出了机动车辆保险拒赔通知书，认为根据保险条款的约定，马乙肇事后逃逸，某保险公司不负责赔偿。马甲理赔未果，致起讼争。审理中，马甲当庭认可某保险公司对保险条款中的免责条款履行了明确说明义务，事故造成的车辆损失为 18,000 元。

某保险公司一审辩称，对马甲所述车辆投保、发生交通事故及交警部门作出的事故事实及责任认定没有异议；对我公司核定车损 18,000 元也没有异议，但马甲实际有无修理，我公司不清楚。交通事故的发生是因当事人操作不当造成的，属意外事故的范畴，意外事故是一个大概念，包含交通事故等相关情况，只要不是故意的，都属意外事故。本案所涉交通事故也属意外事故的一种，驾驶员在事故发生后弃车逃逸,符合保险条款车辆损失险第五条第一款第(八)项的规定,我公司不负赔偿责任。故请求驳回马甲的诉讼请求。

一审法院认为:马甲通过购买车辆、办理转移登记手续及保险变更手续,对被保险车辆取得了保险利益,与某保险公司之间形成了保险合同关系。保险事故发生后,某保险公司应当按照保险合同的约定承担赔偿责任。

《保险法》第十七条规定,订立保险合同,采用保险人提供的格式条款的,保险人向投保人提供的投保单应当附格式条款,保险人应当向投保人说明合同的内容并就条款中免除保险人责任的条款向投保人作出明确说明;未作提示或者未明确说明的,免责条款不产生效力。保险人将法律、行政法规中的禁止性规定情形作为保险合同免责条款的免责事由,保险人对该条款作出提示后,投保人、被保险人或者受益人以保险人未履行明确说明义务为由主张该条款不生效的,人民法院不予支持。本案中,某保险公司所述的车辆损失险保险条款第五条第一款第八项系保险人提供的格式合同文本条款,属于《保险法》第十七条规定的免除保险人责任的条款。肇事后逃逸属法律、行政法规禁止性规定的情形,现马甲认可知晓该条款,某保险公司提供的证据也证明其就相关条款履行了明确说明义务,故某保险公司所述的保险条款对马甲具有约束力。

《保险法》第三十条规定采用保险人提供的格式条款订立的保险合同,保险人与投保人、被保险人或者受益人对合同条款有争议的,应当按照通常理解予以解释。对合同条款有两种以上解释的,人民法院或者仲裁机构应当作出有利于被保险人和受益人的解释。本案中,马甲对某保险公司提供的保险条款内容无异议,那么按照通常理解,同一个人对该保险条款中相同的词名理解应是相同的。现马甲、某保险公司对车辆损失险保险条款第五条第(八)项中的"意外事故"存在异议,马甲认为该意外事故不包括交通事故,而某保险公司认为应包含交通事故。根据保险条款记载的内容、使用的词句、车损险险种的特点及保险责任的范围,应当确定该条款所指的意外事故是指车辆在使用过程中因碰撞、倾覆及火灾、爆炸等其他原因所发生的事故,包含因碰撞等原因造成的交通事故。而根据保险条款商业第三者责任保险保险责任范围,保险公司是对被保险人或者允许的合法驾驶人在使用保险车辆过程中发生意外事故造成的第三者的损失,按照保险合同的规定进行赔偿。如果马甲所述意外事故不包含交通事故的观点成立,那么被保险人因交通事故造成的第三者的损失,保险公司就无须进行赔偿,这显然违反了保险合同订立的目的。因此,马甲所述车辆损失险中的意外事故不包含交通事故在内的意见,不予采信。

综上所述,车辆损失险保险条款第五条第一款第(八)项对马甲具有约束力,马乙驾驶员在肇事后弃车逃逸,马甲的诉讼请求,依法不予支持。据此,一审法院判决:驳回马甲要求某保险公司赔偿保险金 18,000 元的诉讼请求;案件受理费 260 元,由马甲负担。

马甲不服一审判决院提起上诉称:(1)一审判决认定事实不清,马甲之子马乙因过错责任发生交通事故,并非是不可抗力的自然灾害发生,本案交通事故不适用保险条款第二章第五条的规定;(2)订立保险合同为案外人钱某不是马甲,某保险公司也未提交证据证明其就有关免责条款向马甲尽提示和说明义务,根据《保险法》的规定,免责条款不产生法律效力;(3)事故认定书认定马乙肇事后弃车逃逸,但实际上马乙一人驾驶车辆,发生事故后马乙受伤自行去医院治疗,不是逃逸。综上所述,请求撤销一审判决,依法改判某保险公司赔付保险金 18,000 元。

被上诉人某保险公司二审辩称,驾驶员马乙在事故发生后弃车逃逸,属于保险合同中约定的责任免除范围,且在保险合同订立之初,保险人已履行相关明确告知义务,马甲一审中亦认可保险人履行了相关说明义务,我公司无须承担本起交通事故的保险责任。一审判决认定事实清楚,适用法律正确。请求驳回马甲的上诉请求。

本案二审争议焦点为:(一)被保险车辆转让致保险合同变更,某保险公司是否仍需履行明确说明义务;(二)马乙是否属肇事后弃车逃逸,某保险公司能否免责。

二审法院认为:关于争议焦点一,订立保险合同时,保险人就免责条款已尽提示和说明义务,保险合同变更后发生保险事故,受让人以保险人未向其尽提示和说明义务为由抗辩,人民法院不应支持。理由如下:首先,《保险法》第十七条区分一般说明义务和明确说明义务。对于一般格式条款负担一般说明义务,对于格式条款中的免责条款负担明确说明义务。第十七条第二款关于明确说明义务履行时间没有明确规定,但从法律适用规则来看,适用第二款应以第一款为前提,而第十七条第一款明确规定,保险人在“订立保险合同”时需要承担说明义务,因此,保险人仅在订立保险合同时承担明确说明义务。本案钱某与某保险公司签订保险合同时,某保险公司就保险合同免责条款的文字采用足以引起投保人注意的加粗、加黑的字体进行提示,且投保人钱某对某保险公司已履行了符合前款要求的明确说明义务签字认可，应认定在订立保险合同时，某保险公司向投保人钱某履行了提示及明确说明义务。其次，根据《保险法》第四十九条关于“保险标的转让的，保险标的的受让人承继被保险人的权利和义务”之规定，机动车转让的，受让人将取代保险合同的原被保险人成为被保险人。可见，机动车转让时，保险合同仍然存续，只是保险合同约定的被保险人发生了变化，新的被保险人仍然是依据原有的保险合同享有权利承担义务，并不存在新订立保险合同的情形。可见，保险标的的转让并没有导致受让人订立新的保险合同，故保险人无须再次进行明确说明。最后，保险合同作为民事合同的一种，在受到特别法——保险法调整之外，亦应当受合同法的调整。保险标的转让所致的保险合同的变更中，既然保险人无须再次履行提示和说明义务，同时受让人在保险合同中的权益亦应得到保护，则受让人通过保险合同的变更所取得的权利和应履行义务的相关内容，应当由转让人向受让人告知，如转让人没有告知，受让人不能因其对转让人的抗辩事由对抗保险人。因此，本案中马甲认为某保险公司未向其尽提示和说明义务，免责条款无效的抗辩理由不能成立。

关于争议焦点二，《道路交通安全法》第七十条第一款规定，在道路上发生交通事故，车辆驾驶人应当立即停车，保护现场；造成人身伤亡的，车辆驾驶人应当立即抢救受伤人员，并迅速报告执勤的交通警察或者公安机关交通管理部门……据此，发生交通事故后不得弃车逃逸成为驾驶人的法定义务。本案中，事故认定书认定驾驶员马乙在发生交通事故后弃车逃逸，负事故全部责任。被保险人马甲允许的驾驶人马乙违反法定义务，在保险合同免责条款有明确约定的情形下，如要求某保险公司承担保险责任，显然不利于促使机动车车主履行法定义务以维护公共交通安全。因此，某保险公司免于承担本起事故的保险责任。马甲虽上诉称马乙肇事后因受伤需要治疗而离开，并非弃车逃逸，但马甲没有提交事故当时马乙去医院治疗的有关证据，在没有证据足以推翻事故认定书的情形下，交警部门作出的事故认定书应作为法院认定事实的依据。故马甲关于马乙没有弃车逃逸的意见不能成立。综上所述，判决如下：驳回上诉，维持原判。

※裁判要旨：《保险法》第十七条规定的保险人的提示及明确说明义务只是存在于保险合同订立之时，而非保险合同履行过程之中。本案钱某与保险公司签订保险合同时，保险公司已经就保险合同的免责条款的文字采用了足以引起投保人注意的加粗、加黑的字体进行了提示，且投保人钱某对保险公司已履行了保险法规定的明确说明义务签字认可，因此应该认定在订立保险合同时，保险公司已经向投

保人钱某履行了提示及明确说明义务。根据《保险法》第四十九条，机动车转让时，保险合同仍然继续存在，仅仅是被保险人发生了变化而已，保险人与车辆受让人之间并未成立一个新的保险合同。而马甲所承继的此保险合同在订立之时，保险人已经履行过了提示及明确说明义务。马甲作为被保险车辆的受让人，其在保险合同的权益应受到保障，但是这应该是由被保险车辆转让人即钱某向其告知此保险合同下所取得的权利和应履行的义务，受让人不能因其对转让人的抗辩事由对抗保险人。根据《保险法解释四》第二条的规定：保险人已向投保人履行了保险法规定的提示和明确说明义务，保险标的受让人以保险标的转让后保险人未向其提示或者明确说明为由，主张免除保险人责任的条款不生效的，人民法院不予支持。法院作出的上述判决符合法律及《保险法解释四》规定的精神。

沈某诉天安保险股份有限公司财产保险合同案〔1〕

※案情简介：韩某于2007年7月24日为其所有的桑塔纳轿车与天安保险公司签订一份保险合同，险种为机动车损失险、第三者责任险、车上人员责任险、玻璃单独破碎险、不计免赔特约险。保险期限自2007年7月25日0时起至2008年7月24日24时止。在保险期限内，韩某将该车转让给原告沈某，并于2007年11月14日办理了过户手续，但韩某和沈某均未到保险公司办理保险合同批改手续，2008年6月11日0时45分许，沈某允许的合格驾驶员陈某驾驶桑塔纳轿车经过海安县墩头镇吉邓大桥上时因观察不够、采取措施不当，发生单方面交通事故，致车辆损坏。2008年6月18日海安县公安局交警大队作出事故认定书，认定陈某负事故的全部责任。2008年6月24日，经海安县价格认证中心评估，保险车辆损失为32,726元。此后，原告要求被告理赔，未能达成一致，引起诉讼。原告沈某请求判令被告给付其赔偿款32,726元。

被告天安保险公司辩称：桑塔纳轿车投保单上被保险人是韩某，其车辆转让后没有到我公司进行批改，根据保险合同条款的约定和《保险法》第三十四条的规定，我公司不应当承担理赔责任。请求驳回原告的诉讼请求。

江苏省海安县人民法院认为：由于韩某已将保险合同标的——桑塔纳轿车转让给沈某，其虽未到保险公司办理变更批改手续，但沈某是受让该保险车辆的主

〔1〕 本案根据江苏省南通市中级人民法院（2009）通中民二终字第0116号民事判决书整理。

体,在事实上具有了保险合同当事人的主体资格。韩某在将保险车辆转让给沈某后,事实上对车辆已不具有权利义务关系,故沈某有权直接行使保险合同中的赔偿请求权,天安保险公司应在机动车损失险限额内按合同约定(不计免赔率)赔偿沈某车辆损失32,726元。从《保险法》的立法宗旨和立法精神来看,虽然《保险法》第三十四条规定:"保险标的的转让应当通知保险人,经保险人同意继续承保后,依法变更合同。但是,货物运输保险合同和另有约定的合同除外",但是并不能引申出只要保险标的转让未经批改,保险公司即无须承担保险责任的法律后果。《保险法》之所以规定机动车转让需办理批改手续,其宗旨是为了便于保险人对保险车辆的规范管理,防止冒领保险金或骗保,而不在免除保险人的赔偿责任。本案中,沈某允许的合格驾驶员在使用保险车辆过程中,发生交通事故,致车辆损坏的事实客观存在,不存在沈某冒领保险金或骗保的情形。况且,本案中被保险人的变更亦没有产生增大保险人风险,从而不利于保险人履行合同的后果,故被告天安保险公司的辩称意见本院难以采纳。

江苏省海安县人民法院作出如下判决:被告天安保险公司于本判决发生法律效力后10日内给付原告沈某保险赔偿金32,726元。

上诉人天安保险公司上诉称:(1)原审判决由我公司承担赔偿责任与《保险法》规定和保险合同约定不符。韩某已将保险车辆转让给沈某,但未向我公司履行通知义务和办理批改手续。依据《保险法》规定和保险合同约定,我公司不负赔偿责任。(2)原审认为《保险法》规定办理批改手续是为防止冒领保险金和骗保而非免除保险人赔偿责任是错误的。沈某并非保险合同当事人,其作为一审原告主体不适格。保险合同明确规定,被保险车辆转让未办理批改手续,我公司不负赔偿责任。该免责条款已经向被保险人履行告知义务,合法有效。(3)原审根据价格评估报告认定损失侵犯了我公司利益。根据《保险法》的规定,保险人有权核定价格。原审认定损失数额与事实不符,案涉事故为轻微事故,我公司估价只有原审认定的一半,请求撤销原判,依法改判驳回沈某诉讼请求。

江苏省南通市中级人民法院认为:本案争议焦点有二:(1)天安保险公司能否因沈某未办理批改手续而免除赔偿责任;(2)原审依据价格评估报告认定损失数额是否正确。

关于第一个争议焦点,法院认为,韩某将保险车辆转让给沈某,并已依法办理过户手续。沈某虽未到天安保险公司办理变更批改手续,但我国保险行业车辆保险以“保车不保人”为基本原则，车辆受让人只要不改变被保险车辆用途、增加保险人理赔风险，不因未办理批改手续而丧失请求赔偿的权利。天安保险公司以未办理批改手续不负赔偿责任的格式条款免除自己责任，排除对方主要权利，违反公平原则导致合同当事人权利义务严重失衡，根据《合同法》第三十九条、第四十条的规定，该免责条款属于无效条款。天安保险公司未举证证明沈某受让该保险车辆后，因改变车辆用途等增加其理赔风险，仅以单方拟定的无效格式条款拒绝赔偿于法无据。

关于第二个争议焦点，认证中心的评估报告是在双方为理赔问题发生争议情况下，由沈某单方委托作出，但原审在庭审中已经询问天安保险公司是否申请重新评估，天安保险公司明确不申请，已经放弃了自己的权利，故原审依据认证中心的评估报告作出判决并无不当。

江苏省南通市中级人民法院作出如下判决：驳回上诉，维持原判。

※裁判要旨： 本案适用当时的2002年《保险法》，被保险人将保险车辆转让给他人，并已依法办理过户手续。受让人虽未到保险公司办理变更批改手续，但我国保险行业车辆保险以“保车不保人”为基本原则，车辆受让人只要不改变被保险车辆用途、增加保险人理赔风险，不因未办理批改手续而丧失请求赔偿的权利。另根据《保险法解释四》第五条的规定，被保险人、受让人依法及时向保险人发出保险标的转让通知后，保险人作出答复前，发生保险事故，被保险人或者受让人主张保险人按照保险合同承担赔偿保险金的责任的，人民法院应予支持。

第五十条 【禁止解除合同】货物运输保险合同和运输工具航程保险合同，保险责任开始后，合同当事人不得解除合同。

条文解读

本条是对解除航程保险合同的限制性规定。

在财产保险中，以一次航程或运程来计算保险期间的，为航程保险。航程保险的保险期间不是按日期而是按航程或运程计算。保险人对保险标的所负的保险责任，从保险单载明的起运地开始，到保险单载明的目的地为止。由于航程保险的保险标的是处于运动中的财产，包括运输的货物和运输工具本身。保险期间是一次航程或一次运程，相对于定期保险来说，保险期间较短，投保人和保险人在对保险标的的安全和使用等情况的掌握上是不对等的：投保人掌握保险标的的有关安全情况，而保险人一般不了解上述情况。如果允许投保人在保险责任开始后解除合同，在投保货物等将要到达目的地时，或者在其他发生保险事故的可能大大减少的时候，投保人解除合同，对保险人是不公平的。因此，货物运输保险合同和运输工具航程保险合同，保险责任一经开始，投保人、保险人都不得解除合同。

第五十一条 【安全义务】被保险人应当遵守国家有关消防、安全、生产操作、劳动保护等方面的规定，维护保险标的的安全。

保险人可以按照合同约定对保险标的的安全状况进行检查，及时向投保人、被保险人提出消除不安全因素和隐患的书面建议。

投保人、被保险人未按照约定履行其对保险标的的安全应尽责任的，保险人有权要求增加保险费或者解除合同。

保险人为维护保险标的的安全，经被保险人同意，可以采取安全预防措施。

条文解读

本条是对维护保险标的安全基本规则的规定。

保险不只是一种灾后补偿的消极手段，还应具有防灾防损的积极效果。维护保险标的的安全，减少或者避免保险事故的发生，防止财产损失，对于保障被保险人和保险人双方的利益，都具有重要意义。

（一）在消防、安全、生产操作、劳动保护等方面，国家制定了一系列法律，如《消防法》《安全生产法》《矿山安全法》等，国务院和有关部门还制定了很多法规、规章和操作规程。被保险人严格遵守这些规定，可以将发生保险事故的可能性减小到最低，达到维护保险标的安全的目的。

（二）保险人可以按照保险合同的约定，对保险标的的安全状况进行检查，及时向投保人、被保险人提出消除不安全因素和隐患的书面建议。投保人、被保险人应当按照保险人的建议，及时采取措施进行改正。

（三）为了促使投保人、被保险人维护保险标的安全，预防保险事故的发生，一般情况下，在订立财产保险合同时，都要约定投保人、被保险人对保险标的的安全应尽的责任。如果投保人、被保险人不按照合同约定履行其对保险财产安全应尽的责任，保险人可以要求增加保险费，如果投保人不同意增加保险费，保险人可以解除合同；保险人也可以直接解除保险合同。

（四）为维护保险标的安全，经被保险人同意，保险人可以对保险标的采取安全预防措施。

第五十二条　【危险增加通知义务】在合同有效期内，保险标的的危险程度显著增加的，被保险人应当按照合同约定及时通知保险人，保险人可以按照合同约定增加保险费或者解除合同。保险人解除合同的，应当将已收取的保险费，按照合同约定扣除自保险责任开始之日起至合同解除之日止应收的部分后，退还投保人。

被保险人未履行前款规定的通知义务的，因保险标的的危险程度显著增加而发生的保险事故，保险人不承担赔偿保险金的责任。

条文解读

本条是对保险标的的危险程度显著增加时被保险人通知义务的规定。

（一）保险合同履行过程中，保险标的的情况可能会发生变化，导致危险程度显著增加。由于保险标的的危险程度显著增加直接影响保险人的保险责任，关系到保险人的利益，保险人在知悉后，都应当及时通知保险人。通知的具体时间、方式和范围可以由保险合同约定。

（二）保险标的的危险程度显著增加，被保险人履行了危险通知义务后，保险人有两种处理方法：一是要求增加保险费；二是解除保险合同。对于第一种情况，如果被保险人不同意增加保险费或者未按照约定的期限交纳增加的保险费，保险人也可以解除合同。保险人解除合同的，应当将已收取的保险费，按照合同约定扣除自保险责任开始之日起至合同解除之日止应收的部分后，退还投保人。

（三）被保险人在保险标的危险程度显著增加时，未依法按照合同约定履行通知义务的，对因危险程度显著增加而发生的保险事故所造成的保险标的损失，保险人不承担支付保险赔偿金的责任。

配套法规及解读

《保险法解释四》(2018年7月31日)

第四条 人民法院认定保险标的是否构成保险法第四十九条、第五十二条规定的“危险程度显著增加”时,应当综合考虑以下因素:

(一)保险标的用途的改变;

(二)保险标的使用范围的改变;

(三)保险标的所处环境的变化;

(四)保险标的因改装等原因引起的变化;

(五)保险标的使用人或者管理人的改变;

(六)危险程度增加持续的时间;

(七)其他可能导致危险程度显著增加的因素。

保险标的危险程度虽然增加,但增加的危险属于保险合同订立时保险人预见或者应当预见的保险合同承保范围的,不构成危险程度显著增加。

※法规解读:《保险法》第49条和第52条均涉及对危险程度显著增加的认定。本条表述的“预见或应当预见”与“危险程度显著增加”属于对风险增加判断不同层次的要求,“预见或应当预见”的要求相对较低,“显著增加”的要求相对较高。实践中,由于险种多样,情况复杂,对于是否构成“危险程度显著增加”的认定是审判实践中的难题。而保险事故发生后,保险公司经常将与保险标的有关的情况发生变化解释为危险程度显著增加并据此主张拒赔。《保险法解释四》第4条的意义在于通过列明一系列因素,使认定“危险程度显著增加”有了一定的指引;同时,以增加的危险属于保险人“预见或应当预见”的保险合同承保范围为标准,对危险程度显著增加做否定性评价。可见,这条规定在一定程度上加大了保险公司主张危险程度显著增加的举证难度。

(一)“危险程度显著增加”的考虑因素

1. 保险标的用途的改变

将私家车用于网约车载客,非营运家庭用车变为营运车,这些属于典型的用途发生改变,可以认定为危险程度增加。

2. 保险标的使用范围的改变

有的保险合同中标明了使用范围,如果超越了该使用范围,就属于使用范围发生变化，危险程度增加，发生保险事故的，保险公司可拒赔。

3. 保险标的所处环境的变化

环境变化一般是由自然原因引起，属于客观因素，非主观原因。保险标的所处的环境是保险标的核保的重要因素，主要包括查明建筑物的主体结构及所使用的材料等，检验其所处的环境是工业区、商业区还是居民区，房屋是否属于高层建筑，周围是否通畅，消防车能否靠近；附近有无易燃、易爆的危险源，救火水源如何以及与消防队的距离远近等。

4. 保险标的因改装等原因引起的变化

常见的是车辆的改装和加装。保险车辆改装或加装由于其他原因导致保险车辆危险程度发生变化的，被保险人应当申请办理批改手续，否则保险公司可以以危险程度增加为由拒赔。

5. 保险标的使用人或者管理人的变化

车辆出借给他人，使用人或者管理人发生变化，危险程度增加，保险人可以拒赔。保险标的使用人、管理人发生变化的，应当及时通知保险公司，未通知的发生保险事故，保险公司可以危险程度增加拒赔。

6. 危险程度增加持续的时间

持续的时间也作为了一个考虑的因素，持续时间短可能还有获得赔偿的机会，持续时间长可能认定为危险程度增加更确定些。

7. 其他影响保险人决定是否继续承保或者提高保险费率的因素

危险程度增加应当结合近因原则来认定，如果导致保险事故发生的最直接，起决定性作用的因素并非以上危险程度增加的情形，保险公司不得以危险程度增加为由拒赔。

值得注意的是，保险标的危险程度虽然增加，但增加的危险属于保险合同订立时保险人预见或者应当预见的保险合同承保范围的，不构成危险程度显著增加。

(二)危险程度显著增加的构成要件

要正确判断保险标的危险程度是否显著增加，须把握“一个标准”“三个特征”。

“一个标准”即判断保险标的危险程度是否显著增加，应以保险标的危险的增加程度“是否足以影响保险人决定是否同意承保或者提高保险费率”为标准。

“三个特征”即判断保险标的危险程度是否显著增加应具体参考的三个因素：

其一,重要性,即如果保险标的危险的加重程度动摇了当事人之间订立合同的基础及对价关系,则应认定保险标的危险显著增加。其二,持续性,即保险标的危险改变的状态须持续一段时间,如果危险只是一时的变化,继而又恢复原状的,则不构成危险显著增加。其三,不可预见性,即保险标的危险的增加必须是当事人在订约之初未曾预料到,未在保险人估算危险之内。

关联法规索引

《道路交通安全法》第76条

典型案例

程春颖诉张涛、中国人民财产保险股份有限公司南京市分公司机动车交通事故责任纠纷案[1]

※案情简介: 2015年7月28日下午,被告张涛通过打车软件接到网约车订单一份,订单内容为将乘客从南瑞集团送至恒大绿洲小区。张涛驾驶其自用轿车至南瑞集团,接到网约车乘客。17时5分许,张涛驾车搭载网约车乘客,沿前庄路由西向东行驶至清水亭东路丁字路口往南右转弯过程中,遇原告程春颖驾驶电动自行车沿清水亭东路由北向南通过该路口,两车碰撞,致程春颖受伤、车辆损坏。南京市公安局江宁分局交通警察大队以无法查清程春颖遵守交通信号灯的情况为由,出具宁公交证字〔2015〕第0018号道路交通事故证明。

原告程春颖受伤住院治疗,医院诊断其急性闭合性重型颅脑损伤。经鉴定,程春颖颅脑损伤所致轻度精神障碍,日常活动能力部分受限构成九级伤残;颅骨缺损6平方厘米以上构成十级伤残;误工期限180日,护理期限90日,营养期限90日。经审查确认原告因本次事故产生医疗费99,122.26元(其中张涛垫付59,321元,人保南京分公司垫付10,000元)、住院伙食补助费560元、营养费1350元、误工费3427.48元、护理费7650元、残疾赔偿金156,126.6元、精神损害抚慰金10,500元、交通费500元,合计279,236.34元。

〔1〕 载《中华人民共和国最高人民法院公报》2017年第4期,收录时做相应修改。

被告张涛驾驶的轿车行驶证上的使用性质为"非营运"。2015 年 3 月 27 日，张涛在被告人保南京分公司为该车投保了交强险、保额为 100 万元的商业三者险，保险期间均自 2015 年 3 月 28 日 0 时起至 2016 年 3 月 27 日 24 时止。保单上的使用性质为"家庭自用汽车"。

原告程春颖诉称：被告张涛驾驶的轿车在被告人保南京分公司投保了机动车交通事故责任强制保险（以下简称交强险）和第三者责任商业保险（以下简称商业三者险）。请求判令二被告赔偿医药费、营养费、残疾赔偿金等合计 255,339.75 元。

被告张涛辩称：张涛没有过错，原告程春颖应当承担同等以上责任。张涛驾驶的轿车在被告人保南京分公司投保了交强险和商业三者险。张涛因分担油费成本而在下班途中顺路搭载乘客，不属于营运行为，未使车辆危险程度显著增加，应当由人保南京分公司在交强险及商业三者险限额内赔偿。

被告人保南京分公司辩称：被告张涛没有过错，原告程春颖应当承担同等以上责任。张涛驾驶家庭自用车辆从事营运活动，改变车辆用途，危险程度显著增加，且张涛未通知人保南京分公司，人保南京分公司在商业三者险范围内免赔。

江苏省南京市江宁区人民法院一审认为：关于本次交通事故责任划分问题。《道路交通安全法》第七十六条规定机动车发生交通事故造成损失的，首先由保险公司在交强险责任限额内赔偿，不足部分，机动车与非机动车驾驶人之间发生交通事故，非机动车驾驶人无过错的，由机动车一方承担赔偿责任；有证据证明非机动车驾驶人有过错的，根据过错程度适当减轻机动车一方的赔偿责任。本案中，被告张涛驾驶机动车向右转弯，原告程春颖驾驶非机动车直行，转弯应当避让直行，张涛未能避让存在过错。被告不能证明原告程春颖存在闯红灯等过错行为，故张涛应负事故全部责任，程春颖因本次交通事故产生的损失首先由被告人保南京分公司在交强险责任限额内赔偿，不足部分，由机动车一方赔偿。

关于被告人保南京分公司是否应当在商业三者险内赔偿的问题。《保险法》第五十二条规定："在合同有效期内，保险标的的危险程度显著增加的，被保险人应当按照合同约定及时通知保险人，保险人可以按照合同约定增加保险费或者解除合同。……被保险人未履行前款规定的通知义务的，因保险标的的危险程度显著增加而发生的保险事故，保险人不承担赔偿保险金的责任。"保险合同是双务合同，保险费与保险赔偿金为对价关系，保险人依据投保人告知的情况，评估危险程度而决定是否承保以及收取多少保险费。保险合同订立后,如果危险程度显著增加,保险事故发生的概率超过了保险人在订立保险合同时对事故发生的合理预估,如果仍然按照之前保险合同的约定要求保险人承担保险责任,对保险人显失公平。

在当前车辆保险领域中,保险公司根据被保险车辆的用途,将其分为家庭自用和营运车辆两种,并设置了不同的保险费率,营运车辆的保费接近家庭自用的两倍。以家庭自用名义投保的车辆,从事营运活动,车辆的风险显著增加,投保人应当及时通知保险公司,保险公司可以增加保费或者解除合同并返还剩余保费,投保人未通知保险公司而要求保险公司赔偿营运造成的事故损失,显失公平。本案中,被告张涛通过打车软件接下网约车订单,其有收取费用的意图,且所载乘客与其没有特定关系,符合营运的特征。

被告张涛的营运行为使被保险车辆危险程度显著增加,张涛应当及时通知被告人保南京分公司,人保南京分公司可以增加保险费或者解除合同返还剩余保险费。张涛未履行通知义务,且其营运行为导致了本次交通事故的发生,人保南京分公司在商业三者险内不负赔偿责任。

综上所述,江苏省南京市江宁区人民法院于2016年12月14日作出判决:(一)被告中国人民财产保险股份有限公司南京市分公司在交强险责任限额内赔偿原告程春颖110,000元,被告张涛赔偿原告程春颖99,915.34元;均于本判决发生法律效力之日起10日内付清。(二)驳回原告程春颖其他诉讼请求。

※裁判要旨:在合同有效期内,保险标的的危险程度显著增加的,被保险人应当及时通知保险人,保险人可以增加保险费或者解除合同。被保险人未作通知,因保险标的的危险程度显著增加而发生的保险事故,保险人不承担赔偿责任。以家庭自用名义投保的车辆从事网约车营运活动,显著增加了车辆的危险程度,被保险人应当及时通知保险公司。被保险人未作通知,因从事网约车营运发生的交通事故,保险公司可以在商业三者险范围内免赔。

第五十三条 【降低保险费】有下列情形之一的,除合同另有约定外,保险人应当降低保险费,并按日计算退还相应的保险费:

(一)据以确定保险费率的有关情况发生变化,保险标的的危险程度明显减少的;

(二)保险标的的保险价值明显减少的。

条文解读

本条是对保险人降低保险费的规定。

（一）保险费是投保人向保险人交付的费用，作为保险人根据保险合同承担赔偿或者给付保险金责任的代价。保险费的多少，取决于保险金额的大小和保险费率的高低。保险费率，由保险人根据具体保险险种发生保险事故的可能性，按照大数法则厘算出来：保险标的的危险程度越大，发生保险事故的可能性越大，则保险费率越高。保险费率，一般由投保人和保险人订立保险合同时约定，并记载在合同中。

（二）在财产保险合同生效后，决定保险金额和保险费率的一些因素可能发生变化，如保险标的的价值增加或减少、危险程度提高或降低。在保险标的的价值减少、危险程度降低的情况下，保险人的保险责任也随之减轻，为保证保险合同的公平合理，维护投保人、被保险人的利益，适当地降低保险费是合适的，对保险人来说也是公平的。

（三）本条规定的降低保险费的情形，是在财产保险合同没有约定的情况下适用。如果投保人与保险人事先对相关问题在保险合同中作出约定的，则应按合同约定执行。

第五十四条　【保费退还】保险责任开始前，投保人要求解除合同的，应当按照合同约定向保险人支付手续费，保险人应当退还保险费。保险责任开始后，投保人要求解除合同的，保险人应当将已收取的保险费，按照合同约定扣除自保险责任开始之日起至合同解除之日止应收的部分后，退还投保人。

条文解读

本条是对投保人要求解除合同时如何退还保险费的规定。

按照本法第 15 条的规定，在本法或者保险合同没有另外约定的情况下，保险合同成立后，投保人可以随时解除合同。本条区分保险责任开始前与开始后的不同情况，对投保人要求解除合同时如何退还保险费作了规定。

（一）保险责任开始前，投保人要求解除合同的，因此时保险人还没有开始履行合同约定的义务，保险人应当将已经收取的保险费全部退还给投保人。但是，保险人为合同的订立，也付出了一定的成本，如工本费、人工费或者支付给保险代理人的代理费等，从公平的角度出发，保险人的这部分费用应当从退还的保险费中扣除。为此，保险人退还保险费的，投保人应当按照合同约定向保险人支付手续费。

（二）保险责任开始后，投保人要求解除合同的，此时保险人已经开始履行其合同义务，承担起保障保险财产的风险损失的责任。保险人收取的保险费与其承担的保险责任是相对应的。因此，这种情况下，保险人退还保险费的，可以按照合同约定扣除自保险责任开始之日起至合同解除之日止这一期间的应收部分，剩余部分退还投保人。

第五十五条　【保险价值确定】投保人和保险人约定保险标的的保险价值并在合同中载明的，保险标的发生损失时，以约定的保险价值为赔偿计算标准。

投保人和保险人未约定保险标的的保险价值的，保险标的发生损失时，以保险事故发生时保险标的的实际价值为赔偿计算标准。

保险金额不得超过保险价值。超过保险价值的，超过部分无效，保险人应当退还相应的保险费。

保险金额低于保险价值的，除合同另有约定外，保险人按照保险金额与保险价值的比例承担赔偿保险金的责任。

条文解读

本条是对保险价值和保险金额的规定。

（一）保险价值即保险标的的实际金钱价格，是保险事故发生后保险标的全损时被保险人的实际物质损失，是确定保险金额从而确定保险人所承担赔偿责任的依据。确定保险价值对于履行财产保险合同具有重要意义，确定保险价值有两种方法：

1. 保险价值由投保人和保险人在订立合同时约定，并在合同中明确作出记载。合同当事人通常都根据保险财产在订立合同时的市场价格估定其保险价值，有些不能以市场价格估定的，就由双方当事人约定其价值。事先约定保险标的价值的保险为定值保险。定值保险发生保险责任范围内的损失时，保险人应按保险合同上载明的保险价值计算赔偿金额。

2. 保险价值也可以在保险事故发生时，按照当时保险标的的实际价值确定。有的保险合同对保险价值没有约定，而是在保险事故发生时再确定保险价值，这种保险称为不定值保险。对于不定值保险的保险价值的确定，在具体操作时，可以按照保险事故发生时保险标的的市场价值确定，可以通过委托资产评估机构进行评估确定，也可以由合同当事人协商确定。

（二）保险金额是指保险人承担保险赔偿的最高限额。保险金额是保险合同的必备条款，在保险合同订立时，投保人应当与保险人就保险金额进行约定，并记载在保险合同中。在财产保险合同中，保险金额与保险价值的关系有三种情况：

1. 保险金额与保险价值相等。这是足额保险，在这种保险中，如果保险标的发生保险事故而受到损失，被保险人可以得到与实际损失价值相等的保险金赔偿。

2. 保险金额超过保险价值。这是超额保险，这种情况主要是由于投保人和保险人对保险财产的实际价值未能准确掌握，或者是投保人故意虚报保险财产价值等原因而形成的。对于超额保险，无论是什么原因造成的，保险金额超过保险价值的部分无效，被保险人不得获得超额的经济补偿；但是，保险人应当将超过部分（其未承担保险责任的部分）的相应保险费退还投保人。

3. 保险金额低于保险价值。这是不足额保险，采用比例赔偿的方式赔偿，即保险人按照保险金额与保险价值的比例承担赔偿责任。

配套法规及解读

《海商法》（1992 年 11 月 7 日）

第二百一十九条　保险标的的保险价值由保险人与被保险人约定。

保险人与被保险人未约定保险价值的，保险价值依照下列规定计算：

（一）船舶的保险价值，是保险责任开始时船舶的价值，包括船壳、机器、设备的价值，以及船上燃料、物料、索具、给养、淡水的价值和保险费的总和；

（二）货物的保险价值，是保险责任开始时货物在起运地的发票价格或者非贸易商品在起运地的实际价值以及运费和保险费的总和；

（三）运费的保险价值，是保险责任开始时承运人应收运费总额和保险费的总和；

（四）其他保险标的的保险价值，是保险责任开始时保险标的的实际价值和保险费的总和。

第二百二十条 保险金额由保险人与被保险人约定。保险金额不得超过保险价值；超过保险价值的，超过部分无效。

第二百三十八条 保险人赔偿保险事故造成的损失，以保险金额为限。保险金额低于保险价值的，在保险标的发生部分损失时，保险人按照保险金额与保险价值的比例负赔偿责任。

《机动车辆保险条款》（1999年2月13日）

第七条 车辆的保险价值根据新车购置价确定；车辆损失险的保险金额可以按投保时保险价值或实际价值确定，也可以由被保险人与保险人协商确定，但保险金额不得超过保险价值，超过部分无效。

第十二条 车辆损失险按以下规定赔偿：

（一）全部损失

按保险金额计算赔偿，但保险金额高于实际价值时，以不超过出险当时的实际价值计算赔偿。

（二）部分损失

以保险价值确定保险金额的车辆，按实际修理费用计算赔偿，保险金额低于保险价值的车辆，按保险金额与保险价值的比例赔偿修理费用。

保险车辆损失赔偿以不超过保险金额为限。如果保险车辆按全部损失计算或部分损失一次赔款的计算基础（含免赔金额）等于保险金额时，车辆损失险的保险责任即行终止。

※法规解读：《保险法》第55条和《海商法》第219条、第220条、第238条规定的是财产保险损失补偿原则的具体体现。损失补偿原则，是指被保险人在保险合同约定的保险事故发生后所受实际损失，保险人应在其责任范围内进行补偿，而不能通过保险赔偿额外获利。保险价值可以由投保人和保险人在订立合同时约定，并在合同中明确作出记载；也可以在保险事故发生时，按照当时保险标的的实际价值确定。足额保险中，被保险人可以得到与实际损失价值相等的保险金赔偿；超额保险中，保险金额超过保险价值的部分无效；不足额保险中，保险人按照保险金额与保险价值的比例承担赔偿责任。

上述《机动车辆保险条款》的规定确定了以下几个原则：首先，确定车辆的保险价值为新车购置价。其次，确定可以车辆的保险价值即新车购置价为保险金额投保；当车辆发生全部损失时，以不超过出险时车辆的实际价值为限计算赔偿；当车辆发生部分损失时，如果以新车购置价为保险金额的车辆，则在保险金额范围内按实际修理费用计算赔偿。该条款的设定逻辑周延，符合保险法理和我国保险法律的规定，既符合财产保险的补偿性原则，又不致出现保险金额超过保险价值而无效的情况。

关联法规索引

《机动车辆保险条款》、《机动车辆保险费率规章》、《机动车辆保险条款解释》和《机动车辆保险费率规章解释》

典型案例

杨某与中华联合财产保险股份有限公司衢州中心支公司保险纠纷案[1]

※案情简介：2017 年 7 月 10 日，原告杨某为其二手购置的小型轿车在被告中华联合财产保险股份有限公司（以下简称中华联合保险公司）处投保了机动车损失保险、机动车第三者责任保险等险种，其中机动车损失保险金额为 377,692 元。保险期间自 2017 年 8 月 1 日 0 时起至 2018 年 7 月 31 日 24 时止。2018 年 7 月 22 日 20 时 35 分，卢某驾驶小型轿车由东向西行驶至海宁市许村镇花园村何家组 57 号地方时，因操作不当坠入湖中，造成车辆损坏的道路交通事故。海宁市公安局交通警察大队作出的道路交通事故认定书认定，卢某负事故全部责任。2018 年 8 月，浙江健龙价格评估有限公司受原告杨某的委托，对小型轿车损失价值进行了评估，并出具评估报告书，评估结论为小型轿车于 2018 年 7 月 22 日因交通事故造成的损失金额为 373,500 元。原告、被告对保险金的数额有异议，导致保险理赔未能完成。诉讼中，被告中华联合保险公司向法院申请对小型轿车的车损进行鉴定，之后因未交鉴定费撤回鉴定申请。此外，该起交通事故造成原告杨某支付评估费 3500

---

〔1〕 本案根据浙江省衢州市柯城区人民法院（2019）浙 0802 民初 524 号民事判决书整理。

元、施救费 8000 元。

原告认为，双方签订的保险合同合法有效，原告按时足额缴纳了保险费，投保车辆在保险期间发生事故，被告应当按照合同约定予以理赔。

被告中华联合保险公司答辩称，双方在订立保险合同时不确定保险价值，而仅确定保险金额，属于不定值保险。保险合同约定机动车保险赔偿的最高限额为 377,692 元，至于保险标的保险价值无明确约定。根据原告提供的行驶证记载，小型轿车系 2018 年 3 月购置的二手车，实际价值应当在 13.8 万～16.8 万元，保险金额超过保险价值，超过部分无效。其次，原告提供的修复费用远超出保险标的自身价值，其主张以评估的修复价值来计算保险赔偿，既不符合保险法规定，也不符合保险赔偿原则。请求在根据本案基本事实的情况下，建议在 15 万元左右作出判决。

法院认为：原告杨某与被告中华联合保险公司达成的保险合同不违反法律规定，合法有效。原告杨某投保了机动车损失险，被告中华联合保险公司应当赔偿交通事故造成的机动车损失。小型轿车的车辆损失是双方主要争议的焦点问题。原告杨某于交通事故发生后委托具有评估资质的评估公司对车辆损失价值进行了评估，被告中华联合保险公司提出车辆二手交易价格远低于评估价格，应当以二手交易成交价进行综合评定。法院认为，二手交易价格与车辆损失不属于同一概念，二手交易价格涉及交易双方议价等因素，车辆实际价值与价格存在偏差的可能，以交易价格确定车辆损失无事实依据。被告中华联合保险公司对评估报告的本身不持异议，且在诉讼过程中，申请法院委托司法鉴定后又因未交鉴定费而撤回，本院对评估报告的证据效力予以确认。此外，被告中华联合保险公司认为车辆鉴定损失费用应当待实际支出后再行主张。法院认为，交通事故发生后，投保人的车辆损失就已产生，有权向保险人主张赔偿的权利。综上所述，原告杨某要求被告中华联合保险公司按照车辆损失鉴定的价格支付保险理赔款及评估费、施救费，符合保险合同约定，应予支持。判决如下：被告中华联合财产保险股份有限公司衢州中心支公司于本判决生效之日起十日内支付原告杨某因交通事故造成的车辆损失共计 377,692 元。

※裁判要旨：本案保险标的的保险价值在保险合同中未事先载明，根据《保险法》第五十五条，投保人和保险人未约定保险标的的保险价值的，保险标的发生损失时，以保险事故发生时保险标的的实际价值为赔偿计算标准。本案双方争议的焦点在于，这个实际损失按照二手车的交易价格计算还是评估机构出具的评估报告计算。二手车交易价格与车辆损失不属于同一概念，二手车交易价格涉及交易

双方议价等因素，车辆实际价值与价格存在偏差的可能，因此应以经过评估的车辆损失为计算依据来确定保险标的的损失额。

第五十六条　【重复保险】重复保险的投保人应当将重复保险的有关情况通知各保险人。

重复保险的各保险人赔偿保险金的总和不得超过保险价值。除合同另有约定外，各保险人按照其保险金额与保险金额总和的比例承担赔偿保险金的责任。

重复保险的投保人可以就保险金额总和超过保险价值的部分，请求各保险人按比例返还保险费。

重复保险是指投保人对同一保险标的、同一保险利益、同一保险事故分别与两个以上保险人订立保险合同，且保险金额总和超过保险价值的保险。

条文解读

本条是对重复保险的规定。

（一）重复保险的投保人应当将重复保险的有关情况通知各保险人。对投保人规定这一义务的目的，在于防止投保人隐瞒已经订立保险合同的情况，又与其他保险人订立保险合同，通过重复保险谋取不正当利益。

（二）发生保险事故的，重复保险的被保险人可以分别向不同的保险人请求赔偿，但其所获得的赔偿金额总和不得超过保险价值。通常情况下，各保险人按照其保险金额与保险金额总和的比例承担赔偿保险金的责任。

（三）各保险人按照其保险金额与保险金额总和的比例承担赔偿责任后，重复保险的投保人可以就保险金额总和超过保险价值的部分，请求各保险人按比例返还保险费。

配套法规及解读

《海商法》（1992 年 11 月 7 日）

第二百二十五条　被保险人对同一保险标的就同一保险事故向几个保险人重

复订立合同，而使该保险标的的保险金额总和超过保险标的的价值的，除合同另有约定外，被保险人可以向任何保险人提出赔偿请求。被保险人获得的赔偿金额总和不得超过保险标的的受损价值。各保险人按照其承保的保险金额同保险金额总和的比例承担赔偿责任。任何一个保险人支付的赔偿金额超过其应当承担的赔偿责任的，有权向未按照其应当承担的赔偿责任支付赔偿金额的保险人追偿。

※法规解读：重复保险，又称复保险，是指投保人对同一保险标的、同一保险利益、同一保险事故分别与两个以上保险人订立保险合同，且保险金额总和超过保险价值的保险。

《保险法》和《海商法》规定的重复保险有以下特点：

第一，投保人与两个以上的保险人分别订立了两个以上保险合同。如果投保人与两个以上保险人共同订立一个保险合同，则属于共同保险，不是重复保险。

第二，在投保人与不同的保险人分别订立的保险合同中，保险标的、保险利益、保险事故都是相同的。如果有任何一个因素是不同的，也不是重复保险。例如，货主就其存放在仓库的货物投保了一个火灾险，仓库保管人基于保管责任，就同样的货物也投保了一个火灾险，虽然保险标的和保险事故是相同的，但是货主和仓库保管人对保险标的的保险利益是不同的，所以上述保险也不属于重复保险。

第三，投保人分别与两个以上保险人订立的保险合同的保险金额总和超过保险价值。如果投保人对同一保险标的、同一保险利益、同一保险事故分别与两个以上保险人订立保险合同，但保险金额的总和没有超过保险价值，被保险人不会因此获得额外利益，则不属于本法规定的重复保险。

重复保险的保险金额总和会超过保险价值，当发生保险事故时，按照合同约定的保险金额进行赔偿，被保险人获得的利益就会超过其实际损失，与保险的损失补偿原则，即保险应以补偿被保险人的实际损失为限发生冲突。因此，无论发生重复保险的原因是什么，法律都必须对重复保险问题加以规范。

投保人进行重复保险后，虽然每一个保险合同中的保险金额可能都不超过保险标的的保险价值，但由于各个保险合同的保险标的都相同，各个保险合同的保险金额累计起来，其总和可能会超过保险价值，形成超额保险。由于财产保险以赔偿金额不超过实际损失为原则，因此，保险法明确规定：重复保险的各保险人赔偿金额的总和不得超过保险价值，这是重复保险赔偿的基本原则。规定这项原则，可以防止被保险人利用重复保险获取超过保险标的实际损失的赔偿金。

同时，根据重复保险赔偿的基本原则，在保险事故发生时，各个保险人承担赔偿责任的具体方式，即各保险人按照其保险金额与保险金额总和的比例承担赔偿责任。这就是将各保险人承保的保险金额的总和计算出来，再计算每个保险人承保的保险金额占总保险金额的比例，每个保险人分别按照各自的比例分摊损失赔偿金额。当然，如果保险合同中对发生重复保险时保险人如何承担赔偿责任作出约定的，保险人就应当按照合同约定的方式承担赔偿责任。

关联法规索引

《海商法》第 119 条、第 220 条、第 238 条、第 240 条

典型案例

中国人民财产保险股份有限公司濮阳市分公司与莫力达瓦达斡尔族自治旗荣兴运输外运车队等财产保险合同纠纷上诉案[1]

※案情简介：2007 年 3 月 2 日，荣兴运输车队在中国人民财产保险股份有限公司濮阳市分公司黄河路营销服务部（以下简称财产保险濮阳公司营销服务部）分别投保了主、挂车交强险和商业险。约定荣兴运输车队的斯太尔主车在财产保险濮阳公司处投保 17 万元的机动车损失险，20 万元的第三者责任险 B 型，不计免赔特约条款 M 型，保险费 3985.52 元；挂车损失险 6 万元，20 万元的第三者责任险 B 型，车上货物责任险 6 万元，不计免赔特约条款 M 型，保险费 5030.33 元，保险期限均自 2007 年 3 月 3 日 0 时起至 2008 年 3 月 2 日 24 时止，特别约定保险车辆车主为高某。机动车交通事故责任强制保险中约定的责任险限额为：(1) 死亡赔偿限额 50,000 元；(2) 医疗费用赔偿限额为 8000 元；(3) 财产损失赔偿限额 2000 元。主车保险费为 2430 元，挂车保险费 2240 元，以上均约定争议提交洛阳仲裁委员会（郑州保险仲裁中心）仲裁，当日，荣兴运输车队交清了保费，财产保险濮阳公司营销服务部在保险单上加盖了现金收讫章。

2007 年 12 月 21 日 20 时，该投保车辆在鹤壁市沿东大线由老区向新区行驶至

[1] 本案根据河南省濮阳市中级人民法院（2009）濮中法民三终字第 276 号民事判决书整理。

邦德公司门前三岔路口时，与赵某驾驶的五菱面包车发生交通事故，致使赵某及乘坐人陈某、蔡某、丁某四人死亡，两车损坏。2007 年 12 月 28 日，经鹤壁市公安交通巡逻警察支队处理，认定延某、赵某均负本事故的同等责任，陈某、蔡某，丁某三人无责任。

2008 年 6 月 13 日，经鹤壁市公安交通巡逻警察支队调解，确认赵某驾驶的是无牌照车，延某一方赔偿赵某一方丧葬费、死亡赔偿金等共计 105,000 元；延某一方赔偿蔡某丧葬费、死亡赔偿金共计 105,000 元；延某一方赔偿丁某丧葬费、死亡赔偿金、被扶养人生活费共计 160,000 元；延某一方赔偿陈某丧葬费、被扶养人生活费、精神抚慰金、交通费共计 80,000 元。双方车辆损失及其他损失各自承担。同日，原审原告按调解协议履行了付款义务，交警部门和收款人共同向原审原告出具了收据，以上共计 450,000 元，后原审原告向财产保险濮阳公司请求赔偿，2009 年 1 月 16 日，财产保险濮阳公司付款 52,000 元，余款未付，双方形成纠纷。

诉讼中，经审查原审原告赔偿的费用。赵某丧葬费 8490.5 元，死亡赔偿金 196,205.2 元，双方同等责任，原审原告应负担 102,347.85 元，原审原告实际支付 105,000 元，多支付 2652.12 元；蔡某丧葬费 8490.5 元，死亡赔偿金 196,205.2 元，双方同等责任，原审原告应负担 102,347.85 元，原审原告实际支付 105,000 元，多支付 2652.12 元；丁某丧葬费 8490.5 元，死亡赔偿金 196,205.2 元，被扶养人丁善美的生活费 120,333.24 元，双方同等责任，原审原告应负担 162,514.47 元，原审原告实际支付 160,000 元，少支付 2514.47 元；陈某丧葬费 8490.5 元，死亡赔偿金 65,220.6 元，被扶养人陈甲的生活费 16,719.6 元，被扶养人陈乙的生活费 16,719.6 元，被扶养人陈丙的生活费 8917.12 元，被扶养人陈丁的生活费 2600.83 元，被扶养人程戊的生活费 3343.92 元，交通费 2000 元，另外原审原告支付陈某家属精神抚慰金 20,000 元，双方同等责任，原审原告应负担 72,006.09 元，实际支付 80,000 元，因保险单中没有约定精神损害赔偿金，原审原告多支付 27,993.92 元，综上所述，原审原告应支付 416,701.79 元，实际支付 450,000 元。2008 年 4 月 10 日，河南恒兴保险公估有限公司鹤壁市分公司鉴定原审原告的车损为 42,370 元。鹤壁市京鹤汽车修理厂向原审原告出具了施救费 2200 元，拖车费 2000 元的票据，以上共计 463,271.79 元，扣除财产保险公司已付款 52,000 元，尚欠 411,271.79 元未付。

原审另查明，2009 年 4 月 23 日，财产保险濮阳公司理赔客户服务中心向原审原告出具了同意取消牵引车、挂车保险合同中约定的仲裁条款的证明。

原审又查明,2009 年 7 月 22 日,法院通知财产保险濮阳公司自收到通知之日起七日内,向法院提交有关部门受理或者确认延某的驾驶证是否有效的相关手续,财产保险濮阳公司在限定的时间内没有提交该方面证据。

原审法院认为,荣兴运输车队与财产保险濮阳公司签订的两份交强险合同和商业保险合同意思表示真实,内容合法,依法应确认有效。本案原审原告针对主、挂车分别在财产保险濮阳公司处投保了交强险、第三者责任险,车损险和不计免赔保险,且分别交纳了保险费用,本案中主、挂车虽分别构成两个保险合同的保险标的,但两个不同的保险标的物连接在一起共同作用造成受害人伤亡,主挂车的作用、责任无法区分,应看成一个整体,财产保险濮阳公司应在商业保险、交强险合同约定总限额范围内予以赔偿,其仅赔偿原审原告一份交强险不当,原审原告要求财产保险濮阳公司赔偿另一份交强险的请求有事实根据,予以支持。由于调解协议约定双方车辆损失及其他损失各自承担,双方放弃了承担对方车辆损失的义务,且保险法规定,保险事故发生后,被保险人为防止或减少保险标的物损失所支付的必要的合理费用的,由保险人承担责任,故原审原告的车损及施救费用应由财产保险濮阳公司负担,且不宜再划分责任,故原审原告要求财产保险濮阳公司赔偿车损险 42,370 元,第三者责任险 364,701.79 元,施救费 2201 元,拖车费 2000 元的诉讼请求有事实根据和法律依据,予以支持。公安部门已向延某核发了驾驶证,公安部门处理事故时也没有认定延某的驾驶证无效,且该驾驶证还按规定进行了审验,至本案庭审结束,延某的驾驶证也没有被有关部门注销或确认无效,庭审后,法院又通知财产保险濮阳公司提交有关部门受理或者确认延某的驾驶证是否有效的相关手续,但财产保险濮阳公司仍没有提交该方面证据,因此财产保险濮阳公司辩称延某的驾驶证无效,其单位不应承担责任的意见无事实根据,不予采纳。原审原告对主、挂车分别投保了交强险和商业车损险、第三者责任险等,并缴纳了保险费用,实际经营中,主、挂车在共同力的作用下发生了交通事故,财产保险濮阳公司应在主、挂车的总保险范围内承担赔偿责任。财产保险濮阳公司辩称其只应当在主车第三者责任险限额 20 万元的范围内承担责任的意见于法无据,不予支持。原审原告依据交通部门出具的责任认定和调解意见,虽已赔付完毕,但原审原告调解赔偿的数额并不必然应当由财产保险濮阳公司赔付,财产保险濮阳公司辩称原审原告没有按事故责任比例划分,原审原告的部分赔偿不属于赔偿范围的意见有事实根据,本院予以采纳。第三者责任险没有约定精神损害赔偿金,原审原告所投保的交强险约定被告应当承担死亡伤残赔偿金,财产损失赔偿金以及依照法院判决或者调解承担的精神损害抚慰金,但机动车交通事故责任强制保险中约定的责任险限额内不包括精神损害抚慰金的内容,现原审原告要求财产保险濮阳公司赔偿陈某20,000元精神损害抚慰金的请求于法无据,不予支持,因此财产保险濮阳公司辩称其不应赔偿精神损害抚慰金的意见,予以采纳。原审判决:"一、中国人民财产保险股份有限公司濮阳市分公司支付莫力达瓦达斡尔族自治旗荣兴运输外运车队、高某保险金411,271.79元,于本判决书生效后十日内付清。二、驳回原告的其他诉讼请求。"

上诉人财产保险濮阳公司的上诉理由为,(1)被上诉人的驾驶员延某所持的驾驶证是在违反法律的强制性规定的情况下取得的,是否有效,应当属于人民法院审查的范围,原审将该举证责任转嫁由上诉人承担不妥。(2)第三者责任险条款第十二条明确约定:挂车和主车投保后视为一体,发生保险事故时,由主、挂车保险人按照保单上载明的机动车第三者责任保险限额的比例,在各自的责任限额内承担赔偿责任,但赔偿金额总和以主车的责任限额为限。原审判决认定上诉人在主、挂车的总保险范围内承担赔偿责任无事实和法律依据。(3)由于被上诉人的车辆与第三方在事故中负同等责任,上诉人的部分车损及施救、拖车费用应当由肇事的第三方负担,双方在事故调解书中对各自修车的约定不能约束上诉人,原审判决认定被上诉人的车损不按照比例划分没有事实根据。请求撤销原判或改判上诉人承担被上诉人损失271,785元,诉讼费由被上诉人承担。

被上诉人荣兴运输车队和高某的答辩理由为,(1)被上诉人的驾驶员延某通过合法的申请审批程序取得了驾照,虽然在12年前延某在申领驾驶证时年龄上有瑕疵,但该驾照未经合法程序撤销,仍然具备法定的效力,人民法院在民事案件的审理过程中也不能审查行政许可行为的效力,上诉人未提供发证部门确认驾照无效的证据,所诉延某的驾驶证无效的主张不能成立。(2)被上诉人的主、挂车分别在上诉人处投了两份交强险和商业险,并交纳了保险费用,主车仅提供牵引动力,不能装载货物,主车和挂车在经营中必须要结合在一起,而一旦结合在一起,主、挂车即形成一个整体。本案中,主车与挂车的惯性均与受害人的死亡具有直接的因果关系。交强险、商业险合同条款,均系保险公司提供的格式条款,其并未规定本案的情形下免责,本案的主、挂车两份合同也并非重复保险,既然两份保险合同均成立并有效,根据权利、义务相一致的原则,保险公司应按二份合同的责任限额予以理赔。(3)本案中,第三方的五菱面包车系新车,在车辆损坏上,面包车的损失数额明显大于被上诉人的货车,按照调解各自修车,并不损害上诉人的合法权益。请求依法驳回上诉,维持原判。

二审查明,被上诉人的车辆驾驶员延某在初次办理驾驶证时,其年龄未满18周岁。公安部门并未为此将其驾驶证撤销或宣布无效。上诉人财产保险濮阳公司在与被上诉人荣兴运输车队签订保险合同时,对保险条款中的限制和免除保险责任条款未对被上诉人加以说明。本案其他事实与原审查明的事实相同。

二审法院认为,荣兴运输车队与财产保险濮阳公司签订的保险合同其内容不违反法律的强制性规定,为有效合同。在合同约定的保险期间内发生保险事件,保险人应当依照合同约定及法律的规定在保险限额内承担赔偿责任。

关于被保险车辆驾驶员延某驾驶证的效力问题,虽然延某在考取驾驶执照时年龄未满18周岁,但其在此后十余年的驾驶过程中定期通过了驾驶执照的审验,且在此交通事故发生后,公安交警部门并未为此认定该驾驶执照无效或予以撤销,据此本院认定,原审对上诉人关于延某的驾驶执照无效的主张不予支持并无不当。关于本次交通事故保险公司的赔偿限额是否应当以主车的责任限额为限的问题,本院认为,其一,上诉人财产保险濮阳公司与被上诉人荣兴运输车队签订的机动车保险单明确约定,主车和挂车第三者责任保险金额均为20万元,按照该约定,发生保险事件后,上诉人财产保险濮阳公司即应在该约定的限额内承担赔偿责任,上诉人财产保险濮阳公司所提供的机动车第三者责任险条款第十二条中所规定的"赔偿金额总和以主车的责任限额为限"的内容与保险单的约定明显矛盾,按照不利于提供格式条款一方的解释,应当认定为上诉人财险保险濮阳公司应在主、挂车各20万元的保险限额内承担赔偿责任。其二,第三者责任险条款第十二条的规定虽然未列在保险条款的"责任免除"项下,但从其内容来看,仍为限制和免除其保险责任的条款,由于在订立保险合同时,上诉人对该条款的内容未向被上诉人加以说明,故依照《保险法》第十七条的规定,应当认定该条款不产生效力。上诉人财产保险濮阳公司所主张的赔偿限额应以主车责任限额为限的上诉理由不应予以支持。关于车损及施救、拖车费用部分上诉人财产保险濮阳公司应如何承担责任问题,本院认为,虽然被保险人与第三方的调解协议不能直接对保险公司产生约束力,但并不能排除保险人在责任保险限额内应承担的赔偿义务。依照法律规定交通事故发生后,查明保险标的的损失程度,确定应该支付的保险赔偿金额是保险人应当承担的责任,被保险人则无此责任。本案中,按照公安交警部门的责任认定,肇事双方负事故的同等责任,因此,在上诉人财产保险濮阳公司未提供证据证明被保险车辆的车损及施救、拖车费用大于第三方的车损及施救、拖车费用的情况下,即应当赔偿被上诉人的车损及施救、拖车费用。原审判决上诉人赔偿被上诉人的车损及施救、拖车费用并无不当。

综上所述,原审认定事实清楚,适用法律正确,判决适当,上诉人的上诉理由不能成立。驳回上诉,维持原判。二审案件受理费 7470 元,由上诉人中国人民财产保险股份有限公司濮阳市分公司承担。

※裁判要旨:重复保险的构成要件之一是针对同一个保险标的,本案中,主、挂车为不同的保险标的,不具有同一性,故不符合重复保险的条件,不构成重复保险。被上诉人的主、挂车分别在上诉人处投了两份交强险和商业险,并交纳了保险费用,主车仅提供牵引动力,不能装载货物,主车和挂车在经营中必须要结合在一起,而一旦结合在一起,主、挂车即形成一个整体。本案的主、挂车两份合同均成立并有效,根据权利、义务相一致的原则,保险公司应按二份合同的责任限额予以理赔。

第三者责任险条款第十二条"赔偿金额总和以主车的责任限额为限"的规定虽然未列在保险条款的"责任免除"项下,但从其内容来看,仍为限制和免除其保险责任的条款,由于在订立保险合同时,上诉人对该条款的内容未向被上诉人加以说明,故依照《保险法》第十七条的规定,应当认定该条款不产生效力。

第五十七条 【防止或减少损失责任】保险事故发生时,被保险人应当尽力采取必要的措施,防止或者减少损失。

保险事故发生后,被保险人为防止或者减少保险标的的损失所支付的必要的、合理的费用,由保险人承担;保险人所承担的费用数额在保险标的损失赔偿金额以外另行计算,最高不超过保险金额的数额。

条文解读

本条是对保险事故发生时被保险人尽力防止损失扩大的责任的规定。

(一)被保险人在保险事故发生后,及时、主动地设法抢救,防止损失扩大,对于被保险人和保险人来说都是有利的。同时,一般情况下,被保险人对保险财产的性能、保险事故现场及其周围情况比较了解,被保险人如果尽力采取措施,能够防止损失扩大或者减少损失程度。因此,许多国家保险法都规定,保险事故发生后,被保险人有尽力施救,以防止或者减少损失的义务。"必要的措施",是指为防止保险事故的扩大而对保险财产进行抢救、保护和整理等措施。

(二)被保险人为防止或者减少保险财产损失而采取施救、保护、整理等措施,通常会有一定的费用支出。由于被保险人的财产已经投保,从某种意义上说,被保险人的这些费用是为保险人的利益而支出的。因此,被保险人为防止或者减少保险标的的损失而支付的必要的、合理的费用,应当由保险人来承担。这些费用在实践中一般包括两个部分:一是保险事故发生时,为抢救财产或者防止灾害蔓延而采取必要措施造成的损失,如房屋发生火灾,为防止火势蔓延,将房屋周围的附属建筑物拆除,所造成的损失就应由保险人赔偿;二是抢救、保护和整理保险标的所支出的合理费用,如抢救的人工费、材料费。

(三)由于被保险人的这种费用支出与其保险财产因保险事故所遭受的损失具有不同的性质,因此保险人所承担的费用数额在保险标的损失赔偿金额以外另行计算,最高不超过保险金额的数额。如果被保险人在保险事故发生后,在为防止或者减少保险标的的损失而支付了必要的、合理的费用的情况下,被保险人最高可能获得相当于两个保险金额数额的赔偿。

配套法规及解读

《保险法解释四》(2018 年 7 月 31 日)

第六条　保险事故发生后,被保险人依照保险法第五十七条的规定,请求保险人承担为防止或者减少保险标的的损失所支付的必要、合理费用,保险人以被保险人采取的措施未产生实际效果为由抗辩的,人民法院不予支持。

※法规解读:《保险法》第 57 条规定了发生保险事故时,被保险人应当采取措施防止或减少损失的义务。但施救费用的承担是否要以施救措施产生实际效果为前提,实务中存在不同的认识。《保险法解释四》第 6 条规定的作用在于引导、鼓励被保险人在发生事故后积极施救、减损止损,最大限度减少损失的扩大,以实现彼此利益的最大化。

（一）被保险人请求保险人赔付施救费用补偿的前提

1.施救对象为保险标的，即保险标的所遭受的损失必须在保险责任范围内；

2.施救主体必须为被保险人，施救费用支出仅限于被保险人或受其指示的代理人、雇佣人等因直接救助行为所产生的费用，而与合同无关的第三方救助所产生的费用不应纳入施救费用范畴而请求保险人补偿；

3.施救时间必须为保险事故发生时，如果保险事故已经结束，被保险人亦无采取施救措施的必要；

4.施救目的是防止或者减少保险标的损失而支出的费用。

（二）施救费用的范围是被保险人采取必要措施而发生的合理费用

施救费用一般包括三个部分：一是抢救保险标的或者防止事故损失的进一步扩大而采取必要措施时所造成的保险标的损失；二是为施救、保护、整理保险标的所支出的合理费用；三是为执行保险人的特别通知而支出的费用。

在认定“必要的措施、合理的费用”时，要根据不同保险事故面临的不同危险做出具体判断，按照在保险事故发生时的时空环境下一般被保险人通常可能做出的判断这一标准来认定。在认定“必要且合理”时应当充分考虑施救义务主体的行为所带来的费用是否是基于诚实信用原则之必要支出、是否为非明显不合理支出、是否系为减少损失目的等具体因素。

（三）赔付施救费用不以施救措施是否产生实际效果为要件

保险事故发生后，被保险人采取了施救措施，但是由于种种原因没有起到防止或减少保险标的损失的作用，只要该费用是必要的、合理的，保险人也应当赔偿。因为，被保险人采取的措施能否对保险标的产生有效的结果，这在施救过程中是难以预见的。如果只有被保险人采取的措施有效才能获得保险人对该项费用的赔付，可能会使被保险人进退维谷，从而丧失绝好的施救时机，对被保险人和保险人都会造成不利影响。

关联法规索引

《海商法》第 240 条

典型案例

再审申请人中国平安财产保险股份有限公司莱阳支公司与被申请人烟台宏辉食品有限公司财产保险合同纠纷案[1]

※案情简介： 山东省烟台市中级人民法院一审查明：2008 年 8 月 17 日，烟台宏辉食品有限公司（以下简称宏辉公司）、中国平安财产保险股份有限公司莱阳支公司（以下简称平安莱阳公司）签订了一份《财产保险综合险保单明细表》。该保单载明下列内容：被保险人名称：烟台宏辉食品有限公司；受益人名称：中国工商银行股份有限公司莱阳支行；保险期限：12 个月，自 2008 年 8 月 18 日中午 12 时起至 2009 年 8 月 18 日 12 时止；保险项目标的地址：莱阳市经济开发区海河路北天回路（房产证隆茂街西武当山北）；保险项目：房屋建筑；保险金额：8,023,700 元；保险金额确定依据：估价；免赔说明：每次事故绝对免赔额为 1000 元人民币或损失金额的 15%，两者以高者为准；总保险费：人民币 4814.22 元；特别约定：（1）房屋建筑按估价投保，如保额不足，出险时按比例赔付（后附明细）。（2）每次事故绝对免赔额为 1000 元人民币或损失金额的 15%，两者以高者为准。（3）第一受益人为中国工商银行股份有限公司莱阳支行。（4）无其他特别约定。

2009 年 5 月 6 日，宏辉公司厂区内发生火灾。莱阳市公安消防大队出具了莱公消火认字（2009）第 1 号火灾事故认定书。该认定书查明起火原因为谭成辉在焊接宏辉公司厂院南侧栏杆时，引燃栏杆附近的废弃水果网套引起的。2009 年 5 月 7 日，平安莱阳公司对火灾现场进行了勘察，并出具了非水险查账笔录，对损失的情况予以记录。2009 年 5 月 20 日，中国工商银行股份有限公司莱阳支行出具《证明》一份。该《证明》载明："投保人烟台宏辉食品有限公司于 2008 年 8 月 17 日与中国平安财产保险股份有限公司签订的保险单号为：21131001801010800002 的财产保险综合险，受益人约定为中国工商银行股份有限公司莱阳支行，现我支行将该保险单受益人的全部权益转让给烟台宏辉食品有限公司。"后宏辉公司多次向平安莱阳公司索赔未果，遂于 2009 年 5 月 31 日诉至一审法院。

审理过程中，宏辉公司向一审法院提出了对火灾中毁损的房屋建筑损失进行

---

[1] 本案根据中华人民共和国最高人民法院（2013）民提字第 121 号民事判决书整理。

评估认定的申请,并交纳了鉴定费50,000元。经一审法院委托山东佳联保险公估有限公司,该公司出具了公估结论书。结论书的结论为:烟台宏辉食品有限公司"5·6"火灾事故总损失金额为人民币3,593,857元,其中:烧毁钢结构车间西墙体及车间内二层平台损失金额:371,774元;烧毁钢结构车间安装工程损失金额:46,851元;烧毁钢结构车间钢结构工程损失金额:2,429,458元;砖混车间西墙、南墙、屋面、物料间、东墙等受损部分工程损失金额:579,671元;砖混车间东车间前墙夹心板及屋面及窗损失金额:71,585元;砖混车间前台轻钢屋面工程损失金额:69,728元;受损道路工程损失金额:24,790元。后山东佳联保险公估有限公司庭审过程中将烧毁钢结构车间钢结构工程损失金额进行了调整,将金额变更为2,545,096元。一审法院组织宏辉公司、平安莱阳公司双方对结论书进行了质证。宏辉公司对该结论书无异议。平安莱阳公司对该结论书提出了书面异议。一审法院通知山东佳联保险公估有限公司人员出庭接受了当事人的质询。

宏辉公司、平安莱阳公司对以下事实存在异议:(1)关于保险标的。宏辉公司主张其向平安莱阳公司投保的为厂区内的全部房屋建筑。平安莱阳公司则主张保险标的仅为房产证所列三栋房屋建筑,并向一审法院提交了《财产保险综合险投保单》及《抵押物清单》一份。庭审过程中宏辉公司对平安莱阳公司所提交的两份证据均不予认可,主张投保单有涂改,不能证明平安莱阳公司主张。而《抵押物清单》当事人为宏辉公司与中国工商银行股份有限公司莱阳支行,《抵押物清单》与本案无直接联系。(2)关于施救费用。宏辉公司向一审法院提交部分相关证据证明宏辉公司厂房起火后,宏辉公司及时组织工人进行了扑救,发生了以下施救费用:水费10,651.34元、器材费8345元、工人施救补助费32,700元。平安莱阳公司对此部分证据的真实性无异议,但主张宏辉公司无法证明全部为施救费用,并表示无法区分哪些是用于保险标的的施救。

一审法院认为,宏辉公司与平安莱阳公司所签订的保险合同系双方当事人的真实意思表示,且不违反相关法律规定,应为合法有效。保险合同签订后,宏辉公司按照约定缴纳了保费,已履行了合同所约定的义务。在宏辉公司所投保的财产发生保险事故后,平安莱阳公司应当按照保险合同的约定对保险标的的损失负责赔偿。

本案宏辉公司、平安莱阳公司争议的焦点问题有三个。第一,关于保险标的;第二,宏辉公司火灾损失数额;第三,平安莱阳公司是否应当承担施救费用。

关于第一个焦点问题，一审法院认为，依据宏辉公司所提交的保单，宏辉公司所投保的保险项目为房屋建筑；保险金额：8,023,700.00元。保单并未明确宏辉公司所投保的房屋建筑是厂区内的哪部分房屋。平安莱阳公司主张宏辉公司所投保的房屋建筑为房产证上所列明的三栋房屋，依据有两个：一是投保单；二是《抵押物清单》。根据庭审质证查明的事实，投保单系平安莱阳公司提交，该投保单有多处涂改痕迹，且宏辉公司对该投保单的真实性予以否认，因此一审法院对该证据的效力无法认定。而《抵押物清单》所列当事人为宏辉公司及中国工商银行股份有限公司莱阳支行，从《抵押物清单》看无法证明平安莱阳公司所主张的《抵押物清单》系保险附件的说法。且宏辉公司厂区火灾发生后，平安莱阳公司派员查勘了现场，平安莱阳公司所出具的非水险查账笔录中明显可以看出平安莱阳公司将宏辉公司所有受损房屋均进行了勘验。另分析宏辉公司投保的保险目的及保险利益，一审法院认为，应当认定宏辉公司将其厂区内所有房屋建筑进行了投保。

关于第二个焦点问题，一审法院认为，本案在审理过程中，就火灾损失法院委托了山东佳联保险公估有限公司进行了损失的认定，公估报告亦接受了双方当事人质证。在平安莱阳公司无直接证据证明公估报告明显依据不足的情况下，该公估报告所得出的火灾损失结论应予以认可。

关于第三个焦点问题，一审法院认为，《保险法》第四十二条[1]规定："保险事故发生时，被保险人有责任尽力采取必要的措施，防止或者减少损失。保险事故发生后，被保险人为防止或者减少保险标的的损失所支付的必要的、合理的费用，由保险人承担；保险人所承担的数额在保险标的损失赔偿金额以外另行计算，最高不超过保险金额的数额。"现宏辉公司向一审法院提交了为了救火而发生的水费、器材费及救火工人补助费的相关证据，平安莱阳公司对于此部分支出费用，应当予以赔偿。

综上所述，平安莱阳公司应当按照双方所签订的保险合同的约定，扣除火灾损失15%的免赔额，对余下的损失部分，平安莱阳公司应当承担赔偿责任。宏辉公司的诉讼请求成立，依法应予以支持。山东省烟台市中级人民法院作出(2009)烟商初字第55号民事判决：平安莱阳公司于该判决生效后十日内赔偿宏辉公司保险

〔1〕 本案例发生时适用的《保险法》为2002年修正的文本，对应现行2015年修正的文本为第五十七条。——编者注

金 3,054,478.45 元、施救费用 51,696.34 元。案件受理费 32,052 元及鉴定费 50,000元,由平安莱阳公司承担。

平安莱阳公司不服一审判决,向山东省高级人民法院提起上诉称:1. 一审法院认定事实错误。(1)认定涉案保险合同的标的为宏辉公司厂区所有房屋建筑有误。根据当事人双方所签保险合同的约定,涉案保险标的应为保险合同约定的位于莱阳市经济开发区海河路北天回路中的三栋房屋,建筑面积为 463.47 平方米,保险金额为 802.37 万元,建筑类型为钢筋混凝土和砖混。宏辉公司所主张的损失中的钢结构建筑部分和道路部分明显不属于保险标的;投保单与本案具有关联性,能够证明其所列房屋为本案保险合同的保险标的。《抵押物清单》是宏辉公司投保时提供给平安莱阳公司的,并由其加盖公章确认,双方依据此清单签订了保险合同,并将其作为合同的一部分。根据保险合同约定,保险合同的第一受益人为中国工商银行股份有限公司莱阳支行,可以看出涉案保险合同的投保目的是为其在银行办理抵押贷款的抵押房屋提供风险保障,以确保第一受益人的利益。正因如此,宏辉公司在投保时才将其办理抵押时的清单提供给平安莱阳公司作为投保单中所指的"明细"。这也间接证明了《抵押物清单》与本案具有很强的关联性,清单所列的房屋就是保险合同的保险标的。(2)涉案投保单合法有效,一审判决中仅以"投保单有多处涂改痕迹,且宏辉公司对投保单的真实性予以否认",而简单地认定投保单无证明效力是错误的。(3)一审法院以"平安莱阳公司对所有受损房屋均进行了勘验"为由,认定保险标的为厂区所有房屋建筑,显属不当。勘验事故现场是平安莱阳公司为查清整个事故情况的必要准备,并不代表平安莱阳公司认可其所有的受损财产均为保险标的,保险标的应以保险合同约定为准。2. 公估报告在程序、形式和内容上存在较大的瑕疵,基本数据存在错误,已经丧失了司法鉴定的真实性和客观性,主要部分未经质证,不能作为判案的依据。3. 施救费用的认定无依据。宏辉公司提供的施救费单据,多为火灾之后较长时间发生的,宏辉公司也不能证明,该费用的发生与施救有关。即使事故中确实产生了施救费用,平安莱阳公司也仅针对保险标的发生的施救费用承担赔偿责任,如果无法具体划分各部分的施救费用,应按涉案施救标的占总施救财产金额比例进行核算。4. 如果宏辉公司厂区的建筑物都为保险标的,那么保险合同显然属于不足额投保,依据保险法的规定,应按保险金额与所有房屋的价值比例计算保险赔偿金。一审判决认定所有建筑房屋均为保险标的,却不适用保险法的比例赔付规定,明显自相矛盾。综上所述,一审判决认定事实错误,适用法律不当。请求:撤销一审判决,并依法改判或发回重审。

宏辉公司二审答辩称:1. 一审判决认定事实清楚,适用法律正确。保险合同的保险标的是宏辉公司厂区所有建筑。(1)宏辉公司厂区的所有建筑在2006年均已投入使用,根据房屋的特点,引起火灾的风险较高,为确保安全,宏辉公司将全部建筑列为承保范围。(2)从保险价值来看,宏辉公司在投保时,建筑房屋的价值为800余万元,宏辉公司现存厂区的房屋价值也为此价值,证明宏辉公司投保的标的为全部建筑。(3)平安莱阳公司以投保单为依据,主张保险标的为《抵押物清单》记载的房屋不能成立。投保单有明显的改动痕迹,改动内容非常重要,不能作为定案依据。(4)平安莱阳公司提交的《抵押物清单》作为保险标的的依据理由不足。该清单落款时间为2007年,投保时间为2008年,该清单与保险合同无关联。(5)一审中,宏辉公司提交了平安莱阳公司的现场勘验记录,该记录显示,平安莱阳公司在火灾后,对所有的房屋进行了勘验。2. 公估报告是法院指定的司法鉴定机构作出的,且鉴定人员具有相应的资格,该鉴定报告具有客观性。3. 施救费用是火灾后,宏辉公司为救火而实际发生的费用,依照保险法的规定,平安莱阳公司应予赔付。请求驳回上诉,维持一审判决。

二审法院除认定一审法院查明的事实外,另查明:投保单记载的安全设施情况:(1)自动报警或灭火装置为"无";(2)消防栓、灭火器为"有";(3)保安值勤为"有"。投保单记载的该项内容没有涂改痕迹。

二审法院认为,根据平安莱阳公司的上诉及宏辉公司的答辩,本案二审诉讼期间的焦点问题是:第一,保险标的的范围;第二,火灾损失数额的认定是否正确;第三,施救费用的认定问题。

关于保险标的的范围问题,双方当事人存在较大争议。二审法院认为,根据保险的特点及保险合同的解释原则,应认定保险合同的保险标的为宏辉公司厂区内的全部房屋。首先,投保单记载"房屋建筑三栋,4463.47平方米,投保金额802.37万元"。但是,该项记载事项有多处涂改痕迹,且宏辉公司不予认可,在无其他证据与之相互印证的情况下,投保单的该项记载不能单独作为认定事实的证据。其次,本案涉及的保险合同约定保险标的为"房屋建筑","房屋建筑按估价投保,如保额不足,出险时按比例赔付",并注明"后附明细"。但平安莱阳公司并未对房屋建筑进行评估,也未附保险合同标的明细,而将宏辉公司抵押贷款的《抵押物清单》附后。《抵押物清单》是宏辉公司一年之前向银行贷款时所提供的《抵押物清单》,抵押物价值评估的目的也是为房地产抵押贷款提供价值参考依据。因此,保险合同后附《抵押物清单》,不能得出宏辉公司仅将《抵押物清单》上列明的三栋房屋投保的结论。最后,保险合同系由平安莱阳公司提供,对于保险合同主要条款约定不明的法律后果,平安莱阳公司应当明知,保险合同约定不明的责任应由合同条款提供人平安莱阳公司承担。本案中,保险人与投保人对合同标的存在争议,应当作出有利于投保人的解释。综上所述,在平安莱阳公司不能提供证据证明对保险标的有明确约定的情况下,按照不利解释原则,应当认定保险标的为宏辉公司厂区内的全部建筑物。保单中记载的保险金额为802.37万元,因为保险合同签订时,平安莱阳公司未对保险标的进行评估,平安莱阳公司也未能提供证据证明该保险合同是不足额保险,因此平安莱阳公司关于保险并非足额保险的主张,二审法院不予支持。

关于火灾损失数额的认定是否正确的问题,二审法院认为,本案在审理过程中,一审法院就火灾损失数额委托了山东佳联保险公估有限公司进行了公估,一审诉讼中,双方当事人对公估报告亦进行了质证,公估人员出庭接受了当事人的质询。证据的质证、认证程序符合法律规定。公估报告得出的火灾损失结论可以作为裁判依据。一审法院依据公估报告结论,扣除绝对免赔额后,判令平安莱阳公司赔偿宏辉公司保险金3,054,478.45元是正确的。

关于施救费用的认定问题,二审法院认为,一审法院认定的施救费用主要包括为了救火而发生的水费、器材费及救火工人补助费。从宏辉公司提供的水费单据来看,发生火灾当月水费明显增加,增加的费用与救火应发生的费用相符;投保时,宏辉公司在投保单上注明厂内有消防栓和灭火器材,该部分亦无修改痕迹,可以认定发生火灾之前,宏辉公司厂区内放有灭火器等器材,发生火灾后对使用了的灭火器材进行补充,符合消防的有关规定;火灾发生于工作时间,宏辉公司组织工人参与施救,火灾后向工人发放救火补助费符合常理。一审法院依照保险法的规定,判令平安莱阳公司向宏辉公司赔偿施救费用,并无不当。

山东省高级人民法院判决:驳回上诉,维持原判。二审案件受理费32,052元,由上诉人平安莱阳公司负担。

平安莱阳公司不服山东省高级人民法院上述民事判决,向最高人民法院申请再审称:(一)根据保险合同约定,保险标的应为保险合同约定的位于山东省莱阳市经济开发区海河路北天回路中的三栋房屋,其余受损的钢结构建筑部分和道路等部分明显不属于保险标的。(1)涉案投保单上的修改为双方按照投保人真实投保意图进行的修正。(2)宏辉公司投保时提供的《抵押物清单》与本案具有关联性,是宏辉公司为获取银行贷款而在平安公司对抵押物进行的投保,能够证明其所列房屋为本案保险合同的保险标的。(二)虽然公估结论书存在没有相关人员的签署、内容前后矛盾以及计算错误等瑕疵,但由于事故发生至今已经超过4年,很难对事故的真实损失情况再委托其他机构进行评估认定。因此,平安莱阳公司同意以该公估书作为计算保险金的依据。(三)宏辉公司主张的施救费用51,696.34元证据不足,另外应按涉案施救保险标的占总施救财产的金额比例进行核算,并扣除15%绝对免赔率。综上所述,宏辉公司所主张的损失中的钢结构建筑部分和道路等部分不属于保险标的,平安莱阳公司依法不应承担保险责任。二审判决认定事实错误,证据不足,适用法律不当,请求依法再审纠正错误,维护平安莱阳公司的合法权益。

宏辉公司再审答辩称:(一)关于保险标的的范围事实认定问题。本案保险合同签订时,宏辉公司厂区目前所有的房屋建筑就已建成并投入使用。根据宏辉公司的保险目的与保险利益,宏辉公司以当时所有房屋建筑向平安莱阳公司保险公司投保,并且保险标的范围符合保险条款的规定。从保险价值角度看,本案投保的标的物建设成本低,投保金额802.37万元包含全部的建筑物。平安莱阳公司所提交的投保单系平安莱阳公司单方制作的格式文件,并由平安莱阳公司人员填写,其中多处存在涂改痕迹,真实性受到怀疑。该投保单上关于投保房屋的数量、面积等实质性内容,没有列入保险单中,而保险单是双方最终确认的合同文件。因此,应当以保险单列明的内容为准。由于平安莱阳公司没有尽到其应尽的估价义务,导致保险合同产生歧义,理应由保险人为此负责。保险事故发生后,平安莱阳公司对宏辉公司的全部毁损现场进行勘察,说明平安莱阳公司承认保险标的为全部房屋建筑。(二)公估结论书程序合法,评估公正,有效。(三)宏辉公司在提出施救费用请求时,已经提交了完备有效的证据,证明有关费用的支付情况,该费用合情、合理、合法,也属于保险合同的赔偿范围。综上所述,原审判决并无不当,请求最高人民法院驳回平安莱阳公司的再审申请。

最高人民法院再审认定原审判决中除保险标的物范围以外的其他查明事实内容。另查明,平安莱阳公司向一审法院提交一份《财产保险综合险投保单》,该投保单上除与一审法院认定的《财产保险综合险保单明细表》的相关内容一致的以外,还载明:被保险人证件号码76001566-X;保险财产项目:房屋建筑3栋共4463.47

平方米;投保金额:802.3700万元;每次事故绝对免赔额为损失金额:15%或1000元,以高者为准。该部分投保金额、免赔率、免赔额等数字内容有改动痕迹。但载明的下列内容未改动:建筑类型为钢筋混凝土、砖混;总保险金额:802.37万元;主险保费:4814.22元。上述内容未见改动痕迹。在最高人民法院公开质证过程中,宏辉公司承认该份投保单系该公司在空白页上加盖公章交给平安莱阳公司形成的,其不能证明平安莱阳公司改动前的内容。

平安莱阳公司提交的《财产保险综合险投保单》附有一份《抵押物清单》,载明:房权证号为"莱阳市房权证莱字第00033979号",房屋坐落开发区隆茂街西武当山北,建筑面积为4463.47平方米,土地证号为莱国用(2006)第1138号,占地面积为18,008平方米,评估价为802.37万元,贷款金额为480万元,落款处盖有抵押人宏辉公司及抵押权人中国工商银行股份有限公司莱阳支行的公章。日期为2007年7月27日。

山东省莱阳市人民政府莱字第00033979号房权证载明,房屋所有权人为宏辉公司,房屋坐落于隆茂街西、武当山路北。房屋状况为0001号,砖混结构,2层,建筑面积为519.53平方米,办公楼;0002号,砖混结构,2层,建筑面积为499.38平方米,综合楼;0003号,钢混结构,1层,建筑面积为3444.56平方米,车间。

山东省莱阳市人民政府莱国用(2006)第1138号土地证书载明,该土地上房屋状况为自建三栋,即0001号,砖混结构,2层,建筑面积为519.53平方米,办公楼;0002号,砖混结构,2层,建筑面积为499.38平方米,综合楼;0003号,钢混结构,1层,建筑面积为3444.56平方米,车间。

2006年9月22日,莱阳市润泰房地产评估咨询有限公司接受宏辉公司的委托作出一份《工业房地产抵押价值评估报告》,载明:我单位对贵公司拥有产权的位于莱阳市经济开发区隆茂街西、武当山路北办公楼、综合楼、车间(冷库)房地产进行市场价格评估。估价时间是2006年9月20日。估价目的为委托方以估价对象房地产抵押贷款提供价值参考依据,其中估价对象即总建筑面积为4463.47平方米的三栋房屋的具体内容与山东省莱阳市人民政府莱字第00033979号房权证上载明的内容一致,房地产估价值为806.76万元。该报告附有山东省莱阳市人民政府莱字第00033979号房权证和山东省莱阳市人民政府莱国用(2006)第1138号土地证书。

最高人民法院认为,本案的主要争议焦点是:第一,本案所涉保险合同保险标的物范围是宏辉公司厂区内的全部建筑物,还是特定的三栋房屋;平安莱阳公司应赔付的保险金是多少。第二,本案所涉施救费用的承担问题。

(一)关于本案所涉保险合同保险标的物范围问题

本案所涉保单上载明受益人为中国工商银行股份有限公司莱阳支行而非宏辉公司,保险项目为房屋建筑,并附有一份加盖有抵押人宏辉公司及抵押权人中国工商银行股份有限公司莱阳支行公章的《抵押物清单》。《抵押物清单》上载明了相关房屋建筑的基本情况。可见,本案中宏辉公司为满足中国工商银行股份有限公司莱阳支行的贷款条件,向平安莱阳公司购买贷款抵押物保险的交易关系明显。本案所涉保险标的物范围应当根据当事人交易背景、综合全案证据加以判定。

《财产保险综合险投保单》是本案重要书证之一,双方当事人对该证据的真实性均无异议,仅对其中涂改部分所证明的内容发生争议。尽管该投保单记载的被保险人证件号码、保险财产项目、投保金额、事故绝对免赔额等部分数字有涂改痕迹,但这些数字内容在投保单的其他地方也进行了明确记载,包括大写的"总保险金额"与小写的"802.37 万元",二者完全一致。宏辉公司在诉讼中承认该份投保单系该公司在空白页上加盖公章交给平安莱阳公司形成的,该事实表明,宏辉公司并未在该投保单上记载其投保的财产是其厂区内全部建筑物,其应对在空白投保单上盖章的行为承担相应的民事责任。

本案中《财产保险综合险保单明细表》《财产保险综合险投保单》《抵押物清单》上记载的保险标的物房屋估价均为802.37 万元,数额一致且与《工业房地产抵押价值评估报告》中806.76 万元的房地产估价接近。《财产保险综合险保单明细表》上明确保险项目标的地址在莱阳市经济开发区海河路北天回路(房产证隆茂街西武当山北),《财产保险综合险投保单》《抵押物清单》、山东省莱阳市人民政府莱字第00033979 号房权证和莱国用(2006)第1138 号土地证书、《工业房地产抵押价值评估报告》上载明的标的物均明确指向宏辉公司拥有房产权证的位于莱阳市经济开发区隆茂街西、武当山路北,面积为4463.47 平方米、砖混和钢筋混凝土结构的办公楼、综合楼、车间(冷库)等三栋房屋建筑。上述证据内容之间相互印证,证明本案所涉保险标的物的范围就是上述特定的三栋房屋,而不包括宏辉公司厂区内其他建筑物和道路。因此,宏辉公司关于本案保险标的物是其厂区内全部建筑物的诉讼主张没有相应的证据予以证明。

本案再审期间,双方均认可将山东佳联保险公估有限公司出具的公估结论书作为计算本案保险金的依据。根据前述认定,本案所涉保险合同保险标的物不包括宏辉公司厂区内钢结构等其他建筑物和道路,应当将该公估结论书中有关烧毁钢结构车间西墙体及车间内二层平台损失金额371,774元、烧毁钢结构车间安装工程损失金额46,851元、烧毁钢结构车间钢结构工程损失金额2,545,096元、受损道路工程损失金额24,790元予以扣除。本案所涉保险合同保险标的物即宏辉公司拥有产权证书的三栋房屋的损失金额为:(1)砖混车间西墙、南墙、屋面、物料间、东墙栋受损部分工程损失金额579,671元;(2)砖混车间东车间前墙夹心板及屋面及窗损失金额71,585元;(3)砖混车间前台轻钢屋面工程损失金额69,728元。上述三项保险标的物损失金额合计720,984元,扣除保险合同约定的15%绝对免赔额,平安莱阳公司应向宏辉公司赔付的保险金是612,836.4元。

(二)关于施救费用的承担问题

申请人平安莱阳公司对于施救费用中的水费、器材费、工人施救补助费均提出了异议,认为宏辉公司未能区分上述费用是用于实际施救保险标的物还是其他费用。关于水费,宏辉公司在原审中提交了其2009年3月、4月、5月、6月四个月的水费结算单、代收水资源费结算单、污水处理费结算单,表明前三个月的水费基本持平,而2009年6月即在火灾发生后,水费明显大幅度上升。考虑到火灾发生在6月月初,火灾后工厂便停产,正常用水费用所占比例很小,"正常用水"与"灭火用水"二者在数量上无法准确计算,故原审法院判决认定的灭火水费并无明显不当。关于器材费与工人施救补助费,宏辉公司已经尽了举证责任,提供了有关器材费发票及工人施救补助费领用单,且费用合理。《保险法》等法律鼓励被保险人尽可能地降低不必要的损失。如果对被保险人的举证责任要求过严,则不利于该立法目的的实现,进而有损于保险法律关系中双方当事人的切身利益。因此,原审法院对于宏辉公司关于施救费用举证责任的要求并无不当。但该部分费用中包括了宏辉公司厂区内所有建筑物及设施的施救费用,显然超过了本案所涉保险标的物范围,超出部分不应由平安莱阳公司承担。本案保险事故发生在多年以前,火灾现场早已清理完毕,现再让宏辉公司举证证明针对本案所涉保险标的物范围的施救费用已无可能。鉴于原审判决支持的施救费用针对的是宏辉公司厂区内所有六栋建筑物及设施,现已查明本案保险标的物仅限其中的三栋房屋,故最高人民法院依据公平原则,酌定平安莱阳公司赔付50%的施救费用。同理,本案的案件受理费及鉴定费,亦应由宏辉公司和平安莱阳公司各承担50%。

综上所述，原审判决认定事实错误，最高人民法院判决如下：一、撤销山东省高级人民法院(2010)鲁商终字第177号民事判决及山东省烟台市中级人民法院(2009)烟商初字第55号民事判决。二、中国平安财产保险股份有限公司莱阳支公司向烟台宏辉食品有限公司支付保险金612,836.4元、施救费用25,848.17元。本案一、二审案件受理费共计各32,052元、鉴定费50,000元，共计114,104元，由中国平安财产保险股份有限公司莱阳支公司、烟台宏辉食品有限公司分别承担57,052元。

※裁判要旨：本案的主要争议焦点是保险标的物范围是宏辉公司厂区全部建筑物还是特定的三栋房屋，其中《财产保险综合险投保单》是本案重要书证之一，该投保单有涂改痕迹，双方当事人对其证明内容产生争议。本案中，该投保单上保险财产项目、投保金额、事故绝对免赔额等处虽有涂改痕迹，但这些内容在投保单的其他地方进行了重复记载，内容并无矛盾，且明确记载保险标的物范围是宏辉公司厂区内特定的三栋房屋。宏辉公司在诉讼中承认该份投保单系该公司在空白页上加盖公章交给平安莱阳公司形成的，其关于本案保险标的物是宏辉公司厂区全部建筑物的诉讼主张没有相应的证据予以证明，应对在空白投保单上盖章的行为承担相应的民事法律责任。

本案的第二个争议焦点在于施救费用中的水费、器材费、工人施救补助费、诉讼费、鉴定费的问题。《保险法》鼓励被保险人尽可能地降低不必要的损失。《保险法解释四》第六条规定：保险事故发生后，被保险人依照《保险法》第五十七条第二款的规定，请求保险人承担为防止或者减少保险标的的损失所支付的必要、合理费用，保险人以被保险人采取的措施未产生实际效果为由抗辩的，人民法院不予支持。如果对被保险人的举证责任要求过严，则不利于该立法目的的实现，进而有损于保险法律关系中双方当事人的切身利益。因此，原审法院对于宏辉公司关于施救费用举证责任的要求并无不当。但该部分费用中包括了宏辉公司厂区内所有建筑物及设施的施救费用，显然超过了本案所涉保险标的物范围，超出部分不应由平安莱阳公司承担。最高人民法院依据公平原则，酌定平安莱阳公司赔付50%的施救费用。本案的案件受理费及鉴定费，亦应由宏辉公司和平安莱阳公司各承担50%。

第五十八条 【赔偿解除】保险标的发生部分损失的，自保险人赔偿之日起三十日内，投保人可以解除合同；除合同另有约定外，保险人也可以解除合同，但应当提前十五日通知投保人。

合同解除的，保险人应当将保险标的未受损失部分的保险费，按照合同约定扣除自保险责任开始之日起至合同解除之日止应收的部分后，退还投保人。

条文解读

本条是对保险财产损失获得赔偿后终止保险合同的规定。

（一）保险事故发生后，作为保险标的的保险财产有的全部灭失，有的只发生部分损毁或灭失。保险标的发生损失时，被保险人可以根据保险合同的约定，要求保险人履行赔偿责任。保险人按照保险财产的实际损失支付保险赔偿金后，保险合同的效力根据损失程度和保险金额的多少会出现以下情形：

1. 足额保险，即保险金额等于保险价值的保险，如果保险标的发生了全损，保险人支付了全额保险金，则保险合同自然终止。

2. 不足额保险，即保险金额少于保险价值的保险，如果保险标的发生了全损，保险人支付了全额保险金，则保险合同也自然终止。

3. 如果不足额保险的保险标的发生了部分损失，但保险人按照合同约定根据实际损失程度支付了保险金，并且保险金达到了保险金额的数额，虽然这个时候保险标的仍然存在，但在以后再发生保险事故时保险人没有赔偿保险金的义务，保险合同也应终止。

4. 足额保险或者不足额保险的保险标的发生损失，而保险人赔偿的保险金没有达到保险金额的数额，保险标的仍然存在，保险人对保险标的未受损失的部分，仍然承担保险责任，在以后发生保险事故时保险人仍有赔偿保险金的义务，此时保险合同的效力仍然维持。

（二）在保险标的发生部分损失，保险赔偿金未达到保险金额，保险合同效力仍然维持的情况下，本条对投保人和保险人是否解除合同提供了选择的机会。表现在：

1. 投保人可以自保险人赔偿之日起三十日内解除保险合同。在这种情况下，投保人只需向保险人作出解除合同的意思表示，而无须征得保险人的同意，合同效力自然终止。

2. 如果合同中没有不得终止合同的条款，保险人在履行了赔偿保险金责任后，也有权解除合同。但是保险人若要解除保险合同,应当提前15日通知投保人。

（三）如果投保人已经履行了支付整个保险期间的保险费的义务,那么在保险期限届满前解除合同的,按照公平原则,保险人应将其未承担保险责任的那部分保险费退还给投保人。因此,保险人应当将保险标的未受损失部分的保险费,按照合同约定扣除自保险责任开始之日起至合同解除之日止应收的部分后,退还投保人。

第五十九条　【保险标的残值权利归属】保险事故发生后,保险人已支付了全部保险金额,并且保险金额等于保险价值的,受损保险标的的全部权利归于保险人;保险金额低于保险价值的,保险人按照保险金额与保险价值的比例取得受损保险标的的部分权利。

条文解读

本条是对保险标的发生全损后残值权利归属的规定。

保险财产遭受损失时,被保险人最多只能获得相当于保险标的的实际价值的保险赔偿金,不能因投保财产保险而取得额外利益。因此,当保险标的发生全部损失,保险人按照保险合同约定的保险金额全额赔偿保险金后,被保险人的损失已经得到全部弥补,不应再拥有受损保险标的残值的所有权,否则被保险人就会获得这部分财产的双重利益;而保险人因赔偿了保险金,作为对价,应有权取得受损保险标的的残值。因此,本条规定,保险标的因保险事故而发生全部损失,保险人支付了全部保险金额的,受损保险标的的权利归于保险人。保险金额低于保险价值的,保险人按照保险金额与保险价值的比例取得受损保险标的的部分权利。

配套法规及解读

《海商法》(1992年11月7日)

第二百五十六条　除本法第二百五十五条的规定外,保险标的发生全损,保险人支付全部保险金额的,取得对保险标的的全部权利;但是,在不足额保险的情况下,保险人按照保险金额与保险价值的比例取得对保险标的的部分权利。

※法规解读:保险事故发生后,保险标的因事故的发生而全部灭失的情况较

少,多数受损的保险标的还会留有残值。在被保险人获得保险人支付的全部保险金额后,保险标的残值权利的归属,需要法律予以明确。财产保险的目的在于弥补被保险人因保险事故的发生而遭受的损失,以赔偿实际损失为原则,根据《保险法》第58条和《海商法》第256条的规定,保险人赔偿了保险金之后,有权取得受损保险标的的全部或者部分残余价值。

保险人取得保险标的残值所有权的情况因保险金额与保险价值的关系不同而不同:其一,在足额保险情况下,保险事故发生后,保险人支付了全部保险金额的,受损保险标的的全部价值归属于保险人;其二,在不足额保险情况下,也就是保险金额低于保险价值的情况下,因为保险人支付的全部保险金额仅弥补了被保险人的部分损失,按照权利义务对等的原则,保险人按照保险金额与保险价值的比例取得受损保险标的的部分权利。

关联法规索引

《保险法》第23条、第55条、第57条;《最高人民法院关于适用〈中华人民共和国民事诉讼法〉的解释》第90条

典型案例

周某与中国人民财产保险股份有限公司衡阳市分公司保险纠纷案[1]

※案情简介:2015年11月29日,原告周某为其所有的A车辆在被告中国人民财产保险股份有限公司衡阳市分公司处投保了商业保险,保险单上约定新车购置价为123,900元,该车实际购买价格为136,900元,该车辆购买时间为2013年11月28日,所投保的具体险种如下:机动车损失保险,保险金额为123,900元;第三者责任保险,保险金额500,000元……并附加指定专修厂特约险及不计免赔率,保险期间自2015年11月29日0时起至2016年11月28日24时止。2016年8月11日,原告周某之夫曾某持有效驾驶证件驾驶A小轿车,沿沪昆高速贵阳往安顺方向行驶至沪昆高速时,与同向行驶的由案外人邓某驾驶的B小型轿车发生尾随

〔1〕 本案根据湖南省衡阳市蒸湘区人民法院(2016)湘0408民初1839号民事判决书整理。

相撞,造成两车受损、部分人员受伤的交通事故。经贵州省公安厅交警总队高速支队二大队出具道路交通事故认定书,认定曾某负此次交通事故的全部责任。事故发生后,原告立即向被告财产保险公司报案,由被告公司工作人员到现场勘察。之后,原告的车辆被拖至高速公路事故处理中心的停车场,原告为此支出拖车费1200元,拖车过程中,原告的车辆发生漏油现象。卸车时,在无人对原告的车辆实际操作的情况下,原告车辆的发动机突然起火,原告等人立即将火扑灭。随后原告将车辆运至被告旗下经销公司贵州致远利信汽车销售服务有限公司进行修理,该公司向原告出具修理材料清单,载明原告修复此车应支付的修理费用为148,728元。原告认为车辆修理费用高于车辆实际价值,未对车辆进行修理,而向被告申请理赔,但被告只愿意赔偿原告车辆尾随相撞的定损金额25,558.07元,对起火造成的损失以车辆系自燃为由拒绝理赔,从而产生纠纷。

原告周某提出以下诉讼请求:(1)被告赔偿原告车辆损失123,900元;(2)本案诉讼费用由被告承担。

被告财产保险公司辩称,原告系2015年1月29日在被告处投保,应适用旧的保险条款;根据旧的保险条款第五至七条之规定,保险公司有权拒赔;被告提供的保险单正本上有原告本人的签字,被告已经对免责条款尽到了提示并说明的义务;被告公司定损的损失金额为25,558.07元,被告愿意赔偿该部分损失。

法院认为,本案为保险纠纷。被告拒绝理赔的原因系认为原告的车辆为自燃或不明原因火灾引起的损失,属于保险合同约定的免责情形,被告有权拒绝理赔。根据庭审查明,被告提供的保险条款对自燃的定义为"指在没有外界火源的情况下,由于本车电器、线路、供油系统、供气系统等被保险机动车自身原因或所载货物自身原因起火燃烧",对火灾的定义为"指被保险机动车本身以外的火源引起的、在时间或空间上失去控制的燃烧(有热、有光、有火焰的剧烈的氧化反应)所造成的灾害",根据《最高人民法院关于适用〈中华人民共和国民事诉讼法〉的解释》第九十条规定的"谁主张,谁举证"的基本原则,被告主张原告的车辆起火系"自燃"或"不明原因火灾"造成,必须对原告车辆系"自燃"或"不明原因火灾"的基本事实予以证明。而根据庭审查明的事实,涉案保险事故明显不属于"不明原因火灾"的情形。对于"自燃",在被告未提供确切证据证明车辆着火系由于车辆本身的"电器、线路、供油系统、供气系统"等被保险机动车自身原因引起的情形下,综合考虑车辆被撞后漏油、撞击部位与起火部位相一致等因素,不能排除车辆"尾随相撞"是车辆起火的可能前因,应由负有举证责任的被告承担举证不能的法律后果,故被告以车辆“自燃”或“不明原因火灾”属免责事项予以拒赔,缺乏法律依据,本院不予支持。

对于本案原告的损失,因贵州致远利信汽车销售服务有限公司系被告公司认可的集销售、售后等一体服务公司,原告附加了指定专修厂条款,可自主选择具有被保险机动车辆专修资格的修理厂进行修理,故对于该公司出具的修理清单上载明的修理费用148,728元本院予以确认,该修理费用高于保险合同中约定的保险金额123,900元。又原、被告双方在保险合同中未明确约定A小车的保险价值,只约定该车的新车购置价为123,900元,根据《家庭自用汽车损失保险条款》第十条规定,保险金额由投保人和保险人从下列三种方式中选择确定,保险人根据确定保险金额的不同方式承担相应的赔偿责任:(一)按投保时被保险机动车的新车购置价确定。(二)按投保时被保险机动车的实际价值确定。(三)在投保时被保险机动车的新车购置价内协商确定。本案中,《机动车商业保险单》载明,投保时新车购置价为123,900元,机动车损失保险金额为123,900元,保险金额即投保时新车购置价,故财产保险公司系选择按投保时被保险机动车的新车购置价确定保险金额。根据上述保险条款第二十七条规定,保险人按投保时被保险机动车的新车购置价确定保险金额的,发生全部损失时,在保险金额内计算赔偿,保险金额高于保险事故发生时被保险机动车实际价值的,按保险事故发生时被保险机动车的实际价值计算赔偿。保险事故发生时被保险机动车的实际价值根据保险事故发生时的新车购置价减去折旧金额后的价格确定。折旧金额=保险事故发生时的新车购置价×被保险机动车已使用月数×月折旧率0.6%。据此计算,保险事故发生时的车辆实际价值为117,581元。除此之外,原告支付的拖车费1200元系为了减少保险标的的损失所支付的必要的、合理的费用,根据《保险法》第五十七条第二款的规定,由被告承担。根据《保险法》第五十九条的规定,被告支付原告保险理赔款118,781元,A小车的全部权益归属于保险人被告财产保险公司。综上所述,被告共应支付原告保险理赔款118,781元,原告诉请的保险金额超额部分应予驳回。

综上所述,判决如下:一、被告中国人民财产保险股份有限公司衡阳市分公司于本判决生效之日起十日内支付原告周某保险理赔款118,781元,被告付清该保险理赔款后,取得A小车的全部权益;二、驳回原告周某其他诉讼请求。

※裁判要旨:本案的焦点之一是举证责任的分配。根据《最高人民法院关于适用〈中华人民共和国民事诉讼法〉的解释》第九十条规定的“谁主张,谁举证”的基

本原则,被告主张原告的车辆起火系"自燃"或"不明原因火灾"造成,必须对原告车辆系"自燃"或"不明原因火灾"的基本事实予以证明。由负有举证责任的被告承担举证不能的法律后果。本案的焦点之二是原告的损失范围。保险事故发生时被保险机动车的实际价值根据保险事故发生时的新车购置价减去折旧金额后的价格确定。据此计算,保险事故发生时的车辆实际价值为117,581元。除此之外,原告支付的拖车费1200元系为了减少保险标的的损失所支付的必要的、合理的费用,根据《保险法》第五十七条第二款之规定,由被告承担。本案的焦点之三是根据《保险法》第五十九条之规定,被告支付原告保险理赔款118,781元后,A小车的全部权益归属于保险人被告财产保险公司。

第六十条 【代位求偿权】因第三者对保险标的的损害而造成保险事故的,保险人自向被保险人赔偿保险金之日起,在赔偿金额范围内代位行使被保险人对第三者请求赔偿的权利。

前款规定的保险事故发生后,被保险人已经从第三者取得损害赔偿的,保险人赔偿保险金时,可以相应扣减被保险人从第三者已取得的赔偿金额。

保险人依照本条第一款规定行使代位请求赔偿的权利,不影响被保险人就未取得赔偿的部分向第三者请求赔偿的权利。

条文解读

本条是对保险代位求偿权的规定。

(一)保险代位求偿权发生在保险事故因第三者的违约或者侵权而对保险标的造成损害的财产保险合同中。第三者对保险标的造成损害后,被保险人有权依据有关民事法律的规定向该第三者请求赔偿,同时也有权依据保险合同的约定向保险人请求赔偿保险金。因为财产保险以赔偿实际损失为原则,为避免被保险人因行使上述两种请求权而获得双重利益,在其获得保险人赔偿的保险金后,就不应再向第三者行使其原有损害赔偿请求权,而必须将这一权利转让给保险人,由保险人代位行使,这就是保险代位求偿权产生的原因。

(二)保险事故发生后,被保险人已经从第三者取得损害赔偿的,保险人赔偿保险金后,可以相应扣减被保险人从第三者已取得的赔偿金额。这一规定的目的也在于防止被保险人获得双重利益。

（三）保险人行使代位求偿权，不影响被保险人就未取得赔偿的部分向第三者请求赔偿的权利。

本条第3款明确规定，保险人在其赔偿保险金的范围内代位行使被保险人对第三者请求赔偿的权利。当保险赔偿金低于被保险人应获得的损害赔偿时，被保险人的损害赔偿请求权在其未获赔偿范围内仍然存在，被保险人有权就这部分损失向第三者请求赔偿。

配套法规及解读

《保险法解释二》(2013年5月31日)

第十六条 保险人应以自己的名义行使保险代位求偿权。根据保险法第六十条第一款的规定，保险人代位求偿权的诉讼时效期间应自其取得代位求偿权之日起算。

《保险法解释四》(2018年7月31日)

第七条 保险人依照保险法第六十条的规定，主张代位行使被保险人因第三者侵权或者违约等享有的请求赔偿的权利的，人民法院应予支持。

第十条 因第三者对保险标的的损害而造成保险事故，保险人获得代位请求赔偿的权利的情况未通知第三者或者通知到达第三者前，第三者在被保险人已经从保险人处获赔的范围内又向被保险人作出赔偿，保险人主张代位行使被保险人对第三者请求赔偿的权利的，人民法院不予支持。保险人就相应保险金主张被保险人返还的，人民法院应予支持。

保险人获得代位请求赔偿的权利的情况已经通知到第三者，第三者又向被保险人作出赔偿，保险人主张代位行使请求赔偿的权利，第三者以其已经向被保险人赔偿为由抗辩的，人民法院不予支持。

第十二条 保险人以造成保险事故的第三者为被告提起代位求偿权之诉的，以被保险人与第三者之间的法律关系确定管辖法院。

第十三条 保险人提起代位求偿权之诉时，被保险人已经向第三者提起诉讼的，人民法院可以依法合并审理。

保险人行使代位求偿权时，被保险人已经向第三者提起诉讼，保险人向受理该案的人民法院申请变更当事人，代位行使被保险人对第三者请求赔偿的权利，被保险人同意的，人民法院应予准许；被保险人不同意的，保险人可以作为共同原告参加诉讼。

※法规解读：“损失补偿原则”是适用于财产保险的一项重要原则，即当保险事故发生并使被保险人遭受损失时，保险人必须在其承担的保险金给付义务范围内履行合同义务，对被保险人所受实际损失进行填补。保险人履行给付义务旨在弥补被保险人因承保危险发生所失去的利益，被保险人不能因保险给付义务的履行而获得额外利益。《保险法》第60条规定了财产保险中保险人的代位求偿权，这是财产保险中“损失补偿原则”的体现，其目的就是防止被保险人通过购买保险而获取不当利益。然而，《保险法》第60条的规定过于原则，有一些细节性的问题在司法实务中容易引起争议。《保险法解释二》和《保险法解释四》的一些条文进行了具体解释。

（一）保险代位求偿权的概念和构成要件

保险代位求偿权，是指财产保险的保险人在赔偿被保险人损失后，所取得的向负有责任的第三方请求赔偿的权利。

保险人行使代位求偿权必须符合以下构成要件：第一，保险人与被保险人之间应存在财产保险合同关系，这是保险代位求偿权产生的基础。第二，保险标的因第三者的违约或者侵权而产生损害，如果保险标的的损害不是因第三者的原因造成的，代位求偿权自然无从谈起。第三，第三者对保险标的的损害负有向被保险人赔偿的义务。第四，第三者对保险标的的损害属于保险事故。如果不属于保险事故，则保险人不承担保险责任，也不存在代位求偿权问题。第五，保险人实际履行了赔偿保险金的义务。

保险人行使代位求偿权应在其实际赔偿的保险金范围内，不能超出其实际赔付金额向第三者行使损害赔偿请求权。

在发生了因第三者对保险标的的损害而造成的保险事故以后，被保险人同时享有向保险人请求赔偿保险金的权利和向第三者请求赔偿的权利。如果被保险人先向第三者进行索赔，第三者承担了赔偿责任，支付了赔偿金，对于已获得赔偿的损失，被保险人不能再向保险人索赔。即第三者赔偿的金额如果等于或大于保险财产损失的实际价值，保险人就不再承担赔偿保险金的责任。发生保险事故后，如果被保险人先向保险人请求赔偿，保险人支付了保险赔偿金，则被保险人向第三者请求赔偿的权利依法应由保险人代位行使,被保险人只对未取得保险赔偿的部分享有向第三者请求赔偿的权利。法律赋予保险人代位求偿权,在于防止被保险人因保险事故获得额外利益,同时使有过错的第三者不能逃避损失赔偿责任,体现了财产损失补偿原则和社会公平原则。

(二)保险代位求偿权的行使名义和诉讼时效期间

《保险法解释二》第16条作了具体规定。保险代位求偿权是一种法定债权的转移,保险人取得保险代位权之后,只能以自己的名义向第三者主张权利。因为在保险人取得保险代位求偿权之前,保险人无从管控被保险人的行为,为避免被保险人因消极懈怠导致对第三者赔偿请求权的诉讼时效届满,从权利转移至保险人开始起计算诉讼时效期间,对保险人的保护较为有利。因此,保险代位求偿权的诉讼时效期间应自其取得代位求偿权之日起算。

(三)被保险人对第三者请求赔偿的权利基础

《保险法》第60条规定了保险人代位求偿权,但并未明确代位求偿权的权利基础。《保险法解释四》第7条的规定明确了被保险人对第三者请求赔偿的权利基础,保险人可以在侵权和违约两者中选择对自己有利的权利基础主张代位求偿权。

第一,从法条的文义分析,将保险代位求偿权的适用范围限于侵权损害赔偿,没有法律依据。《保险法》第60条第1款使用的是"因第三者对保险标的的损害而造成保险事故"的表述,并未限制规定为"因第三者对保险标的的侵权损害而造成保险事故"。法条规定的"损害",应指因一定的行为或事件使民事主体遭受了损失,这种损失,不仅可以由侵权法律事实造成,也可以由违反合同的法律事实等造成,其既可以基于过错行为造成,也可以基于非过错行为造成,并不局限于因过错侵权行为造成。

第二,从保险代位求偿权制度设置目的分析。首先,如果将保险代位求偿权的适用范围仅限于侵权损害,则对于第三者因违约等对保险标的造成损害的情形,被保险人在获得保险赔偿金后,仍可向第三者即违约方等主张违约损害赔偿等。此时,被保险人获得的补偿数额将超出财产的实际损失,有违财产保险损失补偿的基本原则,容易引发被保险人故意制造保险事故等道德风险。其次,保险制度旨在保护被保险人,并非为了免除造成损失的第三者的责任,否则无异于变相鼓励该第三者借由他人的保险合同而逃避自己应负的法律责任。最后,保险给付的实际数额是保险公司核定保费的主要因素,如果限制保险人行使代位权的范围,则将导致保险给付的实际数额增加，进而导致保险人提高保险费率，最终加重无过错的全体保险消费者的负担。

（四）保险人代位求偿权制度中对第三者赔偿行为的善意判断及法律后果

《保险法解释四》第10条规定，在保险人代位求偿权制度中，对第三者赔偿行为的善意进行判断及设定相应的法律后果。

在被保险人获得保险赔偿后，保险公司尚未行使代位求偿权之前，第三者向被保险人作出赔偿的，此时第三者积极赔偿的行为应当理解为善意，保险公司不得向第三者行使代位求偿权。但对于已经赔付的保险金，保险公司可以向被保险人主张返还，因为被保险人不能获得双重赔偿。

保险公司将已经获得代位求偿权的情况通知了第三者，即第三者此时已经知悉保险公司向被保险人进行了赔付并取得代位求偿权，仍然向被保险人支付赔偿，此时第三者的赔偿行为应当理解为非善意，保险公司仍然可以向第三者行使代位求偿权，第三者以已经履行了赔偿责任为由抗辩的，法院不支持，即第三者将面临第二次赔偿的风险。此规定是为了避免实践中，保险事故发生后，被保险人利用信息不对称的地位，与侵害的第三者达成协议，同时向保险公司理赔以获得双重赔付的情形。

（五）保险人行使代位求偿权纠纷的管辖

《保险法解释四》第12条是关于保险人行使代位求偿权纠纷的管辖的规定。

保险代位求偿权纠纷案件的审理，虽然涉及保险合同，但仅需要审查保险人是否给付保险金，无须审查保险人与被保险人之间的保险合同是否成立、保险金给付是否合理等基础法律关系，其主要围绕被保险人与第三者之间的损害赔偿请求权是否成立以及赔偿数额的多少等问题进行审理。因此，保险公司向第三者提起代位求偿权之诉的，以被保险人与第三者之间的侵权或合同法律关系确定管辖法院，即可以根据请求权基础，在侵权行为实施地、被告住所地、合同签订地、合同履行地等有管辖权的法院提起诉讼。

（六）保险代位求偿权诉讼中相关主体的确定

《保险法解释四》第13条是对保险代位求偿权诉讼中相关主体列明的指引。

1. 诉的合并

诉的合并，是指两个或两个以上相互独立却彼此关联的诉，或者是基于相同法律关系或同一事实基础的诉，被合并到同一法院管辖，并适用同一诉讼程序进行审理的过程。分为诉的主观合并和诉的客观合并。诉的主观合并,即诉讼当事人的合并,是针对同一案件中原告或者被告为多数的情形。诉的客观合并,是指在同一诉讼程序中,同一原告对同一被告主张两个以上诉讼标的的合并。保险代位求偿之诉中,保险人与被保险人的诉的合并属于诉的主观合并。

2. 保险代位求偿权诉讼中诉的合并

根据本条司法解释第 1 款的规定,保险人提起代位求偿权之诉时,被保险人已经向第三者提起诉讼的,人民法院可以依法合并审理。这样有利于查明案情、合理配置司法资源。

根据本条司法解释第 2 款的规定,被保险人取得的保险赔偿金不足以弥补第三者给其造成的全部损失的,保险人和被保险人可以作为共同原告向第三者请求赔偿。这种情况就是所说的有免赔额情形,被保险人对免赔额部分行使原告的权利,保险人就已经向被保险人赔偿部分代位行使原告权利,两者作为共同原告向第三者主张赔偿请求权。被保险人已经向第三者提起诉讼,保险人向受理该案的人民法院申请变更当事人,代位行使被保险人对第三者请求赔偿的权利,被保险人同意的,人民法院应予准许。这样原告就从两个变成一个,保险诉求合并。

保险人与被保险人诉第三者的诉的合并,需要具备特别的诉讼要件:

(1)被保险人已经向第三者起诉的,保险人必须向同一被告提出;

(2)受诉法院对合并之诉的其中之一具有管辖权;

(3)合并的诉适用相同的诉讼程序。

关联法规索引

《保险法》第 61 条;《海商法》第 252 条;《合同法解释(一)》第 14 条;《保险法解释四》第 8 条;《海事诉讼特别程序法》第 94 条;《最高人民法院关于中国太平洋财产保险股份有限公司北京分公司诉北京中远物流有限公司、天津振华国际船舶代理有限公司、尼罗河航运私有有限公司海上货物运输合同保险代位求偿纠纷所涉仲裁条款效力问题的请示》的复函;《最高人民法院关于审理海上保险合同纠纷案件若干问题的规定》第 13 条、第 14 条

典型案例

上诉人中国人民财产保险股份有限公司三门峡市分公司与被上诉人三门峡市清洁生产审核中心财产保险合同纠纷案[1]

※案情简介：2010年12月20日，三门峡市清洁生产审核中心（以下简称清洁中心）在中国人民财产保险股份有限公司三门峡市分公司（以下简称人财保险公司）分别投保了交强险、机动车损失险和商业三者险，投保车辆为A车，商业三者险保险金额为200,000元，机动车损失险保险金额为203,900元，设有不计免赔险，交强险保险期间自2010年12月21日0时起至2011年12月20日24时止，商业三者险和机动车损失险保险期间自2011年1月1日0时起至2011年12月31日24时止。机动车损失险和商业三者险保险条款皆规定：被保险机动车方负主要事故责任的，事故责任比例为70%。

2011年6月4日21时40分许，鲁某驾驶A车沿涧河南路由西向东行驶至六峰路与涧河南路交叉口处时，与由南向北行驶的程某驾驶的B车相撞，致B车、A车（车身右侧）受损，造成交通事故。2011年6月15日，经三门峡市公安交警支队事故处理大队认定，鲁某驾驶机动车通过没有交通信号灯控制也没有交通警察指挥的交叉路口时，没有让右方道路的来车先行，程某驾驶机动车上路行驶，没有按照操作规范安全驾驶。鲁某负此次事故主要责任，程某负次要责任。2011年7月21日，B车花去修理费24,948元。2011年7月22日，A车花去修理费34,060元。上述修理费共计59,008元，清洁中心支付后，向人财保险公司索赔未果，遂起诉。

另查明：2013年7月3日，人财保险公司确认A车损失为34,060元，残值为260元。2013年7月8日，人财保险公司确认B车损失为24,948.57元，残值为240元。

原审法院认为：经三门峡市公安交警支队事故处理大队对本次道路交通事故认定，鲁某负此次事故主要责任，程某负此次事故次要责任，事实清楚，所作责任认定，符合本案实际，应作为本案定案依据。清洁中心与人财保险公司签订的保险合同，系双方真实意思表示，未违反法律法规的强制性规定，为有效合同。投保A车

[1] 本案根据河南省三门峡市中级人民法院（2013）三民三终字第265号民事判决书整理。

在保险期间内发生交通事故,人财保险公司应当依法赔付保险金。根据庭审中的相关证据,结合双方的诉辩意见,确认人财保险公司应予赔付的款项为:(1)A车修理费34,060元,扣除260元残值后为33,800元,在车辆损失险限额内,予以支持。(2)B车修理费24,948元,扣除残值240元为24,708元,交强险限额内赔付2000元,剩余22,708元在商业三者险限额内按合同约定70%的比例应予赔付15,895.6元。上述款项合计51,695.6元。清洁中心请求超出部分不予支持。人财保险公司辩称,被保险车辆的修理损失应按合同约定的70%的责任比例进行赔付。对此,原审法院认为,机动车损失险条款关于赔付比例的约定,与《保险法》第六十条的规定相悖,故约定无效,辩称意见不予采纳。对本案的诉讼费,系人财保险公司不予赔付引发,依法应予按比例负担。判决:(一)人财保险公司于本判决发生法律效力之日起十日内支付清洁中心保险金51,695.6元。(二)清洁中心其他诉讼请求不予支持。案件受理费1100元,清洁中心负担50元,人财保险公司负担1050元。

宣判后,人财保险公司不服,向河南省三门峡市中级人民法院提起上诉称:我公司应该按照合同约定的比例即70%承担赔偿责任,一审判决承担全部责任,多判决的30%即10,140元应予扣除。请求二审依法改判。

被上诉人清洁中心答辩称:保险合同关于承担责任比例的约定与保险法相悖,应为无效。保险公司应当全部赔偿,然后向第三人进行追偿。请求二审维持原判。

二审法院认为:本案是财产保险合同纠纷,双方签订的保险合同合法有效,应按合同约定履行。《保险法》第六十条关于保险公司代位求偿权的规定与双方约定保险公司承担的责任比例不存在冲突的情况。原审对此认定不当,应予纠正。

清洁中心所有的A车在本次事故中负主要责任,根据其投保的机动车损失险条款约定,人财保险公司对该车承担的事故责任比例为其损失33,800元的70%,即23,660元。原审多计算了10,140元,应予扣减。

综上所述,原审判决认定事实清楚,但适用法律不当。判决如下:(一)维持湖滨区人民法院(2013)湖民一初字第1008号民事判决第二项及诉讼费负担部分;(二)变更湖滨区人民法院(2013)湖民一初字第1008号民事判决第一项为:中国人民财产保险股份有限公司三门峡市分公司于本判决发生法律效力之日起十日内支付三门峡市清洁生产审核中心保险金41,555.6元。

※**裁判要旨**:"按责任比例赔付"的约定未违反本条关于代位求偿权的规定,不

违反国家法律规定,合法有效。本条赋予保险公司的是权利,即在给付保险金后,保险公司可以向第三者请求赔偿,而并未限定保险公司负有必须先行承担超过约定比例的保险赔偿责任的义务。

中国大地财产保险股份有限公司营业部诉中海华东物流有限公司海上货物运输合同代位求偿纠纷案[1]

※案情简介:被告中海华东物流有限公司与案外人吉安集团股份有限公司(以下简称吉安公司)订有货物运输合同,吉安公司为托运人,被告为承运人,运输方式为“门到门”海运集装箱运输。根据合同约定,吉安公司委托被告出运卷纸,收货地为吉安公司仓库,交货地为森信纸业(北京)有限公司沈阳分公司(以下简称森信公司)仓库。2012年10月17日,被告安排集装箱卡车拖带一个集装箱空箱至吉安公司仓库取货。货物被装载在该集装箱内,随后由被告运至上海港张华浜码头。10月21日,货物装船运往锦州港。10月25日,货物到达锦州港并于当日卸船。2012年10月26日,货物送至收货人森信公司处。收货人开箱后发现集装箱地板和卷纸底部大面积水湿,拒绝签收货物。

就货损原因,原告中国大地财产保险股份有限公司营业部委托深圳市万宜麦理伦保险公估有限公司上海分公司查勘。公估公司认为,集装箱箱门有一处密封条有缝隙,集装箱在上海港区存放期间,因上海地区下雨,雨水通过该缝隙浸入集装箱内部,造成货物水湿。被告也就事故原因进行了分析,并出具了货物水湿事故说明,所得结论与公估报告相同。

就货损金额,货物原合同售价为人民币95,894.30元,货物受损后,由被告转卖给杭州天信纸业有限公司,转卖金额为人民币50,564元。被告在其出具的事故说明中对货物原售价及受损后的转卖金额均予以确认。货损金额为人民币45,330.30元。

上海冈松国际物流有限公司就涉案货物向原告投保了国内水路、陆路货物运输综合险,被保险人为吉安公司,保险责任起止为仓至仓,保险金额为人民币10万元,免赔额为人民币1000元。2013年8月12日,原告向吉安公司支付保险赔款人民币44,330.30元。吉安公司已向原告出具权益转让书,同意将涉案货损的索赔

[1] 本案根据上海海事法院(2014)沪海法商初字第1509号民事判决书整理。

权转让给原告。

2014年3月31日，原告就涉案纠纷向上海市虹口区人民法院（以下简称虹口法院）递交诉状，后于8月25日申请撤诉。虹口法院于同日裁定准予撤诉。8月27日，原告再次就涉案纠纷向虹口法院起诉。后因被告提出管辖权异议，虹口法院于2014年11月3日作出民事裁定，将案件移送至上海海事法院管辖。

原告中国大地财产保险股份有限公司营业部请求法院判令被告赔偿原告已支出的货损赔款人民币44,330.30元。

被告中海华东物流有限公司辩称：货物于2012年10月26日送达收货人处，原告于2014年3月31日向法院提起诉讼，依据《最高人民法院关于海上保险合同的保险人行使代位请求赔偿权利的诉讼时效期间起算日的批复》（以下简称《批复》），本案诉讼时效的起算应适用《海商法》的规定，自承运人交付或应当交付货物之日起计算，原告起诉时已超过一年的诉讼时效；原告不应作出保险赔付；货损数额的认定缺乏依据；托运人未检查出集装箱密封条缝隙，需对货损承担部分责任。

上海海事法院于2015年1月27日作出（2014）沪海法商初字第1509号民事判决：被告中海华东物流有限公司应于本判决生效之日起十日内向原告中国大地财产保险股份有限公司营业部赔偿损失人民币44,330.30元。

法院生效裁判认为：本案为沿海货物运输合同项下保险人行使代位请求赔偿权利的纠纷案件。吉安公司为托运人，被告为承运人，货物损失发生在被告履行运输合同过程中，被告应就此承担赔偿责任。原告作为保险人，已向被保险人吉安公司作出赔付，依法取得代位求偿权。

关于原告起诉是否超过诉讼时效。根据《最高人民法院关于如何确定沿海、内河货物运输赔偿请求权时效期间问题的批复》，沿海货物运输赔偿请求权的时效期间为一年。本案主要争议在于诉讼时效的起算点。《保险法解释二》第十六条第二款规定，保险人代位求偿权的诉讼时效期间应自其取得代位求偿权之日起算。《批复》规定，海上保险合同的保险人行使代位请求赔偿权利的诉讼时效期间起算日，应按照《海商法》第十三章规定的相关请求权之诉讼时效起算时间确定。《保险法解释二》与《批复》系一般规定与特殊规定的关系，特殊规定优先于一般规定适用。但是，并非只要是海事法院审理的海上保险代位求偿案件，就都适用《批复》规定而不适用《保险法解释二》的规定。海上保险代位求偿在时效问题上的特殊性源于

《海商法》的特殊性，因此，只有当海上保险代位求偿涉及的被保险人与第三人的法律关系属于《海商法》调整的对象时，才能依照《批复》规定，适用《海商法》第十三章诉讼时效的相关规定确定诉讼时效起算日。其他保险代位求偿纠纷，即便属于海事法院专门管辖，但保险代位求偿涉及的被保险人与第三人的法律关系属于《合同法》或《侵权责任法》等法律调整的对象，那么还是应当适用《保险法解释二》的规定确定诉讼时效的起算日。

涉案运输为沿海货物运输，被保险人与被告之间的货物运输合同权利义务关系不受《海商法》第四章调整，而是适用《合同法》的规定，因此，本案保险人行使代位求偿权的诉讼时效期间的起算不适用《海商法》第十三章规定，而应适用《保险法解释二》的规定，即自保险人取得代位求偿权之日起算。原告于 2014 年 3 月 31 日向法院起诉，自代位求偿权取得之日，即 2013 年 8 月 12 日起算，并未超过一年的诉讼时效期间，且根据《民法通则》第一百四十条的规定，本案诉讼时效因原告提起诉讼而中断。原告撤诉后于 2014 年 8 月 27 日重新起诉，亦未超过诉讼时效。

关于托运人是否需对货物损失承担部分责任，集装箱由承运人提供，承运人有义务确保其提供的集装箱完好，托运人虽有检查箱体义务，但托运人通过目测未发现集装箱部件缺损或箱体有裂缝，可以认定托运人已履行了对集装箱的检查义务，无须对货损负责。关于货物损失金额，被告已在其出具的事故说明中对货物原售价和受损后的转卖金额予以确认，货损金额为人民币 45,330.30 元。关于涉案保险合同效力以及原告是否应当作出保险赔偿，因不属于本案审理范围，法院不予审查。本案中，原告已提交预约保险合同复印件、投保单和保单原件，以及向被保险人吉安公司进行赔付的银行支付凭证原件，可以认定原告的代位求偿权成立。

※裁判要旨：该案例涉及保险人就沿海、内河货物运输合同向承运人行使代位赔偿请求权利的诉讼时效的起算问题。就保险人代位求偿权诉讼时效的起算，《保险法解释二》第十六条规定，自保险人取得代位求偿权之日起计算。2014 年 12 月 25 日，最高人民法院公布了《批复》，明确海上保险合同的保险人行使代位请求赔偿权利的诉讼时效期间起算日，应按照《海商法》第十三章规定的相关请求权之诉讼时效起算时间确定。《保险法解释二》与《批复》系一般规定与特殊规定的关系，特殊规定优先于一般规定适用。但就《批复》的适用范围，实践中存在争议。少数观点认为，从《批复》字面规定来看，只要是海上保险合同的保险人行使代位求偿权，就应当按照《批复》的规定，适用《海商法》关于诉讼时效的起算标准。多数观

点认为，海上保险代位求偿在时效上的特殊性源于《海商法》的特殊性，因此，只有当海上保险代位求偿涉及的被保险人与第三人的法律关系属于《海商法》调整的对象时，才能适用《批复》规定，否则就应当适用一般规定，即依照《保险法解释二》第十六条的规定确定诉讼时效起算日。本案中，涉案货物运输系沿海货物运输，运输合同项下托运人和承运人的权利义务关系受《合同法》调整，而非《海商法》调整，因此，作为保险人的原告行使代位赔偿请求权的诉讼时效起算日应依照《保险法解释二》第十六条的规定，自保险人取得代位求偿权之日起算。该案例从司法解释本意出发，明确沿海、内河货物运输保险人行使代位求偿权的诉讼时效应自保险人取得代位求偿权之日起算，在尊重《海商法》独特价值取向的同时，避免诉讼时效规定过于严苛，确保船、货、保险人各方利益处于平衡状态。

中银保险有限公司深圳分公司与山东省枣庄明坤配载有限责任公司等保险代位求偿权纠纷上诉案[1]

※案情简介：2010年10月2日22时40分，案外人阮某驾驶重型牵引车沿合（肥）徐（州）高速由北向南行驶至合肥方向发生火灾，火灾面积为52平方米，致其所承运的货物毁损，共计烧毁药品2625件。经淮北市公安消防支队认定，火灾事故原因系车辆下坡行驶中，驾驶员踩刹车过久，平板挂车左车前轮轮毂与刹车装置剧烈摩擦产生高温引燃轮胎所致。阮某驾驶车辆承运的药品系华润三九医药股份有限公司（以下简称三九公司）所有，事故发生后，中银保险有限公司深圳分公司（以下简称深圳公司）依其与三九公司所签订的保险合同，承担了保险责任，赔付三九公司1,609,775元。在深圳公司与三九公司所签订的国内货物运输预约保险协议书中，双方约定，甲方（三九公司）必须谨慎选择承运人和运输工具，运输的货物和承运的工具必须符合行业关于安全运输的各项规定，乙方（深圳公司）将不定期地对甲方的运输货物和承运工具进行安全检查，提供防灾防损方案，甲方应予以积极协助；被保险货物发生保险责任范围内的损失，如果根据法律规定或者有关约定，应当由承运人或者其他第三者负责赔偿部分或全部损失的，被保险人应首先向承运人或者其他第三者索赔。如被保险人提出要求，保险人也可先予赔偿，但被保险人应签发权益转让书给保险人，并协助保险人向责任方追偿。本案中，三九公司

---

〔1〕 本案根据山东省枣庄市中级人民法院（2012）枣商终字第1号民事判决书整理。

在收到深圳公司的赔款后，向深圳公司出具了权益转让书，将该项保险财产所有权益以及对第三者的追偿权，在保险金赔偿范围内转让与深圳公司，并协助其向第三者追偿。

阮某承运三九公司所生产的药品，源自于山东省枣庄明坤配载有限责任公司(以下简称明坤公司)的委托。2010年10月2日，双方订立运输合同，约定由阮某承运三九公司所生产的药品2625件至合肥天星公司。双方约定，乙方(阮某)必须将货物安全、及时、完整无损地运至甲方(明坤公司)指定的卸货地点，运输全过程中，如发生湿损、失窃、损坏、火灾、交通事故、人员伤害等均由乙方全部负责，并按实际损失向甲方赔偿。

重型半挂牵引车系张某所有，登记在物流公司名下。依张某与物流公司所签车辆管理合同(挂靠协议)，张某每年向物流公司缴纳挂靠管理费1800元，挂靠期间，张某自主经营、自行承担经营和运营风险、自行选任驾驶员并承担费用和风险。

2010年1月间，明坤公司与三九公司签订运输合同，甲方(三九公司)委托乙方(明坤公司)运输其在山东枣庄仓库内的货物。合同期限至2010年12月月底。双方约定，运输方式为公路普运，乙方接到甲方通知后，应在规定时间内安排提货车辆到达甲方指定地点，若甲方检查发现乙方提货人或提货车辆的车况不符合甲方的运输要求，则甲方有权要求乙方及时对提货人或提货车辆进行调换直至符合要求为止(《华润三九承运商运输服务管理细则》规定配载的车辆原则上采取全封闭车辆，特殊情况下可采取高护栏车辆，严禁使用平板车和低护栏车)；在乙方提货人和提货车辆满足甲方要求的情况下，甲方开具拣配单和出库单交给乙方提货人；乙方应严格按照甲方指定运输方式运送货物，严格按照甲方要求装运货物、使用物流箱签，若因措施不当导致产品受损、变质，由乙方照价赔偿；甲方对于运输的货物已自行办理保险，乙方出险后须第一时间通知甲方，并积极协助公安机关和保险公司取证、鉴定，以便甲方索赔，若因乙方原因造成甲方无法索赔，乙方应按照损失货物的同等价值向甲方赔偿；乙方应根据运输的需要自行购买运输车辆的相关保险，自乙方在甲方仓库提货装车完毕起，至乙方将货物悉数送达甲方指定地点并由收货方签收期间产生的风险由乙方承担，若因装卸、保管、运输等原因造成货物损坏或缺失或发生保险范围外的损失的，乙方应按照货物的同等价值向甲方赔偿(除保险公司赔付范围外)。

原告深圳公司诉称，原告与三九公司达成国内货物运输预约保险协议，约定原告对被保险人具有保险利益的货物在运输过程中遭受保险责任范围内的损失承担赔偿责任,保险期限为2010年1月1日至12月31日。明坤公司于2010年4月与三九公司签订了货物运输合同,约定由明坤公司负责运输枣庄仓库内的货物至三九公司指定地点。2010年9月30日,三九公司根据双方签订的运输合同约定,安排明坤公司将一批共计2625件药品送至目的地合肥市。原告根据保险预约协议约定,对该批货物予以承保。明坤公司接受委托后,在未事先征得三九公司同意的情况下,便与司机阮某签订了委托运输合同,将该批药品交由阮某负责运送至目的地。2010年10月2日22时,阮某驾驶重型牵引车在高速公路行驶时,由于长期踩刹车导致轮胎起火,造成车上货物被全部烧毁,被烧毁药品价值共计211万元。被告物流公司作为本次事故车辆的所有人和实际承运人,对本次事故造成的损失应承担赔偿责任。被告张某作为事故车辆的实际车主,对本次事故造成的损失应承担赔偿责任。由于本次事故属于保险责任范围内的事故,经协商原告赔付了被保险人三九公司1,609,775元。根据《保险法》第六十条的规定,原告深圳公司已向被保险人三九公司进行了理赔,并由三九公司出具了权益转让书,由此深圳公司取得了代位求偿权,有权要求上述三被告作为本次事故的最终赔偿主体承担责任,故请求法院判令各被告连带赔偿深圳公司保险赔偿金损失人民币1,609,775元。

被告明坤公司辩称,明坤公司在本案中没有过错,不是本案中的第三人,即不是保险法规定的保险人代位求偿权意义上的第三人。明坤公司与三九公司对本案损失的货物具有共同保险利益。明坤公司与三九公司在运输合同第八条明确约定,承运货物由三九公司负责投保,货物保险利益以外的损失由明坤公司承担。该约定明确了明坤公司与三九公司在签订运输合同时一个共同的意思表示,即三九公司通过保险来转移双方共同对货物运输承担的灭失风险,因此,保险事故发生后,三九公司理应向深圳公司索赔,而不能向明坤公司索赔。这说明本案保险利益是由三九公司与明坤公司共同享有,故深圳公司依约履行保险责任后,当然无权向明坤公司索赔。至于深圳公司将明坤公司与三九公司对本案货物享有的共同保险利益硬性区分为责任险和财产险更是无法律依据。深圳公司曲解保险法关于保险人代位求偿权的规定,其诉讼理由不能成立,不应得到支持。

被告物流公司辩称,深圳公司的诉讼理由不能成立,应予驳回。保险法规定的是因第三者的责任造成保险事故的发生,只赋予了保险人对损害行为的实施者有代位求偿的权利,对赔偿责任的承担者没有求偿权利。故深圳公司根据《保险法》

第六十条的规定要求物流公司承担责任,没有法律依据。另外,根据运输合同的约定,承运人只承担保险范围外的赔偿责任,免除了明坤公司保险范围内的赔偿责任,足以对抗法定事由下的保险代位求偿权。物流公司与深圳公司没有合同关系,且并无过错,不应承担责任。

被告张某辩称,保险法没有规定对于第三人造成的侵害承担赔偿责任,保险法与侵权责任法竞合,司机是正常驾驶,没有违章,对张某的追偿权在本案中不应行使。深圳公司的诉讼理由不能成立,应予驳回。

山东省枣庄市薛城区人民法院经审理认为,本案中深圳公司履行保险责任后,能否向三被告行使代位求偿权,即三被告是否为我国《合同法》第六十条所规定的适格第三者,是本案的焦点所在。

首先,明坤公司在此次运输活动中没有过错,不是本案第三者,且对保险标的具有保险利益。因此,可以认定阮某用平板车运送三九公司的药品,得到了三九公司的许可,是三九公司和明坤公司共同意思表示的结果。在发生保险事故时,深圳公司应依其与三九公司所签国内货物运输预约保险协议书中的约定办理。明坤公司与三九公司在运输合同中约定,运输标的物由三九公司自行办理保险,明坤公司在发生保险事故后的主要义务是协助三九公司索赔,并对保险公司赔付范围外的损失向三九公司赔偿。而双方关于"乙方(明坤公司)应根据运输的需要自行购买运输车辆的相关保险,自乙方在甲方(三九公司)仓库提货装车完毕起,至乙方将货物悉数送达甲方指定地点并由收货方签收期间,产生的风险应由乙方承担"的约定,应理解为明坤公司在承运活动中致第三者损害和自身车辆损害的风险自行承担。据此,明坤公司在与三九公司所签的运输合同中,对运输标的物购买相应保险的约定是明确的,三九公司与深圳公司间保险合同的保险利益应由三九公司和明坤公司共同享有。因此,当保险事故发生后,三九公司理应先向深圳公司索赔,保险金不足以补偿三九公司损失的,三九公司才可依运输合同约定向明坤公司主张权利。三九公司对明坤公司的赔偿请求权(保险赔偿范围内)并不成立,深圳公司的所谓代位求偿权也就没有根据。因此,确认明坤公司对保险标的具有保险利益,三九公司向深圳公司投保是其与明坤公司的共同意思表示,可避免上述矛盾的出现,体现保险分散风险的功能。

其次,依深圳公司与三九公司所签保险合同效力及于明坤公司与三九公司所签运输合同名下的具体标的物,因此在阮某接受明坤公司委托为三九公司承运货物时,亦对保险合同项下的保险标的享有保险利益,其亦不能成为我国《保险法》第六十条所规定的第三者。深圳公司不能以阮某驾驶车辆系职务行为,其所为民事行为应由雇主承担法律后果为由向物流公司、张某行使代位求偿权。当然,深圳公司若有证据证明保险标的的损害系因阮某故意所为,可另行向阮某及其雇主主张权利。

至于各被告关于三九公司的权益转让书违反《保险法》第六十条的规定、深圳公司的理赔数额未经法定机构评估、可能超额赔偿的主张已无实际意义,法院不予评判。

据此,山东省枣庄市薛城区人民法院依法判决驳回深圳公司的诉讼请求。案件受理费19,288元,由深圳公司负担。

深圳公司不服一审判决,向山东省枣庄市中级人民法院提起上诉。山东省枣庄市中级人民法院二审认为,根据《保险法》第六十条第一款的规定,当被保险人对第三者有请求赔偿的权利时,保险人按保险合同的约定向被保险人履行完理赔义务之后,就取得了代位追偿权。

本案的争议焦点在于被保险人的投保行为是否免除了其他人的赔偿责任、保险人实现代位求偿权的前提、涉案的意外火灾事故是否属于承运人的免责事由。

1.关于被保险人的投保行为是否免除了其他人的赔偿责任的问题。二审法院认为,首先,财产保险是为了赔偿被保险人因保险标的所受到的实际损失而设立的,并不免除第三者对保险标的应有的义务。其次,法律规定代位求偿权是为了防止被保险人由于保险事故的发生,从保险人和第三者责任方同时获得双重赔偿而额外获利以确保损失补偿原则的执行,并不是免除第三者的相关责任。最后,货运合同约定由托运人对货物投保,并不表明被保险人由此预先放弃了其对第三者的损害赔偿请求权。三九公司与明坤公司虽然在运输合同中约定,当保险事故发生后,三九公司理应先向深圳公司索赔,保险金不足以补偿三九公司损失的,三九公司才可依运输合同约定向明坤公司主张权利。但是,明坤公司无证据证明在该宗货物投保时,已将上述约定告知保险人,而保险人在明知该约定的情况下继续愿意承保或相应地提高保费来降低风险。因此,二审法院认为,该约定对保险人深圳公司不具有约束力。本案中,因明坤公司的行为造成货物毁损,三九公司享有对明坤公司的赔偿请求权,现深圳公司已向被保险人三九公司进行理赔,并由三九公司出具了权益转让书,就表明保险人深圳公司已取得了代位求偿权。

2. 关于保险人实现代位求偿权前提的认定问题。二审法院认为，保险代位求偿权是保险人依照法律规定所享有的，代位行使被保险人享有的对造成保险事故并负有赔偿责任的第三者请求赔偿的权利。保险人的权利是源自被保险人对第三者的赔偿请求权，该赔偿请求权的基础并不限于因侵权行为而产生的损害赔偿请求权，也应该包括因合同关系、第三者的其他行为等而产生的损害赔偿请求权。由此可见，保险人深圳公司从被保险人三九公司处所取得的权利在其理赔的范围内，应与被保险人三九公司从承运人明坤公司和侵权人物流公司、张某处所取得的赔偿请求权是一致的。一审法院对此理解有误，二审法院予以纠正。另外，本案中三九公司基于不同的法律关系对多个第三者享有赔偿请求权，但给付目的是一致的，该笔债务在多个第三者之间构成不真正连带之债，即三九公司基于不同的法律关系对多个第三者享有不同的赔偿请求权而提起的诉讼属于普通的共同诉讼。依据侵权责任法的相关规定，债权人有权分别起诉，也可以同时起诉数个债务人。因此，物流公司和张某以其与保险公司或被保险人之间没有合同关系而不应对其行使追偿权的答辩理由亦不能成立。

3. 关于涉案的火灾事故是否属于承运人免责事由的认定问题。被上诉人明坤公司认为，本次火灾事故，是意外事故，属不可抗力，应属其免责的事由，故其不应承担损害赔偿责任。对此，二审法院认为，根据我国民法通则及合同法的相关规定，不可抗力是指不能预见、不能避免并不能克服的客观情况。意外事故是指非因当事人的故意或过失而不能预见的偶然发生的事故。尽管不可抗力与意外事故有一个共同点，就是对事故的不可预见性，但是意外事故是能够避免和克服的；而对于不可抗力来说，是即使预见到也是不能避免和克服的。据淮北市公安消防支队认定涉案的火灾是因车辆下坡行驶中，驾驶员踩刹车过久，平板挂车左车前轮轮毂与刹车装置剧烈摩擦产生高温引燃轮胎，进而酿成的火灾所致，作为承运人的明坤公司、物流公司、张某是专门从事运输的单位和个人，其对车辆有检查、保养、安全使用的义务，显然，只要明坤公司、物流公司、张某尽到承运人的相关注意义务，及时消除可能存在的事故隐患，此次火灾事故是能够避免和克服的。因此，涉案火灾事故不属于被上诉人明坤公司、物流公司、张某的免责事由。

综上所述，上诉人深圳公司向被保险人三九公司进行理赔后，即取得向被上诉人明坤公司、物流公司、张某代位行使损害赔偿的请求权，由于涉案的火灾事故不属于被上诉人明坤公司、物流公司、张某在货运合同中的免责事由，被上诉人明坤公司、物流公司、张某应对被保险人三九公司的货物损失承担损害赔偿责任，因此，上诉人深圳公司的诉讼请求成立，二审法院予以支持。被上诉人明坤公司、物流公司、张某的辩称意见，缺乏法律依据，法院不予采纳。一审判决适用法律不当，二审法院予以纠正。

山东省枣庄市中级人民法院遂判决：撤销原判，改判由被上诉人明坤公司、物流公司、张某应于判决生效之日起十日内赔偿上诉人深圳公司人民币1,609,775元。

※**裁判要旨**：本案的关键是保险代位求偿权行使所依据的基础法律关系。《保险法》第六十条赋予了保险人在向被保险人赔偿后取得了对造成保险标的损害的第三者请求赔偿的权利。根据《保险法解释四》第七条规定：保险人依照《保险法》第六十条的规定，主张代位行使被保险人因第三者侵权或者违约等享有的请求赔偿的权利的，人民法院应予支持。对保险标的造成损害可以基于第三者的侵权行为，也可以基于违约行为，由此该赔偿请求权的基础并不限于因侵权行为而产生的损害赔偿请求权，也应该包括因合同关系、第三者的其他行为等产生的损害赔偿请求权。本案中明坤公司系三九公司签约的承运人，其负有按照运输合同的约定完成运输任务的责任，而货物在运输过程中发生毁损，明坤公司应对三九公司的损失承担违约责任。三九公司有权依照运输合同向明坤公司行使违约赔偿请求权；物流公司和张某作为实际承运人，因其运输行为给货主即三九公司造成了损失，三九公司有权就其侵权行为行使损害赔偿请求权。综上所述，明坤公司作为签约承运人、物流公司和张某作为实际侵权人，都应被认定为造成三九公司损失的第三者。

与此相关的问题是：数个第三者基于不同法律关系产生赔偿责任时保险人代位求偿权的行使问题。保险代位求偿权是保险人依照法律规定所享有的，代位行使被保险人享有的对造成保险事故并负有赔偿责任的第三者请求赔偿的权利。深圳公司在承担完保险责任后，其有权取代被保险人即三九公司向明坤公司主张违约赔偿请求权，以及向物流公司和张某主张侵权损害赔偿请求权。由此明坤公司、物流公司及张某虽基于不同的法律关系承担损失赔偿责任，但其给付目的是一致的，均是赔偿三九公司的损失，形成不真正连带之债。依据《民事诉讼法》第五十二条第一款之规定，“当事人一方或双方为二人以上，其诉讼标的是共同的，或者诉讼标的是同一种类、人民法院认为可以合并审理并经当事人同意的，为共同诉讼”。此时债权人即保险公司有权分别起诉各个第三者，也可同时对数个第三者提起诉讼，属于普通共同诉讼。本案中深圳公司即同时提起对明坤公司、物流公司及张某的诉讼，明坤公司、物流公司及张某应对该赔偿责任互负连带责任。

华泰财产保险有限公司北京分公司诉李某、天安财产保险股份有限公司河北省分公司张家口支公司保险人代位求偿权纠纷案〔1〕

※案情简介：2011年6月1日，华泰财产保险有限公司北京分公司（以下简称华泰保险公司）与北京亚大锦都餐饮管理有限公司（以下简称亚大锦都餐饮公司）签订机动车辆保险合同，保险期间自2011年6月5日0时起至2012年6月4日24时止。2011年11月18日，陈某某驾驶被保险车辆行驶至北京市朝阳区机场高速公路上时，与李某驾驶的车辆发生交通事故，造成被保险车辆受损。经交管部门认定，李某负事故全部责任。事故发生后，华泰保险公司依照保险合同的约定，向被保险人亚大锦都餐饮公司赔偿保险金83,878元，并依法取得代位求偿权。基于肇事车辆系在天安财产保险股份有限公司河北省分公司张家口支公司（以下简称天安保险公司）投保了机动车交通事故责任强制保险，华泰保险公司于2012年10月诉至北京市东城区人民法院，请求判令被告肇事司机李某和天安保险公司赔偿83,878元，并承担诉讼费用。

被告李某的住所地为河北省张家口市怀来县沙城镇，被告天安保险公司的住所地为张家口市怀来县沙城镇燕京路东108号，保险事故发生地为北京市朝阳区机场高速公路上，被保险车辆行驶证记载所有人的住址为北京市东城区工体北路新中西街8号。

北京市东城区人民法院于2012年12月17日作出（2012）东民初字第13663号民事裁定：对华泰保险公司的起诉不予受理。法院生效裁判认为：根据《保险法》第六十条的规定，保险人的代位求偿权是指保险人依法享有的，代位行使被保险人向造成保险标的损害负有赔偿责任的第三者请求赔偿的权利。保险人代位求偿权源于法律的直接规定，属于保险人的法定权利，并非基于保险合同而产生的约定权利。因第三者对保险标的的损害造成保险事故，保险人向被保险人赔偿保险金后，代位行使被保险人对第三者请求赔偿的权利而提起诉讼的，应根据保险人所代位的被保险人与第三者之间的法律关系确定管辖法院。第三者侵害被保险人合法权

〔1〕本案根据最高人民法院关于发布第六批指导性案例的通知（法〔2014〕18号）指导案例25号整理。

益，因侵权行为提起的诉讼，依据《民事诉讼法》第二十八条的规定，由侵权行为地或者被告住所地法院管辖，而不适用财产保险合同纠纷管辖的规定，不应以保险标的物所在地作为管辖依据。本案中，第三者实施了道路交通侵权行为，造成保险事故，被保险人对第三者有侵权损害赔偿请求权；保险人行使代位权起诉第三者的，应当由侵权行为地或者被告住所地法院管辖。现二被告的住所地及侵权行为地均不在北京市东城区，故北京市东城区人民法院对该起诉没有管辖权，应裁定不予受理。

※裁判要旨：因第三者对保险标的的损害造成保险事故，保险人向被保险人赔偿保险金后，代位行使被保险人对第三者请求赔偿的权利而提起诉讼的，应当根据保险人所代位的被保险人与第三者之间的法律关系，而不应当根据保险合同法律关系确定管辖法院。第三者侵害被保险人合法权益的，由侵权行为地或者被告住所地法院管辖。这符合《保险法解释四》第十二条的规定，保险人以造成保险事故的第三者为被告提起代位求偿权之诉的，以被保险人与第三者之间的法律关系确定管辖法院。

第六十一条 【不能行使代位求偿权的法律后果】保险事故发生后，保险人未赔偿保险金之前，被保险人放弃对第三者请求赔偿的权利的，保险人不承担赔偿保险金的责任。

保险人向被保险人赔偿保险金后，被保险人未经保险人同意放弃对第三者请求赔偿的权利的，该行为无效。

被保险人故意或者因重大过失致使保险人不能行使代位请求赔偿的权利的，保险人可以扣减或者要求返还相应的保险金。

条文解读

本条是对因被保险人原因致使保险人不能行使代位求偿权的法律后果的规定。

（一）保险事故发生后，保险人未赔偿保险金之前，被保险人放弃对第三者请求赔偿的权利的，保险人就会失去代位求偿权，实际上使有过错的第三者免除了法定赔偿责任，损害了保险人的合法权益。为了制约被保险人放弃对第三者请求赔偿的权利的行为，本条第1款明确规定了这种行为的法律后果，即被保险人将丧失从保险人处取得保险赔偿金的权利，其保险财产损失不能从保险人处得到赔偿。

（二）保险人的代位求偿权是法定权利，在保险人向被保险人支付了保险赔偿金后，被保险人所享有的向第三者请求赔偿的权利法定转移，保险人的代位求偿权随之产生。被保险人的损害赔偿请求权虽然因第三者对保险标的的损害而产生，但在保险人赔偿保险金后，依法由保险人取得代位求偿权。因此本条第 2 款明确规定，保险人向被保险人赔偿保险金后，被保险人未经保险人同意放弃对第三者请求赔偿的权利的，该行为无效；保险人仍有权代位行使被保险人对第三者请求赔偿的权利。

（三）代位求偿权以第三者对保险标的损害而造成保险事故为前提，被保险人是保险事故的直接受害者，其有关行为对以后保险人能否行使代位求偿权有着重要影响，甚至可能直接导致保险人无法行使代位求偿权。如因被保险人的疏忽大意，造成证据遗失，使损害赔偿的范围无法确定或者减少，或者被保险人怠于行使权利而超过诉讼时效。上述行为是因被保险人的过错所致，被保险人应该承担相应的责任。因此本条第 3 款规定，被保险人故意或者因重大过失致使保险人不能行使代位请求赔偿的权利的，保险人可以扣减或者要求返还相应的保险金。

配套法规及解读

《保险法解释四》（2018 年 7 月 31 日）

第九条　在保险人以第三者为被告提起的代位求偿权之诉中，第三者以被保险人在保险合同订立前已放弃对其请求赔偿的权利为由进行抗辩，人民法院认定上述放弃行为合法有效，保险人就相应部分主张行使代位求偿权的，人民法院不予支持。

保险合同订立时，保险人就是否存在上述放弃情形提出询问，投保人未如实告知，导致保险人不能代位行使请求赔偿的权利，保险人请求返还相应保险金的，人民法院应予支持，但保险人知道或者应当知道上述情形仍同意承保的除外。

※法规解读：本条规定了对于保险合同订立前被保险人预先放弃对第三者赔偿请求的处理规则。

本条司法解释第 1 款规定了法院应当对被保险人放弃对第三者赔偿请求权的时间和效力进行主动审查。在保险代位求偿权纠纷中，第三者以被保险人已放弃或者免除其赔偿责任为由，主张不承担赔偿责任的，法院应当主动审查放弃或者免除的效力。例如，在运输合同中，托运货主因为价格或其他因素，可能在运输合同中对赔偿责任进行限制性约定，如果是先订立运输合同、后订立保险合同，第三者可以运输合同中的限责条款对抗保险公司取得的代位求偿权。

根据本条司法解释第2款，保险公司可以依据《保险法》第16条，以投保人未履行如实告知义务为由拒绝支付保险金，已经支付保险金的，保险公司可以请求被保险人返还。保险人对此负举证责任。实践中，保险公司在向被保险人支付保险金时，为后期代位求偿权的行使，会要求被保险人出具请求权转让书，此举并不影响代位求偿权的取得，其价值在于如果被保险人存在对第三者权利的放弃或限制，该转让书可以证明保险公司已经就放弃情形提出询问，而投保人作出了不实告知。此种情形下，保险人请求返还相应保险金的，人民法院应予支持。但保险人知道或者应当知道上述情形仍同意承保的，人民法院不予支持。

关联法规索引

《民法总则》第6条、第7条、第118~122条；《合同法》第73条；《保险法》第16条第6款；《保险法解释二》第7条

典型案例

甲保险公司诉乙公司偿还赔偿金案〔1〕

※案情简介：丙公司就其销售的货物向甲保险公司（以下简称甲公司）投保了公路货物运输保险。丙公司与乙运输公司（以下简称乙公司）签订运输合同，双方约定由乙公司将丙公司销售的价值90,000元的货物运输到某地。在运输途中，车辆发生火灾，造成乙公司所载货物全部毁损。于是，丙公司向甲公司索赔，并出具了权益转让书，甲公司依保险合同约定向丙公司赔偿了40,000元。甲公司赔偿后，认为乙公司作为承运人应对运输过程中货物的毁损向托运人即丙公司承担赔

〔1〕 载 http://www. faxin. cn/lib/cpal/AlyzContent. aspx? isAlyz = 1&gid = C1290533&libid = 0201&userinput = 被保险人与第三者达成和解协议，最后访问时间：2019年4月29日，收录时做相应修改。

偿责任，但乙公司至今未向丙公司履行该项义务，甲公司遂以行使代位求偿权为由起诉乙公司，要求乙公司向其立即支付赔偿款40,000元。

乙公司辩称，其与丙公司已于甲保险公司赔偿前达成和解协议，由乙公司赔偿丙公司20,000元，并约定本次事故已一次性了结。乙公司认为，保险代位求偿的基础是乙公司未向丙公司赔偿，但乙公司与丙公司已达成和解协议，且已履行完毕，故请求驳回甲保险公司的诉讼请求。

一审法院认为，因第三者对保险标的的损害而造成保险事故的，保险人自向被保险人赔偿保险金之日起，在赔偿金额范围内代位行使被保险人对第三者请求赔偿的权利。代位求偿权系保险人所享有的法定权利，不论保险合同是否有约定，保险人均可依法行使该权利。同时，代位求偿权的产生，以保险人向被保险人赔偿保险金为前提。甲公司已向丙公司赔偿40,000元，故具有依法享有代位求偿权的前提。保险代位求偿权实际是债的代位权在保险关系中的具体运用，体现了保险法的补偿原则。因此，在该权利的行使过程中，第三人得以其对被保险人享有的抗辩权来对抗保险人的代位求偿权，但乙公司对其在承运过程中出现火灾后应向丙公司所负的责任及责任大小并未向甲保险公司进行抗辩。乙公司虽以和解协议欲证明火灾事故已一次性了结，但被保险人与第三者自行达成的有关放弃或减免赔偿义务的约定不得对抗保险人，故甲公司依然可以向乙公司进行求偿。况且，即使和解协议是真实的，乙公司也仅赔偿了20,000元，而货物全损价值为90,000元，乙公司如向甲公司承担代位求偿的40,000元义务后，也未超出其即使承担全部赔偿责任的赔偿义务范围。综上所述，该案一审判决支持了甲公司的全部诉讼请求。后乙公司不服提起上诉，二审经调解结案。

※裁判要旨：因第三者对保险标的的损害而造成保险事故的，保险人自向被保险人赔偿保险金之日起，可在赔偿金额范围内代位行使被保险人对第三者请求赔偿的权利，被保险人与第三者自行达成的有关放弃或减免赔偿义务的约定不得对抗保险人。第一，如果该和解协议确实是在甲公司赔偿保险金之前签订的，则如果丙公司向甲公司隐瞒了这一事实，就侵害了甲公司代位求偿权的期待权。根据《保险法》第六十一条第一款的规定，“保险事故发生后，保险人未赔偿保险金之前，被保险人放弃对第三者请求赔偿的权利的，保险人不承担赔偿保险金的责任”。在本案中，甲公司当时完全可以拒赔，但由于丙公司隐瞒这一事实而导致甲公司赔付（存在骗保），甲公司可以按不当得利要求丙公司返还该保险金40,000元；此种情

况下甲公司对乙公司不享有代位求偿权。第二,如果该和解协议实际是在甲公司赔偿保险金之后签订的,上面的日期系倒签,则根据《保险法》第六十一条第二款的规定,“保险人向被保险人赔偿保险金后,被保险人未经保险人同意放弃对第三者请求赔偿的权利的,该行为无效”。由于本案的和解协议称本次事故已经一次性了结,因此,丙公司在取得20,000元赔偿款后显然就剩余损失放弃了对乙公司的索赔权。根据法律的明文规定,丙公司的行为无效,甲公司可就其剩余的让与请求权部分向乙公司代位追偿20,000元。

第六十二条 【代位求偿权行使限制】除被保险人的家庭成员或者其组成人员故意造成本法第六十条第一款规定的保险事故外,保险人不得对被保险人的家庭成员或者其组成人员行使代位请求赔偿的权利。

条文解读

本条是对保险人行使代位求偿权范围的限制规定。

(一)本条对保险人向造成保险标的损失的被保险人的家庭成员或者其组成人员行使代位求偿权进行了限制,即被保险人的家庭成员或者其组成人员过失造成保险标的损失的,保险人不得行使代位求偿权;被保险人的家庭成员或者其组成人员故意造成保险标的损失的,保险人仍可以依照本法的有关规定行使代位求偿权,向其请求损害赔偿。

(二)被保险人的家庭成员,是指作为自然人的被保险人,其配偶、子女、父母以及与被保险人有抚养、赡养或者扶养关系的人。被保险人的组成人员,一般是指作为法人和非法人组织的被保险人的内部工作人员。通常情况下,被保险人的家庭成员或者其组成人员对保险标的具有与被保险人共同的利益。如果家庭财产遭受损失,不仅被保险人的利益受损害,所有家庭成员的生活及工作都会受到影响;法人或者非法人组织的财产遭受损失,法人或者非法人组织的生产和效益以及组成人员的利益也会受影响。因此,被保险人的家庭成员或者其组成人员通常不会故意造成保险标的损失,一旦他们造成保险事故,实际上是损害自己的利益。同时,即使在被保险人的家庭成员或者其组成人员造成保险标的损失的情况下,实践中被保险人一般也不会追究其责任:对于家庭成员追究其财产责任与传统的伦理道德观念不相符;对于法人或非法人组织的组成人员,一般会通过纪律处分解决,也很少会要求其按照实际损失承担赔偿责任。因此,被保险人的家庭成员或者其组成人员造成保险事故的,一般情况下被保险人不会行使损害赔偿请求权;随之而来,对保险人行使代位求偿权也应有所限制。

配套法规及解读

《保险法解释四》(2018 年 7 月 31 日)

第八条 投保人和被保险人为不同主体,因投保人对保险标的的损害而造成保险事故,保险人依法主张代位行使被保险人对投保人请求赔偿的权利的,人民法院应予支持,但法律另有规定或者保险合同另有约定的除外。

※法规解读:保险合同的主体分为保险合同的当事人和保险合同的关系人。保险合同的当事人是指参加保险合同法律关系,享有权利承担义务的人,包括投保人和保险人。保险合同的关系人是指保险合同当事人以外的,对于保险合同规定的利益享有独立请求权的人,包括被保险人和受益人。投保人为保险合同的当事人,是指与保险人订立保险合同并负担交纳保险费义务的人。被保险人为保险合同的关系人,是指以自己的财产或者人身利益享受保险保障,在保险事故发生时对保险人享有保险金给付请求权的人。投保人与被保险人可以为同一主体,也可以发生分离。在两者非为同一主体的情况下,投保人享有的权利,如订立、变更或者解除保险合同的权利,被保险人不享有。同样,被保险人享有的权利,如保险金的请求权,投保人也并不当然享有。

对于保险人能否向投保人行使保险代位求偿权,《保险法解释四》做出了肯定的回答,并规定了相应的情形,即财产保险中投保人和被保险人可以是两个不同的主体,并且还确认了保险公司可以向投保人追偿。比如,在货运险中,物流公司作为投保人为第三方货物投保货运险,被保险人是托运的货主,由于物流公司的责任发生货物毁损,保险人依法对货主赔偿后有权代位行使货主对投保人请求赔偿的权利。可以看出,在货运险中,不管投保人和被保险人是否是同一人,物流公司作为投保人均面临非常大的法律风险。风险避免的方法就在本条解释的但书中,投保人可以用合同约定形式改变,即投保人可以在保险合同中约定保险公司不得向投保人进行追偿。

关联法规索引

《保险法》第60条、第61条;《保险法解释二》第16条、第19条;《保险法解释四》第7条、第10条、第12条、第13条

典型案例

中国平安财产保险股份有限公司与王某追偿权纠纷案[1]

※案情简介:2015年2月12日,王某向光大银行上海道支行贷款55,000元,并签订了个人小额信用贷款合同,光大银行上海道支行如约向王某发放贷款55,000元,王某自2016年8月12日开始再未履行合同约定的还款义务。王某于2015年2月11日与平安公司签订了平安个人贷款保证保险合同,投保人王某,被保险人光大银行上海道支行,保证保险金额65,395元,保险期间自个人贷款合同项下贷款发放之日起,至清偿全部贷款本息之日止,保单特别约定:投保人拖欠任何一期贷款达到80天,保险人依据保险合同约定向被保险人进行理赔,保险人理赔后,投保人需要向保险人归还全部理赔款和未付保费,从保险人理赔当日开始超过30天,投保人仍未向保险人归还上述全部款项的,则视为投保人违约,投保人需以尚欠全部款项为基数,从保险人理赔当日开始计算,按日千分之一向保险人缴纳违约金。平安公司于2016年10月31日向光大银行上海道支行支付代偿款31,238.78元,王某至今没有向平安公司偿还该笔款项。

平安公司提出诉讼请求:(1)判令王某支付理赔款31,238.78元;(2)判令王某支付逾期保费3275.08元;(3)判令王某支付违约金24,366.25元(至2018年12月21日)及自2018年12月22日起至实际给付日止的违约金(以31,238.78元为基数,按照每日千分之一标准计算);(4)判令王某支付律师费1000元;(5)案件受理费由王某承担。王某辩称:我在平安普惠借的钱,在光大银行取的钱,没有从平安公司借款,且利率太高,不认可。

法院认为,王某与平安公司订立的保险合同合法有效,对双方具有法律约束力,王某应按合同缴纳保费,平安公司按合同约定向光大银行上海道支行代偿了王

[1] 本案根据天津市河北区人民法院(2019)津0117民初360号民事判决书整理。

某的借款本金及利息31,238.78元,王某应按合同约定及时向平安公司偿还31,238.78元,王某未及时偿还款项的行为属于违约行为,应承担违约责任。平安公司要求王某按合同约定的日千分之一给付违约金,违约金约定过高,酌定违约金为年利率24%。

综上所述,关于平安公司主张的保费3275.08元,依法有据,予以支持;理赔款31,238.78元,证据充分,予以支持;违约金24,366.25元,合同约定的违约金数额过高,违约金以31,238.78元为基数,酌定年利率24%;律师费1000元,其主张没有法律依据,不予支持。

依照《保险法》第十条、第十四条,《保险法解释四》第八条,《民事诉讼法》第六十四规定,判决如下:(一)王某于本判决生效后五日内向中国平安财产保险股份有限公司支付保险赔偿款31,238.78元及违约金(违约金自2016年10月31日开始计算至判决实际给付之日止,违约金以31,238.78元为基数,按年利率24%计算)。(二)王某于本判决生效后五日内向中国平安财产保险股份有限公司支付保费人民币3275.08元。(三)驳回中国平安财产保险股份有限公司其他诉讼请求。

※裁判要旨:本案的焦点之一是投保人与被保险人不一致,在因投保人对保险标的的损害造成保险事故时,保险公司在向被保险人赔偿保险金之后,是否可以取得对投保人的代位求偿权问题。根据《保险法解释四》第八条的规定,投保人和被保险人为不同主体,因投保人对保险标的的损害而造成保险事故,保险人依法主张代位行使被保险人对投保人请求赔偿的权利的,人民法院应予支持,但法律另有规定或者保险合同另有约定的除外。因此,王某符合《保险法》第六十条规定的第三者,本案中平安公司可以向投保人王某进行追偿。本案的焦点问题之二是违约金的数额问题,合同中约定的违约金过高,法院根据《最高人民法院关于审理民间借贷案件适用法律若干问题的规定》第二十六条规定的精神予以调整是合理的。

第六十三条 【协助行使代位求偿权】保险人向第三者行使代位请求赔偿的权利时,被保险人应当向保险人提供必要的文件和所知道的有关情况。

条文解读

本条是对保险人行使代位求偿权时被保险人的义务的规定。

（一）由于代位求偿权实际上是被保险人损害赔偿请求权的转移，被保险人是否协助保险人向第三者求偿，对于保险人能否实现其代位求偿权十分重要。为此，本条对保险人行使代位求偿权时被保险人的义务作了规定。

（二）根据本条规定，保险人向第三者行使代位求偿权时，被保险人应当向保险人提供必要的文件和所知道的有关情况。而有关情况，被保险人是最清楚的，保险人往往并不掌握。被保险人如果不向保险人提供必要的文件和所知道的有关情况，很可能导致保险人的代位求偿权无法实现。因此，本法对被保险人规定了提供必要的文件和告知其所知道的有关情况的义务。这里所说的"必要的文件和所知道的有关情况"，一般是指能够证明被保险人损害赔偿请求权存在的文件或者其他证据，如被保险人与第三者之间的合同、第三者的有关情况以及能够证明第三者对保险事故的发生负有责任的有关情况和依据。被保险人如果怠于履行这项法定义务，致使保险人不能行使代位求偿权的，保险人可以按照本法第 61 条第 3 款的规定，相应扣减保险赔偿金。

配套法规及解读

《保险法解释四》(2018 年 7 月 31 日)

第十一条 被保险人因故意或者重大过失未履行保险法第六十三条规定的义务，致使保险人未能行使或者未能全部行使代位请求赔偿的权利，保险人主张在其损失范围内扣减或者返还相应保险金的，人民法院应予支持。

※**法规解读：**该条司法解释是关于被保险人的代位求偿协助义务的规定。

（一）《保险法》第 63 条规定，被保险人应当向保险公司提供必要的文件和所知道的有关情况。本条规定了因被保险人故意或者重大过失导致保险公司追偿不能，保险公司有权请求返还保险赔偿金，也是对保险公司代位求偿权实现给予一定程度的保障。

（二）如何判断被保险人提供的文件是否必要

一般认为，被保险人提供的证明和资料不应超过保险人为确定保险事故发生以及赔偿范围或为行使代位求偿权所必需的范围。需要包括以下文件和情况：(1)能够证明保险标的损害系第三者造成的文件和情况；(2)能够证明保险人和被保险人间存在保险合同关系的文件和情况；(3)能够证明保险人已经向被保险人赔偿保险金的文件和情况。被保险人与保险人相比,并非处理保险事故和赔偿的专业人士,关于"提供必要文件和所知道的有关情况"不能对被保险人要求过高,被保险人也没有义务和责任保证或担保保险公司能充分有效追偿。

(三)被保险人不履行协助义务的过错类型

被保险人不履行或不完全履行代位求偿权的协助义务时,其心理状态必须是故意或者重大过失,而非一般过失,从而限制了保险人滥用该项权利。协助义务是对于被保险人设置的一种额外义务,属于不真正义务的范畴,是基于诚实信用原则,应对被保险人规定普通人的注意义务,来保障保险人代位求偿权的实现。

如保险人基于本条规定主张扣减或返还保险金的,可以在认定被保险人存在故意或者重大过失时,由保险人对此负有证明责任,从而利用举证责任平衡双方在专业地位上的不对等。

(四)扣减或者返还相应保险金的数额确定

"保险人主张在其损失范围内扣减或者返还相应保险金"的数额确定,应当考虑以下因素:(1)保险人的损失应当客观存在;(2)被保险人未履行协助义务与损失之间应存在因果关系;(3)保险人的损失范围不得超过代位求偿权的主张范围。

关联法规索引

《保险法》第 60 条、第 61 条

典型案例

中国人寿财产保险股份有限公司长沙市中心支公司与唐甲追偿权纠纷案[1]

※案情简介:2017 年 6 月 14 日,投保人唐乙在原告中国人寿财产保险股份有限公司长沙市中心支公司为其名下所有的小型轿车购买了交强险和商业保险。2017 年 10 月 11 日唐乙将车借给黄某驾驶,黄某驾驶车辆沿金洲大道自西向东行驶时,被告唐甲驾驶的小型汽车同向行驶,因被告未保持安全车距,导致与原告中

〔1〕 本案根据湖南省宁乡县人民法院(2018)湘 0124 民初 6228 号民事判决书整理。

国人寿财产保险股份有限公司长沙市中心支公司承保车辆以及案外人张某、付某分别驾驶的车辆追尾，造成四车受损的交通事故，交通警察出具《道路交通事故认定书》认定被告唐甲追尾，承担事故的全部责任。事故发生后原告承保车辆送至湖南中拓瑞鑫汽车销售服务有限公司维修，维修费用计72,400元，被告唐甲未进行赔偿，该赔偿款由原告全部支付给投保人唐乙。2018年4月16日投保人唐乙签订权益转让书，称已取得赔偿款72,400元，同意将投保权益转让给原告，并由原告向事故责任方追偿。

原告中国人寿财产保险股份有限公司长沙市中心支公司提出诉讼请求：(1)判令被告返还原告垫付的交通事故赔偿款项72,400元；(2)判决被告承担本案全部诉讼费。被告唐甲辩称：发生交通事故的情况属实，我对事故车辆维修费用不予认可，认为费用过高。

法院认为：投保人唐乙在原告中国人寿财产保险股份有限公司长沙市中心支公司投保了交通事故责任强制保险、机动车商业保险，因被告唐甲行驶中未保持安全距离，造成车辆追尾的交通事故，经交警大队出具的交通事故认定书认定唐甲负此次交通事故的全部责任，其他人不承担责任，被告唐甲依照道路交通安全法的有关规定应承担赔偿责任。事故车辆在湖南中拓瑞鑫汽车销售服务有限公司维修，维修费用共计72,400元。原告中国人寿财产保险股份有限公司长沙市中心支公司支付维修费72,400元后，投保人唐乙向原告出具了权益转让书，原告依法取得了在赔偿金额范围内代位行使被保险人对第三者请求赔偿的权利，被告唐甲应承担赔偿责任。被告唐甲在庭审中辩称维修费用过高，但未提供相关证据证明，故本院不予采信。据此，依据《保险法》第六十条第一款、第六十三条，《侵权责任法》第四十八条之规定，判决如下：被告唐甲在本判决生效之日起五日内向原告中国人寿财产保险股份有限公司长沙市中心支公司支付赔偿款72,400元。

※**裁判要旨**：本案中，原告中国人寿财产保险股份有限公司长沙市中心支公司支付维修费72,400元后，投保人唐乙向原告出具了权益转让书，符合《保险法》第六十三条“保险人向第三者行使代位请求赔偿的权利时，被保险人应当向保险人提供必要的文件和所知道的有关情况”的要求，原告依法取得了在赔偿金额范围内代位行使被保险人对第三者唐甲请求赔偿的权利。庭审中被告唐甲辩称维修费用过高，但未提供相关证据。因此，被告应承担赔偿责任。

被保险人光通公司诉人保钦州分公司水路运输货物保险出险后交付保费及被保险人未及时向承运人索赔致过诉讼时效使保险人丧失代位追偿权案〔1〕

※案情简介：1999年7月10日，原告光通公司委托广西钦州农垦农资公司（以下简称农垦公司），就装载于福建省宁德市飞鸾海运公司所属的"鸾江"轮上的700吨白糖，向被告人保钦州分公司投保水路运输货物保险。据其投保单投保要求，被告向农垦公司签发了钦货承99/019号保险单。保单载明：投保人农垦公司，被保险人为原告，保险标的白糖，重量700吨，运输工具"鸾江"轮，运单号码0001077，启运日期1999年7月10日，启运港（广西）北海港，目的港（福建）肖厝港，保险金额1,729,000元，承保险别综合险，保险费3112.20元。保单背面条款第二条载明：综合险包括基本险责任，而"基本险的保险责任为由于运输工具发生碰撞、搁浅、触礁、倾覆、沉没、出轨或隧道、码头坍塌所造成的损失"。第十四条载明："货物发生保险责任范围内的损失，如果根据法律规定或者有关约定，应当由承运人或其他第三者负责赔偿一部或全部的，被保险人应首先向承运人或其他第三者索赔"。7月16日8时许，投保人向被告交付保费3112.20元，被告为此开具了保险费专用发票。

7月12日9时许，装载原告700吨白糖（14,000袋，每袋50千克）的"鸾江"轮从北海港启航开往目的港。7月13日，当该轮航行至广东海安海域时，船体发生强力震动，船长立即减速并令船员检查船体各部位及货仓，但未发现明显损坏情况。该轮继续航行至下午3时，船上舵机发生故障无法航行，在海上漂泊2天。7月15日6:30时，发现船艏偏重，船舱进水，部分货物被水浸湿，船体已明显下沉，船长即发出呼救信号，并令船员排水抛货，实抛白糖29袋。

至11:30时，北海海运公司所属的"北机九号"轮前来救助并将遇险船舶拖至广东茂名市水东港码头。7月16日，该轮在茂名石化港口公司卸下全部白糖。7月19日，该公司向原告出具卸货证明书。其间，茂名港监多次责令该轮提交海事报告及有关证件，但该轮仅提交了由船长林连金所写的海事报告。7月30日，该

〔1〕载 http://www. faxin. cn/lib/cpal/AlyzContent. aspx? isAlyz = 1&gid = C1262564&libid = 0201&userinput = 保险人能否向投保人行使保险代位求偿权，最后访问时间：2019年4月29日，收录时做相应修改。

轮进入福建省龙海市紫泥造兴船厂(以下简称造兴船厂)进行修理,经船厂、船东和被告有关人员勘察,船舶损坏情况为:左舷侧船底离前货舱横壁约5米附近有破洞二处,右舷侧船底离后货舱横壁约10米附近有破洞一处。造兴船厂已将破洞位置及大小等详细内容开具证明送交被告。7月22日,原告将“鸾江”轮在茂各港卸下的白糖转装到铭龄海运有限公司所属“铭龄一号”轮承运,该轮于7月31日运抵目的港肖厝港。

肖厝港港务公司卸货并编制货运记录:实卸13,966袋,短少5袋。其中干包实卸9162袋,湿包实卸4804袋。另:湿包在船内已严重溶化,每袋重量不足,吨数以过磅为准。嗣后,经泉州市计量所肖厝称重公证计量站检验:“铭龄一号”轮运载的湿白糖过磅15车,重量为205.29吨(4804袋)。8月10日,原告将其湿白糖以每吨1050元的价格全部处理,获215,554元。至此,原告被保险货物的损失为:(1)湿损白糖205.29吨(原进货价2470元/吨,处理价1050元/吨),损失金额291,511.80元;(2)全损白糖36.36吨,损失89,809.20元;(3)茂名港装卸费损失19,000元。以上三项合计损失400,321元。

货物出险后的7月16日10:30时,投保人农垦公司向被告提交了出险通知书。同日,被告遂派员前往茂名水东港察看货物出险情况。之后,被告再次派员去水东港了解出险原因,并前往造兴船厂与船厂、船东共同勘察船舶受损情况。10月19日,原告向被告提出索赔,被告以出险事故不明、证据不足为由拒赔。原告遂诉至北海海事法院,请求判令被告赔偿保险货物损失401,321元,并承担本案诉讼费用。

被告保险公司答辩称:(1)原告未按时交纳保费,应承担违约责任,被告因此有权终止保险责任或拒绝赔偿损失。(2)原告向被告索赔时仅提供了货物损失数量方面的证明,未提供有关货损的性质、原因方面的证据,原告应承担举证不足的法律后果。(3)原告未经被告同意放弃对承运人的索赔权,并错过对承运人的索赔时效,被告已不能代位向承运人追偿,被告依法有权拒赔或相应扣减保险赔偿。为此,请求法院驳回原告的诉讼请求。

北海海事法院认为:本案原告将其水路运输货物向被告投保,被告承保并签发保单,表明双方保险合同业已成立。该保险合同是原、被告双方在平等自愿基础上的真实意思表示,且内容不违背国家法律,因而合法有效,对双方当事人具有拘束力。原告向被告交付保费,系原告对合同义务的履行,而非合同成立或生效的要件。被告收取保费并向原告开具保费发票之行为,表明被告对原告未在保单签发之时交付保费行为的认可。故被告辩称原告未按时交纳保费应承担违约责任,并有权终止保险责任或拒绝承担赔偿损失的理由,不能成立。

被保险货物出险,这是原、被告双方不争的客观事实。根据船长海事报告和造兴船厂的证明证实,可以推定该轮发生海事是船舶触礁或触碰海底障碍物所致。根据原告投保险别及保单背面条款,触礁或碰撞造成货损正是被告承保的综合险及基本险保险责任赔偿范围。根据《海商法》第二百一十九条第二款第(二)项"货物的保险价值,是保险责任开始时货物在起运地的发票价格……以及运费和保险费的总和"的规定,原告提出要求被告赔偿损失的诉讼主张符合法律的规定,本院应予支持。

然而,原告在向被告索赔及主张权利期间,却忘却了保单背面条款所载明的货物出险后应首先向责任方承运人索赔以保住诉讼时效的义务,致使被告在本案结束后丧失了向第三人及责任方追偿的权利。根据《海商法》第二百五十三条的有关规定,被告辩称对此有权相应扣减保险赔偿的理由成立。对其扣减数额,根据法律和本案实际情况,本院认为扣减原告所主张保险赔偿金额的50%应为合法、公允。

北海海事法院于2000年9月26日判决:被告保险公司赔付原告光通公司保险金200,160元(400,321元×50%)。

一审判决后,原、被告均不服,分别向广西壮族自治区高级人民法院提起上诉。光通公司上诉称:第一,关于索赔的选择权。由于保险公司向我公司提供的是格式合同,我公司有选择向承运人索赔或向保险公司索赔的权利。第二,关于诉讼时效。货物抵港时间为1999年7月31日,我公司于10月19日已向保险公司索赔,1999年12月向法院起诉,本案的诉讼时效应因此中断。且我公司也未放弃向承运人索赔。请二审法院纠正一审错误,判决保险公司赔偿我公司全部经济损失。

保险公司上诉称:第一,光通公司没有完成法律规定的举证义务,一审法院推定事故原因,并据此认定我司的责任是错误的。第二,光通公司应承担违反最大诚信原则和合同约定的法律责任。第三,光通公司应承担我公司不能对承运人有效行使代位求偿权的全部法律责任。

二审法院认为:本案保险合同主体合格。投保人提出保险要求,经保险人同意承保,并就合同条款达成协议,保险合同成立,合同内容合法,依照《保险法》第十二条的规定,应为有效合同。合同成立后,投保人按照约定交纳保费;保险人按照约定时间开始承担保险义务。在合同履行过程中,被保险货物出险是双方不争的事实。在事故发生后,被保险人及保险人均及时到达现场查看出险情况,保险人还再次派人到水东港了解出险原因;由于承运人的原因,致使港监部门未出具海损事故原因报告书,亦是双方明知的事实。但从船长出具的海事报告及修船厂出具的证明看,均不存在保险合同背面条款所规定的保险人不负赔偿责任的情况。

由于本案格式合同是保险公司提供的,因此在货物出险时,被保险人索赔须提供什么证据,保险公司应在合同中约定或书面告知被保险人。现光通公司已按保险合同及保险公司的书面要求,提供其所能提供的与确认保险事故的性质、原因、损失程度等有关的文件资料,保险公司对此没有再次通知被保险人补充提供有关证明和资料,应认定光通公司已尽了举证义务。保险公司上诉称光通公司没有尽到法律规定的举证义务,以此为由拒绝赔偿,没有事实和法律依据。根据《保险法》第二十二条、第二十三条的规定,保险公司应在合同规定的范围内,根据双方核定的损失进行赔偿。由于保险公司已在《保险法》规定的60天内明确拒赔,光通公司亦已提起诉讼,在法院未确定双方责任前,为保住光通公司对承运人的追索权及保险公司行使代位求偿权的诉讼时效,光通公司应根据保险合同第十四条的规定,首先向承运人提出索赔要求。而光通公司称其已发信向承运人索赔,保险公司向承运人索赔的诉讼时效因此而中断的理由不能成立。因之去信向承运人索赔并未得到承运人的认可,因而该行为不能造成诉讼时效的中止或中断。由于光通公司的过错,致使保险公司丧失了在本案审结后对责任方承运人的求偿权,故一审法院依照《海商法》第二百五十三条的规定,酌情扣减保险公司50%的赔偿额并无不当。一审判决认定事实清楚,适用法律正确,应予维持。判决:驳回上诉,维持原判。

※裁判要旨:本案的焦点之一是关于因被保险人原因致保险人丧失代位求偿权之责任划分问题。保险标的发生保险责任范围内的损失是由第三人造成时,被保险人首先应向第三人即责任人索赔,或者是在向保险人索赔的同时向第三人索赔,以保住诉讼时效期间,避免当保险人赔付后丧失向第三人的代位求偿权(胜诉权)。对于水路货物运输,按照交通部颁布的《水路货物运输规则》的规定,向承运人索赔期限即时效为180天;按照《海商法》第二百五十七条之规定,其时效则为一年,同时第二百六十七条还规定,向对方提出索赔,需有被请求人同意履行义务时,其时效方能中断。在本案中,原告只知向保险人提出索赔并提起诉讼,但遗忘了首先或同时向责任方承运人提出索赔或提起诉讼的义务,尽管原告在二审中辩称,曾

发信向承运人索赔,但无证据佐证,亦未有承运人同意履行之事实及证据,故其时效未曾发生中断。即便原告光通公司欲向承运人主张权利,其时效早已超过了180天抑或1年。原告怠于行使(放弃)对第三人请求赔偿的权利,其法律后果直接导致当保险人赔付后即丧失了向第三人代位求偿的胜诉权。根据《海商法》第二百五十三条"被保险人未经保险人同意放弃向第三人要求赔偿的权利,或者由于过失致使保险人不能行使追偿权利的,保险人可以相应扣减保险赔偿",以及现行《保险法》第六十一条第三款"被保险人故意或者因重大过时致使保险人不能行使代位请求赔偿的权利的,保险人可以扣减或者要求返还相应的保险金"的规定,对本案被告保险公司本应对原告光通公司全额赔偿的保险金额,法院据此酌情扣减其50%,实可称合法、公允,在海事审判司法实践中具有代表性。

另外,本案涉及保费迟延交付的法律后果。按照《保险法》第十三条"投保人提出保险要求,经保险人同意承保,保险合同成立"的规定,保险合同是诺成合同;只要合同内容为当事人的真实意思表示,且不违背国家法律的强制性规定,保险合同成立即发生效力。对此,投保人或被保险人的首要义务即按照约定向保险人交付保费。根据保险要义,保险合同成立后,保险人的法定义务就是"按照约定的时间开始承担保险责任",非因法律规定或合同约定,"保险人不能解除保险合同",当然就更谈不上终止保险责任或者拒绝赔偿损失的问题。原告向被告交付保费,系原告履行合同自身的义务即对合同的履行,而非合同成立或生效的条件。迟延交付保费也产生相应的法律后果。在一般情况下,其法律后果只是投保人或被保险人须承担由此造成的保险人的利息损失。

第六十四条　【勘险费用承担】保险人、被保险人为查明和确定保险事故的性质、原因和保险标的的损失程度所支付的必要的、合理的费用,由保险人承担。

条文解读

本条是对保险人承担保险事故勘验费用的规定。

(一)保险事故的性质,主要指事故与保险人责任的关系。查明事故的性质,就是为了确认事故是否为合同中载明的保险责任范围内的事故。保险事故的原因,是指保险事故发生的直接诱因,查明保险事故的原因,可以确定保险人的除外责任。查明保险标的损失程度,是为了确定应该支付的保险赔偿金的数额,履行赔偿责任。

(二)查明保险事故的性质、原因和保险标的的损失程度,是保险人明确承担的责任范围、划清除外责任、最终确定应该支付的保险赔偿金数额所必须履行的程序,是保险人理赔工作的一部分,不查明这些情况,保险人无法进行合理的赔付。因此,为查明本条规定的上述情况所支出的费用,是理赔所必需的,理应由保险人承担。

(三)被保险人对于保险事故的性质、原因和保险标的的损失程度,没有调查的义务。为了鼓励被保险人帮助进行调查,对于被保险人为查明上述情况而支出合理的、必要的费用,也规定由保险人承担。

第六十五条 【责任保险】保险人对责任保险的被保险人给第三者造成的损害,可以依照法律的规定或者合同的约定,直接向该第三者赔偿保险金。

责任保险的被保险人给第三者造成损害,被保险人对第三者应负的赔偿责任确定的,根据被保险人的请求,保险人应当直接向该第三者赔偿保险金。被保险人怠于请求的,第三者有权就其应获赔偿部分直接向保险人请求赔偿保险金。

责任保险的被保险人给第三者造成损害,被保险人未向该第三者赔偿的,保险人不得向被保险人赔偿保险金。

责任保险是指以被保险人对第三者依法应负的赔偿责任为保险标的的保险。

条文解读

本条是对责任保险及其赔偿方式的规定。

(一)责任保险,又称为第三者责任保险,是指以被保险人对第三者依法应负的赔偿责任为保险标的的保险。即当被保险人对第三者负损害赔偿责任时,由保险人承担其赔偿责任,向被保险人或者第三人赔偿保险金的一种保险。实践中的责任保险,包括公众责任保险、产品责任保险、职业责任保险、机动车第三者责任险等。

（二）在责任保险合同的保险期间内，一旦发生被保险人对第三者损害的保险事故，被保险人对第三者的损害赔偿责任，由保险人代为承担。

1. 依照法律规定或者合同约定，保险人不必先将保险赔偿金支付给被保险人，直接向第三者赔偿保险金。如《道路交通安全法》第 75 条规定，发生交通事故并且肇事车辆参加机动车第三者责任强制保险的，由保险公司在责任限额范围内支付抢救费用。保险人和被保险人也可以在合同中约定，当保险事故发生时，由保险人直接向第三者赔偿保险金。

2. 应被保险人的请求直接向第三者赔偿保险金。在法律没有规定或者合同没有约定的情况下，当保险事故发生后，如果保险人对第三者应负的赔偿责任确定，依照本条第 2 款的规定，根据被保险人的请求，保险人应当直接向第三者赔偿保险金。这里讲的“赔偿责任确定”，实践中一般包括以下情况：(1)法院判决或者仲裁机构的仲裁裁决确定了被保险人应当向第三者赔偿的具体金额；(2)被保险人与第三者达成的并经保险人同意的赔偿协议确定了具体赔偿数额。当然，保险人向第三者赔偿的保险金，应当在合同约定的保险金额范围内。如果法院判决或者赔偿协议确定的赔偿数额超过了保险金额，超过部分由被保险人自己承担。

3. 如果被保险人怠于向保险人请求向第三者支付的，第三者有权就其应获赔偿部分直接向保险人请求赔偿保险金。实践中，有的被保险人对第三者造成损害后，无力赔偿，又不向保险人请求直接向第三者赔偿保险金，损害了第三者的利益。根据合同法中关于债权人的代位权理论，因债务人怠于行使其到期债权，对债权人造成损害的，债权人可以以自己的名义代位行使债务人的债权的规定，本条第 2 款作了上述规定，以更好地保护第三者的利益。

（三）为了更好地保护第三者的利益，防止被保险人在获得保险金后不向第三者赔偿，本条第 3 款明确规定，责任保险的被保险人给第三者造成损害，被保险人未向该第三者赔偿的，保险人不得向被保险人赔偿保险金。当然，这一规定并不影响保险人依据本条第 1 款和第 2 款的规定，直接向第三者赔偿保险金。

配套法规及解读

《保险法解释四》(2018 年 7 月 31 日)

第十四条 具有下列情形之一的，被保险人可以依照保险法第六十五条第二款的规定请求保险人直接向第三者赔偿保险金：

（一）被保险人对第三者所负的赔偿责任经人民法院生效裁判、仲裁裁决确认；

（二）被保险人对第三者所负的赔偿责任经被保险人与第三者协商一致；

（三）被保险人对第三者应负的赔偿责任能够确定的其他情形。

前款规定的情形下，保险人主张按照保险合同确定保险赔偿责任的，人民法院应予支持。

第十五条 被保险人对第三者应负的赔偿责任确定后，被保险人不履行赔偿责任，且第三者以保险人为被告或者以保险人与被保险人为共同被告提起诉讼时，被保险人尚未向保险人提出直接向第三者赔偿保险金的请求的，可以认定为属于保险法第六十五条第二款规定的“被保险人怠于请求”的情形。

第十六条 责任保险的被保险人因共同侵权依法承担连带责任，保险人以该连带责任超出被保险人应承担的责任份额为由，拒绝赔付保险金的，人民法院不予支持。保险人承担保险责任后，主张就超出被保险人责任份额的部分向其他连带责任人追偿的，人民法院应予支持。

第十七条 责任保险的被保险人对第三者所负的赔偿责任已经生效判决确认并已进入执行程序，但未获得清偿或者未获得全部清偿，第三者依法请求保险人赔偿保险金，保险人以前述生效判决已进入执行程序为由抗辩的，人民法院不予支持。

第十八条 商业责任险的被保险人向保险人请求赔偿保险金的诉讼时效期间，自被保险人对第三者应负的赔偿责任确定之日起计算。

第十九条 责任保险的被保险人与第三者就被保险人的赔偿责任达成和解协议且经保险人认可，被保险人主张保险人在保险合同范围内依据和解协议承担保险责任的，人民法院应予支持。

被保险人与第三者就被保险人的赔偿责任达成和解协议，未经保险人认可，保险人主张对保险责任范围以及赔偿数额重新予以核定的，人民法院应予支持。

第二十条 责任保险的保险人在被保险人向第三者赔偿之前向被保险人赔偿保险金，第三者依照保险法第六十五条第二款的规定行使保险金请求权时，保险人以其已向被保险人赔偿为由拒绝赔偿保险金的，人民法院不予支持。保险人向第三者赔偿后，请求被保险人返还相应保险金的，人民法院应予支持。

※法规解读：《保险法》第 65 条规定了责任保险的一般规则，但是规定较为原则，《保险法解释四》第 14 条到第 20 条确定了一些具体规则。

（一）如何认定《保险法》第 65 条第 2 款中“被保险人对第三者应负的赔偿责任确定”

《保险法解释四》第 14 条对“应负赔偿责任确定”规定了具体的认定标准。

1. 法院的生效判决书，仲裁裁决书

生效的判决书包括上诉期届满当事人未上诉的判决和不能上诉的判决。前者是地方各级人民法院作出的，依法可以上诉而当事人在上诉期内没有上诉的判决；后者包括二审判决，最高人民法院作出的一审判决以及依法不得上诉的一审判决。仲裁实行一裁终局制度，仲裁裁决书自作出之日起发生法律效力。人民法院的判决书、仲裁裁决书的效力最高，保险公司一般可依据文书确定的金额直接赔付。

2. 被保险人与第三者的赔偿协议

该条并没有将经保险人认可同意作为确认协议赔偿金额的前置条件，这对被保险人的索赔权益是一种保护。但应该将被保险人和第三者的赔偿协议理解为，被保险人或第三人向保险人请求赔偿保险金的程序性条件，保险人与第三者达成一致后只是产生了被保险人请求保险人直接向第三者赔偿保险金的请求权，保险人仍可以主张进行实质审查后决定是否赔偿。因此，实践中对于被保险人与第三者的赔偿协议，一般需要经过保险公司认可，才能作为保险赔偿的确定依据，未经认可保险公司一般拒绝依据协议金额进行赔偿。如果保险公司对协议金额有异议，也可以提出相反证据进行抗辩，对协议金额明显超过实际损失的可以提出重新核定的请求。

3. 其他能确定被保险人的赔偿责任的

本项属于兜底条款，目的在于弥补本条前两项具体列举情形不周延的缺陷。

需要注意的是，被保险人对第三者的赔偿责任，并不一定属于责任保险合同约定的保险责任范围，保险人在承担保险责任之前，仍需要审查该赔偿责任即责任保险的事故是否属于保险责任的范围，责任保险合同是否在有效期内以及是否存在免赔额、免赔率等情况，以最终确定保险责任的承担，因此本条第 2 款赋予了保险人主张依照责任保险合同约定赔偿责任的权利。

（二）如何认定《保险法》第 65 条第 2 款中“被保险人怠于请求”

《保险法》第 65 条明确第三者向保险人行使直接请求权的条件为“赔偿责任确定”和“被保险人怠于请求”。因此，对于被保险人“怠于请求”的认定，决定了第三者行使直接请求权的正当性以及诉讼中能否得到法院支持。“怠于请求”主要是指责任保险事故发生后，即被保险人对受害第三者应负的赔偿责任确定后，被保险人能够向保险人提出直接向第三者支付保险金的请求，却不请求或者迟延请求。

“怠于请求”一般表现为不作为，根据《保险法解释四》第16条的规定，即被保险人对第三者应负的赔偿责任确定后，被保险人不履行赔偿责任，且第三者以保险人为被告或者以保险人与被保险人为共同被告提起诉讼时，被保险人尚未向保险人提出直接向第三者赔偿保险金的请求的。不作为的“怠于请求”一般表现为被保险人对于其应负赔偿责任的漠不关心、消极抵触、推诿拖延等。

根据《合同法解释一》第13条第2款关于债权人代位权行使的规定，次债务人不认为债务人有怠于行使其到期债权的情况的，应当承担举证责任。因此，为确保受害第三者得到保护，在赔偿责任已经确定且第三者未获得赔偿的情况下，由保险人就被保险人不构成“怠于请求”的情形，承担举证责任。

（三）责任保险的被保险人因共同侵权依法承担连带责任时的保险金赔偿问题

实践中，在被保险人因共同侵权需要承担连带责任的情况下，保险公司会以连带责任超出被保险人应承担的责任份额为由拒绝赔付，如果被保险人自身无力赔付，会导致相关赔偿不能及时到位，受侵害方不能得到及时救助和止损。

被保险人因侵权行为对第三者所负的赔偿责任，可以是根据被保险人过错大小和原因力所确定的按份责任，还可以是共同侵权中依法确定的连带责任，也可能是补充责任或者不真正连带责任。如果被保险人因侵权行为对第三者所负的责任是连带责任的，根据《保险法解释四》第16条的规定，保险公司主张对连带责任部分不承担赔偿责任的，法院不予支持，保险公司应当在保险金额范围内赔偿连带责任的相关损失。因此，无论是否有份额的约定，保险公司都必须先行赔付，不能以连带责任超出被保险人应承担的份额为由拒绝赔付保险金。

《民法总则》第178条第2款和《侵权责任法》第14条第2款规定了实际承担责任超过自己责任份额的连带责任人向其他连带责任人追偿的权利。对于保险公司提出的连带责任份额超出被保险人应承担的责任份额，本条司法解释也规定保险公司在承担连带赔偿责任后，可以就超出被保险人责任的部分向其他责任人行使代位求偿权，但保险公司需要举证证明相关主张。

（四）责任保险中，第三者诉被保险人所取得的生效判决虽进入执行程序但未获执行时，保险人如何承担保险责任

《保险法解释四》第15条规定，在责任保险中，被保险人对第三者应负的赔偿

责任确定后，第三者可以选择以被保险人为被告起诉，也可以选择以保险公司为被告起诉，还可以选择以被保险人和保险公司为共同被告起诉。根据《保险法解释四》第17条的规定，在第三者选择以被保险人为被告起诉，判决后经强制执行仍未获得全部赔偿的情况下，第三者仍然可以依据《保险法》第65条直接请求保险公司支付赔偿金，保险公司不得以自己并非案件当事人或案件已经进入执行程序为由拒绝赔付。本条规定侧重于保护被侵害的第三者，这对保险公司的风险防控也提出了更高的要求。适用该条司法解释时，应该注意以下条件：

1. 适用本条的前提是符合《保险法》第65条的规定

(1)"被保险人对第三者应负的赔偿责任确定"，对此，《保险法解释四》第14条作了具体规定；

(2)"被保险人怠于请求"，对此，《保险法解释四》第15条作了具体规定。

2. 适用本条司法解释的条件

(1)第三者诉被保险人所取得的生效判决进入执行程序不等同于第三者实际获得全部赔偿；

(2)保险人承担的不是被保险人损害赔偿责任的补充责任；

(3)第三者的直接请求权不能通过执行程序实现，即第三者起诉被保险人并经生效判决确定的金钱债权进入执行程序但未获得清偿或者未获得全部清偿。

(五)责任保险诉讼时效的起算点

责任保险合同纠纷中，涉及被保险人保险赔偿金给付请求权的诉讼时效问题和第三者保险赔偿金给付请求权的诉讼时效问题。强制保险的理赔与商业责任险之间存在很大的不同。

根据《保险法》第26条规定，人寿保险以外的其他保险的被保险人或者受益人，向保险人请求赔偿或者给付保险金的诉讼时效期间为两年，自其"知道或者应当知道保险事故发生之日起"计算，因此，作为财产保险的一种，故责任保险应当适用两年的诉讼时效。保险事故发生之日如何确定？责任保险的保险标的是被保险人应承担之责任。《〈中华人民共和国保险法〉保险合同章条文理解与适用》认为责任保险诉讼时效的起算点为第三人要求被保险人承担责任之日。同时，保监复〔1999〕256号《关于索赔期限有关问题的批复》也认为责任保险的保险事故发生之日，应指第三人请求被保险人承担法律责任之日。实践中各种解释不断，莫衷一是。《保险法解释四》第18条针对商业责任险中被保险人保险赔偿金给付请求权的诉讼时效问题给了最后权威解释,“自被保险人对第三者应负的赔偿责任确定之日起计算”。

责任保险与一般的财产保险不同,责任保险的保险标的,是被保险人对第三人依法应当承担的赔偿责任。保险人承担保险责任的前提是被保险人对第三人的赔偿责任确定,而这个确定的过程需要经过鉴定、诉讼等环节,被保险人向保险人主张赔偿时,距离损害事故发生时已经过去了很长时间,如果以“保险事故发生之日”作为诉讼时效的起算点,则保险人就会以被保险人的请求超过诉讼时效为由进行抗辩。《保险法解释四》第18条“自被保险人对第三者应负的赔偿责任确定之日起计算”的规定,有利于保护被保险人的合法权益,也符合保险原理。

(六)保险人的和解参与权

责任保险中,被保险人和受害第三者达成和解的,和解协议对于保险人是否具有约束力的问题,《保险法解释四》第19条作出了具体规定。

1. 和解协议经保险人认可的法律后果

如果保险人参与被保险人和第三者的和解协议即经保险人同意,和解协议的金额则会得到法院支持。通过和解方式解决保险纠纷,有利于化解矛盾,除非和解协议存在法律规定的无效或者可撤销情形,协议对各方当事人具有约束力,保险人认可和解协议,表明其愿意承担和解协议确定的义务和责任,保险人应当受其约束。该同意不限于书面形式,但被保险人对取得保险公司同意的主张应承担举证责任,如保险公司同意协议金额的邮件、传真、书面材料。

2. 和解协议未经保险人认可的法律后果

被保险人与第三者就被保险人的责任达成和解协议未经保险人认可,包括两种情况:一是保险人未参与和解的,和解协议的赔偿数额、范围等,保险人不受其约束;二是保险人参与到和解中,但是明确表示不同意和解方案,保险人也不受和解协议的约束。此种情况下,保险人有权请求依法确定被保险人对第三者依法所负的赔偿责任并依据保险合同对保险责任进行核定。

(七)责任险中保险人向被保险人支付保险金给第三者造成损害的法律责任

《保险法》参照《合同法》关于代位权制度的原理,设立了赔偿保险金请求权转让制度、赔偿保险金代位权制度及限制被保险人领取保险金制度。《保险法解释四》第20条对上述规则和制度进行具体的明确和细化。

根据该条的规定,被保险人向第三者赔偿前,保险公司向被保险人支付了赔偿金。此时如果第三者并未获得被保险人的赔付,仍可依据《保险法》第 65 条直接向保险公司请求支付赔偿金,保险公司仍需向第三者赔偿。

1. 责任保险赔付的基本流程是被保险人先行赔付遭受损失的第三者,被保险人向保险人提出索赔请求,保险人审查该请求并向被保险人支付保险赔偿金。根据合同关系的相对性,保险人与第三者之间没有任何权利义务关系,一般情况下保险人不需要向第三者支付保险金,因此,第三者就应获赔偿的部分直接向保险人请求赔偿属于例外。

2. 第三者对保险人的直接请求权,性质上是债权。必须符合《保险法》第 65 条第 2 款规定的第三者直接请求权的构成要件,符合下列两种情形之一才可。第一种情形是“被保险人对第三者应负的赔偿责任确定”加上“根据被保险人的请求”;第二种情形是“被保险人对第三者应负的赔偿责任确定”加上“被保险人怠于请求”。

3. 保险人赔付第三者的基础是保险合同的代位求偿权。根据《保险法》第 65 条第 3 款的规定,“责任保险的被保险人给第三者造成损害,被保险人未向该第三者赔偿的,保险人不得向被保险人赔偿保险金”。这意味着即使保险人已经实际向被保险人赔偿保险金,也不构成拒绝第三者根据《保险法》第 65 条第 2 款的规定行使保险金请求权的合法理由。

关联法规索引

《民法总则》第 178 条第 2 款;《侵权责任法》第 14 条第 2 款;《保险法》第 26 条;《道路交通安全法》第 75 条;《合同法》第 73 条;《合同法解释一》第 13 条、第 14 条;保监复〔1999〕256 号《关于索赔期限有关问题的批复》

典型案例

仇甲等诉中国人民财产保险股份有限公司灌云支公司等意外伤害保险合同纠纷案〔1〕

※案情简介:2013 年 1 月 6 日 6 时左右,仇乙参加班级跑步活动时摔倒在地,

〔1〕 载《中华人民共和国最高人民法院公报》2017 年第 7 期,收录时做相应修改。

被送至江苏省连云港市灌云县人民医院进行抢救，病史录中载明“跑步时跌倒后10余分钟，由老师用汽车于6:25送入最高人民法院……于7:30宣布死亡，诊断：猝死（院外死亡）”。仇乙于2013年1月24日火化，同年2月7日被注销常住户口。仇乙出生于1994年10月11日，生前系江苏省灌云高级中学高二年级(30)班在籍学生。原告仇甲、卞某系仇乙父母。2013年1月24日，原告（乙方）与江苏省灌云高级中学（甲方）签订协议书，载明双方确定乙方之子仇乙是因自身原因造成的意外死亡，甲方对其死亡无任何责任，鉴于其为灌云高级中学在校学生，乙方家庭生活困难，甲方出于爱心关怀和人道援助一次性付给乙方人民币15万元。乙方及其近亲属不得就仇乙死亡所产生的各项权利再向甲方主张任何赔偿或补偿费用，不得申请仲裁或起诉。原告仇甲已依约领取该15万元。

江苏省教育厅作为投保人在被告中国人民财产保险股份有限公司江苏省分公司投保校（园）方责任保险（2007版），由江苏省人民政府通过财政缴纳保险费，被保险人为江苏省范围内的经批准设立的普通教育机构（包括小学、中学等），其中人身伤害每人每年累计赔偿限额为30万元，事故在该险种保险期间内。仇乙的监护人作为投保人为仇乙在被告中国人民财产保险股份有限公司灌云支公司（以下简称人保灌云支公司）投保学生、幼儿意外伤害保险，保险期间自2012年9月1日0时起至2013年8月31日24时止，保险责任中若意外身故、残疾、烧伤给付，疾病身故给付，每人保险金额为7500元。原告仇甲、卞某请求法院判令被告中国人民财产保险股份有限公司江苏省分公司给付校园方责任保险金30万元，被告中国人民财产保险股份有限公司灌云支公司给付学生、幼儿意外伤害保险金7500元。

江苏省连云港市灌云县人民法院一审认为：(1)关于学生、幼儿意外伤害保险。仇乙监护人与被告人保灌云支公司之间订立的学生、幼儿意外伤害保险，该保险合同合法有效，应予保护。保险责任中意外身故给付每人保险金7500元。仇乙身故于2013年1月6日，发生在保险期间内，属于该保险的保险责任，人保灌云支公司应依约给付仇乙法定继承人（本案两原告）保险金7500元。(2)关于校（园）方责任保险（2007版）。该保险合同合法有效，应予保护。保险责任为在保险期间内，在中华人民共和国境内（港澳台地区除外），在被保险人的在校活动中或由被保险人统一组织或安排的活动过程中，因被保险人疏忽或过失发生学生人身伤亡的保险条款中约定情况，依法应由被保险人承担的经济赔偿责任，保险人按照保险合同约定负责赔偿。(3)关于江苏省灌云高级中学对仇乙身故是否应承担责任的问题。

原告与江苏省灌云高级中学签订的协议书中载明仇乙系自身原因意外死亡,校方对其死亡无任何责任。法院依职权调取在仇乙身故后公安机关对仇乙老师和同学所作的询问笔录,其中可见在事故当天,仇乙所在班级班主任贺某同意全班学生下楼集合并至操场跑步,当时天未亮,由贺某将轿车车灯打开照亮跑步场地,学生亦未吃早餐。在跑步过程中,因体育场上篮球场和塑胶跑道交界处有路牙石,该班学生朱某被绊倒,不久后仇乙摔倒在地。学校统一组织的跑步应安排在上午两节课后。贺某作为班主任,在学校统一安排的跑步时间之外,组织学生进行活动时,应对活动的场地、设施、学生身体情况等尽到审慎注意义务,却未尽到该义务。贺某的教学活动应为职务行为,相应后果责任应由江苏省灌云高级中学承担。仇乙身故后未进行尸检,原告与江苏省灌云高级中学并非确定仇乙是否因自身原因意外死亡的主体,亦非确定江苏省灌云高级中学在事故中应否承担责任的主体。故一审法院对原告与江苏省灌云高级中学签订的协议书中该部分内容不予认可,结合案情及仇乙身故当天情况,酌定江苏省灌云高级中学在事故中承担的赔偿责任比例为50%。根据人身损害赔偿相关计算标准,涉及的原告损失有死亡赔偿金650,760元(32,538元/年×20年)、精神损害抚慰金5万元,丧葬费25,639.5元(51,279元/年÷2年),对亲属办理丧葬事宜支出的交通费、住宿费和误工损失等酌定支持1500元,上述损失合计727,899.5元,由江苏省灌云高级中学承担50%的赔偿责任,即363,949.75元。(4)被保险人江苏省灌云高级中学对原告应负的赔偿责任已确定,但被保险人怠于请求保险人赔偿保险金,故原告有权就其应获赔偿部分直接向保险人提出请求。鉴于责任保险是以被保险人对第三者应负的赔偿责任为保险标的,故被保险人江苏省灌云高级中学应向原告承担的363,949.75元赔偿责任,应由保险人人保江苏省分公司根据保险合同约定赔偿保险金30万元。

灌云县人民法院于2014年11月6日作出判决:(一)被告人保灌云支公司于本判决生效之日起10日内赔偿原告仇甲、卞某保险金7500元。(二)被告人保江苏省分公司于本判决生效之日起10日内赔偿原告仇甲、卞某保险金30万元。(三)驳回原告其他的诉讼请求。中国人民财产保险股份有限公司灌云支公司不服一审判决,提起上诉,请求驳回原告诉请。

连云港市中级人民法院二审认为:教师贺某在不适宜室外活动时间及在学生未做好准备活动时,让学生跑步,对此未尽到注意义务。贺某职务行为的相应后果应由灌云高级中学承担。被上诉人仇甲、卞某与灌云高级中学均非确定自然人如何死亡的专业机构。仇乙的病历中没有反映是何种疾病死亡。仇甲、卞某与灌云高级中学确定“仇乙是自身原因意外死亡”,没有专业根据,对中国人民财产保险股份有限公司灌云支公司上诉称“仇乙是自身原因意外死亡”的理由不予采纳。灌云高级中学给付仇甲的15万元在协议书中明确为人道主义援助款,并非赔偿款,双方达成的协议中未涉及赔偿责任和保险索赔权问题,即仇甲没有明确表示放弃保险赔偿权。依据《保险法》第二条规定,仇甲、卞某有权向中国人民财产保险股份有限公司江苏省分公司主张权利。连云港市中级人民法院于2015年7月1日判决:驳回上诉,维持原判。

※裁判要旨:学校的教学环境、活动设施必须符合安全性要求,以保障学生生命健康不受损害。若因可归责于学校的原因导致学生生命健康权受损,按照投保的校园方责任险应由学校承担赔偿责任的,应当依据保险合同约定由保险公司代为赔偿。学校以免除己方责任为条件与家长签订人道主义援助补偿协议,应主要认定其所具有的补偿性,而非免除保险公司的赔偿责任,在学校怠于请求保险赔偿时,不应依据该协议剥夺受害人的保险索赔权。受害人死亡后,其继承人可以直接向保险人主张保险赔偿金。

郑某诉徐某、中国人民财产保险股份有限公司长兴支公司道路交通事故人身损害赔偿纠纷案[1]

※案情简介:2005年6月12日2时58分,原告郑某乘坐由杨某驾驶属被告徐某所有的大型汽车,沿312国道由西向东行驶至312国道唯亭立交桥东塊处时,遇情况车辆失控,致该车上的乘员即原告跌出车外,并被该车碾压致重伤。本次交通事故是由于杨某驾驶机动车行驶至上述路段时,对路面动态疏于观察,遇情况采取措施不当所造成。该事故经苏州市公安局交通巡逻警察支队工业园区大队责任认定,杨某负事故全部责任,原告不负事故责任。事故发生后,原告当即被送往苏州大学附属第一医院治疗,共住院63天,花费了医疗费64,990.91元和交通费1677元。2005年10月26日,原告的损伤经鉴定左上肢截肢为五级伤残,脾切除为八级伤残,肝修补为十级伤残,面部疤痕形成十级伤残,胸部疤痕形成十级伤残。原告的左上肢截肢需安装假肢,经法院审查其适合安装浙江省残疾人现代假肢矫形器

[1] 本案根据湖州市中级人民法院(2006)湖民一终字第258号民事判决书整理。

装配中心的上臂肌电假肢，价格为26,500元，平均使用寿命为3～5年，假肢的维修费用为假肢装配价的4%。大型汽车系被告徐某所有，杨某系被告徐某聘请驾驶该车的驾驶员。事故发生后，被告徐某以借款形式支付原告5万元。

另查明，被告徐某于2004年12月8日向被告中国人民财产保险股份有限公司长兴支公司投保了机动车辆第三者责任险，保险金额（责任限额）为50万元，且不计算免赔额；同时投保了车上人员险，保险金额（责任限额）为3座，每座为5万元。保险期间自2005年1月1日0时起至12月31日24时止。两被告在保险合同的机动车辆第三者责任保险条款及车上人员责任险条款中约定如下："总则"第三条规定本保险合同中的第三者是指除投保人、被保险人、保险人以外的，因保险车辆发生意外事故遭受人身伤亡或财产损失的保险车辆下的受害者；"保险责任"第四条规定被保险人或其允许的驾驶人员在使用保险车辆过程中发生意外事故，致使第三者遭受人身伤亡或财产直接损毁，依法应当由被保险人承担经济赔偿责任，保险人负责赔偿；"责任免除"第六条第（三）项中规定，保险车辆造成本车上其他人员的人身伤亡或财产损失，无论在法律上是否应当由被保险人承担赔偿责任，保险人均不负责赔偿；"赔偿处理"中规定保险人依据保险车辆驾驶人员在事故中所负的责任比例，承担相应的赔偿责任。"车上人员责任险条款"第一条规定保险责任即发生意外事故，造成保险车辆人员的人身伤亡，依法应当由被保险人承担经济赔偿责任，保险人负责赔偿；第三条规定责任限额即车上人员每人责任限额和投保座位数由投保人和保险人在投保时协商确定，投保人座位数以保险车辆的核定载客数为限。

原告郑某诉称：原告因本次交通事故所造成的全部损失合计642,874.55元。被告徐某作为事故车辆的所有人应承担赔偿责任。被告中国人民财产保险股份有限公司长兴支公司应当首先依照其与被告徐某签订的保险合同在"第三者责任险"的责任限额内承担赔付责任。被告徐某除对超出限额部分应给予赔偿外，还需赔偿原告精神损害抚慰金30,000元。故原告向法院提起诉讼，请求：（一）被告徐某与被告中国人民财产保险股份有限公司长兴支公司赔偿原告各项损失合计642,874.55元（由被告保险公司在保险合同约定的责任限额内赔偿，超出部分由被告徐某负担）；（二）由被告徐某赔偿原告精神损害抚慰金30,000元。

被告徐某辩称：被告徐某对本次交通事故的发生及责任认定均无异议，原告因本次交通事故所造成的损失属于"第三者责任险"，故应由被告中国人民财产保险股份有限公司长兴支公司在保险金额50万元的范围内承担赔偿责任。被告徐某对原告诉讼请求中的残疾辅助器具费及维修费用有异议，认为原告所安装假肢的价格及维修费用过高，应参照普通实用型的辅助器具价格予以计算。因本次交通事故系驾驶员杨某所造成，其负事故全部责任，而非车主即被告徐某所造成，故原告诉讼请求中的精神损害抚慰金40,000元，被告徐某不同意承担。综上所述，被告徐某请求驳回原告的全部诉讼请求。

被告中国人民财产保险股份有限公司长兴支公司辩称：本次交通事故是单方事故，原告系大型汽车上的乘员。事故发生时，原告尚在车上，发生事故后才将原告甩下车，故对于原告的损失应适用“车上人员责任险”进行理赔。被告徐某向被告保险公司投保了“车上人员责任险”，保险金额为5万元，故按照保险合同的约定，被告保险公司同意在“车上人员责任险”的责任限额内赔偿原告，不同意按照“第三者责任险”的责任限额承担责任。

长兴县人民法院经审理认为：(一)杨某驾驶机动车行驶时，对路面动态疏于观察，遇情况采取措施不当，其行为违反《道路交通安全法》第二十二条第一款、《道路交通安全法实施条例》第九十一条之规定，负事故全部责任，原告郑某无责任。因大型汽车系被告徐某所有，杨某系被告徐某聘请的驾驶员，故杨某在本次交通事故中所负的责任由被告徐某承担替代赔偿责任。基于原告的诉讼请求，法院确定原告因本次交通事故所造成的各项损失有医疗费64,990.91元、误工费7140.86元、护理费3357.27元、住院伙食补助费945元、交通费1677元、伤残赔偿金82,905.60元、残疾辅助器具费用153,700元，合计314,716.64元。由于原告在本次交通事故中造成多处伤残，给原告今后身体健康和正常生活带来影响，也给原告精神上带来痛苦，故依据原、被告在本案中的过错程度、侵权行为的具体情节以及给原告造成的后果等情况，充分体现精神损害赔偿兼具补偿、抚慰和惩罚的功能，法院酌情确定精神损害抚慰金为30,000元。故被告徐某应赔偿原告各项损失合计344,716.64元。因被告徐某已向被告中国人民财产保险股份有限公司长兴支公司进行了投保，故被告保险公司应按照保险合同的约定承担赔偿责任。(二)原告因本次交通事故中所造成的损伤，是属于“第三者责任险”的责任范围。理由如下：(1)本次交通事故系单车肇事事故，原告开始虽是大型汽车上的乘客，但是在事故发生时被甩出车外，落地后被该车碾压致伤，故原告的损害后果是在车外发生，即原告已经离开大型汽车后又被该车碾压才造成目前的损害后果，此时，原告身份已经由车上人员(乘客)转化为第三者。(2)保险合同的机动车辆第三者责任保险条款第三条规定,本保险合同中的第三者是指除投保人、被保险人、保险人以外的,因保险车辆发生意外事故遭受人身伤亡或财产损失的保险车辆下的受害者。本案原告在发生事故被甩出车外后既非投保人、被保险人,也非保险人,而是因保险车辆发生意外事故遭受人身损害的保险车辆下的受害者。故原告属保险合同中的第三者,应适用“第三者责任险”。(3)保险合同的机动车辆第三者责任保险条款“责任免除”第六条第(三)项规定,保险车辆造成“本车上其他人员的人身伤亡或财产损失”,不论在法律上是否应当由被保险人承担赔偿责任,保险人均不负责赔偿。本条款系格式条款,且对该条款中“本车上其他人员的人身伤亡或财产损失”可有两种解释,第一种解释是指车上人员在本车上所造成的损害结果,车上人员离开本车后(转为第三者)又被本车碾压致伤所造成的损害结果不应包括在免责范围内;第二种解释是指车上人员在本车上及离开本车后所造成的损害结果,均包括在免责范围内。在双方为此发生争议时,应作出不利于格式条款提供方即被告保险公司的解释,故法院采信“本车上其他人员的人身伤亡或财产损失”是指车上人员在本车上所造成的损害结果,车上人员离开本车后(转为第三者)又被本车碾压致伤所造成的损害结果不应包括在免责范围内。

综上所述,原告因本次交通事故所造成的损失,应适用“第三者责任险”,而非“车上人员责任险”。因被告徐某向被告保险公司投保了机动车辆第三者责任险,保险金额(责任限额)为50万元,且不计算免赔额。又因被告保险公司对原告请求的精神损害抚慰金属免赔范围,故被告保险公司应赔偿原告各项损失合计314,716.64元;由被告徐某赔偿原告精神损害抚慰金30,000元。另对于原告诉讼请求中不当部分,法院不予支持。判决:(一)被告中国人民财产保险股份有限公司长兴支公司赔偿原告郑某各项损失合计314,716.64元,限被告于本判决生效后十日内付清。(二)被告徐某赔偿原告郑某精神损害抚慰金30,000元,限被告于本判决生效后十日内付清。(三)驳回原告郑某其他诉讼请求。

上诉人中国人民财产保险股份有限公司长兴支公司诉称:(1)一审判决以损害后果是在车外发生,被上诉人郑某的身份已由车上人员转化为第三者的认定,违背了郑某是乘坐人员的客观事实。因为该起交通事故为一起整体交通事故,而非二次交通事故,被上诉人也非在乘坐身份结束下车后在不同的交通事故中受伤。(2)一审判决片面理解保险合同条款第三条,以被上诉人为合同中的第三人而不适用合同第六条,是将被上诉人郑某从车中跌出换成离开属于偷换概念。被上诉人郑某和徐某辩称:一审法院认定事实清楚,适用法律正确。请求二审法院驳回上诉,维持原判。

湖州市中级人民法院经审理认为:被上诉人郑某在事故发生前系大型汽车的乘客,但事故发生时被甩出车外,后又被车碾压致伤,损害结果发生在车外,郑某并非仅是车上人员,故原审将受害人郑某视为保险合同中的第三者,并适用“第三者责任险”并无不当。对上诉人还提出一审判决片面理解保险合同第六条,是将被上诉人郑某从车中跌出换成离开属于偷换概念的上诉理由。如前所述,由于郑某的身份为第三者,符合保险合同机动车辆第三者责任保险条款第三条,即除投保人、被保险人、保险人以外的,因保险车辆发生意外事故遭受人身伤亡或者财产损失的保险车辆下的受害者的规定。故不符合机动车辆第三者责任险条款“责任免除”第六条第(三)项,即保险车辆造成本车上其他人员的人身伤亡或财产损失,无论在法律上是否应当由被保险人承担赔偿责任,保险人均不负责赔偿的规定。故上诉人的上诉理由均不能成立,法院不予采信。判决:驳回上诉,维持原判。

※裁判要旨:(一)保险公司是否应当参与道路交通事故损害赔偿诉讼,在第三者责任险中,一般可以由受害人选择。受害人可以将保险公司与赔偿义务人作为共同被告,依据保险人与投保人之间的保险合同请求保险人承担赔偿责任。(二)第三者责任险中“第三者”的范围与认定标准,需要结合保险合同限制条款的文义以及保险合同的性质和目的来确定。根据机动车辆保险合同的约定,机动车辆第三者责任险中的“第三者”,是指除投保人、被保险人和保险人以外的,因保险车辆发生意外事故遭受人身伤亡或财产损失的受害者;车上人员责任险中的“车上人员”,是指发生意外事故时身处保险车辆之上的人员。据此,判断因保险车辆发生意外事故而受害的人属于“第三者”还是属于“车上人员”,必须以该人在事故发生当时这一特定的时间是否身处保险车辆之上为依据,在车上即为“车上人员”,在车下即为“第三者”。由于机动车辆是一种交通工具,任何人都不可能永久地置身于机动车辆之上,故机动车辆保险合同中所涉及的“第三者”和“车上人员”均为在特定时空条件下的临时性身份,即“第三者”与“车上人员”均不是永久的、固定不变的身份,二者可以因特定时空条件的变化而转化。因保险车辆发生意外事故而受害的人,如果在事故发生前是保险车辆的车上人员,事故发生时已经置身于保险车辆之下,则属于“第三者”。至于何种原因导致该人员在事故发生时置身于保险车辆之

下，不影响其“第三者”的身份。

周某与中国太平洋财产保险股份有限公司建德支公司责任保险合同纠纷案[1]

※案情简介：原告周某诉称：(1)依法判令被告在商业第三者责任保险范围内赔付原告因道路交通事故承担连带赔偿责任所支付的赔偿款人民币258,653.94元；(2)本案诉讼费由被告承担。事实和理由：原告周某为其所有的小型轿车在被告太平洋保险公司处投保了机动车商业第三者责任险、车辆损失险及不计免赔险等险种；商业第三者责任保险限额为1,500,000元，案涉交通事故发生在保险期限内。2017年7月9日，原告周某驾驶小型轿车沿国道320线由杨村桥往新安江方向，行驶至路口左转弯掉头时，与沿国道320线由新安江驶往杨村桥方向由田某驾驶的普通二轮摩托车发生碰撞，造成田某驾驶的普通二轮摩托车乘坐人饶某、谢某分别受伤、当场死亡及两车损坏的道路交通事故。该案经建德市人民法院审理作出(2017)浙0182民初6070号民事判决：田某赔偿晏某、钱某道路交通事故赔偿款258,653.94元，原告周某承担连带赔偿责任。该判决生效后，晏某、钱某申请法院强制执行，要求原告履行连带赔偿义务。据此，建德市人民法院依法扣划了原告银行存款258,653.94元，使原告承担了连带赔偿责任。综上所述，原告认为，原告为其驾驶的小型轿车在被告处投保了交强险和责任限额为150万元的第三者责任险及不计免赔险等险种，且事故发生在保险期限内，因此，被告应当赔付原告因承担连带赔偿责任所支付的赔偿款。现因原告要求被告履行赔偿义务，遭到被告拒绝，故特具状诉至法院，请求依法解决。

被告太平洋保险公司辩称：我公司对原告起诉所主张的事实及理由均没有异议。法院一审判决之后，我公司跟原告说过，原告已经被追究刑事责任了，法院就不应该判令我公司承担精神损害抚慰金，也不应判令原告承担连带赔偿责任；原告应当向杭州市中级人民法院提起上诉，但是原告并没有上诉。我公司已经履行了相应的赔偿义务，连带责任不属于保险责任范围；我公司认为原告应当起诉田某一方，不应当起诉我公司。若法院判令我公司赔偿原告代田某支付的赔偿款，则我公司保留对田某行使追偿的权利，故请求驳回原告的诉讼请求。

---

[1] 本案根据浙江省杭州市建德市人民法院(2018)浙0182民初6775号民事判决书整理。

法院认为,原告周某与被告太平洋保险公司订立的机动车商业保险合同,系双方当事人的真实意思表示,且不违反法律、法规的强制性规定,应当认定合法有效。原告周某所投保的车辆在保险期间内发生交通事故,造成第三者财产、人身损害,被告太平洋保险公司应按照双方合同中约定,及时对原告周某投保车辆因交通事故所造成的实际损失予以理赔。第三者责任险设立的目的在于发挥保险的经济补偿功能,对交强险未能赔足的实际损失部分由第三者责任险予以赔付。被告太平洋保险公司虽然已按照保险法的规定和保险合同的约定向原告周某承担了保险责任,由于第三者责任险的范围是被保险人依法承担的对第三者的赔偿责任,而连带责任就是对第三者的赔偿责任,系法定的一种责任形态,所以应当属于第三者责任保险的范围。本案中,本院执行部门依据本院生效民事判决书强制扣划了原告周某银行存款258,653.94元,也就是原告周某依据本院生效民事判决代另一连带责任人田某向保险事故中的第三者履行了连带赔偿责任,其已经产生了损失,且原告周某给付的款项并未超出其与被告太平洋保险公司约定的保险责任限额。根据《保险法解释四》第十六条规定,被告太平洋保险公司不能以本院一审民事判决有误,原告周某应当提起上诉以及原告周某可以选择向其他连带责任人追偿为由拒绝向其承担赔偿责任;被告太平洋保险公司承担保险责任后,可以向其他连带责任人行使追偿权。因此,原告周某的诉讼请求,有事实和法律根据,本院予以支持。被告太平洋保险公司所提的相关抗辩意见,本院不予采纳。判决如下:被告中国太平洋财产保险股份有限公司建德支公司于本判决生效后十日内支付原告周某保险金人民币258,653.94元。

※裁判要旨:本案的焦点在于保险人是否以责任保险的被保险人承担的连带责任超过被保险人应承担的责任份额为由拒绝保险金的赔付。根据《保险法解释四》第十六条规定,“责任保险的被保险人因共同侵权依法承担连带责任,保险人以该连带责任超出被保险人应承担的责任份额为由,拒绝赔付保险金的,人民法院不予支持。保险人承担保险责任后,主张就超出被保险人责任份额的部分向其他连带责任人追偿的,人民法院应予支持”。本案中,法院强制扣划了原告周某银行存款258,653.94元,即其代另一连带责任人田某向保险事故中的第三者履行了连带赔偿责任,其已经产生了损失,且该款项并未超出其与被告太平洋保险公司约定的保险责任限额。因此,保险人应该赔偿。保险人承担保险责任后,可以就超出被保险人责任份额的部分向其他连带责任人追偿。

上海津海劳动服务有限公司与中国太平洋财产保险股份有限公司上海分公司财产保险合同纠纷案〔1〕

※案情简介：原告上海津海劳动服务有限公司于2013年8月起逐年向被告中国太平洋财产保险股份有限公司上海分公司投保雇主责任险。2013年保单保险期限自2013年8月20日0时起至2014年8月19日24时止，2014年保单保险期限自2014年8月17日0时起至2015年8月16日24时止，2015年保单保险期限自2015年8月17日0时起至2016年8月16日24时止。

2013年、2014年、2015年的保险单明细均载明，被保险人为原告，伤残赔偿限额为每人30万元，扩展条款中均包括上下班责任条款、自动保障新增雇员条款。2013年保险单明细"特别约定"部分第3条"伤残就业补助金及经济补偿金"约定，被保险人的员工因工伤经劳动能力鉴定被鉴定为五级至×××伤残的，劳动合同期满终止，或者工伤人员本人提出解除劳动合同的，或者被保险人与工伤人员协商达成赔偿协议的，由保险人按下列标准赔付一次性伤残就业补助金及经济补偿金。……×××伤残：11个月上年度全市职工月平均工资；×××伤残：9个月上年度全市职工月平均工资；×××伤残：7个月上年度全市职工月平均工资。发生在本保险期内的工伤，上述费用的赔付因劳动合同期未满等原因，理赔可不受保期所限。2014年、2015年保险单明细"特别约定"部分第三条"伤残就业补助金及经济补偿金"约定，赔偿标准按当地《工伤保险条例》规定执行，此赔偿项目索赔期限两年，对于保险期限结束两年后的被保险人索赔申请，保险人不负责赔偿。

《雇主责任保险条款》为被告提供格式条款，其中第三条约定，在保险期间内，被保险人的工作人员在中华人民共和国境内因下列情形导致伤残或死亡，依照中华人民共和国法律应由被保险人承担的经济赔偿责任，保险人按照本保险合同约定负责赔偿：（一）在工作时间和工作场所内，因工作原因受到事故伤害的……（十）法律、行政法规规定应当认定为工伤的其他情形。

2014年8月7日，原告员工高某在下班途中受伤。2015年2月27日，上海市宝山区人力资源和社会保障局（以下简称宝山区人社局）认定工伤。2016年4月22日，宝山区劳动能力鉴定委员会认定为工伤九级。2016年12月16日，原告与

〔1〕 本案根据上海市虹口区人民法院（2018）沪0109民初6847号民事判决书整理。

高某在吴淞街道劳动调解委员会主持下,达成调解协议,原告赔偿其一次性就业补助金21,380.40元,双方劳动关系解除。2017年1月16日,原告向高某银行账户转账支付21,380.40元。

2014年12月12日,原告雇员刘某在工作中受伤。2015年1月20日,宝山区人社局认定工伤。2016年6月17日,宝山区劳动能力鉴定委员会认定为工伤八级。2016年9月28日,原告与刘某在吴淞街道劳动调解委员会调解下签订调解书,原告赔偿一次性就业补助金53,451元,双方劳动关系解除。2016年11月8日,原告向刘某银行账户转账支付53,451元,银行回单附言"一次性就业补助金"。

2015年1月10日,原告雇员谭某在工作中受伤。2015年2月15日宝山区人社局认定工伤。5月11日,宝山区劳动能力鉴定委员会认定为工伤十级。7月28日,原告与谭某在吴淞街道劳动调解委员会调解下签订调解书,原告赔偿一次性就业补助金16,353元,双方劳动关系解除。2015年7月28日,原告向谭某银行账户转账支付16,353元。

2015年12月7日,原告雇员陈某在工作中受伤。2016年3月2日宝山区人社局认定工伤。7月18日,宝山区劳动能力鉴定委员会认定为工伤十级。11月11日,原告与陈某在吴淞街道劳动调解委员会调解下签订调解书,原告赔偿一次性就业补助金17,817元,双方劳动关系解除。2016年11月24日,原告向陈某银行账户转账支付17,817元,银行回单附言"一次性就业补助金"。

2017年11月30日14时39分,被告理赔人员向原告代理律师樊某发送题为"津海案件问题"电子邮件,附件中包括本案所涉四名伤者情况,其中高某一案要求原告与郑老师联系,其余三案询问是否索赔就业补助金,并要求提供工伤认定书、劳动能力鉴定书、离职证明、离职补偿协议及转账证明。12月20日,原告代理律师樊某向被告寄出四名伤者保险理赔材料。

原告提出诉讼请求:判令被告赔偿原告保险款人民币109,001.40元。被告辩称,除陈某外,其他三起保险事故均已超过两年诉讼时效,原告丧失胜诉权,且原告并未提供充分证据证明四名伤者收到原告支付的就业补助金。

法院认为,本案争议焦点为高某、刘某、谭某三起保险事故诉讼时效问题。高某事故发生于2013年保单保险期限内,刘某、谭某事故发生于2014年保单保险期限内,原告2017年12月20日寄出本案所涉保险事故理赔材料,被告据此认为原告索赔时间在保险期限结束两年后,诉讼时效已经经过。依据《保险法》第二十六条第一款规定,被保险人向保险人请求赔偿或者给付保险金的诉讼时效期间为二年,自其知道或者应当知道保险事故发生之日起计算。根据《保险法解释四》第十八条的规定,商业责任险的被保险人向保险人请求赔偿保险金的诉讼时效期间,自被保险人对第三者应负的赔偿责任确定之日起算。因此,本院以高某、刘某、谭某工伤等级认定的时间作为诉讼时效起算点,分别是2016年4月22日、2016年6月17日、2015年5月11日。2017年10月1日起施行的《民法总则》第188条第1款将普通诉讼时效规定为三年,变更了《民法通则》诉讼时效两年的规定。但由于《保险法》相对于《民法总则》为特别法,根据法律适用原则,特别法优于一般法,故本院对被保险人诉讼时效期间仍采用《保险法》两年的规定。据此,原告于2017年12月就高某、刘某、陈某保险事故向被告索赔,仍在诉讼时效期间内,应发生时效中断的效力。而原告对谭某保险事故的索赔已超过诉讼时效,丧失胜诉权。原告向受伤雇员支付的就业补助金未超出上海市工伤保险政策标准,符合保险合同约定,故法院对高某伤残就业补助金21,380.40元、刘某53,451元、陈某17,817元之金额予以确认。原告提供的银行转账凭证足以证实其已向受伤雇员赔偿,故被告应在保险范围内进行赔付。判决被告中国太平洋财产保险股份有限公司上海分公司于本判决生效之日起10日内支付原告上海津海劳动服务有限公司保险金92,648.40元。

※裁判要旨:本案争议焦点为高某、刘某、谭某三起保险事故的诉讼时效问题。依据《保险法》第二十六条规定,被保险人向保险人请求赔偿或者给付保险金的诉讼时效期间为两年,自知道或者应当知道保险事故发生之日起计算。根据《保险法司法解释四》第十八条的规定,商业责任险的被保险人向保险人请求赔偿保险金的诉讼时效期间,自被保险人对第三者应负的赔偿责任确定之日起算。虽然《民法总则》将普通诉讼时效规定为三年,变更了《民法通则》诉讼时效两年的规定。但由于《保险法》相对于《民法总则》为特别法,根据法律适用原则,特别法优于一般法,故被保险人诉讼时效期间仍采用《保险法》两年的规定。高某、刘某、谭某三起保险事故的诉讼时效以工伤等级认定的时间作为诉讼时效起算点,均未超过两年的时效期间,因此保险公司应该予以赔偿。

符某与中国太平洋财产保险股份有限公司江门中心支公司机动车交通事故责任纠纷[1]

※案情简介：:2017年10月19日14时25分许,符某驾驶小型轿车从文化广场往西联方向行驶,途经那大怡心花园红绿灯路段时,适遇羊甲驾驶电动二轮车搭载(韩某、羊甲)行经此路段行驶,因符某驾车操作不当,导致小型轿车撞到电动二轮车,造成羊甲、韩某、羊甲受伤,两车不同程度损坏的道路交通事故。经儋州市公安局交通警察支队作出《道路交通事故认定书》,原告符某承担事故的全部责任,羊甲、乘车人羊甲、乘车人韩某均无事故责任。事故发生后,原告支付11,000元给羊甲。羊甲向提起诉讼,要求被告太平洋保险和符某支付医疗费等费用,法院于2018年4月18日作出(2018)琼9003民初1618号《民事调解书》,该调解书第三项载明"被告符某可就其为原告羊甲先行垫付的11,000元医疗费依照保险合同的约定向被告中国太平洋财产保险股份有限公司江门中心支公司进行理赔"。尔后原告就该条协议向本院申请强制执行。法院立案后认为,从《民事调解书》第三项载明的内容看,该项目内容只是确认申请执行人在垫付医疗费之后可依保险合同的约定向被执行人保险公司进行理赔,也就是只明确其事后理赔的权利,并未确认被执行人应当向申请人支付先行垫付的11,000元。因此,依据该调解书第三项,申请人可就为原告羊甲先行垫付的11,000元医疗费依照保险合同的约定与被执行人协商理赔事宜,若双方协商不成,再通过仲裁或诉讼等法定程序对双方的权利义务进行确认后方可申请强制执行。法院于2018年10月26日作出(2018)琼9003执1102号《执行裁定书》,裁定驳回申请人符某关于(2018)琼9003民初1618号《民事调解书》第三项的强制执行申请。原告遂提起诉讼。

原告认为,涉案小型汽车既然在被告保险公司投保,而且发生的医疗费用又是在承保赔偿范围内,被告保险公司应当根据承保险对应条款的约定承担保险赔偿责任,同时,原告可就其为当事人羊甲先行垫付的11,000元医疗费依照保险合同的约定向被告进行理赔,又经过法院开庭调解,被告同意并自愿达成的协议事项,作为被告应当自觉履行理赔义务,将11,000元给付原告,可是被告却违反协议,拒绝理赔原告为羊甲先行垫付医疗费11,000元,其行为违反了《民事调解书》的规

---

[1] 本案根据海南省儋州市人民法院(2018)琼9003民初10103号民事判决书整理。

定,应承担民事责任。原告符某向提出诉讼请求:(1)请求判令被告理赔原告为羊甲先行垫付的11,000元医疗费;(2)案件受理费由被告承担。

原告驾驶的车辆所有权人为江门市南方奇骏汽车服务有限公司珠海分公司(以下简称奇骏公司),法院依法追加了该公司为第三人参加诉讼。

被告辩称,(一)针对原告在本案中诉请所依据的事实,我公司对案中的交通事故的事实和儋州交警大队出具的交通事故认定书无异议。(二)原告的小型轿车在我公司购买交强险及保额为100万元的机动车第三者商业险及不计免赔,被保险人为江门市南方奇骏汽车服务有限公司,事故发生在保险期限内,我公司依照保险条款的约定承担赔偿。(三)原告主体不适格,原告并非保险合同相对人,其无权向我公司主张相关理赔款的赔偿,请法院依法驳回原告的请求。对于原告的垫付款项我公司没有异议。(四)关于本案诉讼费,依机动车交强险的规定,诉讼费不属于保险赔偿范围。

第三人未到庭,也未提交书面述辩意见。

法院认为,本案是由道路交通事故引起的赔偿。原告是肇事车辆的驾驶人,事故发生后,原告已先行垫付11,000元给伤者羊甲。羊甲就本交通事故的赔偿已向法院起诉,(2018)琼9003民初1618号《民事调解书》第三项内容确定,"被告符某可就其为原告羊甲先行垫付的11,000元医疗费依照保险合同的约定向被告中国太平洋财产保险股份有限公司江门中心支公司进行理赔"。事故发生在保险期限内,根据《侵权责任法》第四十九条的规定,"因租赁、借用等情形机动车所有人与使用人不是同一人时,发生交通事故后属于该机动车一方责任的,由保险公司在机动车强制保险责任限额范围内予以赔偿。不足部分,由机动车使用人承担赔偿责任;机动车所有人对损害的发生有过错的,承担相应的赔偿责任",又根据《保险法解释四》第十九条第一款的规定,"责任保险的被保险人与第三者就被保险人的赔偿责任达成和解协议且经保险人认可,被保险人主张保险人在保险合同范围内依据和解协议承担保险责任的,人民法院应予支持",故原告要求被告中国太平洋财产保险股份有限公司江门中心支公司理赔其先行垫付的11,000元有法律依据,本院予以支持,被告中国太平洋财产保险股份有限公司江门中心支公司的抗辩理由不充分,本院不予采纳。被告中国太平洋财产保险股份有限公司江门中心支公司和第三人奇骏公司无正当理由拒不到庭参加诉讼,根据《民事诉讼法》第一百四十四条规定,本院依法缺席判决。判决如下:被告中国太平洋财产保险股份有限公司江门中心支公司应于本判决生效之日起十五日内理赔11,000元给原告符某。

※裁判要旨:本案的焦点之一是原告是否有资格向被告主张相关理赔款的赔偿。本案中原告属于机动车的使用人,而所有人是第三人奇骏公司,根据《侵权责任法》第四十九条的规定,因租赁、借用等情形机动车所有人与使用人不是同一人时,发生交通事故后属于该机动车一方责任的,由保险公司在机动车强制保险责任限额范围内予以赔偿。因此,被告保险公司有义务在交强险责任限额内予以赔偿。本案的焦点之二是和解协议对保险人是否产生效力。(2018)琼9003民初1618号《民事调解书》第三项载明"被告符某可就其为原告羊甲先行垫付的11,000元医疗费依照保险合同的约定向被告中国太平洋财产保险股份有限公司江门中心支公司进行理赔"。此调解书是羊甲、太平洋保险和符某三方共同做出的意思表示,根据《保险法解释四》第十九条第一款的规定,"责任保险的被保险人与第三者就被保险人的赔偿责任达成和解协议且经保险人认可,被保险人主张保险人在保险合同范围内依据和解协议承担保险责任的,人民法院应予支持"。法院在判决书中忽略的一个问题是,本案的原告并非是被保险人,适用这个法条有些牵强。但是根据该法条的精神,当被保险的车辆使用人与第三者就被保险人的赔偿责任达成和解协议且经保险人认可,被保险人主张保险人在保险合同范围内依据和解协议承担保险责任的,人民法院也应予支持。因为这是当事人意思自治的体现。

第六十六条　【责任保险相应费用承担】责任保险的被保险人因给第三者造成损害的保险事故而被提起仲裁或者诉讼的,被保险人支付的仲裁或者诉讼费用以及其他必要的、合理的费用,除合同另有约定外,由保险人承担。

条文解读

本条是对责任保险的保险人承担相应费用的规定。

(一)责任保险的被保险人给第三者造成损害后,如果双方对是否承担赔偿责任、如何承担赔偿责任以及赔偿金额不能协商达成一致的,只能通过诉讼或者仲裁程序来解决,由人民法院或者仲裁机构对有关事项作出判决或者裁决。被保险人因给第三者造成损害的保险事故而被提起仲裁或者诉讼的,在参加仲裁或者诉讼程序时,会支出相应的费用。这些费用是确定责任保险的被保险人对第三者应负的赔偿责任所必须支出的费用,在性质上属于查明和确定责任保险的保险事故性质、原因及受损害的第三者损失程度所支出的费用,因此,这部分费用应该由保险人承担。如果被保险人已经支付了仲裁或者诉讼费用等,其可以向保险人请求给付。如果被保险人尚未支付这些费用,则可以由保险人代为支付。

(二)如果保险合同对责任保险的被保险人支付的仲裁或者诉讼费用以及其他必要的、合理的费用的承担作出约定,则按照合同的约定执行;如果合同约定保险人不承担上述有关费用的,则由被保险人自行承担。

第三章　保 险 公 司

本章介绍

本章规定了保险公司的内容，包括设立须经批准，设立条件，注册资本，申请文件、资料，批准决定，筹建期限和要求，保险监督管理机构批准开业申请的期限和决定，设立分支机构，设立分支机构提交的材料，审批保险公司分支机构申请的期限，工商登记，工商登记期限，境外机构设立的规定，外国保险机构驻华代表机构设立的批准，董事、监事和高管人员的任职规定、任职禁止和责任，变更事项批准，精算报告制度和合规报告制度，如实报送报告、报表、文件和资料，账簿、原始凭证和有关资料的保管，聘请或解聘中介服务机构，解散和清算，重整、和解和破产清算，破产财产清偿顺序，人寿保险合同及责任准备金转让，经营保险业务许可证的注销，适用公司法的规定等内容。

第六十七条　【设立须经批准】设立保险公司应当经国务院保险监督管理机构批准。

国务院保险监督管理机构审查保险公司的设立申请时，应当考虑保险业的发展和公平竞争的需要。

条文解读

本条是对设立保险公司必须经国务院保险监督管理机构批准的规定。

（一）保险公司属于我国《公司法》规范的公司，但其与一般的公司又有所不同：保险业属于金融行业，保险公司是专业性很强的金融机构，需要有专业的经营管理人员、雄厚的资本实力和抵御风险的能力。这就决定设立保险公司应有比设立一般公司更为严格的条件。按照《行政许可法》的规定，直接关系公共利益的特定行业的市场准入，可以设立行政许可。根据保险行业的特点，本法对保险公司的设立规定了前置的行政审批。这一规定有利于保证保险公司的质量，促进我国保险市场的有序发展，更好地保护投保人、被保险人和受益人的利益。

（二）本条还对国务院保险监督管理机构在审查保险公司的设立申请时应当遵循的原则作了规定，即保险监督管理机构审查设立申请时，应当考虑保险业的发展和公平竞争的需要。这就要求保险监督管理机构在审查保险公司的设立申请时，不仅要依照本法关于保险公司应当具备的条件进行审查，而且还要从宏观上保证我国保险市场的正常发展和保险市场的公平、有序竞争，使保险业的发展与我国经济发展的实际情况相适应。

第六十八条　【设立条件】设立保险公司应当具备下列条件：

（一）主要股东具有持续盈利能力，信誉良好，最近三年内无重大违法违规记录，净资产不低于人民币二亿元；

（二）有符合本法和《中华人民共和国公司法》规定的章程；

（三）有符合本法规定的注册资本；

（四）有具备任职专业知识和业务工作经验的董事、监事和高级管理人员；

（五）有健全的组织机构和管理制度；

（六）有符合要求的营业场所和与经营业务有关的其他设施；

（七）法律、行政法规和国务院保险监督管理机构规定的其他条件。

条文解读

本条是对设立保险公司应当具备的条件的规定。

设立保险公司，不仅要符合《公司法》的规定，还要符合本法规定的条件。

（一）主要股东应符合法定条件

保险公司的股东构成及其资信情况，关系公众对保险公司的信任度，对保险公司的规范化、专业化运作有重要影响。为了保证保险公司质量，维护被保险人的利益，本条对保险公司的主要股东提出了严格的条件：一是要具有持续盈利能力，信誉良好；二是最近三年无重大违法违规记录，即没有因违法违规行为而受到行政处罚和刑事处罚的记录；三是在成为保险公司股东时的净资产不低于人民币二亿元。

（二）有符合本法和公司法规定的章程

公司章程是关于公司组织及行为的基本规则。根据《公司法》的有关规定，保险公司的章程应当载明公司名称和住所；公司经营范围；公司注册资本；有限责任公司股东的姓名或者名称；股东的权利和义务；有限责任公司股东的出资方式和出资额，或者股份有限公司股份总数、每股金额、发起人的姓名或者名称、认购的股份数；有限责任公司股东转让出资的条件；公司的机构及其产生办法、职权、议事规则；公司的法定代表人；公司的解散事由与清算办法等事项。

（三）有符合本法规定的注册资本

设立保险公司，注册资本的最低限额为人民币二亿元。保险公司注册资本必须为实缴货币资本。保险监督管理机构根据保险公司范围、经营规模，可以调整其注册资本的最低限额。但是，不得低于法定最低限额，即人民币二亿元。

（四）有具备任职专业知识和业务工作经验的董事、监事和高级管理人员

保险公司的业务具有专业性，需要有专业人员进行经营管理，以保证保险公司的业务正常运转，保护被保险人的利益。因此，保险公司的董事、监事和高级管理人员应当品行良好，熟悉与保险相关的法律、行政法规，具有履行职责所需要的经营管理能力，并且不得出现《公司法》和本法规定的有关不得担任保险公司的董事、监事和高级管理人员的情形。

（五）有健全的组织机构和管理制度

健全的组织机构和管理制度是保险公司有序运转的前提之一。保险公司应当按照《公司法》的规定建立公司内部的权力机构、决策机构、监督机构和执行机构相互制衡、有效运行的内部治理机制以及相应的内部管理制度。

（六）有符合要求的营业场所和与业务有关的其他设施

合格的经营场所和业务设施是保险公司开展保险业务必备的物质基础。保险公司应有与其业务相适应的办公场所、营业场所、计算机和网络设备及其他必要的经营场所和业务设施。

（七）法律、行政法规规定的和经国务院保险监督管理机构规定的其他条件。

第六十九条 【注册资本】设立保险公司，其注册资本的最低限额为人民币二亿元。

国务院保险监督管理机构根据保险公司的业务范围、经营规模,可以调整其注册资本的最低限额,但不得低于本条第一款规定的限额。

保险公司的注册资本必须为实缴货币资本。

条文解读

本条是对保险公司注册资本的规定。

(一)注册资本是公司登记成立时所登记的财产总额。设立保险公司,其注册资本的最低限额为人民币二亿元。从事经营活动的企业,都必须具备基本的责任能力,能够承担与其经营活动相适应的财产责任。本条关于保险公司注册资本最低限额的规定,是为了确保保险公司有相当的资金支持其赔付能力。

(二)本条关于保险公司注册资本最低限额的规定,是针对一般的保险公司而言的,是最基本的要求。但是每个保险公司的业务范围不一样,经营规模也不一样。为此,本条授权保险监督管理机构根据保险公司业务范围和经营规模,可以调整其注册资本的最低限额,但是只能高于本条规定的最低限额,即不能作出低于二亿元的规定。

(三)保险公司注册资本最低限额必须为实缴的货币资本。保险公司与一般公司不同,为了保证其偿付能力,本法对保险公司的股东出资提出了更高的要求,即必须为实缴货币资本,股东不能用非货币财产出资,也不能采用分期缴纳的方式进行出资。

第七十条 【申请文件、资料】申请设立保险公司,应当向国务院保险监督管理机构提出书面申请,并提交下列材料:

(一)设立申请书,申请书应当载明拟设立的保险公司的名称、注册资本、业务范围等;

(二)可行性研究报告;

(三)筹建方案;

(四)投资人的营业执照或者其他背景资料,经会计师事务所审计的上一年度财务会计报告;

（五）投资人认可的筹备组负责人和拟任董事长、经理名单及本人认可证明；

（六）国务院保险监督管理机构规定的其他材料。

条文解读

本条是对申请设立保险公司应当提交的文件、资料的规定。

（一）根据本法规定，设立保险公司必须经国务院保险监督管理机构批准。本法对申请设立与审批规定了两道程序，即初步申请与批准筹建，正式申请（开业申请）与批准设立。本条是对初步申请的具体规定。

（二）申请设立保险公司，申请人需要提交下列文件、资料：

1. 设立申请书。申请书应当载明拟设立的保险公司的有关事项：（1）公司名称。申请人要在初步申请报保险监督管理机构审批前先到工商行政管理部门进行公司名称的预先核准，以核准的名称报送。（2）注册资本。保险公司的注册资本不能低于二亿元或者保险监督管理机构规定的最低限额，并且必须是实缴的货币资本。（3）业务范围。申请人要严格依照本法第 95 条的规定确定业务范围，并在申请书中载明。（4）其他事项。保险公司的设立申请书还应当载明公司的其他事项。

2. 可行性研究报告。其主要内容是通过对保险市场现状及近期和远期保险市场需求情况进行调查分析，说明设立保险公司的必要性；通过对拟设立的保险公司的资金、业务范围、承保能力、组织机构等方面进行系统分析和科学论证，对产生的经济效益和社会效益进行综合测算，说明设立保险公司的可行性。

3. 筹建方案。保险公司初步申请经批准后，应当在 1 年内完成公司的筹建工作。因此，保险公司在进行初步设立申请时，应当提交公司的筹建方案，以便保险监督管理机构对其筹建的情况进行预先审查。

4. 投资人的营业执照或者其他背景资料，经会计师事务所审计的上一年度财务会计报告。本法对保险公司的股东规定了严格的条件，保险公司在进行初步设立申请时，应当提交股东的有关资料。

5. 筹备组负责人负责保险公司筹建期间的具体工作，董事长、经理是公司的主要管理人员，上述人员对公司的筹建以及开业后的运营影响重大。因此，应当由保险监督管理机构对上述人员进行审查。

6. 国务院保险监督管理机构规定的其他材料。

第七十一条　【批准决定】国务院保险监督管理机构应当对设立保险公司的申请进行审查,自受理之日起六个月内作出批准或者不批准筹建的决定,并书面通知申请人。决定不批准的,应当书面说明理由。

条文解读

本条是对保险监督管理机构审批设立保险公司申请的期限的规定。

(一)本条要求保险监督管理机构自收到设立保险公司的初步申请文件之日起六个月内,应当作出批准或者不批准筹建的决定。这样规定,一方面是为了保护申请人的利益,防止保险监督管理机构对保险公司的设立申请久拖不决;另一方面根据本法的规定,对保险公司的审批既要符合法定条件,又要考虑保险业的发展和公平竞争的需要,审批更要审慎。

(二)为了保护申请人的知情权,确定筹建批准后法律程序的开始时间,国务院保险监督管理机构对申请进行审查后,无论是批准筹建还是不批准筹建,都应当书面通知申请人。决定不批准的,还应当书面说明理由,以保证行政审批的公正性;如果申请人对不批准的决定不服的,还可以依法提起行政复议或者行政诉讼。

第七十二条　【筹建期限和要求】申请人应当自收到批准筹建通知之日起一年内完成筹建工作;筹建期间不得从事保险经营活动。

条文解读

本条是对保险公司筹建的规定。

申请人应当自收到批准筹建通知之日起一年内完成筹建工作,这是对筹建工作的时间限制。申请人在法定期限内没有完成筹建工作的,批准筹建决定失效,保险公司设立失败。

筹建机构在筹建期间不得从事保险经营活动。保险业务经营活动只能由依法设立的保险公司以及法律、行政法规规定的其他保险组织经营。在设立筹建阶段,筹建机构还不是保险公司，只能进行与筹建工作有关的事项，而不能从事保险经营活动，否则将由保险监督管理机构依据本法的有关规定给予行政处罚。

第七十三条 【保险监督管理机构批准开业申请的期限和决定】 筹建工作完成后，申请人具备本法第六十八条规定的设立条件的，可以向国务院保险监督管理机构提出开业申请。

国务院保险监督管理机构应当自受理开业申请之日起六十日内，作出批准或者不批准开业的决定。决定批准的，颁发经营保险业务许可证；决定不批准的，应当书面通知申请人并说明理由。

条文解读

本条是对保险公司开业申请和批准的规定。

开业申请审批是设立保险公司的第二道审批程序。依据本条第 1 款的规定，设立保险公司的申请人，在法定期限内完成筹建工作并且符合本法第 68 条规定的设立保险公司应当具备的条件的，可以向国务院保险监督管理机构提出开业申请。

本条第 2 款是关于开业申请审批的规定。按照这一款的规定，国务院保险监督管理机构受理开业申请后，应对申请是否符合本法规定的保险公司设立条件进行审查。

国务院保险监督管理机构对开业申请进行审查后，应当自受理申请之日起六十日内作出批准或者不批准的决定：批准开业的，颁发经营保险业务许可证，申请人凭许可证办理工商登记后，即可以开始保险业务经营活动；决定不批准的，应当书面通知申请人并说明理由。

第七十四条 【设立分支机构】 保险公司在中华人民共和国境内设立分支机构，应当经保险监督管理机构批准。

保险公司分支机构不具有法人资格，其民事责任由保险公司承担。

条文解读

本条是对保险公司在我国境内设立分支机构的规定。

(一)保险公司对其设立的分支机构的所有活动负责。保险公司可以在我国境内设立分支机构。保险公司通过分支机构开展保险业务,在经济上可以节省开办公司和运营公司的费用。分支机构是总公司的派出机构,具有开展保险业务的能力,只是不具备法人资格。所以法律规定要经保险监督管理机构批准,以便严格管理保险市场,使分支机构的设立有利于保险业务的发展和公平竞争的需要。

(二)分支机构有自己的营业场所和设施,有一定的营运资金,但在法律上仍然是总公司的一个组成部分。这主要体现在:(1)分公司的各项重大事项要服从总公司的决定。(2)它没有自己独立的财产,其营运资金是由总公司拨付的,属于总公司资本的一部分。(3)在名称上,要写明是分支机构,并且要在分支机构前冠以总公司的名称,以表明隶属关系。因此,保险公司的分支机构不是独立的民事主体,不能独立承担民事责任,不具有法人资格,其民事责任由总公司承担。

第七十五条　【设立分支机构提交的材料】保险公司申请设立分支机构,应当向保险监督管理机构提出书面申请,并提交下列材料:

(一)设立申请书;

(二)拟设机构三年业务发展规划和市场分析材料;

(三)拟任高级管理人员的简历及相关证明材料;

(四)国务院保险监督管理机构规定的其他材料。

条文解读

本条是对保险公司申请设立分支机构,应当向保险监督管理机构提交书面申请材料的规定。

保险公司设立分支机构必须经保险监督管理机构批准。保险公司设立分支机构,由保险公司提出书面申请,并应当提交下列材料:

(一)设立申请书

即由保险公司向保险监督管理机构递交何时在何地设立何种分支机构的意向

性的书面申请文件，其应当包括公司情况及其分支机构设立情况等内容。

（二）拟设机构三年业务发展规划和市场分析材料

其主要内容包括对相关地域保险市场现状及近期和远期保险市场需求情况进行调查分析；拟设立的保险公司分支机构的资金、业务范围、承保能力、组织机构进行分析，并结合地域市场特色、特定保险顾客人群等方面进行系统分析和科学论证，对产生的经济效益和社会效益进行综合测算，说明设立保险公司分支机构的可行性及相关地域市场的预测分析。

（三）拟任高级管理人员的简历及相关证明材料

为了适应保险业务专业性的要求，本法第81条规定，对保险公司的董事、监事和高级管理人员的任职资格进行了规定。并应附交相关的简历和证明材料。

（四）国务院保险监督管理机构规定的其他材料

这是一个授权性的兜底条款，由国务院保险监督管理机构根据情况作出具体规定。

第七十六条 【审批保险公司设立分支机构申请的期限】保险监督管理机构应当对保险公司设立分支机构的申请进行审查，自受理之日起六十日内作出批准或者不批准的决定。决定批准的，颁发分支机构经营保险业务许可证；决定不批准的，应当书面通知申请人并说明理由。

条文解读

本条是对保险监督管理机构审批保险公司设立分支机构申请的期限的规定。

本法规定保险公司设立分支机构必须经过批准，同时在本条对保险监督管理机构审批期限作出规定，要求保险监督管理机构应当对保险公司设立分支机构的申请进行审查，自受理之日起六十日内，应当作出批准或者不批准的决定。

保险监督管理机构决定批准的，颁发保险公司分支机构经营保险业务许可证；决定不批准的，应当书面通知申请人并说明理由。保险监督管理机构完成审查批准程序，批准保险公司设立分支机构，应尽快地颁发经营保险业务许可证；决定不批准保险公司设立分支机构的，应当通知申请的保险公司，并说明理由。

第七十七条　【工商登记】经批准设立的保险公司及其分支机构，凭经营保险业务许可证向工商行政管理机关办理登记，领取营业执照。

条文解读

本条是对经批准设立的保险公司及其分支机构进行工商登记的规定。

设立保险公司及其分支机构必须经保险监督管理机构批准并取得经营保险业务许可证。但许可证仅仅是一种资格证明，并不代表保险公司或分支机构已经成立，保险公司分支机构还不能据此进行保险经营活动。根据《公司法》和《公司登记管理条例》的规定，设立公司及分公司必须要到工商行政管理机关进行登记。只有依法进行登记，取得营业执照后，公司或者分公司才宣告成立，才能从事经营活动。

保险公司及其分支机构的营业执照签发日期为公司及其分支机构的成立日期。保险公司的法人营业执照应当载明公司的名称、住所、注册资本、实收资本、经营范围、法定代表人姓名等事项。

第七十八条　【工商登记期限】保险公司及其分支机构自取得经营保险业务许可证之日起六个月内，无正当理由未向工商行政管理机关办理登记的，其经营保险业务许可证失效。

条文解读

本条是对未按规定期限办理公司及其分支机构工商登记的法律后果的规定。

保险公司及其分支机构应当自取得经营保险业务许可证之日起六个月内办理公司及其分支机构设立工商登记，无正当理由超过六个月未办理公司及其分支机构设立工商登记的，其经营保险业务许可证自动失效。

本条规定仅适用于无正当理由而逾期不进行工商登记的情况。如果有正当理由而未在规定期限内登记，如因不可抗力而未能按期进行公司及其分支机构登记，其经营保险业务许可证并不失效，应当经过保险监督管理机构的确认和证明后，再到工商行政管理机关办理公司登记。

第七十九条 【境外机构设立规定】保险公司在中华人民共和国境外设立子公司、分支机构，应当经国务院保险监督管理机构批准。

条文解读

本条是对保险公司在我国境外设立子公司、分支机构应经过批准的规定。

保险公司在境外设立子公司，是指保险公司出资按境外法律在境外成立的子公司，其具有独立法人资格，按所在国家和地区法律成立独立的组织机构，依境外法律开展保险业务，并依法独立承担民事责任，其与保险公司的关系由所在国家和地区法律规定，但与保险公司存在股权关系和管理上的联系。保险公司在境外设立分支机构，是指保险公司按境外法律在境外成立的分公司或支公司，其不具有法人资格，管理人员由保险公司派出或聘用并受保险公司领导，开展保险业务活动，民事责任由保险公司承担。

从我国保险业管理、审慎经营和保护公司及投保人利益等方面考虑，保险公司在境外设立子公司、分支机构、代表机构必须经国务院保险监督管理机构批准，目的是使保险监督管理机构掌握保险公司在境外设立机构的情况，防止保险公司通过境外机构进行非法的关联交易和资金转移，同时这种批准也可以作为保险公司向境外申请设立子公司、分支机构时我国政府有关部门出具的证明。

第八十条 【外国保险机构驻华代表机构设立的批准】在外国保险机构在中华人民共和国境内设立代表机构，应当经国务院保险监督管理机构批准。代表机构不得从事保险经营活动。

条文解读

本条是对外国保险机构在我国境内设立代表机构的规定。

外国保险机构，是指在我国境外依照外国法设立，从事保险经营活动的机构。外国保险机构在我国境内可以设立代表机构，该代表机构不从事保险经营活动，其职能通常主要是市场调研，收集情况，为机构总部提供驻在地有关保险方面的信息，起到机构总部与驻在地的沟通、联络作用。外国保险机构由代表机构摸情况，打基础，待条件成熟后，再设立分支机构或子公司，开展保险业务。外国保险机构在我国境内设立代表机构，事先要取得国务院保险监督管理机构的批准；同时明确，外国保险机构的代表机构不得从事保险经营活动。

第八十一条 【董事、监事和高级管理人员任职规定】保险公司的董事、监事和高级管理人员，应当品行良好，熟悉与保险相关的法律、行政法规，具有履行职责所需的经营管理能力，并在任职前取得保险监督管理机构核准的任职资格。

保险公司高级管理人员的范围由国务院保险监督管理机构规定。

条文解读

本条是对保险公司董事、监事、高级管理人员任职资格管理的规定。

（一）为了使公司的管理层能够依照法律和公司章程的规定，忠实、勤勉地履行自己的职责，有必要对保险公司的董事、监事、高级管理人员的任职资格作出严格要求。

依照本条规定，保险公司的董事、监事、高级管理人员的积极资格是：(1)品行良好；(2)熟悉保险法律、行政法规；(3)具有履行职责所需的经营管理能力；(4)在任职前取得国务院保险监督管理机构核准的任职资格。

（二）本条第2款规定，保险公司高级管理人员的范围由国务院保险监督管理机构规定。国务院保险监督管理机构是保险行业的监督管理机构，由其确定保险公司高级管理人员的范围，有利于加强监督管理。通常情况下，保险公司的总经理、副总经理、财务负责人等都是公司的高级管理人员。

第八十二条 【董事、监事、高级管理人员的任职禁止】有《中华人民共和国公司法》第一百四十六条规定的情形或者下列情形之一的，不得担任保险公司的董事、监事、高级管理人员：

（一）因违法行为或者违纪行为被金融监督管理机构取消任职资格的金融机构的董事、监事、高级管理人员，自被取消任职资格之日起未逾五年的；

（二）因违法行为或者违纪行为被吊销执业资格的律师、注册会计师或者资产评估机构、验证机构等机构的专业人员，自被吊销执业资格之日起未逾五年的。

条文解读

本条是对保险公司负责人任职资格的限制条件的规定。

按照本条规定，有下列情形的人员不能担任保险公司的董事、监事、高级管理人员：

（一）有《公司法》第146条规定的情形之一的不得担任保险公司的董事、监事、高级管理人员：(1)无民事行为能力或者限制民事行为能力；(2)因贪污、贿赂、侵占财产、挪用财产或者破坏社会经济秩序，被判处刑罚，执行期满未逾五年，或者因犯罪被剥夺政治权利，执行期满未逾五年；(3)担任破产清算的公司、企业的董事或者厂长、经理，对该公司、企业的破产负有个人责任的，自该公司、企业破产清算完结之日起未逾三年；(4)担任因违法被吊销营业执照责令关闭的公司、企业的法定代表人，并负有个人责任的，自该公司、企业被吊销营业执照之日起未逾三年；(5)个人所负数额较大的债务到期未清偿。公司违反前款规定选举、委派董事、监事或者聘任高级管理人员的，该选举、委派或者聘任无效。董事、监事、高级管理人员在任职期间出现上述所列情形的，公司应当解除其职务。

（二）因违法行为或者违纪行为被金融监管机构取消任职资格的金融机构的董事、监事、高级管理人员，自被解除职务之日起未逾五年的。金融机构，主要是指商业银行、证券公司、证券投资基金公司、保险公司、信托投资公司等从事金融类业务的企业。上述人员因违反法律、法规、规章的规定而被相关的金融监管机构取消任职资格之日起，五年内不得担任保险公司的董事、监事、高级管理人员。

（三）因违法行为或者违纪行为被吊销执业资格的律师、注册会计师或者资产评估机构、验证机构的专业人员，自被吊销执业资格之日起未逾五年。这一规定的限制对象为被中介服务机构的管理机关吊销执业资格的专业人员，包括：(1)被司法行政部门吊销律师执业证书的人员；(2)被吊销注册会计师证书的人员；(3)资产评估机构、验证机构被吊销执业证书的专业人员。上述人员自被吊销执业资格之日起，五年内不得担任保险公司的董事、监事、高级管理人员。

第八十三条　【董事、监事、高级管理人员的责任】 保险公司的董事、监事、高级管理人员执行公司职务时违反法律、行政法规或者公司章程的规定，给公司造成损失的，应当承担赔偿责任。

条文解读

本条是关于保险公司董事、监事、高级管理人员对公司的赔偿责任的规定。

保险公司的董事、监事和高级管理人员享有法律和公司章程授予的参与管理或监督公司事务的职权，对公司负有忠实和勤勉的义务，在执行保险公司职务时，应当依照法律和公司章程行使职权，履行义务，维护公司的利益。保险公司的董事、监事、高级管理人员执行公司职务时违反法律、行政法规或者公司章程的规定，给公司造成损失的，依据本条规定应当承担相应的赔偿责任。

第八十四条　【变更事项批准】 保险公司有下列情形之一的，应当经保险监督管理机构批准：

（一）变更名称；

（二）变更注册资本；

（三）变更公司或者分支机构的营业场所；

（四）撤销分支机构；

（五）公司分立或者合并；

（六）修改公司章程；

（七）变更出资额占有限责任公司资本总额百分之五以上的股东，或者变更持有股份有限公司股份百分之五以上的股东；

（八）国务院保险监督管理机构规定的其他情形。

条文解读

本条是对保险公司变更某些事项必须经保险监督管理机构批准的规定。

为保证对保险公司监督管理的连续性，设立保险公司须经批准的事项，在保险公司设立后予以变更的，也应当经过保险监督管理机构批准。变更保险公司的有关事项时，若属于法律要求必须经批准的，未经保险监督管理机构批准，不发生变更的效果。关于法定批准事项的内容，主要有：

（一）公司名称。保险公司的名称，是保险公司存在的标志，具有公示意义，不得随意变更；若有必要变更保险公司的名称，应当经过保险监督管理机构批准。

（二）注册资本。变更注册资本，涉及保险公司偿付能力的维持，事关投保人、被保险人或者受益人的切身利益，应当经保险监督管理机构批准。

（三）营业场所。营业场所为保险公司设立和营业的必要条件，不具备相应的营业场所的，不得设立保险公司。保险公司及其分支机构有固定的营业场所，便于保险监督管理机构监督管理。

（四）分支机构的撤销。保险公司的分支机构是指保险公司开设的分公司。本法规定了分支机构的设立要经过批准和登记，其撤销也应当经过保险监督管理机构批准。

（五）分立或合并。保险公司的分立或者合并对保险公司的债权债务的履行有重要影响，应当经保险监督管理机构批准。

（六）公司章程。公司章程为保险公司设立和运作的基础文件，规范着保险公司的业务活动。公司章程必须提交保险监督管理机构批准。在设立保险公司后修改公司章程的，也应当报经保险监督管理机构批准。

（七）变更股东。变更出资额占有限责任公司注册资本总额5%以上的股东或者变更持有股份有限公司股份5%以上的股东，对保险公司的经营会产生一定的影响，应当报经保险监督管理机构批准。

（八）国务院保险监督管理机构规定的其他情形。

第八十五条 【精算报告制度和合规报告制度】保险公司应当聘用专业人员，建立精算报告制度和合规报告制度。

条文解读

本条是对保险公司建立精算报告制度和合规报告制度的规定。

（一）建立保险精算报告制度，是指保险公司通过专业的、科学的计算手段，核定保险产品的保险费率及责任准备金的制度。保险精算的主要事项包括：

1.保险费率。保险费率是保险人按照单位保险金额向投保人收取保险费的标准。保险费率可分解为纯保险费率和附加费率两部分。纯保险费率在财产保险业务中是指每一单位保额的损失概率，损失概率是反映未来保额损失的可能性，是借助统计学原理，利用过去的资料，计算损失的平均值，以确定保险事故损失的大小。附加费率，又称为预定费用率，是指每一单位保额中保险人各项业务支出及预期利润所占的比率。

2.责任准备金。责任准备金，是指保险人为履行其承担的保险责任或者备付未来的赔款，而从所收取的保费中提取的一种资金准备。

（二）建立保险合规报告制度。所谓合规，是指保险公司及其员工和营销员的保险经营管理行为应当符合法律法规、监管机构规定、行业自律规则、公司内部管理制度以及诚实守信的道德准则。合规管理是保险公司通过设置合规管理部门或者合规岗位，制定和执行合规制度，开展合规监测和合规培训等措施，预防、识别、评估、报告和应对合规风险的行为。合规管理是保险公司全面风险管理的一项核心内容，也是实施有效内部控制的一项基础性工作。

第八十六条　【如实报送报告、报表、文件和资料】保险公司应当按照保险监督管理机构的规定，报送有关报告、报表、文件和资料。

保险公司的偿付能力报告、财务会计报告、精算报告、合规报告及其他有关报告、报表、文件和资料必须如实记录保险业务事项，不得有虚假记载、误导性陈述和重大遗漏。

条文解读

本条是对保险公司有关报告、报表、文件和资料编制和报送要求的规定。

（一）保险公司的营业报告、财务会计报告、精算报告、合规报告及其他有关报表、文件和资料是保险公司营业信息、会计信息的载体，是记录和反映保险公司业务状况、财务状况、精算情况及合规情况的证据和资料，也是保险监督管理机构对保险公司实施监督检查、查处违法行为的重要依据和证据。对于需要向保险监督管理机构报送的材料内容，由国务院及国务院保险监督管理机构作出具体规定。

（二）保险公司的偿付能力报告、财务会计报告、精算报告、合规报告及其他有关报告、报表、文件和资料不得有虚假记载、误导性陈述和重大遗漏。第一，不得有虚假记载，是指保险公司编制、报送的有关报告、报表、文件和资料应当真实、准确，客观地记录和反映保险业务情况，不得记载未曾发生的业务情况，不得作出与实际发生的业务情况不相符的记录。第二，不得有误导性陈述，是指保险公司编制、报送的有关报告、报表、文件和资料的分析、陈述、结论、预测等应当清楚、明了，不得含混、模糊，给社会公众及监管机构造成误解。第三，不得有重大遗漏，是指按照法律、行政法规及国家有关规定应当在保险公司编制、报送的有关报告、报表、文件和资料中记载、提供或者公布的事项，应当全面、完整地予以记载，不得隐瞒、遗漏重大事项。

第八十七条　【账簿、原始凭证和有关资料的保管】保险公司应当按照国务院保险监督管理机构的规定妥善保管业务经营活动的完整账簿、原始凭证和有关资料。

前款规定的账簿、原始凭证和有关资料的保管期限，自保险合同终止之日起计算，保险期间在一年以下的不得少于五年，保险期间超过一年的不得少于十年。

条文解读

本条是对保险公司账簿、原始凭证及有关资料保管的规定。

（一）保险公司的账簿，是指由一定格式相互连缀而成的账页组成，用来序时地、分类地全面记录和反映保险经营活动的会计簿籍，是会计信息的主要载体之一，包括总账、明细账、日记账和其他辅助性账簿。原始凭证，是记录保险公司经营业务发生和完成的原始书面证明，是进行会计核算的基础性依据。有关资料，是指其他记录保险公司业务经营活动的文件，如财务会计报告、精算和合规报告、保单、保险事故勘验报告、理赔记录等。保险公司应当按照本法及有关法律、行政法规的规定，建立健全保险业务档案保管制度，配备专门人员，采取科学的保管与保护技术手段，防止和避免保险业务资料的损毁和灭失。在法定期限内，保险公司及其工作人员不得以任何理由隐匿、销毁、损毁应当保存的保险业务资料。

（二）保险业务资料的法定保管期限。考虑到很多保险业务期限较长，涉及的资料种类较多，对保险当事人的权利、义务及责任关系很大；同时，积累保险业务资料还能为保险公司提高保险精算水平提供帮助，因此要求保险业务资料的保管期限较长，自保险合同终止之日起计算，保险期间在一年以下的不得少于五年，保险期间超过一年的不得少于十年。

第八十八条　【聘请或解聘中介服务机构】保险公司聘请或者解聘会计师事务所、资产评估机构、资信评级机构等中介服务机构，应当向保险监督管理机构报告；解聘会计师事务所、资产评估机构、资信评级机构等中介服务机构，应当说明理由。

条文解读

本条是对保险公司聘用或者解聘中介服务机构的规定。

（一）保险业务涉及合同、协议、发票、单据、财务报告和数据文件，其经营管理活动离不开会计师事务所、资产评估机构、资信评级机构等中介服务机构提供专业化的服务。这些中介服务机构所提供的服务，既是为保险公司提供专业化的财务、法律方面的服务，也为广大投保人、被保险人和受益人从不同侧面了解保险公司及其产品服务提供了一个公开的渠道。这些中介服务机构的专业化服务成果也为保险监督管理机构对保险公司的监督管理提供了依据。

（二）中介服务机构凭借专业人员的专业知识为保险公司提供有偿的专业服务，应严格独立依法办事，发挥其在社会经济活动中的鉴证和服务作用，对保险公司的财务状况和经营活动提出公正、合法、合乎专业水准和职业道德的专业评价，维护社会公共利益和投资者的合法权益。保险公司聘请或者解聘会计师事务所、资产评估机构、资信评级机构等中介服务机构的，应当向保险监督管理机构报告；解聘会计师事务所、资产评估机构、资信评级机构等中介服务机构的，应当说明理由。

第八十九条　【解散和清算】保险公司因分立、合并需要解散，或者股东会、股东大会决议解散，或者公司章程规定的解散事由出现，经国务院保险监督管理机构批准后解散。

经营有人寿保险业务的保险公司，除因分立、合并或者被依法撤销外，不得解散。

保险公司解散，应当依法成立清算组进行清算。

条文解读

本条是对保险公司解散和清算的规定。

（一）保险公司的解散，是指依法设立的保险公司因为法定原因或者出现法定事由，经主管部门批准，终止其营业而停止从事保险业务的行为。保险公司在以下情况下经批准后解散：

1. 保险公司因分立、合并需要解散。公司合并有两种形式：一个公司吸收其他公司为吸收合并，被吸收的保险公司法人资格消灭，该公司解散。两个以上公司合并设立一个新的公司为新设合并。新设合并时，各方保险公司的全部资产都并入新的保险公司，原各保险公司法人资格相应消灭，都要解散。分立也有两种形式：原来的一个公司将财产全部分割为两个以上的公司，属于新设分立，原公司法人解散，出现两个以上新的法人。原公司将一部分财产分割设立一个以上新的经营主体，则构成派生分立，在这种情况下，原公司还继续存在，仅是减少了注册资本。

2. 股东会或股东大会决议解散。股东会或股东大会是保险公司的最高权力机关，它们有权对公司的重要事务作出决议。股东会或股东大会作出公司停止经营活动，消灭法人资格的决议的，保险公司报经批准后解散。

3. 因公司章程规定的解散事由出现解散。公司章程是保险公司的经营基础，其可以规定营业期限或者解散事由，当公司章程规定的解散事由出现后，公司应当停止经营活动，报经批准后解散。

（二）经营有人寿保险业务的保险公司，除被依法撤销和因分立、合并而解散外，不得解散。通过分立或者合并解散公司的，人寿保险合同并不因为保险公司的解散而受影响，由分立后的各保险公司依照协议接受人寿保险合同和准备金，或者由合并后的保险公司接受人寿保险合同和准备金。经营有人寿保险业务的保险公司如果因违反法律的行为被相关行政部门撤销的，应依法解散。除上述两种情况外，经营有人寿保险公司业务的保险公司，不得解散。

（三）保险公司经批准后解散的，应当依法成立清算组进行清算。对于清算组的成立，本法没有特别规定的，适用《公司法》的相关规定。

第九十条 【重整、和解和破产清算】保险公司有《中华人民共和国企业破产法》第二条规定情形的，经国务院保险监督管理机构同意，保险公司或者其债权人可以依法向人民法院申请重整、和解或者破产清算；国务院保险监督管理机构也可以依法向人民法院申请对该保险公司进行重整或者破产清算。

条文解读

本条是对保险公司重整、和解和破产清算的规定。

（一）破产，是在企业发生支付不能或者资不抵债时，清理其债权债务的一种法定程序。保险公司是企业法人，当其出现《企业破产法》第 2 条规定的破产原因时，应依据该法的规定进入破产程序，开始破产重整、破产和解或者破产清算。

（二）按照《企业破产法》的规定，当企业出现法定破产原因时，企业及其债权人就可以向法院申请其破产。考虑到保险公司不同于一般的企业法人，保险公司的业务属于金融业务，对于国民经济和被保险人、受益人利益有重大影响，对保险公司的破产应当更加慎重。因此，本条对保险公司破产规定了前置程序，未经国务院保险监督管理机构同意，保险公司不得进入破产程序。

（三）国务院保险监督管理机构可以依法申请保险公司破产。一般企业法人破产的申请主体包括企业本身和债权人。但是，保险公司等金融机构具有特殊性，《企业破产法》专门赋予了金融监管机构申请金融企业破产的权利。即国务院保险监督管理机构可以依据《企业破产法》的规定直接向人民法院申请对出现法定破产原因的保险公司进行重整或者破产清算。

第九十一条 【破产财产清偿顺序】破产财产在优先清偿破产费用和共益债务后，按照下列顺序清偿：

（一）所欠职工工资和医疗、伤残补助、抚恤费用，所欠应当划入职工个人账户的基本养老保险、基本医疗保险费用，以及法律、行政法规规定应当支付给职工的补偿金；

（二）赔偿或者给付保险金；

（三）保险公司欠缴的除第（一）项规定以外的社会保险费用和所欠税款；

（四）普通破产债权。

破产财产不足以清偿同一顺序的清偿要求的，按照比例分配。

破产保险公司的董事、监事和高级管理人员的工资，按照该公司职工的平均工资计算。

条文解读

本条是对保险公司破产财产清偿顺序的规定。

（一）破产财产确定后，优先支付破产费用和共益债务。破产费用是为了保证破产程序的进行而支付的各种费用，包括破产案件的受理费用、债务人财产的管理变价和分配所需费用以及管理人执行职务的费用等。共益债务是破产管理人为债权人的共同利益、在破产案件受理后管理破产财产所负担的债务。破产费用和共益债务均为破产程序能够开始和顺利进行的物质基础，应当从破产财产中随时支付，否则破产程序就无法进行。

（二）破产财产优先支付破产费用和共益债务后，尚有剩余的，依照法定的顺序进行清偿。依本条的规定，受破产财产清偿的请求权包括四个顺位：第一顺位为保险公司所欠职工工资和医疗、伤残补助、抚恤费用，所欠应当划入职工个人账户的基本养老保险、基本医疗保险费用，以及法律、行政法规规定应当支付给职工的补偿金；第二顺位为被保险人或受益人对保险公司享有的赔偿或者给付保险金请求权；第三顺位为保险公司欠缴的除第一顺位规定以外的社会保险费用和所欠税款；第四顺位为对保险公司享有的一般债权。如果破产财产不足以清偿同一顺位的保险公司债务的，则按照比例分配。破产保险公司的董事、监事和高级管理人员的工资，按照该公司职工的平均工资计算。

第九十二条　【人寿保险合同及责任准备金转让】 经营有人寿保险业务的保险公司被依法撤销或者被依法宣告破产的，其持有的人寿保险合同及责

任准备金，必须转让给其他经营有人寿保险业务的保险公司；不能同其他保险公司达成转让协议的，由国务院保险监督管理机构指定经营有人寿保险业务的保险公司接受转让。

转让或者由国务院保险监督管理机构指定接受转让前款规定的人寿保险合同及责任准备金的，应当维护被保险人、受益人的合法权益。

条文解读

本条是对人寿保险合同及责任准备金转让的规定。

（一）人寿保险合同期限较长，对于投保人、被保险人或者受益人而言，具有储蓄性的投资价值，应当对人寿保险合同的效力维持予以特别规定，才能有效保护被保险人或者受益人的利益。人寿保险合同的被保险人或者受益人在将来不确定的时候或者在合同约定的时间到来时，享有保险金请求权，是人寿保险合同赋予被保险人或者受益人的特有利益，该利益不能因为保险人的业务终止而受影响。

（二）经营人寿保险业务的保险公司因被依法撤销，或者依法被宣告破产时，应当在清算和终止公司之前，将其未到期的人寿保险合同转移给其他有资格经营人寿保险业务的保险公司，以使这些未到期的保险责任有可靠的履行保证。本条规定的人寿保险合同转移的方式，分为自愿转让和指定转让。在保险公司因被依法撤销和宣告破产而强制解散的情况下，由解散的保险公司与其他经营人寿保险业务的保险公司进行协商，签订转让和接受未到期人寿保险合同的协议。如果没有保险公司自愿接受解散的保险公司持有的人寿保险合同，则由保险监督管理机构根据法律规定指定经营人寿保险业务的保险公司予以接受。

（三）要求解散的保险公司将未到期的人寿保险单及相应的责任准备金一同转让给接受该人寿保险责任的公司。如果解散的保险公司能够转让与其持有的未到期人寿保险单相应的责任准备金的，接受该人寿保险单的公司不会增加额外的保险责任。如果被解散的保险公司因严重亏损，无能力做到上述要求的，一些国家规定可动用保险保障基金，由接受转让的保险公司提出申请，利用基金的资金予以支持。

第九十三条 【经营保险业务许可证的注销】保险公司依法终止其业务活动,应当注销其经营保险业务许可证。

条文解读

本条是对保险公司终止其业务活动应予注销经营保险业务许可证的规定。

注销经营保险业务许可证,是指保险公司依法终止业务活动时,由主管部门取消其经营保险业务的许可证的行政管理措施。保险公司依法终止其业务活动,包括三种情况:一是在保险公司因破产而终止时,保险监督管理机构应当注销该公司的经营保险业务许可证。二是保险公司因严重违法,被保险监督管理机构吊销经营保险业务许可证,保险公司必须终止其原来的保险业务。三是在法律允许的范围内,某些经营财产保险业务的保险公司,经保险监督管理机构批准,进行分立、合并时需要解散,或者股东会、股东大会决议解散,或者按照公司章程规定的解散事由出现而解散。保险公司终止保险业务的,由保险监督管理机构注销其经营保险业务许可证。

第九十四条 【适用公司法的规定】保险公司,除本法另有规定外,适用《中华人民共和国公司法》的规定。

条文解读

本条是对保险公司适用公司法的规定。

《公司法》是公司的基础性法律,是关于公司组织和有关行为规范的一般法。《保险法》中规定的有关保险公司的内容,相对于《公司法》而言,是特别法中的特别规定,其中有些与《公司法》不同的,按特别法优先于一般法的原则,优先适用《保险法》的规定。本法对保险公司未作规定的事项,仍应适用《公司法》的规定。

第四章　保险经营规则

本章介绍

本章是关于保险经营规则的法律规定。主要包括保险业务范围，再保险业务，保证金，责任准备金，公积金，保险保障基金，最低偿付能力，财产保险公司自留保险费，最大损失责任的赔付要求，危险单位划分方法和巨灾风险安排方案，再保险，资金运用的原则和形式，保险资产管理公司，关联交易管理和信息披露制度，关联交易的禁止，重大事项披露，保险销售人员任职资格，保险代理人登记制度，依法使用经营保险业务许可证，公平合理拟订保险条款和保险费率并及时履行义务，公平竞争原则，保险业务行为禁止。

第九十五条　【业务范围】 保险公司的业务范围：

（一）人身保险业务，包括人寿保险、健康保险、意外伤害保险等保险业务；

（二）财产保险业务，包括财产损失保险、责任保险、信用保险、保证保险等保险业务；

（三）国务院保险监督管理机构批准的与保险有关的其他业务。

保险人不得兼营人身保险业务和财产保险业务。但是，经营财产保险业务的保险公司经国务院保险监督管理机构批准，可以经营短期健康保险业务和意外伤害保险业务。

保险公司应当在国务院保险监督管理机构依法批准的业务范围内从事保险经营活动。

条文解读

本条是对保险公司业务范围的规定。

（一）《保险法》将保险公司的业务范围分为两个基本类别，即人身保险业务和财产保险业务。

1. 人身保险业务，是以人的寿命和身体为保险标的的保险业务，分为人寿保险、健康保险以及意外伤害保险等业务。具体来说：(1)人寿保险业务是指以被保险人在保险期限内死亡、伤残或者在保险期限届满时仍生存为给付保险金条件的保险业务。人寿保险业务又可以具体划分为死亡保险、生存保险、生死两全保险、简易人身保险、年金保险业务等。人寿保险业务的期间一般较长，保险公司承担的给付保险金的责任期间相应较长，保险公司应当留存足够的人寿保险准备金。(2)健康保险业务又称为疾病保险业务，是指保险公司对被保险人在保险期限内发生疾病、分娩或由此引起的残废、死亡承担给付保险金责任的保险业务。健康保险国外有的将其称为"第三领域"的保险，允许财险公司开展这方面的业务。(3)意外伤害保险业务是指保险公司对被保险人遭受的意外伤害或者因意外伤害致残、死亡承担给付保险金责任的保险业务。意外伤害保险业务通常分为一般意外伤害保险、旅客意外伤害保险和职业伤害保险三大类。意外伤害保险既可以作为财产综合险中的附加险，也有短期险的特征，也是所谓"第三领域"的保险。

2. 财产保险业务，是指保险公司以财产及其有关利益为保险标的的业务。这里的财产既包括有形的财产，也包括无形的财产。财产保险业务，以财产及其利益作为保险对象，由投保人交付保险费，形成保险基金，当保险财产及其利益在保险事故中遭受损失时，由保险公司赔偿保险金。财产保险业务作为保险业务的两大基本类别之一，还可以进行细分：(1)财产损失保险业务。是指保险公司以有形财产为保险标的而从事的保险业务。(2)责任保险业务。是指保险公司以被保险人依法应当对第三人承担的赔偿责任为保险标的而从事的保险业务。(3)信用保险业务。是指保险公司对被保险人的信用或者履约能力提供担保而从事的保险业务。(4)保证保险业务。是指由保险人为投保人向被保险人（债权人）提供担保的保险，当投保人不能履行与被保险人签订合同所规定的义务，给被保险人造成经济损失时，由保险人按照其对投保人的承诺向被保险人承担代为补偿的责任。

3. 国务院保险监督管理机构批准的与保险有关的其他业务。由于金融多元化的影响，保险公司的业务与其他金融业务有相互渗透的趋势，为了我国保险事业的健康发展，也为了保险公司为社会提供更多、更好地保险产品，经国务院保险监督管理机构批准，保险公司可以从事与保险有关的其他业务。

（二）本法规定同一保险人不得同时兼营财产保险业务和人身保险业务，也就是保险业务的两大基本类别必须分开经营。保险公司分业经营，有利于提高保险业务水平，维护保险客户的合法权益，保证有相适应的赔付能力，也有利于实行规范化经营、规范化管理，便于金融监督管理部门进行监督。在一个保险公司中下设两个经营部门分别经营财产保险和人身保险业务，不符合分业经营规定。保险公司设立分公司兼营也是不允许的。例外情况下，经国务院保险监督管理机构批准，允许财产保险公司兼营健康保险业务和意外伤害保险业务，是因为这两种保险具有短期保险性质。

保险公司的业务范围由保险监督管理机构依法批准；保险公司应依照保险法在依法批准的业务范围内开展保险经营活动，不得同时经营人身保险业务和财产保险业务，也不得超范围经营。

第九十六条 【再保险业务】经国务院保险监督管理机构批准，保险公司可以经营本法第九十五条规定的保险业务的下列再保险业务：

（一）分出保险；

（二）分入保险。

条文解读

本条是对保险公司经营再保险业务的规定。

（一）再保险是保险人将其承担的保险业务，以分保的形式，部分转移给其他保险人承担。转出保险业务的保险人称为原保险人，接受原保险人所转移的保险业务的保险人被称为再保险人。再保险为保险的保险，其作用在于减轻原保险人的责任，使其经营增强稳定性。原保险人将其部分保险业务转移给其他保险公司，称为分出保险；其他保险公司接受原保险人所转移的保险业务，称为分入保险。

（二）保险公司经营再保险业务，必须依法经过保险监督管理部门批准，未经批准不得经营再保险业务。这是对保险公司业务范围监督管理的一项内容。保险公司分出或者分入保险业务，都应依法进行，并执行保险监督管理部门的有关规定。

第九十七条 【保证金】保险公司应当按照其注册资本总额的百分之二十提取保证金，存入国务院保险监督管理机构指定的银行，除公司清算时用于清偿债务外，不得动用。

条文解读

本条是对保险公司缴存保证金的规定。

保证金是指保险公司设立后，依法提取并向保险监督管理机构指定的银行缴存的用于担保保险公司偿付能力的资金。缴存保险保证金是国家控制保险企业偿付能力的有效措施，依照本条规定，应当缴存的保证金数额，按照保险公司注册资本总额的 20% 提取。提取的保证金只能在保险公司清算时用于清偿债务，除此之外不得动用，以确保保险公司的偿付能力。

第九十八条 【责任准备金】保险公司应当根据保障被保险人利益、保证偿付能力的原则，提取各项责任准备金。

保险公司提取和结转责任准备金的具体办法，由国务院保险监督管理机构制定。

条文解读

本条是对保险公司提取各项责任准备金的规定。

（一）为了确保保险公司的偿付能力，保险公司收取的保险费，必须提取各项责任准备金。保险公司的偿付能力，在一定程度上依赖于保险责任准备金的提取。保险责任准备金，包括未到期责任准备金、未决赔款准备金、寿险责任准备金等，是为了承担未到期责任或者未决赔款等将来发生的责任而从保险费收入中提存的资金准备基金，其作用在于为保险公司承担保险责任提供资金保证。

（二）保险责任准备金从保险费收入中提存，这项资金应看作是保险公司的负债。在财产保险中，最常见的是未到期责任准备金，它是指保险公司为了承担未了结的预期保险责任而依照法律规定从保险费收入中提取的准备资金。对人寿保险业务，保险公司应当按照有效的人寿保险单的全部净值提取寿险责任准备金。寿险责任准备金应当属于被保险人所有，是保险公司履行今后给付保险金义务的资金保证。本法对保险公司提取和结转责任准备金的具体办法，授权国务院保险监督管理机构制定。

第九十九条　【公积金】保险公司应当依法提取公积金。

条文解读

本条是对保险公司提取公积金的规定。

（一）保险公司除了依照《保险法》的规定提取各项责任准备金和未决赔款准备金外，还必须依法提取公积金。这里讲的“依法”，是指依照《公司法》的有关规定。对于公司提取公积金，《公司法》作了如下的规定：公司分配当年税后利润时，应当提取利润的10%列入公司法定公积金；公司法定公积金累计额为公司注册资本的50%以上的，可不再提取；公司的法定公积金不足以弥补上一年度公司亏损的，在依照规定提取法定公积金之前，应当先用当年利润弥补亏损；公司在从税后利润中提取法定公积金后，经股东会或者股东大会决议，还可以提取任意公积金。公司的公积金用于弥补公司的亏损、扩大公司生产经营或者转为增加公司资本。股份有限公司以超过股票票面金额的发行价格发行股份所得的溢价款以及国务院财政部门规定列入资本公积金的其他收入，应当列为公司资本公积金。资本公积金不得用于弥补公司亏损。

（二）公积金是保险公司的一种附加资本，它的增加也意味着公司财产的增加，对公司开展业务具有积极意义。保险公司所提取的公积金中，法定公积金的提取与提取比例由法律规定，具有强制性，不能由公司自行决定；任意公积金，则是由公司决定其是否提取和提取的比例，是非强制性的，公司的股东会、股东大会有决定权。

第一百条　【保险保障基金】保险公司应当缴纳保险保障基金。

保险保障基金应当集中管理，并在下列情形下统筹使用：

（一）在保险公司被撤销或者被宣告破产时，向投保人、被保险人或者受益人提供救济；

（二）在保险公司被撤销或者被宣告破产时，向依法接受其人寿保险合同的保险公司提供救济；

（三）国务院规定的其他情形。

保险保障基金筹集、管理和使用的具体办法，由国务院制定。

条文解读

本条是对建立保险保障基金及其管理使用的规定。

（一）本法规定建立保险保障基金，首先是为了保障被保险人的利益。通过设立保险保障基金，运用保险业的群体力量，分散保险经营的风险，尽可能避免因某一保险公司偿付能力不足影响对保险金的赔付，以维护被保险人的利益。其次是支持保险公司稳健经营，即通过运用由各个保险公司集中起来的保险保障基金，对经营或财务上发生困难的保险公司予以支持。

（二）保险保障基金应当集中管理，并在下列情形下统筹使用：

1. 在保险公司被撤销或者被宣告破产时，按保险监督管理机构的具体规定，从保险保障基金中提取部分资金向该保险公司的投保人、被保险人或者受益人提供救济，弥补他们的损失。

2. 在保险公司被撤销或者被宣告破产时，向依法接受其人寿保险合同的保险公司提供救济。《保险法》第 92 条第 1 款规定，经营有人寿保险业务的保险公司被依法撤销或者被依法宣告破产的，其持有的人寿保险合同及责任准备金，必须转让给其他经营有人寿保险业务的保险公司；不能同其他保险公司达成转让协议的，由国务院保险监督管理机构指定经营有人寿保险业务的保险公司接受转让。接收转让的保险公司因此发生损失的，按照保险监督管理机构的具体规定，从保险保障基金中提取部分资金向该保险公司提供救济，在一定程度上弥补其损失。

3. 国务院规定的其他情形。授权国务院规定除上述两类法定情形之外的其他情形，可以从保险保障基金中提取资金补偿保险活动当事人。

（三）保险保障基金筹集、管理和使用的具体内容，授权由国务院制定办法。

第一百零一条 【最低偿付能力】保险公司应当具有与其业务规模和风险程度相适应的最低偿付能力。保险公司的认可资产减去认可负债的差额不得低于国务院保险监督管理机构规定的数额；低于规定数额的，应当按照国务院保险监督管理机构的要求采取相应措施达到规定的数额。

条文解读

本条是关于保险公司应当具有最低偿付能力的规定。

（一）保险公司的偿付能力，是指保险公司对被保险人、受益人履行合同约定的赔偿或者给付保险金责任的能力。保险公司必须具备充足的偿付能力，才能及时、足额地赔偿或者给付保险金，保障被保险人、受益人的利益，维持自身的稳健经营。

（二）保险公司偿付能力表现为保险公司的实际资本，其计算办法是：保险公司的认可资产减去认可负债。在保险公司的所有资产中，只有那些可以由保险公司处置的可用于承担赔偿或者给付保险金责任的资产，才能被确认为认可资产。保险监督管理机构对保险公司的认可资产以列举方式作了规定。一项资产，如果没有被保险监督管理机构明确指明为认可资产，或者被保险监管机构明确指明为非认可资产，均不属于认可资产。认可负债是保险公司在评估偿付能力时依据国务院保险监督管理机构的规定所确认的负债。保险监督管理机构对保险公司的负债也采取列举法进行认可。

（三）本条对保险公司的最低偿付能力要求的规定包括：

1. 保险公司应具有与其业务规模和风险程度相适应的最低偿付能力。保险公司的业务规模越大，意味着其接受的投保数量越多，保险公司接受的投保风险越大，赔付的可能性也就越大，保险公司应当留下更充足的资金以应付可能出现的保险责任。因此，保险公司的最低偿付能力必须与业务规模和风险程度相适应。

2. 保险公司的认可资产减去认可负债的差额不得低于国务院保险监督管理机构规定的数额。中国保监会发布的《保险公司偿付能力管理规定》等规范性文件对此作了规定。

3. 最低偿付能力达不到规定要求的保险公司，应当按照国务院保险监督管理机构的要求采取相应措施达到规定的数额。根据本法第 138 条的规定，对出现偿付能力不足的保险公司，国务院保险监督管理机构应当将其列为重点监管对象，并可以根据具体情况采取相关措施。

第一百零二条 【财产保险公司自留保险费】 经营财产保险业务的保险公司当年自留保险费，不得超过其实有资本金加公积金总和的四倍。

条文解读

本条是关于经营财产保险业务的保险公司当年自留保险费的规定。

（一）经营财产保险业务的保险公司，是指经营财产损失保险、责任保险、信用保险、保证保险等业务的保险公司。与人身保险业务相比，财产保险业务面临的风险更具有不可预测性，有必要作出专门规定以应对随时可能出现的保险责任，保障保险公司的持续正常经营。

（二）保险公司当年自留保险费，是指保险公司当年收取的所有保险费（包括通过办理再保险分入业务获得的数额），减去按照国务院保险监督管理机构规定办理再保险分出业务减少的数额后，保险公司最终获得的保险费。保险公司的自留保险费反映其保费收入的实际情况，而实际保费收入是与其可能面临的风险，即可能承担的保险责任直接对应的。保险公司实有资本金加公积金的总和构成公司的实际自有资产，是其承担保险法律责任的主要资金来源，反映了其实际偿付能力。对财产保险公司的自留保费进行限制，目的是要将其可能遇到的风险控制在保险公司的自有资产能够偿付的范围内，是为了保证其有充足的偿付能力而提出的具体要求。依照本条规定，保险公司当年自留保险费不得超过公司实有资本金加公积金总和的四倍。对超过这一数额，导致偿付能力不足的，国务院保险监督管理机构应当按照本法第138条的规定，责令其增加资本金、办理再保险或者采取其他措施，使其自留保费符合本法规定的要求，恢复偿付能力。

第一百零三条 【最大损失责任的赔付要求】 保险公司对每一危险单位，即对一次保险事故可能造成的最大损失范围所承担的责任，不得超过其实有资本金加公积金总和的百分之十；超过的部分应当办理再保险。

保险公司对危险单位的划分应当符合国务院保险监督管理机构的规定。

条文解读

本条是保险公司对每一危险单位进行风险管理的规定。

（一）保险公司的经营风险由其承保的每一保险标的的风险累加而成，这些保险标的组成不同的危险单位，对每一危险单位进行风险管理，是保险公司稳健运营的一个关键环节。所谓危险单位，是指一次保险事故可能造成的最大损失范围。一个危险单位往往是若干保险标的的风险的集合体。

（二）危险单位划分是评估可能最大损失的基础。通过危险单位划分确定最大损失范围后，保险公司对该范围内保险财产遭遇保险事故可能损失的程度进行进一步的估测，便可得出可能最大损失的金额。以此为据，保险公司可以确定自身在特定项目上的自留风险比例，并安排所需的再保险保障。保险公司应当在承保时就确认危险单位划分并记录在案。实践中，危险单位的划分较为复杂，应根据各种不同的险种、结合不同的情况才能确定。

（三）保险公司对危险单位的划分应当符合国务院保险监督管理机构的规定。我国保监会曾先后发布了一系列财产保险危险单位划分方法指引，对危险单位划分的基本原则和基本方法作了规定。

（四）保险公司对每一危险单位承担的保险责任不得超过其实有资本金加公积金总和的10%，超过10%的部分应办理再保险。这是保险公司保障其偿付能力充足性的重要举措。本条规定对保险公司对每一危险单位承担的保险责任作出限制，避免保险公司承担过高的经营风险，使其不至于因为少数几起保险业务而影响整个公司的稳定经营。

第一百零四条 【危险单位划分方法和巨灾风险安排方案】保险公司对危险单位的划分方法和巨灾风险安排方案，应当报国务院保险监督管理机构备案。

条文解读

本条是关于危险单位的划分方法和巨灾风险安排方案应当报国务院保险监督管理机构备案的规定。

（一）保险事故概率具有不确定性，不同概率情形之下的最大可能损失有着很大的差别。保险公司一般将概率情形分为普通保险事故和极端概率事故。为了保持稳健经营，保险公司应当通过危险单位划分来解决普通保险事故的最大损失问题，通过巨灾风险安排来解决极端概率事故的最大损失问题。

（二）危险单位是指一次保险事故可能造成的最大损失范围。危险单位的划分应该本着科学、谨慎和合理的原则进行。“存疑不分”是危险单位划分的基本原则，只要不能肯定保险标的属于不同的危险单位的，就应当认定为一个危险单位，不得再作进一步的划分。保险公司应当在承保风险时就确认危险单位划分并记录在案，并就依照本条规定将划分的具体办法报国务院保险监督管理机构备案。

（三）所谓巨灾，是指人力难以抗拒、无法有效控制的造成众多人员伤亡或大量财产损失的自然灾害或意外事故。巨灾按其发生的原因可以分为两大类：一是自然灾害风险；二是人为灾难风险。巨灾风险具有发生概率低，难以预测，一旦发生则损失巨大的特点。对于承保巨灾风险的保险公司而言，每一次事故的发生通常会使许多受害的被保险人同时向保险公司索赔，形成庞大的累积理赔金额，这种情形不符合保险业务个体损失分布相互独立的要求，由此造成的损失严重影响保险公司的偿付能力，有时甚至会导致资本不足的保险公司破产。因此，保险公司应当对巨灾风险预先作出安排，以便在此类危险发生时及时采取有效措施，做到既能够及时赔付保险金，又能够保障自身具有充足的偿付能力。为了指导督促保险公司科学合理化解巨灾风险，本法规定，保险公司巨灾风险安排方案，应当报国务院保险监督管理机构备案。

第一百零五条　【再保险】保险公司应当按照国务院保险监督管理机构的规定办理再保险，并审慎选择再保险接受人。

条文解读

本条是关于保险公司应当按照国务院保险监督管理机构的规定办理再保险的规定。

（一）所谓再保险，是指保险人将其承担的保险业务，以分保形式部分转移给其他保险人。再保险的主要功能是分散风险、控制损失、保证公司具有充足的偿付能力。国务院保险监督管理机构先后发布了《保险公司管理规定》《再保险业务管理规定》《关于再保险业务安全性有关问题的通知》等规范性文件，对保险公司的再保险义务、再保险计划的拟定和审核、分保比例、监督管理等作出了具体规定，保险公司应当遵守。

（二）再保险接受人，是指接受其他保险公司转移的保险业务的保险公司，又称为再保险分入公司。再保险公司如果选择再保险接受人不当，不能从再保险接受人那里及时获得赔偿，支出的保险赔款就不能得到有效的补充，不能实现再保险分散风险的目的，将会严重影响原保险公司的正常经营。国务院保险监督管理机构在2007年发布了《关于再保险业务安全性有关问题的通知》，对保险公司如何选择再保险接受人提出了具体要求。

第一百零六条 【资金运用的原则和形式】保险公司的资金运用必须稳健，遵循安全性原则。

保险公司的资金运用限于下列形式：

（一）银行存款；

（二）买卖债券、股票、证券投资基金份额等有价证券；

（三）投资不动产；

（四）国务院规定的其他资金运用形式。

保险公司资金运用的具体管理办法，由国务院保险监督管理机构依照前两款的规定制定。

条文解读

本条是关于保险公司资金运用的规定。

（一）保险公司的资金包括所有者权益及各种责任准备金。所有权益包括保险公司的资本金、公积金及未分配盈余等，属于保险公司的自有资金。各种责任准备金是为了保证保险公司的偿付能力而由保险公司按照规定提取的以备给付保险金，履行赔偿义务的资金，属于保险公司的负债。其中，在构成比例上，各种责任准备金远远高于所有者权益，占到了保险公司资金的绝大部分。

保险公司的资金运用是指保险公司将自有资金和保险准备金，通过法律允许的各种渠道进行投资来获取收益的经营活动。保险公司通过资金运用取得盈利而使保险基金增值；因此，资金运用的成效直接影响保险公司的偿付能力，进而影响到投保人、被保险人、受益人的利益。保险公司的资金运用应当遵循安全性、效益性和流动性三大原则。其中，保险公司资金运用的安全性原则最为重要。

（二）随着我国保险市场的发展，保险业竞争的加剧，保险公司的承保利润逐步降低，保险资金的投资回报已经成为保险公司利润的一个主要来源。同时，近年来我国保险市场逐步成熟，保险公司经营管理日益规范，资本市场进一步发展，这些条件也为拓宽保险公司资金运用渠道提供了可能。现行《保险法》适当拓宽了保险公司的资金运用渠道。保险公司的资金有以下几种运用形式：

1. 银行存款。保险公司的资金用于银行存款，风险较小，安全性好，既可以获得较为固定的收入，又可以及时提取并用于支付保险金，是保险资金最常见的运用形式。

2. 买卖债券。债券具有以下优点：一是利率固定，能带来稳定的收入，具有较好的安全性；二是一般期限较长，适合长期持有，本身的流通性也比较好，能够及时变现。因此，购买债券一直是保险资金运用的主要方式。

3. 买卖股票。股票是一种虚拟资本，其价值主要体现在它的收益性上，股票收益来自股息收入和资本利得。股票价格受经济形势及其他种种因素的影响，常有大幅波动，因此投资股票的风险比较大，安全性较差，但如果投资得当，股票的收益率也最为丰厚。

4. 买卖证券投资基金份额等有价证券。投资证券投资基金份额相当于通过专业投资机构间接地买卖股票。一般来说，证券投资基金具有专业理财的特点，由专业人士选择最具有赢利可能的股票作为投资对象，赢利率较高；同时，可以通过分散化投资来化解风险，避免个别股票投资失误造成巨大损失，安全性较好。

5. 投资不动产。不动产投资是指保险公司将资金投向房地产、基础设施建设等并从其经营中赚取收益的投资活动。不动产投资的保值程度高，但投资期限长，变现能力差。因此，不动产投资也应当慎重，一般采取限额投资，避免风险过度集中。

6. 国务院规定的其他资金运用形式。

（三）为了保证保险公司的偿付能力，控制和分散保险资金运用风险，除了要对保险资金的运用形式作出法律上的限定外，还应当对保险公司资金运用的具体程序、比例等作出相应的规定。这些内容技术性较强，同时需要根据保险业的发展状况进行必要调整，因此本条授权国务院保险监督管理机构制定。

第一百零七条　【保险资产管理公司】经国务院保险监督管理机构会同国务院证券监督管理机构批准，保险公司可以设立保险资产管理公司。

保险资产管理公司从事证券投资活动，应当遵守《中华人民共和国证券法》等法律、行政法规的规定。

保险资产管理公司的管理办法，由国务院保险监督管理机构会同国务院有关部门制定。

条文解读

本条是关于保险资产管理公司的规定。

（一）保险公司的资金运用主要有三种方式：一是将保险资金委托给外部投资机构。二是在保险公司内部成立资金运用部门。三是设立独立的投资公司，专门负责保险资金运用。此类公司一般是保险公司的子公司，或者是保险公司所属的保险集团或者控股公司的子公司。

国务院保险监督管理机构在2004年出台了《保险资产管理公司管理暂行规定》，并陆续批准一些保险公司设立保险资产管理公司。所谓保险资产管理公司，是指经国务院保险监督管理机构会同国务院证券监督管理机构批准，依法登记注册、受托管理保险资金的金融机构。

（二）本法在总结实践经验的基础上增加了有关保险资产管理公司的规定，主要包括：

1. 为了保障保险资金运用的安全，严格控制投资风险，需要加强对保险资产管理公司的监管。因此，设立保险资产管理公司应当经国务院保险监督管理机构批准。同时，保险资金的主要投向是证券市场，保险资产管理公司作为拥有巨额资金的机构投资者，其投资活动可能对证券市场产生较大影响，为了保护证券市场的稳健运行，因此，成立保险资产管理公司还应当经国务院证券监督管理机构批准。

2. 保险资产管理公司从事证券投资活动，应当遵守证券法等法律、行政法规的规定。保险资产管理公司从事证券投资活动时，应当与其他证券投资主体一样遵循规范证券市场活动的法律规定。

3. 保险资金的运用，不仅涉及保险市场、证券市场，还可能对其他领域造成影响，保险资产管理公司的管理办法由国务院保险监督管理机构会同国务院有关部门制定。

第一百零八条 【关联交易管理和信息披露制度】保险公司应当按照国务院保险监督管理机构的规定，建立对关联交易的管理和信息披露制度。

条文解读

本条是关于保险公司应建立对关联交易的管理和信息披露制度的规定。

（一）关联交易是指存在关联关系的双方或多方当事人之间进行的交易活动。其中，关联关系是指一方当事人有能力直接或间接控制另一方当事人或者对其施加重大影响，以及两方或多方当事人共同受第三方控制或影响的关系。这种控制权或影响力以财产权、经营决策权和人事管理权为核心。存在关联关系的实体称为关联方。我国保监会2007年发布的《保险公司关联交易管理暂行办法》，对保险公司的关联方作了详细列举。

（二）正常的关联交易可以稳定公司业务，分散经营风险，有利于公司的发展。但是，实践中常常发生控制方利用关联关系，迫使从属方与自己或者其他关联方从事不正常的交易，损害从属方和少数股东的利益的问题。因此，本条规定保险公司应当按照国务院保险监督管理机构的规定，建立对关联交易的管理制度。关联交易管理制度包括关联方的报告、识别、确认和信息管理，关联交易的范围和定价方式，关联交易的内部审查程序，关联交易的信息披露、审计监督和违规处理等内容。

（三）保险公司的关联交易有可能损害小股东和投保人、被保险人、受益人的利益，为了防止保险公司的大股东、实际控制人和管理层进行"暗箱操作"，必须加强对保险公司交易信息公开化的管理，即建立保险公司关联交易的信息披露制度。《企业会计准则第36号——关联方披露》对关联交易的信息披露作出了专门的规定，保险公司关联交易适用该规定。

第一百零九条 【关联交易的禁止】保险公司的控股股东、实际控制人、董事、监事、高级管理人员不得利用关联交易损害公司的利益。

条文解读

本条是关于禁止利用关联交易损害保险公司的利益的规定。

（一）关联交易是现代集团公司常用的交易形式，必须对有可能通过关联交易损害保险公司利益的行为加强约束。有可能利用关联交易损害保险公司利益的主体包括：

1. 控股股东、实际控制人等以股权关系为基础的关联方。根据《公司法》的规定，所谓控股股东，是指其出资额占有限责任公司资本总额50%以上或者其持有的股份占股份有限公司股本总额50%以上的股东；以及出资额或者持有股份的比例虽然不足50%，但依其出资额或者持有的股份所享有的表决权已足以对股东会、股东大会的决议产生重大影响的股东。所谓实际控制人，是指虽不是公司的股东，但通过投资关系、协议或者其他安排，能够实际支配公司行为的人。控股股东和实际控制人在股东会中对公司的重大事项享有表决权优势，很容易在投资、生产经营、收益分配、股权转让等环节将公司的利益转移到自己手中，从而损害中小股东、债权人以及公司的其他利益主体的利益。

2. 董事、监事、高级管理人员等以经营管理权为基础的关联方。其中，高级管理人员是指公司的经理、副经理、财务负责人，上市公司董事会秘书和公司章程规定的其他人员。董事是公司股东选举出的决策者及主管公司业务的管理者，对内执行业务，对外代表公司。高级管理人员负责公司具体事务的经营管理。监事对董事、高级管理人员行使监督检查职权。董事、监事和高级管理人员在公司经营过程中享有具体事务的经营管理权，也有可能滥用这种权利进行关联交易，损害公司利益。

（二）本法并不禁止保险公司的控股股东、实际控制人、董事、监事、高级管理人员与保险公司进行关联交易。但是，上述人员不得利用关联交易损害保险公司的利益，否则将承担相应的法律责任。

第一百一十条 【重大事项披露】保险公司应当按照国务院保险监督管理机构的规定，真实、准确、完整地披露财务会计报告、风险管理状况、保险产品经营情况等重大事项。

条文解读

本条是关于保险公司对重大事项的信息披露制度的规定。

（一）保险公司应当进行信息披露的重大事项：

1. 财务会计报告。所谓财务会计报告，是指企业对外提供的反映企业某一特定日期财务状况和某一会计期间经营成果、现金流量的文件。财务会计报告一般分为年度、半年度、季度和月度财务会计报告。年度、半年度财务会计报告应当包括会计报表及附注、财务情况说明书等。季度、月度财务会计报告通常仅指会计报表，会计报表至少应当包括资产负债表和利润表。

2. 风险管理状况。保险公司的风险管理包括风险评估、风险控制，以及及时对风险管理的流程及其有效性进行检验评估，根据评估结果及时改进。保险公司应当识别和评估经营过程中面临的各类主要风险。在风险评估的基础上，保险公司应当进行风险控制，包括明确风险管理总体策略、制定风险解决方案和方案的组织实施等内容。

3. 保险产品经营情况。保险公司一般都会在经营范围内提供众多保险产品供不同需求的投保人选择。不同的保险产品在保险标的、保险费率、赔偿限额、责任范围、保险期间等方面存在差别，具体表现为各种保险单。在保险经营过程中，每一款保险产品的销售量、赔付率等都存在差异，保险公司应当披露相关的信息。

（二）保险公司重大事项披露应当真实、准确、完整

所谓真实，是指重大事项披露的内容必须反映实际情况，不得弄虚作假。所谓准确，是指对有关事项的披露和提供的数据与实际情况应当符合，或者是合乎逻辑的推测，不得有误导性陈述。所谓完整，是指应当披露的相关信息都应披露，内容应当完整，不得有遗漏。法律要求保险公司按照国务院保险监督管理机构的规定，真实、准确、完整地披露这些信息，一方面是为了让投保人在充分了解的基础上更好地选择投保的保险公司；另一方面也是为了加强对保险公司的监督管理，促进保险公司努力提高经营管理水平。

第一百一十一条　【保险销售人员任职资格】保险公司从事保险销售的人员应当品行良好，具有保险销售所需的专业能力。保险销售人员的行为规范和管理办法，由国务院保险监督管理机构规定。

条文解读

本条是关于对保险公司从事保险销售人员的资格管理的规定。

保险公司从事保险销售的人员与投保人订立保险合同属于职务行为，其行为直接代表保险公司，法律后果由保险公司承担。现行《保险法》对保险公司从事保险销售的人员的资格作出了原则性规定，要求保险公司从事保险销售的人员应当符合国务院保险监督管理机构规定的资格条件，取得保险监督管理机构颁发的资格证书。同时，本条还规定，保险销售人员的行为规范和管理办法由国务院保险监督管理机构规定。

第一百一十二条　【保险代理人登记制度】保险公司应当建立保险代理人登记管理制度，加强对保险代理人的培训和管理，不得唆使、诱导保险代理人进行违背诚信义务的活动。

条文解读

本条是关于保险公司的保险代理人登记管理，应当加强对保险代理人的培训和管理的规定。

随着我国保险业的发展，保险行业的竞争也日益激烈。一些保险公司为了眼前利益，不分良莠，利用各种保险代理关系扩大市场份额。一些保险代理人的不规范甚至是欺诈的行为，损害了投保人、被保险人、受益人的利益，也损害了保险公司的利益。针对这方面存在的问题，本条规定，保险公司应当建立保险代理人登记管理制度，加强对保险代理人的培训和管理，提高保险代理人的法律知识、职业道德和业务素质。针对个别保险公司存在唆使、诱导保险代理人进行违背诚信义务的活动的行为。

第一百一十三条 【依法使用经营保险业务许可证】保险公司及其分支机构应当依法使用经营保险业务许可证,不得转让、出租、出借经营保险业务许可证。

条文解读

本条是关于保险公司及其分支机构应当依法使用经营保险业务许可证的规定。

经营保险业务许可证是国务院保险监督管理机构依法颁发的准许保险公司及其分支机构经营保险业务的法律文件,是保险公司及其分支机构依法经营保险业务的证明。保险公司及其分支机构应当依法使用经营保险业务许可证。为维护保险市场的正常秩序,保护保险活动当事人的合法权益,所以禁止保险公司及其分支机构转让、出租、出借经营保险业务许可证。

第一百一十四条 【公平合理拟订保险条款和保险费率并及时履行义务】保险公司应当按照国务院保险监督管理机构的规定,公平、合理拟订保险条款和保险费率,不得损害投保人、被保险人和受益人的合法权益。

保险公司应当按照合同约定和本法规定,及时履行赔偿或者给付保险金义务。

条文解读

本条是关于保险公司应当公平、合理拟订保险条款和保险费率,以及及时履行赔偿或者给付保险金义务的规定。

绝大多数的保险合同是采用保险公司提供的格式条款订立的定式合同。为了与合同法关于格式条款的规定相衔接,本条规定,保险公司应当公平、合理拟订保险条款和保险费率,不得损害投保人、被保险人和受益人的合法权益。按照国务院保险监督管理机构的规定,保险机构拟定保险条款和保险费率,应当符合下列要求:(1)结构清晰、文字准确、表述严谨、通俗易懂;(2)要素完整,不失公平,不侵害被保险人的合法权益,不损害社会公众利益;(3)符合法律、行政法规和国务院保险监督管理机构的有关规定;(4)保险费率厘定合理,不危及保险公司的偿付能力或者妨碍市场公平竞争;(5)国务院保险监督管理机构规定的其他条件。此外,保险公司拟定保险条款和保险费率,还应当加强管理,防范风险;并且积极推进保险条款和保险费率的通俗化、标准化。

当保险合同约定的保险事故发生时,保险公司应当按照合同约定和本法规定,及时履行赔偿或者给付保险金义务。

第一百一十五条 【公平竞争原则】保险公司开展业务,应当遵循公平竞争的原则,不得从事不正当竞争。

条文解读

本条是关于保险公司开展业务应当遵循公平竞争原则的规定。

在市场经济条件下,保险公司应当在法律、行政法规许可的范围内开展业务活动,通过做好产品和服务创新,提高经营管理水平,改进和完善服务,来满足投保人的多种需求,使被保险人及时获得满意的保险保障,从而提高自身的竞争能力。通过公平竞争,在竞争中求得发展壮大。不得违反法律、行政法规的规定和商业道德,从事不正当竞争行为。《反不正当竞争法》对不正当竞争行为作了规定,违反这些规定的,将被依法追究法律责任。

第一百一十六条 【保险业务行为禁止】保险公司及其工作人员在保险业务活动中不得有下列行为:

(一)欺骗投保人、被保险人或者受益人;

(二)对投保人隐瞒与保险合同有关的重要情况;

(三)阻碍投保人履行本法规定的如实告知义务,或者诱导其不履行本法规定的如实告知义务;

(四)给予或者承诺给予投保人、被保险人、受益人保险合同约定以外的保险费回扣或者其他利益;

(五)拒不依法履行保险合同约定的赔偿或者给付保险金义务;

（六）故意编造未曾发生的保险事故、虚构保险合同或者故意夸大已经发生的保险事故的损失程度进行虚假理赔，骗取保险金或者牟取其他不正当利益；

（七）挪用、截留、侵占保险费；

（八）委托未取得合法资格的机构从事保险销售活动；

（九）利用开展保险业务为其他机构或者个人牟取不正当利益；

（十）利用保险代理人、保险经纪人或者保险评估机构，从事以虚构保险中介业务或者编造退保等方式套取费用等违法活动；

（十一）以捏造、散布虚假事实等方式损害竞争对手的商业信誉，或者以其他不正当竞争行为扰乱保险市场秩序；

（十二）泄露在业务活动中知悉的投保人、被保险人的商业秘密；

（十三）违反法律、行政法规和国务院保险监督管理机构规定的其他行为。

条文解读

本条是关于保险公司及其工作人员的行为的禁止性规定。

保险公司及其工作人员在保险业务活动中应当遵守法律、行政法规的规定，恪守诚实信用原则，不得从事下列行为：

（一）欺骗投保人、被保险人或者受益人。保险公司及其工作人员不得利用优势，在保险合同订立及履行过程中，采取欺骗手段，向投保人、被保险人或者受益人提供与保险合同条款内容及其他事实不符的情况，给投保人、被保险人或者受益人以错误信息，损害投保人、被保险人或者受益人的利益。

（二）对投保人隐瞒与保险合同有关的重要情况。为了保护投保人的知情权，保险公司及其工作人员应当遵守诚实信用原则，根据本法第 17 条的规定切实履行说明义务，向投保人如实说明与保险合同有关的重要情况，尤其是保险公司的责任及责任的免除、保险金额、保险费及其支付方式、保险责任期间、保险金额及其赔偿或者给付办法、违约责任及其处理等，不得故意隐瞒。

（三）阻碍投保人履行本法规定的如实告知义务，或者诱导其不履行本法规定的如实告知义务。一些保险公司及其工作人员为达到拉保费的目的，采取不正当手段，阻碍投保人履行如实告知义务，或者诱导其不履行如实告知义务，出险后，又以投保人未如实告知为由逃避所应承担的保险责任，损害投保人的利益。

（四）给予或者承诺给予投保人、被保险人、受益人保险合同约定以外的保险费回扣或者其他利益。此行为属于商业贿赂行为，不仅可能误导投保人，而且造成保险公司之间的不正当竞争，扰乱保险业经营管理秩序，应当予以禁止。

（五）拒不依法履行保险合同约定的赔偿或者给付保险金义务。除非满足法律规定条件或者符合合同特别约定的情形，保险公司及其工作人员不得拒绝承担赔偿或者给付保险金的责任。履行保险合同约定的赔偿或者给付保险金义务还要求赔偿或者给付保险金应当及时、足额，不得故意刁难、拖延。

（六）故意编造未曾发生的保险事故、虚构保险合同或者故意夸大已经发生的保险事故的损失程度进行虚假理赔，骗取保险金或者牟取其他不正当利益。虚假理赔是一种严重的保险违法行为，不仅损害保险公司的利益，同时也损害了投保人、被保险人、受益人的合法权益，社会危害性很大，应当严格禁止。

（七）挪用、截留、侵占保险费。保险公司及其工作人员收到保险费后，应当及时上交，纳入公司的保险责任准备金，保障保险公司偿付能力的充足性。但实践中有时会发生保险公司及其工作人员挪用、截留、侵占保险费的情形，损害保险公司的利益及其偿付能力，损害被保险人、受益人的利益。

（八）委托未取得合法资格的机构或者个人从事保险销售活动。为了规范保险市场秩序，国务院保险监督管理机构对保险代理机构的注册资本、高级管理人员资格等方面都作了较为严格的规定，只有符合资格条件的机构，才能取得经营保险代理业务许可证。接受保险公司委托从事保险销售活动的个人主要是指个人保险代理人。个人保险代理人也需要经过相关的培训和教育，具备保险从业所需的知识和能力，经过考核取得相应的资格证书，才能够从事保险销售活动。

（九）利用开展保险业务为其他机构或者个人牟取不正当利益。保险公司及其工作人员在保险业务活动中不得为自己牟取不合理利益，也不得为其他机构或者个人牟取不正当利益。

（十）利用保险代理人、保险经纪人或者保险评估机构，从事以虚构保险中介业务或者编造退保等方式套取费用等违法活动。保险公司通过保险代理人、保险经纪人订立保险合同，或者通过保险评估机构进行承保前风险评估、出险后损失及保险责任评估，都需要支付相应的手续费。如果保险公司将通过本公司保险销售人员完成的上述行为谎称为通过保险代理人、保险经纪人或者保险评估机构完成，就可以套取相应的中介费用。本法对这一违法行为作了明确的禁止性规定。

（十一）以捏造、散布虚假事实等方式损害竞争对手的商业信誉，或者以其他不正当竞争行为扰乱保险市场秩序。保险公司及其工作人员应当通过开发符合投保人需求的保险产品，拟定公平合理的保险条款和保险费率，提供高效便捷的服务来赢得保险市场份额，而不能通过不正当竞争行为来排挤竞争对手。实践中比较常见的不正当竞争行为是以捏造、散布虚假事实等方式损害竞争对手的商业信誉，这种做法不但违反公平竞争的基本原则，而且会导致投保人对保险人失去信任，对保险市场失去信心，是一种严重扰乱保险市场秩序、影响保险业健康发展的行为。

（十二）泄露在业务活动中知悉的投保人、被保险人的商业秘密。保险人对于在业务活动中知悉的投保人、被保险人的商业秘密，负有保密义务，这是《合同法》明确规定的合同附随义务，保险人必须遵守。

（十三）违反法律、行政法规和国务院保险监督管理机构规定的其他行为。

第五章　保险代理人和保险经纪人

本章介绍

本章是关于保险代理人和保险经纪人的法律规定。主要包括保险代理人，保险经纪人，保险代理机构、保险经纪人的资格条件及从业许可，以公司形式设立的保险专业代理机构、保险经纪人的注册资本，保险专业代理机构、保险经纪人的高级管理人员的经营管理能力与任职资格，个人保险代理人、保险代理机构的代理从业人员、保险经纪人的经纪从业人员的任职资格，经营场所与账簿记载，保险代理机构、保险经纪人缴存保证金或者投保职业责任保险，个人保险代理人代为办理人寿保险业务接受委托的限制，保险业务委托代理协议，保险代理责任承担，保险经纪人的赔偿责任，保险事故的评估和鉴定，保险佣金的支付，保险代理人、保险经纪人及其从业人员的禁止行为，准用条款等。

第一百一十七条　【保险代理人】保险代理人是根据保险人的委托，向保险人收取佣金，并在保险人授权的范围内代为办理保险业务的机构或者个人。

保险代理机构包括专门从事保险代理业务的保险专业代理机构和兼营保险代理业务的保险兼业代理机构。

条文解读

本条是关于保险代理人的含义及其构成的规定。

（一）保险代理人是根据保险人的委托，向保险人收取佣金，并在保险人授权的范围内代为办理保险业务的机构或者个人。其具体含义包括：

1. 保险代理人是代理人的一种，其接受保险人的委托，代表保险人的利益，以保险人的名义，在保险人授权的范围内为保险人代为办理保险业务，其有效代理行为的结果是使投保人和保险人之间形成保险法律关系;其行为不当造成投保人损失的,也由保险人承担相应的法律责任。

2. 保险代理人必须与保险人订立委托代理协议。保险代理人接受保险人的委托代为办理保险业务,应当与保险人签订委托代理协议,依法约定双方的权利和义务及其他代理事项。

3. 保险代理人向保险人收取佣金。保险代理佣金是保险代理人代保险人办理保险业务所应当获得的报酬。保险代理人代保险人办理保险事务,保险人应当按照委托代理协议的规定支付报酬。

4. 保险代理人可以是机构,也可以是个人。无论是保险代理机构,还是保险个人代理人,都应当具备保险监督管理机构规定的资格条件,并取得保险监督管理机构颁发的经营保险代理业务许可证。

(二)保险代理机构可以分为两类:

1. 保险专业代理机构,是指经保险监督管理机构批准设立并办理工商登记,根据保险人的委托在保险人授权的范围内专门办理保险业务的企业。

2. 保险兼业代理机构,是指经保险监督管理机构核准,接受保险人的委托,在从事自身业务的同时,为保险人代办保险业务的企业。我国的保险代理业务现在已经形成了一个以银行为主体的保险兼业代理机构网络,主要包括四种类型:(1)金融机构兼业代理。即利用银行、信用社、证券等金融机构与各行各业接触广泛的特点,在其柜台为客户代办保险业务。(2)行业兼业代理。即利用某一行业对保险的特殊需求以及该行业业务开展的便利条件为保险人代为办理保险业务。(3)企业兼业代理。企业的主管部门受保险人委托兼办下属企业的保险业务,或企业代办企业内部职工的保险业务。(4)社会团体兼业代理。即通过某些社团组织的特殊职能进行保险业务的代理。

第一百一十八条 【保险经纪人】保险经纪人是基于投保人的利益,为投保人与保险人订立保险合同提供中介服务,并依法收取佣金的机构。

条文解读

本条是对保险经纪人含义的规定。

按照本条的规定,保险经纪人的特征是:

(一)保险经纪人代表投保人的利益。与保险代理人不同,保险经纪人是接受投保人的委托,代表的是投保人的利益,应当按照投保人的指示和要求行事。

(二)保险经纪人是为投保人与保险人订立保险合同提供中介服务的人。保险经纪人只是向投保人报告订立保险合同的机会、信息,促成投保人与保险人订立保险合同,起的是介绍、协助作用,并不以自己的名义或者投保人的名义与保险人订立保险合同。

(三)保险经纪人可以依法收取佣金。佣金是保险经纪人为投保人与保险人订立保险合同提供中介服务的报酬。根据保险行业的习惯,保险经纪人虽然是接受投保人的委托并代表投保人的利益,为投保人与保险人订立保险合同提供中介服务,但其佣金一般由保险人支付。如果保险经纪人与投保人约定,由投保人为保险经纪人支付佣金,投保人应当按照合同约定支付。

(四)按照本条规定,保险经纪人必须是机构,个人不得作为保险经纪人。

第一百一十九条 【保险代理机构、保险经纪人的资格条件及从业许可】保险代理机构、保险经纪人应当具备国务院保险监督管理机构规定的条件,取得保险监督管理机构颁发的经营保险代理业务许可证、保险经纪业务许可证。

条文解读

本条是对保险代理机构和保险经纪人的资格条件、从业许可管理的规定。

(一)为了维护保险中介市场秩序,保护保险合同当事人的合法权益,本条规定对保险代理人和保险经纪人实行资格管理。国务院保险监督管理机构对设立保险专业代理机构、保险兼业代理机构和保险经纪机构应当具备的资格条件作了具体规定,应当按照执行。

(二)保险代理机构、保险经纪人应凭保险监督管理机构颁发的许可证,向工商行政管理机关办理登记,领取营业执照。设立保险专业代理机构、保险经纪人,应向工商行政管理机关办理设立登记,领取新的营业执照。保险兼业代理机构是原来已经设立的有主营业务的机构,已经取得从事主营业务的工商营业执照,要兼做保险代理业务，只需要办理营业范围的变更登记，增加保险代理业务相关项目即可。

第一百二十条 【以公司形式设立的保险专业代理机构、保险经纪人的注册资本】以公司形式设立保险专业代理机构、保险经纪人，其注册资本最低限额适用《中华人民共和国公司法》的规定。

国务院保险监督管理机构根据保险专业代理机构、保险经纪人的业务范围和经营规模，可以调整其注册资本的最低限额，但不得低于《中华人民共和国公司法》规定的限额。

保险专业代理机构、保险经纪人的注册资本或者出资额必须为实缴货币资本。

条文解读

本条是关于以公司形式设立保险专业代理机构、保险经纪人的注册资本要求的规定。

（一）以公司形式设立保险专业代理机构、保险经纪人，其注册资本最低限额适用《公司法》的相关规定。

（二）按照国务院保险监督管理机构的现行规定，保险专业代理机构以有限责任公司形式设立的，其注册资本或者出资不得少于人民币 50 万元；以股份有限公司形式设立的，其注册资本不得少于人民币 1000 万元。保险经纪机构以有限责任公司形式设立的，其注册资本或者出资不得少于人民币 500 万元；以股份有限公司形式设立的，其注册资本不得少于人民币 1000 万元。

（三）与《公司法》规定不同的是，本条规定保险专业代理公司、保险经纪公司不得分期缴纳出资，并且应当是实缴的货币出资，不得以货币以外的形式出资。

第一百二十一条 【保险专业代理机构、保险经纪人的高级管理人员的经营管理能力与任职资格】保险专业代理机构、保险经纪人的高级管理人员，应当品行良好，熟悉保险法律、行政法规，具有履行职责所需的经营管理能力，并在任职前取得保险监督管理机构核准的任职资格。

条文解读

本条是关于保险专业代理机构、保险经纪人的高级管理人员的任职资格的规定。

（一）保险专业代理机构的高级管理人员是指，公司制保险代理机构的法定代表人、总经理、副总经理或者具有相同职权的管理人员；合伙制保险代理机构执行合伙企业事务的合伙人或者具有相同职权的管理人员。保险专业代理机构的高级管理人员负有该机构的经营管理职权，他们有义务依照法律、公司章程、合伙协议的规定，忠实、勤勉地履行自己的职责，符合任职资格。具体符合以下条件：

1. 品行良好。保险专业代理机构的管理人员对保险人负有诚实信用、勤勉尽责的义务，品行良好是对其道德水准、职业操守的基本要求。

2. 熟悉保险法律、行政法规。保险专业代理机构的高级管理人员只有了解和掌握了保险法律、行政法规，才能以此规范自己的行为，履行法律规定的义务。

3. 具有履行职责所需的经营管理能力。保险专业代理机构的高级管理人员还应当具有保险业务经营管理方面的专业知识、实践经验，具有履行职责所需的经营管理能力，才能为保险人提供专业化的优质服务。

4. 在任职前取得国务院保险监督管理机构核准的任职资格。本条还对其任职资格设定了核准程序的规定，即保险专业代理机构、保险经纪人的高级管理人员应当在任职前向国务院保险监督管理机构提出申请，由国务院保险监督管理机构核准其任职资格。

此外，国务院保险监督管理机构《保险代理机构管理规定》第 66 条对不得担任保险代理机构及其分支机构高级管理人员的具体情形做了列举。

（二）对于保险经纪人的高级管理人员的任职资格，本法及国务院保险监督管理机构的相关规定作出了与保险专业代理机构的高级管理人员基本相同的规定，应按照执行。

第一百二十二条　【个人保险代理人、保险代理机构的代理从业人员、保险经纪人的经纪从业人员的任职资格】个人保险代理人、保险代理机构的代理从业人员、保险经纪人的经纪从业人员，应当品行良好，具有从事保险代理业务或者保险经纪业务所需的专业能力。

条文解读

本条是关于个人保险代理人、保险代理机构的代理从业人员、保险经纪人的经纪从业人员任职资格的规定。

个人保险代理人、保险代理机构的代理从业人员为保险公司代为办理保险业务，应当遵守保险法及国务院保险监督管理机构的相关规定，在执业过程中还要遵守相应的操作规程。因此，保险代理从业人员应当具备相关的知识和能力。

保险经纪人基于投保人的利益，为投保人与保险人订立保险合同提供中介服务，应当有能力分析和判断保险公司的实力和保险产品的风险性及保障水平，为投保人提供科学合理的投保建议，与保险公司就条款设计、费率确定等方面进行讨价还价，因此更需要具有深厚的专业知识与丰富的从业经验。

本法规定只有具备国务院保险监督管理机构规定的资格条件，取得保险监督管理机构颁发的资格证书的人员才能从事保险代理业务或者保险经纪业务。

第一百二十三条　【经营场所与账簿记载】保险代理机构、保险经纪人应当有自己的经营场所，设立专门账簿记载保险代理业务、经纪业务的收支情况。

条文解读

本条是关于保险代理机构、保险经纪人的经营场所、账簿记载的规定。

保险代理机构和保险经纪人办理保险代理业务或者保险经纪业务，应当有固定的、与业务规模相适应的经营场所，这是从事保险代理业务、保险经纪业务应具备的基本物质条件。保险代理机构和保险经纪人的经营场所经依法向工商行政管理机关登记后，不得随意变更；如需变更，应当依法办理变更登记。

保险代理机构和保险经纪人办理保险代理业务或者保险经纪业务应当设立专门账簿。专门账簿既是记载保险代理机构和保险经纪人办理保险业务收支情况的会计账簿，也是保险代理机构和保险经纪人办理保险业务情况的资料和证据。保险代理机构和保险经纪人办理保险业务，必须依照《保险法》和《会计法》的规定以及保险监督管理机构的要求设立会计账簿，如实记录办理保险代理业务或者保险经纪业务的收支情况，并接受保险监督管理机构的监督。

第一百二十四条 【保险代理机构、保险经纪人缴存保证金或者投保职业责任保险】保险代理机构、保险经纪人应当按照国务院保险监督管理机构的规定缴存保证金或者投保职业责任保险。

条文解读

本条是关于保险代理机构、保险经纪人应当按照国务院保险监督管理机构的规定缴存保证金或者投保职业责任保险的规定。

（一）为了使保险代理机构、保险经纪机构依法应承担的民事责任有必要的财务保障，同时也为了督促保险代理机构、保险经纪人勤勉尽责地履行代理、经纪职责，本法规定，保险代理机构、保险经纪人应当按照国务院保险监督管理机构的规定缴存保证金或者投保职业责任保险；未经保险监督管理机构批准，保险代理机构、保险经纪人不得动用保证金。

（二）保证金是保险代理机构、保险经纪人设立后，依法提取并向保险监督管理机构指定的金融机构缴存的，用于担保保险代理机构、保险经纪人承担赔偿责任的能力的资金。对保险专业代理机构、保险经纪人缴存保证金问题，《保险代理机构管理规定》和《保险经纪机构管理规定》作了详细规定。

（三）职业责任保险是以从事各种专业技术工作的单位或者个人因其工作过错给第三人造成财产损失或者人身伤害时应承担的经济赔偿责任为标的的一种保险。职业责任保险通过保险机制累积赔偿资金，数额较大，更有利于及时、充分地承担赔偿责任；不会因为一次赔付而影响其承担责任的能力，具有较好的连续性；职业责任保险则是通过大数法则分散风险，缴纳的保险费远少于保证金的数额，有利于保险代理机构、保险经纪人充分发挥其资金的效用。因此，允许保险代理机构、保险经纪人选择适用投保职业责任保险。

第一百二十五条 【个人保险代理人代为办理人寿保险业务接受委托的限制】个人保险代理人在代为办理人寿保险业务时，不得同时接受两个以上保险人的委托。

条文解读

本条是关于个人保险代理人代为办理人寿保险业务接受委托的限制的规定。

个人保险代理人每办成一单保险业务，就能够获得相应的代理费。人寿保险的保险期间一般比较长，保险费分期缴纳，一个客户只能为个人保险代理人带来一次收益。如果允许个人保险代理人接受两个以上保险人的委托，他就有可能诱导投保人解除原保险合同并与另一家保险公司订立新的合同，以便再次获得代理费。这种行为既损害保险公司的利益，也损害投保人、被保险人、受益人的利益。因此，对个人保险代理人办理人寿保险业务接受委托作出了限制性规定。

与人寿保险业务相比，财产保险业务和健康保险业务的保险期间一般较短，保险费多为一次性缴纳，一般不会发生上述问题。因此，《保险法》只禁止个人保险代理人为两个以上的保险人代为办理人寿保险业务，并未限制其为两个以上的保险人代为办理财产保险业务或者健康保险业务。

第一百二十六条　【保险业务委托代理协议】在保险人委托保险代理人代为办理保险业务，应当与保险代理人签订委托代理协议，依法约定双方的权利和义务。

条文解读

本条是关于保险人与保险代理人签订委托代理协议的规定。

为了更有效地规范保险代理活动，保护投保人、被保险人、受益人的利益，也为了保护保险代理关系双方当事人的权益，促进保险代理业务和保险业的健康发展，本法规定，保险人委托保险代理人代为办理保险业务，应当与保险代理人签订委托代理协议，约定保险代理事项和双方的权利、义务。保险委托代理协议应当采用书面形式，并应当载明保险代理人的姓名或者名称、代理事项、代理权限、双方的权利和义务、代理期间，并由保险人、保险代理人签名或者盖章。

第一百二十七条　【保险代理责任承担】保险代理人根据保险人的授权代为办理保险业务的行为，由保险人承担责任。

保险代理人没有代理权、超越代理权或者代理权终止后以保险人名义订立合同，使投保人有理由相信其有代理权的，该代理行为有效。保险人可以依法追究越权的保险代理人的责任。

条文解读

本条是对保险代理责任承担的规定。

（一）保险代理属于民事代理，代理人在代理权限内，以被代理人的名义实施民事法律行为。被代理人对代理人的代理行为，承担民事责任。因此，保险代理人在保险人的授权范围内代为办理保险业务的行为一旦生效，即在相对人与保险人之间形成一定的法律关系，由此而产生的法律后果由保险人承担，这一行为的相对人就可以向保险人主张该行为的效力，要求保险人受该行为的约束，承担该行为产生的义务和责任。

（二）保险代理人没有代理权、超越代理权或者代理权终止后以保险人名义订立合同，使投保人有理由相信其有代理权，订立保险合同的，该代理行为有效，保险人应当按照合同约定承担保险责任。这种情形在合同法理论上称为表见代理。

构成表见代理要满足以下条件：一是保险代理人没有代理权、超越代理权或者代理权终止与第三人签订了保险合同。二是保险合同的相对人在主观上必须是善意的、无过失的。所谓善意，是指相对人不知道行为人实际上无权代理；所谓无过失，是指相对人的这种不知道不是因为其疏忽大意造成的。三是投保人有理由相信保险代理人有代理权。这里所说的“有理由相信”，是指投保人不知道或者不应当知道保险代理人没有代理权、超越了代理权或者代理权已经终止，而且投保人尽了必要的注意义务，即投保人是善意相对人。善意相对人的利益，事关交易安全，在市场经济中较被代理人的利益更值得保护。保险代理人无权代理给保险人造成损失的，保险人可以向保险代理人追偿。

第一百二十八条 【保险经纪人的赔偿责任】保险经纪人因过错给投保人、被保险人造成损失的，依法承担赔偿责任。

条文解读

本条是对保险经纪人因过错造成投保人、被保险人损失的民事法律责任的规定。

保险经纪人是为投保人与保险人订立保险合同提供中介服务的人，其办理业务中的行为要基于投保人的利益，因保险经纪人过错给投保人、被保险人造成损失的，要依法承担赔偿责任。

保险经纪人对其过错行为承担赔偿责任应符合以下条件：一是保险经纪人必须具有主观上的过错。过错指的是保险经纪人在从事保险经纪业务中的一种主观状态，包括故意和过失。二是保险经纪人的过错行为给投保人、被保险人或者受益人造成了损失。三是投保人、被保险人、受益人的损失与保险经纪人的过错行为之间存在因果关系。

第一百二十九条　【保险事故的评估和鉴定】保险活动当事人可以委托保险公估机构等依法设立的独立评估机构或者具有相关专业知识的人员，对保险事故进行评估和鉴定。

接受委托对保险事故进行评估和鉴定的机构和人员，应当依法、独立、客观、公正地进行评估和鉴定，任何单位和个人不得干涉。

前款规定的机构和人员，因故意或者过失给保险人或者被保险人造成损失的，依法承担赔偿责任。

条文解读

本条是对保险公估机构等评估机构或者具有相关专业知识的人员对保险事故进行评估和鉴定的规定。

（一）在保险经营过程中，仅靠保险公司自己所有的专业人才难以完成保险事故的评估、鉴定任务，而且由保险公司自己的工作人员进行事故评估和鉴定，公正性很难使人信服。根据本条规定，保险人和被保险人都有权聘请独立的评估机构或者专家，对保险事故进行评估或者鉴定；受聘进行评估和鉴定的可以是保险公估机构等依法设立的独立的评估机构，也可以是个人；受聘进行保险事故评估和鉴定的机构必须是依法设立的独立的评估机构，受聘进行保险事故评估和鉴定的个人必须是具有相关专业知识的人员。

（二）接受委托对保险事故进行评估和鉴定的机构和人员，应当依法、独立、客观、公正地进行评估和鉴定，以事实和证据作为评估鉴定的基础，遵循评估鉴定程序，运用科学的评估鉴定手段和方法，作出评估、鉴定报告，任何单位和个人不得干涉。评估、鉴定报告的内容必须真实、准确、完整。

（三）接受委托对保险事故进行评估和鉴定的机构和人员对其过错行为应当承担赔偿责任。

第一百三十条 【保险佣金的支付】保险佣金只限于向保险代理人、保险经纪人支付，不得向其他人支付。

条文解读

本条是对保险佣金支付管理的规定。

保险佣金包括保险代理佣金和保险经纪人佣金。保险代理佣金是指保险代理人依据保险代理合同，在保险人授权范围内，代为办理保险业务，依法向保险人收取的“劳务费”。保险经纪人佣金是指保险经纪人基于投保人的利益，为投保人与保险人订立保险合同提供中介服务而依法收取的“中介费”，具体支付办法由当事人约定。

为了规范保险公司的经营行为，维护保险市场秩序，促进保险业健康发展，本条规定，保险佣金只限于向具有合法资格的保险代理人、保险经纪人支付，不得向其他人支付。《保险公司管理规定》规定，保险机构不得委托非法的保险代理人为其展业；不得接受非法的保险经纪人介绍的保险业务；不得向任何非法的保险代理人或者保险经纪人支付手续费、佣金或者类似的费用。

第一百三十一条 【保险代理人、保险经纪人及其从业人员的禁止行为】保险代理人、保险经纪人及其从业人员在办理保险业务活动中不得有下列行为：

（一）欺骗保险人、投保人、被保险人或者受益人；

（二）隐瞒与保险合同有关的重要情况；

（三）阻碍投保人履行本法规定的如实告知义务，或者诱导其不履行本法规定的如实告知义务；

（四）给予或者承诺给予投保人、被保险人或者受益人保险合同约定以外的利益；

（五）利用行政权力、职务或者职业便利以及其他不正当手段强迫、引诱或者限制投保人订立保险合同；

（六）伪造、擅自变更保险合同，或者为保险合同当事人提供虚假证明材料；

（七）挪用、截留、侵占保险费或者保险金；

（八）利用业务便利为其他机构或者个人牟取不正当利益；

（九）串通投保人、被保险人或者受益人，骗取保险金；

（十）泄露在业务活动中知悉的保险人、投保人、被保险人的商业秘密。

条文解读

本条是对保险代理人、保险经纪人及其从业人员禁止性行为的规定。

保险代理人、保险经纪人及其从业人员作为保险活动的重要参与人，应当在保险代理和经纪业务活动中忠实履行诚实信用义务，依法从事受托的业务活动和中介服务。《保险法》针对实践中存在的突出问题，对保险代理人、保险经纪人及其从业人员作了以下十个方面的禁止性规定：

（一）欺骗保险人、投保人、被保险人或者受益人。保险代理人、保险经纪人及其从业人员不得在保险合同订立及履行过程中，违背诚实信用义务，采取欺骗手段，向保险人、投保人、被保险人或者受益人提供虚假信息，损害保险人、投保人、被保险人或者受益人的利益。

（二）隐瞒与保险合同有关的重要情况。保险代理人、保险经纪人及其从业人员在保险合同订立及履行过程中，不能编造虚假情况欺骗保险人、投保人、被保险人、受益人，也不能对自己知道而且应当向保险人、投保人、被保险人、受益人说明的与保险合同有关的重要情况不予说明。

（三）阻碍投保人履行本法规定的如实告知义务，或者诱导其不履行本法规定的如实告知义务。投保人是否履行如实告知义务，直接影响保险合同的效力、保险人的责任以及投保人、被保险人及受益人的利益。保险代理人、保险经纪人及其从业人员不得采取阻碍投保人履行本法规定的如实告知义务，或者诱导其不履行本法规定的如实告知义务的手段，以多揽保险业务，获取非法利益。

（四）给予或者承诺给予投保人、被保险人或者受益人保险合同约定以外的利益。保险代理人、保险经纪人及其从业人员违反法律规定，给予或者承诺给予投保人、被保险人或者受益人保险合同约定以外的利益，不仅可能误导投保人、被保险人或者受益人，还会造成保险代理人、保险经纪人及其从业人员通过不正当竞争手段开展业务，扰乱保险业经营管理秩序，应当严格禁止。

（五）利用行政权力、职务或者职业便利以及其他不正当手段强迫、引诱或者限制投保人订立保险合同。保险代理人、保险经纪人及其从业人员在其业务活动中应当遵循自愿、平等、诚实信用原则，依法开展公平竞争，不得利用行政权力、职务或者职业便利以及其他不正当手段强迫、引诱或者限制投保人订立保险合同。

（六）伪造、擅自变更保险合同，或者为保险合同当事人提供虚假证明材料。保险代理人、保险经纪人及其从业人员在办理保险业务活动中，应当忠实于当事人的委托，不得为了牟取非法利益而伪造、擅自变更保险合同，或者为保险合同当事人提供虚假证明材料，给保险人、投保人、被保险人或者受益人造成不必要的损失。

（七）挪用、截留、侵占保险费或者保险金。由于保险代理人、保险经纪人及其从业人员具有特殊的保险合同辅助人的地位，所以他们能够比保险人、投保人、被保险人或者受益人更早接触到保险费或者保险金，如果保险代理人、保险经纪人及其从业人员挪用、截留、侵占保险费或者保险金，不仅将对保险合同当事人产生损害，还将对保险中介事业的发展产生不利影响。

（八）利用业务便利为其他机构或者个人牟取不正当利益。法律禁止保险代理人、保险经纪人及其从业人员利用业务便利为其他机构或者个人牟取不正当利益。

（九）串通投保人、被保险人或者受益人，骗取保险金。保险代理人、保险经纪人及其从业人员比投保人、被保险人或者受益人具有更专业的保险知识，如果其串通投保人、被保险人或者受益人，更容易骗取保险金，应当严格禁止。

（十）泄露在业务活动中知悉的保险人、投保人、被保险人的商业秘密。保险代理人、保险经纪人及其从业人员在办理保险业务的过程中，会不同程度地获得保险人、投保人、被保险人的商业秘密，如果其向第三人泄露这些商业秘密，会损害保险人、投保人、被保险人的利益。

第一百三十二条 【准用条款】本法第八十六条第一款、第一百一十三条的规定，适用于保险代理机构和保险经纪人。

条文解读

本条是对保险代理人和保险经纪人必须遵守有关保险业务规则并依法接受监督管理的规定。

保险代理人和保险经纪人同为保险市场的中介，作为保险市场的主体之一，从事与保险有关的业务活动。根据本条规定，保险代理人和保险经纪人应当遵守本法第86条第1款、第113条的规定。包括：(1)保险代理机构和保险经纪人应当按照保险监督管理机构的要求，报送有关报告、报表、文件和资料。有关报告、报表、文件和资料是反映保险代理机构和保险经纪人的业务情况、财务状况、经营成果及客户资料的信息和资料，通过查阅这些资料，保险监督管理机构可以了解保险代理机构和保险经纪人的真实情况，及时发现问题并采取相应措施纠正、处理，也便于保险监督管理机构根据保险代理机构和保险经纪人的整体状况，制定有关政策，促使保险中介业的健康发展，提高监管的有效性。(2)保险代理机构和保险经纪人及其分支机构应当依法使用经营保险业务许可证，不得转让、出租、出借经营保险业务许可证。

第六章　保险业监督管理

本章介绍

本章是关于监督管理的法律规定。主要包括:保险监督管理机构的职责,国务院保险监督管理机构立法权限,保险条款与保险费率的审批与备案,对违法、违规保险条款和费率采取的措施,对保险公司偿付能力的监控,对偿付能力不足的保险公司采取的措施,责令保险公司改正违法行为,保险公司整顿,整顿组的职权,被整顿保险公司的业务运作,保险公司结束整顿,保险公司接管,我国保险监督管理机构决定并公告接管组的组成和接管的实施办法,接管保险公司的期限,终止接管,被整顿、被接管的保险公司的重整及破产清算,提供信息资料,股东利用关联交易严重损害公司利益、危及公司偿付能力的处理措施,保险公司业务活动和风险管理重大事项说明,保险公司被整顿、接管、撤销清算期间及出现重大风险时对董事、监事、高管和其他责任人员采取的措施,保险监督管理机构的履责措施及程序,配合检查、调查,保险监督管理机构工作人员行为准则,金融监督管理机构监督管理信息共享机制等。

第一百三十三条　【保险监督管理机构职责】保险监督管理机构依照本法和国务院规定的职责,遵循依法、公开、公正的原则,对保险业实施监督管理,维护保险市场秩序,保护投保人、被保险人和受益人的合法权益。

条文解读

本条是对保险监督管理的监管主体、对象、原则和目标的规定。

(一)保险监督管理的主体是保险监督管理机构,包括国务院保险监督管理机构即保监会和其设在地方的分支机构即各地保监局。法律授权其依法履行保险监督管理的职权。保监会是商业保险的监管部门,依照本法和国务院规定的职责,对保险业实施监督管理，维护保险市场秩序，保护投保人、被保险人和受益人的合法权益。保监会根据履行职责的需要在省级设立派出机构，即各地保监局，按照保监会的授权履行监督管理职责。

（二）保险监督管理的对象是保险业各类当事人、关系人的保险活动。监管的原则是依法、公开、公正。

1. 依法原则，是指监管职权的设定、行使必须依据法律、行政法规的规定。依法原则的内容包括任何监管职权都必须基于法律的授权而存在；任何监管职权的行使都必须依据法律、遵守法律。主要体现在两个方面：一是在制定规章和其他规范性文件时，应当遵守法律、行政法规的规定，不得与其相抵触；二是实施行政许可、现场检查和非现场监管、行政处罚等具体行政行为时，必须以法律和行政法规为依据，没有依据的，不得实施。

2. 公开原则，是指监管行为除依法应当保密的外，应当一律公开进行；行政法规、规章、监管政策以及保险监督管理机构作出的影响行政相对人权利、义务的行为的标准、条件、程序应当依法公布。

3. 公正原则，是指保险市场的参与者法律地位平等，保险监督管理机构应当平等对待。公正原则包括实体公正和程序公正两方面的要求。

（三）监管目标是维护保险市场秩序，保护投保人、被保险人和受益人的合法权益。

第一百三十四条　【国务院保险监督管理机构立法权限】国务院保险监督管理机构依照法律、行政法规制定并发布有关保险业监督管理的规章。

条文解读

本条是对国务院保险监督管理机构有权制定并发布保险业监督管理的规章的规定。

（一）中国保监会是国务院直属机构，根据法律和国务院授权履行行政管理职能，依照法律、法规统一监督管理全国保险市场，维护保险业的合法、稳健运行。制定并发布有关保险业监督管理的规章是保险监督管理机构对保险业实施监督的重要手段，也是保险监督管理机构依法行使监督管理权的保障。

（二）本条的规定主要包括以下三方面含义：

1. 保险业监督管理规章的制定主体只能是国务院保险监督管理机构，即我国保监会，其他层次的保险监督管理机构无权制定并发布有关保险业监督管理的规章；

2. 国务院保险监督管理机构制定并发布有关保险业监督管理的规章必须依照法律、行政法规的规定进行；

3. 国务院保险监督管理机构制定并发布的法规属于部门规章，部门规章，是指国务院各部门根据法律和国务院的行政法规、决定、命令在本部门的权限内按照规定的程序所制定的规定、办法、细则、规则等规范性文件的总称。根据《立法法》的规定，国务院保险监督管理机构制定的有关保险业监督管理的规章不得超出执行法律、行政法规等的范畴，更不得违反法律、行政法规的规定。

第一百三十五条　【保险条款和保险费率的审批与备案】关系社会公众利益的保险险种、依法实行强制保险的险种和新开发的人寿保险险种等的保险条款和保险费率，应当报国务院保险监督管理机构批准。国务院保险监督管理机构审批时，应当遵循保护社会公众利益和防止不正当竞争的原则。其他保险险种的保险条款和保险费率，应当报保险监督管理机构备案。

保险条款和保险费率审批、备案的具体办法，由国务院保险监督管理机构依照前款规定制定。

条文解读

本条是对保险条款和保险费率的审批与备案的规定。

（一）对关系社会公众利益的险种、依法实行强制保险的险种和新开发的人寿保险险种等的保险条款和保险费率，由国务院保险监督管理机构按照保护公众利益和防止不正当竞争的原则批准，对其他险种的保险条款和保险费率报保险监督管理机构备案即可。关系社会公众利益的保险险种主要指与社会公众利益联系密切，影响广泛的保险险种。强制保险险种，是指保险标的或者保险对象的范围直接由法律、法规规定，对于规定范围内的保险标的或者对象必须向保险人投保的保险。

（二）国务院保险监督管理机构批准保险条款和费率，应当遵循保护社会公众利益和防止不正当竞争的原则。须报经国务院保险监督管理机构批准的保险险种，与社会公众的利益更为密切，影响的范围更大，国务院保险监督管理机构在批准时应当重点审查保险条款和费率是否公平、合理，是否存在欺骗、误导投保人，损害投保人利益的内容。同时，为了维护保险市场公平的竞争秩序，促进保险业的健康发展，保险监督管理机构在批准时还应当遵循防止不正当竞争的原则，审查保险条款和费率是否存在以排挤竞争对手为目的，非正常降低保险费率或扩大保险责任范围开展保险业务，进行恶性竞争的内容。

（三）对于必须报经国务院保险监督管理机构审批的保险险种以外的保险险种，对其保险条款和保险费率实行备案管理，即不需要事先向国务院保险监督管理机构报批，在决定使用的同时向其备案。

（四）依据本条第 2 款的规定，保险条款和保险费率的审批、备案的具体办法，由国务院保险监督管理机构制定。目前我国保监会已发布了《财产保险公司保险条款和保险费率管理办法》以及《人身保险公司保险条款和保险费率管理办法》。

第一百三十六条　【对违法、违规保险条款和费率采取的措施】保险公司使用的保险条款和保险费率违反法律、行政法规或者国务院保险监督管理机构的有关规定的，由保险监督管理机构责令停止使用，限期修改；情节严重的，可以在一定期限内禁止申报新的保险条款和保险费率。

条文解读

本条是对违反规定的保险条款和保险费率监管措施的规定。

保险监管的必要性，缘于保险合同的附合性。这种保险合同是在当事人交易力量不对等的基础上建立起来的，保险公司可能出于某种目的拟定损害公共利益或者投保人利益的条款。如果保险公司使用的保险条款和保险费率的内容违反法律、行政法规或者国务院保险监督管理机构的有关规定，保险监督管理机构有权责令停止使用，限期修改；情节严重的，可以在一定期限内禁止其申报新的保险条款和保险费率。

第一百三十七条 【对保险公司偿付能力的监控】国务院保险监督管理机构应当建立健全保险公司偿付能力监管体系，对保险公司的偿付能力实施监控。

条文解读

本条是对保险公司偿付能力监管的规定。

保险公司偿付能力是指保险公司偿还债务的能力。对保险公司偿付能力的监管，是保险监管的三支柱之一，是保护投保人、被保险人和受益人利益，促进保险业健康发展，防范保险业经营风险的重要手段。我国保监会于 2008 年 7 月 10 日发布了《保险公司偿付能力管理规定》，使对保险公司偿付能力的监管更加规范化。

第一百三十八条 【对偿付能力不足的保险公司采取的措施】对偿付能力不足的保险公司，国务院保险监督管理机构应当将其列为重点监管对象，并可以根据具体情况采取下列措施：

（一）责令增加资本金、办理再保险；

（二）限制业务范围；

（三）限制向股东分红；

（四）限制固定资产购置或者经营费用规模；

（五）限制资金运用的形式、比例；

（六）限制增设分支机构；

（七）责令拍卖不良资产、转让保险业务；

（八）限制董事、监事、高级管理人员的薪酬水平；

（九）限制商业性广告；

（十）责令停止接受新业务。

条文解读

本条是对国务院保险监督管理机构对偿付能力不足的保险公司采取监管措施的规定。

依据本条规定,国务院保险监督管理机构应当将偿付能力不足的保险公司列为重点监管对象,并可以根据具体情况采取下列措施:

(一)责令增加资本金、办理再保险。当保险公司偿付能力不足时,增加资本金能够提高资本充足率,办理再保险能够分散保险公司的风险,这两项措施是当保险偿付能力不足时经常采取的措施。

(二)限制业务范围。保险公司的不同业务风险也不同,当偿付能力不足时,若再投资到风险很大或者资金回收期长的业务上,对公司的偿付能力有害无益,此时可以限制其业务范围。

(三)限制向股东分红。虽然保险公司偿付能力不足不等于不能清偿到期债务,甚至可能还有盈利,为了保护广大保户的利益,整顿公司,以使其达到偿付能力标准,可以限制该公司向股东分红。

(四)限制固定资产购置或者经营费用规模。保险公司通过收取保险费而得到的保险基金,很大一部分是保险公司日后赔偿保险金的准备金,应严格按照规定使用,不得随意购置固定资产或者扩大经营费用规模。必要时,可以对其进行限制。

(五)限制资金运用的形式、比例。根据有关规定,保险公司的资金运用必须稳健,遵循安全性原则。保险公司的资金运用限于银行存款,买卖债券、股票、证券投资基金份额等有价证券,投资不动产和国务院规定的其他资金运用形式。资金运用不当,将加剧偿付能力不足。因此,国务院保险监督管理机构有权限制保险公司资金运用的形式和比例。

(六)限制增设分支机构。增设分支机构一般是在经营情况比较好的情况下,为了扩大业务而采取的措施。当保险公司偿付能力不足时,增设分支机构可能增加公司运营成本,国务院保险监督管理机构有权根据实际情况,限制增设分支机构。

(七)责令拍卖不良资产、转让保险业务。拍卖不良资产有助于优化公司资产结构,提高公司抵御风险的能力。转让保险业务可以分散保险公司的风险。当保险公司偿付能力不足时,国务院保险监督管理机构有权责令该公司拍卖不良资产、转让保险业务,改善公司的财务状况。

(八)限制董事、监事、高级管理人员的薪酬水平。保险公司的经营状况,在很大程度上与董事、监事、高级管理人员的能力和对公司的忠诚度有关。公司偿付能力不足时,国务院保险监督管理机构有权责令该公司限制董事、监事、高级管理人员的薪酬水平。

（九）限制商业性广告。当保险公司偿付能力不足时，如果保险公司还大规模地投资商业性广告，一是会占用保险公司大量有限的资金，二是可能会导致大规模的扩张业务从而增加风险，因此，国务院保险监督管理机构有权根据实际情况限制该公司的商业广告。

（十）责令停止接受新业务。当保险公司偿付能力不足时，国务院保险监督管理机构有权视具体情况责令该公司停止接受新业务，防止带来更大的风险。

第一百三十九条 【责令保险公司改正违法行为】保险公司未依照本法规定提取或者结转各项责任准备金，或者未依照本法规定办理再保险，或者严重违反本法关于资金运用的规定的，由保险监督管理机构责令限期改正，并可以责令调整负责人及有关管理人员。

条文解读

本条是对保险监督管理机构对保险公司有关违法行为的监管规定。

（一）保险公司有下列违法行为时，保险监督管理机构应当责令其限期改正：

1. 未依照本法规定提取或者结转各项准备金。依据本法有关规定，保险公司应当根据保障被保险人利益、保证偿付能力的原则，提取各项责任准备金，包括寿险责任准备金、非寿险业务未到期责任准备金、未决赔款准备金等。

2. 未依照本法规定办理再保险。依据本法的有关规定，保险公司应当按照保险监督管理机构的有关规定办理再保险。保险公司对每一危险单位，即对一次保险事故可能造成的最大损失范围所承担的责任，不得超过其实有资本金加公积金总和的10%；超过的部分，应当办理再保险。

3. 严重违反本法关于资金运用的规定。依据本法的有关规定，保险公司的资金运用必须稳健，遵循安全性原则，并保证资产的保值增值。保险公司的资金运用，限于在银行存款，买卖债券、股票、证券投资基金份额等有价证券，投资不动产和国务院规定的其他资金运用形式。保险公司超出本法规定的资金运用形式、运用的资金和具体项目的资金比例不符合国务院保险监督管理机构的规定，情节严重或者造成严重后果的，保险监督管理机构有权责令限期改正。

（二）保险公司有上述行为，保险监督管理机构应当责令其改正，并可以责令调整负责人及有关管理人员。一般来说，保险监督管理机构会要求保险公司在规定的期限内采取依法提取或者结转各项准备金、依法办理再保险、纠正违法运用资金的行为等措施，并监督保险公司执行。

第一百四十条　【保险公司整顿】保险监督管理机构依照本法第一百三十九条的规定作出限期改正的决定后，保险公司逾期未改正的，国务院保险监督管理机构可以决定选派保险专业人员和指定该保险公司的有关人员组成整顿组，对公司进行整顿。

整顿决定应当载明被整顿公司的名称、整顿理由、整顿组成员和整顿期限，并予以公告。

条文解读

本条是对保险公司进行整顿的规定。

（一）国务院保险监督管理机构对有违法行为且在限期内不予改正的保险公司依法进行整顿，是法律赋予国务院保险监督管理机构的一项重要职责，目的是帮助被整顿公司纠正违法行为，消除可能危害公司赔付能力和损害被保险人利益的隐患，恢复保险公司正常的经营，避免保险企业的违法经营引起保险市场出现混乱，维持保险市场的正常秩序。

（二）国务院保险监督管理机构对保险公司进行整顿，应当成立整顿组。整顿组的组成人员由国务院保险监督管理机构选派和指定。整顿组的组成人员源于两个方面：一是由国务院保险监督管理机构从该保险公司的外部选派，选派的人员应是保险专业人员；二是由国务院保险监督管理机构从该保险公司指定符合条件的人员，被指定的人员应当是保险业务专业人员，且与保险公司的违法行为不存在利害关系。

（三）国务院保险监督管理机构对保险公司进行整顿，应当作出整顿决定并予以公告。国务院保险监督管理机构作出并公告的整顿决定应当包括以下内容：被整顿的保险公司的名称；整顿理由，即需要采取整顿措施的原因如保险公司未在保险监督管理机构规定的期限内依法提取或者结转各项准备金；整顿组，即经国务院保险监督管理机构决定，由整顿人员组成的临时机构；整顿期限，即采取整顿措施的起止日期。

第一百四十一条 【整顿组职权】整顿组有权监督被整顿保险公司的日常业务。被整顿公司的负责人及有关管理人员应当在整顿组的监督下行使职权。

条文解读

本条是对保险公司整顿组职权的规定。

（一）保险公司整顿组并不是直接接手被整顿公司的经营业务，而是仅对保险公司的日常业务进行监督。整顿组的监督是对保险公司日常业务的监督，是直接的、现场的监督，这些日常业务主要包括：

1. 精算业务。包括保险费率的制定、各项责任准备金的计算及其他精算业务。

2. 展业业务。主要是指保险公司的保险产品推销业务。

3. 财务会计业务。包括保险公司开具、填制会计凭证，设置、登记会计账簿，编制财务会计报告的行为。

4. 理赔业务。包括保险事故的评估、鉴定、理赔及保险金的赔偿或者给付等业务。

5. 保险资金运用情况。整顿组主要是监督保险公司的资金运用是否符合安全性、流动性、效益性原则，投资方式、投资比例是否符合有关法律、行政法规的规定。

6. 内部审计、控制工作情况。主要是监督保险公司的内部风险控制及财务审计制度是否完善，保险公司特别是保险公司的董事、监事、经理及其他高级管理人员是否遵守这些制度。

（二）被整顿的保险公司的负责人及有关管理人员，应当在整顿组的监督下行使自己的职权。整顿组执行职务，依法实施监督，保险公司的负责人及有关管理人员应当予以配合、协助，并在整顿组的监督下行使职权。对于整顿组已经作出决定、方案或者指示的事项，保险公司的负责人及有关管理人员应当依照执行，对于整顿组未作出决定的事项，保险公司的负责人及有关管理人员应当根据工作的实际情况定期或者不定期地向整顿组进行请示或者汇报。

第一百四十二条 【被整顿保险公司的业务运作】 **整顿过程中，被整顿保险公司的原有业务继续进行。但是，国务院保险监督管理机构可以责令被整顿公司停止部分原有业务、停止接受新业务，调整资金运用。**

条文解读

本条是对被整顿的保险公司业务运作的规定。

国务院保险监督管理机构对保险公司进行整顿，不是责令保险公司停业整顿，即保险公司并未丧失作为一个市场主体的权利能力和行为能力，整顿组只是监督保险公司的保险经营活动，监督保险公司在纠正违法行为的同时，继续经营其原有的合法业务。

但是，当保险监督管理机构认为被整顿的保险公司在整顿过程中继续经营原有的业务或者接受新的业务，会造成保险公司的亏损增加或财产损失，影响保险公司的赔付能力时，保险监督管理机构有权责令该保险公司停止已经开展的部分业务，或者决定该保险公司不得接受新的保险业务，同时可以责令其调整保险资金的运用方式或者运用比例，以保证该保险公司资金的安全和增值，维护投保人、被保险人、受益人的利益。

第一百四十三条 【保险公司结束整顿】 **被整顿保险公司经整顿已纠正其违反本法规定的行为，恢复正常经营状况的，由整顿组提出报告，经国务院保险监督管理机构批准，结束整顿，并由国务院保险监督管理机构予以公告。**

条文解读

本条是对保险公司结束整顿的规定。

（一）结束对保险公司整顿的前提条件是被整顿的保险公司已纠正其违反本法规定的行为，且恢复正常经营状况。

所谓已纠正违法行为，指的是被整顿的保险公司未依法提取或者结转各项准备金的，已经依法进行了提取或者结转；未依照本法规定办理再保险的，已经依法办理了再保险；违反关于资金运用的规定的，其资金运用的方式及比例已符合本法及有关法律、行政法规的规定。所谓恢复正常经营状况，是指可能危害公司赔付能力和损害被保险人利益的隐患和问题已得到解决，各项业务已正常开展，各项管理制度已得到执行。

当被整顿的保险公司已纠正其违法行为，恢复正常经营状况时，不需要外部的监督管理就能够正常开展业务，这时有必要结束对该公司的整顿，由该公司的股东及其经营管理人员对其业务负责，以保障该公司及其股东的权益。

（二）结束对保险公司的整顿应当按照本条规定的程序办理。被整顿的保险公司结束整顿，首先，应当由整顿组提出报告，说明整顿组在整顿过程中所做的工作，被整顿的保险公司纠正违法行为、恢复正常经营状况所采取的措施，整顿后的保险公司的经营状况、财务状况、资金运用状况及其偿付能力状况等，并提出结束整顿的申请。其次，整顿组的报告须提请国务院保险监督管理机构批准。国务院保险监督管理机构应当在收到整顿组的报告后，在合理的时间内对被整顿的保险公司纠正违法行为的情况及实际经营状况进行检查，对整顿报告的内容及结论进行审查核实，作出批准或者不批准结束整顿的决定。国务院保险监督管理机构应当对结束整顿的决定予以公告。

第一百四十四条 【保险公司接管】保险公司有下列情形之一的，国务院保险监督管理机构可以对其实行接管：

（一）公司的偿付能力严重不足的；

（二）违反本法规定，损害社会公共利益，可能严重危及或者已经严重危及公司的偿付能力的。

被接管的保险公司的债权债务关系不因接管而变化。

条文解读

本条是对国务院保险监督管理机构接管保险公司的规定。

（一）保险公司的接管，是指由国务院保险监督管理机构指派接管组直接介入保险公司的日常经营管理，并由接管组负责保险公司的全部经营活动的监管活动。国务院保险监督管理机构对保险公司实行接管的目的，是要通过接管组全面掌握和支配保险公司的财产和经营事务，并采取必要措施，以恢复该保险公司的正常经营和偿付能力，最终实现对投保人、被保险人利益的保护，维护社会公众利益及保险业经营秩序。国务院保险监督管理机构可以不经过整顿阶段而直接决定接管保险公司。

（二）国务院保险监督管理机构对保险公司实施监管一般不采用接管的方式，只有当保险公司有下列情形之一时，国务院保险监督管理机构才可以对其实行接管：

1. 公司的偿付能力严重不足的。这种状况将直接导致公司不能偿还债务。

2. 违反本法规定，损害社会公共利益，可能严重危及或者已经严重危及公司的偿付能力的。这种情形要求同时具备三个要件：一是保险公司有违反本法规定的行为，并且该行为损害了公共利益；二是保险公司的偿付能力可能或者已经被严重危及；三是保险公司偿付能力的状况与该公司的违法行为有因果关系。

（三）保险监督管理机构决定接管保险公司的，保险公司应当向接管组办理财产和事务的移交手续，并协助接管组清理保险公司的财产、账目和债权债务。国务院保险监督管理机构对保险公司实行接管，只是国务院保险监督管理机构对保险公司采取一种比较严厉的监管措施，并不改变被接管的保险公司的独立民事主体资格。在接管期间，被接管的保险公司原有的债权债务关系，以及新发生的债权债务关系并不因接管而改变。

第一百四十五条　【国务院保险监督管理机构决定并公告接管组的组成和接管的实施办法】接管组的组成和接管的实施办法，由国务院保险监督管理机构决定，并予以公告。

条文解读

本条是对国务院保险监督管理机构决定并公告接管组的组成和接管的实施办法的规定。

保险公司的接管是一项十分复杂、操作性很强的工作，需要针对每一个被接管的保险公司的具体情况决定接管组的人员构成、需要采取的措施及其实施办法等事项。因此，本条授权国务院保险监督管理机构决定接管组的组成和接管的实施办法，以保证接管的顺利进行，实现恢复保险公司正常经营的目的，并且同时要求保险监督管理机构对接管组的组成和接管的实施办法通过公共媒体予以公告,以接受社会公众的监督,维护广大投保人的利益。接管决定应当包括以下内容:被接管的保险公司的名称;接管理由;接管组,即经国务院保险监督管理机构决定,由接管人员组成的临时机构;接管期限,即采取接管措施的起止日期等。

第一百四十六条 【接管保险公司期限】接管期限届满,国务院保险监督管理机构可以决定延长接管期限,但接管期限最长不得超过二年。

条文解读

本条是对保险公司接管期限的规定。

国务院保险监督管理机构在决定接管保险公司时,应当确定接管期限。接管期限应当与被接管的保险公司恢复正常经营所需要的时间相适应,由国务院保险监督管理机构根据保险公司的经营状况、财务状况、偿付能力状况等实际情况予以确定。接管期限届满后,保险公司经过接管仍然不能恢复正常经营,有必要继续采取接管措施的,国务院保险监督管理机构可以决定延长接管期限。《保险法》规定,保险公司的接管期限最长不得超过二年。超过二年被接管的保险公司尚不能恢复正常经营能力的,国务院保险监督管理机构可以视具体情况撤销该保险公司并组织清算或者依法向人民法院提出对该保险公司进行重整或者破产清算的申请。

第一百四十七条 【终止接管】接管期限届满,被接管的保险公司已恢复正常经营能力的,由国务院保险监督管理机构决定终止接管,并予以公告。

条文解读

本条是对被接管的保险公司终止接管的规定。

保险公司接管期限届满,接管组认为通过采取接管措施,被接管的保险公司确已恢复正常的经营能力的,可以向国务院保险监督管理机构提出终止接管的申请。国务院保险监督管理机构经复核和审查,特别是对保险公司偿付能力进行考核后,认为被接管的保险公司已纠正其违法行为,危及保险公司偿付能力的隐患已消除,已经恢复了正常的经营能力的，应当作出终止接管的决定，解散并撤出接管组。由于保险公司的保险业务活动具有社会性，国务院保险监督管理机构应当将终止接管的决定向社会公布。

第一百四十八条 【被整顿、被接管的保险公司的重整及破产清算】被整顿、被接管的保险公司有《中华人民共和国企业破产法》第二条规定情形的，国务院保险监督管理机构可以依法向人民法院申请对该保险公司进行重整或者破产清算。

条文解读

本条是对国务院保险监督管理机构对被整顿、被接管的保险公司提出重整或者破产清算的申请的规定。

（一）《企业破产法》第 2 条规定了企业法人申请法院进行重整或者破产清算的条件。符合条件的，可以申请重整或者破产清算。一般而言，申请进行破产清算或者重整的主体只能是债务人、债权人、清算组和出资额占债务人注册资本 1/10 以上的出资人，考虑到保险公司作为金融机构的特殊性，《企业破产法》第 134 条第 1 款规定，国务院金融监督管理机构可以向人民法院提出对金融机构进行重整或者破产清算的申请。

（二）依据本条规定，整顿、接管期限届满，或者在整顿、接管期间，整顿组或者接管组认为被整顿或者接管的保险公司的财产状况已经达到《企业破产法》第 2 条规定的情形的，国务院保险监督管理机构可以依法向人民法院提出对该保险公司进行重整或者破产清算的申请。

保险公司重整，是指在保险公司无力清偿到期债务而又有复苏希望的情况下，经国务院保险监督管理机构申请，法院依法定条件许可，允许保险公司继续经营，通过各方利害关系人的协商，并借助法律强制性地调整他们的利益，实现债务调整和企业重组，使企业摆脱困境、走向复兴的一项法律制度。

破产清算，是指人民法院对具备破产原因的保险公司的债权债务依法进行强制清理的法律制度。人民法院受理国务院保险监督管理机构的申请的，应当依照企业破产法的有关规定进行。

第一百四十九条　【保险公司的撤销及清算】 保险公司因违法经营被依法吊销经营保险业务许可证的，或者偿付能力低于国务院保险监督管理机构规定标准，不予撤销将严重危害保险市场秩序、损害公共利益的，由国务院保险监督管理机构予以撤销并公告，依法及时组织清算组进行清算。

条文解读

本条是对保险公司被依法撤销、进行清算的规定。

（一）保险公司的撤销，是指保险公司因违法经营被依法吊销经营保险业务许可证的，或者偿付能力低于国务院保险监督管理机构规定标准，不予撤销将严重危害保险市场秩序、损害公共利益的，由国务院保险监督管理机构予以撤销的行为。依法撤销保险公司的原因包括：

1. 保险公司违反法律、行政法规，包括违反本法、其他有关法律以及行政法规的规定被吊销经营保险业务许可证的。例如，保险公司超出保险监督管理机构核定的业务范围从事保险业务，或者不按规定提存保证金或者违反规定动用保证金，或者不按规定提取或结转责任准备金或提取未决赔款准备金，或者不按规定提取保险保障基金、公积金，或者不按规定办理再保险分出业务，或者违反规定运用保险公司资金，情节严重的，由保险监督管理机构吊销其经营保险业务许可证。吊销经营保险业务许可证，是指保险监督管理机构对于违法经营保险业务情节严重的保险公司，依法取消其经营保险业务资格的一种行政处罚。保险监督管理机构吊销经营保险业务许可证的，应当依法撤销保险公司。

2. 根据国务院保险监督管理机构的有关规定，保险公司应当具有与其风险和业务规模相适应的资本，确保偿付能力充足率符合规定。保险公司偿付能力低于规定的标准，不予撤销将严重危害保险市场秩序、损害公共利益时，国务院保险监督管理机构应当撤销该公司。

（二）国务院保险监督管理机构依法撤销保险公司的，应当在撤销保险公司之日起十五日内成立清算组，依照公司法的有关规定清算。其债务处理应遵守本法的规定。

第一百五十条 【提供信息资料】国务院保险监督管理机构有权要求保险公司股东、实际控制人在指定的期限内提供有关信息和资料。

条文解读

本条是对保险公司股东、实际控制人提供有关信息和资料义务的规定。

依照本法有关规定,保险公司应当按照国务院保险监督管理机构的规定,建立对关联交易的管理和信息披露制度;按照保险监督管理机构的要求,报送有关报告、报表、文件和资料,真实、准确、完整地披露财务会计报告、风险管理状况、保险产品经营情况等重大事项。为了有效地对保险公司进行监管,国务院保险监督管理机构还可以要求保险公司股东、实际控制人在指定的期限内提供有关信息和资料。

第一百五十一条 【股东利用关联交易严重损害公司利益危及公司偿付能力的处理措施】保险公司的股东利用关联交易严重损害公司利益,危及公司偿付能力的,由国务院保险监督管理机构责令改正。在按照要求改正前,国务院保险监督管理机构可以限制其股东权利;拒不改正的,可以责令其转让所持的保险公司股权。

条文解读

本条是对保险公司的股东利用关联交易严重损害公司利益,危及公司偿付能力的法律后果的规定。

保险公司的股东有可能作出利用关联交易损害公司利益的决定。对保险公司而言,公司利益受损就很可能影响公司的偿付能力,进而损害到投保人、被保险人、受益人的利益。

限制股东权利、责令转让股权是较为严厉的监督管理措施,国务院保险监督管理机构采取这些措施的条件:一是保险公司的股东利用关联交易损害了公司利益;二是这种损害必须是严重的,达到危及保险公司偿付能力的地步。对有本条规定的违法行为的股东,国务院保险监督管理机构可以采取以下监督管理措施:(1)责令改正。(2)股东按照要求改正前,国务院保险监督管理机构可以限制其股东权利,包括重大事项决策权、人事任免权、分红权等。(3)保险公司的股东拒不改正的,国务院保险监督管理机构可以责令其转让所持的保险公司股权。

第一百五十二条　【保险公司业务活动和风险管理重大事项说明】保险监督管理机构根据履行监督管理职责的需要,可以与保险公司董事、监事和高级管理人员进行监督管理谈话,要求其就公司的业务活动和风险管理的重大事项作出说明。

条文解读

本条是关于保险公司业务活动和风险管理重大事项说明的规定。

依照本条规定,保险监管部门有权根据监管需要及保险公司的经营与风险状况等,提出与保险公司董事、监事和高级管理人员进行审慎性监督管理谈话的要求;被要求参加审慎性监督管理谈话的董事、高级管理人员有义务按照监管部门的要求,准时参加并对相关业务活动及风险管理等重大事项如实作出说明。

第一百五十三条　【保险公司被整顿、接管、撤销清算期间及出现重大风险时对董事、监事、高级管理人员和其他直接责任人员采取的措施】保险公司在整顿、接管、撤销清算期间,或者出现重大风险时,国务院保险监督管理机构可以对该公司直接负责的董事、监事、高级管理人员和其他直接责任人员采取以下措施:

(一)通知出境管理机关依法阻止其出境;

(二)申请司法机关禁止其转移、转让或者以其他方式处分财产,或者在财产上设定其他权利。

条文解读

本条是对处于整顿、接管、撤销清算期间或者出现重大风险的保险公司的董事、监事、高级管理人员和其他直接责任人员采取有关措施的规定。

（一）采取本条所规定的措施，必须符合法定条件，即保险公司正处于整顿、接管、撤销清算期间，或者保险公司出现了重大风险。本条所规定措施的实施主体是国务院保险监督管理机构，其他机构或个人不得采取本条规定的措施。本条规定措施的实施对象限于保险公司的董事、监事和高级管理人员，以及其他直接负责、承办具体事务的人员。

（二）依照本条规定可以采取的措施包括：

1. 通知出境管理机关依法阻止其出境。保险公司直接负责的董事、监事、高级管理人员和其他直接责任人员，对于保险公司被整顿、接管、撤销清算或者出现重大风险负有责任。如果他们离开我国国境到其他国家或者地区，有关机构和司法机关在对保险公司进行调查处理时，难以对他们进行询问、调查以查清有关事实和问题，也会增加对其追究法律责任的难度。

2. 申请司法机关禁止其转移、转让或者以其他方式处分财产，或者在财产上设定其他权利。有关保险公司的董事、监事、高级管理人员和其他直接责任人员，在依法应承担责任时，需要以其财产来承担责任，如进行民事赔偿、支付罚款和罚金。为此，国务院保险监督管理机构可以申请司法机关禁止有关保险公司的董事、监事、高级管理人员或者其他直接责任人员将其财产转移至他处、将财产转让给他人或者以其他方式处分财产。

第一百五十四条 【保险监督管理机构的履职措施及程序】保险监督管理机构依法履行职责，可以采取下列措施：

（一）对保险公司、保险代理人、保险经纪人、保险资产管理公司、外国保险机构的代表机构进行现场检查；

（二）进入涉嫌违法行为发生场所调查取证；

（三）询问当事人及与被调查事件有关的单位和个人，要求其对与被调查事件有关的事项作出说明；

（四）查阅、复制与被调查事件有关的财产权登记等资料；

（五）查阅、复制保险公司、保险代理人、保险经纪人、保险资产管理公司、外国保险机构的代表机构以及与被调查事件有关的单位和个人的财务会计资料及其他相关文件和资料；对可能被转移、隐匿或者毁损的文件和资料予

以封存；

（六）查询涉嫌违法经营的保险公司、保险代理人、保险经纪人、保险资产管理公司、外国保险机构的代表机构以及与涉嫌违法事项有关的单位和个人的银行账户；

（七）对有证据证明已经或者可能转移、隐匿违法资金等涉案财产或者隐匿、伪造、毁损重要证据的，经保险监督管理机构主要负责人批准，申请人民法院予以冻结或者查封。

保险监督管理机构采取前款第（一）项、第（二）项、第（五）项措施的，应当经保险监督管理机构负责人批准；采取第（六）项措施的，应当经国务院保险监督管理机构负责人批准。

保险监督管理机构依法进行监督检查或者调查，其监督检查、调查的人员不得少于二人，并应当出示合法证件和监督检查、调查通知书；监督检查、调查的人员少于二人或者未出示合法证件和监督检查、调查通知书的，被检查、调查的单位和个人有权拒绝。

条文解读

本条是对保险监督管理机构有权采取监督检查、调查措施及程序的规定。

（一）保险监督管理机构有权采取的检查、调查措施包括：

1. 对保险公司、保险代理人、保险经纪人、保险资产管理公司、外国保险机构的代表机构进行现场检查。现场检查的实施包括进场会谈、调阅资料、执行检查等内容，检查方法主要包括抽样、核对、审阅、计算、实地观察、听取汇报、询问调查等。

2. 进入涉嫌违法行为发生场所调查取证。一旦有涉嫌违法的行为发生，保险监督管理机构查明事实的重要途径是到涉嫌违法行为发生的场所去进行调查，所以，保险监督管理机构有权进入涉嫌违法行为发生的场所，对违法行为发生的情况、所造成的后果等进行调查，并获取有关的证据，以便为依法确认和处理有关的违法行为提供事实依据。

3. 询问有关的单位和人员。保险监督管理机构要了解事实真相，就应当从各个角度进行调查，其中包括询问当事人和与被调查事件有关的单位和个人，要求他们对与被调查事件有关的事项作出说明。

4. 查阅、复制有关的财产权登记等资料。这主要是为了了解保险公司等机构以及与被调查事件有关的其他单位或个人的财产状况,防止其恶意转移、转让或受让财产。

5. 查阅、复制、封存有关的文件和资料。为了查明事实,保存证据,防止有关的人员隐匿、损毁有关的文件和资料,对有可能被有关的单位和个人转移、可能被隐匿或者销毁、损坏,使今后查找有困难的文件和资料,保险监督管理机构有权将其封存。

6. 查询有关银行账户。主要是便于了解当事人及有关单位或个人的资金活动情况,发现和查处违法行为。

7. 申请法院冻结、查封有关财产和证据。对有证据证明已经或者可能转移、隐匿违法资金等涉案财产或者隐匿、伪造、毁损重要证据,如不采取冻结或查封等措施,以后将难以查清有关事实、追究有关单位和人员的责任,无法挽回因违法行为造成的损失。因此,赋予监管机构冻结、查封有关财产和证据的权力是必要的。同时,对有关财产和证据予以冻结或查封,直接关系当事人及有关单位或人员的财产权利,须慎重行使,须经保险监督管理机构主要负责人批准,申请人民法院执行。

(二)采取本条规定的措施应当慎重,明确批准程序。保险监督管理机构采取对保险公司等机构进行现场检查、进入涉嫌违法行为发生场所调查取证和查阅、复制、封存有关的文件和资料等措施,应当经保险监督管理机构负责人批准;查询有关银行账户,应当经国务院保险监督管理机构负责人批准。

(三)为规范保险监督管理机构实施监督检查、调查的行为,实施监督检查、调查应遵守的程序包括:(1)监督检查、调查的人员不得少于二人。以使保险监督管理机构的工作人员能够互相监督制约,依法履行职责,防止一个人在没有监督制约的情况下滥用权力。(2)监督检查、调查的人员应当依法出示合法证件和监督检查、调查通知书。合法证件是指证明保险监督管理机构工作人员身份的文件如工作证。监督检查、调查通知书是指保险监督管理机构出具的、告知当事人对其进行监督检查、调查的书面文件。未依法定程序进行监督检查或者调查的,被检查、调查的单位和个人有权拒绝。

第一百五十五条 【配合检查、调查】保险监督管理机构依法履行职责,被检查、调查的单位和个人应当配合。

条文解读

本条是对被检查和被调查的单位和个人负有配合检查、调查义务的规定。

保险监督管理机构对当事人及有关的单位和个人进行检查和调查，是依法履行职责有权采取的措施。为了保证保险监督管理机构检查和调查的顺利进行，被检查和被调查的单位和个人负有配合检查、调查的义务。对于保险监督管理机构依法进行的检查和调查，被检查和被调查的单位和个人，应当主动进行配合，为保险监督管理机构查明事实真相提供便利条件。被检查和被调查的单位和个人不配合保险监督管理机构履行职责的，应当依法承担相应的法律责任。

第一百五十六条　【保险监督管理机构工作人员行为准则】保险监督管理机构工作人员应当忠于职守，依法办事，公正廉洁，不得利用职务便利牟取不正当利益，不得泄露所知悉的有关单位和个人的商业秘密。

条文解读

本条是对保险监督管理机构工作人员履行职责时的行为准则的规定。包括：

（一）忠于职守。作为代表保险监督管理机构行使国家监督管理权力的保险监督管理人员，其首要义务就是忠于职守，在工作岗位上尽职尽责，不得不履行、不正确履行或者放弃履行其职责，也不得滥用职权。

（二）依法办事。是指严格依照法律、行政法规、规章及其他规范性文件规定的内容和程序，行使权力，履行职责。

（三）公正廉洁，不得利用职务便利牟取不正当利益。

（四）不得泄露所知悉的有关单位和个人的商业秘密。

第一百五十七条　【金融监督管理机构监督管理信息共享机制】国务院保险监督管理机构应当与中国人民银行、国务院其他金融监督管理机构建立监督管理信息共享机制。

保险监督管理机构依法履行职责，进行监督检查、调查时，有关部门应当予以配合。

条文解读

本条是关于金融监督管理机构监督管理信息共享机制的规定。

为了使各项金融监管政策之间进行协调，为金融机构创造公平竞争的环境，避免出现监管真空和重复监管，降低监管成本，提高监管效率，保障金融业稳健运行和健康发展，国务院保险监督管理机构与国务院其他金融监督管理机构，包括银行业监督管理机构、证券业监督管理机构等，建立监督管理信息共享机制，相互交流和沟通有关信息。同时，保险监督管理机构依法履行职责，进行监督检查或者调查时，有关部门应当予以配合。

第七章 法律责任

本章介绍

本章是关于违法行为法律责任的规定。明确了各种保险违法行为要承担的法律责任,是对其他各章规定的违法行为应承担的民事责任、行政责任、刑事责任的规定。主要规定了以下内容:擅自设立保险公司、保险资产管理公司或非法经营商业保险业务的法律责任,擅自设立保险代理机构、保险经纪人或者未取得许可从事保险业务的法律责任,保险公司超出业务范围经营的法律责任,保险公司在保险业务中从事禁止性行为的法律责任,保险公司未经批准变更公司登记事项的法律责任,超额承保及为无民事行为能力人承保以死亡为给付保险金条件的保险的法律责任,违反保险业务规则和保险组织机构管理规定的法律责任,保险代理机构、保险经纪人违反诚信原则办理保险业务的法律责任,不按规定缴存保证金或者投保职业责任保险、设立收支账簿的法律责任,违法聘任不具有任职资格的人员的法律责任,违法转让、出租、出借业务许可证的法律责任,不按规定披露保险业务相关信息的法律责任,提供保险业务相关信息不实、拒绝或者妨碍监督检查、不按规定使用保险条款、保险费率的法律责任,保险公司、保险资产管理公司、保险专业代理机构、保险经纪人的法律责任,个人保险代理人的法律责任,外国保险机构违法从事保险活动的法律责任,投保人、被保险人或受益人进行保险诈骗活动的法律责任,侵权民事责任,拒绝、阻碍监督检查、调查职权的行政责任,禁止从业的规定,保险监督人员的法律责任,刑事责任的规定等。

第一百五十八条 【擅自设立保险公司、保险资产管理公司或非法经营商业保险业务的法律责任】 违反本法规定,擅自设立保险公司、保险资产管理公司或者非法经营商业保险业务的,由保险监督管理机构予以取缔,没收违法所得,并处违法所得一倍以上五倍以下的罚款;没有违法所得或者违法所得不足二十万元的,处二十万元以上一百万元以下的罚款。

条文解读

本条是对擅自设立保险公司、保险资产管理公司或者非法经营商业保险业务，应承担的法律责任的规定。

（一）根据本法规定，设立保险公司，必须经国务院保险监督管理机构批准；设立保险资产管理公司，须经国务院保险监督管理机构会同国务院证券监督管理机构批准；经营商业保险业务，必须是依照本法设立的保险公司或法律、行政法规规定的其他保险组织，其他单位和个人不得经营商业保险业务。

（二）对违反本法规定，擅自设立保险公司、保险资产管理公司或者非法经营商业保险业务的，依照本条规定，首先由保险监督管理机构对擅自设立的保险公司、保险资产管理公司以及非法经营商业保险业务的机构予以取缔，制止违法行为的继续进行，同时给予行政处罚。具体包括：（1）没收违法所得，防止上述机构因违法行为而获益。（2）处以罚款，即在对上述机构予以取缔、没收违法所得的同时，一并处以罚款。罚款的数额为违法所得一倍以上五倍以下，没有违法所得或者违法所得不足二十万元的，处二十万元以上一百万元以下的罚款。

第一百五十九条　【擅自设立保险专业代理机构、保险经纪人或者未取得许可从事保险业务的法律责任】违反本法规定，擅自设立保险专业代理机构、保险经纪人，或者未取得经营保险代理业务许可证、保险经纪业务许可证从事保险代理业务、保险经纪业务的，由保险监督管理机构予以取缔，没收违法所得，并处违法所得一倍以上五倍以下的罚款；没有违法所得或者违法所得不足五万元的，处五万元以上三十万元以下的罚款。

条文解读

本条是对擅自设立保险专业代理机构、保险经纪人及未取得经营保险代理业务许可证、保险经纪业务许可证从事保险代理业务、保险经纪业务，应承担的法律责任的规定。

（一）根据本法规定，保险代理机构、保险经纪人应当具备国务院保险监督管理机构规定的条件，取得保险监督管理机构颁发的经营保险代理业务许可证、保险经纪业务许可证。保险专业代理机构、保险经纪人凭许可证向工商行政管理机关办理登记,领取营业执照;保险兼业代理机构凭许可证向工商行政管理机关办理变更登记。

（二）对违反本法规定,擅自设立保险专业代理机构、保险经纪人及未取得经营保险代理业务许可证、保险经纪业务许可证从事保险代理业务、保险经纪业务的,依照本条规定,首先由保险监督管理机构对擅自设立的保险专业代理机构、保险经纪人,或者未取得经营保险代理业务许可证、保险经纪业务许可证从事保险代理业务、保险经纪业务的机构予以取缔,制止违法行为的继续进行,同时给予行政处罚。具体包括:(1)没收违法所得,防止上述机构因违法行为而获益。(2)并处罚款,即在对上述机构予以取缔、没收违法所得的同时,一并处以罚款。罚款的数额为违法所得一倍以上五倍以下,没有违法所得或者违法所得不足五万元的,处五万元以上三十万元以下的罚款。

第一百六十条　【保险公司超出业务范围经营的法律责任】保险公司违反本法规定,超出批准的业务范围经营的,由保险监督管理机构责令限期改正,没收违法所得,并处违法所得一倍以上五倍以下的罚款;没有违法所得或者违法所得不足十万元的,处十万元以上五十万元以下的罚款。逾期不改正或者造成严重后果的,责令停业整顿或者吊销业务许可证。

条文解读

本条是对保险公司违反本法规定,超出批准的业务范围经营,应承担的法律责任的规定。

（一）超出批准的业务范围经营,是指保险公司违反分业经营的原则,从事国务院保险监督管理机构批准的业务范围以外的保险业务或其他业务的行为。本法第95条规定了保险公司的业务范围,并且同一保险人不得兼营人身保险业务和财产保险业务;但是,经营财产保险业务的保险公司经国务院保险监督管理机构批准,可以经营短期健康保险业务和意外伤害保险业务。保险公司应当在国务院保险监督管理机构依法批准的业务范围内从事保险经营活动。

（二）保险公司违反本法规定,超出国务院保险监督管理机构依法批准的业务范围从事保险业务或者其他业务的，首先由保险监督管理机构责令其停止违法行为，并在规定的期限内予以改正，同时给予行政处罚。具体包括：(1)没收违法所得，防止保险公司因违法行为而获益。(2)并处罚款，即在责令保险公司限期改正、没收违法所得的同时，一并处以罚款。罚款的数额为违法所得一倍以上五倍以下，没有违法所得或者违法所得不足十万元的，处以十万元以上五十万元以下的罚款。(3)保险公司超出批准的业务范围经营，逾期不改正或者造成严重后果的，责令该保险公司停业整顿或者吊销其经营保险业务许可证。

第一百六十一条　【保险公司在保险业务活动中从事禁止性行为的法律责任】保险公司有本法第一百一十六条规定行为之一的，由保险监督管理机构责令改正，处五万元以上三十万元以下的罚款；情节严重的，限制其业务范围、责令停止接受新业务或者吊销业务许可证。

条文解读

本条是对保险公司在保险业务活动中从事禁止性行为的法律责任的规定。

(一)保险公司与投保人、被保险人或者受益人处于平等的民事主体地位，其从事保险活动应当遵守法律、行政法规，遵循诚实信用原则。此外，保险公司在保险业务活动中还应当遵循公平竞争的原则，不得从事不正当竞争。本法第116条对实践中常见的保险公司的违法行为作出了禁止性规定。这些规定是对保险公司行为的法律约束，保险公司不得违反，否则就要依照本条规定承担相应的法律责任。

(二)保险公司有本法第116条规定的违法行为之一的，依照本条规定，由保险监督管理机构责令其改正，停止违法行为，同时给予行政处罚。具体包括：(1)罚款，即在责令保险公司改正的同时，一并处以罚款。罚款的数额为五万元以上三十万元以下。(2)保险公司违法行为情节严重的，限制其业务范围、责令其停止接受新业务或者吊销其经营保险业务许可证。

第一百六十二条　【保险公司未经批准变更法定审批登记事项的法律责任】保险公司违反本法第八十四条规定的，由保险监督管理机构责令改正，处一万元以上十万元以下的罚款。

条文解读

本条是对保险公司未经批准变更法定审批登记事项的法律责任的规定。

法定审批登记事项,是指法律规定必须报经保险监督管理机构审批登记的重要事项。本法第 84 条规定,保险公司变更公司名称、注册资本、章程、营业场所,撤销分支机构,分立或者合并,变更出资人或者持有公司股份 5% 以上的股东及国务院保险监督管理机构规定的其他情形,须经保险监督管理机构批准。

保险公司违反本法规定,未经保险监督管理机构批准,擅自变更法定审批登记事项的,依照本条规定,由保险监督管理机构责令其改正,停止违法行为,同时处以罚款,罚款数额为一万元以上十万元以下。

第一百六十三条　【超额承保或者为无民事行为能力人承保以死亡为给付保险金条件的保险的法律责任】保险公司违反本法规定,有下列行为之一的,由保险监督管理机构责令改正,处五万元以上三十万元以下的罚款:

(一)超额承保,情节严重的;

(二)为无民事行为能力人承保以死亡为给付保险金条件的保险的。

条文解读

本条是对保险公司违法进行超额承保或者为无民事行为能力人承保以死亡为给付保险金条件的保险的法律责任的规定。

(一)超额承保,是指保险公司以超过保险标的价值的赔付条件为投保人办理财产保险的行为。由于财产保险是以补偿因保险事故造成的财产损失为原则的保险,其保险金额不得超过保险价值,而超额承保直接违反补偿原则,因此,极易引发道德危险。以死亡为给付保险金条件的保险,是指以被保险人的死亡为给付保险金条件的人身保险。由于无民事行为能力人没有辨别自己行为的能力,因此违法为无民事行为能力人承保以死亡为给付保险金条件的人身保险,也极易引发道德危险。

为了防止道德危险的发生,本法规定,财产保险的保险金额不得超过保险价值;超过保险价值的,超过部分无效。投保人不得为无民事行为能力人投保以死亡为给付保险金条件的人身保险,保险人也不得承保。只有父母为其未成年子女投保的人身保险,不受此规定限制,但是死亡给付保险金额总和不得超过国务院保险监督管理机构规定的限额。

(二)保险公司违反本法规定,为财产保险的投保人办理超额承保并且情节严重的,或者违法为无民事行为能力人承保以死亡为给付保险金条件的保险的,依照本条规定,由保险监督管理机构责令改正,停止违法行为,同时处以罚款的行政处罚,罚款的数额为五万元以上三十万元以下。

第一百六十四条 【违反保险业务规则和保险组织机构管理规定的法律责任】违反本法规定,有下列行为之一的,由保险监督管理机构责令改正,处五万元以上三十万元以下的罚款;情节严重的,可以限制其业务范围、责令停止接受新业务或者吊销业务许可证:

(一)未按照规定提存保证金或者违反规定动用保证金的;

(二)未按照规定提取或者结转各项责任准备金的;

(三)未按照规定缴纳保险保障基金或者提取公积金的;

(四)未按照规定办理再保险的;

(五)未按照规定运用保险公司资金的;

(六)未经批准设立分支机构;

(七)未按照规定申请批准保险条款、保险费率的。

条文解读

本条是对保险公司违反保险法关于保险业务规则和保险组织机构管理规定的法律责任的规定。

(一)保险公司的下列行为属于违反保险法关于保险业务规则和保险组织机构管理规定的行为:

1. 保险公司成立后应当按照其注册资本总额的20%提取保证金,存入保险监督管理机构指定的银行,除保险公司清算时用于清偿债务外,不得动用。保险公司不按照规定提取或者不足额提取保证金,或者将保证金用于保险公司清算时清偿债务以外的其他目的,即构成违法。

2. 保险公司应当根据保障被保险人利益、保证偿付能力的原则，提取各项责任准备金。保险公司不按照保险法及国务院保险监督管理机构制定的办法提取和结转各项责任准备金，即构成违法。

3. 为了保障被保险人的利益，支持保险公司稳健经营，保险公司应当按照国务院保险监督管理机构的规定缴纳保险保障基金。保险公司应当依照有关法律、行政法规及国家财务会计制度的规定提取公积金。

4. 保险公司应当按照国务院保险监督管理机构的规定办理再保险，并审慎选择再保险接受人。保险公司对每一危险单位，即对一次保险事故可能造成的最大损失范围所承担的责任，不得超过其实有资本金加公积金总和的10%；超过的部分，应当办理再保险。保险公司不履行上述义务，即构成违法。

5. 保险公司的资金运用必须稳健，遵循安全性原则。保险公司的资金运用，限于以下形式：银行存款，买卖债券、股票、证券投资基金份额等有价证券，投资不动产，国务院规定的其他资金运用形式。保险公司以及负责管理保险公司资金的保险资产管理公司违反规定运用保险公司资金的，即构成违法。

6. 保险公司在我国境内设立分支机构，须经保险监督管理机构批准，取得分支机构经营保险业务许可证。保险公司在我国境外设立分支机构、代表机构，必须经国务院保险监督管理机构批准。保险公司未经批准，擅自设立分支机构或者代表机构，即构成违法。

7. 关系社会公众利益的保险险种、依法实行强制保险的险种和新开发的人寿保险险种等的保险条款和保险费率，应当报国务院保险监督管理机构审批。保险公司应当依法履行上述保险条款和保险费率的报批义务，否则，即构成违法。

（二）保险公司有上述违法行为之一的，或者保险资产管理公司有上述第5项行为的，依照本条规定，首先由保险监督管理机构责令改正，停止违法行为，同时给予以下行政处罚：(1)罚款，数额为五万元以上三十万元以下。(2)违法行为的情节严重的，可以限制其业务范围、责令停止接受新业务或者吊销业务许可证。

第一百六十五条 【保险代理机构、保险经纪人违反禁止性规定办理保险业务的法律责任】保险代理机构、保险经纪人有本法第一百三十一条规定行为之一的，由保险监督管理机构责令改正，处五万元以上三十万元以下的罚款；情节严重的，吊销业务许可证。

条文解读

本条是对保险代理机构或者保险经纪人在其业务活动中违反本法有关禁止性规定办理保险业务的法律责任的规定。

保险代理机构与保险经纪人作为保险市场的中介，应当遵守职业道德，履行诚信义务，依法从事保险代理业务或者保险经纪业务。本法第131条对实践中常见的保险代理机构、保险经纪人在办理保险业务活动中的违法行为，作出了禁止性规定。

保险代理机构和保险经纪人在办理保险代理业务或者保险经纪业务时，有上述行为之一的，依照本条规定，由保险监督管理机构责令改正，停止违法行为，同时给予行政处罚。具体包括：(1)罚款，即在责令保险代理机构、保险经纪人改正的同时，处以罚款，罚款的数额为五万元以上三十万元以下；(2)保险代理机构、保险经纪人违法行为情节严重的，吊销其经营保险代理业务许可证、保险经纪业务许可证。

第一百六十六条　【不按规定缴存保证金或者投保职业责任保险、设立收支账簿的法律责任】保险代理机构、保险经纪人违反本法规定，有下列行为之一的，由保险监督管理机构责令改正，处二万元以上十万元以下的罚款；情节严重的，责令停业整顿或者吊销业务许可证：

（一）未按照规定缴存保证金或者投保职业责任保险的；

（二）未按照规定设立专门账簿记载业务收支情况的。

条文解读

本条是对保险代理机构、保险经纪人未按照规定缴存保证金或者投保职业责任保险、设立收支账簿的法律责任的规定。

（一）本条规定的保险代理机构、保险经纪人的违法行为包括两类：

1. 未按照规定缴存保证金或者投保职业责任保险。为保护投保人、被保险人、受益人以及保险人的权益，保险代理机构、保险经纪人应当按照国务院保险监督管理机构的规定缴存保证金或者投保职业责任保险，以便其清偿应承担的民事责任。

2. 未按照规定设立专门账簿记载业务收支情况。保险代理人和保险经纪人办理保险业务，必须依照保险法和会计法的规定以及保险监督管理机构的要求设立会计账簿，如实记录办理保险代理业务或者保险经纪业务的收支情况，并接受保险监督管理机构的监督。

（二）保险代理机构、保险经纪人有上述违法行为之一的，依照本条规定，由保险监督管理机构责令改正，停止违法行为，并给予行政处罚。具体包括：（1）罚款，数额为二万元以上十万元以下。（2）违法行为情节严重的，责令停业整顿或者吊销经营保险代理业务许可证、保险经纪业务许可证。

第一百六十七条　【违法聘任不具有任职资格的人员的法律责任】违反本法规定，聘任不具有任职资格的人员的，由保险监督管理机构责令改正，处二万元以上十万元以下的罚款。

条文解读

本条是对保险公司、保险专业代理机构、保险经纪人违法聘任不具有任职资格的人员的法律责任的规定。

本法规定，保险公司的董事、监事和高级管理人员应当在任职前取得保险监督管理机构核准的任职资格；保险公司从事保险销售的人员应当符合国务院保险监督管理机构规定的资格条件，取得保险监督管理机构颁发的资格证书。保险专业代理机构、保险经纪人的高级管理人员，应当在任职前取得保险监督管理机构核准的任职资格；保险代理机构的从业人员、保险经纪人的从业人员，应当具备国务院保险监督管理机构规定的资格条件，取得保险监督管理机构颁发的资格证书。

违反上述规定的，由保险监督管理机构责令改正，停止违法行为，解聘不具有任职资格或者从业资格的有关人员，并给予罚款的行政处罚，罚款的数额为二万元以上十万元以下。

第一百六十八条　【违法转让、出租、出借业务许可证的法律责任】违反本法规定，转让、出租、出借业务许可证的，由保险监督管理机构处一万元以上十万元以下的罚款；情节严重的，责令停业整顿或者吊销业务许可证。

条文解读

本条是对保险公司、保险公司分支机构、保险代理机构、保险经纪人违法转让、出租、出借业务许可证的法律责任的规定。

经营保险业务许可证、经营保险代理业务许可证、经营保险经纪业务许可证是保险公司及其分支机构、保险代理机构、保险经纪人开展相关业务的许可证明。各有关主体应当依法使用,不得转让、出租、出借。

保险公司、保险公司分支机构、保险代理机构、保险经纪人转让、出租、出借业务许可证的,依照本条规定,由保险监督管理机构给予行政处罚。具体包括:(1)罚款,数额为一万元以上十万元以下。(2)违法行为情节严重的,由保险监督管理机构责令其停业整顿或者吊销其业务许可证。

第一百六十九条 【不按规定披露保险业务相关信息的法律责任】违反本法规定,有下列行为之一的,由保险监督管理机构责令限期改正;逾期不改正的,处一万元以上十万元以下的罚款:

(一)未按照规定报送或者保管报告、报表、文件、资料的,或者未按照规定提供有关信息、资料的;

(二)未按照规定报送保险条款、保险费率备案的;

(三)未按照规定披露信息的。

条文解读

本条是对未按照规定披露保险业务相关信息的法律责任的规定。

(一)本条规定的违法行为包括三类:

1. 未按照规定报送和保管有关资料。保险公司应当按照保险监督管理机构的规定,报送有关报告、报表、文件和资料;保险代理机构和保险经纪人适用这一规定。国务院保险监督管理机构有权要求保险公司股东、实际控制人在指定的期限内提供有关信息和资料。保险公司的账簿、原始凭证及其他有关资料是记录保险业务活动,反映保险公司经营状况的证明,保险公司应按照本法有关规定对其妥善保管。违反上述规定的,应依据本条规定承担法律责任。

2. 未按照规定报送保险条款、保险费率备案。除关系社会公众利益的保险险种、依法实行强制保险的险种和新开发的人寿保险险种等的保险条款和保险费率以外的其他险种的保险条款和保险费率,应当报保险监督管理机构备案。违反这一规定,应依据本条规定承担法律责任。

3. 未按照规定披露有关信息。本法第 108 条规定,保险公司应当按照国务院保险监督管理机构的规定,建立对关联交易的管理和信息披露制度;第 110 条规定,保险公司应当按照国务院保险监督管理机构的规定,真实、准确、完整地披露财务会计报告、风险管理状况、保险产品经营情况等重大事项。未按照上述规定披露有关信息的,应依据本条规定承担法律责任。

(二)对上述三类违法行为,本条规定的法律责任是行政处罚,实施处罚的主体是保险监督管理机构,内容是责令违法的保险公司、保险代理机构或保险经纪人限期改正,逾期不改正的,处一万元以上十万元以下的罚款。

第一百七十条　【提供保险业务相关信息不实、拒绝或者妨碍监督检查、不按规定使用保险条款、保险费率的法律责任】违反本法规定,有下列行为之一的,由保险监督管理机构责令改正,处十万元以上五十万元以下的罚款;情节严重的,可以限制其业务范围、责令停止接受新业务或者吊销业务许可证:

(一)编制或者提供虚假的报告、报表、文件、资料的;

(二)拒绝或者妨碍依法监督检查的;

(三)未按照规定使用经批准或者备案的保险条款、保险费率的。

条文解读

本条是对提供保险业务相关信息不实、拒绝或者妨碍监督检查、不按规定使用保险条款、保险费率的法律责任的规定。

(一)本条规定的违法行为包括三类:

1. 编制或者提供虚假报告、报表、文件、资料。保险公司、保险代理机构和保险经纪人应当按照保险监督管理机构的规定,分别报送有关报告、报表、文件和资料,上述资料必须如实记录保险业务事项,不得有虚假记载、误导性陈述和重大遗漏。

否则,据本条规定承担法律责任。

2. 拒绝或者妨碍依法监督检查。保险监督管理机构为履行职责,有权采取有关措施;被检查、调查的单位负有配合检查、调查的义务,应当予以协助、配合,接受询问和调查,如实提供有关情况和资料,不得以任何理由拒绝,更不得以暴力、威胁或者其他手段妨碍保险监督管理机构依法行使职权。否则,即构成违法,应当按照本条规定承担法律责任。

3. 未按照规定使用经批准或者备案的保险条款、保险费率。保险合同的保险条款和保险费率应当报保险监督管理机构审批或者备案;只有经批准或者备案的保险条款和保险费率才能在保险市场上使用,以确保投保人、被保险人或者受益人的权益不受到不公平条款和保险费率的损害。否则,应承担本条规定的法律责任。

(二)依据本条规定,有上述三项违法行为之一的,由保险监督管理机构责令改正,停止违法行为,同时给予行政处罚。具体包括:(1)罚款,罚款数额为十万元以上五十万元以下。(2)违法行为情节严重的,可以限制其业务范围,责令停止接受新业务或者吊销业务许可证。

第一百七十一条　【保险公司、保险资产管理公司、保险专业代理机构、保险经纪人的法律责任】保险公司、保险资产管理公司、保险专业代理机构、保险经纪人违反本法规定的,保险监督管理机构除分别依照本法第一百六十条至第一百七十条的规定对该单位给予处罚外,对其直接负责的主管人员和其他直接责任人员给予警告,并处一万元以上十万元以下的罚款;情节严重的,撤销任职资格。

条文解读

本条是关于保险公司、保险资产管理公司、保险专业代理机构、保险经纪人违反《保险法》规定的行为,负有责任的直接负责的主管人员和其他直接责任人员应承担的法律责任的规定。

(一)本法第160条至第170条分别对保险公司、保险资产管理公司、保险专业代理机构、保险经纪人违反本法规定的行为规定了法律责任。上述规定的处罚主体主要是法人或者其他组织,即通常所说的单位。单位只是一个人格化的社会关系主体,其违法行为的整体意志的形成和违法的整体行为的实施,都有赖于作为其构成要素的自然人。因此本条对保险公司、保险资产管理公司、保险专业代理机构、保险经纪人违反保险法规定的行为负有责任的直接负责的主管人员和其他直接责任人员也规定了法律责任。这里“直接负责的主管人员”是指在单位违法行为中负有直接领导责任的人员,包括违法行为的决策人,事后对单位违法行为予以认可和支持的领导人员,以及由于疏于管理或放任,因而对单位违法行为负有不可推卸责任的领导人员;“其他直接责任人员”是指直接实施单位违法行为的人员。

(二)保险公司、保险资产管理公司、保险专业代理机构、保险经纪人有本法规定的违法之一的,依照本条规定,除依法对该单位予以处罚外,对其直接负责的主管人员和其他直接责任人员,由保险监督管理机构给予行政处罚。具体包括:(1)警告。(2)罚款,数额为一万元以上十万元以下。(3)违法行为情节严重的,撤销其任职资格或者从业资格。

第一百七十二条　【个人保险代理人的法律责任】个人保险代理人违反本法规定的,由保险监督管理机构给予警告,可以并处二万元以下的罚款;情节严重的,处二万元以上十万元以下的罚款。

条文解读

本条是对个人保险代理人违反《保险法》规定的法律责任的规定。

根据本法的规定,个人保险代理人在代为办理人寿保险业务时,不得同时接受两个以上保险人的委托,同时在代理活动中不得有欺骗保险人、投保人、被保险人或者受益人等行为。个人保险代理人应当具备国务院保险监督管理机构规定的资格条件,取得保险监督管理机构颁发的资格证书。未取得保险监督管理机构颁发的资格证书,从事个人保险代理业务的行为,也是违法行为。个人保险代理人违反本法规定的,由保险监督管理机构给予行政处罚。具体包括:(1)警告。(2)除警告外,可以视情节处以罚款,数额为二万元以下。(3)违法行为情节严重的,处二万元以上十万元以下的罚款,并可以吊销其资格证书。

第一百七十三条 【外国保险机构违法设立代表机构及其违法经营的法律责任】 外国保险机构未经国务院保险监督管理机构批准，擅自在中华人民共和国境内设立代表机构的，由国务院保险监督管理机构予以取缔，处五万元以上三十万元以下的罚款。

外国保险机构在中华人民共和国境内设立的代表机构从事保险经营活动的，由保险监督管理机构责令改正，没收违法所得，并处违法所得一倍以上五倍以下的罚款；没有违法所得或者违法所得不足二十万元的，处二十万元以上一百万元以下的罚款；对其首席代表可以责令撤换；情节严重的，撤销其代表机构。

条文解读

本条是对外国保险机构违法设立代表机构及其违法经营的法律责任的规定。

（一）外国保险机构的代表机构是外国保险机构设立的非直接从事保险经营活动的机构。外国保险机构在我国境内设立的代表机构，应当经国务院保险监督管理机构批准，并只能从事沟通、联络工作，不得从事保险经营活动。

（二）外国保险机构未经批准擅自在我国境内设立代表机构的，由国务院保险监督管理机构予以取缔，以制止违法行为的继续进行，同时并处罚款，数额为五万元以上三十万元以下；从事保险经营活动的，由保险监督管理机构责令改正，停止违法行为，同时给予行政处罚。具体包括：（1）没收违法所得，防止其因违法行为获益。（2）并处罚款，罚款数额为违法所得一倍以上五倍以下，没有违法所得或者违法所得不足二十万元的，处二十万元以上一百万元以下的罚款。（3）对外国保险机构设立的代表机构的首席代表，可以责令外国保险机构撤换。（4）代表机构违法行为情节严重的，予以撤销。

第一百七十四条 【投保人、被保险人或受益人进行保险诈骗活动的法律责任】 投保人、被保险人或者受益人有下列行为之一，进行保险诈骗活动，尚不构成犯罪的，依法给予行政处罚：

（一）投保人故意虚构保险标的，骗取保险金的；

（二）编造未曾发生的保险事故，或者编造虚假的事故原因或者夸大损失程度，骗取保险金的；

（三）故意造成保险事故，骗取保险金的。

保险事故的鉴定人、评估人、证明人故意提供虚假的证明文件，为投保人、被保险人或者受益人进行保险诈骗提供条件的，依照前款规定给予处罚。

条文解读

本条是对投保人、被保险人或者受益人以骗取保险金为目的进行尚不构成犯罪的保险诈骗活动，以及保险事故的鉴定人、评估人、证明人故意提供虚假的证明文件为保险诈骗提供条件，应承担的法律责任的规定。

（一）保险欺诈活动，不仅损害保险公司的利益，还损害社会公共利益。投保人、被保险人或者受益人有下列行为之一，尚不构成犯罪的，应当依照本法和有关法律的规定给予行政处罚：

1. 投保人故意虚构保险标的骗取保险金，是指投保人在与保险人订立保险合同时，故意虚构不存在的保险标的而与保险人订立保险合同，以骗取保险金的行为。

2. 编造未曾发生的保险事故骗取保险金，是指在未曾发生保险事故的情况下，向保险人提供编造的事实，以骗取保险金的行为。编造虚假的事故原因或者夸大损失程度骗取保险金，是指向保险人提供与事实不符的证明、资料或者其他证据，对保险事故原因作虚假陈述或者隐瞒真实情况，或者夸大保险事故造成的损失，以骗取保险金的行为。

3. 故意造成保险事故骗取保险金，是指在保险合同有效期内，故意制造保险事故，使所投保的财产灭失、损毁，或者被保险人死亡、伤残或者患病，以骗取保险金的行为。

（二）投保人、被保险人或者受益人进行保险欺诈活动往往离不开保险事故的鉴定人、评估人、证明人的帮助。因此，保险事故的鉴定人、评估人、证明人故意提供虚假的证明文件，为投保人、被保险人或者受益人进行保险诈骗提供条件的，依照本条第1款的规定给予行政处罚。

第一百七十五条　【侵权民事责任的规定】违反本法规定，给他人造成损害的，依法承担民事责任。

条文解读

本条是对违反保险法规定，给他人造成损害，应承担民事责任的规定。

（一）民事责任是民事法律关系的当事人不依法履行民事法律义务，应当承担的法律后果。民事责任根据具体责任性质不同可以分为两大类：一类是违约的民事责任；另一类是侵权的民事责任。根据我国《民法总则》的规定，承担民事责任的方式主要有11种：（1）停止侵害；（2）排除妨碍；（3）消除危险；（4）返还财产；（5）恢复原状；（6）修理、重作、更换；（7）继续履行；（8）赔偿损失；（9）支付违约金；（10）消除影响、恢复名誉；（11）赔礼道歉。法律规定惩罚性赔偿的，依照其规定。以上承担民事责任的方式，可以单独适用，也可以合并适用。

（二）由于违反保险法规定，给他人造成损害的情况比较复杂，法律不可能将所有的违法行为一一列举出来，依照本条规定，凡是违反保险法规定，给他人造成损害的，都要依法承担相应的民事责任。

第一百七十六条　【拒绝、阻碍监督检查、调查职权的行政责任】拒绝、阻碍保险监督管理机构及其工作人员依法行使监督检查、调查职权，未使用暴力、威胁方法的，依法给予治安管理处罚。

条文解读

本条是对拒绝、阻碍监督检查、调查职权的行政法律责任的规定。

为保证保险监督管理机构切实履行职责，对保险业实施有效监管，本法赋予了保险监督管理机构采取有关措施的权力，同时也作出了保险监督管理机构依法履行职责，被检查、调查的单位或者个人应当配合的规定。对于违反规定，拒绝、阻碍保险监督管理机构及其工作人员依法行使监督检查、调查职权的，应按照本条的规定追究法律责任。

被检查、被调查的对象拒绝、阻碍监督管理机构及其工作人员监督检查、调查行为，未使用暴力、威胁方法的，依法给予治安管理处罚。依照《治安管理处罚法》的规定，由公安机关给予警告或者二百元以下罚款的处罚；情节严重的，给予五日以上十日以下拘留，可以并处五百元以下的罚款。

第一百七十七条　【禁止从业的规定】违反法律、行政法规的规定，情节严重的，国务院保险监督管理机构可以禁止有关责任人员一定期限直至终身进入保险业。

条文解读

本条是对保险市场禁入措施的规定。

保险市场禁入是指在一定期限直至终身不得进入保险业从事保险业务、保险中介业务。本条规定的市场禁入措施，是通过限制和剥夺有关责任人员从事保险业务、保险中介业务资格的方式，对违法行为予以制裁和惩戒。

根据本条规定，采取市场禁入措施的条件是，违反法律、行政法规的规定，且情节严重；采取市场禁入措施的对象是违反法律、行政法规的责任人员；决定采取市场禁入措施的机构是国务院保险监督管理机构。

第一百七十八条　【保险监督人员违法监管的法律责任】保险监督管理机构从事监督管理工作的人员有下列情形之一的，依法给予处分：

（一）违反规定批准机构的设立的；

（二）违反规定进行保险条款、保险费率审批的；

（三）违反规定进行现场检查的；

（四）违反规定查询账户或者冻结资金的；

（五）泄露其知悉的有关单位和个人的商业秘密的；

（六）违反规定实施行政处罚的；

（七）滥用职权、玩忽职守的其他行为。

条文解读

本条是对保险监督管理机构从事监督管理的工作人员违法监管的法律责任的规定。

保险监督管理机构作为对保险业实施监督管理的机构，其从事保险监管的工作人员应当依法行使行政权力，不依法履职的，应当承担相应的法律责任。本条所称“违反规定”是指违反本法、有关法律、行政法规和有关规章的规定；既包括实体上违反规定的行为，也包括程序上违反规定的行为。本条列举的行为包括：

（一）违反规定批准机构设立，如对不符合法定条件的设立保险公司的申请予以批准，或者对不符合保险代理人、保险经纪人条件的申请予以批准等；

（二）违反规定进行保险条款、保险费率审批，如违反保护社会公众利益和防止不正当竞争的原则审批有关险种等；

（三）违反规定进行现场检查，如未经有关保险监督管理机构负责人批准实施现场检查；或者对保险公司、保险代理人、保险经纪人、保险资产管理公司、外国保险机构的代表机构以外的机构实施现场检查等；

（四）违反规定查询账户或者冻结资金，如未经批准或未按程序经批准而查询有关账户或者冻结有关资金，或者查询未涉嫌违法经营或与涉嫌违法事项无关的单位或个人的账户等；

（五）泄露所知悉的有关单位和个人的商业秘密；

（六）违反规定实施行政处罚，如适用处罚种类不当，超出罚款限额实施处罚等；

（七）保险监督管理机构从事监管的工作人员滥用职权、玩忽职守的其他行为，如故意刁难当事人，对所任职工作严重不负责任、敷衍塞责，不履行或者不认真履行法定职责等。

第一百七十九条 【刑事责任的规定】违反本法规定，构成犯罪的，依法追究刑事责任。

条文解读

本条是对本法规定的违法行为应承担刑事责任的规定。

刑事责任是国家刑事法律规定的犯罪行为所应承担的法律后果。保险活动中的当事人如果有本法规定的违法行为,且符合我国刑法所规定的犯罪构成要件的,就应当依据《刑法》有关条款的规定承担相应的刑事责任。与保险有关的犯罪行为主要规定在我国《刑法》分则第三章关于破坏社会主义市场经济秩序罪中。主要是:

(一)对未经国家有关主管部门批准,擅自设立保险公司或者其他金融机构的;伪造、变造、转让保险公司或者其他金融机构的经营许可证或者批准文件的,按照《刑法》第174条的规定对个人或单位追究刑事责任。

(二)对保险公司的工作人员利用职务上的便利,故意编造未曾发生的保险事故进行虚假理赔,骗取保险金归自己所有的,根据《刑法》第183条的规定追究刑事责任。

(三)对保险公司或者其他金融机构的工作人员利用职务上的便利,挪用本单位或者客户资金的,依照《刑法》第185条的规定追究刑事责任。

(四)对保险公司或者其他金融机构,违背受托义务,擅自运用客户资金或者其他委托、信托的财产;社会保障基金管理机构、住房公积金管理机构等公众资金管理机构,以及保险公司、保险资产管理公司,违反国家规定运用资金的,依照《刑法》第185条之一的规定追究刑事责任。

(五)对投保人故意虚构保险标的,骗取保险金的行为、投保人或被保险人或受益人对发生的保险事故编造虚假的原因或者夸大损失的程度,骗取保险金的行为、投保人或被保险人或受益人编造未曾发生的保险事故,骗取保险金的行为、投保人或被保险人故意造成财产损失的保险事故,骗取保险金的行为、投保人或受益人故意造成被保险人死亡、伤残或者疾病,骗取保险金的行为,依照《刑法》第198条的规定,对有关单位或者个人追究刑事责任。

(六)未经国家有关主管部门批准非法经营证券、期货、保险业务的,或者有其他严重扰乱市场秩序的非法经营行为的,依照《刑法》第225条的规定追究刑事责任。

第八章 附 则

本章介绍

本章是关于《保险法》适用对象以及施行日期的规定，确立了其他保险组织的商业保险业务、海上保险、合资保险公司、外资公司、农业保险适用本法的规定。

第一百八十条 【保险行业协会的规定】保险公司应当加入保险行业协会。保险代理人、保险经纪人、保险公估机构可以加入保险行业协会。

保险行业协会是保险业的自律性组织，是社会团体法人。

条文解读

本条是关于保险行业协会的规定。

保险行业协会是保险业的自律性组织，是社会团体法人。社会团体法人，是指由市场主体自愿组织成立的从事社会公益、学术研究等活动的法人，具有非营利性。自律是指协会会员通过订立章程、公约等规则进行自我管理、自我约束。

保险公司应当加入保险行业协会。保险公司加入保险行业协会，有利于体现其自律意愿，及时提出服务要求，便于与其他会员进行业务、技术和工作经验交流。同时，也要受到协会章程、自律公约的约束，遵守道德和行为准则，依法经营，公平竞争，稳健发展。除此之外的其他保险中介组织，可以根据需要，自愿参加保险行业协会。

第一百八十一条 【其他保险组织的商业保险业务适用本法】保险公司以外的其他依法设立的保险组织经营的商业保险业务，适用本法。

条文解读

本条是对保险公司以外的其他保险组织的商业保险业务适用法律问题的规定。

本条所称“其他依法设立的保险组织”，一般包括相互保险组织、保险合作社及政策性保险组织等。这类保险组织的设置及运作与保险公司有一定的区别，一般不依保险法而设立。从事的保险业务具有非营利性。根据本法第 6 条和本条的规定，这些保险组织可以依法设立并从事商业保险活动，其从事商业保险活动，应当遵守本法。

第一百八十二条 【海上保险的法律适用】 海上保险适用《中华人民共和国海商法》的有关规定;《中华人民共和国海商法》未规定的，适用本法的有关规定。

条文解读

本条是对海上保险的法律适用的规定。

海上保险，是指保险人依照保险合同约定，对海上保险事故造成的保险标的损失及产生的责任负赔偿责任的保险。我国《海商法》对海上保险作了专章规定。海商法的规范属于对海上保险的特别规定，应当优先适用。但海上保险依然是商业保险，保险法作为商业保险的基本法，其有关从事商业保险活动应遵循的基本原则和规范应当适用于海上保险。此外，海商法未作规定的有关事项，应当适用保险法的有关规定。

第一百八十三条 【合资保险公司、外资公司法律适用规定】 中外合资保险公司、外资独资保险公司、外国保险公司分公司适用本法规定；法律、行政法规另有规定的，适用其规定。

条文解读

本条是对中外合资保险公司、外资独资保险公司、外国保险公司分公司的法律适用问题的规定。

（一）中外合资保险公司是指依照我国有关法律、行政法规的规定，经批准由外国保险公司同我国的公司、企业在我国境内合资设立经营的保险公司。外资独资保险公司是指依照我国有关法律、行政法规的规定，经批准由外国保险公司在我国境内投资设立经营的外资保险公司。外国保险公司分公司是指依照外国法律设立的外国保险公司经批准，依照我国有关法律、行政法规的规定在我国境内设立的从事保险经营活动的分支机构。

（二）中外合资保险公司、外资独资保险公司、外国保险公司分公司适用本法规定；法律、行政法规另有规定的，适用其规定。中外合资保险公司和外资独资保险公司是我国法人，外国保险公司分公司虽然不是我国法人，但是经批准在我国境内从事保险经营活动，因此，应当遵守我国法律。同时，上述公司在设立审批、机构设置、外汇汇出等监管方面有其特殊性，我国有关外商投资的法律及行政法规，对此有特别规定。我国法律和行政法规对上述公司有特别规定的，应当优先适用其规定。

第一百八十四条　【农业保险和强制保险的规定】国家支持发展为农业生产服务的保险事业。农业保险由法律、行政法规另行规定。

强制保险，法律、行政法规另有规定的，适用其规定。

条文解读

本条是对农业保险和强制保险的法律适用问题的规定。

（一）农业保险是以生长期和收获期的农作物、经济作物、畜禽和水产养殖动物为保险标的，在保险标的遭受自然灾害或意外事故损害时，由保险人承担赔偿责任的保险。农业保险的业务分散，承保的危险复杂，多数危险属于巨灾，经营成本和赔付率都很高，难以按照商业保险的一般规则从事经营。因此，保险法有关商业保险活动的规范难以完全适用于农业保险。根据本条规定，农业保险不适用本法，由法律、行政法规另行规定。

（二）强制保险，应适用保险法的规定。同时，由于强制保险具有特殊性，为了维护公共利益，也需要由法律、行政法规在保险法之外另行规定有关规则。国务院根据《道路交通安全法》和《保险法》制定的《机动车交通事故责任强制保险条例》。根据我国强制保险的实践和国际上的通行做法，法律、行政法规对强制保险另有规定的，适用其规定。

第一百八十五条　【施行日期】本法自 2009 年 10 月 1 日起施行。

条文解读

本条是对保险法施行日期的规定。

法律的施行日期，即法律生效时间，也称法律的时间效力，是指法律从何时起开始生效，到何时终止效力，以及法律对其公布以前的事件和行为是否具有溯及力的问题。现行《保险法》由第十一届全国人民代表大会常务委员会第七次会议修订，于 2009 年 2 月 28 日通过。为了给国务院和国务院保险监督管理机构预留制定、修改配套法规、规章的时间，为新《保险法》的实施做好准备，本条规定，新《保险法》的施行日期为 2009 年 10 月 1 日。本法不具有溯及既往的效力，凡是在本法施行日之前发生的法律行为，仍适用修改前的《保险法》。自本法施行之日起，保险活动当事人从事商业保险活动，适用修改后的《保险法》。

配套法规

最高人民法院关于适用《中华人民共和国保险法》若干问题的解释(一)

1．2009年9月14日最高人民法院审判委员会第1473次会议通过

2．2009年9月21日公布

3．法释〔2009〕12号

4．自2009年10月1日起施行

为正确审理保险合同纠纷案件,切实维护当事人的合法权益,现就人民法院适用2009年2月28日第十一届全国人大常委会第七次会议修订的《中华人民共和国保险法》(以下简称保险法)的有关问题规定如下:

第一条 保险法施行后成立的保险合同发生的纠纷,适用保险法的规定。保险法施行前成立的保险合同发生的纠纷,除本解释另有规定外,适用当时的法律规定;当时的法律没有规定的,参照适用保险法的有关规定。

认定保险合同是否成立,适用合同订立时的法律。

第二条 对于保险法施行前成立的保险合同,适用当时的法律认定无效而适用保险法认定有效的,适用保险法的规定。

第三条 保险合同成立于保险法施行前而保险标的转让、保险事故、理赔、代位求偿等行为或事件,发生于保险法施行后的,适用保险法的规定。

第四条 保险合同成立于保险法施行前,保险法施行后,保险人以投保人未履行如实告知义务或者申报被保险人年龄不真实为由,主张解除合同的,适用保险法的规定。

第五条 保险法施行前成立的保险合同,下列情形下的期间自2009年10月1日起计算:

(一)保险法施行前,保险人收到赔偿或者给付保险金的请求,保险法施行后,适用保险法第二十三条规定的三十日的;

(二)保险法施行前,保险人知道解除事由,保险法施行后,按照保险法第十六条、第三十二条的规定行使解除权,适用保险法第十六条规定的三十日的;

(三)保险法施行后,保险人按照保险法第十六条第二款的规定请求解除合同,适用保险法

第十六条规定的二年的；

（四）保险法施行前，保险人收到保险标的转让通知，保险法施行后，以保险标的转让导致危险程度显著增加为由请求按照合同约定增加保险费或者解除合同，适用保险法第四十九条规定的三十日的。

第六条 保险法施行前已经终审的案件，当事人申请再审或者按照审判监督程序提起再审的案件，不适用保险法的规定。

最高人民法院关于适用《中华人民共和国保险法》若干问题的解释（二）

1．2013年5月6日最高人民法院审判委员会第1577次会议通过

2．2013年5月31日公布

3．法释〔2013〕14号

4．自2013年6月8日起施行

为正确审理保险合同纠纷案件，切实维护当事人的合法权益，根据《中华人民共和国保险法》《中华人民共和国合同法》《中华人民共和国民事诉讼法》等法律规定，结合审判实践，就保险法中关于保险合同一般规定部分有关法律适用问题解释如下：

第一条 财产保险中，不同投保人就同一保险标的分别投保，保险事故发生后，被保险人在其保险利益范围内依据保险合同主张保险赔偿的，人民法院应予支持。

第二条 人身保险中，因投保人对被保险人不具有保险利益导致保险合同无效，投保人主张保险人退还扣减相应手续费后的保险费的，人民法院应予支持。

第三条 投保人或者投保人的代理人订立保险合同时没有亲自签字或者盖章，而由保险人或者保险人的代理人代为签字或者盖章的，对投保人不生效。但投保人已经交纳保险费的，视为其对代签字或者盖章行为的追认。

保险人或者保险人的代理人代为填写保险单证后经投保人签字或者盖章确认的，代为填写的内容视为投保人的真实意思表示。但有证据证明保险人或者保险人的代理人存在保险法第一百一十六条、第一百三十一条相关规定情形的除外。

第四条 保险人接受了投保人提交的投保单并收取了保险费，尚未作出是否承保的意思表

示，发生保险事故，被保险人或者受益人请求保险人按照保险合同承担赔偿或者给付保险金责任，符合承保条件的，人民法院应予支持；不符合承保条件的，保险人不承担保险责任，但应当退还已经收取的保险费。

保险人主张不符合承保条件的，应承担举证责任。

第五条 保险合同订立时，投保人明知的与保险标的或者被保险人有关的情况，属于保险法第十六条第一款规定的投保人"应当如实告知"的内容。

第六条 投保人的告知义务限于保险人询问的范围和内容。当事人对询问范围及内容有争议的，保险人负举证责任。

保险人以投保人违反了对投保单询问表中所列概括性条款的如实告知义务为由请求解除合同的，人民法院不予支持。但该概括性条款有具体内容的除外。

第七条 保险人在保险合同成立后知道或者应当知道投保人未履行如实告知义务，仍然收取保险费，又依照保险法第十六条第二款的规定主张解除合同的，人民法院不予支持。

第八条 保险人未行使合同解除权，直接以存在保险法第十六条第四款、第五款规定的情形为由拒绝赔偿的，人民法院不予支持。但当事人就拒绝赔偿事宜及保险合同存续另行达成一致的情况除外。

第九条 保险人提供的格式合同文本中的责任免除条款、免赔额、免赔率、比例赔付或者给付等免除或者减轻保险人责任的条款，可以认定为保险法第十七条第二款规定的"免除保险人责任的条款"。

保险人因投保人、被保险人违反法定或者约定义务，享有解除合同权利的条款，不属于保险法第十七条第二款规定的"免除保险人责任的条款"。

第十条 保险人将法律、行政法规中的禁止性规定情形作为保险合同免责条款的免责事由，保险人对该条款作出提示后，投保人、被保险人或者受益人以保险人未履行明确说明义务为由主张该条款不生效的，人民法院不予支持。

第十一条 保险合同订立时，保险人在投保单或者保险单等其他保险凭证上，对保险合同中免除保险人责任的条款，以足以引起投保人注意的文字、字体、符号或者其他明显标志作出提示的，人民法院应当认定其履行了保险法第十七条第二款规定的提示义务。

保险人对保险合同中有关免除保险人责任条款的概念、内容及其法律后果以书面或者口头形式向投保人作出常人能够理解的解释说明的，人民法院应当认定保险人履行了保险法第十七条第二款规定的明确说明义务。

第十二条 通过网络、电话等方式订立的保险合同，保险人以网页、音频、视频等形式对免除保险人责任条款予以提示和明确说明的，人民法院可以认定其履行了提示和明确说明义务。

第十三条 保险人对其履行了明确说明义务负举证责任。

投保人对保险人履行了符合本解释第十一条第二款要求的明确说明义务在相关文书上签

字、盖章或者以其他形式予以确认的，应当认定保险人履行了该项义务。但另有证据证明保险人未履行明确说明义务的除外。

第十四条 保险合同中记载的内容不一致的，按照下列规则认定：

（一）投保单与保险单或者其他保险凭证不一致的，以投保单为准。但不一致的情形系经保险人说明并经投保人同意的，以投保人签收的保险单或者其他保险凭证载明的内容为准；

（二）非格式条款与格式条款不一致的，以非格式条款为准；

（三）保险凭证记载的时间不同的，以形成时间在后的为准；

（四）保险凭证存在手写和打印两种方式的，以双方签字、盖章的手写部分的内容为准。

第十五条 保险法第二十三条规定的三十日核定期间，应自保险人初次收到索赔请求及投保人、被保险人或者受益人提供的有关证明和资料之日起算。

保险人主张扣除投保人、被保险人或者受益人补充提供有关证明和资料期间的，人民法院应予支持。扣除期间自保险人根据保险法第二十二条规定作出的通知到达投保人、被保险人或者受益人之日起，至投保人、被保险人或者受益人按照通知要求补充提供的有关证明和资料到达保险人之日止。

第十六条 保险人应以自己的名义行使保险代位求偿权。

根据保险法第六十条第一款的规定，保险人代位求偿权的诉讼时效期间应自其取得代位求偿权之日起算。

第十七条 保险人在其提供的保险合同格式条款中对非保险术语所作的解释符合专业意义，或者虽不符合专业意义，但有利于投保人、被保险人或者受益人的，人民法院应予认可。

第十八条 行政管理部门依据法律规定制作的交通事故认定书、火灾事故认定书等，人民法院应当依法审查并确认其相应的证明力，但有相反证据能够推翻的除外。

第十九条 保险事故发生后，被保险人或者受益人起诉保险人，保险人以被保险人或者受益人未要求第三者承担责任为由抗辩不承担保险责任的，人民法院不予支持。

财产保险事故发生后，被保险人就其所受损失从第三者取得赔偿后的不足部分提起诉讼，请求保险人赔偿的，人民法院应予依法受理。

第二十条 保险公司依法设立并取得营业执照的分支机构属于《中华人民共和国民事诉讼法》第四十八条规定的其他组织，可以作为保险合同纠纷案件的当事人参加诉讼。

第二十一条 本解释施行后尚未终审的保险合同纠纷案件，适用本解释；本解释施行前已经终审，当事人申请再审或者按照审判监督程序决定再审的案件，不适用本解释。

最高人民法院关于适用《中华人民共和国保险法》若干问题的解释(三)

1. 2015年9月21日最高人民法院审判委员会第1661次会议通过
2. 2015年11月25日公布
3. 法释〔2015〕21号
4. 自2015年12月1日起施行

为正确审理保险合同纠纷案件,切实维护当事人的合法权益,根据《中华人民共和国保险法》《中华人民共和国合同法》《中华人民共和国民事诉讼法》等法律规定,结合审判实践,就保险法中关于保险合同章人身保险部分有关法律适用问题解释如下:

第一条 当事人订立以死亡为给付保险金条件的合同,根据保险法第三十四条的规定,"被保险人同意并认可保险金额"可以采取书面形式、口头形式或者其他形式;可以在合同订立时作出,也可以在合同订立后追认。

有下列情形之一的,应认定为被保险人同意投保人为其订立保险合同并认可保险金额:

(一)被保险人明知他人代其签名同意而未表示异议的;

(二)被保险人同意投保人指定的受益人的;

(三)有证据足以认定被保险人同意投保人为其投保的其他情形。

第二条 被保险人以书面形式通知保险人和投保人撤销其依据保险法第三十四条第一款规定所作出的同意意思表示的,可认定为保险合同解除。

第三条 人民法院审理人身保险合同纠纷案件时,应主动审查投保人订立保险合同时是否具有保险利益,以及以死亡为给付保险金条件的合同是否经过被保险人同意并认可保险金额。

第四条 保险合同订立后,因投保人丧失对被保险人的保险利益,当事人主张保险合同无效的,人民法院不予支持。

第五条 保险合同订立时,被保险人根据保险人的要求在指定医疗服务机构进行体检,当事人主张投保人如实告知义务免除的,人民法院不予支持。

保险人知道被保险人的体检结果,仍以投保人未就相关情况履行如实告知义务为由要求解除合同的,人民法院不予支持。

第六条 未成年人父母之外的其他履行监护职责的人为未成年人订立以死亡为给付保险金条件的合同，当事人主张参照保险法第三十三条第二款、第三十四条第三款的规定认定该合同有效的，人民法院不予支持，但经未成年人父母同意的除外。

第七条 当事人以被保险人、受益人或者他人已经代为支付保险费为由，主张投保人对应的交费义务已经履行的，人民法院应予支持。

第八条 保险合同效力依照保险法第三十六条规定中止，投保人提出恢复效力申请并同意补交保险费的，除被保险人的危险程度在中止期间显著增加外，保险人拒绝恢复效力的，人民法院不予支持。

保险人在收到恢复效力申请后，三十日内未明确拒绝的，应认定为同意恢复效力。

保险合同自投保人补交保险费之日恢复效力。保险人要求投保人补交相应利息的，人民法院应予支持。

第九条 投保人指定受益人未经被保险人同意的，人民法院应认定指定行为无效。

当事人对保险合同约定的受益人存在争议，除投保人、被保险人在保险合同之外另有约定外，按照以下情形分别处理：

(一)受益人约定为"法定"或者"法定继承人"的，以继承法规定的法定继承人为受益人；

(二)受益人仅约定为身份关系，投保人与被保险人为同一主体的，根据保险事故发生时与被保险人的身份关系确定受益人；投保人与被保险人为不同主体的，根据保险合同成立时与被保险人的身份关系确定受益人；

(三)受益人的约定包括姓名和身份关系，保险事故发生时身份关系发生变化的，认定为未指定受益人。

第十条 投保人或者被保险人变更受益人，当事人主张变更行为自变更意思表示发出时生效的，人民法院应予支持。

投保人或者被保险人变更受益人未通知保险人，保险人主张变更对其不发生效力的，人民法院应予支持。

投保人变更受益人未经被保险人同意的，人民法院应认定变更行为无效。

第十一条 投保人或者被保险人在保险事故发生后变更受益人，变更后的受益人请求保险人给付保险金的，人民法院不予支持。

第十二条 投保人或者被保险人指定数人为受益人，部分受益人在保险事故发生前死亡、放弃受益权或者依法丧失受益权的，该受益人应得的受益份额按照保险合同的约定处理；保险合同没有约定或者约定不明的，该受益人应得的受益份额按照以下情形分别处理：

(一)未约定受益顺序和受益份额的，由其他受益人平均享有；

(二)未约定受益顺序但约定受益份额的，由其他受益人按照相应比例享有；

(三)约定受益顺序但未约定受益份额的，由同顺序的其他受益人平均享有；同一顺序没有其他受益人的，由后一顺序的受益人平均享有；

（四）约定受益顺序和受益份额的，由同顺序的其他受益人按照相应比例享有；同一顺序没有其他受益人的，由后一顺序的受益人按照相应比例享有。

第十三条 保险事故发生后，受益人将与本次保险事故相对应的全部或者部分保险金请求权转让给第三人，当事人主张该转让行为有效的，人民法院应予支持，但根据合同性质、当事人约定或者法律规定不得转让的除外。

第十四条 保险金根据保险法第四十二条规定作为被保险人的遗产，被保险人的继承人要求保险人给付保险金，保险人以其已向持有保险单的被保险人的其他继承人给付保险金为由抗辩的，人民法院应予支持。

第十五条 受益人与被保险人存在继承关系，在同一事件中死亡且不能确定死亡先后顺序的，人民法院应根据保险法第四十二条第二款的规定推定受益人死亡在先，并按照保险法及本解释的相关规定确定保险金归属。

第十六条 保险合同解除时，投保人与被保险人、受益人为不同主体，被保险人或者受益人要求退还保险单的现金价值的，人民法院不予支持，但保险合同另有约定的除外。

投保人故意造成被保险人死亡、伤残或者疾病，保险人依照保险法第四十三条规定退还保险单的现金价值的，其他权利人按照被保险人、被保险人继承人的顺序确定。

第十七条 投保人解除保险合同，当事人以其解除合同未经被保险人或者受益人同意为由主张解除行为无效的，人民法院不予支持，但被保险人或者受益人已向投保人支付相当于保险单现金价值的款项并通知保险人的除外。

第十八条 保险人给付费用补偿型的医疗费用保险金时，主张扣减被保险人从公费医疗或者社会医疗保险取得的赔偿金额的，应当证明该保险产品在厘定医疗费用保险费率时已经将公费医疗或者社会医疗保险部分相应扣除，并按照扣减后的标准收取保险费。

第十九条 保险合同约定按照基本医疗保险的标准核定医疗费用，保险人以被保险人的医疗支出超出基本医疗保险范围为由拒绝给付保险金的，人民法院不予支持；保险人有证据证明被保险人支出的费用超过基本医疗保险同类医疗费用标准，要求对超出部分拒绝给付保险金的，人民法院应予支持。

第二十条 保险人以被保险人未在保险合同约定的医疗服务机构接受治疗为由拒绝给付保险金的，人民法院应予支持，但被保险人因情况紧急必须立即就医的除外。

第二十一条 保险人以被保险人自杀为由拒绝给付保险金的，由保险人承担举证责任。

受益人或者被保险人的继承人以被保险人自杀时无民事行为能力为由抗辩的，由其承担举证责任。

第二十二条 保险法第四十五条规定的“被保险人故意犯罪”的认定，应当以刑事侦查机关、检察机关和审判机关的生效法律文书或者其他结论性意见为依据。

第二十三条 保险人主张根据保险法第四十五条的规定不承担给付保险金责任的，应当证明被保险人的死亡、伤残结果与其实施的故意犯罪或者抗拒依法采取的刑事强制措施的行为之间存在因果关系。

被保险人在羁押、服刑期间因意外或者疾病造成伤残或者死亡，保险人主张根据保险法第四十五条的规定不承担给付保险金责任的，人民法院不予支持。

第二十四条 投保人为被保险人订立以死亡为给付保险金条件的保险合同，被保险人被宣告死亡后，当事人要求保险人按照保险合同约定给付保险金的，人民法院应予支持。

被保险人被宣告死亡之日在保险责任期间之外，但有证据证明下落不明之日在保险责任期间之内，当事人要求保险人按照保险合同约定给付保险金的，人民法院应予支持。

第二十五条 被保险人的损失系由承保事故或者非承保事故、免责事由造成难以确定，当事人请求保险人给付保险金的，人民法院可以按照相应比例予以支持。

第二十六条 本解释自2015年12月1日起施行。本解释施行后尚未终审的保险合同纠纷案件，适用本解释；本解释施行前已经终审，当事人申请再审或者按照审判监督程序决定再审的案件，不适用本解释。

最高人民法院关于适用《中华人民共和国保险法》若干问题的解释（四）

1．2018年5月14日最高人民法院审判委员会第1738次会议通过

2．2018年7月31日公布

3．法释〔2018〕13号

4．自2018年9月1日起施行

为正确审理保险合同纠纷案件，切实维护当事人的合法权益，根据《中华人民共和国保险法》《中华人民共和国合同法》《中华人民共和国民事诉讼法》等法律规定，结合审判实践，就保险法中财产保险合同部分有关法律适用问题解释如下：

第一条 保险标的已交付受让人，但尚未依法办理所有权变更登记，承担保险标的毁损灭失风险的受让人，依照保险法第四十八条、第四十九条的规定主张行使被保险人权利的，人民法院应予支持。

第二条 保险人已向投保人履行了保险法规定的提示和明确说明义务，保险标的受让人以

保险标的转让后保险人未向其提示或者明确说明为由，主张免除保险人责任的条款不生效的，人民法院不予支持。

第三条 被保险人死亡，继承保险标的的当事人主张承继被保险人的权利和义务的，人民法院应予支持。

第四条 人民法院认定保险标的是否构成保险法第四十九条、第五十二条规定的“危险程度显著增加”时，应当综合考虑以下因素：

（一）保险标的用途的改变；

（二）保险标的使用范围的改变；

（三）保险标的所处环境的变化；

（四）保险标的因改装等原因引起的变化；

（五）保险标的使用人或者管理人的改变；

（六）危险程度增加持续的时间；

（七）其他可能导致危险程度显著增加的因素。

保险标的危险程度虽然增加，但增加的危险属于保险合同订立时保险人预见或者应当预见的保险合同承保范围的，不构成危险程度显著增加。

第五条 被保险人、受让人依法及时向保险人发出保险标的转让通知后，保险人作出答复前，发生保险事故，被保险人或者受让人主张保险人按照保险合同承担赔偿保险金的责任的，人民法院应予支持。

第六条 保险事故发生后，被保险人依照保险法第五十七条的规定，请求保险人承担为防止或者减少保险标的的损失所支付的必要、合理费用，保险人以被保险人采取的措施未产生实际效果为由抗辩的，人民法院不予支持。

第七条 保险人依照保险法第六十条的规定，主张代位行使被保险人因第三者侵权或者违约等享有的请求赔偿的权利的，人民法院应予支持。

第八条 投保人和被保险人为不同主体，因投保人对保险标的的损害而造成保险事故，保险人依法主张代位行使被保险人对投保人请求赔偿的权利的，人民法院应予支持，但法律另有规定或者保险合同另有约定的除外。

第九条 在保险人以第三者为被告提起的代位求偿权之诉中，第三者以被保险人在保险合同订立前已放弃对其请求赔偿的权利为由进行抗辩，人民法院认定上述放弃行为合法有效，保险人就相应部分主张行使代位求偿权的，人民法院不予支持。

保险合同订立时，保险人就是否存在上述放弃情形提出询问，投保人未如实告知，导致保险人不能代位行使请求赔偿的权利，保险人请求返还相应保险金的，人民法院应予支持，但保险人知道或者应当知道上述情形仍同意承保的除外。

第十条 因第三者对保险标的的损害而造成保险事故，保险人获得代位请求赔偿的权利的情况未通知第三者或者通知到达第三者前，第三者在被保险人已经从保险人处获赔的范围内又向被保险人作出赔偿，保险人主张代位行使被保险人对第三者请求赔偿的权利的，人民法院不予支持。保险人就相应保险金主张被保险人返还的，人民法院应予支持。

保险人获得代位请求赔偿的权利的情况已经通知到第三者，第三者又向被保险人作出赔偿，保险人主张代位行使请求赔偿的权利，第三者以其已经向被保险人赔偿为由抗辩的，人民法院不予支持。

第十一条 被保险人因故意或者重大过失未履行保险法第六十三条规定的义务，致使保险人未能行使或者未能全部行使代位请求赔偿的权利，保险人主张在其损失范围内扣减或者返还相应保险金的，人民法院应予支持。

第十二条 保险人以造成保险事故的第三者为被告提起代位求偿权之诉的，以被保险人与第三者之间的法律关系确定管辖法院。

第十三条 保险人提起代位求偿权之诉时，被保险人已经向第三者提起诉讼的，人民法院可以依法合并审理。

保险人行使代位求偿权时，被保险人已经向第三者提起诉讼，保险人向受理该案的人民法院申请变更当事人，代位行使被保险人对第三者请求赔偿的权利，被保险人同意的，人民法院应予准许；被保险人不同意的，保险人可以作为共同原告参加诉讼。

第十四条 具有下列情形之一的，被保险人可以依照保险法第六十五条第二款的规定请求保险人直接向第三者赔偿保险金：

（一）被保险人对第三者所负的赔偿责任经人民法院生效裁判、仲裁裁决确认；

（二）被保险人对第三者所负的赔偿责任经被保险人与第三者协商一致；

（三）被保险人对第三者应负的赔偿责任能够确定的其他情形。

前款规定的情形下，保险人主张按照保险合同确定保险赔偿责任的，人民法院应予支持。

第十五条 被保险人对第三者应负的赔偿责任确定后，被保险人不履行赔偿责任，且第三者以保险人为被告或者以保险人与被保险人为共同被告提起诉讼时，被保险人尚未向保险人提出直接向第三者赔偿保险金的请求的，可以认定为属于保险法第六十五条第二款规定的“被保险人怠于请求”的情形。

第十六条 责任保险的被保险人因共同侵权依法承担连带责任，保险人以该连带责任超出被保险人应承担的责任份额为由，拒绝赔付保险金的，人民法院不予支持。保险人承担保险责任后，主张就超出被保险人责任份额的部分向其他连带责任人追偿的，人民法院应予支持。

第十七条 责任保险的被保险人对第三者所负的赔偿责任已经生效判决确认并已进入执行程序，但未获得清偿或者未获得全部清偿，第三者依法请求保险人赔偿保险金，保险人以前述生效判决已进入执行程序为由抗辩的，人民法院不予支持。

第十八条 商业责任险的被保险人向保险人请求赔偿保险金的诉讼时效期间，自被保险人对第三者应负的赔偿责任确定之日起计算。

第十九条 责任保险的被保险人与第三者就被保险人的赔偿责任达成和解协议且经保险人认可，被保险人主张保险人在保险合同范围内依据和解协议承担保险责任的，人民法院应予支持。

被保险人与第三者就被保险人的赔偿责任达成和解协议，未经保险人认可，保险人主张对保险责任范围以及赔偿数额重新予以核定的，人民法院应予支持。

第二十条 责任保险的保险人在被保险人向第三者赔偿之前向被保险人赔偿保险金，第三者依照保险法第六十五条第二款的规定行使保险金请求权时，保险人以其已向被保险人赔偿为由拒绝赔偿保险金的，人民法院不予支持。保险人向第三者赔偿后，请求被保险人返还相应保险金的，人民法院应予支持。

第二十一条 本解释自2018年9月1日起施行。

本解释施行后人民法院正在审理的一审、二审案件，适用本解释；本解释施行前已经终审，当事人申请再审或者按照审判监督程序决定再审的案件，不适用本解释。